DIREITO DE AUTOR E RADIODIFUSÃO

Um estudo sobre o direito de radiodifusão
desde os primórdios até à tecnologia digital

PEDRO JOÃO FIALHO DA COSTA CORDEIRO

DIREITO DE AUTOR E RADIODIFUSÃO
Um estudo sobre o direito de radiodifusão desde os primórdios até à tecnologia digital

Dissertação de Doutoramento em Ciências Jurídicas, apresentada à Universidade Lusíada de Lisboa

ALMEDINA

TÍTULO:	A FISCALIZAÇÃO ADMINISTRATIVA DA CONSTITUCIONALIDADE DIREITO DE AUTOR E RADIODIFUSÃO – UM ESTUDO SOBRE O DIREITO DE RADIODIFUSÃO DESDE OS PRIMÓRDIOS ATÉ À TECNOLOGIA DIGITAL
AUTOR:	PEDRO JOÃO FIALHO DA COSTA CORDEIRO
EDITOR:	LIVRARIA ALMEDINA COIMBRA www.almedina.net
LIVRARIAS:	LIVRARIA ALMEDINA ARCO DE ALMEDINA, 15 TELEF. 239 851900 FAX 239 851901 3004-509 COIMBRA – PORTUGAL livraria@almedina.net LIVRARIA ALMEDINA CENTRO DE ARTE MODERNA GULBENKIAN RUA DR. NICOLAU BETTENCOURT, 8 1050-078 LISBOA – PORTUGAL TELEF. 217 972441 cam@almedina.net LIVRARIA ALMEDINA ARRÁBIDA SHOPPING, LOJA 158 PRACETA HENRIQUE MOREIRA AFURADA 4400-475 V. N. GAIA – PORTUGAL arrabida@almedina.net LIVRARIA ALMEDINA – PORTO R. DE CEUTA, 79 TELEF. 22 2059773 FAX 22 2039497 4050-191 PORTO – PORTUGAL porto@almedina.net LIVRARIA ALMEDINA ATRIUM SALDANHA LOJAS 71 A 74 PRAÇA DUQUE DE SALDANHA, 1 TELEF. 213570428 FAX 213151945 1050-094 LISBOA atrium@almedina.net LIVRARIA ALMEDINA – BRAGA CAMPUS DE GUALTAR, UNIVERSIDADE DO MINHO, 4700-320 BRAGA TELEF. 253678822 braga@almedina.net
EXECUÇÃO GRÁFICA:	G.C. – GRÁFICA DE COIMBRA, LDA. PALHEIRA – ASSAFARGE 3001-453 COIMBRA E-mail: producao@graficadecoimbra.pt NOVEMBRO, 2004
DEPÓSITO LEGAL:	217610/04

Toda a reprodução desta obra, por fotocópia ou outro qualquer processo, sem prévia autorização escrita do Editor, é ilícita e passível de procedimento judicial contra o infractor.

*À Paula – minha mulher
Ao Gonçalo – meu filho,
companheiros das horas difíceis.
Tributo de amor e gratidão.*

AGRADECIMENTOS

Ao Instituto Max-Plank de Munique pela orientação, estímulo e acolhimento.

Uma palavra de particular apreço para o Professor Doutor Gerhard Schricker, Director do Instituto, para o Professor Doutor Adolf Dietz, para o Professor Doutor Thomas Dreier, para o Doutor Paul Katzenberger e para a Doutora Sibylle Schlatter, Directora do Departamento para Espanha, Portugal e América Latina, que com permanente disponibilidade e incentivo me orientaram, permitindo a elaboração deste trabalho.

ADVERTÊNCIAS

– As citações ao longo do texto só identificam sumariamente o autor e a obra em causa.

As indicações bibliográficas completas encontram-se na Bibliografia final.

– A menção ao texto legal, sem indicação do diploma em que se integra, deve entender-se como referida ao Código do Direito de Autor e dos Direitos Conexos, aprovado pelo Decreto-Lei n.º 63/85, de 14 de Março, alterado pela Lei n.º 45/85, de 17 de Setembro, pela Lei n.º 114/91, de 3 de Setembro, pelo Decreto-Lei n.º 332/97, de 27 de Novembro, pelo Decreto-Lei n.º 334/97, de 27 de Novembro e pela Lei n.º 50/2004, de 24 de Agosto, salvo se algo distinto resultar do contexto da própria exposição.

INTRODUÇÃO

1. Se existe um fenómeno que comprove a íntima ligação existente entre a evolução tecnológica e o Direito de Autor, ele é sem dúvida a radiodifusão.

Ao lado das obras cinematográficas e dos fonogramas, a radiodifusão representou um dos desafios essenciais que o Direito de Autor enfrentou na primeira metade do século XX, dando origem a um processo de utilização de obras protegidas até aí desconhecido e com uma intensidade nova.

Desde a primeira hora, o seu enquadramento dogmático e legal suscitou problemas que ainda hoje são actuais e cuja compreensão se torna essencial para o entendimento dos desenvolvimentos técnicos e, fundamentalmente, jurídicos que a figura envolve.

Se a ideia de uma comunicação das obras a um público limitado, mediante autorizações caso a caso facilmente controláveis, fica desde logo posta em causa com o aparecimento do novo meio de transmissão, os subsequentes desenvolvimentos tecnológicos que premonitoriamente alguns previram vieram, pura e simplesmente, abalar os próprios alicerces do Direito de Autor.

Com a radiodifusão por satélite e por cabo é toda uma nova era que tem o seu início. Princípios sólidos até aí inamovíveis vão ser totalmente postos em causa ou mesmo destruídos – v.g., o princípio da territorialidade. Agora é a globalização do acesso à informação que exige uma resposta que o Direito de Autor tradicional não estava preparado para dar. As fronteiras passam a ser uma realidade virtual e o controlo da divulgação das obras uma mera quimera.

Por fim, chegamos à era do digital e novas questões se levantam.

Desde a mudança do conceito do direito de radiodifusão até à sua própria extinção – absorvido por um grande direito de comunicação pública onde tudo se esbate – a dita Sociedade da Informação apresenta-nos novos desafios a que não podemos fugir.

No entanto, curiosamente, as diversas fases que, sinteticamente, acabámos de enunciar têm entre si uma ligação essencial de um modo tal que se pode afirmar que, sem o estudo cuidadoso do que foi a radiodifusão desde os idos anos vinte, muitos dos problemas que os satélites de radiodifusão ou a transmissão em rede digital suscitam, poderão ficar sem resposta no século XXI[1].

Acresce que a evolução tecnológica não apagou – antes acentuou – muitas das questões que carecem de resposta para a solução dos conflitos que a radiodifusão cria.

2. A tese central deste trabalho é demonstrar que existe um conceito único de radiodifusão cuja elaboração remonta ao século passado, mas que se mantém actual e continua operativo em todas as situações, tanto para o direito de autor como para os direitos conexos.

Como, por exemplo, ULMER demonstra, a propósito do direito dos contratos[2], a radiodifusão, que aparece para o cidadão comum como uma evidência, é um conceito cujos contornos oferecem explicação difícil e exigem um estudo dogmático aprofundado.

É, por isso, essencial balizá-la convenientemente, determinando o seu verdadeiro conteúdo e sentido.

Verificaremos que na radiodifusão tradicional, na efectuada por cabo, por satélite ou pela Internet, normalmente designada por "webcasting", estamos, em todas elas, perante modalidades de uma mesma realidade, havendo variações meramente quantitativas.

O conceito jurídico de radiodifusão mantém-se, contudo, inalterável e operacional em qualquer dos casos.

Propomo-nos provar que a radiodifusão é uma comunicação pública que vai desde a emissão até à potencial recepção, não gozando esta de autonomia jurídica e sendo irrelevante a nível de Direito de Autor. Tal conclusão permitir-nos-á resolver os problemas mais intricados que se colocam no domínio da radiodifusão.

---

[1] BORNKAMM, "Vom Detektorempfänger zum Satellitenrundfunk", pág. 1351.

[2] ULMER, "Urheber – und Verlagsrecht", 3ª edição, 1980, pág.488 e seguintes.

Não será, portanto, uma busca inócua aquela que realizaremos, mas sim instrumental para dilucidar as questões essenciais que a radiodifusão em Direito de Autor enfrenta.

O primeiro problema que teremos de identificar é o da demarcação da radiodifusão nos vários direitos, de autor e conexos, que a consagram nos diversos instrumentos internacionais relevantes. Isso nos permitirá, concomitantemente, estabelecer o quadro das limitações e excepções a que tais direitos podem estar sujeitos[3].

Seguidamente procuraremos saber qual o regime das transmissões transfronteiriças, designadamente as efectuadas por satélite e em rede. Aqui merecerá maior ênfase o problema da lei aplicável.

As teorias da emissão e recepção (com relevo para a teoria Bogsch) serão pormenorizadamente analisadas, o que nos permitirá apresentar a nossa posição sobre o tema. Verificaremos que a questão central é a de saber onde ocorre a utilização económica da obra – se no país de emissão, se no país de recepção. Demonstraremos que é neste último que a mesma tem lugar o que, rebatidos argumentos incongruentes dos defensores da já citada teoria Bogsch, nos dará oportunidade de formular a nossa própria "teoria da comunicação ou recepção".

Segundo ela, a lei aplicável será a dos países de recepção, local onde ocorre a comunicação pública da obra ou prestação, sem prejuízo de uma regra de sensibilidade (Spürbarkeitsregel) que impõe que a divulgação pública atinja certa intensidade de divulgação.

A solução que apresentaremos permitir-nos-á fazer a crítica sustentada a opções legislativas de sinal contrário – nomeadamente a da directiva comunitária relativa à radiodifusão por satélite e por cabo.

Será, precisamente, a difusão por cabo que merecerá seguidamente a nossa atenção.

Partindo da aludida directiva teremos ocasião de verificar que o seu regime se refere à retransmissão, simultânea, inalterada e integral e criticaremos a opção pela "gestão colectiva necessária", de constitucionalidade duvidosa, que é imposta aos Estados membros.

---

[3] A radiodifusão tem manifestações quer a nível de direito de autor, quer a nível de direitos conexos. As faculdades patrimoniais de radiodifusão são outorgadas aos autores, aos artistas intérpretes ou executantes, aos produtores de fonogramas e videogramas e aos organismos de radiodifusão.

O nosso estudo não ficará, contudo, por aqui. Procuraremos orientá-lo para uma visão global da distribuição por cabo começando por demonstrar que ela é uma modalidade de radiodifusão com as necessárias consequências jurídicas de equiparação de regimes daí decorrente.

Posto isso, iremos centrar a nossa atenção nos vários tipos de retransmissão (salientando os motivos que geram a atenção privilegiada que lhe é dedicada), na radiodifusão originária, nas transmissões do mesmo tipo encurtadas ou alteradas e nas transmissões diferidas, apresentando e resolvendo, sucessivamente, os problemas que as mesmas comportam.

A propósito dos vários tipos de difusão por cabo teremos oportunidade de esclarecer o sentido do controverso princípio da integralidade do programa, que deve ser aferido em função das obras, prestações ou outros elementos coerentes do programa. O conceito essencial de elemento do programa será assim demarcado o que se torna decisivo para a distinção das várias difusões por cabo.

A análise destas permitirá ainda averiguar da validade dos quatro modelos legais geralmente equacionados como meio de resolução dos problemas relativos às retransmissões e às novas transmissões, a saber: os "acordos colectivos alargados", a "gestão colectiva necessária", as licenças compulsórias e as licenças legais. Demonstraremos que apenas as últimas se configuram como adequadas para enfrentar eficazmente a panóplia de questões que se apresentam.

Dedicaremos ainda a nossa atenção à radiodifusão digital. A seu propósito estabeleceremos as fronteiras entre a radiodifusão e o novo direito de colocação à disposição do público interactiva.

As conclusões que apresentarmos dar-nos-ão elementos para refutar a tese do "grande direito de comunicação pública" por muitos defendido quer a nível legal, quer a nível doutrinário. A temática da lei aplicável será retomada de modo a demonstrar quão errada se afigura uma equiparação entre a radiodifusão (e os restantes direitos de comunicação ao público) e a colocação à disposição do público interactiva, o que implicará uma clara tomada de posição num dos mais intrincados debates do Direito de Autor hodierno.

Finalmente, após uma apreciação minuciosa das principais normas do Direito de Autor português que nos permita balizar o conceito de radiodifusão na nossa lei e aplicá-la coerentemente, dedicaremos particular relevância àquele que é, actualmente, o problema mais controvertido em sede de radiodifusão, não só em Portugal mas mesmo em todo o mundo – o da distinção entre comunicação e recepção em lugares públicos, com a consequente outorga ou não de direitos aos diversos titulares.

Depois de elencarmos os argumentos doutrinários e jurisprudenciais em que se fundam as duas posições antagónicas sobre a matéria e de os apreciarmos criticamente apresentaremos aquela que julgamos ser a melhor solução da questão, distinguindo claramente comunicação pública de recepção.

Demonstraremos que só a primeira está sujeita aos direitos patrimoniais, exclusivos ou de remuneração, dos autores e titulares de direitos conexos, enquanto a segunda é completamente livre ainda que realizada em lugares públicos.

A solução de todos este problemas será, por conseguinte, o verdadeiro fim desta obra.

Para atingirmos os objectivos que nos propomos temos, porém, de partir, por razão de ordem, de uma análise histórica do enquadramento da radiodifusão no Direito de Autor. É necessário começar pelos primórdios – só se pode compreender e resolver os problemas em equação através de uma análise evolutiva. Por ela teremos de iniciar o nosso estudo.

Fá-lo-emos, contudo, numa perspectiva pós-moderna da história. A investigação histórica contemporânea não é meramente narrativa ou descritiva, aspira antes a ser explicativa e englobante. É uma história das estruturas e não apenas dos acontecimentos; é uma história em movimento que visa compreender as evoluções e transformações e não uma história estática ou história quadro; é, em suma, uma história interpretativa e não dogmática. É no âmbito desta "nova história" que trilharemos o nosso caminho.

3. Um aspecto essencial importa ainda realçar nesta nota introdutória.

A investigação que ora se apresenta será feita em sede de Direito de Autor.

Muitos dos problemas aqui abordados são passíveis de tratamento no âmbito de outros ramos de Direito.

Cingir-nos-emos, contudo, tanto quanto possível, ao Direito de Autor, sob pena de sermos obrigados a elaborar não uma mas sim várias monografias.

Isso não invalida, frise-se, que este trabalho não tenha zonas de fronteira e mesmo de interligação com outros ramos de Direito – v.g., o

Direito de Comunicação (dito Direito dos "Media") ou Direito Internacional Privado – que são de enorme interesse – mas a amplitude e exigência desta investigação impõe uma delimitação negativa do seu objecto que facilmente se compreende.

Exemplificando: quando tratarmos do problema da lei aplicável fá-lo-emos numa perspectiva jus-autoralista determinando se a noção de radiodifusão aponta para a subsunção dessa utilização à legislação de um ou de outro país e não cuidando de averiguar qual a norma de conflitos que, em concreto, regula a situação.

Dito de outro modo, o que se procurará saber é o local onde ocorre esta forma de utilização económica das obras e prestações e não os preceitos específicos que, dentro da legislação interna de cada Estado, a vão reger.

Assim, as incursões que fizermos nessas outras zonas da enciclopédia jurídica terão de ser sempre vistas como um meio para as conclusões que pretendermos demonstrar sobre o conceito de radiodifusão em Direito de Autor e não uma tentativa para esgotar temas que, por si só, imporiam obras autónomas.

Do exposto não se retira que não recorramos ao contributo de todos os instrumentos interpretativos que nos permitam a fixação adequada dos vários preceitos a aplicar.

Neste campo daremos particular atenção às modernas teses do "direito como comunicação" ("law as communication")[4-5] que se afiguram como de grande utilidade para interpretar e conjugar normas de natureza diversificada, nomeadamente as de índole internacional, que só podem ser entendidas à luz de diversos factores que permitam

---

[4] O que não significa que consideremos o "direito como comunicação" ("law as communication") como um novo ramo de Direito, mas sim uma designação onde são abrangidas diversas matérias tais como a filosofia, a sociologia, "o direito e a literatura" ("law and literature") e a teoria social.

Independentemente de não aderirmos ao número dos que entendem que o "direito como comunicação" ("law as communication") deve ser autonomizado como novo ramo jurídico e de nos parecer mesmo questionável o carácter científico de alguns elementos que nele, normalmente, são englobados, entendemos útil a visão conjunta destas matérias que pode fornecer pistas interpretativas inovadoras, tornando inteligíveis as normas a analisar.

[5] Com uma apresentação e síntese compreensiva do "direito como comunicação", veja-se DAVID NELKEN, "Law as Communication: Constituting the Field", in "Law as Communication", págs. 3 a 23.

compreender a sua criação e, partindo dela, retirar o seu sentido final.

O recurso a elementos de carácter político insere-se também neste esforço interpretativo que iremos realizar, mas deve ser entendido apenas como mais um utensílio que nos permita aplicar eficazmente uma "teoria unificadora" da interpretação[6]-[7].

O estudo que nos propomos realizar não deixará, todavia, de versar os Direitos Conexos – a sua complementaridade com o Direito de Autor impõe que a eles se alargue o âmbito da investigação.

4. A delimitação negativa do objecto deste trabalho que fizemos impõe, por fim, uma tomada de posição clara sobre a nossa concepção de Direito de Autor.

O Direito de Autor, tal como o entendemos, é a resultante da compaginação de diversos interesses igualmente relevantes.

Desde logo, o dos titulares de direitos (de autor e conexos) que através de direitos exclusivos ou de remuneração vêem compensada a sua criatividade, contributo e investimento no acesso às obras intelectuais.

Por outro lado, os utilizadores das obras e prestações, instrumentos indispensáveis da sua divulgação que terão de ver acauteladas as suas posições em função da própria lógica de mercado.

---

[6] Defendendo o primado do conceito de política como justificativo dos sistemas jurídicos modernos em detrimento de visões metafísicas e filosóficas de busca do conhecimento e da verdade, vide KOEN RAES, "Communicating Legal Identity: A Note on the Ineviatble Counterfactuality of Legal Communication", in "Law as Communiation", cit., págs. 25 a 44.

Tal tese e os riscos que encerra de um positivismo legalista são solidamente postos em causa por diversos autores. Por todos, GÜNTER ELLSCHEID, "O problema do direito natural. Uma orientação sistemática" e PER MAZURER, "Teoria analítica do direito", ambos na "Introdução à Filosofia do Direito e à Teoria do Direito Contemporâneas", de ARTHUR KAUFMANN e WINFRIED HASSEMER, págs. 211 a 280 e 369 a 380, respectivamente.

[7] Falamos de "teoria unificadora" da interpretação no sentido em que LARENZ utiliza a expressão, conjugando elementos subjectivos e objectivos, que coexistem em permanente relação de tensão, como meio adequado de fixar o sentido das proposições jurídicas – vide "Metodologia da Ciência do Direito", pág. 439 e segs. (especialmente pág. 449).

Finalmente, o público em geral. O Direito de Autor é um ramo de Direito essencialmente cultural. O acesso de todas as pessoas aos bens intelectuais é algo de indissociável do seu âmago[8].

Esta visão tripartida do Direito de Autor não nega – antes impõe – o recurso a modelos complementares da sua realização.

O Direito de Autor hodierno é a conjugação de sistemas diversificados, de cariz antagónico, em que o "Droit d'Auteur" (na vertente monisto-germânica e dualisto-francesa) e o Copyright (anglo-americano) se interligam numa ambiguidade criativa por vezes difícil de conciliar.

Tudo isto nos leva a recorrer a todos os instrumentos passíveis de permitir um entendimento global de toda a realidade.

Não recusaremos os contributos que decorrem da análise económica do direito ("law and economics"), por muito redutores que consideremos aqueles que pensam que tem de ser uma perspectiva meramente patrimonial e não cultural que justifica a tutela jus-autoral,[9] nem nos cingiremos à defesa de um Direito de Autor como direito natural inamovível que não se compadece com as mutações do próprio tecido social em que se aplica.

Em suma, o que pretendemos significar é que existe uma essência do Direito de Autor, que não se reconduz a uma visão puramente economicista[10] deste ramo de Direito, mas que também não se apresenta como algo de historicamente estático e imutável, mas sim como uma

---

[8] Focando particularmente este aspecto (ainda que a nosso ver de modo parcelar e, por isso, incompleto), veja-se GILLIAN DAVIES, "Copyright and the Public Interest".

[9] Sobre a análise económica do direito ("law and economics") e a sua aplicação ao Direito de Autor veja-se a obra antológica fundamental "The Economics of Intellectual Property – Volume I – Introduction and Copyright", edição de RUTH TOWSE e RUDI HOLZHAUER.

Da importante compilação, onde estão reunidos os principais autores desta escola, salientem-se, particularmente, pelo interesse que revelam para o nosso tema: GILLIAN K. HADFIELD, "The Economics of Copyright: An Historical Perspective", págs. 129 a 174; WENDY J. GORDON e ROBERT G. BONE, "Copyright", págs. 181 a 207; IAN E. NOVOS e MICHAEL WALDMAN, "The Effects of Increased Copyright Protection: An Analytic Approach", págs. 237 a 247; e STANLEY M. BESEN, WILLARD G. MANNING JR. e BRIDGER M. MITCHELL, "Copyright Liability for Cable Televison: Compulsory Licensing and the Coase Theorem", págs. 495 a 523.

[10] No sentido de reduzir toda a análise e todas as opções a critérios puramente económicos.

verdade dinâmica adaptável às condições permanentes de aplicação das normas[11].

Por outras palavras: "há algo de idêntico, mas só no variável; há algo de contínuo, mas só no acontecimento; há algo de permanente, mas só em manifestações mudáveis"[12].

A essência do Direito de Autor (como de qualquer outro ramo da Ciência Jurídica) não está na sua cristalização, mas sim numa contínua adaptação dos princípios básicos às evoluções, legítimas, dos próprios interesses e valores a compatibilizar, não esquecendo o seu carácter económico mas não olvidando a sua vertente cultural.

É em face desta posição de partida que a investigação subsequente deverá ser entendida.

---

[11] O que fica dito não invalida – antes pressupõe – que mesmo partindo de posições extremistas não existam zonas de confluência onde possamos chegar. É precisamente a partir dessa base comum que entendemos que foi criado e deve ser desenvolvido e compreendido o Direito de Autor moderno.

[12] HANS KÜNG, "O Cristianismo – Essência e História", pág. 21.
A aplicação desta ideia central do famoso teólogo alemão é fundadora do nosso pensamento jurídico e afigura-se-nos como perfeitamente adaptável a todas as ciências sociais.

I PARTE

O INÍCIO – A RADIODIFUSÃO TRADICIONAL

CAPÍTULO I

DO FENÓMENO TÉCNICO AO SIGNIFICADO JURÍDICO – A DISCUSSÃO NA DOUTRINA E NA JURISPRUDÊNCIA

SECÇÃO I
A TÉCNICA

1. Como é do domínio comum, a radiodifusão teve como base as descobertas do físico alemão Heinrich Hertz, que provou a existência de ondas electromagnéticas que poderiam ser emitidas pelo espaço entre dois pólos. Os primeiros aproveitamentos que se fizeram do novo fenómeno ocorreram na área militar e náutica e, posteriormente, na transmissão de notícias e relatórios de bolsa[13]. A intenção inicial que presidia à utilização da nova técnica era, pois, a transmissão entre duas pessoas ou se quisermos entre dois pontos.

Acontece, porém, que isso está em clara oposição com o facto físico da livre divulgação das ondas electromagnéticas no espaço. E, apesar disso se afigurar em certos aspectos vantajoso (pense-se, por exemplo num SOS de um navio), a primeira reacção da maioria dos Estados foi a de restringir a utilização dos instrumentos de rádio[14].

2. Mas a ubiquidade da radiofonia era incontrolável e, como sempre acontece, foi o Direito que teve de se adaptar à realidade e não o inverso.

---

[13] Para maiores desenvolvimentos sobre os aspectos técnicos da radiodifusão veja--se por todos von Ungern-Sternberg, "Die Rechte der Urheber an Rundfunk -und Drahtfunksendungen nach internationalem und deutschem Urheberrecht", 1973, págs. 1 a 15; Dillenz, "Direktsatellit und die Grenzen des klassischen Senderechtsbegriffs", 1990, págs. 13 a 17; e Frank Müller-Römer, "Sattelliten- und Kabelrundfunk", págs. A1 a A23.

[14] Dillenz, ob. cit., pág. 13.

A relação de tensão entre a desejada comunicação ponto a ponto e as possibilidades de escuta ilimitada pela generalidade das pessoas terminou, obviamente, com o triunfo da última. Casos pioneiros de radiodifusão para entretenimento são hoje verdadeiras lendas. Assim, conta-se que marinheiros que se encontravam nos respectivos navios nos serviços de comunicações afastavam o tédio contando anedotas, tocando músicas ou lendo histórias entre si.

Concretamente, como primeiro exemplo de uma radiodifusão com fins de entretenimento é apontado o programa de Natal – com palestras, música de violino e recitação de poemas – que a R.A. Fesseden transmitiu através da sua emissora de Brant Rock, no Massachusetts. Por sua vez, são considerados como ponto de partida dos programas radiofónicos regulares os concertos que na Bélgica foram emitidos desde 28 de Março de 1914, aos Sábados à tarde[15].

3. Apesar do exposto, e ainda que as bases técnicas da radiodifusão tenham sido criadas nos finais do século XIX (como já vimos), é só terminada a Primeira Grande Guerra que, com o advento da radiodifusão comercial em massa, os cultores do Direito lhe vão dedicar a sua atenção. As emissões com fins de entretenimento vão-se desenvolver a ritmo vertiginoso. Assim, segundo esclarece o mesmo DILLENZ[16], na Holanda elas iniciam-se em 6 de Novembro de 1919 e na Alemanha em 13 de Maio de 1923, apesar de só acontecerem com carácter regular a partir de 29 de Outubro de 1923.

Esta enumeração dos momentos mais significativos do surgimento da radiodifusão comercial só é relevante por nos permitir verificar como gradualmente se consciencializou a necessidade da sua destrinça relativamente à radiotelefonia em sentido estrito (comunicação entre dois pontos).

O relatório da proposta de regulamentação legal da radiodifusão em França – que data de 1929 – demonstra e resume bem as diferenças entre as duas realidades:

"A radiotelegrafia e a radiotelefonia representam um meio de comunicação entre pessoas determinadas. O emissor e o receptor são conhe-

---

[15] Como explica DILLENZ, ob. cit., pág. 15.
[16] Ob. cit. pág. 15.

cidos. A radiodifusão, pelo contrário, inclui em si uma emissão a partir de um ponto e de um determinado emissor que alcança o público de uma região, de uma nação ou, em determinados casos, um público internacional que não se consegue discriminar em pormenor. A radiodifusão tem semelhança com a imprensa – ambas se dirigem a um público anónimo e não determinado".

Também uma publicação do Ministério dos Correios alemão ("Reichspostministerium") distingue entre os serviços de radiodifusão alemães os seguintes: radiodifusão de programas ligeiros, radiodifusão de imprensa, radiodifusão económica, serviço transfronteiriço, serviço de radiodifusão europeia, radiodifusão em alto mar, radiodifusão sobre o estado do tempo, serviço de difusão sobre o gelo (sobre os rios que, especialmente no Norte, congelam durante o Inverno)[17].

No entanto, já em 1926, a designação "radiodifusão de programas ligeiros" fora substituída pela simples expressão "radiodifusão", o que documenta a consciência do próprio público sobre o aspecto essencial que estava em jogo – a transmissão de programas ligeiros para um público em massa.

DILLENZ refere, a este propósito, o paralelismo entre a radiodifusão e os sinais de fumo dos índios, os sinais por bandeiras dos marinheiros, ou as cordas com nós dos incas, como um método para transmitir informação. Realça, contudo, o seu carácter inovador por se tratar de um fenómeno cultural, económico e político especial devido ao facto de se dirigir a um público em massa[18].

Um aspecto fundamental importa, assim, e desde já, sublinhar: quando integrarmos e delimitarmos o conceito de radiodifusão a nível de Direito de Autor deveremos recordar quão importante foi, nesta passagem histórica da radiotelefonia para a radiodifusão, a palavra "mágica" que é PÚBLICO.

---

[17] DILLENZ, ob. cit., págs. 15 e 16.
[18] DILLENZ, ob. cit., pág. 17.

SECÇÃO II
A RECEPÇÃO JURÍDICA
DO CONCEITO DE RADIODIFUSÃO

1. Com o aparecimento da radiodifusão no início dos anos vinte, como vimos, passa a colocar-se, muito claramente, a questão da relevância deste novo processo a nível de Direito de Autor.

O fenómeno começa por gerar estupefacção[19]. Pouco a pouco, no entanto, a discussão vai ganhando contornos diferentes e não decorre de forma homogénea.

Pode-se afirmar que as argumentações variam consoante o tipo de legislação que vigorava nos diversos países.

Explicitando melhor: nos Estados onde existiam enumerações exemplificativas das faculdades do direito do autor – casos da Grã-Bretanha e da França – o modo de equacionar o problema foi um; nos países onde as respectivas leis enunciavam, com carácter exaustivo, os diversos tipos de direitos – como na Alemanha e na Áustria – as soluções encontradas foram distintas[20].

2. Falando do sistema francês (leis de 1791 e 1793) OSTERRIETH[21] formula isto de modo exemplarmente claro quando assinala que a transmissão por radiodifusão é um meio para a divulgação e aproveitamento das obras intelectuais, tal como os outros disponíveis, reservado exclusivamente ao autor. O direito de autor geral abrange, também, a divulgação por radiodifusão.

O mesmo autor traça o contraste entre os dois sistemas quando acrescenta que, em França, a questão da inclusão da radiodifusão no

---

[19] CRISOLLI, "Rundfunk und Urheberrecht", GRUR, 1926, pág. 200. Como afirma CRISOLLI:

"É impensável que os conceitos até agora conhecidos não se ajustem à radiodifusão; mas parece evidente que esses conceitos não se lhe adaptam; porque até agora uma tal comunicação de uma obra para um número indeterminado de pessoas era impensável".

[20] Exemplos paradigmáticos apontados por DILLENZ, ob. cit., págs. 19 a 31, como representativos da grande linha de fractura relativa à radiodifusão.

[21] OSTERRIETH, "Der Rundfunk und das Urheberrecht", GRUR, 1925, pág. 264.

Idêntica posição é defendida por SAUDEMONT, "Les droits de l'auteur sur son oeuvre", Revue Juridique International de la Radio-Électricité, 1927, pág. 246.

direito de autor pode ser afirmada com base na cláusula geral da lei de 1793. Enquanto que na Alemanha, apenas através de um recuo das proibições singulares, já que aqueles actos que não se subsumem aos direitos exclusivos típicos são, de acordo com a vontade do legislador, livres[22].

Esta distinção terá, permanentemente, de ser tomada em linha de conta na análise que seguidamente se fará da discussão ocorrida no quadro internacional.

---

[22] OSTERRIETH, ob. cit., pág. 265.
Com uma interessante resenha da situação legal de diversos países – Alemanha, França, Grã-Bretanha, Suiça, Áustria, Roménia, Suécia, Dinamarca e Noruega – vide SMOSCHEWER, "Rundfunk und Berner Konvention", GRUR, 1926, págs. 309 a 313.

II PARTE

A REGULAMENTAÇÃO INTERNACIONAL

CAPÍTULO I

A RADIODIFUSÃO NA CONVENÇÃO DE BERNA

SECÇÃO I
ANTECEDENTES DA CONFERÊNCIA
DE REVISÃO DE ROMA

1. Como anteriormente se disse, os mais importantes países dividiram-se em dois grandes grupos: aqueles em que, por força da tipicidade vigente, se procurou enquadrar a radiodifusão nos direitos anteriormente previstos e aqueles em que a inclusão não levantou grandes dúvidas em função da cláusula geral que englobava os direitos patrimoniais vindouros.

2. No primeiro caso encontravam-se a Alemanha onde então vigorava LUG (Literatururhebergesetz)[23].

A LUG desconhecia por completo a radiodifusão. A lei alemã encontrava-se, assim, sob este prisma, ainda na tradição da concessão de privilégios. O conceito de um Direito de Autor fundamentado no Direito Natural estava longe da mente do legislador, pelo que parecia faltar, também, a possibilidade de justificar, a partir de uma ideia de justiça superior, a eventual integração de lacunas resultantes do desenvolvimento técnico.

Foi a jurisprudência que desempenhou o papel decisivo para quebrar estes "grilhões". Os direitos de aproveitamento previstos na LUG

---

[23] Lei de Direito de Autor alemã de 19.06.1901. Posteriormente complementada, em 22.05.1910 por força da revisão de Berlim da Convenção de Berna, no que toca às obras cinematográficas e aos fonogramas e alterada, quanto aos prazos de duração dos direitos, pela Lei de 13.12.1939. Também o prazo de protecção das obras fotográficas foi alterado por Lei de 12.05.1940.

distinguiam – como ainda hoje acontece com a lei actual (UrhG) – as utilizações corpóreas e incorpóreas das obras.

Ao compararmos a Lei de 1901 com a actual, de 1965, torna-se notável como tão escassa regulamentação deu frutos doutrinários, jurisprudenciais e legais tão abundantes.

O preceito fundamental que procedia àquela distinção (utilizações corpóreas e incorpóreas) era o seu §11.

Nos direitos corpóreos estavam incluídas as faculdades que hoje chamaríamos de reprodução e pôr em circulação (distribuição) (§11 Abs. 1, 1.ª frase). Como direito não corpóreo a LUG apenas reconhecia os direitos de representação e execução ("Aufführungsrecht") – §11 Abs. 2[24].

Por fim, o preceito atribuía ao autor o direito exclusivo de recitar em público os seus escritos ou conferências enquanto estes não fossem editados – §11 Abs. 3 – o que hoje qualificaríamos como um direito pessoal do autor e que resultava também da parte final da alínea (Abs.) 1 da norma[25].

Verifica-se, portanto, que do preceito não se retirava qualquer possibilidade de fundamentar um novo direito de emissão.

É certo que as gravações (quando existissem) e as conferências podiam ser objecto de programas radiofónicos, ficando ao abrigo do §11, mas aí era a reprodução e a obra literária que eram protegidas e não um novo direito de radiodifusão.

3. Perante este pano de fundo compreende-se, facilmente, a controvérsia que se gerou.

A discussão começou na chamada "Grünen Zeitschrift" e continuou com o aparecimento (em 1927) das "Blätter für Funkrecht", que come-

---

[24] Ao contrário do que acontece, v.g., no nosso direito ou no direito francês, a legislação alemã não distingue os direitos de execução e representação incluindo as duas modalidades na figura do "Aufführungsrecht".

[25] O texto de todo o §11 da LUG era o que se segue:

§11 (1) – O autor tem o direito exclusivo de reproduzir a obra e de a divulgar profissionalmente; este direito não inclui o aluguer. Por outro lado, enquanto o conteúdo essencial da obra não tenha sido comunicado ao público, só o autor tem o direito de fazer essa comunicação.

(2) – O direito de autor sobre uma obra cénica ou musical inclui também o direito exclusivo de a representar ou de a executar publicamente.

(3) – Enquanto um escrito ou uma conferência não forem editadas, o autor tem o direito exclusivo de as recitar em público.

çaram por ser um anexo da GRUR mas que foram substituídas por uma nova revista (a partir de 1928) que se intitulava "Archiv für Funkrecht"[26].

É certo que havia uma opinião dominante na doutrina no sentido de que a radiodifusão de obras tinha relevância a nível do Direito de Autor. SIMSON salientou que parecia evidente que na integração de um fenómeno tão novo, e ainda não considerado pelo legislador, se teria também de dar lugar ao sentimento jurídico[27]. No mesmo sentido se pronunciou ELSTER que, ao comentar decisões de tribunais inferiores, apesar de reconhecer as dificuldades de enquadramento jurídico, entendia que os tribunais, com base numa convicção jurídica, tinham chegado ao resultado da ilegalidade da emissão de obras protegidas; os mesmos tribunais tinham procurado um apoio conceptual legal, mas não o haviam encontrado com facilidade[28-29].

A doutrina tentou por isso ultrapassar este vazio mas as divergências eram tais[30] que abriam espaço aos defensores do que poderíamos chamar uma solução zero ("Nullösung") como BORNKAMM salienta[31]. Mas, como se disse, havia uma convicção jurídica dominante – ainda que difusa – de que este novo aproveitamento técnico interferia com os direitos dos autores.

Acontece, porém, que as soluções preconizadas tinham, todas elas, um cariz positivista. Procurava-se, por conseguinte, a integração da nova figura num dos direitos previstos na LUG.

A tentativa de construir *extra legem* um novo direito não foi sequer equacionada. Os autores dividiam-se em três grandes grupos consoante defendiam a aplicação do direito de reprodução, do direito de recitação ou do direito de pôr em circulação (distribuição).

Em meados dos anos vinte eram esmagadoramente maioritários os defensores da aplicação destes dois últimos direitos[32-33]. A teoria da

---

[26] BORNKAMM, ob. cit., pág. 1354.

[27] SIMSON, "Rundfunk und Urhebereschutz", GRUR, 1925, pág. 99.

[28] ELSTER "Rundfunk und Urheberschutz" GRUR, 1925, pág. 185.

[29] Em consonância com os autores citados na duas notas anteriores veja-se ainda HILLIG, "Urheberrecht und Rundfunk", GRUR, 1925, págs. 212 a 214.

[30] Como ULMER reconhece, "Urheber -und Verlagsrecht", 1.ª ed., 1951, pág. 151.

[31] BORNKAMM, ob. cit., pág. 1354.

[32] Com síntese das várias posições vide HOFFMAN, "Nochmals: Funk und Urheberrecht", GRUR, 1926, págs. 264 a 270.

[33] Segundo uma estatística, que nos é fornecida por DILLENZ – ob. cit. pág. 19 – em 1926 a cada opinião favorável à aplicação do direito de reprodução, contrapunham-se nove em defesa do direito de pôr em circulação e dez que sustentavam o direito de recitação.

reprodução entendia que esta se realizava no aparelho de recepção, o que significava uma multiplicação da apresentação por meios mecânicos. A recepção era, pois, vista como uma violação indirecta ao direito de autor cometida pela instituição radiofónica. Esta tese ofuscava, em absoluto, a distinção, já então essencial no direito alemão, entre utilizações corpóreas e incorpóreas das obras.

Ruptura, ainda mais significativa, com esta fronteira era a teoria do direito de pôr em circulação (distribuição) que partia do significado comum das palavras que, ao contrário dos conceitos jurídicos, não restringe esta distribuição aos objectos corpóreos. Como seu defensor mais significativo encontramos Fuchs, conhecido representante da chamada "escola do direito livre" que, precisamente pela natureza das suas convicções, não se sentia vinculado à estreiteza dos conceitos legais. Num texto que ainda hoje merece atenção, Fuchs combateu a falta de ideias daqueles que tudo querem legislar e que de tão sistemáticos e ortodoxos ("systemorthodoxen Allgesetzler") partem da ideia absurda de que as normas legais são ou estão inseridas em linhas rígidas, como os corpos sólidos da natureza, a partir das quais "o infinito espaço do vazio legal" começa[34]. A posição de Fuchs tinha um alvo determinado que era Osterrieth, que no seu já referido artigo na GRUR de 1925[35] formulava magistralmente – com argumentação "baseada no arsenal da escola filológica" – a defesa da teoria da recitação.

A discussão relativamente à integração sistemática da nova figura adensava-se ainda, pelo facto de, como já vimos, o §11 da LUG prever um direito exclusivo de recitação apenas se a obra não estivesse publicada, enquanto o direito de representação ou execução do autor ("Aufführungsrecht"), relativos às obras dramáticas, dramático–musicais e musicais, integravam a sua esfera jurídica independentemente de ter existido ou não publicação[36].

---

[34] Fuchs, "Der Rundfunkstreit", Grur, 1926, págs. 73 a 76, especialmente pág. 75.
[35] Vide supra, notas 21 e 22.
[36] Sobre as consequências jurisprudenciais das diferentes teses, vide Dillenz, ob. cit. pág. 20 e seguintes e R.G., 12.05.1926, Grur, 1926, págs. 343 a 345 (traduzida em DA, 1927, pág. 74 e 76) e GRUR, 1926, págs. 345 a 348. Com crítica às mesmas vide Ulmer, "Urheber -und Verlagsrecht, 1ª edição, pág. 143 e seguintes.

4. As legislações que previam uma cláusula geral – v.g., França e Grã-Bretanha – não exerceram influência tão marcante nos projectos de regulamentação[37].

5. Na legislação portuguesa, mau grado os esforços de CUNHA GONÇALVES, vigorava o obsoleto Decreto n.º 13.725 de 3 de Junho de 1927, pelo que a situação portuguesa era, no final dos anos vinte inicio dos trinta, de vazio total[38].

6. Pode-se, pois, afirmar que as situações eram díspares nos diversos países. Havia, contudo, uma consonância generalizada no sentido de sujeitar esta nova modalidade de comunicação pública em que se traduzia a radiodifusão ao âmbito do Direito de Autor nacional e internacional.

SECÇÃO II
A CONFERÊNCIA DE REVISÃO DE ROMA DE 1928

1. Esta incursão de mero relevo histórico permite, ainda, compreender a situação em que os diferentes Estados europeus abordaram a Conferência Diplomática de Roma de 1928, para revisão da Convenção de Berna (C.B.). O facto de este tratado ser, essencialmente, um convénio de raízes europeias reforça o interesse da constatação e permite compreender os desenvolvimentos ocorridos em Itália, naquela que foi a primeira tentativa internacional de enquadramento do novo direito.

2. A Conferência Diplomática para a revisão da Convenção de Berna reuniu, então, em Roma em Maio de 1928. A radiodifusão foi, conjuntamente com o direito moral, um dos temas centrais da Conferência de Roma[39].

---

[37] Sobre a evolução nestes países vide DILLENZ, ob. cit., págs. 25 a 31.

[38] Procurando, infrutiferamente, encontrar um caminho, veja-se CUNHA GONÇALVES, "Tratado de Direito Civil" Coimbra, 1940, vol. XIV, págs. 584 a 586 e STRASCHNOV "Le Droit d' Auteur et Les Droits Connexes en Radiodiffusion", pág. 175.

[39] A importância do novo tema foi tal que, como salienta von UNGERN-STERNBERG, a Conferência de Roma passou posteriormente a designar-se como "Conferência da Radiodifusão".

Havia unanimidade quanto à necessidade de regulamentação da matéria[40], mas a partir daí a diversidade de posições quanto ao grau e modo de protecção era enorme. O programa sublinhava, ainda, que teria que se averiguar se a radiodifusão não constituía uma reprodução, uma execução ou uma recitação pública[41]. Apesar disso a proposta do Secretariado Internacional e do Governo italiano avançava com uma posição maximalista e autónoma quanto ao novo direito exclusivo a estabelecer[42].

O texto tinha por base a redacção proposta pela ALAI no seu Congresso de Varsóvia de 27 a 30 de Setembro de 1926, com a mera alteração da ordem das palavras "téléphonie" e "télégraphie". Talvez por isso o programa não se detivesse longamente na defesa da sua proposta, limitando-se a sublinhar o carácter de comunicação pública da difusão e a necessidade de uma nova autorização para a emissão produzida por uma segunda estação – no que em inglês se chamaria "rebroadcasting"[43]. Era, pelo contrário, o n.º 2 do artigo proposto, que pretendia atribuir aos artistas um direito equivalente como autores de uma "obra de segunda linha", que mais preocupava em termos de justificação a nota explicativa do programa[44].

3. O texto enviado aos países da União de Berna suscitou desde logo inúmeras reacções, mas, contrariamente às expectativas dos seus autores, foi o seu n.º 1 e não o n.º 2 que motivou debate[45]. O referido direito dos artistas não mereceu, aliás, grande atenção dado o repúdio generalizado da concepção que lhe estava subjacente – os artistas, não sendo autores, não podiam nem deviam ser protegidos na Convenção de Berna.

---

[40] Como refere BORNKAMM, ob. cit., pág. 1365.

[41] Actes de la Conférence de Rome (ACR), pág. 76.

[42] A proposta de texto de um novo art. 11-*bis* era do seguinte teor: "Os autores de obras literárias e artísticas gozam do direito exclusivo de autorizar a comunicação das suas obras ao público por telegrafia ou telefonia, com ou sem fio, ou por qualquer outro meio análogo que sirva para transmitir sons ou imagens – vide ACR, pág. 77.

[43] ACR, pág. 76.

[44] ACR, págs. 76 e 77.

[45] As propostas dos vários Estados estão comentadas em três importantes artigos todos publicados no DA, 1927, na parte não oficial, nos "Études générales", sob a epígrafe "Les Propositions Arrêtés en Vie de la Conférence de Rome".

Vide DA, págs. 116 a 119 (primeiro artigo), págs. 126 a 131 (segundo artigo) e págs. 137 a 142 (terceiro artigo).

Quanto ao aspecto essencial do novo texto – o direito exclusivo e o seu âmbito – diversos Estados realçaram, na Subcomissão para a Radiodifonia, a necessidade de não se vincularem de modo que pudesse impedir o desenvolvimento da radiodifusão enquanto serviço social. Dito de outro modo, vários Estados pretendiam que o interesse público estivesse contemplado através da possibilidade dos países estabelecerem licenças não voluntárias.

A proposta que saiu da Subcomissão presidida por AMADEO GIANNINI[46] revelava já uma tentativa de conciliação entre duas facções antagónicas. Mas o debate não terminou por aí, antes se perpetuou ao longo de toda a Conferência Diplomática[47]. Dos relatórios explicativos[48] ressaltam claramente quão extremadas foram as posições sendo as delegações francesa, britânica e italiana representativas de um dos pólos e a Nova Zelândia, Austrália e Noruega (que proporcionavam diferentes modalidades de licenças obrigatórias) defensoras do pólo oposto.

A discussão havida foi tão obsessivamente caracterizada pela divergência quanto à existência ou não de licenças obrigatórias que várias questões ficaram em aberto[49]. Assim, apesar de se esclarecer que o objecto do novo direito é a radiodifusão, não se determinou o que é que esta engloba. Ficou por saber se com a expressão radiodifusão se abarca desde a gravação em estúdio até à efectiva recepção ou apenas parte deste processo global[50]. A apresentação da obra em estúdio e a recepção podiam por isso, ser entendidas como fazendo parte da radiodifusão. Apenas se decidiu que a emissão de radiodifusão é aquela que é realizada através de ondas hertzianas, com exclusão do cabo.

O texto de compromissos adoptado foi proposto pela França e imediatamente apoiado pela Grã-Bretanha, Alemanha, Japão e Suiça, tendo ficado com a seguinte redacção:

"1 – Os autores das obras literárias e artísticas gozam do direito exclusivo de autorizar a comunicação das suas obras ao público pela radiodifusão.

---

[46] ACR, págs. 183 e 184.
[47] Vide "Rapport Général" de EDOARDO PIOLA CASELLI, ACR, págs. 210 e 211.
[48] ACR, págs. 256 a 261.
[49] Como sublinha RICKETSON, "The Berne Convention for the protection literary and artistic works: 1886-1986", 1987, pág. 437.
[50] Vide von UNGERN-STERNBERG, "Die Rechte der Urheber ..." cit., págs. 21 a 23 e DILLENZ, "Direktsatellit und die Grenzen ..." cit., págs. 40 a 45.

2 – Compete às legislações nacionais dos países da União regular as condições do exercício dos direitos referido na alínea precedente, mas essas condições terão um efeito estritamente limitado ao país que as tiver estabelecido. Elas não poderão em nenhum caso atingir o direito moral do autor, nem o direito que pertence ao autor de obter uma remuneração equitativa fixada, na falta de acordo amigável, pela autoridade competente"[51-52].

Se se procurar sintetizar o debate da Conferência de Roma, ter-se-á de concluir que o conceito de radiodifusão foi praticamente postergado. O ponto essencial de discussão foi a conciliação do direito dos autores com o direito dos Estados e do público no controlo e no acesso ao novo meio de comunicação. Foi da convergência entre duas linhas opostas que resultou o art.º 11-*bis* versão de Roma.

Do texto de 1928 podem, contudo, retirar-se alguns resultados significativos.

Desde logo, radiodifusão deve ser entendida como emissão por ondas hertzianas dirigidas a um público receptor. Se a emissão é ou não recebida efectivamente por alguém é irrelevante – apesar da margem de ambiguidade que o texto de Roma deixa quanto a este aspecto.

Não é essa a nossa posição face à interpretação histórica que se pode efectuar – e que é aliás confirmada, como veremos, pelo resultado da Conferência de Bruxelas.

Tudo isto já nos fornece alguns dados sobre o conceito de radiodifusão.

4. De qualquer modo, a solução encontrada deixava ainda muito por esclarecer.

---

[51] O texto do art.º 11-*bis* na sua versão francesa é o seguinte:

"1 – Les auteurs d'oeuvres littéraires et artistiques jouissent du droit exclusif d'autoriser la communication de leurs oeuvres au public par la radiodiffusion.

2 – Il appartient aux législations nationales des Pays de l'Union de régler les conditions d'exercice du droit visé à l'alinéa précédant mais ces conditions n'auront qu'un effet strictement limité au Pays qui les aurait établies. Elles ne pourront en aucun cas porter atteinte au droit moral de l'auteur, ni au droit qu'appartient à l'auteur d'obtenir une rémunération équitable fixée, à défaut d'accord amiable, par l'autorité compétente".

[52] Sobre as divergências importantes entre a tradução alemã e austríaca deste artigo – com relevância substancial sobre o seu entendimento – vide DILLENZ, "Direktsatellit und die Grenzen...", cit., págs. 42 a 44.

Já referimos que não ficou dilucidada, involuntariamente, a questão de saber se as gravações em estúdio e a recepção em concreto faziam parte da radiodifusão. Mas, além disso, a Conferência optou, conscientemente, por não tratar da "retransmissão"[53].

O problema colocava-se a dois níveis:

– No da "retransmissão" de uma emissão realizada por outro organismo de radiodifusão;
– No da "retransmissão" realizada pela empresa radiofónica que efectuara a emissão originária.

Das Actas da Conferência não se pode retirar, com clareza, se ambas mereceram a atenção das delegações, já que se fala indistintamente, em "rebroadcasting" e "retransmission".

Era, sem dúvida, a retransmissão por outra empresa que, no momento da Conferência, estava em primeiro plano. Todavia, pode admitir-se que a utilização de outros emissores pelo radiodifusor original também mereceu ponderação[54].

A proposta do programa da Conferência[55] refere, na sua fundamentação ao art.º 11-*bis*, que o texto proposto, que prevê uma comunicação ao público, responde à questão de saber se é necessário o acordo do autor para a emissão quando a primeira representação ou execução não se realizou em público. Esclarece, ainda, que é evidente que quando uma estação de recepção emite novamente as ondas recebidas de uma primeira estação emissora (um processo que é designado na expressão inglesa como "*rebroadcasting*"), está igualmente submetida ao direito de autor.

A delegação da Grã-Bretanha propôs ainda um complemento ao art.º 11-*bis* no sentido de constituírem comunicações distintas cada emissão primária e cada retransmissão com a ajuda de uma estação

---

[53] Utiliza-se a expressão em sentido impróprio para corresponder à tradução de "rebroadcasting" e "retransmission" utilizados nos textos da Conferência.

Como se sabe retransmissão tem um sentido técnico-jurídico próprio – vide art.º 176 n.º 10 do CDADC.

[54] Note-se que, nos trabalhos posteriores do Secretariado de Berna com vista à Conferência de Bruxelas, os dois tipos de retransmissão não merecem tratamento separado – vide DA, "Les Travaux Préparatoires de la Conférence de Bruxelles", 1933, pág. 121.

[55] Elaborada pelo Secretariado de Berna e pela Itália, mas influenciada pela proposta francesa – vide ACR, pág. 76.

emissora, bem como cada difusão pública feita com a ajuda de um altifalante, em condições tais que a comunicação directa ao público tivesse um carácter de execução pública, sujeita ao direito exclusivo do autor.

De acordo com estas propostas, como se verifica, qualquer "retransmissão" ficaria sujeita a uma nova autorização.

Elas não obtiveram, contudo, vencimento, remetendo-se para os tribunais a solução de eventuais litígios, fundamentalmente porque se receou a delimitação do conceito "rebroadcasting" no que concerne à sua aplicação prática[56].

Para possibilitar a aceitação do art.º 11-*bis* por parte da Conferência também no que respeita à retransmissão prescindiu-se, por conseguinte, de uma clarificação do conceito de radiodifusão.

O problema fora pois detectado na sua vertente técnica e na sua vertente jurídica[57]. A ampliação do âmbito dos receptores tocava a sensibilidade dos juristas ainda que a falta de certeza quanto às soluções a adoptar fosse notória.

Nos anos que se seguiram à Conferência de Roma a retransmissão por parte de uma outra empresa foi considerada pacificamente como uma emissão autónoma sujeita a nova autorização. Já quanto à retransmissão por outros emissores realizada pelo radiodifusor originário, o silêncio foi quase total visto que o seu significado foi julgado ínfimo, por se dar como certo que a empresa originária dificilmente deixaria de adquirir, contratualmente, o direito de transmitir através de toda a sua cadeia de emissores.

O tema foi, contudo, retomado desde logo nos trabalhos preparatórios da Conferência de Bruxelas[58-59].

---

[56] A delegação dos Estados Unidos foi das que mais veementemente se opôs ao tratamento da questão, solicitando uma regulamentação especial para a figura.

[57] Vide NEUGEBAUER, "Der Rundfunk auf der Romkonferenz", AfF, 1928, pág. 298 e seguintes.

[58] Vide o já citado DA, 1933, pág. 121.

[59] Apesar das imprecisões e lacunas detectadas, a solução da Conferência de Roma para a radiodifusão continuou a merecer os maiores encómios passado quase meio século por parte de alguma doutrina.

Veja-se, nesse sentido, DESBOIS/FRANÇON/KÉRÉVER, "Les conventions internationales du droit d'auteur et des droits voisins", 1976, págs. 37 e 38.

SECÇÃO III
ANTECEDENTES DA CONFERÊNCIA
DE REVISÃO DE BRUXELAS

1. Enquanto, paulatinamente, alguns países iam transpondo para a sua ordem jurídica o novo direito consagrado em Roma, o Secretariado de Berna afadigava-se, já no início dos anos trinta, com os trabalhos preparatórios da Conferência de Bruxelas que segundo se julgava teria lugar em 1935 ou 1936[60]. Esse trabalho incessante do Secretariado Internacional só terminaria, no que toca à radiodifusão, com a publicação de seis artigos no próprio ano da Conferência Diplomática[61], sendo que os dois últimos já são o comentário ao texto aprovado em Bruxelas[62]-[63].

2. Entretanto, a 11 de Junho de 1932, o RG emitira uma sentença na qual adoptava um conceito amplo de radiodifusão, entendendo que a utilização de altifalantes em restaurantes que tornavam audível ao público

---

[60] Esses "Travaux Préparatoires de la Conférence de Bruxelles" dividem-se em sete artigos publicados em DA pela ordem que se segue:
1.º – DA, 1933, págs. 73 a 77;
2.º – DA, 1933, págs. 90 a 93;
3.º – DA, 1933, págs. 97 a 99;
4.º – DA, 1933, págs. 112 a 115;
5.º – DA, 1933, págs. 121 a 124 (que interessa particularmente por ser aquele que trata do art. 11-*bis*);
6.º – DA, 1934, págs. 7 a 10;
7.º – DA, 1934, págs. 13 a 16.

[61] Vide "Radiodiffusion et Droit d'Auteur", DA, 1948, págs. 14 a 20 (1.º); DA, 1948, págs. 25 a 30 (2.º); DA, 1948, págs. 38 a 42 (3.º); DA, 1948, págs. 52 a 60 (que tem para nós a particularidade de referir a situação de Portugal e pretender retirar do art. 126 da Lei de 1927 o direito de radiodifusão do autor...) (4.º); DA, 1948, págs. 129 a 134 (5.º) e DA, 1948, págs. 141 a 146 (6.º).

[62] A Conferência de Bruxelas realizou-se em Junho e os dois últimos artigos foram publicados, respectivamente, em Novembro e Dezembro.

[63] Retrospectivando estes trabalhos e os debates entretanto acontecidos para terminar propondo uma solução que visa, exclusivamente, a protecção do autor, vide Desbois, "La Radiodiffusion et les droits d'auteur", Révue Internationale de la Radio- -Électricité, n.º 17, págs. 5 a 32.
Fazendo também análise histórica das revisões de Roma e Bruxelas da Convenção de Berna e dos momentos que as antecederam veja-se também a monumental obra de António Chaves "Protecção Internacional do Direito Autoral de Radiodifusão", págs. 42 a 54. O autor faz depois uma longa análise do direito internacional e do direito brasileiro.

obras musicais radiodifundidas não representava qualquer lesão do direito dos autores[64]. Ficava assim demonstrada a falta de clareza que existia quanto ao conteúdo do novo direito. Apesar das críticas não se terem feito esperar[65] e de ainda hoje ecoarem[66], a decisão do Supremo Tribunal alemão – que vinha na esteira de outras de 1926 – marcou a discussão subsequente[67]. A situação política internacional – que levou à Segunda Grande Guerra – impediu qualquer Conferência de revisão nos anos trinta.

É, no entanto, notável como os trabalhos preparatórios de 1933, realizados pelo Secretariado de Berna, foram praticamente idênticos ao programa da Conferência de 1948. Como adiante se verá esta constatação terá significado enorme para as conclusões a que chegaremos sobre a interpretação adequada das diversas normas.

SECÇÃO IV
A CONFERÊNCIA DE REVISÃO DE BRUXELAS DE 1948

SUBSECÇÃO I
OS PROBLEMAS A ENFRENTAR

1. Cingindo-nos ao tema do nosso trabalho – a radiodifusão – podemos dizer que as tarefas da Conferência de Bruxelas foram essencialmente a procura de soluções para os problemas que tinham ficado em aberto em Roma e para os que a nova redacção apresentada pelo Secretariado e pela Administração belga suscitava[68].

---

[64] RG, GRUR, 1932, pág. 887.

[65] Vide ELSTER, "Die Lautsprecherwiedergabe der Rundfunksendung", GRUR, 1932, pág. 840 e seguintes.

[66] Vide DILLENZ, "Direktsatellet und die Grenzen ...", cit., pág. 50.

[67] A sentença é mesmo referida nos "Documents de la Conférence de Bruxelles" (DCB), pág. 269, como já acontecera nos "Travaux Préparatoires ...", cit., DA 1933, pág. 122.

[68] A proposta do programa relativamente ao art. 11-*bis* era do seguinte teor:

"(1) os autores das obras literárias e artísticas gozam do direito exclusivo de autorizar:

1.º A radiodifusão das suas obras;

2.º Qualquer nova comunicação pública, quer por fio, quer sem fio, da obra radiodifundida;

3.º A comunicação pública, por altifalante ou por qualquer outro instrumento análogo transmissor de sons ou de imagens da obra radiodifundida.

2. A discussão começou por acontecer na Subcomissão para a radiodifusão e instrumentos mecânicos presidida por PLINIO BOLLA[69]. Os debates prosseguiram na Comissão geral tendo-se, no seio desta, criado uma Subcomissão especial encarregada de harmonizar os art.os 11-*bis* e 13.

Em primeiro lugar, as delegações centraram a sua atenção no direito de radiodifusão propriamente dito e no seu objecto. Propôs-se então substituir a expressão que vinha de Roma – a comunicação das obras ao público pela radiodifusão ("communication des oeuvres au public par la radiodiffusion") – pela nova fórmula – o direito de radiodifusão das obras ("le droit de radiodiffusion des oeuvres"). O único objectivo da modificação era deixar claro que a recepção efectiva era irrelevante em termos de direito de autor não constituindo, portanto, qualquer novo acto de aproveitamento[70]. A transparência das intenções do legislador de Berna é de uma evidência tal que se tornam abusivas tentativas mais ou menos enviesadas de contornar este aspecto.

Em segundo lugar procurou-se delimitar, embora sem grande êxito, os conceitos de "réémission", "retransmission" e "rebroadcasting".

A tarefa era complexa. Do que se pode retirar dos textos de Bruxelas é de entender que a "retransmission" era entendida como um fenómeno em que não se alargava o âmbito de emissão primitivo enquanto que a "réémission" era encarada como um novo acto de aproveitamento por se dirigir a um novo núcleo de receptores. Por sua vez, a "rebroadcasting" era uma nova difusão ("réémission") a partir de uma emissão proveniente do estrangeiro[71]. As três noções foram, contudo,

---

(2) Compete às legislações dos países da União regular, quanto às obras literárias e musicais, as condições de exercício dos direitos referidos nos números 1 e 2 da alínea anterior; mas essas condições terão um efeito estritamente limitado ao país que as tiver estabelecido. Elas não podem em nenhum caso atingir o direito moral do autor, nem o direito que pertence ao autor de obter uma remuneração equitativa fixada, na falta de acordo amigável, pela autoridade competente.

(3) Salvo estipulação em contrário, uma autorização concedida em conformidade com a alínea 1) não implica a autorização para gravar, por meio de instrumentos que permitam a fixação de sons ou imagens, a obra radiodifundida".

[69] Ver Relatório da Subcomissão em DCB, págs. 114 a 119.

[70] Vide desde logo, DA, 1933, pág. 121. Como se disse, o argumento é retomado, ainda com maior ênfase na Conferência de Bruxelas – vide DCB, págs. 114, 265 e 286 – cfr., infra, nota 81 e texto que lhe corresponde.

[71] Vide DCB, págs. 265 e 266.

objecto de grande confusão, quer nos documentos, quer no decurso dos debates[72].

Isto não obsta a que o critério "do novo âmbito de ouvintes" ou como ficou conhecido "do novo público" não tenha sido um ponto central da Conferência de Bruxelas, não só no que concerne à radiodifusão em sentido estrito (por ondas hertzianas) como também à efectuada por cabo.

3. Mas estes não foram os únicos temas que a Conferência teve de enfrentar. Uma simples comparação entre o texto de Roma, a proposta inicial do Secretariado Internacional e do Governo belga e a redacção de Bruxelas[73] – ainda hoje vigente – demonstram-nos o leque de questões que se pretenderam abarcar.

Desde logo, como já se disse, substitui-se a expressão "a comunicação das obras ao público pela radiodifusão" ("la communication des oeuvres au public par la radiodiffusion") por "radiodifusão" ("radiodiffusion"). Já atrás se justificou a razão da alteração. Pretendeu-se tornar claro que o que era determinante era a emissão da obra para o éter com possibilidade de recepção pelo público e não a recepção efectiva[74]. À alteração de redacção não correspondeu, consequentemente, qualquer modificação substancial e foi, por isso, pacífica e unanimemente aceite pelas delegações.

Além disso, na versão final partiu-se de uma visão global de radiodifusão como emissão e com isso se deixou claro que as apresentações públicas dos radiodifusores nos seus estúdios não eram englobadas no conceito.

Também o significado da gravação da obra protegida e da recepção, pública ou privada, foram delimitados, o que nos permite tirar conteúdo significativo do n.º 1, 1.º do art.º 11-*bis*.

No ponto 2 do mesmo n.º 1 reconhece-se ao autor, expressamente, um direito autónomo face a uma nova comunicação, por fio ou sem fio, da obra radiodifundida **desde que realizada por um outro organismo**[75].

---

[72] Como notam DILLENZ, ob. cit., pág. 55 e von UNGERN-STERNBERG, ob. cit., págs. 37 e seguintes.
  Vide também DCB, pág. 289 e DA, 1933, cit., págs. 121 e seguintes.
[73] Sobre os dois primeiros vide DCB, pág. 270
[74] Cfr., DCB, págs. 114, 265 e 286.
[75] Nosso o sublinhado.

O n.º 1, 3.º, do art.º 11-*bis* pretende resolver o problema da apresentação pública por altifalantes[76] ou **instrumento análogo**[77].

Por fim, o n.º 3 – que tanta discussão gerou – vem salvaguardar o direito das empresas emissoras e dos Estados relativamente às designadas gravações efémeras, em face do interesse funcional e cultural das mesmas.

A nova redacção do art.º 11-*bis* inclui, pois, do ponto de vista dogmático, regulamentações de tipo heterogéneo cuja inclusão no mesmo preceito visa uma demarcação global do direito de radiodifusão em sede de direito de autor[78]. Torna-se, por isso necessária, uma análise detalhada do seu conteúdo e das suas fronteiras[79].

---

[76] Que se discutia desde a sentença do RG de 1932.

[77] Nosso, também, o sublinhado.

[78] Como refere von UNGERN-STERNBERG, ob. cit., pág. 28 – que vê no art. 11-*bis* uma visão restrita do direito de radiodifusão.

[79] Como é sabido o texto actual do Artigo 11-*bis* da C.B., cuja redacção final foi estabelecida em Bruxelas, é do seguinte teor:

«Artigo 11-*bis*

1. Os autores das obras literárias e artísticas gozam do direito exclusivo de autorizar:

1º A radiodifusão das suas obras ou a comunicação pública dessas obras por qualquer outro meio que sirva à difusão sem fio dos sinais, sons ou imagens;

2º Qualquer comunicação pública, quer por fio, quer sem fio, da obra radiodifundida, quando essa comunicação seja feita por outro organismo que não o de origem;

3º A comunicação pública, por altifalantes ou por qualquer outro instrumento análogo transmissor de sinais, sons ou imagens, da obra radiodifundida.

2. Compete às legislações dos países da União regular as condições do exercício dos direitos referidos na alínea 1) supra, mas estas condições terão um efeito estritamente limitado ao país que as tiver estabelecido. Elas não podem, em nenhum caso, atingir o direito moral do autor, nem o direito que pertence ao autor de obter uma remuneração equitativa fixada, na falta de acordo amigável, pela autoridade competente.

3. Salvo estipulação em contrário, uma autorização concedida em conformidade com a alínea 1) do presente artigo não implica autorização para gravar, por meio de instrumentos que permitam a fixação dos sons e imagens, a obra radiodifundida. Fica, todavia, reservado às legislações dos países da União o regime das gravações efémeras efectuadas por um organismo de radiodifusão pelos seus próprios meios e para as suas emissões. Essas legislações poderão autorizar a conservação dessas gravações nos arquivos oficiais, em razão do seu carácter excepcional de documentação."

SUBSECÇÃO II
O ARTIGO 11-*BIS* NÚMERO 1, 1.º

1. Além da modificação da expressão "comunicação das obras ao público pela radiodifusão" por "radiodifusão", já amplamente comentada, outros aspectos merecem ser realçados.

Ainda relativamente a esta alteração terminológica refira-se que a mesma não retira o carácter de comunicação pública à radiodifusão, como resulta da parte final do mesmo n.º 1, 1.º do art.º 11-*bis* e do n.º 1, 2.º do mesmo preceito[80].

Por outro lado, deixaram ainda de existir dúvidas quanto à responsabilidade sobre os programas emitidos quando a empresa radiofónica utilizava para a transmissão equipamentos de outras instituições (v.g., dos correios como vulgarmente acontecia na Alemanha).

É, pois, o radiodifusor e só ele que é responsável pelo conteúdo do programa. Como von UNGERN-STERNBERG, numa imagem elucidativa, esclarece "os correios têm tanto a ver com a utilização das obras protegidas emitidas como com o conteúdo das cartas que transportam"[81].

2. Apesar de o programa da conferência de Revisão de Bruxelas ter prescindido de uma noção de radiodifusão por ela já ser do conhecimento geral[82], uma tal definição está, ainda hoje, longe de ser pacífica[83]. De qualquer modo, pode-se retirar conteúdo útil do texto convencional.

Assim, além de a radiodifusão se destinar, directamente, ao público – donde a sua integração entre os meios de comunicação pública, já referenciada – ficou também claro que o conceito de radiodifusão engloba

---

[80] Vide von UNGERN-STERNBERG, ob. cit., pág. 28.

[81] Idem, ob. e loc. cit. na nota anterior.

[82] O texto diz expressamente: "É só a emissão no éter que é determinante; é indiferente que a obra radiodifundida tenha sido captada e entendida, ou mesmo simplesmente perceptível ao ouvido. Uma estação emissora não se poderia justificar de não ter requerido o consentimento do autor, provando que a sua emissão não tinha sido recebida por ninguém. É, pois, recomendável, deixar cair na alínea 1 a fórmula onde intervém a comunicação ao público pela radiodifusão e reservar, mais brevemente, ao autor o direito de radiodifundir as suas obras. **A noção de radiodifusão é hoje conhecida de todos: não existe necessidade de a definir na Convenção**" (nosso o sublinhado) – vide DCB, pág. 265.

[83] Sobretudo a partir do momento em que se iniciou a radiodifusão por satélite.

apenas aquela que seja realizada por ondas hertzianas. A expressão sem fio, adoptada em função de uma proposta da delegação monegasca[84], tem precisamente esse significado.

Por outro lado, foi recusada – por 2 votos a favor, 15 contra e 3 abstenções – a proposta, também do Mónaco, que restringia o direito de radiodifusão às obras divulgadas há menos de um ano[85].

O conceito de radiodifusão da Convenção de Berna é, portanto, um conceito jurídico com um sentido próprio e não de linguagem comum e não pode, por conseguinte, ser interpretado extensivamente a ponto de o subverter[86].

Temos assim como elementos constitutivos do direito de radiodifusão no art.º 11-*bis* da Convenção de Berna: a comunicação pública e a emissão através de ondas hertzianas[87].

3. Com o advento das transmissões por feixe dirigido para estações de mediação e por satélites de radiodifusão indirecta – que dirigem a emissão para uma ou mais estações terrestres que, por sua vez, procedem à transmissão para o público – recolocou-se a questão do sentido da

---

[84] Vide DCB, pág. 287.

[85] A proposta do Mónaco – vide DCB, págs. 271, 272, 278, 279 e 288 – retomava outras apresentadas na Conferência de Roma pela Noruega e pela Checoslováquia.

[86] Como sublinha von Ungern-Sternberg, ob. cit., págs. 29 e 30.

[87] Esta noção mínima do conceito de radiodifusão não significa qualquer adesão às definições do Tratado de Atlantic City de 1947, que tratou da matéria em sentido técnico e no estrito âmbito do direito das telecomunicações – como fazem questão de salientar von Ungern-Sternberg, ob. cit. v.g. págs. 33 (nota 63), 43 e 44; e Dillenz, ob. cit. págs. 57, 58 e 65.

Partindo de posições opostas, vide Straschnov, "Le Droit d'Auteur...", cit., que inicia a sua obra, desde logo, com uma série de "definições e noções preliminares" de carácter técnico – págs. 13 a 18 – e que pauta toda a sua obra por esse ponto de partida (v.g., pág. 85); Deliyanni, "Le Droit de Représentation des Auteurs face à la Télévision Transfrontière par Satellite et par Câble", Paris, 1993, v.g., págs. 34 e seguintes, 74 e seguintes e 107 e seguintes – estes pressupostos técnicos em que a autora se baseia acabam por ser fatais para as suas conclusões; Lokrantz-Bernitz, "Les télésatellites et le droit d'auteur", RIDA, XVIII, Abril 1971, págs. 84 e 85; e Ricketson, "The Berne Convention...", cit., pág. 440.

Adiante retomaremos o problema fazendo prova definitiva de que a noção técnica de Atlantic City, apesar da proximidade temporal com a Conferência de Bruxelas, nada tem a ver com o conceito de direito de autor que consta da Convenção de Berna – cfr., infra, pág. 63 e seguintes.

radiodifusão[88]. Pretendeu-se que o art.º 11-*bis* n.º 1, 1.º abrangeria não apenas as emissões para o público mas ainda as que só indirectamente lhe são proporcionadas. É assunto que retomaremos adiante. Por ora, diga-se que um tal entendimento não tem o mínimo de suporte no texto da Convenção.

A ideia de comunicação pública, que o ponto 1 e 2 do n.º 1, do art.º 11-*bis* sublinham, não deixa espaço a outro entendimento e não são argumentos genéricos – como os que afirmam que a Convenção de Berna visa proteger de forma eficaz – ou simplistas – como os que defendem que a emissão se destina indirectamente ao público[89] – que contrariam a solução apresentada.

Aos primeiros, responder-se-á que a protecção da Convenção de Berna não é nem poderia ser absoluta. Aliás, o próprio art.º 11-*bis* é disso prova eloquente quando, no seu n.º 1, 2.º permite ao radiodifusor originário novas transmissões por fio ou sem fio da obra radiodifundida, sem recurso a nova autorização do autor. Aos segundos, dir-se-á que a própria Convenção de Berna admite limites aos direitos mínimos por ela concedidos – vide o art.º 9 n.º 2 para o direito de reprodução e o próprio art.º 11-*bis* n.º 3 para as gravações efémeras.

Mas o que nos parece decisivo é o facto de o direito de autor só tutelar, por princípio, as utilizações públicas directas das obras – através das quais se concretiza o seu aproveitamento.

Constituem excepção a tal princípio as chamadas faculdades instrumentais que se incluem no exclusivo de exploração económica do autor. Mas essas, precisamente pelo seu carácter excepcional, são típicas como, entre nós, OLIVEIRA ASCENSÃO demonstrou exemplarmente[90]. Não existe, por conseguinte, qualquer suporte na Convenção de Berna que sustente aquilo que normalmente se designa por "direito de injecção". As legislações que o adoptaram fizeram-no, pois, em perfeita contradição com o texto daquele tratado.

---

[88] Posteriormente se estudará com mais detalhe a matéria da radiodifusão por satélite e a distinção entre vários tipos de satélite existentes. Por ora basta-nos esta noção empírica para a interpretação do art. 11-*bis*.

Também as emissões por feixe dirigido suscitam debate idêntico.

[89] Vide LOKRANTZ-BERNITZ, "Les télésatellites et le droit d'auteur", cit., págs. 93 e seguintes, especialmente, pág. 95.

[90] OLIVEIRA ASCENSÃO, "Direito de Autor e Direitos Conexos", v.g., págs. 210 e 231.

Em síntese, podemos afirmar inequivocamente, que as emissões não destinadas directamente ao público estão excluídas do âmbito de protecção do art.º 11-*bis*.

4. A Convenção de Berna, no que é acompanhada pelos restantes tratados internacionais, não consagra nenhuma definição especial de público, apesar das referências sucessivas que faz à comunicação pública.

De todo o modo as diversas legislações nacionais a quem ficou entregue a determinação da noção entendem o conceito de público em sentido amplo, o que significa que não se devem colocar exigências particulares para considerarmos o âmbito público da radiodifusão[91]. O que importa é que a emissão se dirija a um número indeterminado e indiscriminado[92] de pessoas, sem quaisquer exigências quantitativas ou demarcações territoriais. Não existem, por conseguinte, quaisquer balizas numéricas para considerarmos que existe ou não uma comunicação pública por radiodifusão – a existência de um público indeterminado basta-nos para a qualificação.

Desta posição, que sustenta que a radiodifusão se tem de dirigir a uma generalidade de pessoas indeterminadas e indiscriminadas, retira-se, ainda, como corolário, a confirmação daquilo que já antecipámos: as emissões, que apenas veiculam a obra para um organismo, que as recebe para posteriormente as comunicar ao público, não são radiodifusão em sentido jurídico. O que a Convenção de Berna reserva ao autor é o meio de comunicar. Apenas a radiodifusão, que atinge directamente um público (conforme o delimitámos), faz parte do direito exclusivo do autor.

---

[91] Como salientam, por todos LOKRANTZ-BERNITZ, ob. cit., pág. 93 e seguintes e von UNGERN-STERNBERG, ob. cit., pág. 32.

Mostrando as disparidades existentes entre as diversas legislações sobre a noção de público, veja-se KEMPER, "The Notions of Private and Public Uses and their Importance in the Face of New Reproduction and Communication Technologies", 1994.

Contrapondo aquilo que chama um conceito "menos moderno" a um "mais progressista", o autor analisa as leis alemã (art.º 15 n.º 2), suíça (art. 19) e polaca (art.º 23) como exemplos da concepção clássica e as leis americana (§101) e espanhola (art.º 20 n.º 1), bem como a proposta base da OMPI relativa ao novo Tratado de Direito de Autor daquela Organização (Genebra 1996), como paradigmas de fórmulas mais modernas.

Como é óbvio, o autor acaba por defender estas últimas....

[92] O adjectivo indiscriminado permite afastar do conceito de radiodifusão emissões dirigidas a locais específicos – v.g., um evento social ou uma determinada empresa.

É, pois, irrelevante que a estação intermédia tenha dezenas ou centenas de funcionários ou outras pessoas no seu estúdio. Eles não são público a nível de Direito de Autor e com a recepção por essa estação não se completa qualquer processo de emissão radiofónica. Não é uma questão numérica ou sequer de composição do público que aqui está em causa.

A consequência prática desta constatação é, como já se sublinhou, a de que todas as emissões para estações de mediação caem fora do âmbito do direito de radiodifusão do autor. O radiodifusor em sentido técnico--jurídico é, em sede de Direito de Autor, o organismo que emite para um público em geral e só ele está adstrito à obtenção das autorizações dos titulares dos direitos em jogo.

Como von UNGERN-STERNBERG sugestiva e metaforicamente afirma:
"Uma transmissão por satélite de distribuição é, contrariamente à radiodifusão no sentido de Direito de Autor, um comércio grossista com emissões: tal como o comércio grossista entre uma empresa de produtos petrolíferos e comerciantes de combustíveis não se torna comércio retalhista, quando os comerciantes e os seus empregados utilizam parte dos combustíveis fornecidos para aquecer as suas próprias casa, também uma emissão por satélite de distribuição não se torna emissão radiofónica, quando é tornada acessível a um determinado grupo (de técnicos e funcionários que visionam a emissão a título de controlo)"[93].

SUBSECÇÃO III
EXCURSO – O CONCEITO DE PÚBLICO

1. Como ficou demonstrado na subsecção anterior a noção de público é decisiva para o próprio conceito de radiodifusão.

---

[93] Von UNGERN-STERNBERG, ob. cit., pág. 34, refere apenas, nesta parte, os satélite de distribuição mas as suas conclusões são *mutatis mutandis* aplicáveis aos restantes tipos de "radiodifusão indirecta". O autor prossegue a sua análise numa improfícua demonstração de que a televisão está abrangida não pelo conceito de "radiodiffusion", mas sim pela segunda parte do art.º 11-*bis* n.º 1, 1º.

Uma tal conclusão não pode merecer o nosso acolhimento. Como STRASCHNOV demonstra – ob. cit., pág. 85 e "Le régime du droit d'auteur en télévision", GRUR, 1950, págs. 71 a 76 – o conceito engloba quer a rádio quer a televisão.

O significado prático da questão é, aliás, diminuto conforme o próprio von UNGERN-STERNBERG, se vê forçado a reconhecer – ob. cit., págs. 35 e 36.

A posição que apresentámos sobre o que se deve entender por público – conjunto indeterminado e indiscriminado de pessoas – deve ser entendida no estrito âmbito do Direito de Autor, não se devendo estabelecer identificação com conceitos de público paralelos válidos para outros ramos de Direito.

O conceito de público varia consoante a finalidade das normas. A modelação do legislador é instrumental para as suas finalidades e parte das categorias paradigmáticas dos destinatários de protecção das normas.

2. Assim, encontramos um conceito de público pouco elaborado no Código Civil e compreende-se que assim seja.

De facto, os três preceitos de onde o podemos retirar – os arts. 225, 459 e 463 do C.C. – visam determinar a vinculação do proponente pelo que é despiciendo à finalidade das normas uma demarcação mais exacta do que se entende por público.

3. Por sua vez do art.º 109 do Código dos Valores Mobiliários resulta que a oferta é pública não apenas quando dirigida a um conjunto indeterminado de destinatários (n.º 1) mas também quando destinada a conjuntos determinados (n.ᵒˢ 2 e 3), porque o controle que o legislador pretende por parte da Comissão do Mercado de Valores Mobiliários faz abrangê-los, afastando a indiscriminação, a indeterminação e o anonimato que comummente associamos ao público.

4. O que fica dito é igualmente válido para o Direito da Publicidade.

Dada a sua particular relação com o Direito de Autor sobre ele nos deteremos com mais pormenor.

Fruto da reconhecida polissemia da língua portuguesa, também no âmbito da publicidade o conceito de público sofre das condicionantes que a actividade publicitária[94] a que se reporta lhe impõe, que por sua vez

---

[94] Atente-se à distinção entre publicidade e actividade publicitária proposta por RUI MOREIRA CHAVES (Código da Publicidade Anotado): "Hodiernamente, **publicidade** e **actividade publicitária** não se confundem, tanto mais que aquela vem definida no art.º 3 e esta no art.º 4 (do Código da Publicidade), sendo a primeira considerada como um acto de comunicação e a segunda como a prática organizada e sequencial de tal acto de comunicação". Pode a actividade publicitária ser definida igualmente enquanto "conjunto de operações (concepção, criação, produção, planificação e distribuição publicitárias) relacionadas com a difusão de uma mensagem publicitária junto dos seus destinatários,

enfrenta as fortes limitações com que o legislador se propôs enquadrá-la. Assim, o conceito de público, em publicidade, resulta desta dupla tensão que em si se reflecte, e que reconduz o conceito à posição de mínimo denominador e âmago de toda a actividade publicitária.

No entanto, e apesar deste desvio específico face ao significado corrente, o público, em publicidade, terá sempre e inevitavelmente um íntimo laço de conexão com o público daquele meio que, em determinado momento, seja o veículo da mensagem publicitária[95-96-97].

Define CARLOS FERREIRA DE ALMEIDA a publicidade como "toda a informação dirigida a um público com o objectivo de promover, directa ou indirectamente, uma actividade económica". É esta a posição que encontra eco na anterior visão do Código da Publicidade. Esclarece todavia em complemento da sua posição que, por ser reconhecidamente incompleta e parcelar, "não é conveniente exigir que os produtos ou serviços sejam de natureza comercial".

A evolução do conceito e do seu conteúdo encontra, hoje, reflexo na legislação[98].

---

bem como as relações jurídicas e técnicas daí emergentes entre anunciante, agências de publicidade e entidades que explorem os suportes publicitários ou que exerçam a actividade publicitária".

[95] A este respeito, atente-se na posição de CARLOS FERREIRA DE ALMEIDA "Conceito de Publicidade", pág. 15, que considera que para a existência ou não de publicidade não será decisiva a existência de certos meios, como os chamados meios de comunicação social, bastando outros que possibilitem a difusão da mensagem publicitária.

[96] Para FERREIRA DE ALMEIDA, "Conceito de Publicidade", cit., pág. 23, "Sob inspiração do modelo de Lasswell (quem diz o quê, porque canal, a quem, com que efeito)", o canal da publicidade é "um qualquer, desde que tenha aptidão para expressar aquele conteúdo, com aquele efeito, perante o público".

[97] Como comentam PEDRO QUARTIN GRAÇA SIMÃO JOSÉ e ANTÓNIO CÔRTE--REAL CRUZ, "Colectânea de Direito da Publicidade", págs. 27 e 28, nota 3 ao art.º 1, "Os processos audio e/ou visuais que são utilizados para se transmitir determinada mensagem publicitária podem ser muito diversos. Não só são meios a televisão, imprensa, rádio, cinema, etc., como também edições de informação geral (lista telefónica, por ex.), veículos automóveis, meios comerciais (montras, tabuletas, por ex.), os próprios produtos (através de rótulos, embalagens e etiquetas), etc.. As regras sobre rotulagem e apresentação dos produtos constituem, aliás, uma parte, muito significativa das regras da publicidade."

[98] Como salientam CATARINA PAIS SILVA e JOÃO M. LOUREIRO, "Código da Publicidade – Anotado", pág. 9, nota 3 ao art.º 1, "A publicidade não só é objecto de regulação neste Código da Publicidade, como também é contemplada pelo ordenamento jurídico

Deparamo-nos com a terminologia já referida, desde logo, no art.º 1.º do anterior Código da Publicidade[99]. Porém, temos que mesmo na vigência desse Código, se procedia, como propôs FERREIRA DE ALMEIDA, a uma interpretação extensiva das suas disposições no que concerne ao conceito de publicidade, fruto da referida inconveniência em afectar a prática publicitária apenas a produtos ou serviços de natureza económica. O levantamento claro e inequívoco da indesejável restrição verifica-se na posição actualmente acolhida pelo legislador, plasmada no art.º 5.º do Decreto-Lei n.º 330/90, de 23 de Outubro (Código da Publicidade), sucessivamente alterado[100], no qual se procedeu ao alargamento do seu âmbito à promoção de ideias, princípios, iniciativas ou instituições, para lá das já referidas actividades económicas. Verifica-se, em consonância com a posição então assumida, o alargamento do âmbito da publicidade à "publicidade de Estado ou oficial", termo constante da versão originária do Decreto-Lei n.º 330/90, de 23 de Outubro, que julgamos infeliz, e a cuja alteração e clarificação se procedeu pelo Decreto-Lei n.º 6/95, de 17 de Janeiro[101].

De facto, não seria conveniente limitar o âmbito da actividade publicitária a produtos ou serviços de natureza exclusivamente económica/ /comercial. Tal delimitação desconsideraria e lançaria num hiato legislativo, designadamente, a enorme quantidade de informação institucional

---

em numerosa legislação avulsa, nomeadamente a que tem como objecto os diversos "media" (v.g. lei da imprensa, da rádio, da televisão, do cinema e do audiovisual, etc.) ou as diferentes categorias de produtos ou serviços".

[99] Decreto-Lei n.º 303/83, de 28 de Junho.

[100] O actual Código da Publicidade, aprovado pelo Decreto-Lei n.º 330/90, de 23 de Outubro, foi alterado, sucessivamente, pelo Decreto-Lei n.º 74/93, de 10 de Março, pelo Decreto-Lei n.º 6/95, de 17 de Janeiro, pelo Decreto-Lei n.º 61/97, de 25 de Março, pela Lei n.º 31-A/98, de 14 de Julho, pelo Decreto-Lei n.º 275/98, de 9 de Setembro, pelo Decreto-Lei n.º 51/2001, de 15 de Fevereiro e pelo Decreto-Lei n.º 332/2001, de 24 de Dezembro.

[101] Enquanto que o Decreto-Lei n.º 330/90, de 23 de Outubro, sujeitando a "publicidade de Estado ou oficial" ao em si disposto, a definia no seu art. 3.º n.º 5 como "toda aquela que é feita por organismos e serviços da Administração Central e Regional, bem como por institutos públicos nas modalidades de serviços personalizados e de fundos públicos", a alteração introduzida pelo Decreto-Lei n.º 6/95, de 17 de Janeiro, determina a esse respeito, no n.º 2 do art.º 3.º, que: "Considera-se também publicidade qualquer forma de comunicação da Administração Pública, (...), que tenha por objectivo, directo ou indirecto promover o fornecimento de bens ou serviços", não se envolvendo em qualquer questão ou indefinição desnecessária.

que circula nos meios de comunicação[102]. Essa informação, ainda que primariamente desprovida de lógica economicista ou comercial pode incorrer, tanto quanto aquela para o lucro vocacionada, em situações de violação dos direitos dos cidadãos consumidores, sendo que a defesa destes é um fundamento basilar da legislação da publicidade.

Também dos pontos de vista jurídico e económico a delimitação da actividade publicitária a actos de natureza económica ou comercial não seria desejável. Do ponto de vista jurídico, mantendo-se tal opção terminológica, a abrangência da codificação em análise ver-se-ia dramaticamente amputada fruto da necessária, porém restritiva, qualificação da pessoa jurídica promotora do acto publicitário como comerciante[103]. Quanto ao segundo âmbito referido, o económico, a eventual restrição ao conteúdo da publicidade a actividades de natureza "comercial" (sector terciário de actividade), envolveria o afastamento daquelas incluídas nos sectores agrícola e extractivo (sector primário) e industrial (sector secundário) da economia do âmbito da actividade publicitária[104]. Tal facto, certamente, não encontraria correspondência com a realidade de facto, nem sequer com o elemento teleológico da norma, redundando a regulamentação numa incompletude e tratamento parcelar indesejáveis.

Entendemos, pois, ser a noção adoptada pelo actual Código da Publicidade, porque fruto da evolução legislativa em aproximação da realidade dos factos, aquela que melhor resume a sua natureza e carácter, adivinhando ainda uma maleabilidade tal que lhe permitirá, no futuro, acolher os avanços técnicos, publicitários e sociais.

Considera-se, por conseguinte, publicidade[105] qualquer forma de comunicação feita por entidades de natureza pública ou privada, no âmbito de uma actividade comercial, industrial, artesanal ou liberal, com o objectivo directo ou indirecto de promover, com vista à sua comercialização ou alienação, bens ou serviços, promover ideias, princípios ou instituições, com excepção das comunicações de natureza política e/ou propagan-

---

[102] Sem prejuízo do referido em nota de rodapé n.º 95.
[103] FERREIRA DE ALMEIDA, "Conceito de Publicidade", cit., pág. 17.
[104] FERREIRA DE ALMEIDA, "Conceito de Publicidade", cit., pág. 17.
[105] CATARINA PAIS SILVA e JOÃO M. LOUREIRO "Código da Publicidade", cit., pág. 10, nota 2 ao art.º 3, sublinham que: "A definição de publicidade é inspirada na que consta da Directiva 84/450/CE, de 84/09/10, bem como na definição da Convenção sobre Televisão sem Fronteiras do Conselho da Europa".

distas[106], e ainda, qualquer forma de comunicação da Administração Pública que, para lá dos fins já indicados, tenha por objectivo, directo ou indirecto, promover o fornecimento de bens ou serviços.

Decorre do exposto, que a evolução da legislação se verificou no sentido da adequada interpretação da norma, através do alargamento do âmbito das actividades susceptíveis de serem consideradas publicidade.

A legislação reguladora do sector, por necessidade da sua adequação a uma rápida e constante mutação do mesmo, gerador de um volume de negócios significativo, tem vindo a ser o espelho da referida evolução[107].

Tal situação, que poderia parecer excessiva do ponto de vista da criação legislativa, não é mais que o reflexo do concurso entre a rápida evolução da tecnologia apta a ser suporte publicitário, e a crescente pressão de consumo junto daquele que o legislador visa proteger – o consumidor[108].

Independentemente da terminologia utilizada nos instrumentos legais de regulamentação do sector, a figura incontornável em publicidade é, sem dúvida, o consumidor. Assim procede o próprio Código no seu preâmbulo, salientando a tutela constitucional devida[109].

Em sentido económico dispensar-se-á a explicação desse facto. Afinal é o consumo "de facto"[110] dos produtos, dos serviços, dos princípios e dos ideais publicitados, que preside à existência da actividade publicitária, ainda que este consumo possa não se repercutir em termos económicos. É o seu móbil.

---

[106] Como referem PEDRO QUARTIN GRAÇA SIMÃO JOSÉ e ANTÓNIO CÔRTE-REAL CRUZ "Colectânea de Direito da Publicidade", cit., pág. 29, nota 5 ao art. 3, "A propaganda política foi sempre excluída do conceito legal de publicidade. Tanto no DL n.º 421/80 de 30 de Setembro como no DL n.º 303/83, de 28 de Junho. No entanto, é perfeitamente admissível a utilização dos canais publicitários para fazer propaganda política (salvo a partir da data de marcação das eleições, cfr. Lei n.º 14/79 de 16.5, e DL n.º 319-A/76 de 3.5)."

[107] Cfr., supra, nota 100.

[108] Cumulativamente ao Código da Publicidade, à Lei de Defesa do Consumidor, e às Directivas Comunitárias, dever-se-á considerar a relevância do Código de Práticas Leais e para a Publicidade promovido pela Associação Portuguesa das Agências de Publicidade.

[109] A tutela constitucional dos direitos do consumidor encontra assento no art.º 60.º da Constituição da República Portuguesa.

[110] Por consumo entenda-se aproveitamento, utilização, não envolvendo, necessariamente, a aquisição ou outras formas de oneração dos bens.

Em sentido jurídico o seu conteúdo difere ligeiramente, e tanto assim é que o próprio Código da Publicidade, procedendo com as devidas cautelas, apenas utiliza o termo em sentido próprio – aquele que encontramos na Lei de Defesa do Consumidor[111] – no seu preâmbulo.

A referida Lei de Defesa do Consumidor define-o como "todo aquele a quem sejam fornecidos bens ou serviços destinados ao seu uso privativo por essa pessoa singular ou colectiva que exerça, com carácter profissional, uma actividade económica"[112]. Será todavia inconveniente, porque limitativo, considerar o destinatário da publicidade como consumidor naquela acepção precisa, mas restritiva[113].

Em suma, tendo em vista a definição do público em publicidade, devemo-nos reconduzir no imediato à definição constante do Código da Publicidade. Como já se explicou, a adequação terminológica introduzida conduz-nos no sentido do público enquanto "destinatário", sendo que historicamente nem sempre assim sucedeu. A alínea d), do art.º 5.º, do referido diploma não hesita em definir o destinatário da mensagem publicitária enquanto "a pessoa singular ou colectiva a quem a mensagem publicitária se dirige ou que por ela, de qualquer forma seja atingida". Por outro lado, inclui no âmbito da "mensagem publicitária" todo um leque de conteúdos que, na sua multitude de propósitos e origens não se poderão compadecer com uma delimitação restritiva dos sujeitos do

---

[111] Na Lei n.º 24/96, de 31 de Julho, afirma-se no seu art.º 2 – n.º 1, que: "Considera-se consumidor todo aquele a quem sejam fornecidos bens, prestados serviços ou transmitidos quaisquer direitos, destinados a uso não profissional, por pessoa que exerça com carácter profissional uma actividade económica que vise a obtenção de benefícios"; n.º 2: "Consideram-se incluídos no âmbito da presente lei os bens, serviços e direito fornecidos, prestados e transmitidos pelos organismos da Administração Pública, por pessoas colectivas públicas, por empresas de capitais públicos ou detidos prioritariamente pelos Estados, pelas Regiões Autónomas ou pelas Autarquias Locais e por empresas concessionárias de serviços públicos".

[112] Art.º 2.º da Lei n.º 29/81, de 22 de Agosto.

[113] Como FERREIRA DE ALMEIDA, "Conceito de Publicidade", cit., pág. 15, julgamos não haver razão para não aplicar os princípios gerais da publicidade àquelas mensagens que se destinem exclusiva ou cumulativamente a utilizadores intermédios, desde que verificados os elementos característicos da actividade publicitária. Igualmente, "tão--pouco deixará de se verificar a existência de publicidade quando os seus destinatários não sejam sequer tomados como consumidores (em sentido lato), visto que publicidade existe que pretende atrair a atenção e promover a realização de negócios com potenciais fornecedores de bens que o anunciante, industrial ou comercial, pretende comprar, para transformar ou vender, ou serviços que utiliza na sua actividade".

Direito da Publicidade, sob o risco da não regulamentação de áreas essenciais da "comunicação pública", neste caso, comunicação pública com carácter tendencialmente comercial do ponto de vista do consumidor.

No que respeita ao seu destinatário, a mensagem publicitária há-de caracterizar-se por ser dirigida ao público, o qual se poderá qualificar em diferentes e não concordantes termos pela doutrina, enquanto clientela virtual[114], adquirente em potência, indirectamente relacionado com o meio de difusão. De acordo com a doutrina dominante, a ideia de público não deve relacionar-se com a indeterminação da pessoa do destinatário (destinatários indeterminados mas determináveis), mas com a indeterminação do seu número, pondo em evidência o seu aspecto quantitativo e a sua tendência expansiva. O público deve definir-se pela indeterminação e amplitude dos destinatários, independentemente de quem sejam os receptores.

Não há, portanto, publicidade, quando se procura contactar uma pessoa concreta através de um anúncio público (múltiplos receptores, um destinatário)[115]. No entanto, e em face da necessária defesa dos consumidores, deve a legislação abarcar, no seu âmbito o universo de todos os receptores da mensagem, da totalidade do público, e não apenas dos seus destinatários na óptica do emissor, já que aqueles, tanto quanto estes, se encontram na susceptibilidade de serem afectados por práticas lesivas.

Em Direito da Publicidade, o destinatário, aquele cuja tutela jurídica o justifica, não é apenas quem, na óptica do promotor da publicidade, se encontra apto a consumir os bens ou serviços, mas sim todo aquele que, recebendo a comunicação, a mensagem publicitária, ainda que inadvertidamente, se constitui enquanto potencial consumidor ou mesmo, meramente, o que recebe a mensagem publicitária.

Não é, por conseguinte, aquele que consome o objecto da mensagem publicitária – só assim podemos entender as diversas restrições contidas no art.º 7.º do Código da Publicidade sob a epígrafe "Princípio da licitude".

---

[114] FERREIRA DE ALMEIDA, "Conceito de Publicidade", cit., pág. 15.

[115] FERREIRA DE ALMEIDA, "Conceito de Publicidade", cit., pág. 15, refere o "direct mail" como exemplo de publicidade dissimulada sob a aparência da personalização do destinatário.

Em conclusão podemos afirmar que também o conceito de público em Direito da Publicidade não se confunde com idêntico conceito em Direito de Autor.

O recorte de ambos é feito de acordo com as categorias de destinatários da protecção – no primeiro caso os consumidores, no segundo os autores e os titulares de direitos conexos.

5. O que fica dito ganha, ainda, maior expressão se atendermos a que o próprio conceito de público é em Direito de Autor evolutivo – adaptando-se às circunstâncias e desenvolvimentos técnicos.

De facto, a primeira noção de público referia-se à reunião de um grande número de pessoas em espaços onde se realizavam espectáculos. Tinham-se em vista, sobretudo, representações cénicas e execuções musicais.

A primeira cambiante deu-se precisamente com a radiodifusão e no sentido em que expusemos – o público passa a ser entendido como o conjunto indeterminado e indiscriminado de potenciais receptores, independentemente do local onde se encontrem.

A colocação à disposição do público interactiva traz-nos agora uma nova variante do conceito de público, que tem de ser entendido como o conjunto de todos os cibernautas que individualmente e por iniciativa própria interagem sobre as obras e prestações, acedendo às bases de dados ou à rede onde elas se encontrem e utilizando-as a partir daí.

SUBSECÇÃO IV
O ARTIGO 11-*BIS* NÚMERO 1, 2.º

DIVISÃO I
OS PROBLEMAS BASE

1. Como já se disse, a redacção de Roma do art.º 11-*bis* deixara em aberto a questão do que convencionou designar-se por emissões secundárias – quer realizadas pelo organismo de origem, quer por outros radiodifusores. Ficou, também aqui, ao critério dos Estados membros a regulamentação destas utilizações das obras.

O programa da Conferência de Bruxelas enfrentou o problema. A fundamentação que apresentou correspondia, em larga medida, à que constava dos trabalhos publicados em 1933, tendo em vista a revisão que segundo se pensava teria lugar em 1935 ou 1936[116-117].

Ainda que não resultasse, claramente, do sentido literal do texto apresentado, a ideia fundamental que lhe estava subjacente era a de que havia que distinguir entre uma mera "retransmissão" – uma comunicação que não aumentasse o alcance da primeira emissão, dando-lhe apenas a qualidade técnica necessária – de uma "reemissão" que se dirigisse a um novo âmbito de ouvintes[118-119]. A primeira seria livre, a segunda estaria sujeita a uma autorização do autor.

---

[116] Vide DA, cit., pág. 121 e seguintes.

[117] Recorde-se que a proposta do Secretariado era do seguinte teor:
"Os autores de obras literárias e artísticas gozam do direito exclusivo de autorizar: 1.º a radiodifusão das suas obras; 2.º qualquer nova comunicação pública quer por fio, quer sem fio da obra radiodifundida; 3.º a comunicação pública por altifalante ou por qualquer outro instrumento análogo transmissor de sons ou imagens, da obra radiodifundida – cfr., DCB, pág. 270.

[118] Sublinhando este aspecto vide por todos von UNGERN-STERNBERG, ob. cit., pág. 37; DILLENZ, ob. cit., pág. 58; e DELIYANNI, ob. cit., págs. 147 e 148.

[119] Ao contrário do que M. WALTER, "Télédistribution et centrales radiophoniques: Convention de Berne et droit d'auteur européen", DA, 1974, pág. 315 e seguintes e DELIYANNI sustentam, a distinção não se estabelecia (no programa da Conferência) entre "retransmission" – feita pela empresa originária, com os seus próprios equipamentos, para atingir receptores a longa distância e "reémission" (sem fio) e "radiodistribution" (com fio) – efectuados por outra empresa.

Se assim fosse, então estaria correcta a conclusão daqueles autores no sentido de que o critério de partida da Conferência era o da diferença entre as pessoas que realizavam actos que eram, do ponto de vista técnico, semelhantes.

Aliás, os próprios autores acabam, de seguida, por reconhecer que o programa propunha o critério da "nouvelle communication publique".

De facto, assim é, tal como resulta do já referido Relatório da Subcomissão elaborado por P. BOLLA onde se pode ler:

"O programa propõe conceder aos autores de obras literárias e artísticas um segundo direito exclusivo: o direito de autorizar "qualquer nova comunicação pública, quer por fio, quer sem fio" da obra radiodifundida. Pensa-se resolver assim de uma forma satisfatória o problema das utilizações posteriores da emissão primitiva. De acordo com a exposição de motivos, preparada pela Administração belga e pelo Secretariado da União toda a difusão **visando um novo círculo de ouvintes, seja por meio de uma nova emissão no éter, seja por meio de uma transmissão por fio**, deve ser considerada como um novo acto de difusão, sujeito a uma autorização particular do autor". – cfr., págs. 114 e 115 (nosso o sublinhado).

Sustentando posição idêntica à nossa vide BORNKAMM, ob. cit., pág. 1369;

Apesar da confusão terminológica que resultava da utilização indistinta das expressões "Réémission", "Rebroadcasting" e "Retransmission", as intenções da proposta não ofereciam dúvidas: através da emissão primitiva atingia-se um determinado número de receptores. Esse número era um parâmetro essencial para aferir do aproveitamento que era feito da obra e, consequentemente, do montante a pagar para obter a aquiescência do autor. A uma utilização que ampliasse o âmbito do público, deveria corresponder um novo direito por parte dos autores. Era no fundo a questão do "novo público" que estava em jogo.

2. A proposta do programa não mereceu – e bem – acolhimento, visto que o critério era demasiado vago.

Na verdade, qualquer nova comunicação era susceptível de atingir um novo círculo de receptores. Ficava, assim, em causa uma delimitação precisa entre os actos reservados ao autor e os que eram livres. Uma simples transmissão para uma estação de mediação poderia ficar abrangida pela norma face à ambiguidade do seu texto.

A delegação do Mónaco, seguida da delegação holandesa, fez notar precisamente isso[120]. O debate foi muito vivo e o texto do programa foi de tal modo atacado que o critério da "nova comunicação ao público" acabou por ser abandonado por ser "vago e de consequências graves para o radiodifusor originário"[121]. A fórmula final a que se chegou resultou de um texto de conciliação entre as já citadas propostas do Mónaco e da Holanda e uma proposta francesa que sujeitava a autorização qualquer

---

DILLENZ, ob. cit., pág. 58; von UNGERN-STERNBERG, ob. cit., págs. 37 e 38; e DREIER, " Kabelweiterleitung und Urheberrecht – Eine vergleichende Darstellung", págs. 46 e 47

[120] A oposição clara do Mónaco à proposta-base resulta de uma simples leitura da obra de Straschnov, "Le Droit d'Auteur...", cit. pág. 67 e seguintes e (já sobre as próprias soluções da Conferência) pág. 86 e seguintes. Note-se que STRASCHNOV era o porta voz da delegação monegasca e, à época, grande defensor dos interesses dos radiodifusores.

Os textos alternativos do Mónaco e da Holanda eram do seguinte teor (vide DCB, págs. 278 e 279):

Mónaco: art.º 11-*bis* n.º 3 – "O direito de radiodifundir uma obra cobre a utilização de todos os processos e meios de emissão e de transmissão de sons e de imagens que o organismo de radiodifusão beneficiário desse direito explore".

Holanda: art.º 11-*bis* n.º 2 – "A autorização prevista pelo número 1 da alínea precedente cobre a utilização de todos os processos e meios de emissão e de transmissão de sons e de imagens que o organismo de radiodifusão beneficiário explore".

[121] DCB, págs. 289 a 291.

comunicação pública, quer por fio, quer sem fio, que ultrapassasse o quadro de previsão contratual originário, apresentada pela Bélgica.

O Presidente da Subcomissão – PLINIO BOLLA – questionou a delegação francesa sobre a possibilidade desta anuir à proposta belga, já que, caso o organismo de radiodifusão, após a celebração do contrato, aumentasse o âmbito das suas emissões, o autor sempre poderia invocar a cláusula *rebus sic stantibus*. A França não foi, contudo, sensível à sugestão do Presidente pelo que, passando-se à fase de votação, viu a sua proposta rejeitada por treze votos contra cinco, enquanto a proposta belga era aceite por doze votos a favor e seis contra[122]. É, pois, o texto de compromisso belga que ainda hoje vigora como art.º 11-*bis* n.º 2, 2.º[123].

O conteúdo do critério adoptado afigura-se-nos preciso. Mas nem todos nos acompanham nesta posição. Analisemos, por conseguinte, as grandes questões que continuam a gerar posições e soluções antagónicas sobre este art.º 11-*bis* n.º 1, 2.º, procurando demonstrar a razão de ser da nossa convicção.

3. A fórmula consagrada não deixa reticências quanto ao estatuto do "outro organismo que não o de origem" – ele está obrigado a obter o consentimento do autor para proceder à comunicação pública da obra radiodifundida. Concordamos ainda que "outro organismo" deve ser entendido em sentido amplo tendo em atenção a própria *ratio* da norma, ou seja, no âmbito da expressão devem ser englobadas quaisquer entidades que procedam a esta nova comunicação, ainda que não sejam empresas de radiodifusão[124].

A questão não é despicienda, tanto mais que as emissões por cabo vieram actualizar o tema, já que muitas vezes são efectuadas por pessoas colectivas cuja finalidade principal não é a radiodifusão – v.g., empresas de outros ramos económicos, municípios, etc.

Isto não significa que levemos tão longe a nossa interpretação do conceito "outro organismo", que nele englobemos os grandes condomínios fechados ou mesmo grandes conjuntos de prédios que se servem de

---

[122] Cfr., "Rapport de la Sous-Commission..." cit., págs. 115 e 290.

[123] Com uma pequena diferença de redacção – em vez de "**effectuée**" utilizou-se "**faite**".

[124] Em defesa de idêntico ponto de vista se pronunciam, por todos, von UNGERN--STERNBERG, ob. cit., págs. 60 e 61, DILLENZ, ob. cit., págs. 58 e 63 e DREIER, ob. cit., pág. 66.

uma antena de recepção, para depois distribuírem por cabo aos diversos apartamentos as emissões recebidas. Adiante demonstraremos que – ao contrário do que muitos autores e legislações pretendem – em tais casos estamos perante uma mera recepção.

4. Se dúvidas interpretativas subsistem, elas centram-se em dois aspectos fundamentais:

1.º Os direitos do radiodifusor originário relativamente à nova comunicação;
2.º Se a adopção do critério do "outro organismo que não o de origem" afastou o critério do "novo âmbito de receptores" ou (o que se nos afigura mais claro) do "novo público" ou se, pelo contrário, os dois coexistem e se completam.

Contrariamente ao que muitos pretendem as duas questões interligam-se. Por razões metodológicas tratá-las-emos, no entanto, em separado.

5. Para alguns autores o texto do preceito em análise não deixa qualquer dúvida: o radiodifusor originário que adquiriu o direito de radiodifusão pode utilizar todos os seus equipamentos para proceder a novas comunicações.

Para outros, contudo, nada é assim tão evidente:

– ou entendem que tudo depende do contrato – salientando, ainda, que os contratos de direito de autor devem ser interpretados restritivamente;
– ou vão mesmo mais longe, não só sublinhando a posição anterior, mas, sobretudo, fazendo uma interpretação do elemento histórico do art.º 11-*bis*, para concluir que ao radiodifusor originário apenas ficou reservada a retransmissão em sentido técnico-jurídico[125].

Com o brilho habitual, von UNGERN-STERNBERG defende esta última solução[126]. Deter-nos-emos, particularmente, sobre ela pois as conclusões a que chegarmos aplicar-se-ão, por maioria de razão, à primeira tese.

---
[125] Vide art.º 176 n.º 10 do CDADC e art. 3 alínea g) da Convenção de Roma.
[126] Vide von UNGERN-STERNBERG, ob. cit., pág. 44 e seguintes e DILLENZ, ob. cit., pág. 60, sem contudo, aduzir argumentos que fundamentam a sua posição.

O autor assume, com veemência, uma interpretação restritiva do art.° 11-*bis* n.º 1, 2.º. Iniciando o seu raciocínio com uma demonstração de que a "teoria da unidade da empresa" não encontrou acolhimento no texto de Bruxelas, o hoje juiz do BGH fere de morte tal tese (ao menos quanto aos seus pressupostos) provando que o conceito de radiodifusão do art.° 11-*bis* em nada foi influenciado pelas noções do Tratado Internacional de Telecomunicações de Atlantic City de 1947, ao contrário do que muitos, ainda hoje, pretendem[127].

A sua argumentação torna-se irrebatível quando demonstra que a teoria da unidade da empresa no direito de emissão não pode ser apoiada com recurso à definição de serviço de radiodifusão que está contida no Tratado Internacional de Telecomunicações de Atlantic City, de 1947. A única coisa que, segundo o autor, podia levar ao relacionamento entre o art.° 11-*bis*, n.º 1, 1.º e os conceitos de Atlantic City era o contexto temporal próximo entre as duas Conferências. Acresce que da documentação da Conferência de Bruxelas não se pode retirar nenhuma prova de adesão, quanto ao conceito de radiodifusão, à definição de Atlantic City[128].

Apesar da delegação do Mónaco[129] ter invocado expressamente o texto de Atlantic City para sustentar a teoria da unidade da empresa de emissão, ela só foi acompanhada pela delegação polaca.

O já referido conhecimento generalizado do conceito de radiodifusão não tem, segundo von Ungern-Sternberg, qualquer relação com a definição de Atlantic City, "**porque no seu sentido literal – já estava contida nos Trabalhos Preparatórios do Secretariado de Berna para a Conferência de Revisão planeada para o ano de 1936**"[130]. Von Ungern-Sternberg sublinha ainda que a diferente finalidade dos dois tratados proíbe o recurso de forma acrítica ao Tratado de Telecomunicações como meio de interpretar o direito de radiodifusão do autor na Convenção de Berna.

Segundo o autor, a interpretação do art.° 11-*bis*, n.º 1, 1.º tem de começar para apuramento do objecto do direito – como qualquer interpretação – pelo sentido literal do preceito. "Von Ungern-Sternberg

---

[127] Cfr., supra, nota 87.

[128] Ao contrário do que, por exemplo, Lokrantz-Bernitz – ob. cit., pág. 85 – deixa entender.

[129] E isso justifica a posição de Straschnov, que já atrás salientámos, cfr., supra, nota 87.

[130] Nosso o sublinhado. O autor (nota 116, na pág. 44) remete expressamente para os já referidos "Travaux Préparatoires...", DA, 1933, págs. 73 e seguintes, especialmente pág. 121.

salienta que, face ao sentido literal do art.° 11-*bis*, n.º 1, 1.º, só pode ser objecto do direito patrimonial **a utilização da obra protegida através de uma emissão de radiodifusão**. O que se reserva ao autor, no direito de emissão como em todos os outros direitos exclusivos, é, por conseguinte, um determinado tipo e modo de utilização da obra protegida"[131].

6. Se a rejeição da tese que identifica os conceitos de radiodifusão de Atlantic City e de Bruxelas merece a nossa completa adesão o mesmo não se dirá das conclusões posteriores a que o autor chega quanto à restrição que entende como essencial para a adequada interpretação do art.° 11-*bis* n.º 1, 2.º.

Partindo da ideia de que uma simples autorização para emitir não pode abranger, sem mais, todos os equipamentos da empresa originária e de que a transmissão por fio é meramente auxiliar da radiodifusão – permitindo-lhe chegar a locais que de outro modo não poderiam receber a emissão (as chamadas "zonas de sombra") ou melhorar a qualidade de recepção, o autor apenas indirectamente admite que só esta retransmissão, em sentido jurídico, está abrangida pela norma.

E dizemos indirectamente, porque von UNGERN-STERNBERG vai mesmo mais longe. Entendendo a retransmissão por cabo como um mero prolongamento da emissão originária, chega ao ponto de lhe atribuir um carácter tão insignificante que conclui que as novas transmissões por fio da empresa originária não se encontram reguladas no art.° 11-*bis* e que só as retransmissões simultâneas e inalteradas por outra empresa são abrangidas pelo preceito. Tudo isto em nome de um pretenso "critério da unidade do programa emitido" – entendido como decisivo – e da coerência interna do art.° 11-*bis*, que o citado autor julga estar em jogo[132].

Quer isto significar que, baseando-se nas acertadas conclusões a que chegou sobre a impossibilidade de aplicação das regras de Atlantic City ao texto da Convenção de Berna, o autor se sente legitimado a substituir o "critério da unidade da empresa" pelo referido critério da unidade do programa emitido[133].

---

[131] Von UNGERN-STERNBERG, ob. cit., págs. 43 a 45.

[132] Idem, ob. cit., págs. 49 a 52 e 63.

[133] Afirma-o, aliás, expressamente quando diz:

"Já do historial do art.º 11-*bis* n.º 1, resulta claro que o objecto do direito de radiodifusão não se baseia na unidade da empresa emissora" – ob. cit., pág. 45.

E mais adiante esclarece a sua posição acrescentando:

Mas, de facto, von UNGERN-STERNBERG não merece, com o devido respeito, apoio. É verdade, como já se sublinhou, que o texto de Bruxelas não pode ser interpretado à luz do Tratado de Atlantic City – mas daí não decorre necessariamente que a "teoria da unidade da empresa" tenha sido abandonada em favor de uma hipotética "teoria da unidade do programa".

O critério da unidade da empresa não resulta do Tratado de Telecomunicações, ele decorre... do próprio texto do art.º 11-*bis* n.º 1, 2.º. Como o próprio von UNGERN-STERNBERG reconhece, a interpretação das normas tem de partir do seu sentido literal[134], e esse é de tal modo inequívoco, que não deixa margem para dúvidas, já que no preceito se refere "**qualquer comunicação pública**, quer por fio, quer sem fio, da obra radiodifundida, **quando essa comunicação seja feita por outro organismo que não o de origem**" (nosso o sublinhado). Não resultam, portanto, do texto do artigo nem tão-pouco dos documentos da Conferência quaisquer limitações no sentido pretendido pelo autor. A empresa originária pode, por isso, sem quaisquer limitações, utilizar todos os seus equipamentos.

Mas não poderá esta faculdade ser limitada pelo próprio contrato? Nesse sentido se pronuncia a esmagadora maioria da doutrina, tendo em atenção que o próprio BOLLA deixou expressamente referida a possibilidade de os autores invocarem a cláusula *rebus sic stantibus*[135-136].

"Quando uma empresa emissora emite regularmente dois ou mais programas diferentes não se pode presumir simplesmente que o autor, com a autorização concedida, quis autorizar que a obra fosse emitida em amplos ou vários programas. O ponto de vista decisivo para verificar isso não é, no entanto, a diferença das áreas de ondas utilizadas para a emissão (por ex., onda média, onda curta, onda ultra-curta) **decisiva é a unidade do programa emitido**" – ob. cit., pág. 48 (nosso o sublinhado).

A mesma ideia é ainda retomada na pág. 52.

[134] Ob. cit., pág. 48.

[135] Cfr., "Rapport de la Sous-Commission...", cit., pág. 115.

[136] É interessante o recurso deste autor à construção da clausula *rebus sic santibus*, que nessa época era já relativamente anacrónica. Sobre o problema da alteração de circunstâncias em que a questão se insere, ver, na doutrina portuguesa actual, MOTA PINTO, "Teoria Geral do Direito Civil", págs. 597 e segs., OLIVEIRA ASCENSÃO, "Direito Civil – Teoria Geral", II Volume, págs. 407 e segs., MENEZES CORDEIRO, "Da Boa Fé no Direito Civil", Lisboa, 1984, págs. 903 e segs., "Da Alteração de Circunstâncias", Estudos em Memória do Professor Doutor Paulo Cunha, págs. 293 e segs., CARVALHO FERNANDES, "A Teoria da Imprevisão no Direito Português", *passim*, HEINRICH EWALD HÖRSTER, "A Parte Geral do Código Civil Português", págs. 576 e segs. e PEDRO PAIS DE VASCONCELOS, "Teoria Geral de Direito Civil", Vol. II, págs. 233 e segs. e "Teoria Geral do Direito Civil", 2ª Edição, págs. 729 e seguintes.

De facto assim é. O Presidente da Subcomissão, dando guarida às pretensões francesas, fez questão de, no relatório final, deixar em aberto o recurso a uma tal reserva. Não nos repugna tal solução, salvo quando existam situações de monopólio que ponham em causa o interesse público à informação[137]. Nesse caso, entendemos que este prevalece perante o interesse particular de invocar a cláusula em questão. O que importa, contudo, salientar é que no silêncio das partes (e tendo em atenção a restrição que acabámos de referir) o radiodifusor originário tem completa liberdade de acção com base na autorização ou oneração obtidas. O único critério decisivo que decorre do art.º 11-*bis* n.º 1, 2.º é o de que só quando a comunicação pública da obra radiodifundida é realizada por outro organismo que não o de origem está sujeita a novo consentimento[138-139].

---

[137] Existem, portanto, ponderosas razões de interesse público para que a vontade das partes possa ser limitada.

Nos outros casos, parece-nos perfeitamente aceitável, mesmo em face do texto da Convenção de Berna, que a autorização ou oneração do direito de radiodifusão possam ser limitadas no sentido pretendido.

[138] Por todos, DREIER, ob. cit., pág. 57, DELIYANNI, ob. cit., pág. 180, STRASCHNOV, ob. cit., págs. 66 e seguintes e 85 e seguintes; SCHRICKER, "Urheberrechtliche Probleme des Kabelrundfunks", pág. 30; e COHEN JEHORAM, que comentando a decisão do Supremo Tribunal holandês "Cable Television Company II", in IIC, n.º 1, 1986, págs. 137 a 146, afirma de forma categórica:

"Em segundo lugar, um certo limite foi colocado neste direito pelas palavras finais "quando essa comunicação é feita por outro organismo que não o de origem". Isto significa, simplesmente, que a licença que o radiodifusor originário obtém do particular – é para fazer uso de todos os meios técnicos que ele tem à sua disposição, i.e., também estações de mediação e eventualmente um sistema de cabo operado pelo próprio radiodifusor licenciado. Terceiros, no entanto, como o nosso operador de cabo de Amesterdão têm de obter uma autorização do autor".

[139] A interpretação abusiva que von UNGERN-STERNBERG faz do preceito em análise não só não colhe como, posteriormente, lhe acarreta dificuldades adicionais no entendimento do art.º 11 da Convenção de Berna.

Partindo do princípio de que só a retransmissão em sentido técnico-jurídico (por parte de outra empresa) se encontra no art.º 11-*bis*, o autor salienta a discrepância de regimes entre as retransmissões e as novas transmissões (temporalmente desfasadas) por cabo por parte de outra empresa.

A crítica é certeira, como adiante teremos ocasião de sublinhar, mas não neste aspecto. O que não existiu em Bruxelas foi, de facto, uma regulamentação da emissão originária por cabo e essa é uma lacuna que dificilmente se entende.

7. A tese de von UNGERN-STERNBERG tem, por outro lado, subjacente uma tomada de posição sobre a segunda grande questão que equacionámos e que é, seguramente, a mais controversa[140]: a de saber se a adopção do critério do "outro organismo que não o de origem" afastou o outro critério do "novo público" que constava do programa inicial.

A posição de von UNGERN-STERNBERG vai, precisamente, no sentido de que os dois coexistem e são complementares. Isso mesmo fica patente quando afirma que o facto de uma nova emissão por fio por uma outra empresa estar sujeita a uma nova autorização, se baseia na ideia de que uma nova emissão da obra protegida por uma outra empresa, representará, em regra, uma utilização consideravelmente mais ampla da obra do que a utilização do fio por parte da empresa originária, caso em que representa, apenas um meio de transmissão adicional ao lado da emissão sem fio"[141].

Ainda com maior veemência se pronuncia DILLENZ no mesmo sentido. Citando abundante doutrina que corrobora a sua posição[142], o autor austríaco sustenta que "a viragem da Conferência de Bruxelas não trouxe aos autores nem um mais nem um menos, relativamente aos seus direitos, mas sim um *aliud*. O ponto central continua a ser um novo círculo de ouvintes..."[143]. E acaba por concluir, utilizando como último argumento o art.º 11-*bis* n.º 1, 3.º "Se se tivesse entendido que o conceito de direito de emissão engloba todas as comunicações públicas, ou seja, se tivesse considerado o direito de emissão um beco sem saída ("Sackgasse"), no qual todos os novos públicos não teriam importância, então isso também deveria ter resultado do debate sobre a apresentação pública por altifalantes"[144-145].

8. Os dois autores citados estão longe de se encontrar sozinhos. De facto, é vasta a lista dos defensores da manutenção do critério do "novo público". Os fundamentos de que partem são invariavelmente os mesmos.

Entendendo que do art.º 11-*bis* n.º 1, 2.º não se dá qualquer noção dos conceitos de "comunicação pública" e de "outro organismo que não o

---

[140] Por isso, afirmámos, que os dois problemas se interligam – cfr., supra, pág. 62.
[141] Ob. cit., págs. 63 e 64.
[142] Apesar de também citar vária doutrina de sinal inverso.
[143] DILLENZ, ob. cit., pág. 69.
[144] DILLENZ, ob. cit., pág. 77.
[145] Para uma visão conjunta de posição de DILLENZ, vide págs. 58 a 77.

de origem", grande parte da doutrina tem procurado sustentar variadas teses nesse sentido.

A expansão enorme das redes de cabo que se deu a partir dos anos setenta veio trazer o problema de novo à ribalta. Fundamentalmente, as referidas teses procuram reintroduzir o conceito de "comunicação pública" como condição de reconhecimento do direito de distribuição por cabo das obras radiodifundidas. Isto significaria que o critério "outro organismo que não o de origem" seria condição necessária, mas não suficiente, para a subsunção a tal direito – tornando-se ainda necessário que a transmissão por cabo se dirigisse a um novo círculo de receptores.

A questão que se coloca é, portanto, a de sabermos qual a margem de liberdade que foi deixada às legislações nacionais dos países da União de Berna, quanto à interpretação daqueles dois conceitos à luz dos trabalhos preparatórios – sobretudo destes – e da própria letra do art.º 11-*bis*, especialmente do seu n.º 2. Teremos ocasião de nos debruçarmos sobre esta norma. Por ora interessa, apenas, averiguar se esta regulação das condições de exercício dos direitos previsto no n.º 1 possibilita, como alguns pretendem, uma interpretação dos conceitos de "comu-nicação pública" e de "outro organismo que não o de origem" que per-mita a aplicação do critério do "novo público". É o que procuraremos averiguar, partindo da análise das mais importantes teorias que advogam tal solução.

9. Há que questionar, desde logo, o recurso aos trabalhos preparatórios como elemento interpretativo da Convenção de Berna e dos tratados entre Estados em geral. Nós próprios o temos feito ao longo deste trabalho e entendemos que com inteira legitimidade. Não só o elemento histórico da interpretação o impõe, como a própria Convenção de Viena sobre o Direito dos Tratados entre Estados, de 1969, reitera a validade de tal opção.

É certo que o n.º 1 do art.º 31 – a regra geral de interpretação da Convenção de Viena – impõe que "um tratado deve ser interpretado de boa-fé, de acordo com o sentido habitual que se dá aos termos do tratado no seu contexto e à luz do seu objecto e finalidade". Mas o art.º 32, sob a epígrafe "Meios suplementares de interpretação", vem permitir o recurso aos trabalhos preparatórios (e a outros meios), como forma de confirmar os resultados obtidos pela aplicação do art.º 31, ou de determinar o sentido do texto quando a interpretação, de acordo com este último, "leve a um sentido ambíguo ou obscuro; ou conduza a um resultado que seja manifestamente absurdo ou não razoável".

As divergências sobre a interpretação do art.º 11-*bis* n.º 1, 2.º e de todo o artigo em geral são prova evidente de que esse "sentido ambíguo ou obscuro" não foi ultrapassado com o recurso ao elemento literal. O recurso aos trabalhos preparatórios é, por conseguinte, não só legítimo como necessário[146-147].

10. As diferentes teses que procuram reintroduzir o critério do "novo público" podem-se reconduzir a dois grandes grupos ou, se quisermos, a duas grandes teorias:

– A teoria da "zona de recepção directa";

e

– A teoria da "zona de serviço".

DIVISÃO II
A TEORIA DA "ZONA DE RECEPÇÃO DIRECTA"

1. Segundo os seus defensores, entende-se por "zona de recepção directa" de uma emissão de radiodifusão a área no interior da qual essa emissão pode ser captada por qualquer pessoa que tenha uma antena normal, que possa ser adquirida usualmente no comércio.

Uma emissão, destina-se a cobrir uma determinada zona – que coincide, na Europa, para os radiodifusores públicos e privados com o território nacional, ou com uma parte deste (radiodifusão local).

É esta a sua "zona de recepção directa".

---

[146] DREIER, ob. cit., pág. 45.

[147] A Convenção de Viena entrou em vigor em 27 de Janeiro de 1980, data em que perfez as trinta e cinco ratificações exigidas pelo artigo 84. Estranhando o facto de Portugal ainda não ter aderido a este tratado, para o que não encontram explicação e salientando a sua validade universal – "até porque a doutrina e a jurisprudência entendem que ela, mesmo antes de se terem perfeito as trinta e cinco ratificações, já vigorava como codificação de regras consuetudinárias" – vide ANDRÉ GONÇALVES PEREIRA e FAUSTO DE QUADROS, "Manual de Direito Internacional Público", 3.ª edição, 1993, pág. 172. Para mais desenvolvimentos sobre a Convenção de Viena e sua aplicação na interpretação das regras da Convenção de Berna, vide RICKETSON, ob. cit., pág. 134 e seguintes.

Os autores que sustentam esta posição reconhecem, contudo, que as ondas hertzianas não podem ser encerradas em fronteiras artificiais sendo também captadas para lá das fronteiras. Concebem, por isso, que a "zona de recepção directa" resulta da adição da "zona de serviço" do organismo de radiodifusão com os "fluxos transfronteiriços inevitáveis" ("débordements inévitables").

2. De acordo com esta tese, a distribuição por cabo no interior da "zona de recepção directa" não constitui uma nova comunicação pública das obras distinta da radiodifusão, na medida em que não se dirige a um "novo público". Tal transmissão não deverá, consequentemente, dar origem a um novo direito exclusivo, já que se encontra abrangida pela autorização concedida para a radiodifusão originária; isto independentemente da pessoa que proceda à distribuição por cabo (radiodifusor originário ou outra empresa).

O difusor por cabo tornaria, apenas, mais fácil a recepção dos programas radiodifundidos e que se destinavam já a toda a "zona de recepção directa". No interior dessa zona ele confundir-se-ia, portanto, com o radiodifusor originário ou estaria, quanto muito, sujeito ao art.º 11-*bis* n.º 2[148].

DIVISÃO III
A TEORIA DA "ZONA DE SERVIÇO"

1. A teoria da "zona de serviço" é um desenvolvimento e uma actualização da anterior. Ela teve como seu defensor emblemático DITTRICH[149], no que foi seguido por vários autores, propostas governamentais no sentido da modificação das respectivas legislações nacionais e importante jurisprudência[150].

---

[148] Como facilmente se compreende, estas teorias encontram, ainda, os seus fundamentos na lógica do esgotamento do direito de emissão – como salienta DREIER, ob. cit., pág. 49.

[149] São vários, os artigos de DITTRICH, sobre a matéria Por todos, vide "De l'interprétation de l'article 11-*bis* 1) et 2) de la Convention de Berne", DA, 1982 pág. 282 e seguintes com versão inglesa em "Copyright" da mesma data, pág. 294 e seguintes e versão alemã (a original) in RfR, 1982, pág. 25 e seguintes; e "Lettre d'Autriche", DA, 1981, págs. 77 a 104.

[150] Vide COHEN JEHORAM, "Battles around the agreements concerning simultaneous cable distribution of broadcasting programmes", RIDA, Janeiro 1987, pág. 32 e

2. Como se afirmou, a teoria da "zona de serviço" retoma o mesmo princípio da teoria precedente.

Os seus defensores invocam três argumentos fundamentais em apoio da sua tese:

a) O reconhecimento de um direito autónomo relativo à difusão por cabo das obras radiodifundidas na "zona de serviço" pelos organismos de radiodifusão, conduziria a uma dupla remuneração dos autores por um único serviço;
b) A distribuição por cabo no âmbito da "zona de serviço" não seria mais do que uma modalidade de recepção;
c) A Conferência de Bruxelas não teria querido abandonar o critério do "novo público".

Explicitaremos cada um deles.

Sustentando o primeiro é referido que o direito de radiodifusão confere ao organismo originário a autorização de difundir através das emissoras para um público "potencial", constituído pelos possuidores de postos receptores, independentemente da recepção efectiva da emissão. Deste modo, o montante pago pelo organismo de radiodifusão refere-se somente à emissão e não à recepção. O receptor é, assim, livre de utilizar os meios técnicos necessários para obter a recepção.

Ora, os receptores (o público em geral) pagam uma taxa de radiodifusão independente, ela própria, da recepção efectiva. No entanto, nos casos em que os programas portadores de obras só podem ser recebidos em más condições ou mesmo não o ser de todo, o serviço fornecido (emissão de programas nacionais) e a contrapartida (taxa) estão em desproporção evidente. A transmissão por cabo torna, então, possível a recepção dos programas. Na medida em que tal distribuição se limite à difusão dos programas dos radiodifusores nacionais, no interior da "zona de serviço", ela não é mais do que um mero prolongamento do serviço de radiodifusão.

Se nesses casos se obrigar os distribuidores por cabo a efectuar pagamentos adicionais, estes repercutir-se-ão sobre o público, que, em última análise, terá de pagar duas vezes pelo mesmo serviço.

---

seguintes e "Lettre des Pays-Bas", DA, 1988, pág. 27 e seguintes, = "Copyright" da mesma data, também pág. 27 e seguintes.

Em favor do segundo é aduzido que um grande número de receptores são obrigados a recorrer à transmissão por cabo, porque estão impedidos de captar directamente as emissões, por se encontrarem em "zonas de sombra"[151].

Ora, seria injusto que uma tal situação conduzisse a um duplo pagamento aos autores, já que se houvesse a possibilidade de captar através de antenas individuais não haveria lugar a essa remuneração suplementar.

Essa solução seria, portanto, contrária com a letra e o espírito da Convenção de Berna, que estabelece o princípio da livre recepção[152].

Finalmente, em prole do terceiro é afirmado que se é verdade que o critério de "novo público" proposto pelo programa da Conferência foi considerado "vago e demasiado severo" relativamente aos organismos de origem, ele foi implicitamente mantido para as iniciativas realizadas por organismos terceiros. O terceiro organismo estaria, deste modo, obrigado a obter a autorização dos autores de cada vez que se aprestasse a servir um novo público[153].

3. O facto de o texto final adoptado pela Conferência de Bruxelas não fazer alusão à "nova comunicação pública", tendo erigido como critério o do "outro organismo que não o de origem", parece não ensombrar as conclusões dos defensores de teorias da "zona de serviço". Segundo eles, os Estados contratantes agiram em função dos dados que tinham à época.

As suas preocupações recaíam, então, exclusivamente, sobre as novas transmissões efectuadas pelo radiodifusor originário no interior da sua "zona de serviço" e sobre as reemissões internacionais realizadas, normalmente, por terceiros.

A hipótese de uma distribuição por cabo efectuada por terceiros dentro da "zona de serviço" do organismo originário, tinha-lhes, portanto,

---

[151] "Zonas de sombra" são aquelas em que, em virtude da sua localização geográfica (v.g., locais entre grandes montanhas), situação atmosférica (v.g., sujeitos a frequentes tempestades ou ventos) ou enquadramento urbanístico (v.g., existência de arranha-céus ou proibição de antenas), os seus habitantes estão impedidos de receber programas por via hertziana.

[152] DITTRICH, "De l'interpretation de l'article 11-*bis*...", cit., pág. 283 e seguintes.

[153] Autor, obra e local citados na nota anterior.

escapado, ou seja, não se aperceberam que o art.° 11-*bis* n.º 1, 2.º abrangeria, também, essa situação[154].

DIVISÃO IV
ANÁLISE CRÍTICA DAS TEORIAS
DA "ZONA DE RECEPÇÃO DIRECTA" E DA "ZONA DE SERVIÇO"

1. Mau grado, o valor dos seus defensores e dos argumentos invocados – alguns reveladores de notável mérito jurídico – as duas teorias apresentadas não merecem acolhimento.

Desde logo, perdem-se alguns argumentos na poeira da história.

Falar, ainda hoje, de distribuidores de cabo, que apenas completam a radiodifusão originária, de radiodifusores públicos como única realidade existente ou de receptores sujeitos a uma taxa, que seria a primeira fase da dupla tributação, é esquecer toda a evolução tecnológica e económica que entretanto ocorreu.

Outros, pecam pela confusão. Dizer que a transmissão por cabo se confunde com a radiodifusão originária, ou que está, ao menos, sujeita ao n.º 2 do art.° 11-*bis* é afirmar, ao mesmo tempo, que não existe novo direito exclusivo e que existe tal direito mas com a susceptibilidade de ser limi-tado, nas legislações nacionais, através de uma licença obrigatória.

Tão-pouco a ideia de que o público é o utilizador da obra e que participa na remuneração ao autor é sustentável nos termos pretendidos. O público é mero receptor potencial. Quem procede à utilização das obras e, por isso mesmo, deve obter, através dos mecanismos contratuais adequados, as autorizações necessárias, são os radiodifusores que emitem pública e directamente a obra.

Acresce que, como é do conhecimento comum, a distribuição por cabo das obras radiodifundidas, nas "zonas de recepção directa" ou nas "zonas de serviço" dos radiodifusores originários, nem sempre é um processo de recepção, ou melhor, **a transmissão por cabo em qualquer destes âmbitos nunca é uma recepção**[155].

---

[154] Procedendo, deste modo, à redução teleológica do art.º 11-*bis* n.º 1, 2º vide o já citado DITTRICH, ob. cit. nas notas anteriores e "Lettre d'Autriche", DA, 1987, págs. 171 a 180; MÖLLER, "Kabelrundfunk im Versorgungsbereich" in FuR, 1983, págs. 455 e 461 e GOUNALAKIS, "Uheberrechtliche Probleme der Kabelverbreitung ausländischer Rundfunksendungen" in FuR, 1983, págs. 463 e 468.

[155] Adiante explicaremos a razão de ser do sublinhar desta frase – cfr., infra, págs. 75 a 78.

Se juntarmos a tudo isto as dificuldades de demarcação que resultam do traçado de fronteiras artificiais, nada de acordo com a própria natureza da radiodifusão – com a consequente indeterminação de onde começam e acabam as "zonas de recepção directa", as "zonas de serviço", os "fluxos transfronteiriços negligenciáveis e as "zonas de sombra" – teríamos já aduzido motivos bastantes para refutar inapelavelmente estas teorias[156-157].

2. Mas, para além de tudo isto, existe um argumento que é decisivo e que por si só bastava para pôr em causa as teses em análise: é o de que se, contrariamente à proposta do Programa da Conferência, se substituiu o critério do "novo público" – por ser demasiado vago e de difícil aplicabilidade – pelo critério de "outro organismo que não o de origem" (o que ficou claramente expresso nas conclusões da Subcomissão, no Relatório final e decorre do próprio texto do preceito), como é que se pode pretender que, afinal, o "novo público" sobreviveu.

Afirmá-lo é o mesmo que dizer que o critério rejeitado, por ser dúbio e impraticável, acabou por ser adoptado.

Como SCHRICKER, adequadamente, esclarece uma tal conclusão – face ao sentido literal claro do texto convencional – levaria, na melhor das hipóteses, a um *non liquet* argumentativo[158].

Podemos, assim, concluir sem margem de erro que o critério do "novo público" foi definitivamente abandonado na redacção de Bruxelas do art.º 11-*bis* n.º 1, 2.º e nisto estamos acompanhados pela esmagadora maioria da melhor doutrina e jurisprudência[159-160].

---

[156] Como DREIER ironicamente refere, "quem quereria decidir quando é que um ouvinte através de uma nova transmissão – como, por exemplo, nas "áreas de sombra" totais – se transforma num "novo" ouvinte e quando é que ele – por exemplo, nos casos de recepção com interferências – pode ser considerado um "velho" ouvinte com condições de recepção melhoradas?".

[157] Com posição coincidente e outros desenvolvimentos sobre as duas teorias, vide HELEN PICHLER, "Copyright Problems of Satellite and Cable Television in Europe", págs. 62 a 73 e *passim*.

[158] SCHRICKER, "Urheberrechtliche Probleme...", cit., pág. 56 e "Grenzüberschreitende Fernseh -und Hörfunksendungen im Gemeinsamen Markt", in GRUR Int, 1984, pág. 592 e seguintes, especialmente pág. 596.

[159] Por todos, vide SCHRICKER, "Urheberrechtliche Probleme...", cit., v.g., pág. 30, 55 e seguintes, e *passim*, e "Grenzüberschreitende Fernseh -und Hörfunksendungen im Gemeinsamen Markt", cit. pág. 596; DREIER, "Kabelweiterleitung..." cit., v.g., págs. 45, 53

3. A posição assumida não fica descaracterizada se dissermos que existe uma situação em que o legislador internacional deveria ter ponderado uma excepção. Referimo-nos ao problema das designadas "zonas de sombra".

Nesse caso, tendo em atenção a situação especial em que os receptores se encontram – sem a qual poderiam captar o programa como qualquer outro destinatário – e, fundamentalmente, o serviço público que o "outro organismo" presta, proporcionando um acesso à informação que de outro modo não existiria, somos de opinião que se deveria permitir a utilização das obras sem recurso a uma nova autorização do autor, contentando-se este com um mero direito de remuneração.

Reconhecemos, contudo, que a delimitação das balizas das referidas "zonas de sombra" continuaria a ser um problema de monta, o que não invalida, tendo em atenção o n.º 2 do art.º 11-*bis* que nos sintamos legitimados a propor aos legisladores nacionais – *maxime* ao português – a consagração, de uma tal licença não voluntária ou mesmo de uma utilização livre[161].

4. A tese defendida impõe ainda dois esclarecimentos adicionais.

O primeiro já foi por nós referido quando estudámos o conceito de "outro organismo que não o de origem"[162]. Importa agora sublinhar e esclarecer o que então ficou dito.

---

a 56 e *passim*; DELIYANNI, "Le Droit de Représentation des Auteurs..." cit., v.g., págs. 148 e seguintes, 158 e seguintes e *passim*; ULMER, "Urheber -und Verlagerecht" 3.ª ed., cit. pág. 258 e seguintes; NORDEMANN/VINCK/HERTIN, "Interationales Urheberrecht Kommentar", cit., art.º 11-*bis* nota 4, págs., 94 e 95; HAZAN, "L'autre organisme que celui d'origine" dans les transmissions par cable – Article 11-*bis*, 1) 2.º de la Convention de Berne" in DA, 1984, págs. 216 a 225 = Copyright, págs. 228 a 236; e até o insuspeito STRASCHNOV, "Le Droit d'Auteur et les Droits Connexes en Radiodiffusion", cit., v.g., págs. 66 e seguintes, 85 e seguintes e *passim*.

Entre nós, OLIVEIRA ASCENSÃO, "Direito de Autor e Direitos Conexos", cit., págs. 304 e 305, também parece sustentar esta solução.

[160] Com notável recolha jurisprudencial de diversos países europeus e mesmo do Tribunal de Justiça das Comunidades, vide DELIYANNI, ob. cit., pág. 164 e seguintes.

Também com análise crítica de diversos arestos, mas detendo-se sobretudo no direito alemão, vide SCHRICHER, Urheberrechtliche Probleme...", cit. pág. 59 e seguintes.

[161] Para maiores desenvolvimentos – ver, infra págs. 318 a 222.

[162] Cfr., supra, págs. 61 e 62.

Na ânsia de tudo abranger e tudo cobrar grande parte da doutrina e mesmo algumas legislações, procuram enquadrar os sistemas de antenas colectivas no grupo dos distribuidores por cabo[163]. Páginas e páginas estão escritas defendendo a razoabilidade de tal solução.

Os argumentos que a procuram sustentar são da mais diversa índole. Desde a equiparação com "centrais radiofónicas", passando pela pretensa interpretação histórica do art.º 11-*bis* à luz do Relatório Geral da Conferência de Bruxelas, elaborado por MARCEL PLAISANT, até ao argumento literal de que o texto do art.º 11-*bis* n.º 1, 2.º fala de "comunicação" e não "transmissão", tudo foi aduzido para legitimar nova cobrança. As conclusões a que todos chegam são de natureza idêntica: só "pequenos equipamentos" de recepção colectiva podem ser isentos de pagamento. Elaboram-se, por isso, propostas de critérios quantificados a partir dos quais os receptores por cabo estariam sujeitos ao direito exclusivo do autor.

SCHRICKER[164], que apresenta uma síntese da doutrina, legislação e jurisprudência de vários países, dá-nos notícia de soluções tão díspares que fazem oscilar os critérios propostos entre as vinte e cinco e as dez mil ligações. Ele próprio[165], e na sua esteira DREIER[166], acabam por fixar o número de 100 (cem) ligações como desejável e o que reúne maior consenso.

Na sequência desta doutrina, algumas legislações consagram estes critérios quantitativos, mas também elas com diferenças acentuadas, que vão desde os vinte e cinco participantes na Dinamarca (§22 a, alínea 2 da Lei de Direito de Autor e §11 a, alínea 2 da Lei sobre a fotografia) até aos quinhentos na Áustria (§17, alínea 3 da Lei de Direio de Autor).

O apelo aos legisladores nacionais cresceu de tom noutros países em face destes "sucessos", já que seria este critério que – por força do

---

[163] Veja-se por todos M. WALTER, "Télédistribution et centrales radiophoniques...", cit., pág. 320, "La diffusion par fil dans le droit d'auteur de la RFA et de l'Autriche, en particulier le rediffusion d'émissions radiodiffusées", in DA, Dezembro, 1976, pág. 296 e "Le régime de la télévision par câble dans la loi de 1980 modifiant la loi autrichienne sur le droit d'auteur – notamment en ce qui concerne sa conformité avec les dispositions de la Convention de Berne" in DA, Setembro, 1982, pág. 247; e GAUDEL, "La Télédistribution", RIDA, LXXXX, Outubro 1976, pág. 134 e seguintes.

[164] SCHRICKER, "Urheberrechtliche Probleme...", cit., pág. 46 e seguintes.

[165] Ob. cit., na nota anterior, pág. 54.

[166] DREIER, "Kabelweiterleitung...", cit., pág. 69.

art.° 11-*bis* n.º 2 da Convenção de Berna – poderia impor limites ao direito exclusivo dos autores que no seu n.º 1 "sempre abarcara as antenas conjuntas"[167].

Que dizer destas teorias?

Apenas isto: que não têm o menor suporte nem no texto, nem no historial do art.° 11-*bis* da Convenção de Berna. O que o art.° 11-*bis* n.º 1, 2.º consagra é o direito do autor a uma comunicação da obra radiodifundida feita por outro organismo. Considerar que os habitantes de um ou vários prédios, que colocaram uma antena conjunta, são outro organismo que fez uma nova potenciação do sinal recebido e com ela uma nova comunicação pública pode ser fruto de uma imaginação fértil, mas não de uma adequada interpretação jurídica.

Só novas emissões estão contempladas na norma e não meros mecanismos de recepção que, com a evolução, a podem facilitar e melhorar, mas que não alteram a sua natureza.

Pergunta-se: que acto de exploração económica da obra, fizeram os hipotéticos moradores de um ou mais prédios que colocaram uma antena conjunta? Ou melhor ainda: que actos de utilização praticaram que sejam distintos dos que teriam realizado se captassem os programas com recurso a antenas individuais?

A resposta é óbvia: nenhum.

Em suma, só a nova difusão feita por outro organismo, ou seja, uma entidade com meios técnicos para realizar uma outra comunicação pública da obra radiodifundida, está abrangida pelo art.° 11-*bis* n.º 1, 2.º. A recepção, pelo contrário, privada ou pública, independentemente dos meios utilizados para a realizar, é livre.

E não se diga, como muitos autores pretendem, que o texto de Bruxelas não abordou o assunto por as antenas colectivas não serem conhecidas aquando das discussões de 1948. Como DITTRICH demonstra, criticando directamente as teses de WALTER, "as antenas colectivas eram

---

[167] Por todos, von UNGERN-STERNBERG, "Von der gemeinsamen Fernsehamtenne zum Kabelfernsehen", im UFITA, Band 94, 1982, pág. 106 e seguintes.

O autor afasta-se parcialmente da posição que assumia na sua obra fundamental onde defendera que a partir de dez mil participantes haveria uma transmissão por cabo, relevante a nível de direito de autor (cfr., "Die Rechte der Urheber...", cit., pág. 88).

Mantém-se, contudo, fiel à sua tese de que a transmissão por cabo na "área de abastecimento legal" é livre para as instituições radiofónicas públicas financiadas por taxas, que estariam, por conseguinte, isentas de qualquer pagamento.

já conhecidas antes da Segunda Guerra Mundial e as sociedades de gestão dos países de língua alemã não as consideravam, à época, como instalações de radiodifusão por fio". O autor conclui afirmando: "que eu saiba ia-se no mesmo sentido nos restantes Estados membros da União"[168].

Do silêncio do legislador de Berna não se retira, por conseguinte, a existência de uma lacuna que tem de ser integrada, mas, pelo contrário, que a questão das antenas colectivas, apesar de ser do conhecimento geral, foi considerada irrelevante. Não colhe, portanto, a tentativa de tornar fluida a fronteira entre comunicação e recepção para a partir daí transformar um grupo de meros ouvintes ou telespectadores em... radiodifusores por cabo[169].

O exposto poupa-nos à crítica dos critérios quantitativos, tão injustos e arbitrários quanto difíceis de aplicar[170].

Em duas sentenças exemplares quanto a este aspecto, o Tribunal Federal Suíço não só recusa a aplicação de tais critérios (por arbitrários), como questiona mesmo a possibilidade do legislador proceder a tais delimitações quantitativas[171].

A nossa posição é bastante mais radical: se estamos no âmbito da recepção, estamos fora do campo de aplicação do art.º 11-*bis* n.º 1, 2.º, não fazendo, portanto, sentido a discussão de quaisquer critérios, de qualquer natureza, para sujeitar ao Direito de Autor uma actividade que é livre[172].

5. O segundo aspecto, que importa acentuar decorre já da nossa posição anterior, mas nunca é de mais sublinhá-lo.

---

[168] R. DITTRICH, "De l'interprétation de l'article 11-*bis* 1) et 2) de la Convention de Berne", cit., pág. 283.

[169] Por isso já anteriormente sublinhámos que a transmissão por cabo nunca é uma recepção remetendo, para depois, explicação mais detalhada – cfr., supra, pág. 73.

[170] Além de poderem promover artifícios fraudulentos. Assim, v.g., nos países em que só a partir dos quinhentos participantes é que passa a existir sujeição ao Direito de Autor, torna-se óbvio que só se colocariam antenas que difundissem para quatrocentos e noventa e nove apartamentos...

[171] Casos SUISA/Rediffusion e Gemeinschaftsantenne Altdorf/SUISA e Suisimage.

As decisões de 20 de Janeiro de 1981 e 20 de Março de 1984 encontram-se, respectivamente, em RIDA, Janeiro 1982, pág. 196 e RIDA, Janeiro 1985, pág. 206.

[172] Com posição idêntica, OLIVEIRA ASCENSÃO, "Direito de Autor e Direitos Conexos...", cit., págs. 304 e 305.

De facto, fiéis à ideia de um proteccionismo exacerbado, a esmagadora maioria dos autores retira do triunfo do critério do "outro organismo que não o de origem", com a consequente rejeição da teoria do "novo público", ilações desmedidas – salientando, apenas, uma das vertentes da conclusão a que chegaram[173].

Explicitando melhor: terminado o raciocínio que os conduz à consagração única do critério do "outro organismo que não o de origem", a maioria dos autores veio defender a impossibilidade de excepções ao direito exclusivo em favor da empresa não originária, esquecendo o corolário, que daí se deve retirar, em favor do radiodifusor primitivo. Chegados à conclusão pretendida, quase que subliminarmente, vão restringir o direito de emissão da empresa originária à retransmissão em sentido jurídico, interpretando, restritivamente o art.º 11-*bis* n.º 1, 2.º.

É, no fundo, outra forma de limitar o direito do radiodifusor primígeno e que vem na sequência lógica das limitações que já foram analisadas e rejeitadas no ponto anterior.

Tais posições não têm a mínima razão de ser. A constatação de que o "outro organismo que não o de origem" está sujeito a uma nova autorização tem como corolário e contraponto que "tudo o que o organismo de origem fizer, para estender as suas emissões está abrangido na autorização primitiva"[174].

6. O estudo detalhado que fizemos do art.º 11-*bis* n.º 1, 2.º permite-nos reforçar uma convicção que já se intuía do ponto 1 do mesmo n.º 1 e que ganha cada vez maior consistência: a de que o legislador de Berna reservou ao autor, como conteúdo do seu direito exclusivo, toda e qualquer nova utilização económica da obra que não seja efectuada pelo radiodifusor originário. Este é, aliás, um alicerce em que assenta todo o direito patrimonial de autor.

Tomemos como exemplo uma obra musical: a reprodução das pautas de música, a execução pública da obra, a gravação da mesma, a utilização do fonograma para efeitos de radiodifusão ou para, através da sua utilização por altifalantes, fazer um novo uso, tudo isto gera faculdades

---

[173] Por todos, DREIER e DELIYANNI.

[174] Como, sinteticamente, afirma OLIVEIRA ASCENSÃO, "Direito de Autor e Direitos Conexos...", cit., pág. 305.
Com idêntica posição vide, por todos, RICKETSON, "The Berne Convention...", cit., pág. 449 e *passim*.

autónomas do direito de autor[175]. O mesmo acontece aqui. Cada nova utilização económica que não seja feita pelo organismo de radiodifusão primário[176] está sujeita a um novo consentimento.

O critério que subjaz a este art.º 11-*bis* n.º 1, 2.º[177] é, portanto, este: o direito de autor compreende a radiodifusão e toda e qualquer nova emissão da obra radiodifundida feita por outro organismo que não o de origem estando, consequentemente, sujeita a uma autorização própria – já que a mesma significa uma nova exploração económica da obra.

SUBSECÇÃO V
O ARTIGO 11-*BIS* NÚMERO 1, 3.º

1. A conclusão, a que chegámos na subsecção anterior, sai reforçada pela interpretação do art.º 11-*bis* n.º 1, 3.º. Aí o que está em causa é mais uma vez um "plus" relativamente à autorização inicial.

O organismo de radiodifusão obteve uma licença para a sua emissão. Agora, através de **altifalantes** ou **instrumento análogo transmissor** de sinais, sons ou imagens, vem-se proporcionar um eventual novo acesso à obra radiodifundida e, com isso, procede-se a uma nova utilização[178]. Está, pois, sujeito a uma nova autorização.

Note-se que, mais uma vez, é esta nova potenciação da obra radiodifundida que gera o novo aproveitamento. Não estão aqui em jogo situações de mera recepção. Essas continuam fora do âmbito do direito.

Um simples exemplo demonstra esta afirmação.

Admitamos que alguém, através de altifalantes ou de um ecrã gigante, permite a audição de um concerto ou a visualização de um espectáculo musical, dramático ou dramático-musical. Pergunta-se: supondo que, em virtude de uma inesperada intempérie ou mesmo de um diminuto interesse do público, a adesão a essa apresentação pública é nula ou de escassa expressão, haverá lugar ao exercício do direito do autor previsto neste n.º 1, 3.º?

---

[175] O art.º 68 n.º 4 do CDADC consagra, expressamente, entre nós este princípio de autonomia das várias formas de utilização.

[176] Já que quanto a este o legislador presumiu – e bem – que ao adquirir contratual ou legalmente os seus direitos o faz para todos os seus equipamentos.

[177] Como já acontecia, aliás, com o seu n.º 1, 1.º.

[178] Nosso o sublinhado.

A resposta não pode deixar de ser afirmativa, tanto mais que a autorização a conceder deverá ser prévia à nova comunicação pública. Houve uma nova utilização, teve de existir novo consentimento.

Nada disto se confunde com a mera recepção, ainda que pública. Nesta há, unicamente, uma posição passiva que escapa à previsão da norma. No ponto 3, do n.º 1 em análise, existe, pelo contrário, uma nova comunicação pública por altifalante ou por outro instrumento análogo transmissor. É esta nova transmissão que é protegida pelo direito de autor – porque de uma nova utilização se trata[179].

2. Do exposto podemos retirar duas importantes ilações:

– A primeira é a de que ganha foros de definitiva a conclusão prévia que já tínhamos adiantado, no sentido de que só as novas utilizações económicas são conteúdo do direito patrimonial do autor.
– A segunda é a de que – dada a influência que a Convenção de Berna exerceu no nosso direito interno, bem como nas diversas legislações do mundo – deveremos reter a interpretação ora feita do art.º 11-*bis* n.º 1, 3.º, quando formos chamados a tomar posição num debate que alastra em vários países e que justificou (e continua a justificar) uma das querelas mais acesas que ocorreram no Direito de Autor português.

Como se verá o sentido da Convenção de Berna é base sólida para as soluções que então apresentarmos[180].

3. Torna-se, assim, claro que no direito exclusivo, outorgado pelo art.º 11-*bis*, n.º 1, 3.º, não se estabelece qualquer confusão entre radiodifusão e transmissão por altifalante, ao contrário do que muitos pretendem.

---

[179] Não têm, por isso, razão autores como NORDEMANN/VINCK/HERTIN que pretendem encontrar no texto convencional fundamento para abranger como conteúdo do direito exclusivo de radiodifusão "o uso de aparelhos receptores nos restaurantes, grandes estabelecimentos, fábricas, casas de repouso e outros estabelecimentos abertos ao público" – cfr., "Internationales Urheberrecht Kommentar", cit., pág. 95.

Ficaria assim ao critério da legislação nacional do país onde a protecção fosse requerida a qualificação do acto como comunicação ou recepção e a determinação do seu carácter público ou privado.

[180] Cfr., infra, pág. 425 e seguintes.

Note-se, por fim, que ficou também esclarecido que não existem limitações – *jure conventionis* – ao novo direito baseadas no fim lucrativo ou não da transmissão por altifalante ou instrumento análogo[181-182].

SUBSECÇÃO VI
O ARTIGO 11-*BIS* NÚMERO 2

1. Já tivemos ocasião de nos debruçarmos sobre esta norma quando analisámos o texto oriundo da Conferência de Roma de 1928. Cumpre-nos, agora, apresentar a interpretação do texto definitivo.

2. Voltemos um pouco atrás.

A posição dos radiodifusores, no sentido de garantir a possibilidade de utilização das obras protegidas, apoiados pelos produtores de fonogramas esteve na génese do texto já aprovado em Roma.

Os receios de práticas e tendências monopolísticas das diversas entidades de gestão colectiva – que controlavam (e controlam) a esmagadora maioria dos direitos sobre obras musicais – e o enorme significado da radiodifusão para a educação e informação, ou seja, o inegável interesse público que resultava da utilização do novo meio, acrescentaram os elementos necessários à aprovação do novo preceito em causa.

Estas questões foram longamente debatidas na Conferência de Roma.

Muitas delegações propuseram então restrições ao direito exclusivo estabelecido – particularmente a Noruega, a Austrália e a Nova Zelândia[183].

As sugestões apresentadas eram, contudo, de natureza muito diversa: desde a imposição de licenças obrigatórias[184], passando por excepções para usos especiais[185] e terminando numa invocação mais genérica de abuso do novo direito, particularmente por entidades de gestão colec-

---

[181] Ao contrário do que a Hungria, o Mónaco e a Holanda pretendiam – cfr., DCB, págs. 115, 274 e seguintes.

[182] Sobre todo o n.º 1, do art.º 11-*bis* veja-se, em particular, DCB, págs. 276 a 280.

[183] Cfr., ACR, págs. 256 a 260 (resumo das discussões).

[184] Noruega – cfr., ACR, págs. 112 e 257 – e Checoslováquia – cfr., também, ACR, pág. 257.

[185] Dinamarca e Hungria – cfr., ACR, págs. 256 e 259, respectivamente.

tiva[186], vários foram os limites que se procuraram introduzir. No campo oposto perfilavam-se os defensores de um direito exclusivo absoluto, liderados pela França[187].

As propostas antagónicas levaram à constituição de uma Subcomissão com o objectivo de se atingir um compromisso. Como também já se disse[188], este resultou de uma proposta francesa que evitava qualquer referência a um reconhecimento convencional das licenças obrigatórias, mas reservava, ao mesmo tempo, aos legisladores nacionais a possibilidade de regular as condições de exercício do direito de radiodifusão, desde que fossem reunidos três requisitos:

a) Que as restrições tivessem um efeito estritamente limitado ao país que as tivesse estabelecido;
b) Que não atingissem o direito moral do autor; e
c) Que não afectassem o direito do autor a receber uma remuneração equitativa fixada, na falta de acordo amigável, pela autoridade competente.

Como se sabe, apesar de algumas delegações terem propugnado uma excepção mais ampla que reconhecesse expressamente a prevalência do interesse público[189], o texto proposto foi o adoptado.

O relatório da Subcomissão deixa claro que as limitações que os membros da União introduzam, tendo em atenção o interesse público do Estado, devem corresponder "às suas necessidades constatadas a partir da experiência do próprio País"[190]. É, pois, deixado ao arbítrio de cada Estado a demarcação das restrições a estabelecer.

Os documentos da Conferência não permitem, como WALTER pretende, sustentar a tese de que existe um consenso no sentido de que só quando "o interesse superior do Estado" está em causa, será possível utilizar a prerrogativa concedida pelo n.º 2 do art.º 11-*bis*[191]. Pelo

---

[186] Austrália, Nova Zelândia, Holanda, Suécia e Noruega – cfr., ACR. págs. 256 a 259.
[187] *Ibid.*, pág. 256 e seguintes. A França, contudo, acabou por admitir a introdução de excepções para a edição e "instrução popular" – pág. 259.
[188] Cfr., supra, págs. 37 e 38.
[189] V.g., a Suécia.
[190] Vide "Rapports de la Sous-Commission pour la Radiophonie", ACR, pág. 183.
[191] M. WALTER, "Le régime de la télévision par câble...", cit., pág. 253 e seguintes.

contrário, os elementos disponíveis não facultam um critério que permita determinar quando é que o interesse público exige ou não o recurso a uma licença legal ou compulsória – tal decisão compete, sem qualquer tipo de limite, aos Estados-membros da União de Berna[192].

3. Relembrámos, em síntese, o enquadramento histórico do texto de Roma, porque o seu significado é fundamental para a interpretação do texto vigente.

De facto, o art.º 11-*bis* n.º 2 manteve-se praticamente inalterado após a Conferência de Revisão de Bruxelas[193].

É evidente, que as modificações introduzidas no n.º 1 do artigo alteraram, em larga escala, o âmbito de aplicação do seu n.º 2, dado que este passou a abarcar os novos direitos introduzidos naquela disposição – nomeadamente novas transmissões públicas, por fio e sem fio, por outro organismo que não o de origem e comunicações públicas por altifalantes ou instrumentos análogos.

A pequena alteração formal introduzida no texto não traduz, no entanto, o enorme esforço que foi necessário para se obter a unanimidade necessária. Em virtude dos novos direitos outorgados no n.º 1 do art.º 11--*bis*, a Conferência quase que atingiu um impasse no que toca aos limites que o seu n.º 2 permitia.

Também, sobre esta matéria foram apresentadas diversas propostas antagónicas. A França sustentou a supressão pura e simples de todo o n.º 2[194], contrariando, assim, a proposta do programa que propunha que se restringisse a sua aplicação às novas emissões por fio ou sem fio[195]. Por sua vez, os Estados que privilegiavam os interesses dos radiodifusores

---

[192] Como sublinham, por todos, NORDEMANN/VINCK/HERTIN, "Internationales Urheberrecht...", cit., pág. 97; DESBOIS/FRANÇON/KÉRÉVER, "Les conventions internationales...", cit., pág. 38; RICKETSON, "The Berne Convention...", cit., pág. 523; e DITTRICH, "De l'interprétation de l'article 11-*bis* 1) et 2) de la Convention de Berne", cit., págs. 290 e 291.

[193] A única alteração é de mera redacção: em vez de se falar das "condições de exercício dos direitos referidos na **alínea precedente**...", passou-se a referir as "condições de exercício dos direitos referidos **na alínea 1 supra**,..." (nosso o sublinhado).

[194] Cfr., DCB, pág. 281. Anteriormente, a França tinha sugerido a substituição do texto de Roma por excepções específicas relativas a artigos de jornais – cfr., RICKETSON, "The Berne Convention...", cit., pág. 523.

[195] Vide DCB, pág. 270.

defenderam, obviamente, que o n.º 2 deveria abranger todas as faculdades previstas no n.º 1[196]. Os pontos de vista deste último grupo obtiveram vencimento na Subcomissão[197], mas a polémica reacendeu-se quando o tema voltou ao Comité Principal.

A controvérsia residia, sobretudo, na possibilidade de introduzir licenças obrigatórias a favor da radiodifusão televisiva. A delegação espanhola, no que foi imediatamente acompanhada pela francesa e portuguesa, bateu-se arduamente contra a admissibilidade de tais licenças a favor dos operadores televisivos[198].

Como acentua BAUM, a principal razão para estes protestos prendia-se com a possibilidade de as eventuais limitações decorrentes do n.º 2 do art.º 11-*bis*, abrangerem as transmissões ao vivo de teatro e outras prestações similares.

Só após longos debates e muita celeuma é que a delegação espanhola retirou a sua proposta[199] e, com a sua abstenção (em conjunto com outras delegações), permitiu que o texto recomendado pela Subcomissão para a Radiodifusão e os Instrumentos Mecânicos fosse aprovado pela Comissão Geral[200].

Note-se, que Portugal foi dos países que num segundo momento defendeu, com veemência, a manutenção do texto aprovado[201].

Apesar de o art.º 11-*bis* n.º 2 ter voltado a merecer particular atenção da Conferência de Estocolmo em 1967 – como teremos ocasião de demonstrar[202] – a verdade é que a redacção de Bruxelas não mais voltou a ser alterada.

---

[196] Em favor desta proposta, que teve como principal defensora a delegação do Mónaco, pronunciaram-se, também, por ordem alfabética, a Áustria, a Checoslováquia, a Holanda, a Hungria, a Itália, o Luxemburgo, a Nova Zelândia, a Polónia e a Suíça – cfr., "Rapports des Sous-Commission", cit., pág. 116.

[197] "Rapports des Sous-Commissions", cit., pág. 119

[198] DCB, pág. 295 e seguintes. Vide também STRASCHNOV, "Le Droit d'Auteur et les Droits Connexes en Radiodifusion", cit., págs. 87 a 89.

[199] BAUM, "Die Brüsseler Konferenz zur Revision der Revidierten Berner Übereinkunft", cit., pág. 35. Os documentos da Conferência parecem confirmar esta visão – cfr., DCB, pág. 296.

[200] Cfr., DCB, pág. 297.

[201] Conjuntamente com o Brasil, Itália e França (que no final dos debates acabou por, diplomaticamente, sustentar uma posição dúbia) – cfr., MARCEL PLAISANT "Rapport Géneral", DCB, pág. 101 e seguintes.

[202] Cfr., infra, págs. 109 a 113.

Encontram-se, pois, reunidos os requisitos para apresentar e superar os problemas interpretativos que a norma nos coloca.

4. A fórmula do art.º 11-*bis* n.º 2 tem de ser compaginada com a do art.º 13, n.º 2 da Convenção de Berna – versão de Bruxelas – já que a sua discussão e adopção foi paralela.

O art.º 13[203] estabelecia na sua versão de 1948:

> "1) Os autores de obras musicais gozam do direito exclusivo de autorizar: 1.º a gravação das suas obras por instrumentos que sirvam para as reproduzir mecanicamente; 2.º a execução pública por meio desses instrumentos das obras desse modo gravadas.
>
> 2) **Reservas e condições relativas à aplicação dos direitos previstos pela alínea precedente poderão ser determinados pela legislação interna de cada país da União no que lhe diz respeito, mas todas as reservas e condições dessa natureza terão um efeito estritamente limitado ao país que as tiver estabelecido e não poderão, em nenhum caso, atingir o direito que pertence ao autor de obter uma remuneração equitativa fixada, na falta de acordo amigável, pela autoridade competente** (nosso o sublinhado).
>
> 3) A disposição da alínea primeira do presente artigo não tem efeito retroactivo e, por consequência, não é aplicável num país da União às obras que, nesse país, foram licitamente adaptadas a instrumentos mecânicos antes da entrada em vigor da Convenção assinada em Berlim em 13 de Novembro de 1908 e, se se tratar de um país que tenha aderido à União depois dessa data ou que venha a aderir no futuro, antes da data da sua adesão.
>
> 4) As gravações feitas em virtude das alíneas 2 e 3 do presente artigo e importadas sem autorização das partes interessadas, para um país onde não seriam lícitas, poderão aí ser apreendidas".

Pareceria, assim, que, face ao texto transcrito, eram admitidas pela Convenção as designadas licenças obrigatórias relativamente aos direitos exclusivos previstos no n.º 1, nomeadamente o de "os autores de obras

---

[203] A redacção actual de todo o art.º 13 diverge, como se sabe, da de Bruxelas.
No entanto, parte do conteúdo do n.º 2 de 1948, encontra-se hoje, ainda que de forma mitigada, no n.º 1 do mesmo art.º 13.

musicais autorizarem a fixação das suas obras por instrumentos destinados a reproduzi-las mecanicamente"[204]. O paralelismo entre os dois n.os 2 – do art.º 13 e do art.º 11-*bis* – não levantaria, por conseguinte, quaisquer dificuldades quanto à fixação do sentido desta última norma.

Aconteceu, porém, precisamente o contrário. A ligação inequívoca entre os dois preceitos permitiu a alguns aduzir argumentos contra a admissibilidade de licenças legais e compulsivas no domínio da radiodifusão, por duas ordens de razões – uma histórica, outra literal.

A primeira fundava-se no próprio (Relatório Geral) da Conferência de Bruxelas onde, em referência ao art.º 13 n.º 2, MARCEL PLAISANT afirmava a dado passo:

"A alínea 2, consagrada às reservas relativas à aplicação dos direitos que resultem da legislação nacional, reproduz a antiga alínea mas com a adjunção de uma emenda importante, inserida não sem longos debates contraditórios. É dito que as reservas "não poderão em caso nenhum atingir o direito que pertence ao autor de obter uma remuneração equitativa fixada, na falta de acordo amigável, pela autoridade competente". **O vosso relator estima que um texto desta natureza é incompatível com o regime das licenças obrigatórias e que, em qualquer caso, reforça singularmente a posição do autor face aos editores de discos numa negociação equitativa dos seus direitos recíprocos**"[205].

A segunda baseava-se numa divergência terminológica – enquanto o art.º 11-*bis* n.º 2 falava apenas de condições de exercício, o art.º 13, n.º 2 falava de reservas e condições de aplicação dos direitos. Esta discrepância significaria que só esta última permitiria a introdução de licenças obriga-tórias enquanto isso não seria possível face ao teor da norma relativa à radiodifusão. Por outras palavras: as reservas permitiriam limitações à natureza exclusiva do próprio direito, as condições de exercício não[206].

---

[204] Não cabe no objecto deste trabalho a análise detalhada de todo o art.º 13.

Assim, a diferença entre os direitos outorgados na alínea 1 pela versão de Bruxelas e pela versão de Estocolmo não merecerá a nossa atenção.

Cingir-nos-emos, por isso, à análise do n.º 2 do texto de 1948, único que importa para a averiguação em curso.

[205] MARCEL PLAISANT, "Rapport Général", DCB, pág. 103. Nosso o sublinhado.

[206] Reconhecendo o problema mas ultrapassando-o, vide DITTRICH, "De l'interprétation de l'article 11-*bis* 1) et 2) de la Convention de Berne", cit., págs. 290 e 291. O único

Como se verifica, os dois argumentos têm âmbitos diferentes: enquanto o elemento histórico excluiria toda e qualquer licença não voluntária o elemento literal impossibilitá-las-ia, unicamente, para a radiodifusão.

Mas nenhum deles colhe como iremos demonstrar.

5. Desde logo, a declaração do Relatório Geral de MARCEL PLAISANT, não pode ser aceite por diversas razões.

Em primeiro lugar, este art.º 13 n.º 2 foi proposto por diversas delegações cujas legislações estabeleciam, precisamente, licenças obrigatórias para as gravações de fonogramas[207]. Dificilmente se concebe, por conseguinte, que tais países tivessem formulado propostas que contrariassem a sua própria legislação.

Em segundo lugar – e esse é, quanto a nós, o argumento decisivo – a referência à remuneração equitativa (e isto aplica-se tanto ao art.º 13, como ao art.º 11-*bis*) seria completamente supérflua se com ela não se pretendesse significar a possibilidade de consagrar licenças legais ou compulsivas. Se estas não fossem permitidas o autor teria direito ao montante da negociação do seu direito exclusivo.

Por último, ao estatuir que, na falta de acordo amigável, essa remuneração equitativa será fixada pela autoridade competente, os referidos n.ºs 2 dos art.ºos 11-*bis* e 13 apenas confirmam que a determinação do valor final dessa remuneração pode ser imposta compulsivamente ao autor.

Tanto mais que da fórmula utilizada resulta que essa autoridade competente não é encarada como um tribunal arbitral a que as partes recorrem, mas sim como uma entidade com poder decisório autónomo, cuja natureza fica na disponibilidade de cada Estado[208].

Por outro lado, também as terminologias dos números 2 dos artigos em análise não têm significado substancial. Como RICKETSON elucida a diferença entre a fórmula "reservas e condições" do art.º 13 e a expressão "condições de exercício" do art.º 11-*bis* é mais semântica do que real.

---

autor conhecido que ainda hoje sustenta tal posição é FICSOR, "Primary and secondary broadcasting in the Berne Convention...", cit., págs. 34 e 35.

[207] V.g., a Grã-Bretanha e a Suíça – cfr., DCB, págs. 335 a 337.

[208] O próprio FICSOR – "Primary and secondary broadcasting in the Berne Convention...", cit. pág. 35 – acaba por se "render" a esta interpretação, que admite ser a "geralmente aceite".

Dado que ambas as normas contêm a exigência de uma "remuneração equitativa", esta aplicar-se-á tanto aos casos em que as legislações nacionais imponham "reservas e condições" ao direito de gravações de fonogramas, como naqueles em que imponham "condições de exercício" ao direito de radiodifusão[209].

6. O principal significado da referência às "condições de exercício dos direitos referidos na alínea 1)", é, portanto, o de permitir a imposição de licenças obrigatórias. No entanto, a natureza e o âmbito dessas licenças serão determinadas pelos legisladores nacionais.

Isto significa que essas licenças poderão ser legais ou compulsivas, aplicar-se a todas ou apenas a algumas obras, ter ou não limites espaciais ou temporais, etc., etc..

O art.º 11-*bis* n.º 2 não estabelece, contudo, qualquer limite relativamente aos direitos previstos no seu n.º 1 – as licenças obrigatórias podem abrangê-los a todos. As tentativas frustradas que pretendiam estabelecer excepções consoante o tipo de utilização[210] ou de obras utilizadas[211], são disso prova cabal.

Assim, as legislações nacionais poderão consagrar licenças legais ou compulsivas relativas aos seguintes direitos:

a) Radiodifusão sonora ou televisiva ou a comunicação pública das obras por qualquer outro meio que sirva à difusão pública, sem fio, dos sinais, sons ou imagens;
b) Nova comunicação pública por fio ou sem fio da obra radiodifundida, quando essa comunicação for feita por outro organismo que não o de origem;

---

[209] RICKETSON, "The Berne Convention...", cit., pág. 525. Em sentido idêntico se pronunciam, entre outros, DREIER, "Kabelweiterleitung..." cit., pág. 59; ULMER, "Urheber-und Verlagsrecht" 3.ª ed., cit., pág. 252; DITTRICH, "De l'interprétation de l'article 11-*bis* 1) et 2) de la Convention de Berne", cit., págs. 290 e 291; M. WALTER, "Le régime de la loi autrichienne sur le droit d'auteur...", cit., pág. 253; NORDMANN/VINCK/HERTIN, "Internationales Urheberrecht Kommentar", cit., pág. 95; e DESBOIS/FRANÇON/KÉRÉVER, "Les Conventions Internationales du Droit d'Auteur...", cit., pág. 51.

Essa possibilidade dos legisladores optarem por licenças legais ou compulsórias é ainda acentuada por GOTZEN, "La télévision par cable et le droit d'auteur en Belgique", em DA, Outubro de 1982 (n.º 10), págs. 290 e 291.

[210] Como aconteceu em Bruxelas – cfr., supra, págs. 84 e 85.
[211] Como se tentou em Estocolmo – cfr., infra, págs. 111 e 112.

c) Comunicação pública da obra radiodifundida por altifalantes ou instrumentos análogos.

7. Por outro lado, importa sublinhar que o art.° 11-*bis* n.º 2 se aplica a todas as obras protegidas pela Convenção de Berna.

A referência genérica do seu n.º 1 aos autores das obras literárias e artísticas – na ausência de qualquer indicação em contrário (como é o caso) – não pode ter outro significado que não seja o de abranger toda a enumeração, exemplificativa, de obras que consta do art.° 2 da Convenção.

Acresce que, como veremos, na Conferência de Estocolmo se pretendeu subtrair as obras cinematográficas à égide deste n.º 2, do art.° 11--*bis* – o que foi recusado[212]. Tal rejeição sustenta ainda mais, se necessário, a razão de ser da nossa interpretação[213].

8. As licenças obrigatórias, que venham a ser impostas ao abrigo deste número 2, só serão aplicáveis no país que as tiver estabelecido.

No momento em que esta norma foi adoptada a sua aplicação parecia pacífica. Esta limitação territorial estava de acordo com a prática da radiodifusão tradicional, cujos fluxos transfronteiriços eram considerados irrelevantes. A autorização do autor só não seria requerida no país ou países que tivessem estabelecido essas licenças, mas não nos restantes.

A evolução tecnológica, como se sabe, colocou em crise não só esta visão como o próprio conceito de radiodifusão. É, sobretudo, com o aparecimento dos satélites de radiodifusão directa que o tema se vai colocar com maior acuidade.

A questão é jurídica. Se se entende a radiodifusão como estando completada no país de emissão, o utilizador estará apenas sujeito à lei desse país. Se, pelo contrário, ela pressupuser a recepção potencial, entendendo-se por radiodifusão todo o processo que se inicia no acto de emissão mas que só termina nos países destinatários, também as legislações destes últimos serão aplicáveis – pelo que o radiodifusor teria de obter autorizações dos autores para todos aqueles países que não estabelecessem licenças obrigatórias.

---

[212] Cfr., infra, pág. 109 e seguintes.
[213] Qualquer limitação consoante o tipo de obras utilizadas só poderá decorrer da liberdade que a própria Convenção permite às legislações nacionais.

Limitamo-nos, por ora, a equacionar o problema, sem dúvida o mais intrincado de tudo o que diz respeito à radiodifusão. Ele merecerá a nossa atenção detalhada em momento posterior[214]. Para lá remetemos.

9. A adequada interpretação deste número 2 impõe ainda outras reflexões. A admissibilidade de licenças obrigatórias não poderá colidir, "em nenhum caso" com o direito moral do autor, nem com o direito que este tem a uma remuneração equitativa. São dois limites ao estabelecimento daquelas licenças, cujo conteúdo teremos de analisar.

Comecemos pela referência ao "direito moral do autor".

Esta estipulação é tautológica uma vez que tal direito configura uma limitação implícita que se aplica em face de qualquer restrição aos direitos patrimoniais permitida pela Convenção[215]. Isso mesmo parece decorrer da própria fórmula do art.º 6-*bis* da Convenção de Berna – cujo início é significativo da separação entre o lado pessoal e patrimonial do direito do autor[216] – e é confirmado noutros casos do actual texto da Convenção, em que são admitidas restrições aos direitos patrimoniais sem que haja qualquer referência ao designado direito moral – v.g., art.º 9 n.º 2, relativo ao direito de reprodução.

Acontece, porém, que desde a versão de Roma, em 1928, se entendeu por bem sublinhar a necessidade do respeito a tal direito e a inclusão de tal trecho nunca foi questionada desde essa altura. É um problema lateral de técnica legislativa que não nos merecerá, por conseguinte, mais do que esta breve referência.

Bem mais importante do que isso é sabermos o que se deve entender por "direito moral do autor". Esclarecendo melhor: o respeito pelo direito moral, exigido pelo n.º 2 do art.º 11-*bis*, cinge-se aos direitos pessoais, que constam da própria Convenção (art.º 6-*bis*), ou abrange também os outros direitos dessa natureza que os diversos legisladores nacionais estabelecem na ordem interna dos respectivos países? É que, como se sabe, as diversas legislações nacionais vão muito para além dos direitos à paternidade e

---

[214] Cfr., Parte III desta monografia.
[215] Como anotam, por todos, RICKETSON, "The Berne Convention...", cit., pág. 526; e NORDEMANN/VINCK/HERTIN, "Internationales Urheberrecht Kommentar", cit., pág. 96.
[216] O texto do art.º 6-*bis* alínea 1 inicia-se como segue: "Independentemente dos direitos patrimoniais do autor...".

integridade previstos no art.º 6-*bis*, sendo ainda muito distintas entre si quanto aos direitos que consagram[217].

A resposta à pergunta que colocámos não pode deixar de ser a de que apenas os direitos previstos no art.º 6-*bis* estão abrangidos na expressão "direito moral" do n.º 2 do art.º 11-*bis*. Dois argumentos são decisivos neste sentido:

- O primeiro de ordem sistemática. Os artigos da Convenção de Berna ao referirem os direitos nela consagrados fazem-no no sentido do próprio texto convencional. Se assim não se entendesse teríamos de admitir a existência de termos contraditórios no âmbito do mesmo tratado.
- O segundo de natureza valorativa. Os Estados-membros da União de Berna não podem ser obrigados a proteger, por força do art.º 11--*bis*, direitos pessoais que não estão obrigados a reconhecer pela própria Convenção que estabelece estes direitos a nível mínimo.

São, portanto, os direitos previstos no art.º 6-*bis* – e apenas esses – os "direitos morais do autor" que não podem ser atingidos pela concessão de licenças obrigatórias. Assim, por exemplo, qualquer país pode prever, na sua legislação interna, uma licença legal ou compulsiva para a radiodifusão de uma obra que derrogue o direito ao inédito ou o direito de retirada do autor[218] – que podem até nem estar previstos nas respectivas ordens jurídicas.

---

[217] É o caso português onde se distinguem seis direitos pessoais que podemos elencar dois a dois como faces de uma mesma moeda. Assim temos:
– Direito à menção da designação/Direito à paternidade;
– Direito à integridade/Direito de modificação; e
– Direito ao inédito/Direito de retirada.
A matéria encontra-se amplamente desenvolvida por OLIVEIRA ASCENSÃO, "Direito de Autor e Direitos Conexos", cit., págs. 166 a 196.
Noutros sistemas são outorgados diferentes direitos. É o caso do designado "direito de acesso" reconhecido pelo legislador alemão – art.º 25 da UrhG, pelo legislador espanhol – art.º 14 n.º 7 da lei de Propriedade Intelectual – e até por uma legislação como a cabo-verdiana que sofre directa influência do direito português – vide art.º 38 alínea e) da Lei de Direito de Autor de Cabo-Verde (Lei 101/III/90, de 29 de Dezembro).
[218] Esta conclusão não significa que uma tal solução – especialmente quando os direitos pessoais, pelo seu conteúdo e modo de exercício, são verdadeiros direitos pessoais e não direitos patrimoniais encapuçados – mereça o nosso apoio.

10. Centremo-nos agora na "remuneração equitativa". O sentido desta expressão não pode ser retirado do texto da Convenção. Atendendo à posição diminuída em que o autor se encontra em virtude de estar sujeito a uma licença não voluntária, entendem alguns que o valor dessa remuneração deverá ser equivalente ao que o autor receberia se tivesse negociado ao abrigo do seu direito exclusivo. Defendem, por isso, que se torna essencial, na falta de acordo amigável, a figura da "autoridade competente"[219] no sentido de apurar, minuciosamente, o montante a atribuir ao autor[220].

Com o devido respeito, tal posição não merece o nosso acolhimento.

O valor da remuneração equitativa, na falta de acordo entre as partes, deverá ser determinado em razão dos fundamentos que levaram ao estabelecimento da própria licença obrigatória.

Ao contrário do que as teses maioritárias parecem pressupor, o legislador pode ter estabelecido uma tal licença não apenas para facilitar o tráfego jurídico, mas também por motivos poderosos de índole diversificada – v.g., o acesso mínimo à informação e à diversão, a educação, a satisfação de interesses de pessoas diminuídas, a defesa de instituições públicas ou religiosas.

Isto significa que só em face dos próprios objectivos que presidiram à imposição das ditas licenças é que se terá de averiguar qual o montante adequado para cumprir a exigência do n.º 2 do art.º 11-*bis*.

Em suma: A remuneração equitativa tanto poderá corresponder ao que o autor receberia se tivesse feito uso do seu direito exclusivo, como poderá ser meramente simbólica, tudo dependendo das finalidades que presidiram à consagração legal da licença obrigatória. Só uma verificação casuística permitirá determinar o valor correcto daquela remuneração[221].

---

[219] Já anteriormente dissemos que está na disponibilidade dos Estados-membros a escolha da natureza desta "entidade competente".

São muito diversas as opções dos diferentes países de acordo com a sua tradição jurídica – e vão desde autoridades judiciais e administrativas até entidades especiais nomeadas pelos próprios Governos.

[220] É a opinião largamente maioritária. Por todos, vide RICKETSON, "The Berne Convention...", cit., pág. 520, por remissão da pág. 527; e NORDMANN/VINCK/HERTIN, "Internationales Urheberrecht Kommentar", cit., pág. 96.

[221] Com posição contrária, veja-se NORDEMANN/VINCK/HERTIN, ob. e local cit. na nota anterior.

Os autores – apesar de citarem doutrina contrária, concretamente HOFMANN e BAPPERT-WAGNER – defendem que a noção de "equitativa" tem de ser encontrada por

11. Demonstrámos a admissibilidade das licenças obrigatórias. Pergunta-se agora: elas esgotam o leque de limitações de que o direito de radiodifusão é passível?

Interessam-nos, sobretudo, duas figuras que têm gerado alguma celeuma – particularmente a segunda. Falamos das chamadas "pequenas reservas" ("petites réserves") e da "gestão colectiva necessária"[222]. Como se verá a discussão relativamente a qualquer delas está viciada pelos interesses constituídos.

12. As chamadas "pequenas reservas" ("petites réserves") são uma realidade algo difusa e por muitos pouco conhecida. Fala-se de "pequenas reservas" a propósito de limitações que se podem estabelecer aos direitos dos autores, tendo em atenção os objectivos relevantes das utilizações em questão. Estão, nomeadamente, em causa:

– solenidades religiosas;
– cerimónias militares;
– necessidades de ensino; e
– vulgarizações (divulgações culturais comuns ou sessões de esclarecimento – v.g., festas populares)[223].

Pretendem alguns que o n.º 2 do art.º 11-*bis* não as permitiria, pois as "pequenas reservas" são, em princípio, livres e o texto categórico do preceito, ao referir que "elas não podem, em nenhum caso...", excluiria as "pequenas reservas" ou, pelo menos, sujeitá-las-ia a uma remuneração

---

cada país de acordo com as suas próprias características o que pode levar a uma remuneração mínima ou mesmo nula acabando por sustentar que o número 2 em análise "parte de uma noção de equidade válida para todos os Países da União que o autor unionista poderá e deverá invocar sempre que a protecção concedida pela legislação nacional se mostre insuficiente".

Referindo e rebatendo, completamente, esta posição com demonstração brilhante da sua impraticabilidade, veja-se DITTRICH, "De l'interprétation de l'article 11-*bis* 1) et 2) de la Convention de Berne", cit., págs. 291 e 292.

[222] O que não significa, como posteriormente se verá, que outras figuras não possam ser invocadas.

[223] A enumeração não é taxativa. Frise-se que outras actividades similares podem ser abrangidas.

equitativa, já que as legislações nacionais só as poderiam consagrar ao abrigo deste número 2[224].

Que dizer desta posição?

É evidente que o texto da norma não está em causa. Mas está o seu sentido.

"Elas não podem, em nenhum caso, atingir o direito moral do autor ..." mas esses, nenhuns casos são aqueles que se podem subsumir ao artigo em questão.

Ora as designadas "pequenas reservas" escapam, por definição, ao âmbito do art.º 11-*bis* n.º 2. Elas sempre foram consideradas limites não escritos susceptíveis de aplicação a todas as faculdades do direito de autor.

Isso mesmo é, aliás, confirmado pelo próprio Relatório Geral que MARCEL PLAISANT apresentou em 1948[225]. Nele se pode ler:

"O vosso relator geral foi encarregado de relembrar, através de menção expressa, a possibilidade daquilo que se convencionou chamar as pequenas reservas das legislações nacionais. Os senhores Delegados da Noruega, da Suécia, da Dinamarca e da Finlândia, o senhor Delegado da Suíça e o senhor Delegado da Hungria invocaram essas excepções limitadas admitidas a favor das cerimónias religiosas, das fanfarras militares e das necessidades de ensino e da vulgarização. **Estas medidas de excepção aplicam-se aos artigos 11-*bis*, 11-*ter*, 13 e 14...**"[226,227].

O que fica transcrito não deixa margem para dúvidas: as designadas "pequenas reservas" ("petites réserves") não são postergadas pelo n.º 2 do art.º 11-*bis* nem estão, tão-pouco, sujeitas aos requisitos dessa norma. Pelo contrário – como resulta do próprio enquadramento histórico da matéria e das discussões e conclusões do debate de Bruxelas – elas foram especifi-

---

[224] É a posição, entre outras, de NORDEMANN/VINCK/HERTIN, "Internationales Urheberrecht Kommentar", cit., pág. 96.

Os autores não falam de "**pequenas reservas**" mas sim de "pequenas excepções" ("**kleinen Ausnahmen**").

É, no entanto, aquela a expressão que vulgarmente é utilizada.

[225] E que os autores citados na nota anterior referem, mas afastam majestaticamente sem apresentar qualquer fundamento para o efeito...

[226] "Rapport Général", cit., pág. 100. MARCEL PLAISANT retoma a questão na página seguinte.

[227] Nosso o sublinhado.

camente invocadas pelas delegações e expressamente garantidas pelo próprio relatório final.

A tese que procura demonstrar a sua inadmissibilidade ou, pelo menos, a sua sujeição ao n.º 2 do art.º 11-*bis* não resiste pois, a uma interpretação histórica dos dados em jogo[228].

13. Falemos agora da "gestão colectiva necessária". O entendimento de que a "gestão colectiva necessária" é um dos meios que os legisladores nacionais dispõem para regular as condições de exercício dos direitos previstos no n.º 1, do art.º 11-*bis* gera uma quase unanimidade intrigante[229].

É espantoso e de uma dualidade que não se pode deixar de assinalar.

Se se quiser estabelecer "limites" ao direito de autor em função de objectivos culturais relevantes – que mais não são, quanto a nós, do que o conteúdo negativo do próprio direito – gera-se uma verdadeira "guerra santa", com bonitos chavões como o de que "não se pode macular a mais sagrada de todas as propriedades".

O direito de autor é, então, apresentado como o único direito verdadeiramente absoluto, com um poder expansivo ilimitado ou quase. As licenças obrigatórias, as "pequenas reservas" ou as utilizações livres são vistas como um tenebroso inimigo que importa destruir e, nesse sentido, todas as interpretações – por mais absurdas que sejam – merecem acolhimento.

A análise que temos vindo a fazer deste art.º 11-*bis* é prova mais do que suficiente do que acabamos de afirmar.

Mas agora, como que por um golpe de mágica, tudo se modifica.

Quando se trata de admitir a "gestão colectiva necessária", ou "obrigatória" (na expressão de alguns autores) tudo se apazigua e não se vislumbra reticências a uma tal solução.

Ora, a "gestão colectiva necessária" significa, em traços gerais, apenas isto: os autores, estejam ou não inscritos numa entidade de gestão colectiva, tenham ou não outorgado mandato a essa entidade para os

---

[228] Em concordância com a nossa posição, vide por todos DREIER, "Kabelweiterleitung...", cit., pág. 61 e RICKETSON, "The Berne Convention...", cit., págs. 533 a 537.

[229] Por todos, vide SCHRICKER, "Urheberrechtliche Probleme der Kabelrundfunks", cit., pág. 110; DREIER, "Kabelweiterleitung und Urheberrecht", cit., pág. 110 e NORDEMANN/VINCK/HERTIN, "Internationales Urheberrecht Kommentar", cit., pág. 95.

representar e, o que é mais importante, mesmo que se oponham em absoluto à sua inscrição ou representação pela dita entidade... são forçados a exercitar os seus direitos através dessa pessoa colectiva. Isto significa, obviamente, uma mudança de natureza do próprio direito. O que era um direito exclusivo passa a ser um mero direito de remuneração, só que agora em favor de uma entidade de gestão colectiva. E esse "pequeno" facto como que transfigura a situação.

Teremos ocasião de abordar com detalhe a problemática da "gestão colectiva necessária" até porque ela "forçou" a entrada na nossa ordem jurídica[230] e outras investidas se perfilam. Por ora, averiguaremos apenas da sua compatibilidade com o texto da Convenção de Berna, remetendo, desde já, para o que adiante se dirá.

Regressemos ao ponto de partida: a "gestão colectiva necessária" cabe no âmbito do n.º 2 do art.º 11-*bis* da Convenção de Berna? Contrariamente, à unanimidade reinante a resposta afigura-se-nos clara: Não cabe. Vamos verificar porquê.

A nossa posição tem um apoio decisivo: o próprio n.º 2 do art.º 11-*bis*.

Se o analisarmos com atenção verificamos que a própria lógica interna do preceito privilegia o acordo entre as partes.

Isto significa que a primeira solução preconizada pelo legislador de Berna é a negocial. Os Estados estabelecem as licenças. O montante das mesmas é determinado, em primeira linha, pelos próprios autores e utilizadores e só "na falta de acordo amigável" entra em cena uma outra entidade.

A norma não pretende demitir os autores do seu papel fundamental quanto à determinação da remuneração equitativa a que têm direito. Pelo contrário, prevê que o primeiro mecanismo a que se deve recorrer é o entendimento entre eles e os usuários. Mas é evidente que tem que se admitir que essas negociações não cheguem a bom termo. As leis internas terão, então, de prever o recurso a uma entidade que possa dirimir o conflito.

Mas essa entidade tem que ser de natureza pública – judicial, administrativa, ou outra – pois só nesse caso tem legitimidade para

---

[230] Através do art.º 9 da directiva 93/83/CEE, de 27 de Setembro, precisamente no que diz respeito à retransmissão por cabo e da Lei 62/98, de 1 de Setembro relativa à reprografia e à cópia privada.

fixar o valor em causa. Por isso – e bem – se refere a "**autoridade competente**". A expressão autoridade tem precisamente o sentido que acabámos de fixar.

O n.º 2 do art.º 11-*bis* não permite, pois, aos Estados-membros que outorguem a outrem – *maxime* a pessoas colectivas de direito privado – competências que lhes são próprias e que só através dos seus órgãos podem ser exercitados. Não lhes permite, acima de tudo que, sem conhecimento dos autores e mesmo contra a sua vontade deleguem nas chamadas "sociedades de gestão colectiva" decisões que só o seu poder soberano legitima – a referência à "autoridade competente" não deixa margem para qualquer dúvida.

Concluímos, assim, e sem prejuízo de outros argumentos que em sede própria venhamos a aduzir quanto à "gestão colectiva necessária" no direito comunitário e no nosso direito interno, aquilo que começámos por afirmar: a figura não pode ser acolhida face ao texto convencional.

SUBSECÇÃO VII
O ARTIGO 11-*BIS* NÚMERO 3

1. Quando uma obra é radiodifundida nem sempre é possível fazê-lo directamente. Pode-se mesmo afirmar que actualmente, na maioria dos casos, os radiodifusores elaboram os seus programas a partir de fixações ou reproduções de obras e não de apresentações ao vivo das mesmas. Se as obras já se encontram fixadas ou reproduzidas num fonograma ou num videograma nenhum problema se coloca, já que a autorização do autor para radiodifundir permite-lhe a utilização de tais cópias[231].

Acontece, porém, que quando as obras são apresentadas num espectáculo ou no próprio estúdio do radiodifusor, podem verificar-se problemas de horário. Nesses casos, torna-se necessário gravar essas apresentações de modo a permitir a sua radiodifusão em hora ou data posterior.

O problema tem significado não só para as emissões oriundas de outros países transmitidas por satélite, mas mesmo para a radiodifusão tradicional que se realiza em grandes países com zonas afastadas entre si

---

[231] Desde que se obtenha, também, as necessárias autorizações dos produtores de fonogramas e videogramas – nos países em que os direitos destes sejam reconhecidos – e partindo do pressuposto que as cópias são legais.

por vários fusos horários. A questão que então se coloca é a de saber se a autorização para radiodifundir engloba a possibilidade de realizar essas gravações ou se, pelo contrário, será necessário um novo consentimento dos autores (com o consequente pagamento adicional).

2. A Conferência de Roma de 1928 não se debruçou sobre este problema.

A posição maioritária que então se defendia, no que a estas gravações para radiodifusões diferidas dizia respeito, era a de que elas estariam sujeitas – quando de fonogramas se tratassem – ao art.º 13 n.º 1 (versão de Roma), que atribuía aos autores das obras musicais o direito exclusivo de autorizar:

"1.º a adaptação dessas obras a instrumentos que sirvam para as reproduzir mecanicamente;
2.º a execução pública das mesmas obras por meio desses instrumentos".

A posição dos radiodifusores poderia, no entanto, ser melhorada se as legislações nacionais estabelecessem uma licença obrigatória ao abrigo do n.º 2 do mesmo art.º 13[232]. Na ausência de um direito genérico de reprodução[233] as legislações nacionais tinham ainda a liberdade de determinar as circunstâncias em que as gravações de outras obras podiam ser realizadas. No que à radiodifusão televisiva dizia respeito – e a sua exploração comercial só ganhou significado depois da Segunda Grande Guerra – entendia-se que o radiodifusor teria de obter autorização dos autores de quaisquer obras literárias ou artísticas para a realização da fixação pretendida, já que esta constituiria uma obra cinematográfica ao abrigo do art.º 14 n.º 1[234].

---

[232] O número 2, do art.º 13, versão de Roma tinha conteúdo distinto da norma correspondente de Bruxelas que já analisámos. O seu texto era o seguinte:

"2) Reservas e condições relativas à aplicação deste artigo poderão ser determinadas pela legislação interna de cada país, no que lhe concerne; mas todas as reservas e condições desta natureza não terão senão um efeito estritamente limitado ao país que as tiver estabelecido".

[233] O actual art.º 9 da Convenção de Berna só foi introduzido pelo Acto de Paris de 1971, apesar de o seu teor já constar da redacção de Estocolmo de 1967.

[234] Por todos, vide RICKETSON "The Berne Convention...", cit., págs. 527 e 528 e, com visão mais parcelar STRASCHNOV, "Le Droit d'Auteur et les Droits Connexes en Radiodiffusion", cit., págs. 89 e 90.

A posição dominante que acabamos de citar não merecia, contudo, aceitação geral. Vários países e grupos interessados, particularmente organismos de radiodifusão, divergiam nos motivos da sua recusa.

Assim, alguns Estados – liderados pela França e pela Grã-Bretanha – entendiam que os actos de radiodifundir e de gravar eram claramente distintos e daí que a autorização para o primeiro não implicava o segundo, mesmo que a finalidade deste fosse a emissão diferida. A tese oposta ia no sentido de que o direito de radiodifusão abrangeria todos os actos necessários à sua realização e, consequentemente, qualquer eventual fixação tendo em vista a transmissão diferida[235].

Apesar de esta segunda posição parecer contrastante com os art.ºos 11--bis n.º 1 e 13 n.º 1 da redacção de Roma da Convenção de Berna, a pressão dos radiodifusores para que os seus interesses fossem salvaguardados[236], por um lado, e dos autores para que as gravações de obras não musicais gerassem um direito autónomo, por outro, não mais deixou de se fazer sentir.

A Conferência de Bruxelas foi o palco escolhido para o "combate" entre os interesses conflituantes.

3. O programa da Conferência tomou partido ao sugerir a seguinte alteração do art.º 11-*bis*:

"3. Salvo estipulação em contrário, uma autorização concedida em conformidade com a alínea 1 do presente artigo não implica autorização para gravar, por meio de instrumentos que permitam a fixação dos sons e imagens, a obra radiodifundida"[237].

A proposta levantou grande celeuma e gerou debates intensos. Foram poucas as delegações que se manifestaram favoravelmente ao seu sentido, mas entre elas estavam, obviamente, a França e a Grã-Bretanha[238]. Em contrapartida, um grande número de Estados apresentaram textos alternativos que visavam, em maior ou menor grau, a defesa dos radiodifusores.

---

[235] Era a posição da lei italiana – vide art.º 55 da Lei de 1941 – e que foi defendida na Conferência de Bruxelas, por exemplo, pela delegação holandesa no texto que propôs para a Conferência de Bruxelas – cfr., DCB, pág. 285.

[236] Cfr., propostas do Mónaco para a Conferência de Bruxelas, DCB, pág. 284 e BAUM, "Die Brüsseles Konferenz...", cit., págs. 36 e 37.

[237] Vide DCB, pág. 270.

[238] DCB, pág. 283.

Destes, a posição mais radical era a do Mónaco – cujo porta-voz era, como já se disse, STRASCHNOV – que propunha que a gravação de sons ou imagens para efeitos de radiodifusão não estaria, nunca, sujeita a qualquer autorização em virtude do art.º 13 n.º 1 nem daria sequer origem a qualquer remuneração[239].

Como teses intermédias, perfilavam-se as sustentadas pela Hungria, Itália e Suíça que mantinham como base a proposta do programa mas que lhe acrescentavam uma derrogação consoante as gravações se destinassem a uma só emissão subsequente (Hungria), fossem necessárias por exigências técnicas da estação emissora (Itália), ou fossem realizadas, por razões técnicas ou de horário, para efeitos de radiodifusão ulterior (Suíça), devendo, depois da sua utilização para o fim pretendido, ser destruídas ou tornadas insusceptíveis de qualquer novo uso[240].

Ao longo dos debates, na Subcomissão para a Radiodifusão, chegou a existir uma aproximação à proposta suíça por parte de diversos Estados (Checoslováquia, Holanda, Hungria, Mónaco e Polónia). Acontece, porém, que a delegação suíça acabou por retirar a sua proposta inicial substituindo-a por outra que se aproximava da sugestão original da Hungria.

Criou-se, assim, uma situação de impasse apesar de a Holanda ter apresentado um novo texto onde se determinava que não haveria lugar a qualquer autorização para efectuar a gravação, "quando esta fosse feita por um organismo de radiodifusão e se destinasse apenas a uma radiodifusão subsequente"[241] e de os países do Benelux terem alargado o âmbito desta proposta, isentando, também, de qualquer autorização as gravações que fossem feitas "pelo organismo de radiodifusão, com os seus próprios meios, e apenas para efeitos de radiodifusão, quando as gravações fossem de natureza precária (temporária)"[242].

---

[239] Ibid., pág. 284. Para maiores desenvolvimentos sobre as diferentes propostas e andamento dos debates em Bruxelas, vide STRASCHNOV, "Le Droit d'Auteur et les Droits Connexes en Radiodiffusion", cit., págs. 89 a 94.
O autor já anteriormente – pág. 39 e seguintes – se debruçara sobre as "gravações com vista a uma emissão diferida", nomeadamente sobre as "gravações radiofónicas" – págs. 47 a 55 – e sobre o seu significado para os autores e titulares de direitos conexos, o que lhe permite a defesa da solução apresentada pelo Mónaco e que ele próprio corporizou.

[240] Cfr., DCB, pág. 298.

[241] Ibid., pág. 298.

[242] Ibid., págs. 299 e 300.

O facto de nenhuma das fórmulas ter sido unanimemente aceite obrigou a que o Presidente da Subcomissão só pudesse apresentar uma proposta de consenso sobre as duas primeiras alíneas do art.º 11-*bis*, limitando-se quanto à terceira a fornecer o elenco das várias posições assumidas durante o debate[243].

As negociações prosseguiram, no entanto, a nível não oficial. A discussão centrava-se, sobretudo, em dois aspectos:

– O de determinar se, aceitando o princípio do programa, se deveria prever uma derrogação na própria Convenção ou criar apenas uma reserva a favor das legislações nacionais;
– O de saber se a dita derrogação deveria recair sobre todas as gravações radiofónicas ou apenas sobre algumas delas[244].

A primeira questão foi resolvida rapidamente, já que era claro que algumas delegações não admitiam, de todo, tais limites *jure conventionis*.

Mais difícil foi a decisão sobre a extensão da reserva a consagrar. Foram sustentadas teses divergentes. Uma, defendida pela França, desejava limitar o poder discricionário do legislador nacional às gravações efectuadas com vista a emissões diferidas. A outra, pelo contrário, não pretendia impor aos países da União qualquer obrigação no que ao tipo de gravação dizia respeito – concedendo-lhes total liberdade de regulamentação.

A primeira posição foi considerada inaceitável. Os seus opositores fizeram notar, nomeadamente, que a expressão "emissões diferidas" correspondia já, no plano contratual, a uma certa concepção demasiado estreita e que o facto de deixar aos legisladores nacionais apenas a faculdade de fixar o regime das gravações "efectuadas por um organismo de radiodifusão, pelos seus próprios meios e destinadas unicamente às suas emissões diferidas", só lhes permitia isentar de autorização prévia e da consequente remuneração gravações que os radiodifusores realizassem tendo em vista uma única emissão temporalmente

---

[243] *Ibid.*, págs. 116, 117 e 119. O n.º 3 do art. 11-*bis* só foi consagrado numa segunda análise do Comité Principal.

Na Subcomissão inicial todas as propostas de adopção do novo número foram chumbadas, tendo prevalecido a posição da Dinamarca no sentido de suprimir o preceito.

[244] Vide STRASCHNOV, "Le Droit d'Auteur et les Droits Connexes en Radiodiffusion", cit., pág. 91.

muito próxima, já que tal gravação deveria ser posteriormente destruída ou neutralizada.

A segunda tese – que atribuía às legislações nacionais a demarcação de todo o regime das gravações radiofónicas – também não mereceu acolhimento por parte de certas delegações, que receavam que os organismos de radiodifusão produzissem gravações duráveis, semelhantes aos fonogramas comerciais, mas que, ao contrário destes, beneficiariam do privilégio da gratuitidade[245].

A divergência de posições tornava necessária a busca de um compromisso entre as duas posições[246]. Finalmente, e depois de longas e lentas negociações, em que a delegação do Mónaco desempenhou papel fulcral em defesa dos radiodifusores, foi possível chegar a um acordo apenas três dias antes da assinatura do novo texto da Convenção. A palavra chave que garantiu a unanimidade foi o adjectivo "efémeras", que qualifica as gravações.

A fórmula final do n.º 3 do art.º 11-*bis* permite ao legislador nacional, em derrogação do princípio geral que já constava da proposta do programa da Conferência, fixar o regime das gravações efémeras efectuadas por um organismo de radiodifusão pelos seus próprios meios e para as suas emissões. Acrescentou-se ainda – dando acolhimento às pretensões dos países nórdicos – que essas gravações podem ser conservadas em arquivos oficiais, em razão do seu carácter excepcional de documentação[247].

4. As três frases, que consubstanciam a fórmula final desta norma, impõem, desde logo, algumas reflexões para o seu entendimento adequado.

Assim, verifica-se que a Conferência de Bruxelas não corroborou as teses que pretendiam estabelecer uma fronteira entre gravações efectuadas

---

[245] Dando conta destas divergências vide STRASCHNOV, ob. cit. na nota anterior, págs. 91 e 92.

[246] Que foi tentado através da separação entre gravações com e sem fim lucrativo.

[247] Recordemos o texto adoptado e que ainda hoje vigora:

"3) Salvo estipulação em contrário, uma autorização concedida em conformidade com a alínea 1) do presente artigo não implica autorização para gravar, por meio de instrumentos que permitem a fixação dos sons e imagens, a obra radiodifundida. Fica, todavia, reservado às legislações dos países da União o regime das gravações efémeras efectuadas por um organismo de radiodifusão pelos seus próprios meios e para as suas emissões. Essas legislações poderão autorizar a conservação dessas gravações nos arquivos oficiais, em razão do seu carácter excepcional de documentação".

para uma emissão diferida a curto prazo e outras gravações radiofónicas. O legislador nacional tem, por conseguinte, ampla margem de liberdade para construir o conceito de "gravação efémera". As únicas balizas, que decorrem dos elementos histórico e literal da interpretação, são as de que elas não são gravações duradouras, mas também não se limitam a fixações que visam emissões diferidas.

A Conferência admitiu que existem gravações radiofónicas que merecem um estatuto especial aderindo, pois, à tese segundo a qual tais suportes materiais constituem um mero utensílio técnico para o organismo de radiodifusão, ou seja, um simples meio de mediação entre a realidade a transmitir e a própria emissão. Daqui decorre que a autorização para radiodifundir pode implicar o consentimento tácito para gravar.

As legislações nacionais têm, portanto, plena liberdade de obstar a um cúmulo de remunerações que resultaria da autonomização do direito de reprodução mecânica face ao direito de radiodifusão. Por outro lado, a Convenção não estabeleceu qualquer distinção entre gravações efémeras de sons e de imagens, o que significa que também estas últimas poderão ser objecto de tratamento privilegiado por parte dos direitos internos. Por fim, saliente-se que as gravações radiofónicas passaram a ser regidas, desde a redacção de 1948, apenas por este n.º 3 do art.º 11-*bis* e não pelo art.º 9 – para os países que aderiram ao texto de Paris – ou pelos art.ᵒˢ 13 e 14 – para aqueles que só subscreveram o texto de Bruxelas.

O âmbito de aplicação das duas frases finais deste n.º 3 do art.º 11-*bis* é, aliás, sintetizado de forma lapidar no Relatório Geral da Conferência de Bruxelas onde MARCEL PLAISANT, depois de recapitular a redacção consagrada, inseriu, a pedido da delegação do Mónaco[248], a seguinte nota:

"Será, pois, possível à legislação nacional declarar que a autorização para radiodifundir implica ou não a autorização para gravar com vista à radiodifusão, desde que a gravação seja efectuada, pelo próprio organismo de radiodifusão, pelos seus meios autónomos e para as suas próprias necessidades e desde que se trate de uma gravação efémera.

Competirá à legislação nacional definir o que são gravações efémeras e determinar, de um modo geral, o seu regime jurídico, por exemplo também no que diz respeito, eventualmente, à sua conservação nos ar-

---

[248] Cfr., STRASCHNOV, ob. cit., pág. 93 e DCB, pág. 303.

quivos oficiais, em razão do carácter excepcional de documentação dessas gravações.

Se a legislação nacional não fizer uso da faculdade que lhe é conferida pelo art.° 11-*bis* n.º 3, frase final, é o contrato entre o autor e o organismo de radiodifusão, que decide se a autorização para radiodifundir implica ou não a possibilidade de gravar e, na primeira hipótese, se a implica apenas para as gravações efémeras ou também para as outras.

Se a interpretação do contrato não permite determinar a vontade concordante das partes sobre este ponto, é a presunção do art.° 11-*bis* n.º 3, primeira frase, que é aplicável: a autorização para radiodifundir não implica a autorização para gravar, mesmo que a gravação seja apenas efémera.

Se pudéssemos impor subtítulos a estas duas frases da alínea 3, cuja importância adivinhais, diríamos que a primeira está sob a epígrafe liberdade contratual e que a segunda está sob a epígrafe liberdade legislativa orientada. Sob esta forma, o art.° 11-*bis* mantém o compromisso obtido na conclusão de um debate onde todos os interesses, quaisquer que fossem, foram postos em relevo e reconhecidos. Compromisso obtido, nomeadamente, graças ao espírito de conciliação da Delegação monegasca cujas intervenções foram decisivas"[249].

Saliente-se, pois, uma vez mais a possibilidade, que é outorgada aos legisladores nacionais, de isentar os radiodifusores do pesado e injusto fardo que constituiria a sua sujeição a um duplo pagamento, em virtude de procederem a gravações meramente instrumentais para as suas emissões. Entendemos, mesmo, que a solução correcta deveria ir ainda mais longe e mesmo *jure conventionis*, por aplicação da designada "Zweckübertragungstheorie"[250], tais gravações deveriam ser consideradas livres.

---

[249] MARCEL PLAISANT, "Rapport Général", cit., DCB, pág. 102. O próprio STRASCHNOV, ob. cit. na nota anterior, transcreve este passo do Relatório Geral como elucidativo. A modéstia impede-o, contudo, de citar a referência elogiosa à Delegação do Mónaco, que consta da parte final.

[250] Que, entre nós, foi designada por OLIVEIRA ASCENSÃO como "disposição funcional" – vide, "Direito de Autor e Direitos Conexos", cit., págs. 432 a 434. Para maiores desenvolvimentos sobre a matéria veja-se SCHWEYER, "Die Zweckübertragungstheorie im Urheberrecht", Munique, 1982 (que continua, ainda hoje, a ser a obra fundamental sobre o tema) e LIEBERECH, "Die Zweckübertragungslehre im ausländischen Urheberrecht", Munique, 1983.

5. Mau grado, as propostas de alteração apresentadas em Estocolmo, também o n.º 3 do art.º 11-*bis* não sofreu alterações em relação ao texto de Bruxelas, já que foi considerado "um compromisso aceitável entre os interesses opostos"[251]. Em face disso e do que atrás ficou dito podemos fixar, com adequada margem de segurança, o seu sentido final. É o que faremos de seguida.

6. A primeira frase do preceito distingue, claramente, os actos de radiodifundir e de gravar, estabelecendo que a autorização para o primeiro não implica, automaticamente, consentimento para o segundo.

Poder-se-ia entender que esta estipulação é supérflua, pois ela já decorreria dos art.ᵒˢ 11-*bis* n.º 1 e 9 n.ᵒˢ 1 e 3 da Convenção de Berna, versão Estocolmo/Paris – que separa nitidamente o direito de radiodifusão do de reprodução[252]. Entendemos, contudo, que não é assim.

Por um lado, alguns Estados-membros não aderiram ainda aos últimos Actos da Convenção, estando apenas obrigados pelo texto de Bruxelas. Acresce que esta primeira frase é, também, um alerta para que radiodifusores e autores estabeleçam as bases contratuais que salvaguardem as respectivas posições, já que sabem à partida que existe uma presunção *juris tantum* de que o silêncio das partes pressupõe uma não autorização para gravar.

Por fim, ela é ainda útil porque significa que não estamos perante um mero reflexo do direito de reprodução, mas sim perante *lex specialis*, relativamente ao art.º 9 da Convenção de Berna, versão Estocolmo/Paris e aos art.ᵒˢ 13 e 14 versão de Bruxelas.

Daí que, pelo seu contexto próximo, esta reprodução permita limitações e excepções que não seriam possíveis se nos cingíssemos à regra geral – não estando, nomeadamente, sujeita à designada "regra dos três passos", constante do actual n.º 2 do art.º 9 da Convenção de Berna.

7. As segunda e terceira frases do n.º 3, do art.º 11-*bis* permitem, precisamente, aos Estados-membros da União de Berna afastarem-se do

---

[251] Cfr., "Rapport's on the Work of the Five Main Committees of the Intellectual Property Conference of Stockholm, 1967", que daqui em diante designamos por Reports of Stockolm (RS), pág. 55, ponto 216.

[252] É o que defendem, por todos, NORDEMANN/VINCK/HERTIN, "Internationales Urheberrecht Kommentar", cit., pág. 97 e RICKETSON, "The Berne Convention...", cit. pág. 530.

princípio que é enunciado na primeira frase do preceito. Assim, fica reservada às legislações nacionais a determinação do regime das gravações efémeras efectuadas por um organismo de radiodifusão pelos seus próprios meios e para as suas emissões. Existe, pois, também aqui, amplo campo de acção para os diversos países apesar dos limites que resultam da frase sublinhada e que analisaremos de seguida.

8. As fronteiras a que os Estados-membros se terão de ater passam, desde logo, pela natureza das próprias gravações.

Fala-se de gravações efémeras, é verdade mas, como já se salientou, a norma não dá nenhuma noção da expressão. É matéria voluntariamente deixada às legislações nacionais. O seu significado comum aponta que por efémeras se entenda transitórias ou passageiras, por oposição a duráveis ou permanentes. Das discussões havidas em Bruxelas resulta, com nitidez, que era este o sentido que as delegações atribuíam ao termo[253].

Havia, contudo, diferenças consideráveis quanto ao prazo de duração destas gravações e, portanto, quanto ao significado exacto do adjectivo efémero. Tais divergências foram, aliás, a razão que justificou que a questão fosse deixada aos legisladores nacionais.

Como PLINIO BOLLA acentuou numa frase que ficou célebre e por muitos citada[254]: "Efémero não é apenas o que dura um dia, mas tudo o que tem curta duração, e esta brevidade pode ser apenas relativa: a beleza de uma mulher não é mais do que efémera e a nossa vida não é, também ela, mais do que uma passagem efémera sobre esta terra"[255].

As leis dos diversos países que estabeleceram prazos demonstram, precisamente, grandes diferenças quanto ao sentido da expressão, variando os períodos adoptados entre um mês e um ano[256]. Em qualquer caso, o que se pode retirar do adjectivo utilizado é que – salvo quando, ao abrigo da terceira frase deste número 3, as gravações fiquem arquivadas – tais suportes não podem ter carácter permanente[257] ou, pelo menos, devem ser

---

[253] Cfr., DCB, pág. 300 e seguintes.
[254] Por exemplo, NORDEMANN/VINCK/HERTIN, "Internationales Urheberrecht Kommentar", cit., pág. 97.
[255] BOLLA, "La Convention de Berne pour la protection des oeuvres littéraires et artistiques", in DA, 1949, pág. 32.
[256] Cfr., com diversos exemplos demonstrativos, RICKETSON, "The Berne Convention...", cit., pág. 531, especialmente nota 293.
[257] O que se afigura cada vez mais difícil dada a própria evolução tecnológica.

destruídos ou tornados insusceptíveis de novos usos, depois de excedidos os prazos legais de "efemeridade" (se os houver).

9. Estas gravações têm de ser efectuadas por um organismo de radiodifusão pelos seus próprios meios, o que exclui, claramente, prestações de serviços efectuadas por terceiros, radiodifusores ou não.

A recusa da proposta, apresentada pelo Mónaco na Conferência de Estocolmo de 1967, onde se sugeria a alteração do n.º 3 do art.º 11-*bis* no sentido de estas gravações efémeras poderem ser efectuadas para ou por um organismo de radiodifusão[258], é prova definitiva do que afirmámos.

10. O radiodifusor terá não só de utilizar os seus próprios meios para proceder à fixação, como ainda de usar as gravações realizadas para as suas emissões.

Neste caso, a delegação monegasca em Estocolmo pretendeu liberalizar o preceito propondo que fosse permitido o seu uso para as próprias emissões e para as emissões de outras organizações sob a jurisdição do mesmo país[259], mas também aqui não obteve o que pretendia. Por outro lado, verifica-se que este número 3 não estabelece qualquer limitação quanto ao número de emissões em que a gravação efémera pode ser utilizada, desde que tenha sido efectuada pelo próprio radiodifusor. O preceito é também omisso quanto ao momento em que a gravação deve ser realizada.

Assim, ela poderá ter lugar em momento anterior para ulterior radiodifusão ou ser contemporânea desta tendo em vista posterior transmissão diferida. É matéria cujos contornos podem variar muito de legislação para legislação[260].

11. Ao contrário do que se passa no caso das licenças legais ou compulsivas, que podem ser estabelecidas ao abrigo do n.º 2 do art.º 11--*bis*, a produção destas gravações efémeras não sujeita ao pagamento de qualquer remuneração equitativa, o que não significa que algumas legislações ultrapassando o sentido do texto convencional não prevejam, precisamente, essa remuneração[261]. É solução, que como se disse, não

---

[258] Cfr., RS, pág. 56, ponto 220.
[259] Cfr., RS, página e ponto citados na nota anterior.
[260] Cfr., RICKETSON, "The Berne Convention...", cit., págs. 531 e 532.
[261] Vide art.º 55 da Lei italiana. Em sentido oposto e consonante com a Convenção de Berna, vide art.º 55 da lei alemã.

recolhe o menor apoio do art.º 11-*bis*. O próprio enquadramento sistemático do direito de realizar estas gravações no seu número 3 e não no número 1 é demonstração inequívoca disso mesmo.

12. A frase final deste número 3 traduz-se num novo regime de excepção para estas gravações efémeras, já que as legislações nacionais podem autorizar a sua conservação em arquivos oficiais, "em razão do seu carácter excepcional de documentação".

Mais uma vez a excepção sofre limitações. A preservação das gravações tem que ser feita em arquivos oficiais que não serão, normalmente, os arquivos dos radiodifusores – ao menos nos casos em que estes sejam de carácter privado – e só será justificada pelo seu carácter excepcional de documentação.

As expressões referidas requerem, mais uma vez, concretização nas legislações internas e são, também elas, susceptíveis de aproximações diferentes. De qualquer modo, salvo casos especiais[262], os organismos de radiodifusão necessitarão de autorização dos titulares dos direitos de autor se pretenderem criar os seus próprios arquivos gerais, já que estes não se encontram abrangidos pelo n.º. 3 do art.º 11-*bis*.

SECÇÃO V
AS CONFERÊNCIAS DE REVISÃO DE ESTOCOLMO (1967) E DE PARIS (1971)

1. A última revisão da Convenção de Berna ocorreu em Paris, em 1971. O texto de Paris corresponde, contudo, no que diz respeito aos art.ᵒˢ 1 a 20 à redacção de Estocolmo de 1967, como uma simples leitura das Actas daquela Conferência Diplomática demonstra[263]. No que toca ao art.º 11-*bis*, no entanto, a redacção de Bruxelas não sofreu qualquer alteração[264]. Esta imutabilidade não significa, como se poderia pensar, que

---

[262] É o que acontece em Portugal com a R.T.P. e a R.D.P. – cfr., art.º 152 n.º 4 do CDADC.

[263] Cfr., "Actes de la Conférence de Paris (Paris, 5 au 24 Juillet 1971)" e, na versão inglesa, "Records of the Paris Conference (Paris, July 5 to 24, 1971)".

[264] Apenas a redacção inglesa sofreu pequenos acertos linguísticos no sentido de a aproximar do texto original e decisivo, mas sem recurso a francesismos. Assim, "broadcasting" foi adoptado no Acto de Paris como tradução de "radiodiffu-

não tenha havido um sério debate sobre o art.° 11-*bis*. A situação foi precisamente a oposta.

2. O programa da Conferência de Estocolmo, elaborado pelo Governo sueco e pelo BIRPI – antiga designação da OMPI – tinha, de facto, proposto que o preceito se mantivesse inalterado. Tal sugestão seguia de perto o que já resultava dos trabalhos dos grupos de estudo e de peritos, que se haviam reunido, respectivamente, nos anos de 1964 e 1968 e que eram expressamente referenciados na justificação da proposta pelo Secretariado[265]. A proposta inicial referia ainda, resumidamente os direitos consagrados em Bruxelas e constatava a impossibilidade prática de se chegar a um consenso unânime que permitisse a revisão do artigo.

3. Apesar disso, como se disse, as controvérsias não se fizeram esperar. O Mónaco, como anteriormente se referiu, propôs alterações ao número 3 do artigo 11-*bis*[266] que com pequenas modificações, eram também sustentadas pelas delegações inglesa e japonesa.

4. Particularmente significativa foi a tentativa da Grã-Bretanha de alterar o art.° 11-*bis*, n.º 1, de modo a abranger no direito exclusivo as transmissões para um outro país da União que não aquele em que se deu a emissão original e recuperar as teses do "novo público"[267]. O texto era,

---

sion". Recorde-se que no Acto de Bruxelas a palavra "radiodiffusion" era usada tanto no texto francês como no inglês.

Com uma súmula elucidativa das Conferências de Revisão e salientando a influência das várias etapas da Convenção de Berna na lei e doutrina alemã vide ULMER, "La République Fédérale d'Allemagne et l'Union de Berne", em D.A. Março, 1986 (n.º 3), págs. 74 a 77.

[265] Vide "Records of the Intellectual Property Conference os Stockholm, June 11 to July 14, 1967" (RCS), págs. 121 e 122 e na versão francesa "Actes de la Conférence de Stocholm de la Proprieté Intellectuele, 11 Juin-14 Juillet, 1967" (ACS), também págs. 121 e 122.

[266] Documento S/77, RCS, pág. 691. O documento propunha que as gravações efémeras pudessem ser realizadas: (i) por ou para um organismo de radiodifusão; (ii) usadas para as suas próprias radiodifusões sob a jurisdição do mesmo país.

[267] O texto britânico era do seguinte teor:

"Qualquer comunicação pública, quer por fio, quer sem fio, da obra radiodifundida, quando essa comunicação seja feita:

a) num outro país da União que não aquele em que a radiodifusão foi efectuada;

contudo, apresentado sem adequada fundamentação o que dificulta a sua exacta compreensão. Dois aspectos merecem, no entanto, saliência: o de que a Conferência de Bruxelas não tinha destruído as convicções dos defensores da tese do "novo público" e o de que tais teorias voltaram a ser recusadas.

5. Por sua vez o Brasil[268] propôs uma norma que estabelecesse que cada um dos direitos especiais incluídos nos direitos genéricos de radiodifusão, referidos no número 1 do art.º 11-*bis* pudesse ser exercido em separado pelo autor e, além disso, que o número 3 fosse alterado no sentido de dele não poderem beneficiar os organismos de radiodifusão privados e os organismos do Estado cuja actividade tivesse fim lucrativo.

6. Ainda o Reino Unido[269] sugeriu que se suprimisse a exigência, constante do número 3, de que as gravações efémeras fossem realizadas pelos organismos de radiodifusão "pelos seus próprios meios" e que se restringisse a possibilidade de efectuar essas gravações aos casos onde "por razões técnicas ou por outras a radiodifusão não pudesse ser realizada ao mesmo tempo que a representação ou execução".

7. O Japão[270] submeteu uma proposta relativamente ao número 3 do art.º 11-*bis* similar às do Mónaco e da Grã-Bretanha.

8. O Grupo de Trabalho sobre o regime das obras cinematográficas chegou a propor um novo número 4[271], limitando as licenças obrigatórias previstas no número 2 quanto àquelas obras. No que respeitava às obras cinematográficas e às obras adoptadas ou reproduzidas naquelas o número 2 do art.º 11-*bis* só seria aplicável no que respeita aos direitos previsto nos pontos 2.º e 3.º do número 1 do artigo[272]. Num primeiro momento a

---

b) por outro organismo que não o de origem;

c) para um outro público que não tenha sido pensado pelo organismo que radiodifundiu a obra".

[268] Documento S/217, RCS, pág. 715.
[269] Documento S/171, RCS, pág. 704.
[270] Documento S/112, RCS, pág. 696.
[271] Documento S/195, RCS, pág. 710.
[272] O que significaria que as licenças obrigatórias só seriam admissíveis em relação aos direitos previstos no art.º 11-*bis* n.º 1, 2.º e 3.º – retransmissão ou nova transmissão por fio ou sem fio por outro organismo que não o de origem e comunicação pública por

norma foi adoptada por unanimidade mas também ela foi posteriormente abandonada.

9. Pode-se, pois, dizer que o aparecimento de uma série de novas propostas de sentido contraditório inviabilizou a concretização de qualquer das alterações preconizadas. Assim, todas as alterações sugeridas foram retiradas de modo a "não pôr em perigo o compromisso... que tinha sido conseguido com grande dificuldade na Conferência de Bruxelas de 1948"[273]. Regressou-se, por isso, à proposta inicial do programa da Conferência e, com apenas cinco abstenções, manteve-se o texto de Bruxelas que, como já se disse, foi considerado "um compromisso aceitável entre os interesses opostos"[274-275].

10. As conclusões a que chegámos sobre a interpretação das várias normas do art.º 11-*bis* mantém, por conseguinte, total validade. Isso não significa, como decorre da exposição antecedente, que dele possamos retirar uma noção clara do que é radiodifusão. As soluções de compromisso, que sempre marcaram a sua génese e desenvolvimento, deixam em aberto muitas questões às quais, muitas vezes propositadamente, o legislador de Berna não dá respostas ou remete para os direitos internos.

As fontes históricas – se bem que ajudem a ultrapassar alguns dos escolhos encontrados – não resolvem totalmente as dificuldades construtivas para a fixação do sentido do conceito de radiodifusão. A Convenção de Berna não deixa, apesar disso, de ser a base mais sólida donde se terá de partir para a construção dogmática que é objectivo deste

---

altifalantes ou instrumento análogo da obra radiodifundida – mas não o seriam quanto ao próprio direito de radiodifusão – cfr., Doc. S/195, in RCS, pág. 710.

É evidente que a posição dos autores era ainda mais radical, pretendiam, pura e simplesmente, a supressão do n.º 2 do art.º 11-*bis* – cfr., RCS, Doc. S/1, pág. 122.

[273] DILLENZ, "Direktsatellit und die Grenzen..", cit., pág. 78.

[274] Cfr., RS, pág. 55, ponto 216.

[275] Para maiores desenvolvimentos sobre as propostas debatidas em Estocolmo vide RS, págs. 54 a 56, pontos 213 a 222; RCS, págs. 121 e seguintes, 690 e seguintes, 1167 e 1168 e *passim* no texto francês (ACS) as páginas correspondentes são, respectivamente, 121 e seguintes, 704 e seguintes, 1174 a 1176 e *passim*, von UNGERN-STERNBERG, "Die Rechte der Urheber..." cit., págs. 52 e 53, DILLENZ, "Direktsatellit und die Grenzen...", cit., págs. 77 e 78; RICKETSON, "The Berne Convention...", cit., págs. 524, 525, 529 e 530; e FICSOR, "Primary and secondary broadcasting in the Berne Convention...", cit., pág. 36.

trabalho. A influência, que exerceu e exerce em todos os outros acordos multilaterais e legislações nacionais, a isso obriga.

Por ora, sublinhemos apenas um aspecto que temos ciclicamente salientado: o de que o conceito de radiodifusão do art.º 11-*bis* é um conceito jurídico e não técnico no qual o público desempenha um papel central. A radiodifusão não se realiza nunca abstractamente, mas sim, e sempre, em função de um potencial público destinatário. A apreciação isolada da emissão enquanto acto técnico é, pois, alheia à Convenção de Berna.

Radiodifusão é, assim, todo o processo global que vai da emissão concreta até à eventual recepção, mas dela estão excluídos passos preparatórios que ainda não estabeleçam uma relação directa entre a emissão apresentada e o público, o mesmo acontecendo com meios tecnológicos de intermediação que visam, somente, permitir a transmissão final da obra.

DILLENZ assinala precisamente esta relação indissociável entre **emissão** e **público**, ou, se quisermos, o de a radiodifusão ser sempre uma **comunicação pública**[276].

SECÇÃO VI
A RADIODIFUSÃO POR CABO ORIGINÁRIA
NA CONVENÇÃO DE BERNA

1. A análise que temos vindo a fazer deixou um problema em aberto: o da radiodifusão por fio originária[277]. De facto, o art.º 11-*bis* apenas

---

[276] Num toque poético, DILLENZ sublinha que:
"O campo da relação entre a emissão e a recepção pelo público é aquele em que acontece a radiodifusão. Uma apreciação isolada do processo de emissão, como foi demonstrado, é alheia à Convenção de Berna.

Em última análise, a apresentação de uma emissão radiofónica sem público faz pensar numa poesia de Morgenstern, na qual uma bota vai passear em conjunto com o seu empregado e de repente pede-lhe que a calce. Uma vez que não se vislumbra, nem perto nem longe, nenhuma perna que possa calçar a bota ambos se resignam e continuam a andar, como diz o poeta "von Kniggebühl gen Entenbrecht".

Sem pernas não se pode calçar, sem público não há radiodifusão". Vide "Direktsatellit und die Grenzen...", cit., págs. 79 e 80.

[277] Utilizamos indistintamente as expressões por cabo e por fio, já que, apesar de o seu significado não ser coincidente do ponto de vista técnico, a sua relevância jurídica – a nível de Direito de Autor – é equivalente.

refere a transmissão secundária por fio da obra radiodifundida realizada por outro organismo que não o de origem – matéria que já dissecámos.

Pode-se perguntar, então, qual o regime da radiodifusão por cabo primária. A resposta a tal questão é praticamente unânime. Ela segue o disposto nos art.ᵒˢ 11, n.º 1, 2.º, 11-*ter*, n.º 1, 2.º, 14, n.º 1, 2.º e 14-*bis*, n.º 2, alínea b)[278]. Existiriam, pois, regulamentações parcelares para a transmissão por cabo no que diz respeito às obras dramáticas, dramático-musicais e musicais (art.º 11), à recitação de obras literárias (art.º 11-*ter*) e às obras cinematográficas (art.º 14 e 14-*bis*).

2. A tranquilidade com que tal conclusão é afirmada e reafirmada é quase desarmante. Enquanto alguns, mais discretos, se limitam a constatá-la sem qualquer demonstração, outros vão mesmo ao requinte de reconhecer, através de uma interpretação histórica do art.º 11 da Convenção de Berna[279], que o que o n.º 1, 2.º do artigo visava tutelar[280], aquando da sua introdução em Bruxelas, era sobretudo o teatrofone – um equipamento que servia, essencialmente, para a transmissão de óperas ou concertos através da rede de fios telefónicos e que se destinava a um grupo de assinantes especiais[281].

Tais sistemas, muito em voga na altura nos países de língua alemã – no que se designava de "**Theatrophon**" e "**Telephonrundspruch**" – constituíam um aproveitamento adicional da obra susceptível de outorgar

---

[278] Por todos, veja-se SCHRICKER, "Urheberrechttliche Probleme der Kabelrundfunks", cit., pág. 30; REHBINDER, "Die elektronischen Medien und das internationale Urheberrecht", em UFITA, Band 95/1983, pág.95; von UNGERN-STERNBERG, "Die Rechte der Urheber an Rundfunk -und Drahtfunksendungen...", cit., pág. 54 e seguintes; ULMER, "Urheber -und Verlagsrecht", 3.ª ed., cit., pág. 252; KATZENBERGER, "Urheberrechtsfragen der elektronischen Textkommunikation", GRUR Int., 1983, pág. 903 e seguintes; BORNKAMM, "Von Detektorempfänger zum Satellitenrundfunk", cit., págs. 1367 e 1377; DREIER, "Kabelweiterleitung und Urheberrecht", cit., pág. 63 e seguintes; NORDEMANN/VINCK/HERTIN, "Internationales Urheberrecht Kommentar", cit., pág. 90; e FICSOR, "Primary and secondary broadcasting in the Berne Convention...", cit., pág. 43.

[279] Sem dúvida o preceito que gera maior análise comparativa com o art.º 11-*bis* da Convenção de Berna.

[280] Segundo o próprio programa da Conferência de Bruxelas – cfr., DCB pág. 255 e seguintes.

[281] Não era, contudo, considerado radiodifusão, até por não pressupor qualquer empresa emissora.

ao autor uma nova faculdade exclusiva, razão que justificaria a sua inclusão no referido art.° 11. No entanto, o facto de as redes de radiodifusão por cabo terem um significado diminuto em 1948 acaba por os levar a concluir que o art.° 11 n.º 1, 2.º, apesar de ter como objectivo principal o teatrofone, não pode ser interpretado de forma restrita devendo, outrossim, abranger a radiodifusão por fio[282].

3. As teses que acabamos de sintetizar não resistem, contudo, a um controlo aprofundado.

Há que questionar desde logo: se de radiodifusão por fio se tratava, por que não submetê-la ao domínio da norma que respeita à radiodifusão (art.° 11-*bis*)? E se era a radiodifusão por cabo que se procurava tutelar, porquê a discrepância de regimes entre ela e a radiodifusão sem fio, em razão dos meios de transmissão e do tipo de obras que se transmitem? Acresce, que existe concordância generalizada quanto ao facto de o art.° 11-*bis* prevalecer enquanto *lex specialis* relativamente às restantes normas que prevêem outros tipos de comunicação pública – *maxime* ao art.° 11 da Convenção de Berna.

A isso não obsta, como também é genericamente reconhecido, o facto de em Estocolmo se ter suprimido a parte final do art.° 11 n.º 1, 2.º do texto de Bruxelas – onde se podia ler depois do texto ainda hoje em vigor: "É todavia reservada a aplicação das disposições dos artigos 11-*bis* e 13" – já que tal supressão se ficou a dever ao carácter supérfluo da frase transcrita[283]-[284].

---

[282] Por todos, von UNGERN-STERNBERG, "Die Rechte der Urheber an Rundfunk - und Draftfunksendungen...", cit., págs. 54 e 55. O autor acaba depois por se enredar numa teia interpretativa, que partira já do enquadramento estrito que fizera do art.° 11-*bis* – cfr., supra, o que ficou dito na nota 139 – para chegar à conclusão, inaceitável, de que as retransmissões por fio por outro organismo estão sujeitas ao art.° 11-*bis* n.º 1, 2º, enquanto as novas transmissões temporalmente desfasadas – também por outro organismo – mas apenas estas, são abrangidas pelo n.º 1, 2.º do artigo precedente.

É uma posição sem paralelo. A maioria da doutrina não estabelece restrições deste tipo dando por adquirido que toda a radiodifusão originária por cabo está regulada nos já citados art.[os] 11, 11-*ter*, 14 e 14-*bis* – cfr., os restantes autores e obras da nota 278.

[283] Citando até os documentos da Conferência de Estocolmo para sustentar a sua posição, vide por todos DREIER, "Kabelweiterleitung und Urheberrecht", cit., pág. 58 e, especialmente, 64; von UNGERN-STERNBERG, "Die Rechte der Urheber an Rundfunk -und Draftfunksendungen...", cit., pág. 64 e seguintes e NORDEMANN/VINCK/HERTIN, "Internationales Urheberrecht Kommentar", cit., págs. 89 e 90.

Acrescente-se, aliás, como estes últimos autores sublinham, que em razão da modi-

Esta pequena alteração do texto do art.º 11 da Convenção de Berna e a exacta compreensão do seu significado, agora estabelecido, justificam que tenhamos deixado para este momento a abordagem do problema da radiodifusão originária por fio.

Entendida a irrelevância da modificação operada podemos, então, fixar o sentido das diversas normas – o que, afinal, se pode fazer tendo apenas em atenção o texto de 1948.

4. A resposta às duas perguntas que formulámos no início do ponto anterior dissipam qualquer dúvida.

Voltemos a recorrer ao historial do art.º 11-*bis* n.º 1, 2.º.

Em Bruxelas, a Subcomissão para a Radiodifusão e para os Instrumentos Mecânicos tinha proposto uma fórmula que pretendia atribuir aos autores um direito de radiodifusão por fio. O preceito sugerido era o seguinte:

"Os autores das obras literárias gozam do direito exclusivo de autorizar: 1.º a radiodifusão das suas obras ou a comunicação pública dessas obras por qualquer outro meio que sirva para difundir os sinais, os sons ou as imagens"[285].

Esta proposta vinha, aliás, na sequência de outras – da Hungria e da Suíça – que pretendiam englobar, expressamente, a transmissão por fio neste n.º 1, 1.º.

Foi a forte oposição da delegação do Mónaco que obrigou à introdução da expressão sem fio ("sans fil") no texto aprovado[286].

Ora, não se pode pretender que o direito que a Conferência de Bruxelas recusou aos autores no art.º 11-*bis* possa agora ser retirado de outras normas.

Curiosamente, é o próprio STRASCHNOV que vem abrir o flanco, quando, criticando as propostas da Hungria e da Suíça que referimos no

---

ficação do art.º 13 – cujo texto de Estocolmo difere, em muito, do de Bruxelas – a referência a este artigo passou a não ter objecto.

[284] O autores citados na nota anterior salientam o carácter de *lex specialis* do art.º 11-*bis* mas com um objectivo distinto do nosso – o de concluir que a radiodifusão por cabo originária não está sujeita às licenças obrigatórias do art.º 11-*bis*, n.º 2...

[285] Cfr., DCB, pág. 287.

[286] Como o próprio STRASCHNOV salienta, "Le Droit d'Auteur et Les Droits Connexes en Radiodiffusion", cit., pág. 85 e seguintes.

sentido de o conceito de radiodifusão abranger também a que é realizada por fio, afirma:

"Uma tal adjunção teria tido por efeito obrigar um organismo de radiodifusão, que explora também uma rede de fio, a solicitar para esta última uma nova autorização. **Acresce que uma tal concepção do número 1, poderia fazer concorrência ao artigo 11 destinado a cobrir toda a execução pública da obra, quaisquer que sejam os meios empregues.** Mas esta proposta foi finalmente abandonada e, a pedido da delegação do Mónaco, as palavras "sem fio" foram incorporadas no texto"[287].

Mais adiante o autor explicita melhor o significado das suas palavras ao sintetizar como se segue:

"A distribuição na qual se encontra a distribuição por fios das obras protegidas é igualmente definida com clareza:

a) **Se se trata de uma obra que não é algures radiodifundida, é o artigo 11 que é aplicável**;
b) Se a obra radiodifundida é distribuída por fio pelo organismo de origem, não é requerida uma autorização especial (art.º 11-*bis* n.º 1, 2.º, *a contrario*);
c) Se a obra radiodifundida é distribuída por fio por um outro organismo que não o de origem, deve ser solicitada uma autorização (art.º 11-*bis* n.º 1, 2.º)"[288].

A ambiguidade que parece decorrer da parte sublinhada dos dois trechos citados e, o papel central que STRASCHNOV desempenhou na discussão e adopção do art.º 11-*bis*, levaram a que alguns aí encontrassem suporte suficiente para a defesa da tese de que a radiodifusão por fio – ou ao menos parte dela[289] – encontraria assento no art.º 11 da Convenção de Berna.

---

[287] STRASCHNOV, ob. cit. na nota anterior, pág. 85. Nosso o sublinhado.
[288] *Ibid.*, pág. 97. Nosso, também, o sublinhado.
[289] É o que pretende, v.g., von UNGERN-STERNBERG, "Die Rechte der Urheber an Rundfunk -und Drahtfunksendungen..." cit., págs. 64 e seguintes, que cita abundantemente a obra de STRASCHNOV.
O autor, como já se disse, dado o seu ponto de partida entende, contudo, que só as transmissões diferidas por outro organismo que não o de origem encontram suporte no art.º 11 da Convenção de Berna.

Mas não é assim. Os próprios documentos da Conferência de Bruxelas demonstram, como já anteriormente se explicou, que o cabo foi entendido como mero mecanismo complementar da empresa de radiodifusão originária, quando utilizado por esta. O escasso desenvolvimento das redes de cabo, à época, justificava tal entendimento. Se o radiodifusor inicial promovia a distribuição por cabo, isso dever-se-ia, seguramente, à sua necessidade de atingir com a sua emissão locais cujo acesso lhe estaria impossibilitado ou, ao menos, dificultado em razão das já referidas "zonas de sombra".

O organismo de radiodifusão tinha obtido autorização para emitir e se o fazia por ondas hertzianas ou por fio era irrelevante. Só assim não acontecia se uma outra empresa participasse deste processo. Aí haveria um novo aproveitamento económico com a consequente necessidade de nova autorização/pagamento.

A transmissão por cabo era vista como uma extensão da emissão radiofónica enquanto realizada pelo organismo primígeno, ou seja, ela própria não era considerada radiodifusão. Essa, nos termos do art.º 11-*bis* n.º 1, 1.º só existiria sem fio.

É esta a lógica subjacente ao texto de Bruxelas. Aliás, se se pudesse retirar dos art.ºˢ 11, 11-*ter*, 14 e 14-*bis,* um direito de radiodifusão originária por cabo, isso levaria a resultados tão curiosos quanto absurdos.

Por um lado, o direito de radiodifusão por fio não estaria sujeito ao regime de licenças obrigatórias contrariamente ao que aconteceria com a radiodifusão sem fio. Por outro, a radiodifusão por ondas hertzianas referir-se-ia a todo o tipo de obras, enquanto a efectuada por cabo atingiria apenas as dramáticas, dramático-musicais, musicais, literárias – quanto à recitação – cinematográficas ou outras preexistentes mas relacionadas com estas últimas. Nenhuma razão justificaria esta discrepância de regime.

Aqueles que pretendem encontrar uma radiodifusão originária sem fio e outra por fio vêem-se confrontados com estas contradições insanáveis e esquecem um elemento essencial: o de que a própria Convenção estabelece que radiodifusão é, no seu âmbito, tão só a que se realiza sem fio – como decorre, inquestionavelmente, do art.º 11-*bis* n.º 1, 1.º que já analisámos.

Todas estas ponderações permitem-nos responder, sem receios, às questões que começámos por equacionar. Assim, a radiodifusão originária por fio não foi submetida à égide do art.º 11-*bis*, porque o legislador de Berna não a considerou, pura e simplesmente, radiodifusão, ou porque a ponderação dos interesses em jogo assim o exigiu.

A norma global que visa regular definitivamente esse direito (de radiodifusão) é o art.º 11-*bis* e não se pode pretender que aquilo que o legislador se recusou a admitir por via directa, venha agora a permitir através de normas laterais de objecto e conteúdo diverso. A diferença de regimes entre a radiodifusão originária sem fio e uma hipotética radiodifusão da mesma natureza por fio, em função dos meios de transmissão e do tipo de obras utilizadas, não só não encontra justificação plausível, como cria uma contradição insustentável face à própria lógica intrínseca da Convenção[290].

Concluímos, por conseguinte, aquilo que apesar da nossa posição solitária nos parece uma evidência: a radiodifusão por cabo originária não está prevista na Convenção de Berna, sendo que os pretensos artigos que a consagrariam – 11, 11-*ter*, 14 e 14-*bis* – se referem, tão-só, à comunicação pública a ambiente diferente e não a qualquer tipo de radiodifusão.

Face ao texto convencional, as legislações internas são, pois, livres de a regulamentar sem qualquer limitação, mormente assimilando-a à radiodifusão originária sem fio.

Os objectivos e resultados de ambas justificam-no e impõem-no, não devendo o Direito de Autor retirar de meros processos de natureza técnica soluções que nada têm a ver com a sua substância.

SECÇÃO VII
SIGNIFICADO DAS CONCLUSÕES OBTIDAS
E SUA RELEVÂNCIA PARA A SEQUÊNCIA DA INVESTIGAÇÃO

1. Só a análise histórico-jurídica a que procedemos permite fixar o sentido do conceito de radiodifusão na Convenção de Berna e determinar o seu regime.

Verificámos, assim, que muitas ideias preconcebidas e teses mal fundamentadas acabam por ruir em face do estudo pormenorizado das fórmulas adoptadas e da sua razão de ser.

2. As conclusões a que chegámos são tanto mais significativas quanto é certo que a Convenção de Berna sempre foi entendida como sendo o mais importante tratado internacional em sede de Direito de

---

[290] É com tal contradição que von UNGERN-STERNBERG se vê confrontado. Vide "Die Rechte der Urheber an Runfunk -und Drahtfunksendungen...", cit., págs. 69 a 71.

Autor, aparecendo, como já se disse, em função da sua própria natureza[291] e do elevado número de adesões que congrega[292], como orientador dos restantes acordos internacionais e das diversas legislações nacionais de Direito de Autor.

3. Averiguaremos, por isso, ainda que de modo mais sintético, da identidade ou divergência de soluções entre a Convenção de Berna e os restantes tratados que regulam este ramo de Direito.

O objectivo de tal indagação será o de traçarmos o quadro global do Direito Internacional no que à radiodifusão diz respeito, o que nos permitirá – dado o desenvolvimento vertical[293] que rege o Direito de Autor – construir uma base sólida, que permita compreender e solucionar os diversos problemas que o direito de radiodifusão implica nas mais diversas ordens jurídicas e, sobretudo, na nossa.

Compreende-se, portanto, que a nossa investigação se processe por ordem decrescente – partindo dos restantes tratados multilaterais, tendencialmente globais, até chegarmos aos acordos de incidência regional, como as directivas e, finalmente, às legislações nacionais – com especial incidência na portuguesa.

Este desfibrar das diferentes soluções legais, no sentido ora proposto, tem a vantagem de permitir um estudo evolutivo que parte de quadros mais genéricos – próprios das grandes convenções – que se vão a pouco e pouco concretizando – primeiro, através de normas comunitárias que pretendem estabelecer já contornos mais nítidos das grandes linhas gerais e, finalmente, pelas legislações nacionais.

O edifício dogmático que, pouco a pouco, vamos construindo permitir-nos-á, então, apresentar as soluções que se nos afiguram mais adequadas para as intricadas questões interpretativas que os direitos de radiodifusão colocam e que tanto dividem a doutrina e jurisprudência.

É este, por conseguinte, o caminho que iremos trilhar, começando, desde já, com a análise dos restantes instrumentos internacionais mais importantes.

---

[291] Estabelecendo um conjunto de direitos mínimo que todos os Estados-membros terão de respeitar.
[292] O último número conhecido indica 155 Estados signatários.
[293] Sempre foram – e hoje mais do que nunca – os grandes instrumentos internacionais que moldam e balizam o conteúdo dos diversos direitos nacionais.

CAPÍTULO II

A RADIODIFUSÃO NA CONVENÇÃO UNIVERSAL SOBRE DIREITO DE AUTOR

1. Só com a inclusão do art.º IV-*bis*, aquando da sua revisão de Paris, em 1971, é que a Convenção Universal sobre Direito de Autor passou a referir a radiodifusão[294].

Esta disposição procurou ser uma concretização do preceito demasiado impreciso e genérico do artigo I[295]. Não é, contudo, uma norma de aplicação directa que os autores possam utilizar. Limita-se a impor aos Estados Contratantes, que adiram ao Acto de 1971, a obrigação de prever na sua legislação interna, pelo menos os direitos nela consagrados. Não decorrem, por conseguinte, deste art.º IV-*bis* míni-

---

[294] A sua redacção é a seguinte:
"1. Os direitos referidos no artigo I incluem os direitos fundamentais que asseguram os direitos económicos do autor, incluindo o direito exclusivo de autorizar a reprodução por qualquer meio, a representação e execução públicas e a radiodifusão. As disposições do presente artigo aplicar-se-ão às obras protegidas pela presente Convenção, quer na sua forma original, quer sob qualquer forma reconhecível derivada do original.
2. No entanto, cada Estado Contratante poderá, através da sua legislação nacional, abrir excepções aos direitos mencionados no parágrafo 1 deste artigo que não sejam contrárias ao espírito e às disposições da presente Convenção. Os Estados que usarem eventualmente desta faculdade deverão, no entanto, conceder um nível razoável de protecção efectiva a cada um dos direitos que sejam objecto dessas excepções".

[295] O texto do art.º I é do seguinte teor: "Cada um dos Estados Contratantes compromete-se a tomar todas as medidas necessárias a assegurar uma concreta e eficaz protecção dos direitos dos autores e de quaisquer outros titulares destes direitos sobre obras literárias, científicas e artísticas, tais como os escritos, as obras musicais, dramáticas e cinematográficas e as de pintura, gravura e escultura".

mos convencionais idênticos aos que existem na Convenção de Berna[296].

2. A referência à radiodifusão só pode ser entendida de acordo com o contexto histórico em que a norma foi inserida.

Torna-se evidente que a simultaneidade das Conferências de Revisão da Convenção de Berna e da Convenção Universal em 1971 é de enorme relevância para a interpretação dos preceitos desta última. Acresce que o próprio art.º XVII da Convenção Universal admite como que uma subordinação à Convenção de Berna. Deste modo, entendemos que o conceito de radiodifusão tem sentido equivalente nos dois tratados, ou seja, o de transmissão sem fio das obras destinadas à recepção pelo público[297]. É apenas este direito de radiodifusão que os Estados Contratantes estão vinculados a consagrar nas suas legislações.

Isto significa que, quer a emissão originária por cabo, quer as utilizações secundárias por fio ou sem fio, escapam à regulamentação da Convenção Universal[298]. Assim, no âmbito deste tratado, os Estados-membros são totalmente livres de prever ou não estes direitos e, no caso de o fazerem, gozam de igual margem de liberdade quanto ao seu conteúdo e limites. O mesmo se diga quanto às "excepções" que no n.º 2 do art.º IV-*bis* permite ao próprio direito de radiodifusão.

A referência "ao espírito e às disposições da presente Convenção", abre espaço à consagração de todas as limitações que referimos a propósito da Convenção de Berna – nomeadamente, as licenças obrigatórias e as "pequenas reservas" ("petites réserves")[299].

3. Do exposto podemos concluir que a Convenção Universal segue o registo da Convenção de Berna quanto ao conceito de radiodifusão. Aos Estados contratantes fica, no entanto, reservado um largo espaço de decisão quanto ao regime a instituir – que não dispõem face ao texto de Berna.

---

[296] Como sublinham, por todos, KATZENBERGER "vor §§120 ff.", no "Schricker Urheberrecht Kommentar", nota 27, pág. 1220; NORDEMANN/VINCK/HERTIN, "Internationales Urheberrecht Kommentar", págs. 201 e 202; SCHRICKER, "Urheberrechtliche Probleme des Kabelrundfunks", cit., pág. 31; DREIER, "Kabelweiterleitung und Urheberrecht", cit., pág. 70; e BORNKAMM "Vom Detektorempfänger zum Satellitenrundfunk", cit., pág. 1370.

[297] Como reconhece SCHRICKER, ob. e loc. cit. na nota anterior.

[298] Neste sentido, vide NORDEMANN/VINCK/HERTIN, "Internationales Urheberrecht Kommentar", págs. 202 e 203.

[299] Cfr. SCHRICKER e DREIER, ob. e loc. cit. nas notas 296 e 297.

CAPÍTULO III

A RADIODIFUSÃO NA CONVENÇÃO DE ROMA

1. A Convenção Internacional para a Protecção dos Artistas Intérpretes ou Executantes, dos Produtores de Fonogramas e dos Organismos de Radiodifusão – comummente designada por Convenção de Roma (C.R.) de 1961 veio regular a matéria que nos ocupa no que tange aos direitos conexos tradicionais. Numa técnica de raiz marcadamente anglo-americana o seu art.º 3 oferece-nos, nas suas alíneas f) e g), duas definições que cumpre analisar no âmbito deste trabalho.

2. A citada alínea f) estabelece que se entende por "emissão de radiodifusão", a difusão de sons ou de imagens por meio de ondas radioeléctricas destinadas à recepção pelo público".

As primeiras palavras utilizadas nesta definição indicam claramente que a expressão "radiodifusão" engloba tanto a rádio como a televisão. Em segundo lugar, a referência às ondas radioeléctricas circunscreve a extensão da terminologia utilizada.

Como foi mencionado no próprio Relatório Geral, a Conferência Diplomática de Roma pronunciou-se no sentido de que apenas a transmissão por ondas hertzianas ou por outro sistema sem fio, constitui radiodifusão, no sentido da Convenção de Roma. Daqui resulta que a transmissão por fio é excluída do conceito – em conformidade com o que acontece com as Convenções sobre direito de autor que analisámos anteriormente. Por fim, a expressão "destinadas à recepção pelo público" manifesta também total consonância com a noção de radiodifusão que delimitámos previamente.

Ficam, assim, excluídas radioemissões com fins privados ou destinadas a um grupo pré-determinado de pessoas – v.g., navios no alto mar, aviões em voo, táxis ou autocarros de uma determinada empresa, etc. – que não são consideradas radiodifusão para efeitos da Convenção de Roma.

Também neste aspecto encontramos total paralelismo com a Convenção de Berna e a Convenção Universal.

3. Por sua vez, a alínea g), do mesmo art.º 3 define "retransmissão", como "a emissão simultânea da emissão de um organismo de radiodifusão, efectuada por outro organismo de radiodifusão". É a noção técnico--jurídica de retransmissão que consta do art.º 176 n.º 10 do nosso CDADC que teve por fonte, precisamente, esta alínea g).

Deve tratar-se de uma emissão simultânea, o que exclui, obviamente, a emissão diferida. Esta, baseando-se, necessariamente, numa fixação de uma emissão do radiodifusor de origem, cairá no âmbito da reprodução.

Note-se, contudo, que se um Estado contratante utilizar as excepções previstas no art.º 15 da Convenção de Roma, no que respeita às gravações efémeras, estas reproduções não causarão perda do atributo de "simultaneidade" da emissão na qual tenham sido incluídas[300].

A segunda parte desta alínea – que refere a intervenção de um outro organismo de radiodifusão – segue de perto o art.º 11-*bis* n.º 1, 2.º da Convenção de Berna.

O Relatório Geral da Conferência esclarece que quando, num Estado Contratante, os meios técnicos de difusão pertencem à Administração dos Correios, mas o conteúdo das emissões é determinado e fornecido pelas empresas emissoras[301], são estas que são consideradas como organismos de radiodifusão.

Pelo contrário, quando um determinado programa é patrocinado por uma agência de publicidade, ou pré-gravado por um produtor independente de filmes e difundido por um organismo, é este último que deve ser considerado, segundo a Convenção de Roma, como "organismo de radiodifusão"[302].

Verifica-se, do exposto, uma identidade quase perfeita entre a Convenção de Roma e a Convenção de Berna[303]. O texto de Roma é, no entanto, mais restrito já que se afasta em dois pontos do referido art.º 11--*bis* n.º 1, 2.º da Convenção de Berna: por um lado, abrange apenas a

---

[300] Como é salientado no "Guia da Convenção de Roma e da Convenção de Fonogramas", Genebra, 1985, pág. 31.

[301] Como à época acontecia com a R.T.F. (Radiodiffusion Télévision Française) e a B.B.C. (Britsh Braodcasting Corporation), ob. e loc. cit. na nota anterior.

[302] "Guia da Convenção de Roma e da Convenção de Fonogramas", cit., pág. 31.

[303] E, consequentemente, com a Convenção Universal.

retransmissão em sentido técnico-jurídico; por outro lado, dada a sua conexão próxima – a noção de emissão de radiodifusão constante da alínea f) do mesmo art.º 3 – abarca apenas a retransmissão sem fio realizada pelo outro organismo que não o de origem, dado que não se pode admitir que a palavra emissão varie de sentido da alínea f) para alínea g).

As restrições apontadas não significam contudo – bem pelo contrário – discrepâncias de fundo relativamente ao conceito de radiodifusão entre os textos da Convenções de Berna e de Roma.

4. As definições a que aludimos têm reflexos naturais no regime dos direitos conexos que a Convenção de Roma regula. Desde logo, os direitos dos artistas intérpretes ou executantes têm de ser entendidos à luz do que atrás ficou dito[304]. Assim, nos termos da alínea a) do n.º 1 do art.º 7, os artistas intérpretes ou executantes gozam do direito de impedir a radiodifusão das suas prestações ao vivo. Se, porém, os artistas tiverem permitido a radiodifusão passa a reger o número 2 do mesmo art.º 7, que atribui aos legisladores nacionais competência para regular a protecção contra a retransmissão, a fixação para fins de radiodifusão e a reprodução dessa fixação[305].

A fórmula adoptada no n.º 1 – "faculdade de impedir" – visou assegurar um compromisso que salvaguardasse os interesses de todas as delegações, mas muito em particular da britânica cuja protecção se realizava através de normas penais[306].

Ela suscita, no entanto, dúvidas que se estendem quanto à natureza do próprio direito, apesar de a posição maioritária – na qual se inclui a própria OMPI – ir no sentido de que o texto convencional não consagra um direito exclusivo a favor dos artistas, ficando na disponibilidade dos legisladores nacionais a opção quanto ao direito a atribuir[307]. É

---

[304] O art.º 7 estabelece na alínea a) do seu n.º 1 que os artistas podem impedir: "a radiodifusão e a comunicação ao público das suas execuções sem seu consentimento, excepto quando a execução utilizada para a radiodifusão ou para a comunicação ao público já seja uma execução radiodifundida ou fixada num fonograma".

[305] Vide ALPHONSE TOURNIER, "La Conférence de Rome..." in RIDA, XXXIV, Janeiro 1962, pág. 48 e seguintes.

[306] Como sublinham, por todos, OLIVEIRA ASCENSÃO, "Direito de Autor e Direitos Conexos", cit., pág. 559 e NORDEMANN/VINCK/HERTIN, "Internationales Urheberrecht Kommentar", cit., págs. 41 e seguintes.

[307] Cfr., "Guia da Convenção de Roma..." cit., pág. 41.
O problema não se coloca face ao nosso direito que optou pela outorga de um

matéria que escapa à nossa investigação e sobre a qual não nos deteremos.

Mais importante é averiguar se na expressão "comunicação ao público", da citada alínea a), do n.º 1 do art.º 7, se abrange a transmissão por cabo. Também neste caso a doutrina dominante vai no sentido afirmativo[308], mas sem razão. A comunicação ao público aqui visada é, mais uma vez, aquela que é feita a ambiente diferente, através de altifalantes ou instrumento análogo.

E não se diga que o facto de o "Theatrophon" e de o "Telephonrundspruch" serem, à época, já conhecidos permite uma interpretação diferente[309]. Como já se referiu tais meios de transmissão não eram considerados como um tipo de radiodifusão como decorre, aliás, da própria noção da Convenção de Roma que já analisámos.

Não se pode, por isso, extrapolar a partir daquelas duas figuras no sentido de através delas se chegar à protecção da radiodifusão por cabo. A interpretação adequada é precisamente a oposta. Por já serem conhecidas a sua não assimilação ao conceito de radiodifusão ganha um significado decisivo.

A ideia de radiodifusão parte de uma estrutura organizativa própria – uma empresa – que elabora programas e os emite para um público que não estava presente no dito teatrofone que era visto como uma mera extensão da sala de espectáculos e, portanto, muito mais próximo do altifalante e da comunicação a ambiente diferente.

Além dos argumentos que já aduzimos a propósito da Convenção de Berna e que são aqui aplicáveis *mutatis mutandis*, a recusa da protecção da radiodifusão por fio no texto convencional resulta clara do facto de a proposta da Áustria que a propugnava não ter obtido vencimento[310].

---

direito exclusivo no que respeita às prestações ao vivo – cfr., OLIVEIRA ASCENSÃO, ob. e loc. cit. na nota anterior.

[308] Por todos, NORDEMANN/VINCK/HERTIN, "Internationales Urheberrecht Kommentar", cit., pág. 304 e DREIER, "Kabelweiterleitung und Urheberrecht", cit., págs. 70 e 71.

Em sentido dubitativo mas parecendo acolher a tese maioritária, vide SCHRICKER, "Urheberrechtliche Probleme des Kabelrundfunks", cit., págs. 31 e 32.

[309] Como DREIER, ob. e loc. cit. na nota anterior, pretende.

[310] Cfr., "Records of the Diplomatic Conference on the International Protection of Performers, Producers of Phonograms and Broadcasting Organisation – Rome, 10 to 26 October 1961", pág. 209.

O próprio DREIER assinala esta rejeição – cfr., ob. e loc. cit. nas notas anteriores.

A intenção do legislador de Roma é pois, inequívoca, como ficou demonstrado pelas próprias definições do art.° 3 que já analisámos.

Concluímos, assim, que a radiodifusão por cabo não está prevista na Convenção de Roma gozando os Estados-membros que a ela adiram de plena liberdade de regulamentação[311].

5. O que fica, então, reservado ao artista?

No que à alínea a), do n.º 1, do art.° 7 diz respeito, a radiodifusão sem fio e a comunicação pública a ambiente diferente por altifalante ou instrumento análogo de execuções ao vivo[312].

Esta restrição resulta da interpretação conjugada da parte final da alínea a), do n.º 1, do art.° 7 e do art.° 12, ambos da Convenção de Roma[313].

Os artistas gozam, além disso, do direito de impedir fixações e reproduções que poderiam ser posteriormente utilizadas em emissões de radiodifusão. Tais direitos são, contudo, largamente atenuados pelo já referido n.º 2 do art.° 7 e pela alínea c), do n.º 1 do art.° 15 da Convenção de Roma que permite, no âmbito das excepções, fixações efémeras realizadas pelos organismos de radiodifusão, pelos seus próprios meios e para as suas próprias emissões.

O paralelismo entre esta norma e o n.º 3 do art.° 11-*bis* da Convenção de Berna demonstra, uma vez mais, a pretensão de consonância entre os dois tratados, que se sublinha e não pode deixar de relevar em termos interpretativos.

6. As conclusões antecedentes têm também reflexo óbvio na estrutura e regime das designadas "utilizações secundárias de fonogramas".

Apesar de a expressão não aparecer expressamente na Convenção, ela é geralmente empregada para abranger os casos de utilização

---

[311] Entendendo, como nós, que a radiodifusão por cabo não encontra assento na Convenção de Roma, vide BORNKAMM, "Vom Detektorempfänger zum Satellitenrundfunk", cit., pág. 1378.

[312] Adiante, aquando da análise do art.° 13 teremos ocasião de aduzir um argumento adicional que comprova a solução alcançada – cfr., infra, págs. 129 a 131.

[313] Como reconhecem NORDEMANN/VINCK/HERTIN, "Internationales Urheberrecht Kommentar", cit., pág. 304; SCHRICKER, "Urheberrechtliche Probleme des Kabelrundfunks", cit., pág. 32 e DESBOIS/FRANÇON/KÉRÉVER, "Les conventions internationales du droit d'auteur et des droits voisins", cit., pág. 328.

de fonogramas para a radiodifusão e para a comunicação a ambiente diferente[314].

O art.º 12, de acordo com as definições da própria Convenção de Roma, volta a estabelecer clara fronteira entre o que considera radiodifusão e as outras comunicações ao público – leia-se comunicações a ambiente diferente – facultando aos Estados contratantes três possibilidades quando um fonograma publicado com fins comerciais é utilizado directamente para qualquer dos dois fins:

– Conceder o direito de remuneração equitativa apenas aos artistas intérpretes ou executantes;
– Concedê-lo unicamente aos produtores de fonogramas;
– Concedê-lo a ambos.

Em qualquer caso deve haver uma única remuneração e o direito a ser outorgado será, unicamente, um direito de remuneração e nunca um direito exclusivo.

Acresce que tal direito poderá nem sequer existir se os Estados-membros fizerem uso da reserva do art.º 16 n.º 1, alínea a)-(i), ou ser limitado – cfr., pontos (ii), (iii) e (iv), do mesmo preceito.

Note-se, ainda, que só os fonogramas publicados com fins comerciais estão abrangidos (e não todo e qualquer fonograma) e que a utilização dos mesmos deve ser directa.

Só o radiodifusor originário estará, por isso, sujeito ao direito de remuneração – caso ele exista[315]. A expressa exclusão da figura da retransmissão não deixa dúvidas quanto a esta interpretação que é, aliás, sustentada pelo Relatório Geral de 1961 e pela melhor doutrina[316-317].

---

[314] Vide "Guia da Convenção de Roma...", cit., pág. 60; A. TOURNIER, "La Conférence de Rome...", cit., págs. 60 e 61 e NORDEMANN/VINCK/HERTIN, "Internationales Urheberrecht Kommentar", cit., pág. 314.

[315] O mesmo se dirá para aquele que faz a comunicação a ambiente diferente originária.

[316] Cfr., "Guia da Convenção de Roma...", cit., pág. 62; NORDEMANN/VINCK/HERTIN, "Internationales Urheberrecht Kommentar", cit., pág. 314 e SCHRICKER, "Urheberrechtliche Probleme des Kabelrundfunks", cit., pág. 32.

[317] Para maiores desenvolvimentos vide por todos autores e obras citados nas notas anteriores.

7. Finalmente vejamos o que de relevante a Convenção de Roma estabelece face ao último dos direitos conexos tradicionais – o dos organismos de radiodifusão.

Apesar de, como já vimos, os problemas da radiodifusão terem começado a ser discutidos nos anos vinte e de os organismos de radiodifusão se terem batido desde a primeira hora, com veemência, pelos seus interesses, tentando limitar direitos alheios, a verdade é que só em 1960 foi perspectivado um esquema especial de protecção destas entidades.

Incentivados pela aproximação dos Jogos Olímpicos de Roma vários Estados celebram o designado Acordo Europeu para a Protecção de Emissões de Televisão. O acordo, que se destinava a ser de curta duração mantém-se, segundo julgamos saber, apenas em vigor para quatro países[318], mas não deixou de ser um marco como embrião de uma concertação estratégica que se adivinhava. O seu carácter transitório[319] deixava antever a produção de um instrumento internacional bem mais ambicioso.

E, de facto, ele apareceu no ano seguinte com a Convenção de Roma que é agora objecto da nossa análise.

Como se verificou ela não se limita a proteger os organismos de radiodifusão. Pelo contrário, no início, os esforços para a sua concretização tinham como primeiro objectivo a salvaguarda dos artistas intérpretes ou executantes.

Na realidade, como foi referido, já na conferência de Roma em 1928, o Secretariado de Berna tentara, sem êxito, atribuir aos artistas um direito de radiodifusão. Em 1948, em Bruxelas, teve uma nova iniciativa nesse sentido – propondo um novo art.º 11-*quarter* – mas a questão nem sequer chegou a ser discutida dadas as reticências lógicas da esmagadora maioria das delegações[320], ou, se quisermos, na expressiva frase de BAUM, o

---

[318] Alemanha, Dinamarca, França e Reino Unido, segundo informa RUMPHORST, "The EC Directive on Satellite Broadcasting and Cable Retransmission" págs. 23 e 24. Para maiores desenvolvimentos sobre este Acordo – também conhecido por Convenção de Estrasburgo, de 22.06.1960 – vide por todos NORDMANN/ VINCK/HERTIN, "Internationales Urheberrecht Kommentar", cit., págs. 366 a 388.

[319] A sua actual vigência, apesar de pouco significativa, deve-se ao facto de a protecção que concede ser mais ampla do que a da Convenção de Roma. Neste sentido, vide DREIER, "Broadcasting Organizations", pág. 587.

[320] A clara separação entre o direito de autor e os direitos conexos voltava a prevalecer.

problema "ficou enterrado sem funeral"[321]. Restou, contudo, a promessa de que se encontraria uma solução para as pretensões dos artistas. Foi, pois, por extensão que os produtores de fonogramas e os organismos de radiodifusão vieram a ser englobados na nova Convenção, procurando-se um equilíbrio aceitável entre os titulares dos principais direitos conexos.

O resultado para os radiodifusores é de todos conhecido. O art.º 13 da Convenção de Roma atribui-lhes um quadro diminuído de direitos:

– o direito de retransmissão – alínea a)
– o direito de fixação – alínea b)
– o direito de reprodução – alínea c) e
– o direito de comunicação ao público – alínea d).

Sendo certo que quase todos[322] vêem ainda o seu âmbito limitado[323].

Realce-se, mais uma vez, que é inquestionável que a retransmissão que aqui é referida é, somente, a efectuada sem fio – como resulta da conjugação do art.º 13 com o art.º 3, alíneas f) e g). Fica, por isso, também, claro que a transmissão diferida escapa à égide do artigo.

Um último aspecto de singular importância merece ser acentuado. Referimo-nos ao desenvolvimento da noção de comunicação ao público.

Apesar de se cingir às emissões de televisão o legislador não fica pelo inócuo da expressão – comunicação a público. Agora permite-nos compreender o que teve em mente quando acrescenta:

"... quando se efectue em lugares acessíveis ao público, mediante o pagamento de um direito de entrada; compete à legislação nacional do país onde a protecção deste direito é pedida, determinar as condições do exercício do mesmo direito".

Compreende-se, agora, a título definitivo que é a comunicação a ambiente diferente que está em jogo[324,325]. Aquilo que já demons-

---

[321] BAUM, "Die Brüsseler Konferenz...", cit., pág. 23.
[322] A excepção é, talvez, o direito de fixação.
[323] Quer pelo que decorre do próprio texto do art.º 13, quer por força do art.º 16 n.º 1, alínea b).
[324] A única restrição relativamente à noção geral é a de que esta não englobará o pagamento de um direito de entrada.
[325] Por muito que alguns se afadiguem – com interesses pouco transparentes – em

tráramos pela análise anterior sobre os art.ᵒˢ 3, 7 e 12 vem a ser confirmado pela letra da alínea d) deste art.º 13. Fica, assim, feita a contraprova que prometêramos da interpretação que fizéramos da figura da comunicação pública[326].

8. Do exposto resulta que também a Convenção de Roma apresenta coerência básica com os princípios e conceitos da Convenção de Berna. As discrepâncias encontradas a nível de regime têm a ver, obviamente, com a natureza dos próprios direitos conexos e com a compatibilização dos diversos interesses conflituantes.

---

demonstrar que o que fica consagrado neste art.º 13 alínea d) é um direito de recepção em cafés, restaurantes, etc. – cfr., "Guia da Convenção de Roma...", cit., pág. 72.

A prova de que assim não é está no facto de, ao que se sabe, a entrada em tais locais não sujeitar ao pagamento de um direito de entrada, o que, normalmente, só acontece em locais onde se efectuam transmissões de espectáculos.

[326] Cfr., supra, nota 312.

CAPÍTULO IV

A RADIODIFUSÃO NA CONVENÇÃO RELATIVA À DISTRIBUIÇÃO DE SINAIS PORTADORES DE PROGRAMAS TRANSMITIDOS POR SATÉLITE (BRUXELAS – 1974)

1. Em 21 de Maio de 1974, concluiu-se em Bruxelas a Convenção Relativa à Distribuição de Sinais Portadores de Programas Transmitidos por Satélite, também conhecida por Convenção de Bruxelas de 1974.

A sua finalidade é a de obrigar os Estados signatários a tomar providências no sentido de impedirem, no seu território ou a partir dele, a distribuição de sinais portadores de programas por qualquer distribuidor ao qual os sinais, emitidos para o satélite ou passando pelo satélite, não são destinados (art.º 2 n.º 1).

O art.º 3 esclarece, contudo, que a Convenção não se aplica aos satélites de radiodifusão directa.

2. Foi um resultado magro para tantas expectativas. De facto, perspectivava-se um novo convénio que abarcasse toda a temática do direito de autor e dos direitos conexos relativa às transmissões por satélite.

Os primeiros passos foram encorajadores, já que as reuniões de Paris – entre 9 e 17 de Maio de 1972 – e de Nairobi – entre 2 e 11 de Julho de 1973 – apontavam no sentido pretendido[327].

---

[327] Com grande desenvolvimento sobre as propostas de Paris e de Nairobi e elucidativa análise histórica dos antecedentes da Convenção, vide von UNGERN-STERNBERG, "Die Rechte der Urheber an Rundfunk -und Drahtfunksendungen...", cit., págs. 175 a 209.

Sobre o texto final veja-se ainda "Satellite and Cable Television – International protection", ALEXANDER MOSTESCHAR, CLIFFORD TURNER e STEPHAN DE B. BATE.

Os múltiplos interesses em jogo acabaram por reduzir a nova Convenção ao âmbito restrito que já vimos, de pouco ou nenhum significado no que respeita ao Direito de Autor.

O convénio é um tratado de direito público visto que os seus destinatários são os Estados[328] pelo que só lateralmente o seu conteúdo nos poderá interessar. É, por isso, matéria que não retomaremos quando se tratar da radiodifusão por satélite, pelo que a referência ao seu conteúdo ficará por estas linhas.

3. Verifica-se que também este convénio não põe em causa a lógica interna do edifício normativo dos tratados da OMPI[329]. Como GAUDRAT sublinha, a Convenção não pode, "ser invocada para declarar disposições de direito de autor inaplicáveis à matéria". E acrescenta – dentro do âmbito do seu estudo – um pouco adiante: "A Convenção de Bruxelas não retira, portanto, nenhuma actualidade à questão de se saber se a Convenção de Berna é ou não aplicável às retransmissões espaciais"[330].

4. A título de resumo podemos, assim, afirmar que mantêm plena validade as conclusões obtidas na investigação realizada anteriormente, quer quanto aos conceitos, quer quanto ao regime da radiodifusão nas Convenções de Berna, Universal e de Roma. A Convenção de Bruxelas não só, por natureza, não as põe em causa como – o que se realça – expressamente reconhece a sua irrelevância em sede de Direito de Autor e Conexos[331].

---

[328] Como, por todos, reconhece GAUDRAT, "La protection de l'auteur lors d'une retransmission spatiale de son oeuvre", RIDA, 104, Abril 1980, págs. 30 e 31.

[329] Isso mesmo decorre do próprio art.º 6 da Convenção de Bruxelas onde se estabelece que:
"A presente Convenção em nenhum caso poderá ser interpretada de modo a limitar ou a causar prejuízo à protecção concedida aos autores, aos artistas intérpretes ou executantes, aos produtores de fonogramas ou aos organismos de radiodifusão, em virtude das legislações nacionais ou das Convenções Internacionais".

[330] GAUDRAT, "La protection de l'auteur lors d'une retransmission spatiale de son oeuvre", cit, págs. 40 e 41.

[331] Para maiores desenvolvimentos sobre a Convenção de Bruxelas veja-se, além dos já citados, von UNGERN-STERNBERG e GAUDRAT, ULMER, "Urheber -und Verlagsrecht", 3.ª ed., cit., pág. 261; BORNKAMM, "Vom Detektorempfänger zum Satellitenrundfunk", cit., pág. 1394; DREIER, "Kabelweiterleitung und Urheberrecht", cit., págs. 73 e 74; D. LIPSZYC, "Derecho de autor y derechos conexos", 1993, págs. 871 a 887; R. A. PARILLI,

CAPÍTULO V

A RADIODIFUSÃO NO ACORDO ADPIC/TRIPS[332]

1. Apesar da discordância básica que temos quanto à inclusão dos direitos intelectuais numa Convenção relativa ao comércio e da não aplicação imediata das suas regras – já que se trata de um tratado entre Estados que só a estes vincula, não sendo directamente aplicável a relações jurídicas privadas[333] – torna-se despiciendo encarecer a importância do acordo ADPIC/TRIPS, que pautará, indelevelmente, toda a aplicação e desenvolvimento futuros do Direito de Autor.

"El Nuevo Régimen del Derecho de Autor en Venezuela", 1994, págs. 355 e seguintes e DIILENZ, "La protection juridique des oeuvres transmises par satellites de radiodiffusion directe", cit., págs. 351 e 352.

Este último autor baseando-se nas tomadas de posição da Alemanha e da Áustria, quando ainda se julgava que os satélites de radiodifusão directa seriam abarcados pela Convenção – que foram sufragadas por unanimidade na votação final – demonstra que já na época a radiodifusão por satélite directo era considerada como um tipo de emissão no sentido clássico do termo e que só o organismo difusor era considerado responsável face aos titulares de direitos.

Daí, retira um contributo jurídico útil para a sua defesa da "teoria Bogsch" – objectivo central do seu trabalho, como adiante se verá.

Entre nós, salientando o reduzido significado da Convenção de Bruxelas bem como os seus objectivos e irrelevância em matéria de Direito de Autor, vide OLIVEIRA ASCENSÃO, "Direito de Autor e Direitos Conexos", cit., pág. 306.

[332] A ADPIC/TRIPS, acordo que instituiu a Organização Mundial do Comércio (OMC) incluiu um anexo IV que estabelece um Acordo sobre os Aspectos dos direitos de Propriedade Intelectual relacionados com o comércio – daí a sigla ADPIC (TRIPS na versão inglesa). É este último que constituiu o objecto de análise do presente capítulo.

[333] Cfr., art.os 1, alínea 1 e 65, alínea 1 que claramente demonstram que o ADPIC apenas vincula os Estados-membros.

2. Cingindo-nos ao que ao nosso tema diz respeito pareceria, à primeira vista, que o ADPIC pouca ou nenhuma relevância teria[334]. Na verdade parece não existir a pretensão de substituir os anteriores tratados. A sugestão que se retira é, precisamente, a de que o ADPIC aparece como uma sequência dos mesmos.

As remissões que se fazem para as Convenções de Berna e de Roma, nos art.ᵒˢ 1 n.º 3 e 3 n.º 1 e, sobretudo, a obrigatoriedade de adequação aos art.ᵒˢ 1 a 21 da Convenção de Berna, que o art.º 9 n.º 1 impõe[335], ainda mais inculcam esta ideia. Pareceria, pois, que, no que toca ao Direito de Autor e Direitos Conexos, o ADPIC se basearia no regime de Berna e Roma.

Tal conclusão é de facto verdadeira mas não tem validade absoluta, não só porque o novo tratado vai para além dos direitos mínimos consagrados – tratando, por exemplo, de programas de computador, bases de dados e direito de aluguer – mas ainda porque, como veremos, apesar do paralelismo, existem disparidades de regime, mormente no que respeita aos direitos conexos.

Centrando-nos no objecto do nosso trabalho, detenhamo-nos um pouco sobre as normas essenciais.

3. O art.º 9 n.º 1 do ADPIC remete, como já se disse, para os art.ᵒˢ 1 a 21 e Apêndice da Convenção de Berna. Fica, por conseguinte, englobado o art.º 11-*bis* e tudo o que dele decorre. Não há, neste aspecto, qualquer afastamento conceptual ou de regime relativamente à Convenção de Berna.

4. Diferente é a situação dos direitos vizinhos. A eles se refere o art.º 14 do ADPIC. O seu modelo é a Convenção de Roma razão pela qual, em consonância com o art.º 3 alíneas f) e g) desta, os conceitos de radiodi-

---

[334] Isto no que toca ao que se designa por direito substantivo – único a que se refere a nossa análise.

Já no que toca às regras sobre os modos de execução dos direitos o ADPIC é completamente inovador, tratando com minúcia aquilo que os anteriores tratados sempre tinham deixado aos legisladores nacionais.

É um controlo inadmissível, mas irreversível, que se lamenta.

[335] Com a sugestiva excepção do art.º 6-*bis*...

II Parte – A regulamentação internacional 137

fusão e retransmissão se restringem às emissões efectuadas sem fio – cfr., n.ᵒˢ 1 e 3 do citado art.° 14 do ADPIC.

Também os direitos dos artistas e produtores de fonogramas – n.ᵒˢ 1 e 2 do art.° 14 – seguem de perto os textos dos art.ᵒˢ 7 e 10 da Convenção de Roma, com a particularidade de, no que aos artistas diz respeito, se afirmar, expressamente, que o seu direito de autorizar a radiodifusão ou comunicação ao público das suas prestações se refere àquelas que sejam efectuadas ao vivo – o que confirma o que já disséramos aquando da nossa análise da Convenção de Roma.

A fórmula menos apurada[336] do n.º 3 do art.° 14, que trata dos direitos dos organismos de radiodifusão, não se afasta, significativamente, do art.° 13 da Convenção de Roma, apesar de no seu texto não constarem especificações que se verificam neste último artigo[337].

O modelo e o conteúdo essencial dos preceitos é, contudo, idêntico. Apesar disso podem-se encontrar algumas divergências que convém salientar.

Assim, a parte final deste n.º 3 prevê a possibilidade de os radiodifusores não serem pura e simplesmente contemplados com qualquer direito[338], o que vai muito para além das excepções e reservas, respectivamente, dos art.ᵒˢ 15 e 16 da Convenção de Roma. Por outro lado, o n.º 5, do art.° 14 prevê um prazo de protecção dos organismos de radiodifusão de vinte anos, a partir do fim do ano em que se realizou a emissão. Está em conformidade com a alínea c) do art.° 14 da Convenção de Roma.

Mas existe um desvio fundamental. É que enquanto na Convenção de Roma igual prazo mínimo é outorgado aos restantes titulares de direitos conexos[339] no ADPIC tal equilíbrio deixa de existir, já que o mesmo n.º 5 que vimos a analisar estabelece para os artistas e produtores de fonogramas um período de protecção de cinquenta anos.

---

[336] Veja-se a terminologia prolixa da parte inicial do preceito em comparação com o art.° 13 da Convenção de Roma e em contraponto com a muito maior brevidade com que se especificam as faculdades atribuídas.

[337] O mesmo acontece, aliás, no que diz respeito ao n.º 1 do art.° 14 do ADPIC em comparação com o art.° 7 da Convenção de Roma.

[338] Em tal caso, prevê-se, apenas, um mecanismo que salvaguarde a posição dos titulares de direito de autor.

[339] Vide alíneas a) e b) do mesmo art.° 14

É uma desvalorização da posição dos radiodifusores injustificável e que prenunciou o estatuto bem mais diminuído que veio a decorrer dos novos tratados da OMPI.

5. O exposto não obnubila a conclusão essencial de que o acordo ADPIC/TRIPS não representou qualquer ruptura quanto ao conceito e ao regime essencial da radiodifusão consagrado no sistema jurídico internacional então vigente.

CAPÍTULO VI

OS NOVOS TRATADOS DA OMPI SOBRE DIREITO DE AUTOR (TODA/WCT) E SOBRE INTERPRETAÇÕES OU EXECUÇÕES E FONOGRAMAS (TOIEF/WPPT) (1996)[340-341]

1. De 2 a 20 de Dezembro de 1996 foram discutidos e aprovados, por Conferência Diplomática expressamente reunida para o efeito, os dois tratados da OMPI sobre Direito de Autor (TODA/WCT) e sobre Interpretações ou Execuções e Fonogramas (TOIEF/WPPT), normalmente conhecidos como tratados Internet.

São os grandes suportes jurídicos da designada Sociedade da Informação.

Dada a sua importância, permitir-nos-emos a um breve excurso de carácter global.

A exacta compreensão dos dois novos instrumentos internacionais obriga a percorrer um trajecto histórico de inegável significado que

---

[340] Além da sigla portuguesa apresenta-se também a inglesa.

Tal facto tem uma justificação: a OMPI deliberou que mesmo quando se realizassem traduções oficiais dos tratados a sua sigla seria sempre em inglês (ou dever--se-á dizer americano?!)

Sinais dos tempos a que não nos submetemos mas anotamos – daí fazermos referência às duas siglas.

O mesmo aconteceu no capítulo anterior mas nesse caso porque a sigla inglesa TRIPS está de tal modo enraizada que a sua simples referência permite a imediata identificação do tratado em causa.

De qualquer modo, como se verificou, só incidentalmente a usámos, tendo preferencialmente feito referência ao ADPIC.

[341] Com uma interessante e recente análise do Tratado da OMPI sobre Direito de Autor numa perspectiva do direito francês, veja-se GOUTAL, "Traté OMPI du 20 Décembre 1996 et Conception Française du Droit D'Auteur", in RIDA, 187, Janeiro 2001, págs. 66 a 109.

se revelará ao mesmo tempo essencial para que posteriormente – e cingindo-nos então ao tema da nossa investigação – possamos fazer a interpretação correcta dos preceitos que à radiodifusão digam ou não respeito.

Por esse enquadramento histórico iniciaremos, pois, a nossa análise dos dois novos tratados da OMPI.

2. Os dois convénios tiveram na sua génese uma proposta inicial do Secretariado Internacional em Novembro de 1991[342]. A controvérsia gerou-se, desde logo, dado que o projecto procurava englobar os produtores de fonogramas no âmbito da protecção do novo tratado, ou seja, equipará-los aos autores[343]...

Tal intenção foi afastada logo no primeiro debate. Procurou-se então outra solução e depois de alterado o mandato do Secretariado optou-se pela apresentação de dois projectos – um relativo ao direito de autor, outro relativo aos direitos conexos dos artistas intérpretes ou executantes e dos e produtores de fonogramas.

Note-se que a intenção inicial era abranger unicamente os produtores de fonogramas mas, dada a forte reacção gerada nos mais diversos meios, nomeadamente a pressão dos representantes dos artistas, o que é facto é que o Secretariado Internacional acabou por sujeitar a discussão dois documentos autónomos, o primeiro relativo ao direito de autor e o segundo sobre os direitos dos artistas intérpretes ou executantes e produtores de fonogramas.

3. Mas os problemas que os novos tratados implicavam não ficavam por aqui e eram de diversa índole. Do ponto de vista jurídico, desde logo, a natureza dos novos instrumentos não era pacífica. Por um lado, pretendia-se rever a Convenção de Berna ficando-se, assim, ao abrigo do mais sólido tratado de direito de autor[344], mas cedo se

---

[342] Na sequência de uma anterior deliberação da Assembleia da União de Berna de 1989.

[343] Como oportunamente se referiu em 1928 e 1948, respectivamente em Roma e Bruxelas, tinha-se tentado assimilar os artistas aos autores.

Agora pretendeu-se ir ainda mais longe tentando dar aos promotores de uma actividade meramente empresarial e técnica o estatuto de criadores.

[344] Com a consequente vinculação automática dos mais de cento e cinquenta e cinco Estados que hoje fazem parte da União de Berna.

compreendeu que a unanimidade requerida para o efeito[345] jamais seria atingida. Por outro lado, havia o receio justificado de que a qualificação dos novos instrumentos como protocolos adicionais às Convenções de Berna e Roma motivassem o chamado problema do *a contrario* que inviabilizaria certas interpretações ditas actualistas da Convenção de Berna[346].

Acresce que o quadro inicial de temas propostos pelo Secretariado Internacional se revelara excessivo e, por isso, inviabilizante dos consensos necessários à aprovação de um ou mais tratados[347].

Também do ponto de vista político a caminhada enfrentava diversos escolhos.

A primeira reunião do Comité de Peritos tivera lugar em Novembro de 1991, a segunda em Fevereiro de 1992, a terceira só em Julho de 1993, a quarta ainda mais distanciada em Dezembro de 1994 e só a partir de então se deu um reacender do interesse pelos novos tratados – a quinta em Setembro de 1995, a sexta em Fevereiro de 1996 e a sétima em Maio do mesmo ano.

A razão do desfasamento temporal entre as diversas reuniões está no acordo ADPIC/TRIPS.

Na verdade, após a assinatura do ADPIC, os Estados Unidos da América (EUA) julgaram ter o quadro de Direito de Autor internacional talhado à sua medida. Havia, pois, que desvalorizar a OMPI e promover a OMC (Organização Mundial do Comércio). Só um enorme esforço da própria OMPI – que via a sua própria sobrevivência em risco – e dos grandes países europeus permitiu a manutenção de debates que apareciam

---

[345] Vide art.º 27 n.º 3 da Convenção de Berna.

Esta unanimidade já havia motivado que a revisão da Convenção, que normalmente era feita de vinte em vinte anos, ficasse "congelada" desde a revisão de Paris de 1971.

[346] Tudo o que se incluísse nos novos protocolos demonstraria *a contrario*, que tais matérias não eram abarcadas pelas Convenções de Berna e de Roma. Só para dar um exemplo: se os programas de computador fossem tratados no novo protocolo adicional isso provaria – o que é totalmente verdade – que eles não se encontravam abrangidos nas obras literárias do art.º 2 da Convenção de Berna, ao contrário do que muitos pretendiam.

[347] As situações inconclusivas a que se chegou em diversos debates levou mesmo a uma atitude única em toda a história da OMPI – o Secretariado, a partir de determinado momento, demitiu-se da sua função de proponente dos documentos de discussão, sendo meramente o receptor e distribuidor das propostas dos diversos países, as quais passaram a ser a base de discussão.

como despiciendos para os EUA. A intransigência americana[348] não oscilou durante muito tempo. Afinal o ADPIC tinha sido redigido como se de lei interna norte-americana se tratasse e o seu triunfo no audiovisual estava assegurado – não valia a pena reabrir uma guerra já ganha.

Mas, de repente, a situação altera-se. Os EUA voltam a empenhar-se a fundo nos trabalhos da OMPI e fazem-no com tal denodo que em Setembro de 1995 propõem que a realização da Conferência Diplomática para aprovação dos tratados tenha lugar no prazo de um ano[349].

Apesar do cepticismo generalizado com que esta proposta foi acolhida, os EUA falharam por pouco este último objectivo, mas nem isso fez esmorecer o súbito interesse da super potência.

A razão de ser desta mudança de atitude tem também ela um motivo profundo: o digital. De facto, toda a matéria sobre a digitalização, no que toca ao funcionamento das redes e ao acesso às obras e prestações através delas, não se encontra contemplado no ADPIC. Urgia, por conseguinte, regular rapidamente a matéria até porque são e serão maioritariamente (ou mesmo esmagadoramente?) os EUA os detentores do sistema.

É neste clima político-jurídico que se avança decididamente para a conclusão dos tratados, com os grandes países industrializados como impulsionadores do processo. A Comunidade Europeia, numa ânsia pouco compreensível de apresentar uma atitude liderante em todo o processo, acaba por propor um terceiro texto de tratado referente às bases de dados não criativas, no qual segue de perto a sua própria directiva – 96/9/CE, de 11 de Março de 1996[350] – o que merece imediato acolhimento dos EUA.

Desde cedo se percebe, no entanto, que a grande maioria dos países não encara com bons olhos esta iniciativa, não só porque não conhece com detalhe o enquadramento jurídico do texto, mas também porque compreende que a sua aprovação só teria efectivo interesse para os grandes países produtores de bases de dados. Assim, e apesar de um texto sobre a matéria ter sido elaborado com vista à Conferência Diplomática, o mesmo nem sequer começou a ser discutido.

---

[348] Sempre marcada por formais declarações diplomáticas de empenho, mas sempre evitando o avanço dos trabalhos.

[349] A intenção era que tivesse lugar ainda antes das eleições presidenciais que se realizaram em Outubro de 1996.

[350] Vejam-se, especialmente, art.os 7 a 11.

4. Feito o enquadramento histórico dos novos tratados, centremo-nos agora na análise dos preceitos relevantes para os objectivos desta investigação.

As discussões finais ocorridas em Genebra tinham como referência dois textos base elaborados pelo Presidente do Comité de Peritos – Jukka Liedes – no que se pode considerar um trabalho assinalável de síntese e busca de consensos. Estas propostas da presidência tiravam já partido das conclusões do Comité de Peritos, que reduzira em muito as propostas iniciais do Secretariado Internacional[351].

No âmbito desta obra interessa-nos particularmente os designados direitos de comunicação e de colocar à disposição do público – art.os 8 do TODA e 10 e 14 do TOIEF. Tais normas, pode-se afirmá-lo, constituem a pedra angular dos novos tratados[352].

Em face dos artigos referidos colocam-se imediatamente duas questões:

– Será que o direito de comunicação ao público – outorgado ao autor – (art.º 8 do TODA) é o equivalente ao direito de colocar à

---

[351] Que, como já se disse, se revelavam pouco susceptíveis de criar consensos, dada a sua amplitude.

[352] O seu texto é o seguinte:
"Artigo 8 (do TODA)
Direito de comunicação ao público
Sem prejuízo das disposições dos art.os 11 1) (ii), 11-bis 1) (i) e (ii), 11-ter 1) (ii), 14 1) (ii) e 14-bis 1) da Convenção de Berna, os autores de obras literárias e artísticas gozam do direito exclusivo de autorizar qualquer comunicação ao público das suas obras, por fio ou sem fio, incluindo a colocação à disposição do público das obras, de maneira que membros do público possam ter acesso a estas obras desde um lugar e num momento que individualmente escolherem.
Artigo 10 (do TOIEF)
Direito de colocar à disposição interpretações ou execuções fixadas
Os artistas intérpretes ou executantes gozam do direito exclusivo de autorizar a colocação à disposição do público das suas interpretações ou execuções fixadas em fonogramas, por fio ou sem fio, de tal maneira que os membros do público possam ter acesso a elas desde um lugar e num momento que individualmente escolherem.
Artigo 14 (do TOIEF)
Direito de colocar à disposição fonogramas
Os produtores de fonogramas gozam do direito exclusivo de autorizar a colocação à disposição do público dos seus fonogramas, por fio ou sem fio, de tal maneira que os membros do público possam ter acesso a eles desde um lugar e num momento que individualmente escolherem".

disposição que os art.os 10 e 14 do tratado sobre os direitos conexos atribuem, respectivamente, aos artistas intérpretes ou executantes e aos produtores de fonogramas?

– E será que a radiodifusão se encontra abrangida por estes direitos diluindo-se num grande direito de comunicação ao público?

São perguntas a que só poderemos responder depois de analisar os preceitos e de lhe fixarmos o sentido[353].

5. A segunda questão liga-se, de modo indissociável, com o designado "grande direito de comunicação ao público".

A ideia que lhe subjaz é a seguinte: não faz sentido estabelecer fronteiras entre os vários tipos de comunicação ao público e, consequentemente, regimes diversificados consoante as diferentes modalidades que tal género comporta.

A própria OMPI defendeu essa hipótese no memorando inicial sobre o então conhecido como "Protocolo Adicional à Convenção de Berna" que redundou no novo Tratado da OMPI sobre Direito de Autor.

Aí, a propósito das definições que propunha, podia-se ler no §156-c):

"Pela expressão "comunicação pública" entende-se a transmissão efectuada por meios electrónicos, eléctricos ou análogos (com ou sem fio) de imagem ou de som ou de imagem e de som de uma obra ou de uma gravação sonora (aí se compreendendo a apresentação de uma obra e a representação ou execução ou a radiodifusão de uma obra ou gravação sonora), de modo que essa imagem ou esse som possam ser apreendidos em condições idênticas por qualquer pessoa presente num lugar ou em lugares que se encontrem a uma distância tal do local no qual a transmissão começa que as imagens ou o som não poderiam ser apreendidos sem esses meios electrónicos, eléctricos ou análogos"[354].

Note-se que a OMPI não era tão pródiga no que aos direitos conexos se refere, já que no seu memorando sobre um "Eventual Instrumento Relativo à Protecção dos Direitos dos Artistas Intérpretes e dos Produtores

---

[353] Fá-lo-emos interligando as duas questões.
[354] Memorando de 18 de Outubro de 1991, Doc. BCP/CE/I/3, pág. 30.

de Fonogramas" – que deu origem ao TOIEF – propugnava uma noção mais restrita do direito de comunicação ao público.

De facto, o §29 alínea j), também no que as definições diz respeito, estabelecia que se entende por:

""comunicação ao público" de uma intrepretação ou de uma execução ou de um fonograma a difusão **que não se efectue pela radiodifusão** das imagens ou dos sons provenientes de uma interpretação ou de uma execução, ou de sons fixados num fonograma ou a representação numérica de sons, de tal maneira que a difusão seja acessível a pessoas estranhas ao círculo normal de uma família e ao seu ambiente mais próximo, encontrando-se num lugar ou em lugares suficientemente afastados do local de origem da difusão para que sem essa difusão, as imagens ou os sons não possam ser apreendidos nesse lugar ou nesses lugares, não importando para esse efeito que as pessoas em questão possam apreender as imagens ou os sons no mesmo lugar e no mesmo momento ou em lugares diferentes e em momentos diferentes;"[355-356].

A sugestão do "grande direito de comunicação pública" mereceu acolhimento significativo de vários países, ainda que não maioritário[357].

A contradição entre as duas propostas também teve reflexos numa importante parte da doutrina que rapidamente encetou esforços para dar corpo à teoria do "grande direito".

Nomes tão relevantes como FICSOR, COHEN JEHORAM e DREIER, entre outros, subscreveram tais teses, variando apenas no modelo proposto. Assim, encontramos desde uma subtil "teoria do guarda-chuva" ("umbrella theory") que determinava o conteúdo do direito deixando aos

---

[355] Memorando de 5 de Outubro de 1994, Doc. INR/CE/III/2, pág. 13. Nosso o sublinhado.

[356] O mesmo documento continha, aliás, uma noção de radiodifusão – alínea i) – que seguia de perto o conceito tradicional da figura, com o aditamento significativo da difusão por satélite, o que demonstrava a clara separação entre as duas figuras.

[357] Vide Relatório da Reunião de 12 a 16 de Dezembro de 1994 – Doc. INR/CE/III/3, parágrafo 41 e, também, o sumário desenvolvido das discussões sobre a matéria no suplemento ao referido Relatório –Doc. INR/CE/III/ 3 – Sup..

Dando notícia das propostas, debates e sentido dos mesmos, veja-se K. KEMPER, "The Concepts of "Public" and "Private" in the Digital Environment", 1995, págs. 195 a 203, especialmente págs. 198 e 199.

Estados contratantes a sua qualificação jurídica[358], passando por um mero enunciar do problema mas deixando subentender uma preferência em tal sentido [359], até à afirmação clara de um tal direito[360].

DREIER sintetiza de forma particularmente eloquente este leque de opiniões propondo a criação de um amplo direito de comunicação pública[361].

As teorias do "grande direito" tinham, posteriormente, complemento adequado na proposta de supressão do n.º 2 do art.º 11-*bis* da Convenção de Berna que o Secretariado suscitara desde a primeira hora e que faziam

---

[358] Foi a proposta de FICSOR que a apresentou por diversas vezes perante o Comité de Peritos.

Veja-se, do mesmo autor, "Primary and secondary broadcasting in the Berne Convention...", cit., pág. 80 e, especialmente, "The Law of Copyright and the Internet – the 1996 WIPO Treaties, their Interpretation and Implementation", parágrafos 4.01 a 4.164, págs. 145 a 254 e parágrafos C8.06 a C8.23, págs. 496 a 509, onde FICSOR discorre longamente sobre a "Agenda Digital" e a "Umbrella solution" que propugna.

[359] A. BOGSCH, "The right of broadcasting, the rights of broadcasters, the news technologies and WIPO", 1995, págs. 3 a 5, onde o autor cita a proposta japonesa em defesa de tal tese, também com referências à "teoria do guarda-chuva" ("umbrella theory").

[360] COHEN JEHORAM, "Communication to the public through loudspeaker or other technical means in the Netherlands and Belgium" – onde o autor defende não só a existência de tal direito como sustenta a sua existência actual nas leis holandesa e belga, e DREIER, "Broadcasting organizations", cit., págs. 595 e 596 – onde procura uma assimilação entre a radiodifusão e a transmissão interactiva – e "Public communication of the work broadcast by means of loudspeakers or and other technical device in German speaking countries", págs. 227 a 233.

[361] DREIER, última obra citada na nota anterior, pág. 233, deixa clara a sua posição ao afirmar: "Tendo em vista estas discrepâncias nacionais estaria tentado a propor que, quando chegar a hora de reformular o(os) direito(s) de radiodifusão/comunicação//transmissão num contexto digital de redes interligadas, se deveriam abolir as complicadas distinções presentemente existentes para dar lugar a um amplo direito de comunicação ao público.

Claro que, para isso, faria falta, em primeiro lugar, uma redefinição da noção de público, de modo a que não mais seja necessário que os membros do público desfrutem da obra ao mesmo tempo (nem no mesmo lugar). O acto decisivo – aparte da actividade tradicional de pôr à disposição do público material protegido – seria, então, o pôr à disposição material protegido para actos de transmissão individual.

Acresce que, sempre que seja necessário introduzir excepções ou regras contratuais só em relação a certas subcategorias de colocação à disposição do público de material protegido, então a diferenciação deve fazer-se a nível dessas excepções e dentro do capítulo das disposições contratuais, em vez de, como acontece actualmente, ao nível dos próprios direitos".

parte do texto da presidência, objecto de discussão na Conferência Diplomática[362].

6. Que dizer, então, do conteúdo destes novos direitos e que concluir sobre as teses sustentadas no ponto anterior?

Voltemos à questão central: a de saber se este direito de comunicação ao público – outorgado aos autores – é o equivalente ao direito de colocar à disposição que os art.os 10 e 14 do tratado sobre os direitos conexos atribui, respectivamente, aos artistas intérpretes ou executantes e aos produtores de fonogramas. Vamos partir da primeira daquelas normas. O texto deste art.º 8[363] foi uma solução de compromisso. Os EUA pretendiam que este direito fosse abrangido pelo direito de distribuição enquanto a Comissão Europeia defendia a sua inclusão no direito de aluguer.

Esta foi a solução menos má[364]. De facto, nem o direito de aluguer, nem o direito de distribuição, são susceptíveis de enquadrar a nova realidade.

O que aqui está em causa é uma colocação à disposição do público digital, realizada por escolha individual de cada membro do público.

Pode parecer uma comunicação, mas ao falar-se de comunicação ao público perde-se a nitidez dos conceitos pois passa a haver vários tipos de comunicação ao público de conteúdo distinto – este e os da Convenção de Berna[365].

A colocação à disposição do público, contrariamente à radiodifusão, nada tem a ver com a comunicação ao público.

A comunicação ao público pressuporia uma transmissão que permitisse a recepção por destinatários sem que estes tenham possibilidade de escolha dos conteúdos transmitidos. É isso que acontece na radiodifusão. Pelo contrário, na colocação à disposição do público, a nova faculdade outorgada pelo Direito de Autor esgota-se na colocação das obras em rede à disposição do público – que é livre de a elas aceder ou não.

O acto reservado aos titulares de direitos é o de disponibilizar as obras colocando-as à mercê do subsequente acesso de cada membro do público.

---

[362] Vide art.º 6 da proposta do Presidente, Doc. CRNR/DC/4, de 30 de Agosto de 1996, págs. 26 e 27.
[363] Corresponde ao art.º 10 da proposta do Presidente.
[364] Apesar de ser uma solução errada.
[365] Vide art.os 11, 11-*bis*, 11-*ter*, 14 e 14-*bis* da Convenção de Berna.

O desfrute que cada um venha ou não a fazer da obra, através do seu chamamento efectivo, é completamente irrelevante em termos de Direito de Autor sendo unicamente relevante no que toca à exploração económica da base de dados onde a obra foi colocada.

Uma tal captação da obra não é, contudo, volta-se a realçar, abrangida por qualquer faculdade constitutiva do exclusivo de exploração económica atribuído ao autor. Será matéria a que teremos ocasião de regressar com mais pormenor[366].

Acresce que o próprio conceito de público é alterado.

Perdeu-se, assim, a oportunidade de marcar claramente as diferenças, criando um direito de colocação à disposição do público digital com a adequada designação jurídica.

Mas debrucemo-nos sobre o preceito. Ele divide-se em duas partes. A primeira é fundamental, pois exclui do âmbito da norma todos os artigos da Convenção de Berna, que versam a comunicação ao público – 11, *11-bis* 11-ter, 14 e 14-bis[367]. Fica, assim, claro que não se dá o apagamento destes tipos de comunicação pública mantendo os seus regimes plena validade[368].

---

[366] Este aspecto foi, entre nós, recorrentemente salientado por OLIVEIRA ASCENSÃO em vários trabalhos publicados nos seus "Estudos sobre Direito da Internet e da Sociedade da Informação".

Sem preocupações de ser exaustivo veja-se "Direito de Autor e Informática Jurídica", pág. 17; "Os Direitos de Autor no Domínio das Telecomunicações", pág. 76; "Direitos de Autor e Conexos Inerentes à Colocação de Mensagens em Rede Informática à Disposição do Público", págs. 114 a 117; "O Direito de Autor no Ciberespaço", págs. 153 a 156 e "Obra Audiovisual. Convergência de Tecnologias. Aquisição Originária do Direito de Autor", pág. 248 (nota 11).

[367] Relativamente à proposta do Presidente existem pequenas diferenças que melhoram o texto.

Assim, onde se falava apenas no art.º 11-*bis* 1) (i) acrescentou-se o (ii) e no art.º 14 a norma citada deixou de ser o art.º 14 1) (i) e passou a ser o ponto (ii) do mesmo n.º 1.

[368] O que é confirmado pela importante declaração contida na segunda frase da Declaração Concertada ("Agreed Statement") relativa ao art.º 8 do TODA, onde se determina que tal preceito não preclude, de nenhum modo, o direito das Partes Contratantes de aplicar o art.º 11-*bis* n.º 2 da Convenção de Berna, ou seja, a estabelecerem na sua legislação licenças não-voluntárias.

Reconhecendo que essa mesma faculdade continua incólume face ao texto do novo tratado, veja-se FICSOR, "The Law of Copyright and the Internet...", cit., parágrafo C8.05, págs. 495 e 496 e JÖRG REINBOTHE/SILKE VON LEWINSKI, "The WIPO Treaties 1996", parágrafo 13 do Comentário ao art.º 8 do TODA, pág. 107.

Sem ela estaria criado o "grande direito de comunicação ao público" de que falámos anteriormente – isto em virtude do art.º 1 n.º 1 do TODA, no qual se afirma que o novo tratado é um acordo particular no sentido do art.º 20 da Convenção de Berna. Por isso a delegação portuguesa tanto se bateu pela inclusão deste primeiro trecho que, ao ser acolhido, evita um direito de comunicação pública tão esmagador quanto inconveniente.

O que fica então abrangido no escopo do artigo? Responde-nos a sua segunda parte: só o "on demand" o "making available" ou seja, o colocar à disposição interactivo, que é uma nova realidade, não apenas pela possibilidade de acção do consumidor sobre a obra, como também pelo novo conceito de público que impõe[369]. A expressão "desde um lugar e num momento que individualmente escolherem" exclui a radiodifusão do âmbito do novo direito.

Isto é muito menos claro no novo tratado sobre direitos conexos, não em face do texto legal, mas sim em virtude de uma interpretação histórica das normas (art.os 10 e 14, como já se referiu). De facto as notas 11 e 18, 06, 07 e 08[370] que fundamentavam a proposta do Presidente pareciam admitir que os preceitos abarcassem os serviços multicanais e a radiodifusão por subscrição.

Será assim? Pensamos que não! Do elemento literal, desde logo, nenhum argumento se pode tirar nesse sentido.

A subscrição é o resultado de um contrato e o facto de ela existir ou não, não altera a qualificação jurídica do acto que continuará a ser colocar à disposição interactivo ou radiodifusão consoante os casos.

A distinção é, aliás, confirmada pelo próprio conceito de radiodifusão que o tratado propõe – art.º 2, alínea f) – em cuja definição se pode ler que se entende por: ""radiodifusão" a transmissão sem fio de sons ou imagens e sons, ou de representações destes, destinados a ser recebidos pelo público; uma transmissão desta natureza realizada por satélite é também radiodifusão; a transmissão de sinais codificados será considerada "radiodifusão" quando os meios de descodificação sejam fornecidos ao público pelo organismo de radiodifusão ou com o seu consentimento".

---

[369] Pode-se mesmo afirmar que o que era privado passa a ser, no âmbito desta norma, público.

[370] Perfeitamente idênticas com a única ressalva que as primeiras se referiam ao direito dos artistas intérpretes ou executantes e as segundas ao dos produtores de fonogramas.

Temos, assim, uma noção em perfeita consonância com a visão tradicional da figura realçando-se uma vez mais o papel do público enquanto destinatário directo da emissão[371] com a particularidade de se incluir, expressamente, no seu âmbito as transmissões realizadas por satélites de radiodifusão directa e de sinais codificados, quando o público tenha acesso aos descodificadores[372].

À radiodifusão e à comunicação pública a ambiente diferente corresponde, aliás, um regime específico substancialmente diferente do estabelecido para a colocação à disposição do público interactiva. Assim, os artistas intérpretes ou executantes gozam de um direito exclusivo próprio relativamente às suas interpretações ou execuções não fixadas, nos termos do art.º 6-i) do TOIEF, tendo os mesmos artistas no que respeita às interpretações ou execuções não fixadas e os produtores de fonogramas no que toca a estes um mero direito de remuneração (equitativa e única) a distribuir pelos artistas, pelos produtores, ou por ambos de acordo com as legislações nacionais[373-374], *ex vi* art.º 15 do TOIEF, por contraposição

---

[371] O que mais uma vez se sublinha. Esta definição terá, aliás, significado relevante para as conclusões a que chegaremos sobre os satélites de radiodifusão indirecta.

[372] Sobre esta definição de radiodifusão constante do art.º 2, alínea f) do TOIEF, com posição coincidente com a nossa, veja-se FICSOR, "The Law of Copyright and the Internet...", cit., parágrafos PP2.14 a PP2.17, págs. 599 e 600 e JÖRG REINBOTHE/SILKE von LEWINSKI, "The WIPO Treaties 1996", cit., parágrafos 53 a 57, págs. 265 a 267.

[373] O art.º 15 do TOIEF é um preceito que encontra as suas raízes no art.º 12 da Convenção de Roma, que segue de perto.

[374] O direito de remuneração pela radiodifusão ou por qualquer comunicação pública atribuído pelo art.º 15 do TOIEF refere-se apenas às prestações ou execuções dos artistas fixadas em fonogramas publicados para fins comerciais e relativamente aos produtores também só no que respeita aos fonogramas publicados com a mesma finalidade.

Poder-se-ia, assim, suscitar dúvidas sobre o regime das prestações ou execuções fixadas mas não incluídas nesse tipo de fonogramas e sobre os fonogramas que não tenham entrado no circuito comercial.

Pensamos que em ambos os casos quer os artistas quer os produtores gozarão, também, de um direito de remuneração.

Quanto aos primeiros por interpretação *a contrário* do próprio art.º 6-i) do TOIEF que deixa claro que só as interpretações ou execuções não fixadas são abrangidas pelo direito exclusivo. O art.º 6-i) do TOIEF não pode, aliás, deixar de ser interpretado à luz da sua fonte – o art.º 7, n.º 1, alínea a) da Convenção de Roma – de onde de retira, de forma inequívoca, que todas as prestações fixadas em fonogramas (sem qualquer exigência da

aos direitos exclusivos autónomos que os referidos art.ᵒˢ 10 e 14 do mesmo tratado outorgam.

Estes últimos preceitos fornecer-nos-iam, se necessário fosse, uma prova adicional demonstrativa da diversidade das figuras. Neles a nova realidade da interactividade é tão preponderante, que se esbate por completo a relevância da transmissão ser efectuada por fio ou sem fio.

Para o legislador, o essencial é tutelar este novo acto de colocar à disposição a pedido ("on demand"), o meio técnico como se realiza passa para segundo plano – o que o afasta da noção restrita que tem da radiodifusão[375].

Concluímos, assim, que também no tratado sobre direitos conexos apenas a colocação à disposição interactiva está abarcada pelo novo direito e em face desta conclusão ficam respondidas as questões que começámos por colocar.

---

finalidade comercial destes) não são abrangidas pelo direito exclusivo de radiodifusão e comunicação ao público dos artistas.

Devem, por isso, ter regime equivalente ao do art.º 15 do TOIEF, estando-lhes apenas reservado um direito de remuneração.

A radiodifusão ou a comunicação ao público de prestações fixadas ainda que antecedam a distribuição comercial das gravações são um modo de promoção desta devendo estar sujeitas a regras idênticas.

O que fica dito é também válido para os fonogramas ainda não publicados para fins comerciais. O produtor pode até querer publicitar a futura colocação no mercado dos seus fonogramas fazendo uma primeira apresentação dos mesmos pela radiodifusão ou por outro meio de comunicação pública. Em tal caso terá também e apenas direito a uma mera remuneração.

Note-se que os produtores de fonogramas não gozam em nenhuma Convenção Internacional, de qualquer direito exclusivo pela radiodifusão ou comunicação pública dos mesmos, como resulta do art.º 10 da Convenção de Roma e dos art.ᵒˢ 11 a 14 do TOIEF (ao contrário do que absurdamente decorre do art.º 184, n.º 2 do CDADC), pelo que só a solução apontada é compaginável com a lógica subjacente aos próprios tratados. Em suma: ainda que uma leitura apressada possa criar dúvidas quanto ao regime a aplicar à radiodifusão e à comunicação a ambiente diferente de prestações fixadas e fonogramas não publicados para fins comerciais, uma interpretação adequada dos preceitos impõe que, em tais casos, os artistas intérpretes ou executantes e os produtores de fonogramas apenas gozem de um direito de remuneração, em consonância com o art.º 15 do TOIEF.

[375] O que não significa – bem pelo contrário – que os radiodifusores não possam praticar este novo acto de aproveitamento.

Nesses casos, obviamente, realizarão uma colocação à disposição do público interactiva e não radiodifusão, sendo-lhes aplicável o regime respectivo – como adiante se desenvolverá.

7. A lógica que está subjacente aos tratados é, pois, esta: o direito de comunicação ao público seria o direito base que depois seria delimitado negativamente retirando-se o interactivo para um direito próprio e ficando a comunicação pública não interactiva e a radiodifusão como restantes espécies do género [376].

Em suma:

- O art.º 8 da TODA e os art.ºs 10 e 14 do TOIEF tratam da mesma realidade – a colocação à disposição do público interactiva cuja especificidade a distingue da radiodifusão e da comunicação a ambiente diferente, mau grado o sentido tão lato quanto ambíguo dos textos que a consagram;
- O direito de radiodifusão, como se demonstrou, não se diluiu num "grande direito de comunicação ao público".

Pelo contrário, a sua autonomia, quer em termos conceptuais, quer de regime, mantém-se inquestionável. Prova adicional disso mesmo foi a significativa recusa da proposta do Presidente que defendia a supressão do art.º 11-*bis*, n.º 2 da Convenção de Berna – mantendo-se, assim, a susceptibilidade de estatuir um regime de licenças obrigatórias, que importa realçar[377].

8. Uma última palavra ainda sobre o regime dos tratados, para salientar um aspecto que nos parece fundamental – a ruptura do equilíbrio existente entre os direitos conexos que a Convenção de Roma garantia.

De facto, o TOIEF, ao outorgar uma protecção acrescida aos artistas e aos produtores de fonogramas, veio postergar a posição dos organismos de radiodifusão, não só porque manteve imutáveis os seus direitos, mas, sobretudo, porque agravou indirectamente a sua situação, confrontando-os com as novas exigências a que ficam sujeitos perante os outros dois titulares de direitos conexos tradicionais. A própria OMPI reconheceu a

---

[376] Além das normas já citadas a nossa conclusão é, também, sustentada pela definição de "comunicação ao público" constante da alínea g) do art.º 2 do TOIEF.

[377] E para a qual Portugal contribuiu de modo decisivo. Veja-se a nossa intervenção em nome da delegação portuguesa em "Records of the Diplomatic Conference on Certain Copyright and Neighboring Rights Questions" – Geneva, 1996, Vol. II, pág. 763.

situação e projectava, no prazo de dois anos, promover a elaboração de um tratado que repusesse o equilíbrio perdido[378].

Mas mesmo o desfasamento temporal com que se dá o desenvolvimento dos diversos direitos vizinhos é factor de perturbação e preocupação, tanto mais que tanto artistas intérpretes ou executantes como produtores de fonogramas vêem agora a sua posição muito mais fortalecida, com a concessão de novos direitos exclusivos pessoais (para os artistas) e patrimoniais, cuja repercussão nos cofres das entidades emissoras é óbvia – e sem que se estabeleçam as necessárias contrapartidas[379-380].

---

[378] O prazo já foi, em muito, ultrapassado e não cumprido como se verifica. A produção no seio da OMPI de alguns documentos visando um tratado sobre os direitos dos organismos de radiodifusão não significa a convocação rápida de uma Conferência Diplomática que leve à sua adopção.

As últimas discussões sobre o tema, ocorridas em 4 a 8 de Novembro de 2002 na oitava sessão do Comité Permanente sobre Direito de Autor e Direitos Conexos, são disso prova cabal, tanto mais que o receio de novo fracasso (cfr., infra, nota 380) faz redobrar as cautelas.

É, no entanto, importante a consulta dos documentos apresentados já que demonstram que os fins genericamente visados são os de aproximar os direitos dos organismos de radiodifusão aos outorgados no TOIEF aos artistas intérpretes ou executantes e aos produtores de fonogramas – docs. SCCR/8/INF/1, SCCR/8/5 (ambos preparados pelo Secretariado da OMPI) e pelas Honduras.

[379] Para maiores desenvolvimentos sobre o desequilíbrio detectado, seu significado e crítica certeira à solução encontrada, OLIVEIRA ASCENSÃO, Parecer (ainda realizado em momento anterior à aprovação dos novos tratados), sob o título "O Novo Instrumento" da OMPI sobre a Protecção dos Direitos dos Artistas Intérpretes ou Executantes e dos Produtores de Fonogramas".

[380] Realizou-se em Dezembro de 2000 nova Conferência Diplomática que visava aprovar um Tratado para os artistas intérpretes ou executantes do audiovisual.

A Conferência revelou-se infrutífera não levando à conclusão de qualquer convénio.

Pelas propostas e discussões havidas nas quatro reuniões preparatórias e no decurso dos debates da própria Conferência a posição dominante ia no sentido de recuperar as fórmulas do TOIEF.

Depois do falhanço de Dezembro de 2000 não se vislumbra a retoma célere das negociações internacionais (apesar das declarações de princípio de sinal oposto).

Apesar disso, volte-se a frisar, sobre o tema que nos ocupa, verificou-se que as propostas apresentadas seguiam plenamente a tradição dos tratados da OMPI.

CAPÍTULO VII

AS DIRECTIVAS COMUNITÁRIAS

1. De carácter regional mas, igualmente, de extrema importância para o tema que nos ocupa são as directivas comunitárias.

Pensamos que ninguém negará que a União Europeia é hoje um dos actores principais do processo negocial internacional em sede de Direito de Autor. As suas directivas têm, por isso, um significado óbvio para os seus Estados membros, mas a sua relevância ultrapassa em muito as fronteiras destes. Sobre elas nos deteremos seguidamente.

2. Desde logo, a directiva sobre a duração dos direitos atribui aos autores um prazo de protecção de setenta anos – art.° 1 n.º 1 – sendo de cinquenta o estabelecido em favor dos titulares de direitos conexos cujo âmbito alarga – abrangendo os "produtores das primeiras fixações de filmes" – art.° 3[381-382].

Mais significativas para o que nos importa averiguar são outras três directivas: a directiva aluguer e comodato (92/100/CEE, de 19 de Novembro de 1992), a directiva satélite e cabo (93/83/CEE de 27 de Setembro de 1993) e a directiva sociedade da informação (2001/29/CE, de 22 de Maio de 2001).

3. A primeira, apesar de comummente designada como directiva aluguer e comodato, reserva todo o seu capítulo II à harmonização dos direitos conexos. É precisamente essa a regulamentação que aqui nos interessa.

---

[381] Directiva 93/98/CEE, de 29 de Outubro de 1993.
Tal duração engloba, naturalmente, os direitos de radiodifusão dos respectivos titulares.
[382] Os preceitos são injuntivos estabelecendo um prazo mínimo mas também máximo, ao contrário do que é comum nos instrumentos internacionais.

Mais uma vez a directriz equipara os produtores das primeiras fixações de filmes aos titulares de direitos conexos tradicionais. É matéria lateral à nossa investigação. O seu art.º 8 prevê um direito de radiodifusão e de comunicação ao público em favor dos artistas intérpretes ou executantes, dos produtores de fonogramas e dos organismos de radiodifusão que segue na esteira, respectivamente, dos art.ºs 7, 12 e 13 da Convenção de Roma.

A primeira diferença relevante reporta-se à remuneração equitativa a atribuir aos artistas e produtores de fonogramas pela utilização de fonogramas publicados com fins comerciais já que, onde o art.º 12 da Convenção de Roma deixa ao arbítrio das legislações nacionais a escolha dos beneficiários da remuneração equitativa, o n.º 2 deste art.º 8 impõe que a mesma seja repartida entre ambos por acordo ou, na falta deste, nas condições que os Estados-membros determinem[383].

Mais importante ainda é o facto de o art.º 8 n.º 2 da directiva ter deixado cair a referência ao uso directo existente no art.º 12 da Convenção de Roma – o que na prática acarreta que a nova transmissão e a comunicação pública de uma emissão anterior dêem lugar a uma remuneração adicional. Os direitos dos organismos de radiodifusão não se restringem, contudo, ao n.º 3 deste art.º 8, sendo-lhes facultados uma série de outros direitos.

Também aqui a directiva procura seguir de perto a Convenção de Roma, já que, para além do referido direito de retransmissão e de comunicação ao público das suas emissões em locais abertos ao público com entrada paga, lhes concede, ainda, um direito de fixação – art.º 6 n.º 2 – e um direito de reprodução – art.º 7 n.º 1. Inova, porém, quando estabelece um novo direito de distribuição das gravações das suas emissões – art.º 9 n.º 1 – que não consta do elenco de Roma.

Além disso existem algumas diferenças qualitativas fundamentais na posição dos radiodifusores.

É certo que, tal como na Convenção de Roma, a protecção que lhes é outorgada no que respeita às retransmissões das suas emissões só abrange as realizadas sem fio[384].

Por paradoxal que pareça essa similitude é, no entanto, estranha por restringir este direito às emissões por ondas radioeléctricas, isentando do

---

[383] É um reforço da posição dos produtores com o consequente enfraquecimento do estatuto dos radiodifusores, tanto mais quanto é certo que não existe na directiva o recurso às reservas que o art.º 16 n.º 1, alínea a) permite em Roma.

[384] Cfr., art.ºs 13, alínea a) e 3, alínea g) da Convenção de Roma e art.º 8 n.º 3 da directiva.

mesmo os retransmissores por cabo. E estranhamos tal solução porque outras normas da mesma directiva apontam, precisamente, em sentido oposto, equiparando a radiodifusão tradicional à realizada por cabo – como resulta dos art.ºs 6 n.º 2, 7 n.º 1 e 9, n.º 1. É uma incongruência, face à sua própria lógica interna, que só a tendência para a cópia irreflectida parece justificar. Pensamos, todavia, que a analogia das situações deveria levar os legisladores nacionais a proceder à equiparação.

Por outro lado, e contrariamente ao que se passa na Convenção de Roma – art.º 13 alínea d) – o direito de comunicação ao público outorgado aos radiodifusores, no art.º 8 n.º 3 da directiva, abrange não só as emissões de televisão como as de rádio.

Também, no direito de reprodução encontramos diferenças, já que o art.º 7 da directiva não contempla as restrições que os pontos (i) e (ii) impõem no art.º 13 alínea c) da Convenção.

Por sua vez, o art.º 6 n.º 3 estabelece que o distribuidor por cabo que faça uma mera retransmissão simultânea[385] não goza dos direitos dos radiodifusores. A norma refere apenas o distribuidor por cabo, mas pensamos que se deverá ir mais longe e, tendo em atenção a sua *ratio*[386], poderemos, analogicamente, aplicar a solução consagrada a todos os outros casos de mera retransmissão[387].

Note-se que não esquecemos que o art.º 6 n.º 3 se refere ao direito de fixação. Pensamos, contudo, que o retransmissor não será também protegido no que toca aos restantes direitos[388], já que não faria o menor sentido que um tal regime de exclusão de protecção se cingisse ao direito de fixação[389-390].

---

[385] A palavra não está incluída no texto legal mas tem de ser subentendida.
Por todos, REINBOTHE/von LEWINSKI, "The EC Directive on Rental and Lending Rights and on Piracy", pág. 88.

[386] O que parece decisivo é que tenha havido uma mera retransmissão.

[387] V.g., por ondas hertzianas, por micro-ondas ou por satélite.

[388] Previstos nos art.ºos 7, 8 e 9.

[389] Nesta conclusão estamos, aliás, acompanhados pela melhor doutrina. Por todos, veja-se REINBOTHE/von LEWINSKI, ob. cit., págs. 88, 90, 99 e 102.

[390] A directiva aluguer e comodato contém ainda outras questões com reflexo na posição jurídica dos radiodifusores – como sejam as presunções relativas às transferências de direitos em favor dos produtores de obras audiovisuais (art.º 2) ou a própria atribuição dos direitos de aluguer e comodato aos organismos de radiodifusão.

Apesar do seu inequívoco interesse não nos deteremos sobre elas dado o seu carácter lateral relativamente ao objecto da nossa investigação.

4. Posteriormente, foi aprovada a directiva satélite e cabo (directiva 93/83/CEE, de 27 de Setembro de 1993).

Diversos problemas importantes são nela abordados. Começando na equiparação de todos os tipos de satélites como sendo de radiodifusão directa para efeitos de Direito de Autor, passando pela opção pela "teoria da emissão" em detrimento da chamada "teoria Bogsch"[391], continuando com a exclusão das licenças não voluntárias para a retransmissão simultânea, inalterada e integral por cabo[392] e a obrigatoriedade do exercício desse direito de retransmissão através de entidades de gestão colectiva[393], do qual só os organismos de radiodifusão estão isentos[394], várias são as questões que merecem um estudo rigoroso.

São matérias a que regressaremos no momento próprio[395]. Por ora, limitar-nos-emos a assinalar a sua consonância com a directiva anterior num aspecto essencial. Constata-se que a directiva satélite e cabo trilha o mesmo rumo que a directiva aluguer e comodato já anunciava, ou seja, equipara à radiodifusão sem fio a transmissão por cabo primária.

É isto que decorre do n.º 3 do seu art.º 1, onde se estabelece: "Para efeitos da presente directiva, entende-se por "transmissão por cabo" a retransmissão ao público, simultânea inalterada e integral, por cabo ou por micro-ondas **de uma emissão primária a partir de outro Estado-membro, com ou sem fio**, incluindo por satélite, de programas de televisão ou rádio destinados à recepção pelo público"[396].

5. Mais recentemente, a directiva sociedade da informação (directiva 2001/29/CE, de 22 de Maio de 2001) vai no mesmo sentido. Englobando a radiodifusão num esmagador direito de comunicação de obras ao público, onde se inclui o direito de colocar à disposição do público, o art.º 3, n.º 1 – em consonância, aliás, com o considerando 23 da directiva – deixa claro que a radiodifusão pode ser realizada por fio ou sem fio[397].

---

[391] Art.º 1 n.º 2, alínea b).
[392] Art.º 8.
[393] Art.º 9.
[394] Art.º 10.
[395] Quando abordarmos a radiodifusão por satélite e por cabo.
[396] Nosso o sublinhado.
[397] Dada a sua particular importância, oportunamente dedicaremos especial relevo a esta directiva.

6. O exposto permite-nos, desde já, chegar a algumas conclusões prévias de indiscutível significado.

Assim, verificámos que os principais tratados internacionais[398] estabelecem uma separação clara entre a radiodifusão sem fio e a transmissão por cabo, com a consequente divergência de regimes jurídicos que oportunamente assinalámos. Em instrumentos mais recentes de carácter regional (directivas) assiste-se a uma progressiva assimilação entre as duas realidades[399], o que se entende – face ao desenvolvimento que as redes de cabo tiveram nos últimos anos – e saúda, pois que a actividades idênticas devem corresponder regimes similares. À permanente actualização tecnológica têm, também, correspondido os diversos instrumentos internacionais.

Não oferece, por isso, dúvidas que o conceito de radiodifusão engloba a que é realizada por satélite directo, independentemente dos novos problemas que esse tipo de comunicação pública acarreta e que teremos oportunidade de analisar.

De todo o modo, ficámos já com um quadro delimitador da regulamentação internacional no que respeita à radiodifusão, o que se revelará fundamental para procedermos à valoração das diversas questões que se colocam, sendo certo que são estes tratados e directivas que fornecem a moldura jurídica das diversas legislações nacionais.

A fixação do sentido das normas dos diversos instrumentos que realizámos terá, portanto, influência decisiva para a interpretação das diversas leis internas e para a solução dos diferentes problemas jurídicos que dividem a doutrina e a jurisprudência.

---

[398] Convenção de Berna, Convenção Universal, Convenção de Roma, ADPIC, TODA e TOIEF.

[399] O que também acontece, como veremos, ao nível de várias legislações nacionais.

III PARTE

A RADIODIFUSÃO POR SATÉLITE

CAPÍTULO I

AS TRANSMISSÕES TRANSFRONTEIRIÇAS TRADICIONAIS

1. As ondas radiofónicas não se detêm nas fronteiras. A sua expansão é naturalmente livre e se em alguns casos as transmissões para outros países são meramente casuais, noutros elas constituem o objectivo[400] primordial do radiodifusor.

2. A protecção dos autores e dos titulares de direitos conexos para a utilização das suas obras e prestações nos diversos Estados faz-se através da conjugação de dois princípios fundamentais de Direito de Autor de todos conhecidos – **o princípio da territorialidade e o princípio do tratamento nacional**[401] – aos quais acresce, em certos casos, a outorga de um conjunto de direitos mínimos. Para a radiodifusão tradicional sempre valeu, também, este quadro genérico.

Isto significava que sempre se entendeu que a transmissão radiofónica, com ou sem fio, tinha lugar no país de emissão, sendo-lhe consequentemente, aplicável a respectiva legislação nacional. A questão da possibilidade de o programa ser recebido noutros países era, por conseguinte, considerada irrelevante.

Paradigmaticamente pode-se ler nos Documentos da Conferência de Bruxelas de 1948:

"A emissão primitiva está submetida à lei do país onde ela tem lugar, **mesmo se as ondas ultrapassam as fronteiras nacionais e são cap-**

---

[400] Ou, pelo menos, um dos objectivos.
[401] Quanto a este vide art.º 5 da Convenção de Berna, art.º II da C. Universal e art.º 2 da Convenção de Roma – note-se que o significado do princípio não é idêntico nos três tratados referenciados.

tadas no estrangeiro (esta recepção fora do país de origem não tem importância); pelo contrário, as comunicações ulteriores (reemissões) são reguladas pela lei do país donde elas partem. A radiodifusão de uma emissão recebida do estrangeiro ("rebroadcasting") é naturalmente uma nova difusão"[402].

Era, pois, claro que cada acto de emissão – primária ou secundária – seria regulado pela lei do país onde a mesma era efectuada[403].

3. Todo este sistema iria, contudo, entrar em crise.

Inicialmente através das chamadas "Rádios Pirata"[404]. Eram navios ou plataformas que, colocados no alto-mar e registados oficialmente em países com os quais mantinham uma relação meramente formal – através das chamadas "Bandeiras de Conveniência" – emitiam para diversos outros países[405]. Os países da bandeira caracterizavam-se por processos de registo simplificados, baixos impostos e aquilo a que, no mínimo poderíamos chamar regras muito flexíveis de Direito de Autor[406]. Todavia, a única ligação verdadeira que existia para estas emissoras era a que estabeleciam com os países destinatários dos seus programas.

O problema que teve a sua fase aguda nos anos sessenta resolveu-se, contudo, nos anos subsequentes, não só através de leis que os vários Estados atingidos[407] aprovaram – proibindo diversos tipos de abasteci-

---

[402] DCB, págs. 265 e 266. Nosso o sublinhado.

[403] Para maiores desenvolvimentos sobre este quadro tradicional – cfr., von UNGERN-STERNBERG "Die Rechte der Urheber an Rundfunk -und Drahtfunksendungen...", cit., pág. 101 e segs..

[404] A estas há a acrescentar a "Radio Noordzee" explorada por uma sociedade holandesa que operava a partir de uma plataforma construída no mar.

A Holanda conseguiu, coercivamente, em 1964 pôr cobro às actividades desta emissora – cfr., von UNGERN-STERNBERG, ob. cit. na nota anterior, págs. 102 e 103.

[405] DILLENZ, "Direktsatellit und die Grenzen...", cit., pág. 119, dá-nos como exemplos destes países a Libéria e o Panamá.

[406] Para não dizermos ausência total de tais regras.

Tudo isto em clara violação da Convenção de Genebra sobre o Alto Mar de 1958, cujo art.º 5 previa que entre o Estado da bandeira e o barco tinha que existir uma verdadeira relação ("genuine link"). Neste sentido, DILLENZ, "Direktsatellit und die Grenzen..." cit., pág. 119.

[407] Cujo número foi gradualmente aumentando.

mento de tais navios (desde víveres a equipamentos) – mas mesmo de Convénios Internacionais.

O objectivo central de tais tomadas de posição era, contudo, a proibição da actividade dessas "emissoras pirata", pelo que o significado destas transmissões para o Direito de Autor – nomeadamente no que toca ao direito aplicável – ficou em segundo plano, merecendo apenas breves menções de reduzido valor.

É só com as emissões por satélite que os problemas se vão colocar.

CAPÍTULO II

TIPOS DE SATÉLITES E SUA CLASSIFICAÇÃO A NÍVEL DE DIREITO DE AUTOR

1. Com o aparecimento da radiodifusão por satélite tudo se vai modificar. Acontece, porém, que os problemas e soluções jurídicas que se colocam variam na razão directa dos tipos de satélite utilizados. Somos, por isso, forçados a uma breve incursão nos meandros da técnica, de modo a estabelecer as distinções essenciais relevantes para o Direito de Autor.

2. Muitas páginas foram escritas de molde a permitir a exacta compreensão e significado dos satélites de radiodifusão. Sem menosprezo pela sua importância histórica, pensamos poder prescindir dessa análise eminentemente técnica. Como DILLENZ sabiamente sublinha (apesar de se referir apenas aos satélites de radiodifusão directa), "um perito de Direito de Autor deixará de lado os gigahertz e os watts para utilizar uma definição menos técnica e mais prática de satélite de radiodifusão"[408]. De facto, existe, hoje em dia, uma quase unanimidade entre os autores mais importantes quanto às fronteiras que se devem estabelecer entre os diversos tipos de satélites.

Em síntese, podemos dividi-los em três grupos fundamentais, apesar de as linhas de separação entre eles se terem esbatido em curto espaço de tempo. Assim temos:

– Satélites ponto a ponto – que transmitem desde a estação de origem para uma outra estação terrestre que, por sua vez, procede à distribuição pública do programa;

---

[408] DILLENZ, "La protection juridique des oeuvres transmises par satellites de radiodiffusion directe", in DA, Novembro de 1986, pág. 345.

– Satélites de distribuição – que transmitem também desde o organismo de origem mas não apenas para uma, mas sim para diversas estações de mediação ("relais"), sendo estas que procedem à comunicação pública. O número de estações receptoras pode ser neste caso indeterminado já que não é possível direccionar o sinal de modo controlado, o que coloca o problema da utilização do programa por entidades às quais não se destinava;
– Satélites de radiodifusão directa – que emitem directamente para o público que pode, portanto, receber o programa directamente do satélite sem a interposição de qualquer estação intermédia[409-410].

A estes três tipos fundamentais deveremos acrescentar os chamados satélites de potência média ("medium power satellites")[411] que constituíam uma modalidade híbrida, permitindo, quer a emissão para estações terrestres (como os satélites de distribuição), quer a transmissão para

---

[409] É longa a lista de autores que corrobora esta classificação.
Por todos vide von UNGERN-STERNBERG, "Die Rechte der Urheber an Rundfunk - und Drahtfunksendungen...", cit., pág. 101 e segs., especialmente págs. 131 e 132 e "La transmission d'émissions de radiodiffusion par satellites et le droit d'auteur,", RIDA, LXXV, Janeiro 1973, págs. 2 a 5 e *passim*; DELIYANNI, "Le Droit de Représentation des Auteurs...", cit., pág. 32 e segs.; DREIER, "Kabelweiterleitung und Urheberrecht", cit., págs. 9 a 13; BORNKAMM, "Vom Detektorempfänger zum Satellitenrundfunk", cit., pág. 1392; RICKETSON, "The Berne Convention for the protection of literary and artistic works: 1886-1986", cit., pág. 439 e segs. e *passim*; LOKRANTZ-BERNITZ, "Les télésatellites et le droit d'auteur", cit., pág. 70 e segs.; GAUDRAT, "La protection de l'auteur lors d'une retransmission spatiale de son oeuvre", cit., págs. 3 a 7 e *passim*; ULMER, "Protection des auteurs lors de la transmission par satellite des programmes de radiodiffusion", RIDA, LXXXXIII, Julho 1977, págs. 3 a 5 e *passim* e "Urheber und Verlagsrecht", 3.ª ed., cit., pág. 260 e segs.; DILLENZ, "Direktsatellit und die Grenzen...", cit., pág. 90 e segs. e *passim* e "La protection juridique des oeuvres transmises par satellites de radiodiffusion directe", cit., pág. 345; KATZENBERGER, "Urheberrechtsfragen der elektronischen Textkommunikation", GRUR-Int., 1983, págs. 914 e 915; DIETZ, "Urheberrecht und Satellitensendungen", UFITA, Band 108/1988, pág. 73 e segs.; EDELMAN, "Droit d'Auteur et Droits Voisins", cit., págs. 90 e segs.; PLAISANT, "Propriété intellectuelle et communications par satellites", RIDA, LXX, Outubro 1991, págs. 80 a 83; e, entre nós, OLIVEIRA ASCENSÃO, "Direito de Autor e Direitos Conexos", cit., págs. 305 a 310.

[410] Muitos dos autores referidos na nota anterior fornecem detalhados elementos de carácter técnico sobre o modo de operar dos diversos tipos de satélite.

[411] V.g., o ASTRA. Sobre estes satélites vide por todos DIETZ, "Urheberrecht und Satellitensendungen", cit., págs. 73 e 74.

recepção directa pelo público (como os satélites de radiodifusão directa).

Eles foram um primeiro indício da evolução que subsequentemente iria ocorrer, com o gradual apagamento das distinções entre os vários tipos de satélites.

3. A distinção que acabámos de estabelecer é hoje obsoleta. A tecnologia progrediu a tal ritmo que aquilo que há apenas vinte anos era um sonho se transformou numa realidade universal. Dito de outro modo: presentemente todos os satélites são satélites de radiodifusão directa.

Os longos debates que se estabeleceram sobre os satélites ponto a ponto e de distribuição – globalmente designados por satélites de radiodifusão indirecta – perderam, por isso, grande parte da sua actualidade.

Impõe-se, contudo, um regresso a esse passado, não só porque ele nos permite um adequado enquadramento histórico do nosso tema, mas, fundamentalmente, porque nos oferece pistas de enorme valor para a construção dogmática do conceito de radiodifusão que procuramos delimitar. Acresce que a elaboração doutrinária que envolveu a discussão sobre eles deixou sequelas em algumas legislações importantes.

Torna-se, assim, incontornável uma análise, ainda que sintética, dos vários problemas que os satélites de radiodifusão indirecta comportam e das posições que sobre os mesmos foram expendidas. É isso que faremos no capítulo seguinte.

CAPÍTULO III

OS SATÉLITES DE RADIODIFUSÃO INDIRECTA

1. A simples classificação dos vários tipos de satélites que apresentámos no capítulo anterior, desde logo nos deixa perceber a sua distinta relevância em sede de Direito de Autor.

Os satélites ponto a ponto e de distribuição pressupõem a intromissão de uma estação terrestre que antecede a comunicação pública do programa.

Tal facto não pode deixar de ter um indesmentível significado jurídico.

2. A separação das águas fez-se precisamente neste ponto, dado que era a própria noção de radiodifusão que estava em jogo. De um lado, os que entendiam que o conceito abrangia apenas as emissões susceptíveis de ser recebidas directamente pelo público[412]; do outro, os que defendiam uma concepção mais ampla da figura da radiodifusão que abrangeria a simples emissão de sinais para o satélite, apesar de a sua distribuição ao público só se realizar através de uma outra estação[413].

---

[412] Por todos, von UNGERN-STERNBERG, "Die Rechte der Urheber an Rundfunk- und Drahtfunksendungen..." cit., pág. 142 e seguintes e "La transmission d'émission de radidiffusion par satellites et le droit d'auteur", cit., pág. 14 e seguintes; GAUDRAT, "La protection de l'auteur lors d'une retransmission spaciale de son oeuvre", cit., pág. 14 e seguintes e ULMER, "Protection des auteurs lors de la transmission par satellite des programmes de radiodiffusion", cit., pág. 2 e seguintes.

[413] Por todos, NABHAN, "Les satellites et le droit d'auteur au Canada", RIDA, 120, Abril 1984, pág. 18 e seguintes (o autor parte, no entanto, de jurisprudência canadiana que contraria a sua posição); KÉRÉVER, "Droit d'auteur et satellites spatiaux", RIDA, 121, Julho 1984, pág. 26 e seguintes, COHEN JEHORAM, "Legal issues of satellite télévision in Europre", RIDA, 122, Outubro 1984, pág. 146 e seguintes, especialmente pág. 150 e seguintes e PLAISANT, "Propriété Intellectuelle et communications par satellites", cit., págs. 78 a 121.

Os primeiros eram os partidários da designada "teoria da transmissão", "comunicação ou recepção"; enquanto os segundos ficaram conhecidos como os defensores da "teoria da emissão" ou, como é mais conhecida, "da injecção".

3. Os argumentos das duas facções eram, obviamente, distintos. Os partidários da "teoria da comunicação" apoiavam-se em três vectores fundamentais. Desde logo, numa sólida interpretação das Convenções Internacionais, especialmente da Convenção de Berna, que demonstrava ser a radiodifusão uma comunicação ao público. Daí retiravam que só o organismo intermédio procedia a tal género de difusão.

Um segundo argumento era de cariz jurisprudencial. De facto, um acórdão do Supremo Tribunal do Canadá – de 1 de Abril de 1968 – único Tribunal Supremo dos países da União de Berna que, à época, interpretara o art.º 11-*bis* da Convenção de Berna[414] (e a norma correspondente da Lei de Direito de Autor canadiana), tinha declarado, expressamente, que o direito de radiodifusão só se aplicava àquelas emissões que se dirigissem directamente ao público.

A última – e de maior significado – decorria já da sentença supracitada mas foi posta em relevo por diversos autores, especialmente ULMER, e tinha a ver com o duplo pagamento que uma interpretação ampla acarretaria – tanto o radiodifusor que emitisse para o satélite como o emissor da estação de mediação ("relais") procederiam a uma transmissão estando, por isso, obrigados a obter a respectiva autorização com o concomitante pagamento que a mesma acarretava.

4. Por seu turno, os defensores da "teoria da injecção" salientavam, no que às Convenções Internacionais diz respeito, que a Conferência de Bruxelas tinha alterado o art.º 11-*bis* da Convenção de Berna no sentido de só a emissão ser relevante e não a recepção. Daí que a emissão de sinais para o satélite fosse, indiscutivelmente, parte do processo técnico da radiodifusão.

Quanto ao argumento jurisprudencial desvalorizavam-no não pelo seu carácter pioneiro mas sim pelo facto de o Supremo Tribunal canadiano se ter baseado na versão de Roma do art.º 11-*bis* da Convenção de Berna e não na versão de Bruxelas.

---

[414] Daí a enorme importância que todos os autores lhe dedicam.

Finalmente, no que respeita ao problema do duplo pagamento a resposta era emotiva, mas de reduzido valor jurídico.

MASOUYÉ fez-se eco da indignação da "teoria da injecção" naquilo que podemos considerar uma súmula das ideias dos seus defensores[415].

5. As teses em confronto levavam a resultados díspares, como é natural.

Os autores que propugnavam a "teoria da comunicação" consideravam a emissão de sinais para o satélite como um mero meio técnico, irrelevante a nível de Direito de Autor. O verdadeiro acto de radiodifusão encontrava-se, em sentido técnico-jurídico, na comunicação pública realizada pela estação terrestre que recebia e descodificava tais sinais enviando-os, seguidamente, para o público. Só ela seria, por conseguinte, responsável perante os titulares de direitos de autor ou conexos.

Os que sustentavam a "teoria da injecção" colocavam-se em posição antagónica. A injecção de sinais em direcção ao satélite já consubstanciaria um acto de radiodifusão. O organismo que procedesse a tal difusão estaria, assim, desde logo, adstrito à autorização do autor e restantes titulares de direitos e responderia perante eles pela difusão das obras realizadas sem o seu consentimento.

---

[415] MASOUYÉ, " Quid du droit d´auteur dans l'utilisation des satelites spatiaux", RIDA LXXII, Abril 1972, pág. 25, entende que: "Pretender que a noção de radiodifusão só entra em jogo com as operações realizadas à chegada, sob o pretexto que anteriormente o público está fora do circuito fere o bom senso. Para retomar uma comparação já feita, devemos defender que um diplomata colocado no estrangeiro, que envia ao seu ministro um telegrama codificado cujo conteúdo é incompreensível mesmo para o funcionário dos correios, só deve considerar-se que telegrafou quando o seu telegrama for descodificado e remetido efectivamente ao destinatário? A emissão para a estação terrestre deveria escapar ao domínio do direito de radiodifusão (para as obras protegidas, é claro) porque se realiza em frequências não captáveis pelos particulares?".

Apesar disso o autor admite mais adiante o duplo pagamento quando afirma: "Podemos, por exemplo, supor que organismo que injecta o sinal no espaço não procede a uma radiodifusão simultânea dirigida ao seu próprio público, porque pensa que o programa não interessa a este. Ele deverá, apesar disso, regular os direitos de autor, enquanto que o outro organismo se verá, por sua vez, confrontado com o pagamento de direitos assim que proceder à transmissão normal no seu território" – cfr., pág. 27.

Em sentido convergente, vide KÉRÉVER, "Droit d'auteur et satellites spatiaux", RIDA, 121, Julho 1984, págs. 26 a 67.

[416] ULMER, "Protection des auteurs lors de la transmission par satellite des programmes de radiodiffusion", cit., pág. 4 e seguintes.

Como sempre acontece nestes casos tentou-se uma posição intermédia que teve como autor mais sonante o próprio ULMER[416] – no que foi seguido, sem surpresa, pelos nomes mais importantes do Max-Planck Institut[417], e que consistia na tentativa de conciliação do conceito jurídico de radiodifusão – que se reconhecia que só tinha lugar quando a emissão se dirigisse directamente ao público – com um aumento da protecção dos autores, fazendo responder perante eles, solidariamente, o organismo que emitisse para o satélite e a empresa que, por cabo ou por via hertziana, procedesse à comunicação pública.

Neste caso, porém, o autor (ou os outros titulares) teriam apenas direito a um único pagamento. A obtenção dessa remuneração da parte de um dos radiodifusores excluiria imediatamente a obrigação do outro. Pretendia-se, assim e acima de tudo, salvaguardar a posição dos autores – que receberiam sempre a contrapartida pela utilização das suas obras – deixando-se aos dois radiodifusores a eventual concertação das suas posições patrimoniais.

6. Este debate acabou por ter reflexos em algumas legislações.

Assim, o legislador francês optou claramente pela "teoria da injecção", no art.º L-122-2 do Code de la Propriété Intelectuelle[418-419]. Este preceito deve, no entanto, ser conjugado com o parágrafo 3.º do art.º L-132-20[420]: As duas disposições dão, deste modo, força legislativa

---

[417] Por todos vide DIETZ, "Urheberrecht und Satellitensendungen", cit., págs. 76 e 77, que afirma mesmo ter a posição de ULMER acolhimento maioritário a nível internacional – o que está longe de ser um facto.

[418] O art.º L-122-2 do Code de la Propriété Intelectuelle (CPI) estabelece:
"A representação consiste na comunicação da obra ao público por qualquer processo, e nomeadamente:
1.º Pela recitação pública, execução lírica, representação dramática, apresentação pública e transmissão num lugar público da obra radiodifundida;
2.º Pela teledifusão.
Entende-se por teledifusão a difusão por qualquer processo de telecomunicação de sons, de imagens, de documentos, de dados e de mensagens de qualquer natureza.
É assimilada a uma representação a emissão de uma obra para um satélite", (nosso o sublinhado).

[419] O preceito transcrito na nota anterior corresponde ao art.º 27 da Lei de 11 de Março de 1957, modificado pela Lei n.º 85-660, de 3 de Julho de 1985.

[420] Que corresponde ao art.º 45/3 da Lei de 11 de Março de 1957, também na redacção que lhe foi dada pela Lei n.º 85-660, de 3 de Julho de 1985.
No §3.º do art.º L-132-20 estabelece-se que:

à tese maioritária em França. Por um lado, como se disse, consagrou-se a "teoria da injecção" mas temperou-se essa opção com uma norma que visa impossibilitar os duplos pagamentos[421].

Note-se que o art.º L-122-2 do CPI refere que a emissão para o satélite é assimilada ("assimilée") a uma representação.

Ao contrário do que A. LUCAS pretende[422] temos aqui uma verdadeira confissão do legislador de que a solução encontrada se baseia numa ficção. Existe, pois, o reconhecimento implícito de que o envio da obra para o satélite não é uma verdadeira radiodifusão por não se dirigir ao público. É um dado que se anota e que merece ser realçado.

7. Também a legislação espanhola trilhou o mesmo caminho. De forma ainda mais nítida autonomizou a transmissão por satélites de radiodifusão indirecta[423], na alínea c) do n.º 2 do seu art.º 20 – que trata da comunicação pública[424]. A opção do legislador não deixa qualquer dúvida quanto ao seu sentido.

"Salvo estipulação em contrário:
1.º ...
2.º ...
3.º A autorização de teledifundir a obra por via hertziana não compreende a sua emissão para um satélite permitindo a recepção dessa obra por um terceiro organismo intermediário, a menos que os autores ou seus representantes tenham autorizado contratualmente esses organismos a comunicar a obra ao público; nesse caso o organismo de emissão está exonerado do pagamento de qualquer remuneração".

[421] Para maiores desenvolvimentos sobre o direito francês vide por todos EDELMAN, "Droits d'Auteur Droits Voisins", cit., págs. 90 a 95 e 102 a 106; A. LUCAS e H. J. LUCAS, "Traité de la Propriété Littéraire et Artistique", cit., pág. 280 e COLOMBET, "Propriété littéraire et artistique et droits voisins", 6.ª ed., págs. 141 a 144, 7.ª ed., págs. 148 a 150 e KÉRÉVER, "Un aspect de la loi du 3 juillet 1985: la modernisation de la loi du 11 mars 1957", RIDA, 127, Janeiro 1986, págs. 16 a 69.

[422] Ob. e loc. cit. na nota anterior.

[423] A radiodifusão por satélites directos consta agora, da alínea d) do mesmo art.º 20 cuja nova redacção, conjuntamente com o n.º 3 do mesmo artigo, visa adequar a Lei de Propriedade Intelectual espanhola à directiva satélite e cabo. Na versão anterior as emissões por satélites de radiodifusão directa e por satélites de telecomunicações eram abrangidas na mesma alínea – a c) – deste art.º 20.

[424] Nele se prevê:
"2. Especialmente, são actos de comunicação pública:
a) ...
b) ...

José Carlos Erdozain López e Francisco Rivero Hernandez disso nos dão nota[425]. A discussão sobre a "teoria da injecção" e a sua adopção fica demonstrada no estudo dos autores referidos. Depois de salientarem a divergência existente na doutrina quanto à protecção ou não, através do direito convencional, das emissões realizadas por satélites de telecomunicações e, consequentemente, quanto a admissibilidade de uma concepção ampla ou restrita de radiodifusão. Erdozain López e Rivero Hernandez concluem que a emissão para o satélite deve ser entendida como fazendo parte do processo comunicativo geral e, portanto, do direito de radiodifusão.

Os autores sublinham, no entanto, que, contrariamente ao que Ulmer temia, não se dá origem a um duplo pagamento, concedendo-se sim aos autores a possibilidade de ter uma via de ressarcimento complementar através da empresa de origem do sinal[426].

Verifica-se, assim, que a solução espanhola segue de perto a francesa[427]. Não existem, por isso, dúvidas quanto às opções das legislações referidas e as suas bases doutrinárias. Que dizer sobre elas?

8. Para tomarmos uma posição definitiva teremos de regressar um pouco atrás e analisar os seus fundamentos.

---

c) A emissão de quaisquer obras por radiodifusão ou por qualquer outro meio que sirva para a difusão sem fio de sinais, sons ou imagens. **O conceito de emissão compreende a produção de sinais portadores de programas para um satélite, quando a recepção dos mesmos pelo público só seja possível através de entidade distinta da de origem."** (Nosso o sublinhado).

[425] Na sua excelente anotação ao art.º 20 da Lei espanhola, Comentário à Lei de Propriedade Intelectual, de R. Bercowitz, 2.ª ed., págs. 364 a 424.

Antes da alteração legislativa importa consultar a 1.ª ed. da mesma obra, págs. 383 a 409, de autoria exclusiva de Francisco Rivero Hernandez.

Sobre o direito espanhol veja-se ainda, Felix Fernandez-Shaw " La Difusion Internacional de los Programas Audiovisuales" – O autor não se restringe, contudo, a uma visão de Direito de Autor nem tão pouco à radiodifusão e José António Vega Vega, "Derecho de autor", pág. 129.

[426] José Carlos Erdozain López e Francisco Rivero Hernandez, ob. cit., 2.ª edição, págs. 406 e 407.

[427] Os autores espanhóis citados remetem, aliás, para uma série de autores já citados – v.g., Masouyé, von Ungern-Sternberg, Lokrantz-Bernitz, Straschnov, Ulmer e Delia Lipszyc – cfr., Comentários ao art.º 20, ob. cit. na nota anterior, 2.ª ed., págs. 389 a 391, 406 e 407.

Mau grado as tentativas de conciliação dos interesses em jogo, as duas legislações que acabámos de referir, baseiam-se, claramente, na "teoria da injecção". Os seus alicerces doutrinários também já foram explicitados. É deles que teremos de partir.

Recordemos, sucintamente, que a defesa da "teoria da injecção" se apoiava em dois aspectos fundamentais:

– a interpretação do art.º 11-*bis* da Convenção de Berna;
– a rejeição de que o duplo pagamento fosse uma situação nova em termos de direito de autor, como a metáfora do telegrama codificado de MASOUYÉ procurava demonstrar[428].

Quanto a este último aspecto diga-se, desde já, que o exemplo escolhido não colhe, já que em Direito de Autor o problema que se coloca é, precisamente, o de existir ou não uma comunicação pública que mereça ser tutelada, ou seja, o que se deve entender por radiodifusão em sentido jurídico e qual o seu âmbito.

A imagem de MASOUYÉ é, portanto, uma figura de estilo curiosa mas nada mais do que isso. O envio de um telegrama é uma comunicação entre privados e só se poderia retirar algum conteúdo útil da metáfora utilizada se, com as devidas adaptações, se pretendesse que a sua tese respondesse a eventuais autores que defendem que para existir radiodifusão é necessária a recepção efectiva da emissão – o que, podemos afiançar, ninguém propugna.

Tudo se centra, por conseguinte, na interpretação dos tratados internacionais, especialmente da Convenção de Berna. Ora, sobre o art.º 11-*bis* actual e sobre as alterações da redacção de Bruxelas relativamente à de Roma já apresentámos as nossas conclusões, sendo, por isso, desnecessário repeti-las. Sempre se recordará, no entanto, que em qualquer dos dois textos a radiodifusão pressupunha sempre uma transmissão que se dirigia a um público. Se quisermos sintetizar numa frase podemos dizer que sem público não há radiodifusão. Teve, pois, razão o Supremo Tribunal canadiano na aplicação de que fez do art.º 11--*bis* da Convenção de Berna.

A questão é, assim, não tanto o duplo pagamento – problema real mas resolúvel como ULMER demonstrou e na sua esteira outros autores e

---

[428] Cfr., supra, nota 415, pág. 173.

o próprio legislador francês – mas sim o verdadeiro sentido do conceito de radiodifusão em sede de Direito de Autor.

Como já anteriormente demonstrámos, ela é uma espécie do género comunicação pública e não se confunde com noções meramente técnicas da mesma figura.

A Convenção de Berna consagra, portanto, um conceito jurídico de radiodifusão que se consubstancia na emissão de obras sem fio de modo a serem directamente captáveis pelo público.

Existe, aliás, uma pergunta cuja resposta fere de morte a "teoria da injecção" e que é a seguinte: Se a estação terrestre que recebe os sinais de um satélite ponto a ponto ou de distribuição não emitir seguidamente para o público existe radiodifusão em sentido jurídico? A resposta não pode deixar de ser negativa e com isso se prova que o acto de radiodifundir – o único juridicamente relevante – só é praticado por este último organismo e não por aquele que dirige os sinais para o satélite.

Apenas aquele está, por conseguinte, sujeito à autorização do autor ou dos titulares de direitos conexos, que eventualmente existam em função dos programas transmitidos. Concluímos, assim, que os fundamentos apresentados em defesa da "teoria da injecção" não merecem acolhimento.

Ela só será aplicável nos países que a consagraram na sua legislação nacional. Fizeram-no, contudo, à revelia dos tratados internacionais e especialmente da Convenção de Berna, pelo que dos compromissos internacionais não decorre qualquer obrigatoriedade da sua aplicação.

Podemos, por isso, acompanhar von UNGERN-STERNBERG quando, depois de já ter fixado o sentido do art.º 11-*bis* da Convenção de Berna, nega a protecção do Direito de Autor na emissão para satélites de radiodifusão indirecta[429].

---

[429] Von UNGERN-STERNBERG, "Die Rechte der Urheber an Rundfunk -und Drahtfunksendungen...", cit., pág. 142, afirma que: "A situação do Direito de Autor nos satélites ponto a ponto e de distribuição é relativamente simples. A questão de saber se a Convenção de Berna concede aos autores um direito na emissão das suas obras para um satélite, já foi tratada aprofundadamente na interpretação do art.º 11-bis n.º 1. Aí, negou-se uma protecção pelo Direito de Autor, porque pelo art.º 11-bis são só abrangidas emissões que se dirigem directamente a um público. Mesmo quando as emissões de um satélite de distribuição são recebidas por um grande número de pessoas , o art.º 11-bis não é aplicável porque este só quer abranger as "emissões para um público"". O autor defende a mesma

Tem, pois, também, razão OLIVEIRA ASCENSÃO quando referindo-se aos satélites de radiodifusão indirecta diz que os satélites são apenas um "meio técnico preparatório da radiodifusão" mas que esta "só a faz o organismo de destino".

Conclui, por isso, que a "criação francesa de um direito de injecção ou de introdução no satélite não encontra base legal entre nós[430].

As posições dos dois autores citados exprimem correctamente aquela que pensamos ser a interpretação adequada do conceito de radiodifusão indirecta.

Recapitulando: só o organismo que procede à emissão para o público pratica radiodifusão no sentido jurídico que o Direito de Autor atribui à expressão; daí que alguns falem, em sentido impróprio, destes satélites como satélites indirectos – retirando a palavra radiodifusão – querendo, precisamente, significar que a ligação ascendente não releva em termos de direito.

---

posição noutros passos da sua obra – v.g., págs. 148 e 153 a 161 – aqui quanto ao direito alemão no que respeita aos direitos conexos.

Realce-se, no que a estes últimos diz respeito, a demonstração perfeita que von UNGERN-STERNBERG faz da inaplicabilidade das regras da Convenção de Roma aos satélites indirectos (vide págs. 159 a 161).

Partindo da interpretação adequada dos art.[os] 3, alíneas f) e g) e 13, alínea a) o autor rebate de forma definitiva as teses daqueles (como MASOUYÉ, que é expressamente citado) que pretendiam retirar do texto da Convenção de Roma argumentos no sentido de sujeitar a transmissão através de satélites ponto a ponto e de distribuição à égide deste tratado.

Em sentido idêntico se pronuncia ULMER, "Protection des auteurs lors de la transmission par satellite des programmes de radiodiffusion", cit., pág. 16 e seguintes onde propõe uma solução de co-responsabilização solidária dos dois organismos de radiodifusão que participam no processo e sintetiza, eloquentemente, as duas posições contraditórias em jogo com referências doutrinárias de enorme interesse.

[430] OLIVEIRA ASCENSÃO, "Direito de Autor e Direitos Conexos", cit., págs. 306 e 307, que refere, também, von UNGERN-STERNBERG. O autor retoma, posteriormente, a mesma linha de pensamento para concluir que a referência que o art.º 153 n.º 3 do CDADC faz à transmissão por satélite, só abrange os satélites de radiodifusão directa.

CAPÍTULO IV

OS SATÉLITES DE RADIODIFUSÃO DIRECTA

SECÇÃO I
COLOCAÇÃO DO PROBLEMA E DEBATE DOUTRINÁRIO

1. Contrariamente ao que acontece com os satélites ponto a ponto e de distribuição, no que aos satélites de radiodifusão directa concerne reina quase a unanimidade.

Como ULMER já em 1977 salientava[431], existe consonância de pontos de vista quanto ao facto de uma transmissão por satélites de difusão directa constituir, em sentido jurídico, radiodifusão realizada pelo organismo de origem[432-433]. Hoje em dia uma tal questão nem sequer merece discussão.

---

[431] ULMER, "Protection des auteurs lors de la transmission par satellite des programmes des radiodiffusion", cit., págs. 14 a 17.

[432] O autor – pág. 15, nota 4 – afirma que só existem dois autores que sustentam posição divergente: von UNGERN-STERNBERG e LOKRANTZ-BERNITZ, nos já citados artigos publicados na RIDA, respectivamente, em Janeiro de 1973 e Abril de 1971.

Apesar de existir lapso na identificação do texto de von UNGERN-STERNBERG (que está na RIDA, LXXV e não na LXX), tem razão o professor de Munique quanto ao essencial da posição dos dois autores. Os seus fundamentos são, contudo, divergentes como teremos ocasião de verificar.

A posição de von UNGERN-STERNBERG é, aliás, desenvolvida e clarificada na sua obra fundamental – "Die Rechte der Urheber an Rundfunk -und Drahtfunksendungen...", já abundantemente citada.

[433] Esta quase unanimidade gerava mesmo o espanto de alguns autores – cfr., NORDEMANN/VINK/HERTIN, "Internationales Urheberrecht Kommentar", cit., pág. 289 (comentário ao art.º 3 da Convenção de Roma, ponto 25).

Acresce que, como já anteriormente dissemos, hoje todos os satélites podem ser considerados como sendo de radiodifusão directa, pelo que os problemas se deslocam do debate estéril de sabermos se estamos ou não perante radiodifusão em sentido jurídico, para o campo do enquadramento normativo da figura e das novas questões que a mesma levanta.

Note-se que o que fica dito não deve ser entendido como qualquer tipo de menosprezo pelo relevante contributo que a transmissão directa por satélite nos dá para a exacta compreensão e construção dogmática do conceito de radiodifusão. Pensamos, pelo contrário, ser de inestimável valor a averiguação que terá de ser feita para verificarmos até que ponto a emissão por satélite corrobora ou rompe, compreensivamente, com o quadro jurídico tradicional em matéria de radiodifusão, mas isso não obnubila, antes enriquece, o estudo que teremos de fazer sobre os problemas centrais que a nova tecnologia trouxe e que, como não poderia deixar de acontecer, merecerão lugar de destaque nas páginas que se seguem.

O conceito de radiodifusão que temos vindo progressivamente a demarcar, mormente no âmbito das mais importantes Convenções Internacionais, desempenhará, forçosamente, papel relevante nas soluções a que chegarmos.

2. A grande questão que tem de se colocar é esta: a radiodifusão directa por satélite não é mais do que o prolongamento da radiodifusão tradicional ou é, pelo contrário, algo de novo?

Num primeiro momento, a solução que apontava no primeiro sentido ganhou adeptos, mas existia uma generalizada confusão nos fundamentos dessa posição. De facto, partia-se da responsabilidade do organismo emitente, face aos titulares de direitos de autor ou conexos, para se sustentar que tudo se passava dentro dos quadro da radiodifusão clássica.

O seguinte trecho de um artigo de SZILÁGYI é disso elucidativo:

"Tendo em conta que nenhum terceiro se intercala entre o organismo de origem e o público..., é ao organismo de origem que incumbe pagar as contrapartidas devidas aos autores.

Esta concepção é também razoável do ponto de vista técnico, já que a emissão por satélite do organismo de origem pode ser recebida directamente pelo público em geral...

... **Pode-se, pois, considerar que, fundamentalmente, a questão da radiodifusão directa por satélite está já regulada do ponto de vista do direito de autor**"[434].

Esta posição granjeou significativos apoios[435], entendendo os seus proponentes que o satélite de radiodifusão directa constituía uma mera "antena voadora", "antena prolongada" ou "antena avançada" do organismo que procedia à emissão. Com isto, pretendia-se deixar claro que a utilização de tais satélites não alterava o regime da radiodifusão tradicional em vigor há mais de meio século. Mesmo os debates posteriores, que sugeriam já avanços relativamente a esta posição inicial, não passaram de passos tímidos de reflexo reduzido.

Assim, a posição de von UNGERN-STERNBERG[436], entendendo os satélites directos como "partes do território voadoras" por assimilação aos navios – considerados "partes dos territórios flutuantes" – gerou pouca adesão[437]. Na época, à doutrina maioritária bastava-lhe a confortável certeza de que o organismo de origem era responsável perante os titulares dos diversos direitos, sem cuidar de saber que apenas se vislumbrava a ponta do icebergue[438].

3. Mas a questão está longe de ter esta simplicidade. Antes de tudo há que perguntar qual é o problema jurídico fundamental que a radiodifusão directa por satélite coloca. A resposta é extremamente simples: o da globalização ou, se quisermos, da transnacionalidade.

---

[434] SZILÁGYI, "Questions relatives à la radiodiffusion par satellite, notamment du point de vue des droits des auteurs", in DA, 1981, págs. 163 a 171.
Nosso o sublinhado.

[435] Veja-se por todos RUMPHORST, "La distribution par câble d'oeuvres radiodiffusées", in DA, 1983, págs. 295 a 300 – que via no satélite um mero "emissor suspenso no espaço" e FREEGARD, "Direct Broadcasting by Satellite (DBS): The implications for Copyright", RIDA, 136, Abril 1988, pág. 68 e seguintes.

[436] Von UNGERN-STERNBERG, "La transmission d'émissions de radiodiffusion par satellites et le droit d'auteur", cit., págs. 2 a 41 (vide especialmente, págs. 10 a 15).

[437] Veremos, contudo, adiante que a posição de von UNGERN-STERNBERG, significava já uma antevisão dos verdadeiros problemas que se colocavam.

[438] Por todos, veja-se a já citada obra de LOKRANTZ-BERNITZ, "Les télésatellites et le droit d'auteur" e MASOUYÉ, "Les problémes juridiques posés par la distribution des signaux porteurs de programmes transmis par satellite", Révue de L'UER, Volume XXIX, 4, Julho 1978, págs. 43 e 44.

O satélite não é uma mera "antena voadora no espaço", a radiodifusão directa por satélite não é uma simples continuação – com meios mais modernos – do antigo programa de ondas curtas para o estrangeiro nem das emissões nacionais com alguns fluxos transfronteiriços.

Agora, aquilo que eram fluxos transfronteiriços de significado reduzido ou mesmo insignificante na radiodifusão tradicional passa a ser a essência da nova realidade. Não compreender isto e identificar os dois tipos de radiodifusão é, na feliz metáfora de DILLENZ, o mesmo que "dizer que um camelo é um cavalo com duas bossas e um pescoço recurvado". Ora, conclui o mesmo autor, "um camelo é um camelo e um cavalo, um cavalo[439].

4. Alguma doutrina cedo compreendeu o novo desafio que enfrentava. Com os satélites directos esbatiam-se as fronteiras e tornava-se impossível o controlo país a país das utilizações das obras ou prestações. O Direito de Autor, tal como até aí fora concebido, não tinha resposta capaz face à nova tecnologia. Durante muito tempo, contudo, a esmagadora maioria dos autores preferiu limitar-se a equacionar o problema ou, pura e simplesmente a ignorá-lo.

O primeiro autor que anteviu o significado dos satélites de radiodifusão directa foi, em 1969, JEAN D'ARCY[440].

O então director da divisão de rádio e dos serviços visuais, do serviço da informação das Nações Unidas, perspectivando o futuro, anota que o pleno desenvolvimento do satélite de radiodifusão, que ocorrerá no prazo de vinte anos, não será uma mera extensão do satélite de distribuição, desde logo porque não estará sujeito aos controlos do solo, que eram à época a base de todas as estruturas nacionais de radiodifusão e dos seus monopólios.

E, mais adiante, acrescenta que se quisermos ver com clareza as épocas vindouras é necessário desembaraçarmo-nos definitivamente de

---

[439] DILLENZ, "La protection juridique des oeuvres transmises par satellites de radiodiffusion directe", cit., pág. 346.

Para maiores desenvolvimentos com elucidativos exemplos mesmo de carácter técnico que demonstram a importância do fenómeno da globalização que a radiodifusão por satélite directo implica, vide a obra fundamental do mesmo autor, "Direktsatellit und die Grenzen...", cit., pág. 82 e seguintes.

[440] D'ARCY, "Satellites de radiodiffusion et droit à la communication", Révue de L'UER, 118-B, págs. 14 a 18.

certos hábitos de pensamento e afirmações de bom senso que, na realidade, não passam de aproximações ultrapassadas[441].

5. Mas foi só em 1973, com a obra fundamental de von UNGERN-STERNBERG[442], que encontramos o primeiro traço daquilo que posteriormente se convencionou designar por "TEORIA BOGSCH" – propondo que o direito dos autores seja aferido, no caso de transmissões por satélites directos, em função da legislação dos países a que a emissão se destina. O interesse da posição de von UNGERN-STERNBERG merece, de novo, que nos debrucemos um pouco mais sobre ela.

O jurista alemão começa por se deter algum tempo nos antecedentes da radiodifusão, para reconhecer que o problema já poderia ter sido analisado com base na radiodifusão tradicional, mas demonstra que as vantagens práticas de submeter a emissão a uma única ordem jurídica o relegaram para segundo plano[443].

Faz então uma análise detalhada do princípio da territorialidade mas retira, desde logo, uma conclusão importante: a de que nas emissões radiofónicas, sobretudo as que se destinam apenas ao estrangeiro, "**o ponto central económico deste processo global se pode transferir praticamente na íntegra, do país de emissão para o país de recepção**"[444].

O Juiz do BGH desenvolve depois, coerentemente, o seu raciocínio. Como partiu da validade do princípio da territorialidade vê-se a seguir constrangido a uma série de verdadeiros malabarismos jurídicos de resultado nem sempre satisfatório.

Começa por demonstrar a "distinção decisiva" entre os satélites e os barcos em alto mar de modo a evitar uma analogia que pudesse levar à aplicação àqueles da "regra do país da bandeira". Tal regra seria ainda uma manifestação do princípio da territorialidade que via os navios como "partes flutuantes" do Estado da bandeira.

---

[441] D'ARCY, ob. cit. na nota anterior pág. 16.

[442] "Die Rechte der Urheber an Rundfunk -und Drahtfunksendungen...", citado.

[443] Apesar de já ser criticável em certos casos "contrariando o sentimento jurídico" – quando o país emitente estabelecesse uma licença obrigatória. Esse, seria, contudo, "o preço que o autor tem de pagar pelas vantagens que também para ele existe na ligação clara e simples das emissões radiofónicas ao direito do país de emissão", (cfr., ob. cit. na nota anterior, pág. 123.).

[444] Von UNGERN-STERNBERG, ob. cit. nas notas anteriores, pág. 125.
Nosso o sublinhado.

JOACHIM von UNGERN-STERNBERG compreende o resultado insustentável a que isso o levaria: ao da aplicação exclusiva das leis dos poucos países que enviam satélites para o espaço. Apressa-se, por isso, a negar tal hipótese, quando afirma: "De acordo com o princípio da territorialidade não é justificável aplicar à emissão por satélite o Direito de Autor de um determinado Estado só porque este exerce o poder de soberania sobre o próprio satélite"[445].

O autor não pode, contudo, negar que a radiodifusão é um processo global e antecipa a crítica que lhe iriam fazer retirando do centro da discussão o princípio da territorialidade, já que a sua aplicação apontaria em primeira linha para a supremacia da lei do país de emissão.

A solução que propõe passa por uma outra questão: a de saber se o princípio da territorialidade pode ou não ser complementado com outros princípios.

Tendo anteriormente concluído que este princípio não fora formulado tendo em conta as transmissões por satélites directos e manifestando-se, agora, contra a sua aplicação exclusiva[446], vai, com a ajuda de jurisprudência relevante e da interpretação da Convenção de Berna, encontrar espaço para um novo princípio que integraria a lacuna existente nos diversos sistemas jurídicos, no que tange aos satélites directos, o que lhe permite a aplicação da legislação do país de recepção.

O resumo da sua posição encontra-se sintetizado quando afirma: "De acordo com o princípio da territorialidade é aplicável o direito daquele Estado a cuja soberania territorial estão submetidos o acto de aproveitamento e o resultado do aproveitamento e à regra estabelecida para a integração de lacunas nas emissões por satélite directo é aplicável o direito do Estado em cujo território se verifica o resultado de aproveitamento e que possui, além disso, um poder de soberania sobre a empresa emissora à qual se tem de imputar o acto de aproveitamento"[447].

É notável o mérito de von UNGERN-STERNBERG. Ele identificou o problema central da radiodifusão por satélite directo e colocou o acento tónico na utilização económica e no local onde a mesma ocorre.

Os seus objectivos ficam claros quando no fim da sua obra e em resumo afirma: "É ainda cedo para uma discussão aprofundada destas

---

[445] Ob. e local cit. nas notas anteriores.
[446] Idem, v.g., págs. 146 e 150.
[447] Idem, pág. 152.

questões. No entanto, pode já hoje em dia dizer-se que o perigo de esvaziamento da protecção pelo Direito de Autor nacional das emissões por satélite, nem de longe é tão grande como às vezes se receava. Também as emissões por satélites directos não são hostis ao Direito de Autor. Os interesses terão de orientar-se por conseguinte, não por uma protecção contra os satélites, mas sim numa adaptação orgânica do Direito de Autor às particularidades deste novo meio técnico de aproveitamento"[448].

Mas, apesar do relevo da sua posição – tanto mais que, sublinhe-se de novo, foi tomada em 1973 – não a podemos acompanhar por diversos motivos.

Em primeiro lugar, pensamos que von UNGERN-STERNBERG, apesar de não o pretender, continuava refém da concepção tradicional existente sobre radiodifusão. Desnecessariamente, diga-se, já que o autor faz prova cabal das diferenças existentes entre os dois métodos de difusão e da consequente necessidade de soluções jurídicas distintas. Apesar disso, von UNGERN-STERNBERG não consegue dar o salto qualitativo em frente e parte de uma ficção: a de que a transmissão se inicia no satélite[449]. Pensa, desse modo, encontrar o espaço necessário para, fugindo às concepções clássicas, aplicar as normas dos países de recepção.

Mas, como acontece com todas as ficções jurídicas, também esta não colhe. A radiodifusão é um processo global que se inicia na emissão e termina na possibilidade de recepção directa pelo público.

Isto mesmo é reconhecido pelo próprio von UNGERN-STERNBERG, ao longo de toda a sua obra[450].

Amputar este processo do seu primeiro momento e remeter para uma imaginária transmissão que supostamente teria lugar a partir do espaço, leva a uma contradição insanável com o seu próprio raciocínio.

Na ânsia de excluir a lei do país de emissão esquece, até, que o programa se pode dirigir – e até em primeira linha – a este, pelo que uma tal opção é, à partida, forçada e injustificável. Ele próprio reconhece a situação insatisfatória em que se coloca ao entender que a emissão ocorre num "espaço isento de soberania" e, como DILLENZ certeiramente anota[451], isso leva-o a um beco sem saída quando escreve: "De acordo

---

[448] Idem, pág. 186.
[449] V.g., págs. 143 e 144.
[450] V.g., pág. 158.
[451] DILLENZ, Direktsatellit und die Grenzen...", cit., pág. 175.

com o princípio da territorialidade não se consegue designar nenhum Direito de Autor nacional como aplicável"[452].

Não há que forçar a realidade. Dizer que a emissão parte do satélite é algo que nem do ponto de vista técnico parece sustentável. A transmissão não cai milagrosamente do espaço, é realizada por alguém – o organismo de radiodifusão – que, por isso mesmo, é responsável pelo seu conteúdo, como o próprio autor não pode deixar de reconhecer, ainda que implicitamente.

Acresce que o critério apresentado por von UNGERN-STERNBERG também não merece aceitação.

Recorde-se que o autor propunha a aplicação do direito do Estado em cujo território se verificasse o aproveitamento e que detivesse um poder soberano sobre a empresa emissora à qual se imputasse o acto de utilização. Ora, é óbvio que em muitos casos (para não dizer na esmagadora maioria) esse acto ocorrerá nos países de recepção e a empresa que utiliza economicamente a obra é o organismo originário que se encontra, naturalmente, no país de emissão. Não existe, portanto, identidade entre os dois requisitos de aplicabilidade. Parece, por conseguinte, que se os requisitos forem cumulativos – como julgamos entender – o critério é destruído por implosão.

Se prevalece a lei onde o aproveitamento é realizado – aplica-se o direito do(s) país(es) de recepção. Se, pelo contrário, é o controlo da empresa emissora que tem de ser tomado em primeira linha, voltamos à ordem jurídica do país de emissão e, nesse caso, toda a construção dogmática de von UNGERN-STERNBERG ruiria pela base.

Existe na solução proposta uma tensão entre legislação aplicável e responsabilidade que o autor manifestamente não consegue resolver.

Por tudo isto – e apesar da enorme evolução que a sua posição significou e que nunca é demais salientar – não foi com grande entusiasmo que a comunidade jurídica encarou as suas teses e muito antes do aparecimento efectivo dos satélites directos, como se disse, já ULMER apontava von UNGERN-STERNBERG como um dos dois autores isolados que não viam na transmissão por satélite directo uma radiodifusão realizada pelo organismo de origem [453].

---

[452] Vide von UNGERN-STERNBERG, "Die Rechte der Urheber an Rundfunk -und Drahtfunksendungen...", cit., pág. 144.

[453] Cfr., supra, nota 432.

6. Mau grado o exposto, esta opinião de von UNGERN-STERNBERG ficou intocável durante perto de dez anos. Uma nova apreciação só se tornou premente com o advento dos satélites directos.

E é por isso que, a partir de 1983, os autores voltam a recolocar a questão de saber onde é que efectivamente ocorre a radiodifusão por satélite directo.

As duas teses até aí apresentadas – no país da ligação ascendente ou num espaço isento de direitos – revelavam-se manifestamente insatisfatórias.

A doutrina, colocando-se invariavelmente numa posição proteccionista para os autores[454], começa, pois, a pronunciar-se.

O pioneiro é KATZENBERGER num artigo que ainda hoje é considerado como o verdadeiro embrião da "teoria Bogsch"[455-456].

Num trabalho, que poderíamos reputar de visionário, o autor antecipa e procura resolver muitos dos problemas que a, hoje actualíssima, transmissão em rede veio a colocar. Mas é quando trata da "comunicação electrónica de textos além fronteiras: questões de direito internacional e comunitário"[457], que KATZENBERGER aborda o tema que nos interessa.

Depois de fazer uma resenha das posições tradicionais em face do art.º 11-*bis* da Convenção de Berna e uma análise sintética do próprio texto deste – que leva, normalmente, a aderir à aplicação exclusiva do direito do país de emissão – o autor passa a tratar da transmissão por satélite.

Defendendo a não existência de radiodifusão em sentido jurídico por parte da empresa originária aquando da utilização de satélites indirectos – chamando em seu apoio ULMER, von UNGERN-STERNBERG e SZILÁGUY – KATZENBERGER reconhece que a situação é precisamente a oposta nos satélites directos.

Discute, por isso, em primeiro lugar, se a emissão através deste tipo de satélites representa, qualitativamente, algo de diverso das tradicionais

---

[454] Postergando sempre o interesse público.

[455] "Urheberrechtsfragen der elektronischen Textkommunikation", in, GRUR-Int., 1983, págs. 895 a 919.

A paternidade comummente atribuída a KATZENBERGER como precursor da "teoria Bogsch" revela, mais uma vez, a pequena aceitação que as teses de von UNGERN-STERNBERG tiveram.

[456] Curiosamente, a obra de KATZENBERGER nem sequer tem como tema central as transmissões por satélite – como se verifica pelo próprio título – mas nem isso diminui a sua importância.

[457] Ob. cit., na nota anterior págs. 913 e seguintes.

transmissões transnacionais com os inevitáveis fluxos transfronteiriços, concluindo que se trata de um novo fenómeno não comparável com a radiodifusão clássica transfronteiriça. Tal facto, resulta não só de razões técnicas mas, sobretudo, da possibilidade de as emissões poderem ser recebidas em vários países simultânea e independentemente.

Fazendo um paralelismo entre a transmissão em rede a partir de bases de dados e a realizada através de "satélites de recepção directa", sublinha que é necessário procurar novas regras uniformes, a nível de direito internacional privado, para a comunicação electrónica de textos, o que coincide com o interesse de chegar, também, no que respeita aos *satélites televisivos de recepção directa*, a novas soluções mais adequadas sobre a questão do direito aplicável. Também no que a estes diz respeito a situação é inovadora. Entende por isso, que não se justifica, em face das diferenças existentes nos ordenamentos de Direito de Autor, aplicar, na pequena Europa parcelada, a emissões captáveis em vários países, apenas uma ordem jurídica, seja a do país a partir do qual se procede à emissão para o satélite, seja uma outra[458].

Aduz, ainda, outros argumentos que fundamentam a sua posição. Assim, faz notar que uma parte substancial dos programas emitidos por televisão consiste em filmes.

Ora, nas obras cinematográficas existem, como se sabe, diversos níveis de aproveitamento. A sequência habitual é: cinema – vídeo – televisão.

Se existir um país que é abastecido através de um satélite directo tendo a emissão por base um país onde, por exemplo, a obra está sujeita a uma licença legal, então essa ordem natural de aproveitamentos torna-se impossível – "o interesse do público nelas (obras cinematográficas) é praticamente esgotado pela emissão televisiva"[459].

Estar-se-ia pois, claramente, perante um processo jurídico-económico que se inicia num país (país de origem) mas cujo efeito principal ocorreria numa série de outros países (países de recepção), sem que se chegasse à aplicação da ordem jurídica destes últimos.

É para esse aspecto injusto que KATZENBERGER chama, especificamente, a atenção quando diz ser inadmissível que, por exemplo, a uma

---

[458] Idem, pág. 916.

O autor retoma em apoio das suas teses vários trechos da obra de von UNGERN-STERNBERG mas expurgando aqueles que já mereceram a nossa crítica.

[459] Idem, pág. 916.

empresa emissora comercial dum país europeu, eventualmente muito pequeno, que tenha ou venha a introduzir uma licença legal de emissão, ou a introduz novamente na sua legislação de Direito de Autor, lhe seja permitido, sob alegação desta licença e mediante o uso de cassetes vídeo comerciais ou de CD-ROM's digitais, emitir, através de um satélite idóneo para recepção directa, os filmes mais novos para o público em metade da Europa ocidental e eventualmente oferecer através de sinais de videotexto os subtítulos em várias línguas[460].

Mas, além disto, KATZENBERGER encontra ainda uma outra contradição valorativa, que se traduz no facto de os autores poderem controlar uma emissão de satélite que é, posteriormente, transmitida através de redes de cabo nos diferentes países que procedem à difusão para cada um dos públicos nacionais enquanto já não têm a mesma possibilidade se a radiodifusão directa for efectuada por satélite.

Num caso valem os direitos de todos os países, no outro não; o que acarreta, além do mais, uma injustificável posição de privilégio de uns radiodifusores relativamente a outros.

Por isso, no resumo do seu artigo, sublinha, tomando como base a Convenção de Berna, que: "... no interesse de um tratamento igual de tipos idênticos parece recomendável abandonar, no futuro, uma apreciação diferenciada entre as emissões realizadas no espaço livre e as efectuadas por cabo"[461].

Já anteriormente, no entanto, o autor deixara expressa a sua conclusão fundamental: "De qualquer modo para a generalidade dos *satélites televisivos de recepção directa* terá de valer no futuro, como regra a nível do direito de colisão, que ao lado do direito do país de emissão, cumulativamente, se tenham de aplicar os ordenamentos jurídicos de Direito de Autor de todos aqueles países que se situam, pelo menos em boa parte, no âmbito de recepção regular de tais emissões"[462].

---

[460] Idem, pág. 916. Com especiais referências ao direito alemão, o autor retoma o tema num excelente artigo cujo objecto exclusivo é a obra cinematográfica e o Direito de Autor: "Vom Kinofilm zum Videogramm", in Festschrift zum hundertjährigen Bestehen der Deutschen Vereiningung für gewerblichen Rechtsschutz und Urheberrecht und ihrer Zeitschrift", págs. 1401 a 1443.
[461] Idem. pág. 919.
[462] Idem, pág. 917.

7. SCHRICKER foi o segundo autor a debruçar-se sobre o tema e fê-lo em dois artigos essenciais[463].

O seu ponto de partida é o princípio da territorialidade que, quanto a si, mantém plena validade no Direito de Autor internacional. De acordo com tal princípio, um editor que pretenda vender obras em diferentes países terá de adquirir o direito de distribuição de acordo com a legislação de cada um deles.

Então, questiona SCHRICKER, porque razão não se aplica o mesmo princípio às emissões de radiodifusão efectuadas através de satélite directo? Ele próprio dá a resposta: porque a isso se opõe a doutrina clássica, segundo a qual apenas a emissão é relevante e não a recepção – daí que só a legislação do país onde o sinal é enviado para o satélite seja aplicável.

Isto significa que a velha regra – de mais de meio século – segundo a qual o lugar de emissão é o único que releva quanto à determinação do Direito de Autor aplicável à radiodifusão, continuaria em vigor mesmo em face das novas tecnologias.

Ora, diz SCHRICKER, isto leva a resultados incríveis no caso dos satélites directos.

Pequenos países da Europa ou mesmo fora dela, poderiam abastecer com emissões televisivas todo o Continente tendo apenas que adquirir – se tivessem – os direitos para o seu próprio território. A situação só se alteraria naqueles casos onde, em virtude da legislação das telecomunicações, a recepção directa não é permitida e/ou exista a obrigatoriedade de utilização de sistemas de cabo para a transmissão de programas originariamente emitidos por satélite ("most-carry-klausel").

O absurdo é tanto maior quanto é certo que existem Estados de estrutura federal – como, por exemplo, a Alemanha – em que certos Estados federados impõem esta "must-carry-klausel" e outros não. Em tal caso, chega-se à situação curiosa de a mesma realidade a nível económico e jurídico levar a resultados completamente diferentes de região para região.

Apesar disto, SCHRICKER não deixa de reconhecer que a aquisição de direitos nos diversos países de recepção dificulta a vida dos produtores de

---

[463] SCHRICKER, "Grundfragen der künftigen Medienordnung: Urheberrechtliche Aspekte", in FuR, 1984, págs. 63 a 74 e "Grenzüberschreitende Fernseh -und Hörfunksendungen im Gemeinsamen Markt", in GRUR-Int., 1984, págs. 592 a 598.

programas que procedem a emissões por satélite de radiodifusão directa, mas não vê nisso qualquer obstáculo intransponível que não possa ser ultrapassado por um adequado sistema contratual.

Sublinha, ainda, que a injustiça para os titulares de direitos é ainda maior nos casos em que no país de emissão existe uma licença legal. Referindo-se ao Mercado Comum, o autor alerta para o absurdo que representa a nível de direito de colisão ("kolisionsrechtlichen absurdität"), tomar apenas em linha de conta a lei do país de emissão.

Contundentemente, rebate as teses que propugnem essa solução quando diz que as suas raízes remontam aos tempos dos primórdios da radiodifusão quando se emitia e a recepção, passe o exagero, era mais ou menos por acaso. Segundo SCHRICKER, ninguém pensou na altura em emissões que, premeditadamente, ultrapassavam as fronteiras, ou sequer em satélites. A tese da opinião dominante seria, pois, "uma criança retardada no seu desenvolvimento do tempo pioneiro da radiodifusão que não conseguirá evitar adaptar-se aos nossos dias"[464].

Na esteira de KATZENBERGER, o autor compara, também, as situações em que a emissão por satélite é distribuída nos países de recepção por redes de cabo com aquelas em que ocorre uma recepção directa pelo público. Também ele vê na discrepância de regimes uma contradição valorativa incompreensível, não vislumbrando razão para que os meios técnicos mais avançados de distribuição do sinal (radiodifusão directa por satélite) tenham – em sede de Direito de Autor – um estatuto diminuído relativamente à transmissão realizada através de um sistema de cabos.

E, reportando-se ao Direito Comunitário, declara: "Também seria de admirar, se o pormenor técnico do tráfego emissor transfronteiriço fizesse diferença a nível do direito comunitário. Decisivo é que a emissão que provém de um Estado-membro é tornada acessível para os receptores num outro Estado-membro"[465].

Tudo isto, o legitima a defender a conclusão de que na radiodifusão directa por satélite, não só a lei do país de emissão mas também as dos países de recepção, devem ser aplicadas, no que respeita ao Direito de Autor.

---

[464] SCHRICKER, ob. cit. na nota anterior, GRUR-Int., 1984, pág. 594.
[465] Idem, pág. 594.

8. Muitos afirmam que a designada "teoria Bogsch" não é mais do que a síntese das teses de três autores, sendo que os dois primeiros são os já citados KATZENBERGER e SCHRICKER. A trilogia completa-se com um nome não menos marcante do Direito de Autor mundial: ADOLF DIETZ. São três as obras fundamentais em que este autor se debruça sobre o tema[466].

DIETZ começa por concordar com as opiniões de KATZENBERGER e SCHRICKER no sentido de que o satélite não é uma mera antena prolongada, pelo que ao lado do Direito do país de emissão se devem aplicar, também, as legislações, ao menos, daqueles países que recebem regularmente tais emissões.

Ao autor preocupa-o, especialmente, que um pequeno país com diminuta protecção de Direito de Autor (ou mesmo nenhuma) possa emitir programas por satélite susceptíveis de serem captados noutros países de muito maior densidade populacional e com uma legislação muito mais proteccionista para os autores. Se as legislações dos países de recepção não forem tomadas em consideração isso levará a um desequilíbrio das próprias regras de Direito de Autor existentes.

DIETZ resume a situação do seguinte modo: "Consequentemente, não é aceitável que actos de radiodifusão com ou sem uso de satélites de radiodifusão directa ("Direct Broadcasting Satellites" – DBS) levem à solução tradicional em matéria de direito de autor, porque num caso se está a tratar de um "fluxo transfronteiriço" ("overspill") tradicional, enquanto no outro caso se trata da cobertura de regiões e continentes inteiros"[467].

---

[466] Por ordem crescente de importância temos: "The Shortcomings and Possible Evolution of National Copyright Legislation in View of International Satellite Programme Transmission" in B. Bate Television by Satellite – Legal Aspects, 1987, págs. 113 a 126; "Problémes Liés à l'Expansion du Câble et du Satellite", in "Les Journées du Droit d'Auteur – Actes du Colloque tenue à l'Université Libre de Bruxelles les 11 et 12 Décembre 1987", 1989, págs. 153 a 170 e "Urheberrecht und Satellitensendungen", in UFITA, Band 108/1988, págs. 73 a 90.

As ideias centrais dos três artigos são idênticas mas o método de exposição e o aprofundamento dos argumentos jurídicos variam em função dos destinatários a quem os três textos se dirigiam.

A diferença de valor científico entre eles, que começámos por assinalar, foi-nos pessoalmente confirmada pelo autor.

Foi, aliás, o próprio DIETZ que nos indicou estes como os seus trabalhos fundamentais sobre o tema que ora se analisa.

[467] DIETZ, "The Shortcomings...", cit., pág. 124.

Também ele vislumbra – partindo do princípio da territorialidade – uma discrepância de regimes entre a divulgação corpórea da obra e o direito de radiodifusão. No primeiro caso, o autor pode controlar a distribuição de exemplares nos diversos mercados, enquanto no segundo, de acordo com a visão clássica, os seus direitos se cingiriam ao país de emissão.

Isso leva-o a questionar a modernidade de uma tal interpretação restritiva da Convenção de Berna e chama a atenção para uma proposta que reputa de interessante[468], segundo a qual se deveria introduzir uma "remuneração de antena" nos países de recepção[469].

Chega, assim, no ponto 5 das conclusões do seu primeiro ensaio, ao seguinte entendimento: "No caso de DBS a visão tradicional, de aplicação exclusiva da lei doméstica do organismo originário, tem que ser complementada com a ideia de aplicar as leis de Direito de Autor de todos aqueles países cuja cobertura é directamente *pretendida* ou *inevitável*, de acordo com critérios técnicos internacionais existentes. Os radiodifusores de DBS têm, por conseguinte, de adquirir um conjunto de direitos de radiodifusão do mesmo modo como nos direitos de edição internacionais de livros"[470].

No seu trabalho mais elaborado DIETZ procura rebater os adeptos da "teoria da emissão" que alegam que as transmissões transfronteiriças existiam desde os primórdios da radiodifusão sem que isso tivesse levado à aplicação de outras ordens jurídicas que não aquela do país de origem. O autor demonstra que se está perante realidades qualitativa e quantitativamente diferentes, já que na radiodifusão clássica não existiam âmbitos de recepção jurídica ou tecnicamente fixados nem tão pouco "âmbitos de irradiação" ("foot-prints").

Volta, por isso, a equacionar a questão central do debate – a transnacionalidade da radiodifusão directa por satélite – para se referir concretamente à "teoria Bogsch", seus méritos e raízes, fazendo contraponto com a "teoria da emissão". Começa por sublinhar que a chamada teoria Bogsch (de acordo com o nome do então Director Geral da OMPI) ganha cada vez mais apoiantes.

---

[468] De CROSBY e TEMPEST, na EBU-Review-Band 34 (1983), pág. 30.
[469] É matéria que adiante retomaremos.
[470] DIETZ, "The Shortcomings...", cit., pág. 126.

Realçando que a teoria foi inicialmente desenvolvida por autores alemães e austríacos[471] esclarece que o seu objectivo é o de mostrar que a interpretação e a aplicação das regras de Direito de Autor nacionais e internacionais levam a concluir que as emissões de radiodifusão, como comunicação pública de uma obra, ocorrem, em última análise, em todos os países do âmbito de abastecimento do satélite e que, por isso, se têm de aplicar cumulativamente as leis de Direito de Autor de todos esses países.

Segundo o autor isto equivale ao que se passa no caso de um editor que adquire o direito de edição para vários países ou até para o mundo inteiro, que não recebe uma espécie de direito de autor mundial ("world copyright"), mas sim um conjunto de direitos nacionais que, em termos de conteúdo, podem ser perfeitamente variáveis e que podem ter um destino jurídico diversificado.

Para DIETZ, a ideia central da teoria Bogsch, perante o pano de fundo do direito convencional, é precisamente o facto de a definição de emissão de radiodifusão não se basear na emissão da obra mas sim na "communication publique" que caracteriza, a título geral, o direito de apresentação pública.

Citando SPOENDLIM frisa que para que exista emissão de uma obra é necessário "que a obra seja na prática colocada à disposição de um público receptor, que seja comunicada às pessoas as quais são livres de tomar conhecimento dela, tal como o comprador de um livro é livre de fazer a sua leitura e o adquirente de um fonograma tem a liberdade de o ouvir. Esta comunicação acessível ao público alvo realiza-se, no entanto, no país de destino". Com este país de destino existe "um nexo especialmente estreito, porque ali se realiza a utilização da obra como comunicação"[472].

Depois de rebater os argumentos de ordem prática que os oponentes à "teoria Bogsch" formulam, o autor propugna uma visão moderna do Direito de Autor que o adapte à novas tecnologias, mas "sem uma capitulação precipitada perante as realidades que podia conduzir, muito facilmente, a um abandono da protecção de direito a título geral em virtude das dificuldades práticas que lhe estão inerentes"[473].

---

[471] O autor cita KATZENBERGER, SCHRICKER e DIETZ entre os alemães e DILLENZ e WALTER entre os austríacos – vide "Urheberrecht und Satellitensendungen", cit., pág. 83, nota 31.
[472] Idem, pág. 83.
[473] Idem, pág. 88.

E para concluir o seu raciocínio, depois de mais uma vez apresentar a ideia de uma taxa sobre as antenas parabólicas, faz notar os riscos que a "teoria da emissão" comporta face às disparidades existentes entre as diversas legislações.

A sua posição fica esclarecida quando afirma que não pode recomendar o caminho do abandono puro e simples dos Direitos de Autor nacionais para não onerar, com dificuldades práticas, o aproveitamento da obra. Uma tal atitude levaria apenas a uma espécie de "country shopping" no sentido em que os utilizadores das obras escolheriam sempre o país com a protecção de Direito de Autor mais baixa e imporiam, de certo modo, este nível de protecção aos outros países.

De acordo com DIETZ "esse não pode ser o sentido de uma luta de várias décadas pela melhoria de protecção do direito de autor nacional, tal como foi conduzida, por exemplo, na Alemanha e na França, coroada com as leis de reforma de 1985"[474]. Não deixa, pois, dúvidas a posição de DIETZ de concordância com a já então designada "teoria Bogsch".

9. Se os três autores, cujas obras acabámos de sintetizar, foram os grandes artífices de uma nova teoria acerca da radiodifusão directa por satélite, seria injusto não reconhecer o papel importante que outros desempenharam na sua defesa e aprofundamento.

Sem menosprezo pelos restantes, cumpre salientar o trabalho realizado por outros três nomes: HERRMANN, FABIANI e, sobretudo, DILLENZ.

O primeiro põe o acento tónico na chamada "zona de serviço". O autor situa a sua investigação nas emissões transfronteiriças no Mercado Comum[475]. Também ele estabelece a distinção entre radiodifusão clássica e por satélite directo, apesar de assimilar ambos no caso de a transmissão directa por satélite originar apenas um fluxo transfronteiriço ("over-spill") marginal e insignificante.

O problema encontra-se nas emissões por DBS que clara e preponderantemente se destinam ao estrangeiro. Aí, segundo HERRMANN, a empresa radiofónica de um pequeno país, através do seu satélite de radiodifusão, podia abastecer metade da Europa com emissões de radio-

---

[474] Idem, pág. 90.
[475] HERRMANN, "Grenzüberschreitende Fernseh -und Hörfunksendungen im Gemeinsamen Markt", in GRUR-Int., 1984, págs. 578 a 592.

difusão e ficaria apenas vinculada ao Direito de Autor desse país – talvez pouco elaborado. E se tivesse que pagar aos titulares dos direitos também as remunerações baixas de um pequeno país, então isso prejudicaria não só os autores, como daria também à empresa uma vantagem a nível de concorrência com as empresas radiofónicas dos países destinatários[476].

HERRMANN distingue seguidamente o que se deve entender por "zona de serviço" dos organismos de radiodifusão consoante estes tenham carácter público ou privado. Para os primeiros será a área que eles deverão servir de acordo com o mandato que lhe está legalmente atribuído e em troca do qual recebem os montantes que lhes permitem remunerar os autores. Quanto à "zona de serviço" dos organismos privados ela será definida em função dos objectivos da própria empresa, que podem variar consideravelmente consoante os tipos de programas emitidos. Existem, no entanto, critérios indicativos que permitem determinar essa "zona de serviço" tais como: o conteúdo dos próprios programas, a língua em que são difundidos e a proveniência das receitas publicitárias.

Aplicando o seu modelo a um caso concreto HERRMANN conclui, a título exemplificativo, que a RTL-Plus tem como país destinatário a República Federal Alemã pelo que deverá ser a legislação desta última, com os direitos exclusivos que consagra, e não a luxemburguesa – que previa, à época, uma licença obrigatória, por força da aplicação conjugada dos art.os 24 e 48 da sua lei – a aplicável.

Anote-se a eloquência do exemplo referido, sem dúvida demonstrativo das consequências de uma equiparação pouco pensada entre a radiodifusão tradicional e a efectuada por satélite.

Não se veja, contudo, nestas palavras uma adesão às propostas de HERRMANN que, como adiante se verá, nos parecem de aplicabilidade, no mínimo, duvidosa.

10. Também FABIANI se debruça em profundidade sobre a tema em análise. Apesar de desde 1985 o assunto já merecer a sua atenção é em 1988 que apresenta a versão mais elaborada do seu pensamento[477].

Depois de historiar os antecedentes do problema e de constatar que a emissão por satélite directo se enquadra no conceito de radiodifusão no

---

[476] HERRMANN, ob. cit. na nota anterior, pág. 587.
[477] FABIANI, "Le droit d'auteur face à la radiodiffusion directe par satellite", in DA, Janeiro 1988, págs. 17 a 26.

sentido das mais importantes Convenções, o Professor da Universidade de Roma descreve algumas tentativas de solução até aí apresentadas e sumaria os debates e argumentos suscitados em torno da "teoria da emissão" e da "teoria Bogsch".

Tomando claro partido pela última, rebate algumas das objecções que lhe são formuladas, nomeadamente a de que seria difícil ao autor do país de recepção fazer aplicar a legislação nacional se o caso fosse apresentado perante os tribunais do Estado de emissão e a de que se o litígio fosse julgado pelos tribunais de um país de recepção a execução da sentença seria difícil de conseguir se o radiodifusor operasse fora dele.

Segundo FABIANI tais objecções não procedem uma vez que não existe unicamente o princípio da *lex fori* e que, por consequência, os tribunais podem aplicar as leis de outros países. No caso de um autor se dirigir ao tribunal do país de emissão para obter a protecção do seu direito no país de recepção, o juiz não deverá considerar a legislação do país na qual a protecção é requerida, mas sim a do país no qual a protecção é pedida (*lex loci commissi delicti*).

Por outro lado, face à dificuldade de obter a execução de uma decisão tomada pelo tribunal do país de recepção contra um radiodifusor cuja sede estaria situada num outro país, é, desde logo, necessário sublinhar que os direitos de autor podem ser exercidos contra pessoas residentes num outro país que não o de protecção pelos actos cometidos no país de protecção. Dificuldades de ordem prática não podem ser invocadas para pôr em causa a interpretação e aplicação de certas regras jurídicas. Acresce que, na prática, o organismo de radiodifusão que cobre um certo território através da radiodifusão directa por satélite pode muitas vezes ter interesses e deter bens onde os autores ou os outros titulares de direitos para esse território possam pedir a penhora[478].

E, mais adiante, volta a desmontar um outro argumento – talvez o mais importante – que se ergue contra a "teoria Bogsch". Esse é o de que o acto de radiodifusão se efectua no país de emissão não se realizando qualquer actividade de utilização da obra nos países de recepção.

Rebatendo tal argumento FABIANI recorda – como certos participantes na reunião do grupo de peritos sobre satélites de Março de 1985 sublinharam – que as Convenções Internacionais sobre direito de autor não estabelecem nenhuma equiparação entre radiodifusão e emissão.

---

[478] Ob. cit. na nota anterior págs. 22 e 23.

A palavra emissão não figura no direito convencional pelo que nada permite afirmar que a comunicação pública por radiodifusão ocorre unicamente no país onde o processo de difusão se inicia e que ela não toma em linha de conta o público dos países onde o programa é comunicado.

O que qualifica a operação de radiodifusão é o seu carácter público – ela deve dirigir-se ao público. Sendo assim, a radiodifusão engloba a fase ascendente e a fase descendente do sinal pelo que para estabelecer a existência e a extensão (alcance) do direito de radiodifusão existem duas leis a tomar em consideração: a lei do país de emissão e a lei do pais onde o programa é comunicado ao público[479].

Finalmente, abordando a responsabilidade do radiodifusor e a legislação territorial aplicável, completa o seu estudo e retoma a mesma ideia formulando a conclusão de que no caso de radiodifusão directa por satélite, a obra é utilizada economicamente pelo organismo de emissão e o direito que este exerce é o direito de radiodifusão. Dado que o processo de radiodifusão comporta duas fases de transmissão de sinais (o trajecto montante e o trajecto descendente) a radiodifusão, enquanto acto de exercício do direito de autor, tem lugar tanto no país de partida dos sinais como no país em que o programa é comunicado ao público. Em consequência, as leis sobre direito de autor dos países em causa deverão ser tomadas em consideração para estabelecer a existência e a extensão (alcance) do direito de radiodifusão[480].

11. DILLENZ é, unanimemente, considerado como um dos mais fiéis seguidores da "teoria Bogsch".

Primeiro, em 1986[481], faz uma verdadeira compilação de toda a doutrina até aí existente sobre a matéria para, depois de uma análise crítica das diversas posições e de procurar o enquadramento adequado da radiodifusão directa por satélite nos textos dos mais importantes tratados internacionais (dando especial ênfase à Convenção de Berna), apresentar o seu famoso "critério do verdadeiro público".

Todas as conclusões desse seu primeiro trabalho merecem nota já que traduzem de forma lapidar o pensamento do autor.

---

[479] Idem, pág. 23.
[480] Idem, pág. 25.
[481] DILLENZ, "La protection juridique des oeuvres transmises par satellites de radiodiffusion directe", cit., in DA, Novembro 1986, págs. 344 a 354 = Copyright, págs. 386 a 395.

É o próprio DILLENZ que faz questão das enumerar no epílogo da sua obra.

Começa por salientar que as emissões feitas através de um satélite de radiodifusão directa são, do ponto de vista técnico e económico, uma nova realidade que exige tratamento específico a nível do direito de autor. Uma tal adaptação não exige uma revisão dos tratados internacionais, mormente da Convenção de Berna, bastando fazer uma interpretação actualista dos mesmos.

Centrando a sua atenção na Convenção de Berna reconhece que a radiodifusão directa por satélite é uma radiodifusão no sentido do seu art.º 11-*bis*, n.º 1-1.º mas sublinha que a mesma norma não toma qualquer posição quanto ao local onde ela ocorre.

Com o aparecimento dos satélites esgotou-se a fórmula tradicional que identificava o lugar de emissão com o lugar de recepção. A solução face à nova tecnologia é segundo DILLENZ combinar os dois elementos – lugar de emissão e lugar de recepção.

A tese segundo a qual a radiodifusão tem também lugar no país de recepção é, quanto a ele, confirmada pelas seguintes considerações:

– Na Convenção de Berna existe uma interligação entre a noção de radiodifusão e a noção de público. Ora, o público é necessariamente o dos países de recepção – única solução conforme à realidade:
  – O conceito de radiodifusão tradicional apoiava-se numa identidade entre o lugar de emissão e o lugar de recepção que desapareceu com os satélites de radiodifusão directa;
  – Não existe na Convenção de Berna qualquer disposição que contradiga a solução apresentada. Não há qualquer norma que equipare emissão e radiodifusão – o conceito de emissão é, aliás, estranho à Convenção.

Assim sendo, reafirma DILLENZ, o "verdadeiro público" encontra-se nos países de recepção – onde a radiodifusão tem lugar.

A jurisprudência estabeleceu uma série de critérios para interpretação dos contratos que permitem determinar quais são esses países. O quadro geral das Convenções Internacionais existentes, e em particular da Convenção de Berna, confirmam estas conclusões[482]. As posições de

---

[482] DILLENZ, ob. cit. na nota anterior, pág. 354.

DILLENZ ficam, assim, claras. É, contudo, na sua monografia de 1990[483] que ele desenvolve com toda a profundidade o tema em apreço.

Começam por o preocupar aspectos técnicos e de direito internacional das telecomunicações, nos quais se envolve ao longo de muitas páginas, mas a sua conclusão de que a distinção entre os vários tipos de satélite é irrelevante – já que todos são, potencialmente, de radiodifusão directa – e a consciência que sempre manifesta de que não existe nem deverá existir uma justaposição entre os conceitos técnicos e jurídicos remeto-o para a análise de Direito de Autor que é o âmago da sua obra[484].

Aí, citando RUMPHORST e FREEGARD, sintetiza as posições dos defensores das teses tradicionais para, desde logo, iniciar a sua crítica retomando as diferenças qualitativas que encontra entre a radiodifusão clássica e a realizada por satélite, que já apontava no seu anterior trabalho. Reconhece, porém, que a posição dominante é a que equipara ambas, mas não sem antes afirmar que "novos conceitos e possibilidades de solução conseguem assustar apenas aquele que não aceita esta dinâmica inerente ao Direito de Autor, que praticamente não chega a ter 200 anos" [485]. Tenta, por isso, não ficar encarcerado num quadro dogmático conservador e depois de encontrar paralelismos, mas também diferenças, entre os satélites directos e os barcos pirata – nos quais encontra uma espécie de antecedentes daqueles, ainda que com um âmbito de emissão muito menor [486] –, passa finalmente a tratar daquilo que designa pela "nova doutrina" [487].

Começa pelos precursores, sendo von UNGERN-STERNBERG, KATZENBERGER, SCHRICKER e DIETZ, sucessivamente, citados [488]. Continua, recordando o seu próprio critério do "verdadeiro público" apresentado no seu estudo anterior que considera ter pontos de contacto

---

[483] "Direktsatellit und die Grenzen...", citado.
O autor tem, ainda, dois outros trabalhos de menor envergadura em que aborda o tema. Vide "Broadcasting, Satellites and Cable" apresentado num Fórum Regional para a Ásia e o Pacífico que se realizou entre 30 de Agosto e 1 de Setembro de 1989 – Documento WIPO/FT/SEL/89/11 – não publicado – e "Transfrontier broadcasting – the copyright consequences", in Copyright World, Issue Twenty-one, Março/Abril 1992, págs. 29 a 31.
[484] Idem, pág. 112 e seguintes.
[485] Idem, pág. 118.
[486] Donde tal paralelismo não poder ser levado demasiado longe.
[487] "Direktsatellit und die Grenzen..." , cit., pág. 122 e seguintes.

com as teses que HERRMANN desenvolveu. Mostra-se de seguida sensibilizado com a argumentação de FABIANI e com o seu conceito de "zona di mercato" – o local que é o ponto central de exploração económica da obra e para onde é, por exemplo, dirigida a publicidade da programação.

A ideia de "zona di mercato" sensibiliza-o de tal modo que lhe dedica mesmo um excurso[489]-[490]. É nesse ponto que encontra paralelismos assinaláveis com modelos de concorrência desleal já estabelecidos que justificam, quanto a si, a aplicação das legislações dos Estados destinatários da emissão, mesmo em certos casos de fluxos transfronteiriços.

Termina, por isso, o seu excurso com uma conclusão que sintetiza todo o seu pensamento: "Zona di mercato, Marktortregel ou verdadeiro público baseiam-se, na verdade, em tipos económicos fundamentais. Ali, onde se manifesta o acto relevante a nível de Direito de Autor ou de concorrência, ou seja, onde se quer alcançar o efeito, também tem que intervir a ordem jurídica"[491].

O autor prossegue seguidamente a sua cruzada apontando e rebatendo argumentos dos defensores da "teoria da emissão", para apresentar finalmente a sua solução quanto aos problemas práticos que resultam da aplicação de diversas ordens jurídicas: a concentração internacional de direitos. Essa concentração que propugna aproxima-o daquilo que se designa por "gestão colectiva necessária". Numa visão pouco pragmática, vislumbra numa perfeita articulação entre as diversas entidades de gestão colectiva a solução do problema [492].

É seguidamente que, centrando-se no debate WIPO/UNESCO, passa a tratar da verdadeira "teoria Bogsch".

---

[488] As discrepâncias quanto à nossa análise anterior no que se refere às obras mencionadas têm a ver, unicamente, com as de DIETZ.
Com o devido respeito, continuamos, no entanto, a preferir o nosso elenco que – não é de mais sublinhar – nos foi, pessoalmente, apontado pelo próprio Professor do Max--Planck.

[489] "Direktsatellit und die Grenzen...", cit., págs. 134 a 137.

[490] Note-se a expressão "zona di mercato" provém não do último mas sim de anteriores trabalhos de FABIANI que DILLENZ cita. O conceito está, contudo, em plena consonância com as ideias defendidas por FABIANI na sua obra de 1988.

[491] "Direktsatellit und die Grenzen...", cit., pág. 137.

[492] Idem, págs. 140 a 142, 178, 179 e 189.

Recapitula todo o processo que levou à sua elaboração. É já com a famosa tese em pano de fundo que parte para as suas conclusões, não sem antes enumerar minuciosamente as críticas que lhe são apontadas e de as rebater[493].

Apoiando-se numa notável plêiade de autores e em decisões judiciais, aponta a solução que já apresentara, mas agora de modo mais linear: o direito de radiodifusão do autor afere-se de acordo com a lei do local onde se obtém o resultado económico que suscitou essa utilização da obra[494].

A sequência do seu trabalho, numa incursão no Direito Internacional Privado, visa, precisamente, comprovar o resultado obtido, sem deixar de fazer uma alusão à matéria da remuneração devida pela utilização de antenas que, como vimos, foi uma ideia já apresentada por DIETZ[495].

Discute por fim, aprofundadamente, o paralelismo que se pretende estabelecer entre esta figura e a, comummente designada, reprografia, encontrando no §2 do art.º 54 da lei alemã sobre Direito de Autor (UrhG) analogia suficiente para sustentar uma tal "cobrança em dois graus" que, por isso, não seria novidade. Esta "cobrança em dois graus" – que mais não é que uma dupla remuneração sem sentido – é apresentada como a solução do problema da radiodifusão directa por satélite.

Finalizando a monografia que o consagrou como o mais actualizado e profundo defensor da "teoria Bogsch" extra OMPI, DILLENZ volta-nos a apresentar, como fizera na obra anterior, as suas conclusões, agora a título de resumo.

Mais uma vez anota que o conceito de público é indissociável do de radiodifusão. Especialmente a Convenção de Berna encerra um conceito de "direito de emissão"[496] (leia-se radiodifusão) centrado no público, o mesmo acontecendo com as diversas ordens jurídicas nacionais. Esta posição essencial do público impõe que, na radiodifusão directa por

---

[493] É matéria que não merece aqui detalhe, mas que retomaremos quando nós próprios explicarmos a "teoria Bogsch" e os argumentos que se perfilam pró e contra a mesma.

[494] "Direktsatellit und die Grenzen...", cit., pág. 164.

[495] Idem, pág. 180 e seguintes. Também é matéria que merecerá, adiante, a nossa atenção.

[496] A sucessiva referência dos autores de língua alemã a um direito de emissão – "Senderecht" – não levanta qualquer problema. Este direito de emissão é em tudo equivalente ao direito de radiodifusão tal como vem consagrado na nossa e noutras legislações e nas Convenções Internacionais.

A questão é, pois, puramente terminológica.

satélite, se tenha que atender às ordens jurídicas dos países de recepção; uma visão minimalista de acordo com a radiodifusão clássica (que a identificava com a emissão) não está de acordo com o novo fenómeno e leva a contradições valorativas.

Pelo contrário, merece aplausos uma interpretação actualista do art.° 11-*bis* da Convenção de Berna, que encontra paralelismo com certas situações da concorrência desleal, que leve à aplicação do direito dos Estados destinatários.

Atendendo a que o Direito de Autor é considerado, internacionalmente, como um conjunto de Direitos de Autor nacionais, não existe qualquer dificuldade para admitir que os actos de aproveitamento ocorram nos países de recepção.

Finalmente, segundo DILLENZ, novas soluções como um direito de remuneração por antenas segundo o modelo da reprografia deveriam ser encaradas como solução.

Na radiodifusão directa por satélite só a aplicação conjunta destes princípios levaria à protecção dos titulares de direitos e, simultaneamente, dos consumidores[497].

SECÇÃO II
A DICOTOMIA "TEORIA BOGSCH"/
/"TEORIA DA EMISSÃO"[498]

1. Temos até aqui falado por diversas vezes da "teoria Bogsch" e da "teoria da emissão" como pólos opostos do tema fundamental que a radiodifusão directa por satélite comporta. Não estamos sós nesse tipo de apresentação. A esmagadora maioria da doutrina vai no mesmo sentido. No entanto, é preciso esclarecer que se trata de uma simplificação incorrecta.

A designada "teoria Bogsch" teve os antecedentes que vimos na secção anterior – as suas bases foram construídas, essencialmente, pelos

---

[497] "Direktsatellit und die Grenzen...", cit., pág. 191.

Sublinhe-se que esta remuneração de antenas seria activada a partir de um processo de "gestão colectiva necessária", como atrás se explicitou.

[498] Com síntese muito compacta, mas esclarecedora da distinção entre a "teoria Bogsh" e a "teoria da emissão" veja-se FICSOR, "The Law of Copyright and the Internet...", cit., parágrafos 4.42 a 4.48, págs. 172 a 178.

juristas do Max-Planck. Acontece, porém, que em 1985 o então Director-Geral da OMPI, ARPAD BOGSCH, apresentou pela primeira vez a sua própria proposta – baseada nesses estudos anteriores – que desenvolveu nos anos subsequentes. A partir desse momento criou-se uma dicotomia "teoria Bogsch" / "teoria da emissão" a que, praticamente, todos se submeteram, passando os autores a ser divididos entre defensores e adversários da "teoria Bogsch".

Mesmo aqueles que tinham criado e desenvolvido as suas próprias teses com valor científico tão ou mais elevado do que as apresentadas por ARPAD BOGSCH aceitaram pacificamente essa divisão.

A razão de ser de tal facto tem um fundamento eminentemente político. Na verdade, quando a nova teoria passou a ser patrocinada pelo próprio Director-Geral da OMPI o seu peso ganhou um significado muito maior. Daí que os diversos autores que propugnavam também a aplicação das legislações dos países de recepção tenham aceite, sem rebuço, a protecção tutelar de BOGSCH, de modo a obterem vencimento das suas posições.

Não se deve, por isso, falar em sentido próprio de "teoria Bogsch" e de "teoria da emissão". O que na realidade existe são diversas teorias da recepção e várias teorias da emissão de conteúdo distinto. Ao amalgamar-se tudo como se existissem apenas duas teorias não se está, por conseguinte, a traduzir a realidade.

No entanto, não se pode deixar de reconhecer que o empenhamento do Director-Geral da OMPI no debate alterou, radicalmente, os dados do problema, já que o seu peso institucional obrigou a que a partir desse momento a discussão se centrasse na sua teoria, passando os autores dos dois lados a procurar argumentos que a justificassem ou rebatessem.

A sua análise é, por isso, incontornável para a cabal compreensão da questão equacionada.

2. Foi no encontro do grupo de peritos OMPI/UNESCO sobre os aspectos de Direito de Autor na radiodifusão directa por satélite realizado em Paris de 18 a 22 de Março de 1985, que BOGSCH avançou pela primeira vez a teoria que ficou consagrada com o seu próprio nome[499].

Depois disso, no entanto, a "teoria Bogsch" foi desenvolvida num memorando preparado para uma outra reunião de um Comité de Peritos

---

[499] Vide DA, Maio 1985, págs. 158 a 168 = Copyright, págs. 180 a 189.

Governamentais OMPI/UNESCO sobre obras audiovisuais e fonogramas, que teve lugar também em Paris entre 2 e 6 de Junho de 1986[500]

A sua versão final foi apresentada num outro memorando preparado, ainda, para um Comité de Peritos Governamentais OMPI/UNESCO, mas este para a avaliação e síntese de princípios sobre várias categorias de obras, que teve lugar em Genebra, de 27 de Junho a 1 de Julho de 1988[501].

Apesar da essência da teoria se encontrar já nas "tentative views"[502] expostas em Março de 1985, é óbvio e compreensível que existem diferenças significativas entre esse primeiro esboço e o trabalho final que consta do memorando de 1988[503].

A comparação das duas versões permite-nos compreender o verdadeiro sentido da "teoria Bogsch".

Em 1985 o Director-Geral da OMPI no decurso do debate que se seguiu às questões gerais formulou a sua posição sobre a radiodifusão directa por satélite como segue:

"i) A radiodifusão por satélites de radiodifusão directa é radiodifusão no sentido do art.º 11-*bis* da Convenção de Berna.

ii) De acordo com aquele artigo, radiodifusão é um meio de comunicação ao público por difusão sem fio (nomeadamente por ondas de rádio). O dito artigo usa os conceitos de "comunicação pública" e "difusão" e não usa o conceito "emissão", que é um conceito mais restritivo que "comunicação pública" e "difusão". Consequentemente, a radiodifusão tem lugar onde a difusão sem fio ocorre como uma comunicação ao público. Se a comunicação pública através de ondas de rádio é efectuada por meio de um satélite de radiodifusão directa, a comunicação tem lugar em todos os países que são cobertos pelo âmbito de irradiação ("footprint") do satélite.

iii) Segundo a Convenção de Berna, que estabelece o tratamento nacional, a lei nacional de cada um dos países cobertos pelo

---

[500] Vide DA, Julho/Agosto 1986, págs. 184 a 219 = Copyright, págs. 218 a 250.
[501] Vide DA, Outubro 1988, págs. 384 a 421 = Copyright, págs. 364 a 398.
[502] Como o próprio BOGSCH as designou.
[503] BOGSCH, reiterou ainda a sua teoria num artigo publicado num número especial da DA para a comemoração do centenário da Convenção de Berna – cfr., "Les cent premières années de la Convention de Berne pour la protection des oeuvres littéraires et artistiques", in DA, Setembro 1986, págs. 291 e 292 = Copyright, págs. 331 e 332.

âmbito de irradiação ("footprint") do satélite é aplicável. As leis nacionais podem atribuir um direito exclusivo (art.º 11-*bis* n.º 1) ou prever o que se pode chamar uma licença não-voluntária (art.º 11-*bis* n.º 2). Qualquer radiodifusão através de satélites de radiodifusão directa, quando o âmbito de irradiação ("footprint") cubra mais de um país, tem, por conseguinte, de respeitar as leis de direito de autor de cada um dos países cobertos por essa radiodifusão. De outro modo, a comunicação pública num país seria regulada pela lei nacional de outro país, um resultado que seria contrário ao princípio do tratamento nacional.

iv) Se o âmbito de irradiação ("footprint") cobrir apenas uma parte do país, pode-se considerar, de acordo com o princípio *de minimis*, que a lei nacional de direito de autor desse país não necessite de ser tomada em linha de conta.

v) A responsabilidade pelo respeito das leis nacionais de direito de autor aplicáveis incumbe à pessoa ou à organização que ordene a radiodifusão através de satélite de radiodifusão directa. Nenhuma outra entidade tem qualquer responsabilidade. Em particular, nenhuma pessoa que receba a radiodifusão em qualquer país tem qualquer responsabilidade; em particular não necessita de nenhuma autorização e não precisa de pagar nada ao titular do direito de autor da obra radiodifundida, por tal recepção.

vi) Estas opiniões são baseadas na Convenção de Berna no seu estado actual"[504] [505].

Por sua vez, o memorando elaborado para a reunião de Junho e Julho de 1988 continha os seguintes princípios sobre a radiodifusão por satélite[506]:

"*Princípio AW11*. A radiodifusão por satélite de radiodifusão directa é radiodifusão no sentido da Convenção de Berna, da Convenção

---

[504] Vide DA, Maio 1985, pág. 159 = Copyright, pág. 181.

[505] O representante do Director-Geral da UNESCO corroborou a posição de BOGSCH, fazendo notar que o art.º IV-*bis* da Convenção Universal é, também, susceptível de ser aplicado a esta nova técnica de difusão, na medida em que a radiodifusão no sentido desta Convenção cobre a radiodifusão directa por satélite.

[506] Note-se que estes princípios se referiam às obras audiovisuais, mas o mesmo memorando contém outros semelhantes sobre fonogramas, sendo ainda certo que eles são aplicáveis, *mutatis mutandis*, a outras categorias de obras.

Universal sobre Direito de Autor e da Convenção de Roma. Consequen-temente, se as obras audiovisuais forem, radiodifundidas por esses satélites, os titulares do direito de autor sobre essas obras, bem como os artistas intérpretes ou executantes, os produtores de fonogramas e os organismos de radiodifusão cujos direitos possam estar em jogo, devem gozar dos mesmos que teriam no caso da radiodifusão tradicional (por estações terrestres).

Princípio AW12. É o organismo de radiodifusão que originou a radiodifusão directa por satélite (dando a ordem para essa radiodifusão) que é responsável relativamente aos titulares do direito de autor das obras audiovisuais e relativamente aos artistas intérpretes ou executantes, produtores de fonogramas e organismos de radiodifusão cujos direitos possam estar em causa.

Princípio AW13. Se a comunicação pública (difusão para a recepção pública) é efectuada através de um satélite de radiodifusão directa, a comunicação (difusão) ocorre, conjuntamente, no país que está na origem dos sinais portadores de programas (daqui em diante: "país de emissão") e em todos os países que são cobertos pelo âmbito de irradiação ("footprint") do satélite (e a cujo público as obras audiovisuais em causa são comunicadas) (daqui em diante: países de recepção (do "footprint")).

Princípio AW14. Ao abrigo da Convenção de Berna, da Convenção Universal sobre Direito de Autor e da Convenção de Roma, que prevêem todas, o tratamento nacional, as leis nacionais tanto do país de emissão como dos países de recepção (do "footprint") devem ser respeitadas. *Alternativa A*: Se as leis nacionais em causa não concedem o mesmo tipo ou grau de protecção, deve-se aplicar o grau de protecção mais elevado. *Alternativa B*: Em geral a lei do país de emissão deve ser aplicada; se, no entanto, no país de emissão os titulares do direito de autor das obras audiovisuais ou os artistas intérpretes ou executantes, os produtores de fonogramas e os organismos de radiodifusão, cujos direitos possam estar em causa, não gozam de qualquer protecção (porque não existe protecção em geral, ou porque uma utilização livre é permitida, ou porque o prazo de protecção expirou) e num país de recepção (do "footprint") gozarem de tal protecção, ou se no país de emissão o seu direito se limitar a um mero direito de remuneração (licença não-voluntária) e no país de recepção tiverem um direito exclusivo de autorização, a lei do país de recepção (do "footprint") deve ser aplicada"[507].

3. As diferentes versões da "teoria Bogsch" sempre geraram grande debate e controvérsia. No entanto, a partir de certo momento, os argumentos num sentido ou noutro pouco primaram pela originalidade.

Além do que atrás ficou dito e que esclarece em muito o antagonismo das duas posições preferimos, por isso, seguir agora a defesa mais consequente que se conhece da "teoria Bogsch" feita por quem, no seio da própria OMPI, foi o seu mais ilustre advogado: MIHÁLY FICSOR[508].

Através de tal método conseguiremos não só analisar os argumentos que a procuram rebater – já que o autor faz deles uma síntese elucidativa – mas, sobretudo, a justificação dogmática da nova tese.

Foi com base numa palestra que proferiu em Estrasburgo, num Congresso que decorreu entre 2 e 6 de Outubro de 1989, sob a égide da Internacional Bar Association, Section of Business Law, que FICSOR apresentou aquela que muitos consideram a mais sólida defesa da "teoria Bogsch". O tema do seu estudo não deixa, aliás, dúvidas quanto ao seu objectivo: "Direct Broadcasting by Satellite and the "Bogsch Theory""[509].

FICSOR inicia o seu trabalho de forma quase poética e encontra o verdadeiro fundamento da "teoria Bogsch" na frase latina redigida pelo próprio Director-Geral, que foi inscrita na cúpula da entrada da sede da OMPI e onde se pode ler:

"NASCUNTUR AB HUMANO INGENIO OMNIA ARTIS INVETORUMQUE OPERA. QUAE OPERA DIGNAM HOMINIBUS

---

[507] Vide DA, Outubro 1988, págs. 390 e 391 = Copyright, pág. 370.

[508] FICSOR foi não só um defensor mas mesmo co-autor da "teoria Bogsch" – especialmente no que toca à sua última versão.

Como alguém afirmou, "a "teoria Bogsch" é boa mas a "teoria Bogsch" modificada por FICSOR é bastante melhor."...

[509] Doc. 5765D/CPL/0328D da OMPI.

O texto foi-nos oferecido pelo próprio e não se encontra publicado.

Uma versão quase integral do mesmo, com o mesmo título, encontra-se, contudo, publicada na International Business Lawyer, Tomo 18, Junho, 1990, págs. 258 a 263.

Seguiremos, por isso, preferencialmente, este último trabalho de molde a facilitar a consulta.

VITAM SAEPIUNT. REIPUBLICAE STUDIO PERSPICIENDUM EST ARTES INVENTAQUE TUTARI "[510].

FICSOR explica depois porque razão colocou a expressão "teoria Bogsch" entre aspas.
A razão é simples: é a de que não se trata de uma mera teoria. Explicitando a sua posição esclarece:

"A palavra "teoria" pode sugerir que o que está em questão é um conjunto de ideias sem aplicação prática actual, e, no campo do direito, pode sugerir, particularmente, que as ideias invocadas podem servir, quanto muito, como base de propostas *de lege ferenda*. Na verdade, o que é chamado "teoria Bogsch" não é nada disso; o que é chamado "teoria Bogsch" é a interpretação correcta da Convenção de Berna de acordo com as circunstâncias criadas pelas novas tecnologias da comunicação. É completamente enganoso chamar à descrição precisa de uma situação *de lege lata* uma "teoria". Esta é a explicação para as aspas que uso e para as reservas que elas expressam"[511].

Depois disso, FICSOR detém-se na apresentação da "teoria Bogsch" e acrescenta-lhe algo que apesar de não resultar das teses expostas pelo Director-Geral se encontra, implicitamente, nelas contidas – "decorre necessariamente da "teoria Bogsch" que se o titular de direitos não for a mesma pessoa no país de emissão e no país do "âmbito de irradiação" ("footprint") não é suficiente tomar apenas em atenção os direitos do titular de direitos no país de emissão; os direitos do titular de direitos no país do "âmbito de irradiação" ("footprint") – onde, a obra é verdadeiramente comunicada ao público – devem, pelo menos, prevalecer igualmente"[512].

Seguidamente FICSOR dá-nos notícia dos debates e argumentos que a "teoria Bogsch" gerou: "Apesar de haver acordo absoluto no que respeita aos princípios que lidam com a noção de radiodifusão e com a responsabilidade das organismos originários, foram expressas algumas reservas

---

[510] Traduzindo para português: "O génio humano é a fonte de todas as obras de arte e invenção. Estas obras são a garantia de uma vida digna dos homens. É dever dos Estados garantir com diligência a protecção das artes e das invenções".
[511] FICSOR, ob. cit. na nota 509, pág. 258.
[512] Idem, pág. 259.

relativamente aos princípios que tratam das questões do local onde a radiodifusão tem lugar no caso de transmissão por satélites de radiodifusão directa e, consequentemente, sobre a lei do país que deveria ser aplicada. Aqueles que se opuseram aos princípios eram de opinião que a sua aplicação levaria a dificuldades legais e práticas e expressaram, portanto, a opinião de que devia ser aplicada, exclusivamente, a lei do país de emissão"[513].

Face à controvérsia existente, FICSOR apresenta-nos o seu plano de estudo que se inicia com a análise da "questão fundamental" de saber se, com base nas disposições das Convenções Internacionais existentes, é ou não justificado restringir a noção de radiodifusão ao acto de emissão (como sugerem os opositores à "teoria Bogsch") ou se a radiodifusão directa por satélite deve, antes, ser considerada comunicação pública (como é sugerido nos memorandos que deram corpo à "teoria Bogsch"). Depois desse problema central, FICSOR propõe-se dar respostas às dificuldades legais e práticas que são erigidas contra a "teoria Bogsch".

Começa por refutar um dos argumentos básicos da "teoria da emissão": o de que a radiodifusão deve ser reduzida à mera emissão de sinais.

Segundo FICSOR, uma tal tese baseia-se na convicção errada de que as convenções de direito de autor e direitos conexos não contêm qualquer definição de radiodifusão, sendo, por isso, aplicável os conceitos dos Regulamentos de Rádio da União Internacional de Telecomunicações (ITU) que identificariam radiodifusão com mera emissão. Valendo-se de uma série de noções naqueles previstas, o autor demonstra que nem sequer ao abrigo dos Regulamentos de Rádio uma tal identificação é correcta[514].

A averiguação em sede de direito das telecomunicações é, contudo, despicienda como FICSOR vem a reconhecer. Ela destina-se apenas a esgotar todo o repertório argumentativo dos defensores da "teoria da emissão".

FICSOR passa, por isso, ao debate da questão central que, como elucida, é matéria de Direito de Autor.

A sua frase introdutória é esclarecedora: "**Nenhuma análise dos Regulamentos de Rádio é, no entanto, necessária porque as con-**

---

[513] Idem, pág. 260.
[514] Idem, pág. 260.

venções internacionais de direito de autor e dos direitos conexos contêm, de facto, definições de radiodifusão"[515].

E passa, de imediato, à demonstração referindo que o art.º 11-*bis*, n.º 1 da Convenção de Berna deixa claro que a radiodifusão é uma modalidade de comunicação pública através da difusão sem fio.

Depois de uma breve resenha histórica em que esclarece, apropriadamente, que a mudança de redacção ocorrida em Bruxelas em nada afectou a noção de radiodifusão, FICSOR sublinha, então, o conteúdo útil que se pode retirar do conceito em face da Convenção de Berna: a radiodifusão é uma comunicação das obras ao público sem fio.

Apesar de reconhecer que num determinado passo do relatório do Subcomité da Conferência de Revisão de Bruxelas, que cita[516], se fala, efectivamente, em emissão, FICSOR demonstra correctamente – que o que aí se pretendeu foi apontar a irrelevância da recepção efectiva e não identificar emissão com radiodifusão[517].

Detém-se, seguidamente, na Convenção de Roma sem nunca perder de vista as objecções dos partidários da "teoria da emissão". Verifica que a noção de "radiodifusão"[518] constante do art.º 3, alínea f)

---

[515] Idem, pág. 260. Nosso o sublinhado.

[516] A citação de FICSOR do relatório que refere não é a mais correcta, apesar de ser a que consta da versão inglesa. O que na redacção francesa se estabelece é, aliás, bem mais compreensível do que FICSOR afirma.

Assim, depois de sublinhar a intenção unânime da Subcomissão, de manter intocável o sentido do direito de radiodifusão que vinha já do texto de Roma o relator acrescenta:

"Mas ela julgou, com o programa que era preferível falar mais brevemente do direito de autorizar a radiodifusão, para marcar bem que só a emissão é determinante, com exclusão da captação e escuta" – cfr., "Rapport de la Sous-Comission..." cit., pág. 114.

Do exposto não se retira a nossa discordância com o argumento de FICSOR. Pelo contrário, ele merece, nesse ponto, todo o nosso apoio.

Acontece, porém, que o texto britânico que cita afigura-se-nos tautológico já que não faz qualquer sentido falar de "recepção e escuta ou visualização".

As duas últimas são, obviamente, modalidades da primeira e foi a recepção efectiva que se pretendeu esclarecer que não fazia parte do conceito de radiodifusão – o que FICSOR, diga-se, certamente sublinha e demonstra compreender, como resulta da sequência do seu estudo.

[517] Idem, págs. 260 e 261.

[518] Na redacção portuguesa daquela alínea f) do art.º 3 da Convenção de Roma define-se "emissão de radiodifusão" como "a difusão de sons ou de imagens e sons, por meio de ondas radioeléctricas, destinadas à recepção pelo público".

Apesar da palavra emissão aparecer no conceito a definir o texto subsequente "está de harmonia com a noção de radiodifusão usada na Convenção de Berna"[519].

Parte dessa constatação para rebater argumentos dos advogados da "teoria da emissão" segundo os quais, de acordo com uma "interpretação tradicional", a radiodifusão ocorre no local de emissão e não (também) nos do âmbito de irradiação ("footprint") do satélite.

Reconhece que na radiodifusão clássica havia coincidência entre o ponto de emissão e o de recepção, mas reafirma a novidade dos satélites de radiodifusão directa e dos problemas que eles acarretam.

Estamos perante uma nova realidade relativamente à qual a mera referência a "tradições" ou "interpretação tradicional" está ultrapassada. Com os satélites de radiodifusão directa emergiram questões até aí não detectadas ou facilmente resolvidas, com base no princípio *de minimis*.

Ora, como a situação *de lege lata* é clara – identificando as várias convenções a radiodifusão com comunicação ao público – a "teoria da emissão" só será justificável como base para propostas *de lege ferenda* com vista a uma eventual futura revisão dos instrumentos internacionais. Só alterando as convenções será possível aplicar a "teoria da emissão"[520].

Feita a demonstração pela positiva, FICSOR sente-se habilitado a enfrentar, ponto por ponto, as críticas que são formuladas à "teoria Bogsch" e é nesse momento que nos fornece os contributos mais valiosos da sua investigação. Sublinhando, em título, que essas críticas já resul-

---

dá razão de ser às conclusões de FICSOR, já que o que se pretendeu abarcar foi a radiodifusão como um todo.

A irrelevância da expressão utilizada retira-se, aliás, da disparidade dos textos vinculativos da Convenção de Roma – cfr. art.º 33 n.º 1. Assim, o texto francês fala de "émission de radiodiffusion", o inglês de "broadcasting" e o espanhol simplesmente de "emisión".

A difusão (transmissão) sem fio destinada à recepção pelo público é, no entanto, comum a todos eles.

O modo como, as restantes disposições da Convenção falam indistintamente de radiodifusão (v.g., art.º 7) e de emissão (v.g., art.ºs 4 e 6) demonstra também que o legislador não pretendeu retirar nenhum significado substantivo da divergência terminológica.

O texto de FICSOR baseia-se, como facilmente se deduz, na versão inglesa da Convenção de Roma.

[519] Nosso o sublinhado.
[520] FICSOR, "Direct Broadcasting by Satellite and the "Bogsch Theory", cit., pág. 261.

tavam, na sua maioria, dos debates do Comité dos Peritos Governamentais o autor realça que elas já se encontram enumeradas no relatório do Comité. Vai então analisar, como se disse, uma a uma, as "dificuldades" que são opostas à "teoria Bogsch".

A primeira é a de que se torna difícil aplicar a lei de outros países se o caso for apresentado perante o tribunal do país de emissão, o que acarretará problemas de extraterritorialidade. FICSOR não encontra nada de inultrapassável neste argumento, fazendo ver que o mesmo pode ser invocado em qualquer situação de conflito de leis onde não seja aplicável, o princípio da *lex fori*.

A segunda dificuldade é a de que no caso do litígio ser decidido pelo tribunal de um dos países do âmbito de irradiação ("footprint") a execução da sentença contra um radiodifusor cuja sede esteja noutro país seria problemática. FICSOR rebate-a com três comentários:

– Primeiro, não é necessário que o caso seja decidido pelo tribunal de um país do âmbito de irradiação ("footprint"). Pelo contrário ele pode ser apresentado junto do país onde o radiodifusor tem a sua sede e o que a "teoria Bogsch" sustenta é que ambas as leis – de emissão e recepção – devem ser levadas em linha de conta;
– Segundo, a teoria da emissão pode acarretar as mesmas "dificuldades" se o país da sede do radiodifusor não for o país de emissão;
– Terceiro, o radiodifusor pode ter fundos (nomeadamente de raiz publicitária) nos países de recepção, o que facilitará a cobrança dos direitos dos respectivos titulares.

A terceira dificuldade – a de que não é fácil a comparação de níveis de protecção no país de emissão e nos países de recepção – é superada pelo autor através de uma "aplicação realista dos princípios da teoria Bogsch", nomeadamente da alternativa B do princípio AW14 que tivémos ocasião de mencionar.

A quarta e última dificuldade apresentada no Relatório é a de que não é nítida a noção de âmbito de irradiação ("footprint"), tendo em conta o fenómeno dos fluxos transfronteiriços ("overspill", "debordment"). Também aqui FICSOR não encontra nada de incontornável remetendo para a legislação e para a jurisprudência a clarificação do conceito.

Tal clarificação poderá, aliás, ser feita sem grandes dificuldades desde que se leve em consideração determinados factores, tais como a intenção do organismo de radiodifusão, a possibilidade de o programa poder ser recebido por equipamentos de recepção geralmente utilizados pelo público em todo o território ou numa parte significativa deste, a inutilidade do programa para o público em geral em razão da língua em que é emitido ou da sua eventual codificação ou mesmo da possível proibição legal de recepção, etc..

Uma coisa parece, contudo, evidente ao autor: a de que mesmo tomando em apreço todos os critérios enunciados existem países que pertencem, sem margem de erro, ao âmbito de irradiação ("footprint").

FICSOR responde ainda a uma "dificuldade prática" que, embora não tenha sido referida na reunião do Comité de Peritos de Paris em Maio de 1986, é por vezes mencionada por alguma doutrina – a de considerar que a radiodifusão em todos os países do âmbito de irradiação ("footprint") cria dificuldades, na obtenção de todas as autorizações para a transmissão do programa. A isto FICSOR opõe que muitas vezes os titulares de direitos são para os diversos países uma e a mesma pessoa e que a gestão colectiva que possibilita a atribuição dos direitos por uma única entidade, normalmente a entidade de gestão do país do radiodifusor, que representa normalmente as organizações dos outros países envolvidos, facilitará as restantes situações.

Acresce que se em certos casos os titulares de direitos não permitem a transmissão para certo(s) país(es) isso mais não é do que o exercício dos seus direitos exclusivos aos quais não se podem opor dificuldades práticas do organismo de radiodifusão.

As alegadas dificuldade são, assim, postas de lado pelo autor que vê no memorando preparado para a reunião de Junho/Julho de 1988 do Comité de Peritos Governamentais um mero aperfeiçoamento das propostas de 1985 e 1986.

Apesar disso salienta a nova alternativa (Alternativa B) que foi proposta para a segunda frase do Princípio AW14 que permite uma comparação eficaz e não ambígua das legislações nacionais. A nova alternativa corresponde à aplicação prática dos princípios enunciados no memorando da reunião do Comité dos Peritos Governamentais de Maio de 1986.

Aí, no seu §54, o Director Geral da OMPI entendia que só haveria recurso à legislação dos países do âmbito de irradiação ("footprint") se o país de emissão não outorgasse um direito exclusivo[521]. Neste último caso

---

[521] Idem, pág. 261 e 262.

a negociação em função do referido direito exclusivo tomaria em linha de conta o âmbito da recepção.

Na hipótese de o país de emissão prever a licença legal ou compulsória é que seria necessário recorrer às leis dos países de recepção, já que "radiodifusão significa transmissão e não mera emissão".

Realçando que na reunião do Comité de Peritos Governamentais de Junho/Julho de 1988 não foram apresentados novos argumentos, FICSOR entende que não pode ser feita uma oposição sólida à teoria Bogsch.

O que se passa é que a teoria Bogsch se tornou objecto de uma espécie de "guerra religiosa" no campo do direito de autor entre teses ortodoxas ultrapassadas e visões modernas de velhos conceitos; e "os combatentes de uma guerra religiosa não param facilmente no meio de uma batalha e reconhecem que estão errados a respeito daquilo porque lutam".

FICSOR vai mesmo mais longe e afirma que a teoria Bogsch não tem verdadeiros opositores. O que existe são uma série de argumentos "não mas..." ("not but...") por parte dos alegados opositores da teoria Bogsch, que não só não rebatem mas antes confirmam a relevância desta última.

Assim, diz-se que a radiodifusão directa por satélite tem lugar apenas no país de emissão e não, também, nos países de recepção mas depois afirma-se que o público do âmbito de irradiação ("footprint") tem de ser tomado em linha de conta para a determinação do montante a pagar. Diz-se ainda que os interesses dos subtitulares (e FICSOR presume que também dos titulares) dos países de recepção têm de ser reconhecidos e respeitados. Acrescenta-se, finalmente, que se no país de emissão existir uma licença obrigatória e nos países do âmbito de irradiação ("footprint") houver um direito exclusivo, a licença obrigatória não poderá ser aplicada – que o mesmo é dizer que as leis dos países de recepção devem ser levadas em linha de conta.

Desta sucessão de argumento "não mas..." ("not but...") retira FICSOR um "sim" não assumido – "uma espécie de sósia, uma foto fantasma da "teoria Bogsch"".

Todos estes argumentos "não mas..." ("not but...") são uma confissão da incapacidade da teoria de emissão enquadrar devidamente o problema da radiodifusão directa por satélite.

A conclusão de FICSOR é, pois, a de que a aceitação da teoria Bogsch pode ocorrer "aberta e conscientemente" ou de modo mais tímido e menos sincero.

Ela é contudo inevitável face às novas tecnologias e à comunicação global que as mesmas permitem.

Em face de ambas afigura-se "irreal e paradoxal dizer que a utilização de uma obra tem lugar onde ela é emitida para o satélite (ou, o que pode ser ainda mais distante da realidade, onde o organismo de radiodifusão tem a sua sede) e não onde é efectivamente colocada à disposição do público"[522].

SECÇÃO III
ANÁLISE DAS DIFERENTES TEORIAS E POSIÇÃO ADOPTADA

1. A "guerra religiosa" de que FICSOR falava ainda não terminou. O tema continua a ser o que mais melindre causa sempre que é abordado e, por isso, muitos são o que o evitam. Ainda num fórum realizado em final de 1995, em Nápoles, nomes tão sonantes como FICSOR (que era o moderador do debate), DREIER, FABIANI, GABAY, GELLER, HUGENHOLTZ e OLSSON demonstravam quão distante está o dia em que existirá unanimidade de opiniões ou, pelo menos, uma posição dominante[523].

2. Mas que dizer das várias teses apresentadas?

Partindo da "teoria da emissão"[524] teremos de começar por afirmar que ela é, ainda hoje, a que detém maior número de adeptos. As razões

---

[522] Idem, págs. 262 e 263.

[523] Vide "Private International Law Aspects of the Global Information Infrastructure", in WIPO WORLD FORUM, Nápoles, 1995, 4.ª sessão de trabalho, págs. 101 a 128.

Apesar de o tema central do debate versar sobre a lei aplicável na designada "Sociedade da Informação", o problema paralelo da radiodifusão por satélite directo foi por diversas vezes chamado à discussão – chegando-se a falar de uma "Internet Bogsch Theory".

Em momento posterior teremos ocasião de analisar onde começa e onde termina o referido paralelismo.

[524] Para maiores desenvolvimentos sobre a teoria da emissão e exposição elucidativa da mesma veja-se por todos FREEGARD, "Radiodiffusion directe par satellite: conséquences pour le droit d'auteur", in RIDA, 136, Abril 1988, págs. 62 a 135 e RUMPHORST, "Broadcasting of films via satellite", em EBU-Review, vol. XII, n.º 4, Julho de 1990, págs. 34 a 40.

dessa preferência são invariavelmente as mesmas – questões jurídicas e questões práticas – e delas fizemos a síntese através do artigo de FICSOR que citámos na secção anterior[525].

As questões práticas foram feridas de morte pela sua argumentação, para as quais remetemos com plena concordância. Acresce que a simples confissão de que de objecções práticas se tratam limita, desde logo, o seu âmbito jurídico e a simples referência a situações similares, que o Direito Internacional Privado ou os legisladores têm de resolver, são suficientes para levar à sua rendição.

Fica, por isso, o argumento fundamental: o de que as definições tradicionais de radiodifusão nas Convenções Internacionais – *maxime* na Convenção de Berna – se opõem à aplicação das leis do país de recepção, que o mesmo é dizer que radiodifusão equivaleria, em sentido jurídico, a emissão. É afinal este último o reduto em que se agrupam os defensores da "teoria da emissão".

Mas é incorrecto que assim seja. A radiodifusão, já se disse, é um processo global que se inicia na emissão e termina na potencialidade de recepção directa pelo público. O simples exemplo de uma emissora transmitir para o espaço não deixa margem de manobra.

Admita-se, por absurdo, que alguém difunde uma obra através de um satélite directo em direcção a Marte. Haverá radiodifusão?!

A evidência da resposta é irrebatível. Nem o mais acérrimo defensor da "teoria da emissão" poderá deixar de reconhecer que não existe não só radiodifusão como qualquer outro acto de exploração da obra, já que todo o exclusivo de exploração económica do autor tem que ser público[526] – que é elemento essencial de todas as noções de radiodifusão que os diferentes instrumentos internacionais consagram.

Por outro lado, ainda que assim não fosse – o que não se concede – o mero apelo às interpretações tradicionais não passa de uma ficção.

A radiodifusão directa por satélite não é, como muitos dos autores supracitados demonstraram, uma simples transmissão clássica com um fluxo fronteiriço ("*spill-over*") de dimensão diferente. Ela é, pelo contrário, uma realidade qualitativa e quantitativamente diferente; é algo de novo para o qual o direito "tradicional" não tinha, nem podia ter,

---

[525] Outros autores apresentam a mesma síntese, v.g. DIETZ, DILLENZ e FABIANI também nas obras referidas na secção anterior.

[526] Como, por todos, OLIVEIRA ASCENSÃO eloquentemente demonstra – cfr., "Direito de Autor e Direitos Conexos", cit., pág. 198 e seguintes.

qualquer resposta. Invocar a tradição é, pois, desapropriado e contorna o problema em vez de o resolver.

Acresce que a posição ultra-proteccionista para os titulares de direitos em que os seus principais obreiros se colocam cria-lhes uma situação ambígua e permanentemente instável – aquilo a que FICSOR chamou de posições "não, mas..." ("not, but...") – o que leva a contradições insustentáveis no seio das suas próprias teses.

A "teoria da emissão" pode, pois, sem rebuço, ser descartada do leque de opções a considerar.

3. Como ponto intermédio temos as teses da "zona de serviço" (HERRMANN), da "zona di mercato" (FABIANI), do "verdadeiro público" (DILLENZ) e da "remuneração de antena" (DIETZ/DILLENZ). Têm um aspecto positivo: compreendem a globalidade do acto de radiodifusão e lançam, por isso, a sua atenção para o local onde a comunicação pública ocorre.

Mas têm bastantes mais motivos de crítica. Desde logo, elas pretendem ser corolários ou complementos pragmáticos à "teoria Bogsch".

As três primeiras – e deixando já de lado a questão da delimitação do âmbito das figuras, que não é de somenos – não visam resolver o problema jurídico em causa: o da lei ou leis aplicáveis. Elas têm, sobretudo, por objectivo apontar critérios de determinação do montante da remuneração a receber pelos titulares de direitos.

À teoria da "remuneração de antena" aplica-se a mesma crítica, mas face à sua gravidade vamo-nos deter, um pouco mais, sobre ela. De facto, levanta-nos as mais sérias objecções. A sua impopularidade política atenua-nos a preocupação e não temos notícia de que qualquer governo a tenha adoptado.

Mas, se do ponto de vista político a tese da "remuneração de antena" seria um suicídio para qualquer Executivo que obrigasse milhões de pessoas a pagar um montante para terem uma antena que lhes permitisse receber programas[527], do ponto de vista jurídico ela é inadmissível. Com

---

[527] Existiram ideias ainda mais radicais (se é este o adjectivo correcto). Houve quem defendesse que a quantidade de obras que poderiam ser recebidas era tão grande que as antenas deveriam ser, apenas, alugadas por forma a, num prazo cíclico, a remuneração se renovar...

Neste sentido, CROSBY e TEMPEST, "Satellitologie: droit d'auteur, publicité, moralité publique et satellites en droit communitaire", in Révue de l'UER, 1983, vol. 34, n.º 3, pág. 30.

o devido respeito, não se consegue compreender a fundamentação dogmática que encontra paralelismo entre a questão em análise e a designada reprografia.

A resposta de DIETZ a esta crítica[528] é, aliás, pouco convincente quando afirma: "Não podemos aqui aprofundar esta questão; basta a chamada de atenção que as novas e pouco habituais, constelações de problemas podem justificar novas soluções..."[529]. Mas estas "novas soluções" significam, tão-só, a ruptura irreparável dos alicerces do Direito de Autor.

De facto as diferenças entre as duas figuras são abissais. Desde logo, uma baseia-se no direito de reprodução e na potencialidade – já isso é criticável – de com o suporte virgem se fazer uma cópia tangível da obra e nessa reprodução – direito outorgado ao autor – se encontra a última fronteira onde ainda é possível reclamar algo em função de um direito de autor.

Mas na remuneração de antena qual seria o fundamento?! Só um eventual "direito de recepção" que não só não existe como é totalmente recusado por todos os convénios e legislações conhecidos.

Acrescente-se que nenhuma legislação que prevê a referida reprografia estabelece qualquer direito do autor reclamar qualquer remuneração junto do público adquirente – consoante os casos é o produtor, o importador ou o distribuidor que se encontra adstrito a essa obrigação.

E o que ainda é mais grave é que o organismo de radiodifusão emitente continuaria a pagar ao autor em razão do seu direito de radiodifusão ou, se quisermos, traduzindo de modo mais simples: um caso perfeito de dupla remuneração.

Não pode ser assim. O receptor não participa em qualquer acto de aproveitamento da obra nem sequer eventual – como se pressupõe (abusivamente) que acontece na reprografia. A utilização da obra é exclusivamente realizada pelo radiodifusor.

---

[528] Que lhe foi inicialmente formulada por DILLENZ no seu artigo de 1986 (vide "La protection juridique des oeuvres transmises par satellites de radiodifusion directe", cit, pág. 350).

Como sabemos foi, contudo, DILLENZ a, mais tarde, aderir à posição de DIETZ e não o contrário...

Talvez a sugestão da cobrança dessa remuneração de antena se realizar através da chamada "gestão colectiva necessária" o tenha de algum modo sensibilizado e tido efeito na sua posição final...

[529] DIETZ, "Urheberrecht und Satellitensendungen", cit., pág. 89.

Pretender o contrário significa uma de três coisas:

– Ou que se faz interpretação ab-rogante dos conceitos de radiodifusão até hoje estabelecidos – o que é absurdo;
– Ou que se criou um novo direito de recepção – o que é falso;
– Ou que cada receptor pelo simples facto de ter comprado uma antena e ter um aparelho em casa é uma espécie de difusor por cabo dentro do seu próprio domicílio – o que nem sequer merece comentário.

A seguir tal caminho, teríamos em breve a cobrança de direitos aos leitores de livros ou jornais.

A teoria da "remuneração de antenas" está hoje de todo abandonada e pensamos que o seu aparecimento se ficou a dever ao momento de pesquisa – e, consequentemente, de apresentação de todas as soluções possíveis – em que foi formulada. Estamos em crer, aliás, que os insignes autores que a apresentaram já hoje não a subscreveriam. A sua inaplicabilidade prática está, contudo, demonstrada em termos absolutos e "pelo fruto se vê a qualidade da árvore".

Fica, assim, perdida na poeira do tempo a teoria da "remuneração de antenas". Afigura-se difícil, para não dizer impossível, que venha a ser retomada.

4. A contundência das críticas que expressámos nos pontos anteriores poderia indiciar a nossa adesão à "teoria Bogsch". Mas uma conclusão nesse sentido seria precipitada. Voltemos um pouco atrás e detenhamo-nos com mais minúcia na famosa tese do então Director-Geral da OMPI. Que verificamos?

Desde logo, o mérito[530] de compreender a nova realidade, de a libertar dos apertados quadros interpretativos tradicionais e de reconhecer a responsabilidade do organismo emissor perante os titulares dos diferentes direitos.

A radiodifusão directa por satélite é, pois, uma radiodifusão na verdadeira acepção jurídica do conceito. Inicia-se com a emissão mas só se completa com a disponibilização ao público – onde quer que ele se encontre – das obras. Os actos de aproveitamento ocorrem, por con-

---

[530] Ainda que não original, como já se demonstrou...

seguinte, em todos os locais onde a comunicação pública dos programas tem lugar.

Até aqui podemos acompanhar BOGSCH e todos os seus antecessores e seguidores. Podemos, ainda, conceder a validade de um princípio *de minimis*[531] que leve ao desprezo de fluxos transfronteiriços de pequeno significado[532].

Mas a partir daí as coisas complicam-se.

Comecemos pelas alternativas que BOGSCH apresenta como Princípio AW14 da versão de 1988. Aí, como alternativa A, estabelece-se: "Se as leis nacionais em causa não concedem o mesmo tipo ou grau de protecção **deve-se aplicar o grau de protecção mais elevado**"[533]. Pergunta-se: porquê? Com que base legal? Com que fundamento jurídico?

A resposta às três questões deve ser negativa.

Pelo contrário, a Convenção de Berna, que BOGSCH utiliza como verdadeira origem da sua tese, no único caso em que prevê um conflito de legislações, opta precisamente pela solução oposta – prevalece como país de origem da obra aquele "cuja legislação conceder um prazo de protecção menos extenso" – art.º 5 n.º 4, alínea a)[534].

E que dizer da alternativa B do mesmo princípio?

Recorde-se, em grandes linhas, o seu teor: em geral aplica-se a lei do país de emissão, se neste país não existir qualquer protecção dos titulares dos direitos ou se estes gozarem apenas de uma remuneração, por existir uma licença não voluntária e se nos países de recepção forem outorgados direitos exclusivos, então será a legislação destes últimos a aplicável.

Volta-se a perguntar: a que título? Donde é que isto resulta da Convenção de Berna ou de qualquer outra Convenção internacional? Não resulta. E mais grave ainda é que BOGSCH abre agora o flanco.

Para quem se baseou na pureza dos princípios e na interpretação autêntica da Convenção de Berna este é um passo em falso irrecuperável.

---

[531] Que encontramos no ponto iv da primeira versão da teoria, mas que já não faz parte da última proposta – o que se lamenta.

[532] Este princípio terá, contudo, fonte costumeira, já que não se encontra, nos diversos tratados relevantes, fundamento legal que o justifique.

[533] Nosso o sublinhado.

[534] A alínea a), do n.º 4 do art.º 5 da C.B. refere-se à determinação do país de origem para as obras publicadas simultaneamente nos países da União que admitam prazos de protecção diferentes, optando, como se referiu, pelo país cujo prazo de caducidade seja o menos extenso.

É que, note-se, em primeira linha BOGSCH admite que se aplique a lei do país de emissão. Isto constitui uma contradição insanável com tudo aquilo que anteriormente sustentara.

Então não era verdade que os conceitos de radiodifusão constantes das principais Convenções impediam a aplicação, pura e simples, da lei do país de emissão, que só uma visão tradicional e retrógrada poderia sustentar?!... Afinal, tudo o que fora atacado na "teoria da emissão" é agora aceite – e como primeira solução.

Cai por terra, também, a legitimidade de FICSOR – ao menos do ponto de vista moral – de, com apelo à pureza dos princípios, criticar os argumentos "não, mas..." dos defensores da tese que antagoniza. O pai da sua teoria predilecta desviou-se deles tal como os seus adversários.

Estas alternativas do Princípio AW14 significariam, só por si, a derrocada da "teoria Bogsch"; mas, mais do que isso elas tornam claro o verdadeiro sentido ou, se quisermos, a verdadeira intenção que lhe estava subjacente.

Finalmente, não são problemas de natureza jurídica, de adequada interpretação de normas convencionais e consequente respeito pela pureza de conceitos e regimes estabelecidos, o que aqui está em jogo. Não é o carácter quase "sagrado" da Convenção de Berna e dos outros instrumentos internacionais que se procura salvaguardar.

Esses são apenas os argumentos que encobrem o verdadeiro objectivo: dar mais e mais protecção aos titulares de direitos fazendo da interpretação jurídica um mero instrumento que voga ao sabor das conveniências para obter tal desiderato[535].

Mas é outro o argumento que destrói definitivamente a "teoria Bogsch". E, no entanto, curiosamente, poucas vezes é esgrimido.

De facto, a esmagadora maioria dos autores tem o mesmo ponto de partida: as Convenções Internacionais, *maxime* a Convenção de Berna. E quer os defensores de uma como de outra teoria, afadigam-se na demonstração do sentido que a radiodifusão directa por satélite tem ao

---

[535] O que é, aliás, confessado pelos seus próprios defensores.

Por exemplo, DELIYANNI, "Le Droit de Représentation des Auteurs..." cit., pág. 99, di-lo sem rebuço:

"A principal vantagem da teoria Bogsch situa-se no facto de permitir tomar, sempre, em linha de conta a legislação mais favorável em caso de diferença entre o nível de protecção outorgado pelo país de emissão e o que é atribuído pelo país de recepção".

nível daqueles tratados[536]. Até o próprio ULMER, quando toma a sua posição, não deixa de evidenciar o mesmo estigma reconhecendo que para a protecção directa dos autores são decisivas as legislações nacionais de Direito de Autor e as Convenções Internacionais – especialmente a Convenção de Berna (RBÜ na sigla alemã) e a Convenção Universal sobre o Direito de Autor revista (Rev. WUA, também na sigla alemã).

Segundo ULMER, de acordo com o historial das próprias convenções e a posição dominante sobre a interpretação das respectivas normas, o conceito de radiodifusão pressupõe que a transmissão possa ser recebida directamente pelo público. Uma tal recepção pública ocorre na emissão através de satélites de radiodifusão directa. O satélite não é mais do que o mediador (o "relais"), o meio técnico através do qual a empresa originária emite sinais para o público. O organismo de radiodifusão originário tem de adquirir contratualmente, junto dos titulares de direitos – entre os quais se incluem as entidades de gestão colectiva – o direito de radiodifusão ("emissão")[537].

A referência a ULMER que acabámos de fazer é elucidativa. No fundo, todos se dispersam em confabulações estéreis sobre se a radiodifusão directa por satélite está ou não contemplada pelo texto do art.º 11-*bis* da Convenção de Berna sem cuidar de verificar o principal: poderá a radiodifusão directa por satélite enquadrar-se no corpo do citado artigo? E em caso afirmativo em que medida?

Pode parecer um mero jogo de palavras mas é bem mais do que isso. Já salientámos que o conceito de radiodifusão que transparece da Convenção de Berna marca, indelevelmente, os restantes tratados internacionais. A radiodifusão directa de obras literárias ou artísticas por satélite deverá ser considerada radiodifusão nesse sentido?

---

[536] Como exemplos de análises, dos dois lados, podemos apontar DILLENZ, que apesar de se centrar na Convenção de Berna analisa também uma série de outros instrumentos internacionais – cfr., "La protection juridique des oeuvres transmises par satellites de radiodiffusion directe", cit., págs. 351 a 353 e RICKETSON (defensor da teoria da emissão fundamentalmente por razões de ordem prática), "The Berne Convention...", cit., pág. 442 e seguintes.

Estes são, contudo, apenas dois exemplos paradigmáticos. Podemos mesmo afiançar que todos os principais autores que abordam o tema dedicam sempre um espaço ao enquadramento (ou não) da radiodifusão por satélite directo, pelo menos, na Convenção de Berna.

[537] ULMER, "Urheber und Verlagsrecht", 3.ª ed., cit., págs. 261 e 262.

A resposta é, sem dúvida, afirmativa. Ela preenche todos os requisitos que o legislador equacionou como sendo necessários para o preenchimento do tipo: há uma emissão; essa emissão é destinada ao público; a emissão contém obras ou outras prestações protegidas; o público pode, caso pretenda, recebê-la.

Não há dúvida que o conceito de radiodifusão da Convenção de Berna compreende, sem dificuldade, a radiodifusão directa por satélite. Também ela é um tipo de radiodifusão.

Mas a similitude pára aqui. Porque, seguidamente, temos de perguntar até que ponto o regime da radiodifusão do art.º 11-*bis* da Convenção de Berna é, ou não, aplicável ao novo tipo de transmissão. Ora, a resposta, nesse ponto, muda completamente de sentido.

O art.º 11-*bis* não se aplica à radiodifusão directa por satélite, pelo simples facto que a sua redacção – datada de 1948, recorde-se – jamais equacionou tal perspectiva. Poder-se-á dizer que se trata de uma interpretação actualista da norma – é, no fundo, o que DILLENZ expressamente e muitos outros, tacitamente, afirmam.

Mas não é assim. Desde logo, as revisões mais recentes da Convenção de Berna (1967 e 1971) jamais equacionaram tal extensão do art.º 11-*bis* – e poderiam, sem dúvida, já com conhecimento de causa, tê-lo feito.

Portanto, "interpretar" a Convenção de Berna no sentido em que BOGSCH o faz não se trata de uma mera determinação do sentido dos seus preceitos mas, bem mais do que isso, uma tentativa de ultrapassar a própria Convenção, "criando, claramente, muito para além do escopo das respectivas normas"[538].

Mas o desenvolvimento técnico não permite, por si, a atribuição de novos sentidos a textos legais anteriores. "Nenhuma Convenção Internacional pode obrigar os Estados-membros a aceitar que excedam os limites dos seus textos que eram imagináveis quando a assinaram"[539]. Também ULMER concede que na sua opinião não se pode considerar que exista convergência entre os Estados-membros da União de Berna sobre uma visão ampla do conceito de radiodifusão. Recordando que o art.º 11-*bis* n.º 1, 1.º foi redigido em Bruxelas salienta que nesse momento a radio-

---

[538] Como adequadamente anota GUNNAR KARNELL, "A Refutation of the Bogsch Theory on Direct Satellite Broadcasting Rights", in, Int. Bus. Lawyer, Junho 1990, pág. 264.

[539] Idem, pág. 264.

difusão era apenas entendida numa acepção tradicional, não sendo sequer pensável uma radiodifusão por satélite. Consequentemente um Estado--membro da União que se atenha a uma visão clássica da noção de radiodifusão não viola o direito convencional.

A única coisa que se pode retirar do texto internacional é que "**no sentido da Convenção a protecção mínima que os Estados contratantes devem conceder é a protecção das difusões destinadas à recepção directa pelo público**"[540]. É, por isso, essencial que, para protecção dos autores seja adoptada, a nível nacional, uma interpretação interna do conceito. Uma tal visão inovadora deverá, aliás, ser transposta posteriormente para os tratados multilaterais[541].

Apesar de as conclusões de ULMER se referirem ao texto em que aborda, fundamentalmente, a radiodifusão indirecta por satélites elas podem ser – diríamos, até, por maioria de razão – extrapoladas para a que é efectuada por satélites de radiodifusão directa.

Em suma, em termos de regime, a "teoria Bogsch" cai pela própria base porque a radiodifusão directa por satélite, se bem que como conceito, preencha os requisitos da Convenção, não está, pura e simplesmente, prevista em Berna – não sendo possível, outrossim, qualquer interpretação actualista sob pena de se pôr em causa o sentido da vinculação dos diversos Estados-membros.

5. As críticas expendidas aplicam-se *mutatis mutandis* aos restantes defensores de teorias da recepção que escolhem os mesmos trilhos ou que, voluntária ou involuntariamente, se deixam amalgamar na grande assembleia de fiéis da "teoria Bogsch". Por maioria de razão são, também, criticáveis os que, além de a subscrever, pretendem implementá-la através de uma gestão colectiva obrigatória tão inconveniente como desnecessária.

Numa síntese, necessariamente imperfeita porque simplista, diremos que, para além de todas as restantes críticas formuladas, a "teoria Bogsch" não pode estar prevista na Convenção de Berna e nas restantes Convenções Internacionais, à época da última revisão vigente, pelo facto de que a radiodifusão directa por satélite não fazia, nem podia fazer, parte do seu âmbito de regulamentação.

---

[540] Nosso o sublinhado.
[541] Vide ULMER, "Protection des auteurs lors de la transmission par satellite des programmes de radiodiffusion", cit., págs. 38 a 41.

6. Perante este quadro, qual é, finalmente, a conclusão (ou conclusões) a que podemos, coerentemente, chegar? Afinal, nenhuma das teses expostas oferece solução plausível; como encontrar, ao menos, um caminho?

Confessemos que a complexidade de problemas e de posições a pouco e pouco tolda o discernimento. Pensamos, contudo, que a solução volta a estar na génese e, a partir daí, no desenvolvimento do direito de radiodifusão.

Senão vejamos. O que é a radiodifusão? Já respondemos. É um processo global que se inicia na emissão e que termina na potencial disponibilização da obra (ou prestações) ao público. A radiodifusão é, por conseguinte, um acto de comunicação pública complexo. É uma espécie do género comunicação pública. E, também, a radiodifusão por satélite não foge a este esquema geral. A amplitude de tal comunicação, o modo como se processa, é que lhe atribui um significado inovador como o exemplo RTL durante anos demonstrou à saciedade no seio da própria Europa[542].

Há, então que voltar a perguntar: onde é que ocorreu o acto relevante de aproveitamento dos direitos dos respectivos titulares? A resposta é óbvia: nos locais onde a comunicação pública teve lugar, ou seja, nos países de recepção. É aí que se encontra o ponto de exploração económica.

A nossa posição aproxima-nos da chamada "regra de sensibilidade" ("Spürbarkeitsregel") que SCHRICKER desenvolveu para as emissões radiofónicas transnacionais mas em sede de concorrência desleal[543], que se pode aplicar, quanto a nós, *mutatis mutandis*, ao Direito de Autor.

---

[542] Como KATZENBERGER, escreve – "Schriker Urheberrecht Kommentar", cit., 1.ª edição, §§120 e seguintes, pág. 1246.

"A apreciação tradicional já não está à altura dos desenvolvimentos modernos, especialmente da **televisão por satélites directos** captável em vários Estados e da **emissão televisiva dirigida para além das fronteiras do país de emissão**. Cada vez mais ganha, por conseguinte, sentido uma moderna teoria segundo a qual, nestes casos, **adicionalmente, se aplica o direito daqueles países** nos quais as emissões, **conforme estava determinado, podem ser recebidas**".

Em sentido idêntico, vide 2.ª edição, pág. 1702.

[543] No notável e inovador artigo "Die Durchsetzbarkeit deutscher Werberegelungen bei grenzüberscheitender Rundfunkwerbung", in GRUR, Int., 1982, volume 12, págs. 720 a 726.

SCHRICKER acaba por concluir em face das suas reflexões que "quem participa numa publicidade através da radiodifusão, como comitente, emitente ou distribuidor por

Acrescente-se que, tal como von UNGERN-STERNBERG já intuía, também nós nos afastamos – em face das novas tecnologias – de uma visão do Direito de Autor dominada pelo princípio da territorialidade, entendido numa determinada acepção. A nossa visão é, contudo, ainda mais radical, identificando-se com a que SCHACK exprimiu: "O princípio da territorialidade historicamente ultrapassado, não deve ser cimentado mas sim abolido. O objectivo tem que ser o reconhecimento mundial do Direito de Autor através do princípio da universalidade"[544].

O princípio da territorialidade só pode ter aplicação às realidades para que foi pensado e não àquelas que o ultrapassam e superam, pelo menos se o configurarmos no sentido em que tantas vezes é, erroneamente, utilizado. Defender o contrário é ficar imobilizado no tempo. E é a partir desta base que, segundo entendemos se deverá desenvolver o restante raciocínio, o que nos evita dificuldades que outros têm de enfrentar[545].

A nossa posição de aproximação à "regra de sensibilidade" de SCHRICKER tem ainda a vantagem de permitir uma demarcação efectiva do âmbito de irradiação ("footprint") do satélite, já que só quando se

---

cabo, pode ser responsabilizado regularmente perante tribunais alemães, de acordo com o direito alemão, desde que tenha emitido para a Alemanha" – cfr., pág. 726.

[544] SCHACK, "Urheberrechtsverletzung im internationalen Privatrecht aus der Sicht des Kollisionsrecht", in GRUR, Int., 1985, vol. 8/9, pág. 524.

[545] Apesar de a esmagadora maioria dos autores que defendem a "teoria Bogsch" ou outras teorias da recepção, ultrapassar, majestaticamente, este problema.

Alguns partem mesmo do princípio da territorialidade para construir as respectivas teses. O que até está correcto se entendermos o princípio da territorialidade no seu verdadeiro sentido, ou seja, de que no país onde a protecção é reclamada, para actos ocorridos no seu espaço territorial, é exclusivamente decisiva a sua lei.

O princípio da universalidade que propomos pretende rebater aqueles que entendem a territorialidade como significando que uma determinada legislação nacional se aplica exclusivamente aos actos unicamente ocorridos no interior do respectivo país e entendem a emissão como único acto relevante, extrapolando assim para utilizações de âmbito marcadamente plurinacionais uma regra que, até por razões históricas, tem em vista actos que se esgotam no âmbito de cada país.

Para eles o acto de exploração ocorre exclusivamente num país sendo este que determina a lei aplicável.

O princípio da territorialidade na sua acepção mais estreita e correcta – como princípio da exclusividade da protecção que todos os Estados consagram – aplicável a todas as utilizações de obras ou prestações realizadas no seu espaço nacional não é posto em causa por uma teoria da recepção tal como a concebemos.

atinja uma certa intensidade de divulgação pública se deverá falar de radiodifusão[546].

Em suma: a tese que propomos que parte de uma visão universalista da transmissão directa por satélite e do próprio conceito de radiodifusão, é a de defesa de uma "teoria da comunicação ou recepção"[547]. À questão central que permite resolver o problema – a de saber onde é que se dá o acto relevante de utilização, ou seja, onde é que se efectua a exploração económica das obras ou prestações – a resposta parece-nos não oferecer dúvidas: no(s) país(es) de recepção onde a comunicação pública tem lugar. É, pois, a lei deste ou destes países a que se terá de aplicar para dirimir eventuais conflitos. A legislação do país de emissão só se aplicará na estrita medida em que esse país seja, concomitantemente, destinatário da transmissão[548].

Afinal, e mais uma vez, a solução estava no ponto de partida – o próprio conceito jurídico de radiodifusão[549].

---

[546] Assim, ficariam fora de questão, por exemplo, emissões que só pudessem ser recebidas por alguns rádio amadores em zonas fronteiriças de reduzida importância, ou que fossem transmitidas numa língua incompreensível para a generalidade do público (tudo dependendo, todavia, da própria natureza do programa – um jogo de futebol e a declamação de um poema, figuram claramente como extremos opostos).

[547] Entre nós, parecendo também sufragar uma teoria da comunicação ou recepção e fazendo até referência à teoria Bogsch, vide OLIVEIRA ASCENSÃO, "A Sociedade da Informação", pág. 103; "O Cinema na Internet, as Hiperconexões e os Direitos dos Autores", pág. 220 e "Obra Audiovisual. Convergência de Tecnologias. ...", cit., pág. 252.

[548] A emissão pode, até, dirigir-se exclusivamente a outros países que não o originário da transmissão.

[549] Parecendo sufragar uma teoria da emissão, LIMA PINHEIRO, "A Lei Aplicável aos Direitos de Propriedade Intelectual", in, "Direito da Sociedade da Informação", volume III, pág. 135 (o mesmo artigo encontra-se publicado na Revista da Faculdade de Direito da Universidade de Lisboa, Volume XLII – n.º 1, págs. 63 a 75 e ambos seguem o registo exposto em "Direito Internacional Privado", Volume II, págs. 275 a 289).

O autor recusa a teoria da recepção por entender que a sua admissibilidade levaria a concluir que a recepção é um acto de utilização. O problema não é, obviamente, esse mas sim o de entender que a radiodifusão é um processo global que se inicia na emissão mas só tem o seu epílogo na recepção.

LIMA PINHEIRO vislumbra, contudo, os riscos da sua posição admitindo *de jure condendo* solução diferente para evitar o perigo de deslocações de centros de radiodifusão, como o de transmissões por satélite para países com baixos índices de protecção do direito de autor.

Mantendo-lhe fidelidade e tendo concluído que a transmissão directa por satélite apesar das suas especiais características, se engloba no género radiodifusão – o que jamais ofereceu dúvidas mas é hoje, expressamente, afirmado no art.º 2 alínea f) do TOIEF[550] – podemos sustentar sem equívocos a posição que adoptamos: uma "teoria da comunicação" (ou recepção) sem desvios[551-552].

Três últimos aspectos cumpre, ainda, salientar.

O primeiro é o de que não perde significado a conclusão a que chegámos de que a radiodifusão directa por satélite não se encontra abrangida pela Convenção de Berna, já que, deste modo, todo o regime desta, designadamente o art.º 11-*bis* não lhe é aplicável[553]. Fica, assim, amplo espaço de manobra aos legisladores nacionais para a composição da respectiva moldura legal, demarcando por exemplo, o conteúdo dos direitos e os seus limites – incluindo o estabelecimento de licenças legais ou compulsórias. Tal liberdade vê-se apenas cerceada nos limites estritos do art.º 15 do TOIEF e, no que aos países da Comunidade Europeia diz respeito, pelas normas da directiva satélite e cabo, nos termos que adiante se verá.

O segundo é o de que a solução que preconizamos deverá ser levada até às últimas consequências. A defesa coerente de uma "teoria da comunicação" (recepção) significa isso mesmo – é que se aplica a lei ou

---

[550] Como, também, já decorria dos art.ºs 1 e 2 da directiva satélite e cabo.
Sobre essa teremos ocasião de nos pronunciar em especial.

[551] Isto não significa que não reconheçamos os problemas de ordem prática que a mesma acarreta; mas esses, como FICSOR tão bem salientou, não são exclusivos da radiodifusão por satélite directo.

[552] Fica em parte de lado, nesta análise, o aprofundamento da relevantíssima problemática de Direito Internacional Privado que se coloca, que como já se acentuou, mereceria só por si, uma monografia autónoma, mas que, em toda a sua amplitude, escapa ao objecto desta investigação. Dedicar-lhe-emos apenas, adiante, a atenção indispensável para demonstrar que os seus princípios e regras orientadoras não obstam (antes suportam) as nossas conclusões.

Em estudos nessa perspectiva veja-se por todos DELIYANNI, "Le Droit de Représentation des Auteurs...", cit., e SPOENDLIN, "Der internationale Schutz des Urhebers", in UFITA, 107/1988, págs. 11 a 54, onde os autores partindo de uma análise de Direito Internacional Privado, como se disse, acabam por chegar a conclusões que os aproximam da defesa da "teoria Bogsch" e demonstram a sua aplicabilidade segundo as regras deste ramo de Direito.

[553] Não estando, também, sujeita aos tratados – como o ADPIC – que para ela (Convenção de Berna) remetem.

leis dos países de recepção. Quer isto dizer que se nos países onde a comunicação ocorre existirem licenças legais serão essas as que serão aplicáveis e se não houver pura e simplesmente protecção as obras ou prestações não poderão gozar dela através de um qualquer artifício. Os titulares de direitos só poderão, em tal caso, socorrer-se dos mecanismos contratuais de que disponham mas não lhes será permitido – através de malabarismos jurídicos – encontrar auxílio na lei.

Não se pode pretender ser coerente com os princípios e conceitos jurídicos apenas para o lado positivo, desvirtuando-os na medida do necessário sempre que tal convenha. O Direito de Autor não foi criado para aumentar a todo o transe os lucros dos seus titulares ou sequer para os manter em determinados patamares e, ao contrário do que muitos entendem, desenvolver o Direito de Autor não significa outorgar, com proteccionismo exacerbado, cada vez mais direitos ou ampliar o âmbito dos existentes.

Só por absurdo se poderia pretender que um hipotético radiodifusor português, alemão ou inglês fosse responsabilizado, no silêncio das partes, por a sua emissão ter abarcado no seu âmbito de irradiação, a Líbia, o Nepal ou as Ilhas Faroé ... (que, ao que sabemos, não têm legislação sobre Direito de Autor e que não são membros da União de Berna).

A tendência generalizada de só encarar a "teoria da comunicação" (recepção) pelo prisma em que ela beneficia os titulares de direitos, postergando o lado menos agradável, para estes, que dela, eventualmente, decorra[554] não pode ser acompanhado por nós.

O terceiro e último aspecto que tem de ser sublinhado é o de que apenas a "teoria da comunicação" dá resposta ao problema da titularidade diversificada de direitos. Esclarecendo melhor: se os titulares dos vários direitos forem diferentes de país para país, só através da "teoria da recepção" os seus direitos serão salvaguardados.

A aplicação da "teoria da emissão" significaria que o utilizador teria, unicamente, de garantir as respectivas autorizações perante aqueles a quem a legislação do país de emissão outorgasse direitos. Ora, como é óbvio, os titulares podem variar de país para país pelo que só através da "teoria da comunicação", como se disse, se pode acautelar a posição daqueles cujos direitos se referem, territorialmente, à área de recepção.

---

[554] Como fizeram BOGSCH e os seus apoiantes.

A tese que propugnamos sai, assim, reforçada pela possibilidade das legislações poderem consagrar um regime próprio para a nova realidade sem os grilhões de soluções que foram pensadas para a radiodifusão tradicional, pelo equilíbrio de interesses entre os utilizadores e os titulares de direitos que uma verdadeira "teoria da comunicação" (recepção) impõe no respeito pelas legislações dos países de recepção e pela salvaguarda desses mesmos titulares, que não vêem os seus legítimos interesses diluírem-se com base na ficção de que a radiodifusão directa por satélite ocorre, apenas, no país de emissão[555].

SECÇÃO IV
O PRINCÍPIO DA TERRITORIALIDADE E SUAS ACEPÇÕES

1. Mas o que ficou dito não porá em causa os próprios alicerces do Direito de Autor de que o princípio da territorialidade é uma das traves mestras? Já atrás[556] deixámos expressa a nossa posição. Este é, contudo, um ponto que merece esclarecimento adicional.

2. A territorialidade pode ser entendida em duas acepções[557]:

– No sentido de que cada ordem jurídica nacional é exclusivamente competente no âmbito do respectivo território para actos nele ocorridos; ou
– Significando, simplesmente, a ligação de cada acto a um determinado país, donde decorre a determinação da lei aplicável[558].

---

[555] Defendendo que a "teoria da comunicação ou recepção" sai reforçada pela primeira parte do art.º 8 do TODA, que implicitamente reconhece que a radiodifusão é uma forma especial de comunicação pública e não uma mera emissão, veja-se FICSOR, "The Law of Copyright and the Internet...", cit., parágrafo C8.04, pág. 495.

[556] Cfr., supra, nota 545.

[557] Salientando os equívocos a que se presta o conceito de territorialidade veja-se LIMA PINHEIRO, "A Lei Aplicável aos Direitos de Propriedade Intelectual", cit., págs. 132 a 134 e DÁRIO MOURA VICENTE, "Direito Internacional Privado – Ensaios", Volume I, págs. 123 e 124.

[558] Esclarecendo as duas acepções vide ANDRÉ LUCAS, "Aspects de Droit International Privé de la Protection d'Oeuvres et d'Objects de Droits Connexes Transmis par Réseaux Numérique Mondiaux", Documento OMPI/GCPIC/1, de 25 de Novembro de 1998, págs. 4 e 5.

A primeira está fundamentalmente correcta e é aceite pela mais importante doutrina[559]. A cada acto de exploração aplicar-se-á, em princípio, a lei de cada país onde a protecção é reclamada.

Como ULMER salienta "... contrariamente aos bens materiais que são regidos pela *lex rei sitae*, os bens imateriais não estão situados num determinado país, mas sim por todo o lado onde um acto de exploração ocorre ou é previsto"[560].

Compreende-se assim, que em cada país seja normalmente competente a sua própria legislação de Direito de Autor. É isto, aliás, que decorre do próprio princípio do tratamento nacional[561] e, especialmente, do n.º 2, do art.º 5 da Convenção de Berna que manda aplicar a legislação do país onde a protecção é reclamada.

Mas ao princípio da territorialidade subjaz uma razão histórica: ele foi concebido e aceite numa época em que as utilizações económicas das obras tinham um cariz marcadamente nacional. Só para tais situações ele continua a ser válido[562-563].

Temos, por conseguinte, que a primeira acepção de territorialidade merece a nossa concordância e adesão, desde que entendida no sentido estrito que acabamos de formular.

3. O mesmo não se poderá dizer da segunda[564]. Esta pressupõe a ideia de que cada acto ocorre exclusivamente num certo país, que

---

[559] ULMER, "Die Immaterialgüterrechte im internationalem Privatrecht", n.ᵒˢ 14 e 50, págs. 8, 9 e 37, KATZENBERGER, no Schricker Kommentar 1.ª edição, n.º 69, pág. 1238 e 2.ª edição, n.º 120, págs. 1691 e 1692, DREIER, "Copyright in Cyberspace", pág. 300, ALAIN STROWEL e JEAN-PAUL TRIAILLE, "Le Droit d'Auteur, du Logiciel au Multimédia", n.º 511, págs. 380 a 382 e, entre nós, OLIVEIRA ASCENSÃO, "Direito de Autor e Direitos Conexos", cit., n.º 16, págs. 32 a 34 e "Os Direitos de Autor no Domínio das Telecomunicações", cit., pág. 80.

[560] ULMER, ob. citada na nota anterior, pág. 9.

[561] Previsto no art.º 5, n.º 1 da Convenção de Berna.

[562] Note-se, porém, que a sua validade já deverá ser questionada se com ele se pretender, como, com excesso, faz a doutrina maioritária na esteira de ULMER, ultrapassar os princípios de Direito Internacional Privado para actos de aproveitamento económico que tenham lugar em vários países.

[563] Aliás, a própria lógica do n.º 2, do art.º 5 da Convenção de Berna e do princípio do tratamento nacional que, como vimos, com ele deve ser compaginado, é a de que será no país onde a utilização é feita que os direitos serão reclamados. É, pois, de acordo com esta sua lógica intrínseca que ambos terão de ser aferidos e respeitados.

[564] Pode-se mesmo dizer que esta segunda acepção tem raízes mais semânticas que jurídicas.

determina a lei aplicável. É contra este "princípio da territorialidade" que opomos um princípio da universalidade.

De facto, a radiodifusão por satélite e por redes digitais põe definitivamente em causa a ligação de cada acto de exploração com um único e determinado país. Pelo contrário, como se disse com referência ao satélite, os diversos aproveitamentos da obra fazem-se em todos os países de recepção e não apenas no país de emissão, que pode até não estar coberto pelo âmbito de irradiação. Verifica-se, assim, que um mesmo acto de exploração pode ter repercussões em diversos locais (territórios).

A tese exposta permite, também, uma interpretação adequada do art.° 63 do CDADC, conforme adiante se verá.

4. Em suma a nossa posição é sintetizável do seguinte modo:

– Aceitação do princípio da territorialidade na sua formulação originária como princípio da exclusividade da protecção – conforme consagrado no art.° 63 do CDADC, como ficou demarcado.
– Rejeição da territorialidade como modo de ligação de cada acto de exploração a um único país – esta visão da territorialidade é hoje posta definitivamente em cheque com as novas tecnologias e certos modos de utilização destas.

5. Ficam deste modo esclarecidos os nossos pontos de vista e incólumes os alicerces do Direito de Autor, máxime o seu princípio da territorialidade, que hoje deve ser entendido à luz das novas evoluções tecnológicas e não mantido artificialmente relativamente a realidades para que não foi pensado.

SECÇÃO V
DIREITO INTERNACIONAL DE AUTOR

1. O que ficou exposto na secção anterior obriga-nos ainda a uma breve incursão no Direito Internacional Privado de modo a deixarmos clara a nossa posição e a demonstramos que as soluções que preconizamos encontram apoio neste ramo de Direito.

2. Fundamentalmente está em causa o que ficou dito sobre o conceito de territorialidade.

Durante muito tempo foi doutrina quase pacífica que a remissão para a legislação do país onde a protecção é reclamada, constante do já referido art.° 5 – n.º 2 da Convenção de Berna, equivaleria à aplicação da *"lex fori"*[565].

Ficava assim resolvido aquilo que seria um intrincado problema de Direito Internacional Privado.

Acontece, porém, que tal não corresponde à realidade.

A aplicação da lei do país onde a protecção é reclamada abrange também as normas de conflitos pelo que nada impede[566] que, por força destas, os tribunais de um país não possam aplicar a legislação de outro[567-568].

3. Dito isto há que averiguar se a aplicação do Direito de Conflitos não levará a soluções diferentes daquelas a que chegámos.

Entre nós vigoram como se sabe, neste domínio, os art.ºs 63 a 66 do CDADC[569].

---

[565] Tais correntes, ainda hoje maioritárias, que tiveram origem em ULMER e na escola do Instituto Max-Planck foi sufragada entre nós por OLIVEIRA ASCENSÃO, "Direito de Autor e Direitos Conexos", cit., pág. 32 e segs. e "Direito Comercial, Volume II – Direito Industrial", págs. 27 a 30.

[566] Até porque não se vislumbra que possa haver razões que imponham uma reserva de ordem pública internacional do Estado do foro.

[567] Não vigoram, por conseguinte, normas especiais de competência internacional dos tribunais portugueses, sendo, pois, aplicável o regime da Convenção de Bruxelas Relativa à Competência Judiciária e à Execução de Sentenças em Matéria Civil e Comercial, a Convenção de Lugano, o Regulamento n.º 44/2001, do Conselho, de 22 de Dezembro de 2000 e, fora do âmbito de aplicação destes diplomas, os art.ºs 65 e 99 do Código de Processo Civil.

[568] Como entre nós demonstraram LIMA PINHEIRO, "A Lei Aplicável aos Direitos de Propriedade Intelectual", cit., págs. 132 a 140 e "Direito Internacional Privado", Volume II, cit., págs. 276 a 284 e DÁRIO MOURA VICENTE, "Direito Internacional Privado", cit., pág. 124 e segs..

[569] Tomamos como adquirido que o art.° 48 – n.º 1 do Código Civil se encontra revogado ou, ao menos, que tem aplicação meramente residual.

Em sentido convergente, vide OLIVEIRA ASCENSÃO, "Direito de Autor e Direitos Conexos", cit., págs. 42 e 43 e "Direito Comercial, Volume II – Direito Industrial", cit., págs. 27 a 30. LIMA PINHEIRO, "A Lei Aplicável aos Direitos de Propriedade Intelectual", cit., pág. 138 e "Direito Internacional Privado", Volume II, cit., pág. 282, BAPTISTA MACHADO, "Lições de Direito Internacional Privado", págs. 384 a 386.

É fundamentalmente o primeiro destes preceitos que agora importa analisar.

O art.º 63 do CDADC, que consagra o princípio da territorialidade, concede à ordem jurídica portuguesa competência exclusiva para determinar a protecção a atribuir a uma obra deve ser entendido e interpretado como norma de conflitos unilateral – pelo que a lei portuguesa é aplicável à protecção de uma obra utilizada em território português – sendo, porém, bilateralizável, sujeitando a protecção a atribuir à lei do Estado onde a mesma é reclamada[570-571].

Ora, se assim é, a norma do art.º 63 do CDADC está a delimitar o campo de aplicação da lei portuguesa. Esta delimitação resultará do elemento de conexão que não consta expresso no art.º 63. Da interpretação do art.º 63 parece resultar que a aplicação da lei portuguesa verificar-se-á nos casos em que o lugar da recepção, onde ocorre a utilização das obras ou prestações, é Portugal. É neste local que são exercidos os direitos que se visa salvaguardar[572]. Só nestes casos se justifica a aplicação da lei portuguesa. Para que a lei portuguesa seja a competente, é necessário que apresente com a relação jurídica de Direito de Autor uma conexão suficientemente estreita para que, por um lado, permita aos interessados contar legitimamente com a sua aplicação e, por outro lado, a aplicação da lei portuguesa seja necessária para tutelar os fins prosseguidos por essa mesma lei. Este caso só se verifica se a lei portuguesa for a lei do lugar da recepção da radiodifusão. Não só porque os interessados podem contar legitimamente com a aplicação desta lei, pois tal resultará da natureza das coisas, à semelhança da chamada sede da relação jurídica[573], mas também

---

[570] LIMA PINHEIRO, "A Lei Aplicável aos Direitos de Propriedade Intelectual", cit., pág. 138 e "Direito Internacional Privado", Volume II, cit., pág. 282.

[571] Sobre as regras de conflitos bilaterais e unilaterais vide por todos FERRER CORREIA, "Lições de Direito Internacional privado", I, pág. 169 e segs. e LIMA PINHEIRO, "Direito Internacional Privado", Volume I, págs. 176 e segs. .

[572] Como claramente assumem DÁRIO MOURA VICENTE, "Direito Internacional Privado", cit., pág. 122 e LIMA PINHEIRO, "A Lei Aplicável aos Direitos de Propriedade Intelectual", cit., págs. 134 e 136 e "Direito Internacional Privado", Volume II, cit., págs. 278 e 280.

O lapso em que labora este último autor reside, como já anteriormente se assinalou, em ver na emissão uma utilização específica dissociando-a da recepção, não compreendendo que ambas fazem parte de um único acto de aproveitamento – a radiodifusão.

[573] A ideia de sede da relação jurídica, resultante da própria natureza das coisas,

porque do regime jurídico do Direito de Autor em vigor em Portugal apenas resulta uma pretensão de aplicação quando a questão substancial tenha um contacto relevante com Portugal (não sendo suficiente que o processo judicial corra em Portugal).

Assim e sendo certo que o país onde a protecção é reclamada é normalmente o mesmo em que se efectua a exploração económica da obra[574], as conclusões que apresentámos mantêm plena validade.

Sendo requerida em Portugal a protecção de obras ou prestações que sejam recepcionadas no nosso país é, pois, a nossa legislação que terá de dirimir o conflito, caso a recepção ocorra noutro Estado remeter-se-á a solução para o ordenamento jurídico desse Estado.

SECÇÃO VI
A DIRECTIVA SATÉLITE E CABO

SUBSECÇÃO I
ANTECEDENTES

1. Vamos questionar mais uma vez: mas todas as conclusões a que até agora chegámos não estarão definitivamente postas em causa pela directiva satélite e cabo[575]?

É, pelo menos, essa a opinião de RUMPHORST[576]. O autor inicia mesmo a sua exposição de modo elucidativo: "O fantasma da *Teoria*

é, como se sabe, atribuída a SAVIGNY, "System des heutigen Römischen Rechts", Volume VIII (Band 8), § 360, pág. 108 e *passim*.

No entanto, é hoje reconhecido pacificamente, que foi WÄCHTER quem primeiro recorreu àquela noção que SAVIGNY posteriormente desenvolveu.

Sobre este aspecto vide MARQUES DOS SANTOS, "Direito Internacional Privado – Introdução", I Volume, págs. 115 e 116.

[574] Aliás isso mesmo transparece dos textos de LIMA PINHEIRO que, com espontaneidade, assimila várias vezes Estado de protecção e Estado de utilização – vide "A Lei Aplicável aos Direitos de Propriedade Intelectual", cit., págs. 134 e 136 e "Direito Internacional Privado", Volume II, cit., págs. 278 e 280.

[575] Expressão pela qual é, comummente, designada a Directiva 93/83/CEE, de 27 de Setembro de 1993, como já se disse.

[576] RUMPHORST, "The EC Directive on Satellite Broadcasting and Cable Retransmission", in "Audiovisual Media an Copyright in Europe" (Congresso realizado

Bogsch desapareceu finalmente, pelo menos no que aos países da Comunidade Europeia diz respeito. Levou sete anos para que fosse afastada, mas – para citar uma *teoria de Shakespeare* – tudo está bem quando acaba bem"[577].

E mais adiante, sustentando a identidade que lhe parece evidente entre a radiodifusão tradicional e a realizada directamente por satélite, acrescenta que a radiodifusão por satélite não é, em princípio, distinta. Apesar de existirem diferenças do ponto de vista técnico, já que sob esse ponto de vista o acto de radiodifusão ocorre no satélite e, portanto, no espaço exterior, RUMPHORST entende que sob o prisma jus-autoral não é discutível o desejo e a legitimidade de escolher como critério de ligação o lugar onde este acto foi levado para a terra, sob o controlo do autor.

O que se lhe afigura como mais lógico e correcto é adoptar como critério de ligação o acto da organização responsável pela radiodifusão de enviar os sinais portadores do programa para o satélite. O ponto onde isso ocorre ou seja onde o sinal viaja numa cadeia ininterrupta para o satélite – o ponto de origem do sinal – é aquele em que a radiodifusão por satélite se inicia e, consequentemente, onde tem lugar a nível de Direito de Autor.

Daqui se retira que desde que o acto de radiodifusão por satélite tenha lugar num determinado país é a lei desse país e apenas ela que lhe é aplicável[578].

Todas estas conclusões, segundo RUMPHORST, estariam hoje consagradas pela directiva satélite e cabo[579].

---

em Amesterdão em 24 de Novembro de 1993), págs. 17 a 25 = "The EC directive on satellite and cable", in EBU Journal Diffusion, Outono de 1993, págs. 30 a 37.

Desde cedo, aliás, o autor mantivera aceso debate sobre a questão. Prova disso foi o diálogo muito vivo que estabeleceu com CASTENDYK e ALBRECHT na GRUR, Int., entre finais de 1992 e princípios do ano seguinte. Veja-se CASTENDYK e ALBRECHT, "Der Richtlienvorschlagder EG-Kommission zum Satelitenfernsehen – Eine Stellungnahme aus der Sicht der Praxis", GRUR, Int., Heft. 10, págs. 734 a 739, a que se seguiu a resposta de RUMPHORST – "Satellitenfernsehen und Urheberrecht – Kritische Anmerkungen zur sogenannten Theorie des intendierten Sendegebietes", GRUR, Int., Heft. 12, págs. 910 a 912 – e a réplica dos primeiros – "Satellitenfernsehen und Urheberrecht – eine Replik", GRUR, Int., Heft. 4, págs. 300 e 301.

[577] Ob. cit. na nota anterior, pág. 17.
[578] Idem, pág. 18.
[579] Nas alíneas a) e b) do n.º 2 do art.º 1, da citada directiva pode-se ler:
"a) Para efeitos da presente directiva entende-se por "comunicação ao público por satélite" o acto de introdução, sob o controlo e a responsabilidade do organismo de

Os textos referidos parecem, de facto e à primeira vista, deixar uma curta margem de manobra aos defensores da "teoria da comunicação", entre os quais nos incluímos.

Mas será que tudo é tão linear e transparente como Rumphorst pretende? É uma resposta que não anteciparemos antes de proceder a uma análise da directiva. Só em face do regime que ela estabelece poderemos retirar conclusões definitivas sobre o problema que temos vindo a equacionar[580].

2. A directiva satélite e cabo[581] tinha por objectivo principal pôr fim às disparidades existentes, sobre as matérias que versava, nas legislações dos então doze Estados da Comunidade Europeia.

Curiosamente tinha sido a distribuição por cabo que desencadeara a ânsia de harmonização legislativa da Comissão Europeia[582]. É nesse contexto que aquele órgão comunitário apresenta em 14 de Junho de 1984 o designado "Livro Verde sobre a Televisão sem Fronteiras"[583].

---

radiodifusão, de sinais portadores de programas que se destinam a ser captados pelo público numa cadeia ininterrupta de comunicação conducente ao satélite e deste para a terra;

b) A comunicação ao público por satélite verifica-se apenas no Estado-membro onde os sinais portadores do programa são introduzidos, sob o controlo e a responsabilidade do organismo de radiodifusão, numa cadeia ininterrupta de comunicação conducente ao satélite e deste para a terra".

[580] Com análises específicas da directiva veja-se, além dos artigos de RUMPHORST citados nas notas anteriores, DELIA LIPSZYC, "Satélite y cable", in "Num Novo Mundo do Direito de Autor", cit., págs. 197 a 216; e CARINE DOUTRELEPONT, "La libre circulation des émissions de radiodiffusion dans l'Union européenne – L'harmonisation des règles relatives à la communication par satellites et à la retransmission par câble", in Revue du Marché Unique Européen, 2/1994, págs. 83 a 110.

Dando conta das dificuldades de transposição na Alemanha da referida directiva, vide DIETZ, "Chronique d'Allemagne (I) – L'évolution du droit d'auteur en Allemagne de 1993 jusqu'au millieu de 1997", in RIDA, 175, Janeiro 1998, págs. 150 a 163.

[581] Na discussão da qual tivemos ocasião de participar – em todas as reuniões – como representantes e porta-voz da delegação portuguesa.

[582] Na sequência dos conhecidos casos CODITEL – vide "Recueil de la jurisprudence de la Cour", 1980-3, págs. 833 a 880 (CODITEL-I), 1980-3, págs. 881 a 905 (CODITEL-II) e 1982-9, págs. 3381 a 3413 (CODITEL-III) – apesar de este último não ter influenciado a tomada de posição da Comissão.

[583] Para sermos mais exactos o documento tem por título "Televisão sem Fronteiras – Livro Verde sobre o Estabelecimento do Mercado Comum da Radiodifusão, nomeadamente por Satélite e por Cabo" – Documento COM (84) 300 final.

Num primeiro momento pensou-se regulamentar as questões de Direito de Autor na directiva Televisão sem Fronteiras[584], mas a ideia acabou por ser abandonada de modo a propiciar uma reflexão mais madura dos problemas em causa. É na sequência dessa reflexão, que a Comissão publica, em Novembro de 1990, um documento em que, além de equacionar os problemas fundamentais que se colocavam, apresenta as grandes linhas mestras das suas propostas[585], versando três temas: radiodifusão por satélite, transmissão simultânea por cabo e programas codificados.

Já com base nesse documento a Comissão apresenta em 5 de Fevereiro de 1991, no "Seguimento a dar ao Livro Verde"[586], aquelas que seriam até ao fim as suas grandes orientações. Aí, no capítulo 9 dedicado à Radiodifusão e Direitos de Autor, estabelecem-se as grandes linhas de orientação que presidirão à regulamentação da transmissão por satélite e retransmissão por cabo.

Quanto à primeira apresentam-se três princípios orientadores:

– O de que a difusão por satélite é uma radiodifusão para efeitos de Direito de Autor, não havendo lugar, neste âmbito, à distinção entre os vários tipos de satélite;

---

[584] Directiva 89/552/CEE, de 3 de Outubro de 1989, publicada no Jornal Oficial das Comunidades Europeias de 17.10.89.

[585] Documento III/F/5263/90-EN.

O longo documento (mais de oitenta páginas) tinha por título "Radiodifusão e Direito de Autor no Mercado Interno" ("Broadcasting and Copyright in the Internal Market") e apesar de, formalmente, ser apresentado como um texto para a discussão elaborado pela Comissão, podemos assegurar que, ele foi, de facto, escrito por THOMAS DREIER.

O verdadeiro autor não teve, contudo, total liberdade criativa, já que a Comissão fez ponto de honra em alguns aspectos sobre os quais não admitia discussão.

Um deles, foi, precisamente, a opção, como princípio básico, pela "teoria da emissão".

DREIER – apesar de ser, como todas as principais figuras do Max-Planck, um acérrimo defensor da "teoria Bogsch" – viu, deste modo, balizadas as regras de realização do seu texto.

Explicando sucintamente o documento inicial da Comissão que ele próprio elaborara veja-se DREIER, "Broadcasting and Copyright in the Internal Market: The New Proposal by the EC Commission Concerning Cable and Satellite Broadcasts", in EIPR [1991]2, págs. 42 a 46 e, com maiores desenvolvimentos, "Rundfunk und Urheberrecht im Biemenmarkt – Das Grundsatzpapier der EG-Komission zu den urheberrechtlichen Fragen im Bereich der Satellitensendungen und Kabelweiterverbreitung", in GRUR, Int., 1991, Heft 1, págs. 13 a 19.

[586] "Seguimento a dar ao Livro Verde – Documento COM (90)584 final.

– O da adesão à teoria da emissão; e
– O da recusa de licenças obrigatórias.

No que à retransmissão por cabo diz respeito, ela é balizada por quatro princípios:

– O de que a retransmissão por fio constitui um acto de exploração sujeito ao direito de autor;
– O de que as autorizações a obter ocorrerão por via contratual;
– O de que este direito deverá ser obtido através da gestão colectiva necessária; e
– O de que este tipo de gestão deverá ser complementado por mecanismos de conciliação não obrigatórios e mecanismos tendentes a evitar o abuso de poder.

Sem surpresa, por isso, em 11 de Setembro de 1991 a Comissão apresenta finalmente a sua "Proposta de Directiva – relativa à coordenação de certas regras do direito de autor e dos direitos conexos aplicáveis à radiodifusão por satélite e à retransmissão por cabo"[587], naquele que foi o primeiro esboço da directiva 93/83/CEE, adoptada em 27 de Setembro.

SUBSECÇÃO II
CONTEÚDO DA DIRECTIVA E ANÁLISE CRÍTICA

1. Neste momento é a radiodifusão por satélite que concentra a nossa atenção.

Veremos, pois, sucessivamente, o que a directiva estabelece no que toca aos direitos dos respectivos titulares, aos tipos de satélite abrangidos, ao acto de comunicação pública por satélites e à localização desse acto, à lei aplicável, ao modo de aquisição dos referidos direitos de autor e conexos e, finalmente, às disposições transitórias.

Da investigação que realizarmos resultará, naturalmente, respondida a questão que deixámos em aberto a propósito da afirmação de Rumphorst.

---

[587] Documento COM (91) final – SYN 358.
A proposta inicial continha dezassete artigos, mais dois do que os da directiva aprovada. Nas suas linhas fundamentais pode-se, contudo, afirmar que o que constava do texto original acabou por ser consagrado.

Não deixaremos, contudo, de sublinhar, a título conclusivo, se o "fantasma da teoria Bogsch" finalmente desapareceu ou não. Sobretudo, teremos de verificar se a "teoria da comunicação" que propusemos não ficou definitivamente arredada com a directiva cujo teor iremos analisar.

2. Depois de um amplo leque de definições, que constam do art.º 1 e que merecerão a nossa atenção em momento posterior, o art.º 2 da directiva consagra um direito exclusivo de o autor autorizar a comunicação ao público por satélite das suas obras. A expressão "comunicação ao público" quer significar radiodifusão, como se retira, desde logo, do título do capítulo – "Radiodifusão de programas por satélite" – e da própria epígrafe do mesmo art.º 2 – "Direito de radiodifusão"[588]. A utilização do termo mais geral[589] não ensombra o verdadeiro significado do direito que está em causa.

Se quanto à essência do direito a harmonização pretendida é clara, o mesmo não se poderá dizer no que respeita à titularidade do mesmo. De facto, a directiva atribui aquele direito exclusivo aos autores, mas como é de conhecimento generalizado, a qualidade de autor varia de país para país, especialmente no que se refere a determinado tipo de obras[590].

No que à autoria diz respeito, ela retoma apenas o princípio, já adoptado na directiva aluguer e comodato[591], de que o realizador principal de uma obra cinematográfica ou audiovisual será considerado autor ou um dos autores, esclarecendo-se, ainda, que os Estados-membros podem prever que outras pessoas sejam consideradas co-autores[592].

Isto significa que mesmo quanto às obras cinematográficas a harmonização ficará longe de ser conseguida, já que, como se sabe, as

---

[588] Como decorre, também, por exemplo das definições do art.º 1 e da epígrafe do art.º 3.

[589] Certamente com o objectivo de dar uma redacção mais leve ao preceito não repetindo sempre a palavra radiodifusão. A directiva utiliza, aliás, as duas expressões ao longo do seu texto, alternando-as, em perfeita sinonímia.

[590] De que as obras cinematográficas são o exemplo mais flagrante.
Mas a questão coloca-se num âmbito muito mais vasto.
Veja-se a discrepância de regimes existentes no que toca às obras por encomenda e às obras colectivas e teremos outros bons exemplos da problemática harmonização pretendida.

[591] Vide art.º 2 n.º 2 da directiva 92/100/CEE, de 19 de Novembro de 1992.

[592] Art.º 1 n.º 5 da directiva satélite e cabo.

disparidades existentes entre os regimes ditos de "droit d'auteur" e de "copyright" são flagrantes[593].

Certo que o realizador passa a ser sempre, pelo menos, co-autor[594], mas continuaremos a ter o sistema de raiz francesa com uma série absurda de autores – por exemplo, na França, na Bélgica e em Portugal – enquanto o produtor continuará a ser co-titular do direito na Grã-Bretanha, na Irlanda e na Holanda.

3. Os direitos conexos – dos artistas intérpretes ou executantes, dos produtores de fonogramas e dos organismos de radiodifusão[595] – são regulamentados por remissão, já que o art.º 4 da directiva determina que a sua protecção se fará nos termos do disposto nos art.ºs 6, 7, 8 e 10 da directiva aluguer e comodato (92/100/CEE).

O n.º 2 do art.º 4 limita-se a esclarecer que na "radiodifusão sem fio" prevista na directiva aluguer e comodato se inclui a comunicação pública por satélite.

Assim, os artistas vêem juntar-se aos seus direitos de fixação[596], de reprodução[597], de distribuição[598], de aluguer[599], de comodato[600] e de radiodifusão e comunicação pública[601] um direito exclusivo de autorizar a comunicação pública por satélite das suas prestações, excepto quando esta prestação já seja, por si própria, uma prestação radiodifundida ou

---

[593] Sobre estas veja-se ALAIN STROWEL, "Droit d'auteur et copyright – Divergences et convergences – Étude de droit comparé".

[594] O que se nos afigura positivo. Entendemos mesmo que o realizador deveria ser o único titular do direito de autor sobre a obra cinematográfica.

[595] Curiosamente, a directiva cinge-se aos três direitos conexos tradicionais, afastando os produtores das primeiras fixações de filmes que tinham sido contemplados na directiva aluguer e comodato com um direito de aluguer e um direito de comodato, um direito de reprodução e um direito de distribuição – cfr. art.ºs 2, 7 e 9 da directiva 92/100/CEE.

Estes produtores não gozam, por conseguinte, de qualquer direito próprio de radiodifusão nomeadamente de um direito de radiodifusão efectuada por satélite directo.

[596] Directiva 92/100/CEE – art.º 6.
[597] Idem, art.º 7.
[598] Idem, art.º 9.
[599] Idem, art.º 2.
[600] Idem, art.º 2.
[601] Idem, art.º 8.

quando seja efectuada a partir de uma fixação[602]. Por outro lado, se um fonograma publicado com fins comerciais for utilizado para uma radiodifusão directa por satélite, os artistas e os produtores de fonogramas terão direito a uma remuneração equitativa que repartirão entre si[603].

Também os organismos de radiodifusão acrescentam aos seus direitos patrimoniais o direito exclusivo de autorizar ou proibir a retransmissão das suas emissões por satélite e a comunicação pública das mesmas, caso essa comunicação seja realizada em locais abertos ao público com entrada paga[604-605].

4. A directiva trata da radiodifusão por satélite e basta-se com a simplicidade da expressão não tendo de esclarecer a que tipo de satélites se está a referir.

A razão é simples. A Comissão deixou claro, desde cedo, que considerava obsoleta a distinção entre os satélites de radiodifusão directa e outros satélites[606]. No seu documento de trabalho a Comissão retoma o tema recordando a distinção normalmente feita entre os diversos tipos de satélites mas salientando que a mesma se tornou artificial dado que satélites de potência média (como o ASTRA) classificados pela regulamentação de telecomunicações como satélites indirectos, são, de facto, utilizados para difundir emissões de televisão directamente para o público.

A directiva faz-se eco desta visão[607], ainda que de modo confuso, já que admite a possibilidade de os Estados-membros a aplicarem, quer às

---

[602] Como resulta da interpretação conjugada do art.º 4 n.º 1 da directiva satélite e cabo com o art.º 8 n.º 1 da directiva aluguer e comodato.

[603] Também por interpretação conjugada do art.º 4 n.º 1 da directiva satélite e cabo mas agora com o n.º 2 do art.º 8 da directiva aluguer e comodato.

[604] Ainda por interpretação conjugada do art.º 4 n.º 1 da directiva satélite e cabo mas, neste caso, com o n.º 3 do art.º 8 directiva aluguer e comodato.

[605] Note-se que todos estes direitos conexos que temos vindo a referir estão sujeitos às limitações do art.º 10 da directiva aluguer e comodato, para a qual o art.º 4 n.º 1 da directiva satélite e cabo também remete.

Abre-se, assim, um vasto campo de opção aos legisladores nacionais, para salvaguardar, pelo menos, um mínimo de acesso à informação e à distracção.

Infelizmente o legislador português não o soube aproveitar...

[606] O que afirmara, já, no "Seguimento a dar ao Livro Verde", por nós citado – cfr., pág. 46.

[607] Ao contrário do que acontecia na proposta original onde, apesar de os mesmos

comunicações destinadas à recepção directa pelo público, quer às comunicações individuais não públicas, devendo, contudo, neste último caso, as condições de recepção ser comparáveis às das comunicações destinadas à recepção directa pelo público. É isto que se retira do ziguezagueante texto do n.º 1 do art.º 1 da directiva onde se pode ler: "Para efeitos da presente directiva, entende-se por "satélite" qualquer satélite que opere em bandas de frequência que, nos termos da legislação sobre telecomunicações, se encontrem reservadas à radiodifusão de sinais que se destinem a ser captados pelo público ou à comunicação individual não pública. Neste último caso, é contudo necessário que a recepção individual dos sinais se processe em condições comparáveis às do primeiro caso"[608].

O mínimo que se pode dizer é que a fórmula encontrada é pouco feliz. Toda a segunda parte deste n.º 1 deveria ser, pura e simplesmente, suprimida. O escopo da directiva são as comunicações públicas por satélite, a essas se deveria ater.

Ao procurar englobar as comunicações individuais não públicas, mas que sejam comparáveis nas condições de recepção às primeiras, entra numa contradição insanável porque vem dizer que o que não é público afinal ... é público.

Fica-se sem compreender muito bem quais são as situações abarcadas por esta segunda parte. De todo o modo estão excluídas emissões que se destinem, por exemplo, a certas empresas e que não sejam captáveis pelo público em geral.

Vamos mesmo mais longe: por maior esforço que façamos não vislumbramos nenhuma situação de comunicação individual não pública que esteja sujeita à directiva, pelo que não se vê conteúdo útil na segunda parte deste n.º 1[609].

---

princípios serem adoptados, se continuava a estabelecer a distinção entre satélites de radiodifusão directa e satélites de telecomunicações.

Era o seguinte o primeiro texto como alínea a) do art.º 1:

"**Satélite**: qualquer satélite operando em frequências que, em virtude da legislação sobre telecomunicações, possam ser livremente captados pelo público (satélites de radiodifusão directa) ou em frequências reservadas à comunicação individual não pública (satélites de telecomunicações). Neste último caso é, no entanto, necessário que a recepção individual dos sinais se faça em condições similares às condições de recepção individual dos satélites de radiodifusão directa".

[608] Vide também considerando 6 da directiva.

[609] Ao menos neste ponto o legislador português foi consciencioso e não transpôs o texto criticado – vide art.º 3 alínea a) do Decreto-Lei n.º 333/97, de 27 de Novembro.

5. Mas são as alíneas a) e b) do n.º 2 deste art.º 1 que levantam a grande questão que temos vindo a tratar. Já as citámos quando referimos a posição de Rumphorst, não é necessário repeti-las. Serão elas a pedra tumular da "teoria Bogsch" ou da "teoria da comunicação" tal como a entendemos?

O princípio base da directiva é, nitidamente, favorável à "teoria da emissão" – é esse o sentido da alínea b), deste n.º 2 do art.º 1.

Aplica-se, por conseguinte, unicamente a lei do país de emissão: "A comunicação ao público por satélite verifica-se **apenas** no Estado-membro onde os sinais portadores do programa são introduzidos..."[610].

A intenção do legislador comunitário é clara – criar uma interpretação uniforme em todos os Estados-membros do acto de radiodifusão por satélite ao qual se aplicam os direitos de autor (art.º 2) e conexos (art.º 4) que estabelece.

A sua lógica também é transparente: se existe um mercado único tudo se deve passar como se não existissem doze, quinze ou mais países; o que finalmente existe é um único país chamado "Comunidade Europeia" e nesse "país" quando a emissão parte de um dos seus pontos (chame-se Portugal, Espanha ou Luxemburgo) e a recepção ocorra noutro(s) (chamem-se eles Grã-Bretanha, Alemanha ou França), tudo se passa no mesmo espaço territorial – o espaço comunitário – que tem uma lei única – a directiva comunitária.

A directiva não faz, aliás, segredo dos objectivos quando em diversos considerandos – 2, 5, 7, 14 e 15 – expõe de modo inequívoco aquilo que, segundo entende, são os fundamentos da opção realizada[611]. Não existem,

---

[610] Nosso o sublinhado.

[611] É do seguinte teor o texto dos considerandos citados:

"(2) Considerando que, nesse sentido, o Tratado prevê o estabelecimento de um mercado comum e de um espaço sem fronteiras internas; que esse facto inclui a eliminação dos obstáculos à livre prestação de serviços e o estabelecimento de um sistema que garanta uma concorrência sem distorções no mercado; que, para o efeito, o Conselho pode adoptar directivas de coordenação das disposições legislativas, regulamentares e administrativas dos Estados-membros em matéria de acesso e exercício de actividades profissionais por conta própria;

(5) Considerando, no entanto, que a realização destes objectivos no que se refere à difusão transfronteiras de programas por satélite e à sua retransmissão por cabo a partir de outros Estados-membros ainda encontra obstáculos em virtude das disparidades existentes entre as legislações nacionais sobre direito de autor e de algumas incertezas no plano jurídico; que essa situação expõe os titulares de direitos ao risco de verem as suas obras

pois, dúvidas quanto aos fins que se pretenderam atingir. Mas, como vamos ver, eles estiveram longe de ser conseguidos.

FICSOR, no seu estilo habitual, não poupa a directiva europeia. Começando por afirmar que ouviu dizer que, na opinião de alguns, a directiva se

exploradas sem receberem a respectiva remuneração, ou de a exploração das suas obras ser bloqueada em certos Estados-membros por titulares individuais de direitos exclusivos; que a incerteza no plano jurídico constitui um obstáculo directo à livre circulação de programas na Comunidade.

(7) Considerando que a livre difusão de programas é, além disso, dificultada pela incerteza que reina no plano jurídico quanto à questão de saber se a difusão por satélites cujos sinais podem ser recebidos directamente apenas afecta os direitos no país de emissão, ou simultaneamente em todos os países de recepção; que, dado que os satélites de telecomunicações e os satélites de radiodifusão directa devem ser objecto de tratamento igual para efeitos de direito de autor, esta incerteza jurídica diz respeito à quase totalidade dos programas difundidos por satélite na Comunidade;

(14) Considerando que a incerteza no plano jurídico sobre os direitos a adquirir, que entrava a difusão transfronteiras de programas por satélite, será ultrapassada pela definição da noção de comunicação ao público por satélite, à escala comunitária; que essa definição específica simultaneamente qual o local do acto de comunicação ao público; que é necessário uma definição desse tipo, para evitar a aplicação cumulativa de várias legislações nacionais a um mesmo acto de radiodifusão; que a comunicação ao público por satélite apenas tem lugar se e no Estado-membro em que são introduzidos sinais portadores de programas sob o controlo e a responsabilidade de um organismo de difusão numa cadeia ininterrupta de comunicação que inclui a transmissão dos referidos sinais ao satélite e o retorno daqueles à terra; que os processo técnicos normais relativos a sinais portadores de programas não devem ser considerados interrupções à cadeia de radiodifusão;

(15) Considerando que a aquisição contratual do direito exclusivo de radiodifusão deve respeitar a legislação sobre direito de autor e direitos conexos em vigor no Estado--membro em que se verifique a comunicação ao público por satélite;".

A directiva limita-se, aliás, a seguir a linha de rumo que a Comissão impusera desde o primeiro momento.

Assim, já no documento inicial de discussão apresentado pela Comissão mas preparado por DREIER, depois de se equacionar o problema da lei aplicável – **e de se realçar que se trata de uma discussão de Direito de Autor substantivo e não de Direito Internacional Privado, sendo, pois, nessa perspectiva que deve ser analisado** – sublinha-se "as sérias desvantagens do ponto de vista da Comunidade" que significaria a adopção de uma teoria da comunicação – vide "Broadcasting and Copyright in the Internal Market", doc. III/F/5263/90 – EN, cit., págs. 39 e seguintes, especialmente §4.1.15 (pág. 41).

O próprio THOMAS DREIER nos confirmou pessoalmente, como já se disse, que a defesa da teoria da emissão fora uma das condições inegociáveis que a Comissão lhe colocara para lhe encomendar a elaboração do referido estudo.

baseia na "teoria da emissão e que rejeita a "teoria da comunicação" o autor questiona uma tal conclusão.

Em primeiro lugar, anota FICSOR, porque, no território dos Estados--membros e no que à lei aplicável diz respeito, a directiva se limita, no seu art.º 2, a eliminar as situações em que seja relevante a escolha entre "teoria da emissão" e "teoria da comunicação".

Em segundo lugar, ainda que o art.º 1, n.º 2 alíneas a) e b) opte pela ficção legal de que a comunicação ao público ocorre no local de emissão – o que, segundo a metáfora de FICSOR, "equivale estabelecer que o bombardeamento de uma cidade tem lugar no local onde os canhões estão e não na cidade bombardeada" – isso não afecta o resultado que se obtém pela aplicação da "teoria da comunicação" nos casos em que exista um elevado grau de harmonização legislativa.

Em terceiro lugar, no que toca a "países terceiros" onde o nível de protecção é insuficiente a directiva oferece alternativas que vão no sentido da "teoria da comunicação"[612-613].

E depois de constatar que a "teoria da emissão" não salvaguarda os direitos dos autores[614], quando a titularidade variar de país para país, propõe-se analisar a directiva sob esta perspectiva. Discorda, de novo, dos que entendem que a directiva se limitou a consagrar a "teoria da emissão" em detrimento da "teoria da comunicação". Encontra, desde logo, no art.º 7, n.ºs 2 e 3 da directiva – referentes a disposições transitórias sobre acordos contratuais – fórmulas que procuram evitar a escolha entre as duas teorias.

Além disso, sublinha que o considerando 17 da directiva, leva em conta todos os aspectos da emissão – tais como a audiência efectiva e potencial e a versão linguística – o que demonstra que "aqueles que estão atrás dos canhões" reconhecem que o bombardeamento ocorre além fronteiras. Por fim, assinala que pelo menos para algumas da "vítimas do bombardeamento transfronteiriço" a directiva consagra a "teoria da comunicação" e para comprovar a sua afirmação o autor transcreve o seu art.º 7, n.º 3[615].

---

[612] Ainda que, segundo FICSOR, não vá suficientemente longe.

[613] Vide FICSOR, "Primary and secondary broadcasting in the Bern Convention...", cit., pág. 41. Nosso o ênfase.

[614] E dos titulares de direitos conexos.

[615] FICSOR, "Primary and secondary broadcasting in the Berne Convention...", cit., pág. 42.

FICSOR termina depois este capítulo do seu trabalho recordando que os primeiros memorandos preparados pela OMPI e que deram origem aos novos tratados (TODA e TOIEF) propunham a aplicação da "teoria Bogsch"[616].

Também DREIER – agora liberto das amarras da Comissão – procura demonstrar que a directiva não impõe o fim da "teoria Bogsch"[617].

O autor dedica a sua investigação aos países de língua alemã. Quando trata da radiodifusão por satélite começa por salientar as principais decisões dos tribunais austríacos favoráveis à "teoria Bogsch" e descreve-os sumariamente[618].

Reconhece, seguidamente, que a adopção da directiva 93/83/CEE obriga os Estados-membros a implementar normas que se oporão à "teoria Bogsch" – o que se aplicará também à Áustria[619].

Mas é precisamente nesse ponto que defende a possibilidade da "teoria Bogsch" continuar a ser aplicada. Defendendo que a "teoria Bogsch" não está morta, mesmo dentro da U.E.. DREIER apresenta três argumentos fundamentais para justificar a sua opinião:

– Em primeiro lugar, o modelo comunitário só se aplica à difusão transfronteiriça por satélite pelo que **para todos os outros casos, nomeadamente quando a transmissão ocorrer por ondas hertzianas, poderá continuar a valer a "teoria Bogsch"**.
– Em segundo lugar, o autor invoca o já referido artigo 7, n.os 2 e 3 no mesmo sentido de FICSOR.

---

[616] Na verdade assim aconteceu. A questão, dada a sua dificuldade, acabou posteriormente por ser abandonada e não consta, como se sabe, de qualquer dos dois tratados.

[617] DREIER, "Primary broadcasting in German speaking countries".

[618] Sentenças do Supremo Tribunal Austríaco, de 28 de Maio de 1991 – "TELE-UNO II" – in, GRUR Int., 1991, pág. 920 e do Tribunal de Apelação de Graz, de 6 de Dezembro de 1990, – "TELE-UNO" – in, GRUR Int., 1991, pág. 386, por um lado; e sentenças do Supremo Tribunal Austríaco, de 16 de Junho de 1992 – "Direktsatellitensendung III" – in, GRUR Int., 1992, pág. 933 e do Tribunal de Apelação de Viena, de 27 de Junho de 1991 – "Direktsatellitensendung II" – in, GRUR Int., 1992, pág. 925 e de 30 de Novembro de 1989 – "Direktsatellitensendung" – in, GRUR Int., 1990, pág. 537, por outro.

[619] Indiscutivelmente o país onde a "teoria Bogsch", pelo menos a nível jurisprudencial, teve maior aceitação.

– Em terceiro lugar – e este é sem dúvida o seu argumento de maior peso – DREIER sublinha que o art.° 1, n.º 2 alínea d) (i) e (ii) permite aos Estados-membros a consagração da "teoria Bogsch" para as transmissões por satélite, que não sejam UE/EEE – ou, dito de outro modo, que provenham de países terceiros – isto independentemente da protecção que o Estado emissor oferecer[620].

6. Podemos aderir sem dificuldade a muitos dos argumentos formulados por FICSOR e DREIER[621]. Mas vamos verificar de forma sistematizada o que resulta da directiva.

Já vimos quais foram os objectivos da Comissão. Se lhes acrescentarmos a "dificuldade de realização do espaço cultural europeu" que resultaria da difícil negociação dos direitos em cada país de recepção, com os riscos, financeiros e de tempo, que encareceriam injustificadamente a operação e – o que seria ainda mais grave – a possibilidade de toda a transmissão ficar bloqueada pela recusa em negociar de um só titular num único Estado-membro[622], ficamos com o quadro global de argumentos a que o Conselho foi sensível, adoptando o princípio segundo o qual a radiodifusão por satélite afecta unicamente o direito de um único Estado-membro.

Daqui resulta que foi igualmente descartada a solução – que ULMER propôs pela primeira vez no seu artigo de 1977 e muitos outros desenvolveram – que preconizava, para os satélites de radiodifusão indirecta, uma responsabilidade comum ou solidária do radiodifusor originário e do distribuidor, com a consequente aplicação das diversas legislações dos países de emissão e recepção[623].

Todas as negociações tendentes à aquisição dos diferentes direitos que terão de ocorrer, portanto, antes da fase ascendente da emissão, englo-

---

[620] DREIER, "Primary broadcasting in German speaking countries", cit., págs. 103 e 104. Nosso o ênfase.

[621] Especialmente valiosos são, quanto a nós, aqueles que foram sublinhados.

[622] Vide "Broadcasting and Copyright in the Internal Market" – doc. III/F/5263/90- -EN – cit., §§4.1.15 a 4.1.21, págs. 41 a 43.

[623] O apagamento da distinção entre os diversos tipos de satélite impõe esta conclusão que se nos afigura positiva pelas razões que anteriormente aduzimos.
Como se sustenta no caso dos satélites de radiodifusão indirecta só o distribuidor no(s) país(es) de recepção praticam o acto de radiodifusão em sentido jurídico.

bam a transmissão para todo o âmbito de irradiação ("footprint") e realizam-se à luz do direito do país "onde os sinais portadores de programas são introduzidos, sob o controlo e responsabilidade do organismo de radiodifusão, numa cadeia ininterrupta de comunicação conducente ao satélite e deste para a terra" – como prevê a alínea b), do n.º 2 do art.º 2 da directiva. Estabelece-se, por conseguinte, o lugar onde a comunicação ao público por satélite se realiza e, por inerência, a lei aplicável determinando-se, ainda, quem é o responsável por essa radiodifusão.

O princípio base é o de aplicar as regras da radiodifusão clássica à que é efectuada por satélite, o que como CARINE DOUTRELEPONT acentua "é paradoxal, já que uma radiodifusão por satélite a partir do território belga e destinada a toda a Comunidade será submetida, sob o prisma do direito de autor e dos direitos conexos, às mesmas regras que uma radiodifusão hertziana, realizada na Bélgica e destinada ao público belga"[624].

Majestaticamente, todavia, a Comissão não anteviu (ou não quis ver) as fraquezas do sistema que ela própria criara e que nos enleia numa teia de soluções antagónicas e mesmo de becos sem saída.

A directiva não oferece sequer mecanismos eficazes de protecção dos titulares de direitos – já que muitos os vêem mesmo subtraídos à sua esfera jurídica[625]. Acresce que parte de um pressuposto falso – o de que os utilizadores não terão grande interesse em emitir a partir de um país ou de outro.

Mas não é assim. E não é o tão bem intencionado quanto inócuo considerando 24 da directiva – imposto pela delegação francesa – que diminuirá o risco de deslocalizações[626]. É, pelo contrário, evidente que face ao direito vigente esse risco existe mesmo. Note-se que o próprio

---

[624] C. DOUTRELEPONT, "La libre circulation des émissions de radiodiffusion dans l'Union européenne", cit., pág. 92.

[625] Todos os que tenham, apenas, a titularidade dos mesmos nos países de recepção.

[626] É do seguinte teor o texto do considerando 24:
"Considerando que a harmonização das legislações previstas na presente directiva impõe a harmonização das disposições que asseguram um alto nível de protecção dos autores, artistas-intérpretes ou executantes, produtores de fonogramas e organismos de radiodifusão; **que essa harmonização não deverá permitir que um organismo de radiodifusão beneficie das diferenças dos níveis de protecção, transferindo as suas actividades para outro local em detrimento da produção audiovisual**".
Nosso o sublinhado.

critério de determinação do lugar onde se realiza a comunicação ao público por satélite é ambíguo e, por conseguinte, pouco claro.

Por outro lado, existem disparidades enormes entre as ordens jurídicas dos diferentes Estados-membros de que as regras sobre a remuneração a atribuir aos diversos tipos de titulares são exemplo eloquente.

O sistema só funcionaria se existisse o tal "Código de Direito de Autor Europeu" – almejado e inconfessado sonho da Comissão.

Mas vamo-nos deter, um pouco mais, nos dois pontos que acabámos de salientar: critério de determinação do local da radiodifusão e da lei aplicável e diferenças de regimes de protecção nos vários Estados--membros.

Desde o início a Comissão demonstrou a sua vontade de evitar que o acto de radiodifusão por satélite fosse determinado, exclusivamente, por critérios puramente técnicos. Na verdade, um critério dessa natureza – como o local onde o sinal foi emitido para o satélite – não oferecia a estabilidade jurídica desejada.

Procurava-se, por isso, evitar uma tal solução de modo a permitir a aplicação da nova legislação comunitária impedindo-se que esta e as leis nacionais fossem contornadas – já que se compreendia, à partida, que uma ligação ascendente poderia facilmente ser realizada de um Estado terceiro, do alto mar, ou, mesmo dentro da Comunidade, a partir de um veículo automóvel que se dirigisse para um Estado-membro cuja legislação fosse menos proteccionista para os titulares de direitos.

Nessa perspectiva, a Comissão tinha, desde logo, declarado no seu documento de trabalho inicial que "o lugar do acto relevante para fins de direito de autor deve ser o local onde o acto único de radiodifusão tem origem, ou seja o lugar onde o radiodifusor dirige o seu negócio de modo real e substancial (tem o seu estabelecimento real)"[627].

Na sua proposta de directiva originária a Comissão propunha que a comunicação ao público por satélite dentro da Comunidade ocorreria no Estado-membro onde o organismo de radiodifusão "toma a decisão única sobre o conteúdo do programa e a emissão de sinais portadores de programas por satélite"[628].

---

[627] "Broadcasting and Copyright in the Internal Market", doc. III/F/5263/90-EN, cit. §4.1.30, pág. 48.

[628] Proposta de directiva de 11/09/1991, cit. – doc. COM (91) 276 final – SYN 358, art.º 1, alínea b).

Como noutro passo do texto da referida proposta se dizia "a responsabilidade do ponto de vista do direito de autor é gerada no local onde é realizado o acto sujeito a autorização, ou seja, a decisão sobre o conteúdo e a emissão"[629].

A solução final[630] acabou por ser diferente, combinando elementos técnicos e conceptuais – um critério misto em que a Comissão punha as maiores esperanças para aquilo que, nas suas próprias palavras, significava "confiscar a chave do paraíso do direito de autor".

O texto adoptado está, contudo, longe de merecer aplauso. Desde logo, porque mistura a comunicação ao público com responsabilidade, que sendo coisas distintas mereciam tratamento autónomo[631]. Assim só se aumenta a confusão.

Salta, sobretudo, à vista que o critério consagrado acaba por demarcar a lei aplicável ainda com base em elementos eminentemente técnicos – o lugar da transmissão[632] – contrariamente às intenções originais da Comissão.

Mas a determinação do Estado-membro onde ocorre a comunicação ao público por satélite enfrenta ainda uma série de outras dificuldades. Senão vejamos:

A alínea b) que estamos a analisar diz que a radiodifusão ocorre no Estado-membro onde os sinais portadores de programas "são introduzidos... numa cadeia ininterrupta de comunicação conducente ao satélite e deste para a terra". Acontece, porém, que a noção de cadeia ininterrupta é passível de várias interpretações.

Suponhamos que o programa é emitido por via terrestre de Portugal para a Espanha e só aí enviado para o satélite – haverá cadeia ininterrupta no sentido da directiva e, consequentemente, aplicar-se-á a lei portuguesa, ou, pelo contrário, a expressão visa apenas abarcar as situações a partir da ligação ascendente para o satélite e, nesse caso, aplica-se a legislação espanhola? É questão que não encontra resposta no texto da directiva e que pode levar a soluções jurisprudências contraditórias.

---

[629] Ob. cit. na nota anterior, pág. 36, §5.

[630] Cfr., art.º 1 n.º 2, alínea b), já citado.

[631] Como várias delegações – entre os quais a portuguesa – salientaram desde a primeira hora.

[632] O local "onde os sinais portadores do programa são introduzidos" – na expressão da alínea b), do n.º 2, do art.º 1 da directiva.

Os problemas não ficam, contudo, por aqui, já que o critério misto que a Comissão arquitectou pode levar, em última análise, à sua própria inaplicabilidade. De facto, a Comissão partiu de um princípio que pode não se verificar: o de que o país onde os sinais são introduzidos para o satélite e o país do radiodifusor são o mesmo. Ora, pode não ser assim. Pergunta-se: e se os sinais forem emitidos num Estado-membro e o organismo de radiodifusão tiver as suas instalações e actividade económica centrados num outro país qual é a legislação aplicável?

Nesse caso, os dois elementos do critério levam a soluções opostas e, consequentemente, podem gerar o bloqueamento do sistema.

Para os objectivos pretendidos pela Comissão, é óbvio que a solução que deveria ter sido adoptada era a que passava pela escolha do lugar onde o radiodifusor tem o seu principal estabelecimento, como critério exclusivo – é bem mais fácil transferir um local de emissão do que toda uma empresa[633].

Vêem-se, pois, as dificuldades que o critério consagrado – visto de per si – acarreta. Adiante se verificará que elas não se esgotam aqui, quando, depois de fazermos uma análise global do regime da directiva, demonstrarmos as lacunas que a mesma comporta.

Como também já se realçou, a escolha do princípio da aplicação de uma lei única enfrenta escolhos consideráveis em função das disparidades substanciais que existem entre as diversas legislações dos países da União Europeia. Só uma unidade de tratamento evitaria concentrações e deslocalizações de radiodifusores dentro do próprio espaço comunitário. Assim, está-se a favorecer as emissões a partir de certos Estados-membros em detrimento de outros.

O grau de harmonização que deriva das directivas é, de todo, insuficiente para considerar o território comunitário como um espaço único, garantindo direitos equivalentes aos diferentes titulares. O que delas resulta não é mais que um quadro geral, normalmente preenchido por alguns direitos mínimos. Mas nelas não se encontra – nem isso deveria acontecer – regras relativas à titularidade dos direitos[634], aos direi-

---

[633] Critério que foi, aliás, adoptado para certas transmissões a partir de países terceiros – cfr., art.º 1 n.º 2, alínea d) ii) – é matéria que retomaremos posteriormente.

[634] Salvo as já referidas quanto ao realizador principal da obra cinematográfica – art.º 1 n.º 5 da directiva satélite e cabo e art.º 2 n.º 2 da directiva aluguer e comodato – que são uma excepção.

tos pessoais (morais), às sanções, às remunerações retributivas das autorizações concedidas e aos designados limites dos direitos.

Isto para citar um conjunto de exemplos, não exaustivo mas eloquente, de divergências legislativas facilmente constatáveis. As diferenças entre, v.g., o direito da Grã-Bretanha e da Irlanda por um lado, e da França e de Portugal, por outro, quanto à titularidade originária das obras cinematográficas, a que já fizemos alusão, comprovam o que fica dito. O mesmo se diga dos ditos direitos morais, que variam, em grande escala, de país para país[635]. Os radiodifusores vão sempre preferir os Estados-membros em que a protecção desses direitos seja mais ténue e, mesmo em igualdade de circunstâncias, aqueles em que os direitos pessoais não apareçam como direitos patrimoniais de segunda linha[636]. Acresce que a existência de tais direitos pode mesmo gerar a proibição da radiodifusão por satélite em certos Estados e não noutros, com as consequentes distorções a nível comunitário.

Tudo isto poderá levar, em última análise, a uma uniformização dos direitos pessoais ao nível mais baixo possível ou – numa americanização por muitos pretendida – mesmo à sua abolição. Uma tal solução seria uma contradição com as teses da Comissão, que sempre pretendeu que a harmonização se fizesse segundo padrões de protecção tão elevados quanto possível. Ou será que tais objectivos só são válidos para os direitos patrimoniais, numa política de dois pesos e duas medidas?!

E que dizer das remunerações a outorgar em função das diferentes autorizações concedidas? De facto, para ser consequente com o projecto que lhe subjaz, a directiva deveria conter uma regra mínima relativa a essa remuneração[637] – o que, diga-se de passagem, não mereceria o nosso acordo[638].

---

[635] Estes não fazem, contudo, parte das preocupações da Comissão.

[636] Como acontece na Alemanha e na França onde a invocação dos direitos pessoais não obriga à demonstração de que a utilização realizada possa afectar a honra e reputação do autor, funcionando como um verdadeiro direito patrimonial de segundo grau.

A solução portuguesa não é, contudo, essa – vide art.º 56 – n.º 1 do CDADC – o que se sublinha e aplaude.

[637] Como certeiramente anota C. DOUTRELEPONT, "La libre circulation des émissions de radiodiffusion das l'Union Européenne", cit., pág.. 96.

[638] O que não nos impede de reconhecer a coerência de uma tal regra em face do processo seguido.

É precisamente contra este e contra as soluções encontradas que temos divergência de fundo.

Ora, os artigos da directiva não contêm nenhuma prescrição nesse sentido. Só timidamente – no já citado considerando 17 – se refere que "para determinar a remuneração devida pelos direitos adquiridos, as partes devem ter em conta todos os aspectos da emissão, tais como a audiência efectiva, a audiência potencial e a versão linguística".

Afinal, como FICSOR já assinalara e mais uma vez se recorda, os países de recepção não são despiciendos e, tacitamente, reconhece-se que é neles que a utilização ocorre. Mesmo assim, os redactores do considerando foram além do que era pretendido pela União Europeia de Radiodifusão (UER) que propunha uma limitação à audiência efectiva. O critério da audiência potencial é mais favorável aos titulares de direitos, já que é independente da audiência efectiva, do número de negócios celebrados pelo radiodifusor ou mesmo do horário de transmissão[639].

A directiva indicia um caminho que sai, contudo, diminuído pelo facto de constar de um considerando e não do corpo do texto. Ficam, assim, os Estados-membros com liberdade para o acolher ou não. Os utilizadores pretenderão, obviamente, regras de cálculo que lhes sejam mais vantajosas por oposição aos autores e aos titulares dos direitos conexos. O peso dos grupos de pressão nos diversos países ditará as soluções a adoptar que não serão, naturalmente, convergentes.

Uma outra opção – que nos parece a mais correcta – é a de os legisladores nacionais se remeterem ao silêncio quanto aos critérios de remuneração, deixando o mercado funcionar por si e as partes determinarem entre elas o que deve ou não ser contabilizado em função da situação específica em que contratam[640].

---

[639] Já na proposta de directiva inicial de 11 de Setembro de 1991 – doc. COM (91) 276 final – SYN 358, cit. – a Comissão consentia que:

"Isto não significa, todavia, que o facto de a emissão do organismo de radiodifusão poder ser recebida em vários Estados-membros não seja tomada em consideração. Apesar de a recepção enquanto tal ser irrelevante do ponto de vista do direito de autor, é incontestável que ela pode influenciar em termos económicos outras utilizações da obra recebida no país de recepção que envolvam direitos de autor. Por conseguinte, a extensão da recepção poderá geralmente constituir um parâmetro para a determinação da remuneração a pagar. Além disso, a relação entre a difusão de um programa por satélite e outras formas de utilização e exploração será geralmente objecto de coordenação numa base contratual". – vide §6, págs. 36 e 37.

[640] Parece ter sido esta a posição do legislador português.

7. Mas é quando tem de enfrentar o problema que sempre tentou contornar, que a directiva vê adensarem-se as dificuldades a que, por mais que tente, não consegue fugir.

Depois de ter estabelecido um critério básico que consagra a "teoria da emissão", o legislador comunitário não pode deixar de ponderar as transmissões provenientes de países terceiros. É aí que fracassa[641].

Prova-se, portanto, que o que está em jogo na directiva não é uma opção dogmática pela "teoria da emissão", mas apenas a busca de mecanismos que salvaguardem o funcionamento do mercado único e permitam uma protecção tão elevada quanto possível aos titulares de direitos cujas obras ou prestações são radiodifundidas por satélite.

Mas nem quando se vêem forçados a reconhecer a insuficiência de uma opção de base que se tinha centrado numa visão comunitária – e, por isso, regional – do problema, os autores da directiva conseguem entender a vertente global deste. A necessidade da própria directiva – pelo menos na perspectiva universalista em que se pretendeu colocar – fica irremediavelmente posta em causa. Vamos explicar porquê.

A comunicação a partir de terceiros Estados é abordada na alínea d), do n.º 2 do art.º 1[642]. A sua intenção é óbvia. Pretendeu-se garantir os direitos dos autores, dos artistas e dos produtores de fonogramas quando as emissões são provenientes de um país terceiro onde o nível de protecção é inferior ao estabelecido no capítulo II da directiva[643].

---

[641] Como FICSOR e DREIER já haviam demonstrado – cfr., supra, págs. 248 a 251.

[642] Aí estabelece-se que:

"Sempre que um acto de comunicação ao público por satélite se verifique num país terceiro que não preveja o nível de protecção previsto no capítulo II da presente directiva:

i) se os sinais portadores de programas forem transmitidos para o satélite por uma estação de ligação ascendente localizada num Estado-membro, considera-se que esse acto de comunicação ao público por satélite ocorreu nesse Estado-membro, podendo ser exercidos os direitos previstos no capítulo II contra a pessoa que opera a estação de ligação ascendente, ou

ii) se não for utilizada uma estação de ligação ascendente localizada num Estado-membro, mas um organismo de radiodifusão constituído num Estado-membro tiver incumbido outrem desse acto de comunicação ao público por satélite, considerar-se-á que esse acto ocorreu no Estado-membro em que a organização de radiodifusão tem o seu estabelecimento principal na Comunidade, podendo ser exercidos os direitos previstos no capítulo II contra o organismo de radiodifusão".

[643] Fica, desde logo, por saber o que significa nível de protecção inferior, superior ou equivalente.

Esta alínea enuncia uma espécie de "cláusula de salvaguarda" que visa corrigir, para os titulares de direitos, os efeitos perversos das definições de comunicação ao público e da localização desse acto (alíneas a) e b), do mesmo n.º 2 do art.º 1). Essas definições têm de ser abandonadas quando a emissão parte de um país extra-comunitário sob pena de a protecção pretendida ficar irremediavelmente posta em causa.

Pretendeu-se, por conseguinte, evitar que, no sentido de escapar às obrigações decorrentes da directiva, os organismos de radiodifusão deslocalizem para um terceiro Estado os seus actos de comunicação ao público por satélite destinados a um ou mais países da Comunidade. Distinguem-se duas situações mas em qualquer delas se considera que a radiodifusão ocorreu no espaço comunitário.

A primeira – (i) – visa o caso em que os sinais portadores de programas provêm de um país terceiro, mas em que só são enviados para o espaço a partir de uma estação de ligação ascendente situada no território de um Estado-membro. Se assim acontecer deve-se entender que a comunicação ao público por satélite ocorreu nesse Estado-membro, podendo os direitos em causa ser reclamados do operador daquela estação.

A segunda – (ii) – situação é menos nítida. A fórmula utilizada peca por obscura já que, apesar de não ser utilizada qualquer estação de ligação ascendente localizada num Estado-membro, se refere a hipótese de um organismo de radiodifusão aí constituído ter "incumbido outrem" – fora da Comunidade – de proceder à comunicação pública por satélite. Se tal se verificar considerar-se-á que esse acto teve lugar no Estado-membro no qual a radiodifusor tem o seu estabelecimento principal, sendo-lhe oponíveis os direitos dos respectivos titulares.

Que deve entender-se por ter "incumbido outrem"? Pensamos que o que a directiva tem em vista são apenas aquelas situações em que a comunicação ao público é feita totalmente a partir do exterior da Comunidade mas exclusivamente sob a responsabilidade do organismo de radiodifusão comunitário. Só uma tal interpretação dá conteúdo útil à expressão "incumbido outrem" e à consequência que dela retiram. Ficam, deste modo, excluídas situações de cooperação entre radiodifusores tão

---

É o tipo de direito – exclusivo ou de remuneração – que está em causa? É a duração? São as limitações? É tudo isto? É algo mais?...

Nota-se que, por vezes, existem, direitos de remuneração que salvaguardam bem mais os interesses dos seus titulares do que pomposos mas ineficazes direitos exclusivos...

usuais nos nossos dias e, consequentemente, aberta uma porta para contornar, sem dificuldades, a aplicação desta norma[644].

Note-se, por outro lado, que o critério do estabelecimento principal adoptado é não apenas uma subordinação à "teoria da comunicação", como já foi por demais enfatizado, mas significa, sobretudo, uma discrepância injustificada e incoerente no seio da própria directiva. Na verdade, custa a perceber porque é que se a comunicação ao público tiver lugar a partir de um Estado-membro se parte da "teoria da emissão", mas se provier de um país terceiro já é o estabelecimento principal que determina a lei aplicável. A única justificação que se encontra é a de assegurar pagamentos tão elevados quanto possível, nem que seja à custa de artifícios jurídicos que, por contrários à realidade, ferem a melhor dogmática.

A crítica que acabamos de formular à alínea d), do n.º 2 do art.º 1 da directiva não esgota, contudo, o leque de argumentos que se podem opor à sua opção de princípio – "teoria da emissão" – e aos mecanismos de salvaguarda com que tentou remediar os problemas que a si própria criara.

Falta, precisamente, o mais importante. E esse é o seguinte: a directiva não prevê – nem podia, dada a sua própria natureza – a situação em que a radiodifusão ocorra, totalmente, num Estado terceiro. Traduzindo em linguagem da directiva: não prevê os casos em que a comunicação tem lugar num país não comunitário, sem a ajuda de qualquer estação de ligação ascendente situada num Estado-membro e sem incumbência de qualquer organismo de radiodifusão que tenha na Comunidade o seu estabelecimento principal. Ora, situações deste tipo são não só viáveis, até do ponto de vista político ou religioso[645] como, mais do que isso, acontecem todos os dias.

Seria no mínimo curioso ver o modo como a Comissão pensa implementar a sua directiva face aos grandes impérios norte-americanos, que, como é experiência quotidiana de muitos de nós, entram a toda a hora nas nossas casas. A directiva é neste sentido megalómana. Encara a Comunidade como se de uma ilha se tratasse imune a uma realidade global de tendência universalista. Quando o faz não compreende que a Europa é

---

[644] Por sua vez, no caso de os programas transmitidos resultarem de obras em colaboração ou de conexão de obras dever-se-ão aplicar os respectivos regimes destas reduzindo, no que for necessário, o âmbito de aplicação da norma.

[645] Quantos radiodifusores não seriam recebidos de braços abertos por motivos políticos ou religiosos (ou ambos), v.g., na Líbia, no Iraque e no Irão.

apenas uma pequena parcela do grande mundo das telecomunicações sem fronteiras e, cada vez mais, sem qualquer tipo de limites. Ao encerrar-se sobre o seu espaço territorial perde a noção do mundo que a rodeia e... perde-se a si própria!!!

Curiosamente, a Comissão tinha sido mais modesta nos seus objectivos iniciais já que a sua proposta de directiva inicial falava apenas, de "comunicação ao público por satélite dentro da Comunidade". Tão-pouco se previam actos de radiodifusão por satélite a partir de países terceiros[646].

É evidente que se se tivesse mantido dentro do quadro inicialmente perspectivado a directiva continuaria a ser passível da crítica anteriormente formulada, agora já não por ser soberba mas apenas por falta de visão – já que continuaria a não entender que o problema da comunicação por satélite directo só pode ser resolvido num prisma global. Ao querer ir mais longe foi ainda mais fundo no deserto das soluções que visa consagrar – ao menos no que à lei aplicável diz respeito[647].

A directiva deixou, assim, um espaço em branco que cumpre aos diversos Estados-membros colmatar. Ora é óbvio que, para o preencher apenas uma "teoria da comunicação" – no sentido em que a defendemos[648] – se afigura capaz.

Os Estados-membros têm, pois, legitimidade para prever a aplicação das suas legislações nacionais às transmissões de países terceiros que atinjam os seus Estados dando assim corpo a uma "teoria da recepção" conforme exposto.

A "teoria da emissão" só os vincula no estrito âmbito de aplicação da directiva. Compreendendo isso, e com o pioneirismo que lhe é característico, o legislador alemão assinalou a restrição.

Ainda a transposição da directiva satélite e cabo não fora realizada já DIETZ nos informava de que: **"A aplicação exclusiva do direito em vigor no país emissor** será estipulada pelo novo §20 a alínea 1 da UrhG. A restrição às emissões **europeias** por satélite, contida no título, merece ser

---

[646] Vide proposta inicial de 11 de Setembro de 1991 – doc. COM (91) 276 final – SYN 358, cit., art.º 1 alínea b).
Sobre esta proposta inicial veja-se, com mais detalhe, EDELMAN, "Droits d'Auteur Droits Voisins", cit., págs. 106 a 109.

[647] Passe o humor, uma "teoria da emissão" teria apenas por efeito a aplicação da lei norte-americana à esmagadora maioria das situações em causa...

[648] Já que outra não é possível face ao direito vigente.

assinalada. As excepções previstas pelo art.° 1 n.º 2, alínea d) da directiva, e retomadas pelo §20 a, alínea 2 da UrhG para as emissões de Estados terceiros, mostram que a aplicação do direito em vigor no país receptor é de considerar em certas situações.

Parece que os legisladores europeu e alemão não tiveram a possibilidade ou o desejo de adoptar uma regulamentação definitiva no que respeita aos países terceiros"[649-650].

Vê-se assim que, avisadamente, o legislador alemão não abriu mão da possibilidade que tem de consagrar a "teoria da comunicação" – cingindo a alínea 1 do novo preceito às emissões **europeias**, únicas que por força da directiva estava obrigado a sujeitar à "teoria da emissão"[651].

Diremos apenas que esta opção do legislador alemão vem ao encontro das nossas posições. Ela enraíza ainda mais em nós uma convicção fundamental que implicitamente já fomos revelando: para impor uma "teoria da emissão" unicamente para as emissões por satélite europeias podendo, ainda por cima, criar uma indesejável divergência de regimes jurídicos em função de uma artificial e anacrónica divisão dos tipos de radiodifusão por satélite existentes, seria necessário criar uma directiva? Pensamos que não!!!

8. A questão central da nossa investigação sobre a directiva satélite e cabo foi abordada no ponto anterior. Não nos podemos, no entanto, eximir à análise do restante regime por ela imposto, até pelas consequências que o mesmo tem e terá sobre as legislações europeias, designadamente para a portuguesa. Seguindo o plano previamente traçado, tratemos de seguida da aquisição dos direitos de radiodifusão por satélite.

---

[649] ADOLF DIETZ, "Chronique d'Allemagne – L'Evolution du Droit d'Auteur en Allemagne de 1993 jusqu'au millieu de 1997", Primeira Parte, in RIDA 175, Janeiro 1998, págs. 152 a 155.

O autor refere ainda vários arestos que sustentam a teoria da recepção – cfr., nota 41 págs. 210 a 213 da mesma obra.

[650] O texto de DIETZ manifesta conhecimento minucioso da então futura lei de transposição.

De facto as previsões do autor foram absolutamente correctas, vide Viertes Gesetz zur Änderung des Urheberrechts, §20 a ("Radiodifusão por Satélite para a Europa", Jornal Oficial das Leis Federais, ano 1988, série I, n.º 27, publicado em Bona, a 20 de Maio de 1988 (págs. 902-904).

[651] Infelizmente o legislador português não teve semelhante cuidado.

De acordo com o art.º 3 n.º 1 da directiva, a radiodifusão por satélite de obras protegidas só pode efectuar-se através de contrato pelo qual o autor autorize aquela transmissão. Pretendeu-se, pois, evitar que os Estados-membros façam uso de qualquer licença legal ou compulsória ao abrigo do art.º 11-*bis* n.º 2 da Convenção de Berna[652]. Ao contrário do que alguns autores sustentam[653], tais receios eram fundados, já que tendo a directiva determinado que a comunicação ao público por satélite se verifica apenas no Estado de emissão então também a licença se poderia cingir a esse Estado não colidindo com o disposto no n.º 2 do art.º 11-*bis*[654].

Refira-se, porém, que tal limitação só opera no estrito âmbito da directiva, que o mesmo é dizer que em todos os casos que escapem ao seu escopo, nomeadamente aqueles em que a "teoria da comunicação" pode ser aplicada, os legisladores nacionais mantêm completa liberdade de estabelecer as licenças obrigatórias que entendam por necessárias[655].

O princípio enunciado sofre, no entanto, uma excepção. O n.º 2 do art.º 3 estabelece os chamados "acordos colectivos alargados"[656].

Foi a instâncias dos países nórdicos – na altura representados pela Dinamarca, mas com o apoio dos restantes (Finlândia, Noruega e Suécia), que face à sua iminente entrada na Comunidade participaram a

---

[652] Tal objectivo é, aliás, claramente referido no considerando 21.

[653] Por todos, C. DOUTRELEPONT, "La libre circulation des émissions de radiodiffusion dans l'Union européenne...", cit., pág. 98.

[654] De facto, o problema não se coloca face à Convenção de Berna dado que, como já vimos, ela não se aplica à radiodifusão por satélite.

A questão continuaria, contudo, em aberto face à falta de regime legal sobre esta última.

Era, no entanto, o n.º 2 do art.º 11-*bis* da Convenção de Berna que justificava todas as cautelas – como resultou, claramente, das discussões.

[655] O que se nos afigura como extremamente relevante.

[656] É o seguinte o texto do preceito:

"Os Estados-membros podem prever que um acordo colectivo celebrado entre uma entidade de gestão e um organismo de radiodifusão em relação a uma determinada categoria de obras seja tornado extensivo aos titulares de direitos da mesma categoria não representados pela entidade de gestão, desde que:

– a comunicação ao público por satélite se verifique em simultâneo com uma emissão terrestre pelo mesmo radiodifusor e

– o titular de direitos não representado tenha, em qualquer momento, a possibilidade de excluir a extensão de um acordo colectivo às suas obras e de exercer os seus direitos individual ou colectivamente".

título de observadores em diversas reuniões do Comité de Peritos – que esta norma veio a ser consagrada. Apesar da delegação dinamarquesa ter facultado diversos estudos que demonstravam a fiabilidade do sistema nos referidos países do norte da Europa, só após superar grandes reticências viu satisfeito o seu pedido. Pode-se mesmo afirmar que só o grande peso que o bloco nórdico perspectivava representar, levou à sua aceitação[657].

Note-se, porém, que ao contrário do que se verifica na retransmissão por cabo onde foi instituída uma gestão colectiva necessária (obrigatória), os "acordos colectivos alargados" são de natureza facultativa e só são permitidos se se verificarem, cumulativamente, os dois requisitos finais do preceito do qual se salienta a possibilidade dos titulares do direito se excluírem do acordo e passarem a exercer individualmente os seus direitos[658].

Por outro lado, os Estados-membros que estabelecerem este sistema terão de indicar à Comissão os organismos de radiodifusão que estão autorizados a prevalecer-se dessa legislação, a qual, por sua vez, publicará essa informação no Jornal Oficial das Comunidades (Série C) – vide n.º 4 do art.º 3.

Realce-se ainda que por força do n.º 3, do mesmo art.º 3, os acordos colectivos alargados não podem ser aplicados às obras cinematográficas e às produzidas por um processo análogo à cinematografia. Para estas vale, portanto, o princípio base de negociação contratual.

9. Para os direitos conexos são expressamente permitidas as licen-ças não voluntárias que o n.º 2 do art.º 15 da Convenção de Roma prevê[659].

Isto não significa que, por interpretação *a contrario*, possamos concluir que a não existência de uma norma semelhante ao art.º 10 da Convenção de Berna impede os legisladores nacionais de fazer uso

---

[657] Apesar de posteriormente, como se sabe, e contrariamente ao que se pensava, a Noruega ter acabado por não aderir à União Europeia.

[658] Adiante retomaremos o tema dos "acordos colectivos" alargados quando tratarmos da "gestão colectiva necessária" a propósito da retransmissão por cabo – altura em que estabeleceremos o paralelismo entre as duas figuras.

[659] Por interpretação conjugada do art.º 4 n.º 1 da directiva satélite e cabo com o art.º 10 n.º 2 da directiva aluguer e comodato.

Também aqui esta limitação se restringe ao estrito âmbito dos direitos previstos na directiva.

das faculdades que esta última norma lhes concede. Uma conclusão contrária[660] parte da confusão, inadmissível, entre licenças obrigatórias e direito de citação e de uma ânsia, irreprimível, de tudo sujeitar às amarras de um sufocante direito exclusivo.

Querer coarctar até o direito de citação é mais um passo para bloquear todo e qualquer acesso à informação. É uma visão estritamente economicista que não podemos aceitar.

10. O art.º 5 da directiva dispõe que "a protecção dos direitos conexos nos termos da presente directiva não deve lesar ou afectar de modo algum a protecção do direito de autor". É uma fórmula que já encontramos no art.º 14 da directiva aluguer e comodato e que se aproxima do texto do art.º 1 da Convenção de Roma. Foi, aliás, essa conciliação com a Convenção de Roma e com a directiva aluguer e comodato que levou o Parlamento Europeu a propor esta emenda[661].

É uma frase retórica sem significado prático. A sua aplicação levaria à submissão dos direitos conexos ao direito de autor, o que bloquearia a aplicabilidade daqueles e mesmo o seu carácter exclusivo. Não há, por isso, notícia de que alguma vez tenha sido invocada.

A única coisa que espanta é o facto de o art.º 5 estar incluído no capítulo II da directiva relativo à radiodifusão por satélite e não nas disposições comuns... O erro sistemático é, contudo, irrelevante face ao carácter simbólico da disposição.

11. Já anteriormente – a propósito das tomadas de posição de FICSOR e DREIER – fizemos alusão ao art.º 7 da directiva. Refere-se à sua aplicação no tempo e tem por epígrafe "Disposições transitórias".

Mais uma vez o preceito trata exclusivamente da radiodifusão por satélite – inserindo-se assim no capítulo II ("Radiodifusão de programas por satélite") e não no capítulo IV relativo às disposições comuns ("Disposições gerais").

---

[660] Como a que C. DOUTRELEPONT, "La libre circulation des émissions de radiodiffusion dans l'Union européenne...", cit., pág. 99, deixa subentendida sob a forma de pergunta.

[661] Emenda 17 do Parlamento Europeu.
Vide também considerando 25 da directiva 93/83/CEE onde se afirma que "a protecção no domínio dos direitos conexos é alinhada pela Directiva 92/100/CEE".

A aplicação no tempo da directiva satélite e cabo, no que toca aos direitos conexos, é feita mais uma vez por remissão, já que o n.º 1 deste art.º 7 que a regula manda aplicar o art.º 13 da directiva aluguer e comodato – mais concretamente os seus n.ºs 1, 2 e 4 a 7[662]. No que respeita aos direitos dos autores não é feita qualquer especificação, pelo que a directiva será aplicável às obras que mereçam protecção na data da sua entrada em vigor – 1 de Janeiro de 1995.

No entanto, o legislador comunitário não pode deixar de se preocupar com os direitos adquiridos e por via disso o art.º 7 inclui regras particulares em matéria de contratos. Assim, o seu n.º 2 estabelece que para "os contratos de exploração de obras e outras prestações protegidas pelo direito de autor" em vigor em 1 de Janeiro de 1995 e que expirem depois de 1 de Janeiro do ano 2000, a directiva só se aplicará a partir desta última data.

Este período visa permitir às partes contratantes adaptar os acordos estabelecidos às novas regras comunitárias – o que na prática poderá levar à aplicação de mecanismos como a alteração ou modificação de circunstâncias ou à celebração de novos contratos. A sua inclusão deveu-se à iniciativa e pressão da delegação francesa[663].

Os contratos internacionais de co-produção implicam, regra geral, que os direitos sobre a obra sejam exercidos, separada e independentemente, por cada um dos co-produtores, repartindo entre eles o valor da exploração segundo critérios de base territorial. Pretende-se, por isso, que a exploração num determinado território (normalmente um país ou, em certos casos, um grupo de países com afinidades linguísticas) não tenha incidência num outro.

Na ausência de regras específicas, a entrada em vigor da directiva criaria o risco de provocar desequilíbrios nas utilizações e consequentes remunerações previstas.

A questão que se colocava (e coloca) era a de saber qual a consequência da radiodifusão por satélite ocorrer num Estado-membro de um dos co-produtores que não aquele que detinha os direitos do(s) país(es) destinatários da transmissão. A consagração da regra segundo a qual o acto

---

[662] Sendo que os n.ºs 4 e 5 desse art.º 13 deverão ser aplicáveis *mutatis mutandis*.

[663] A regra nem sequer era prevista na proposta inicial – vide art.º 9 da Proposta de Directiva do Conselho de 11 de Setembro de 1991, doc. COM (91) 276 final – SYN 358, cit., pág. 60.

de comunicação ao público por satélite ocorre unicamente no país de emissão implica, necessariamente, a adaptação dos contratos anteriormente celebrados[664].

A ideia inicial foi a de estabelecer um período transitório que permitisse a renegociação dos acordos, mas tal proposta acabou – e bem – por ser abandonada, por insuficiente.

A solução encontrada foi introduzir no corpo da directiva este n.º 3, do art.º 7. Tem-se em vista os contratos concluídos, antes de 1 de Janeiro de 1995, entre um co-produtor de um Estado-membro e um ou mais co-produtores de outros países comunitários ou terceiros – que prevejam um regime de repartição dos direitos entre os vários co-produtores, por áreas geográficas, sem distinção dos meios de comunicação ao público.

Segundo a norma em análise, se a aplicação da directiva relativamente à comunicação ao público por satélite prejudicar a exclusividade, especialmente linguística, de um dos co-produtores ou dos seus cessionários sobre um dado território, a autorização para radiodifundir por satélite (leia-se do co-produtor do Estado emitente) está sujeita ao consentimento prévio do titular dessa exclusividade (ou seja, do(s) co-produtor(es) do(s) país(es) de recepção).

A título de exemplo, em presença de um contrato de co-produção celebrado antes de 1 de Janeiro de 1995 que faculte um direito exclusivo para a França e para a Suíça a um produtor francês, um direito da mesma natureza para a Bélgica a um produtor belga e para o Luxemburgo a um luxemburguês, a emissão a partir deste último Estado para todos os países em causa está sujeita ao acordo prévio dos co-produtores francês e belga.

A regra introduzida tem, assim, por objectivo suprir a inexistência de normas que regulem os direitos dos co-produtores nas transmissões por satélite.

---

[664] Di-lo, expressamente, o considerando 18 da directiva, cujo texto é como se segue:

"Considerando que a aplicação do princípio do país de origem incluído na presente directiva pode suscitar um problema em relação aos contratos vigentes; que a presente directiva deve prever um prazo de cinco anos para, sempre que necessário, adaptar os contratos em vigor em função da presente directiva; que o referido princípio do país de origem não se deve, portanto, aplicar aos contratos em vigor que caduquem até 1 de Janeiro de 2000; que se, nessa data, as partes ainda tiverem interesse no contrato, terão a faculdade de renegociar as respectivas condições;".

Note-se que quer a Comissão quer a Grã-Bretanha defenderam – através de uma declaração anexa ao processo verbal – uma interpretação restritiva do n.º 3 do art.º 7. É seu entendimento que a norma não prejudica a aplicação única de um dos direitos nacionais em matéria contratual, salvo se estiver em jogo a exclusividade linguística de cada um dos co-produtores.

Tal interpretação não merece, no entanto, acolhimento. Desde logo por um argumento histórico: a exclusividade linguística foi, de facto, apresentada como o único caso cuja verificação exigiria o consentimento adicional do co-produtor que a detivesse, mas a proposta foi abandonada no decurso das negociações entre os Estados-membros, pela forte oposição manifestada por variadas delegações[665].

A conjugação do elemento histórico com o elemento literal do preceito não deixa, por conseguinte, margem para dúvidas – a referência à exclusividade linguística é meramente exemplificativa[666]. O que os autores da directiva tiveram em vista foi, portanto, todo e qualquer tipo de exclusividade, seja ela linguística ou outra, que seja posta em causa pela radiodifusão por satélite, dentro do âmbito de aplicação do artigo. A expressão "especialmente a exclusividade linguística" não abre espaço para outra conclusão, que é, aliás, confirmada pelo considerando 19 da directiva[667].

---

[665] Nós próprios em representação da delegação portuguesa nos opusemos a tal proposta.

[666] A referência que lhe é feita realça, contudo, a importância que este tipo de exclusividade tem nos contratos de co-produção

[667] Nele se pode ler:
"Considerando que os contratos internacionais de co-produção em vigor devem ser interpretados em função dos objectivos e alcance económicos previstos pelas partes na respectiva assinatura; que os contratos internacionais de co-produção celebrados no passado nem sempre têm considerado expressa e especificamente a comunicação ao público por satélite, na acepção da presente directiva, como uma forma especial de exploração; que a filosofia subjacente a muitos dos contratos internacionais de co-produção vigentes se traduz no exercício dos direitos de co-produção separada e independentemente por cada um dos co-produtores, mediante a repartição dos direitos de exploração entre os mesmos numa base territorial; **que, de um modo geral, no caso de uma comunicação ao público por satélite autorizada por um co-produtor vir a afectar o exercício dos direitos de exploração de outro co-produtor, a interpretação desse acordo deverá, em princípio, tender para a obrigatoriedade de este último dar o seu consentimento à autorização pelo primeiro da comunicação ao público por satélite**; que a exclusividade linguística deste último co-produtor num dado território

A primeira parte do segundo trecho sublinhado poderia inculcar a ideia de que a exclusividade abrangida seria apenas, para além da linguística, a que se referisse a obras mudas e sem legenda. Não é, porém, assim, não só porque na sequência do texto se enuncia um princípio geral de alcance amplo relativo a todos as co-produções passíveis de "comunicação ao público por satélite, na acepção da presente directiva", mas, sobretudo, pelo próprio sentido do n.º 3 do art.º 7, cujo conteúdo já estabelecemos e que, obviamente, prevaleceria mesmo em face de uma eventual contradição com o teor de um considerando – o que no caso vertente não acontece[668].

Em síntese, podemos concluir que o consentimento do co-produtor para a radiodifusão por satélite será necessário, sempre que uma tal comunicação ao público ponha em causa os seus direitos exclusivos, caso o contrato não regule esse tipo de transmissão fixando, nomeadamente, a repartição dos montantes relativos a essa utilização. A data limite era, como se viu, 1 de Janeiro de 1995, permitindo-se desse modo aos produtores, alertados pela entrada em vigor da directiva, renegociar os contratos existentes para os adaptar às exigências do texto comunitário.

A regra é, como já se disse, extensiva aos cessionários dos direitos – o que é uma solução de bom senso e o reconhecimento de como as coisas se passam na prática. Com efeito, é bastante frequente que os co-produtores não exerçam por si os direitos de radiodifusão, relativos aos seus filmes[669], mas sim que os cedam a um distribuidor – v.g., um

---

será afectada se a versão ou versões linguísticas da comunicação ao público por satélite, incluindo as versões dobradas ou legendadas, coincidirem com a língua ou línguas amplamente compreendidas no território atribuído por contrato a esse último co-produtor; **que a noção de exclusividade deverá ser entendida numa acepção mais lata quando a comunicação ao público por satélite disser respeito a obras que consistam apenas em imagens e não contenham qualquer diálogo ou legenda; que é necessário estipular uma regra clara aplicável aos casos em que os contratos internacionais de co-produção não regulem expressamente a repartição de direitos em caso de comunicação ao público por satélite, na acepção da presente directiva;**".

Nosso o sublinhado. As partes enfatizadas demonstram o carácter geral da protecção que se visa outorgar.

[668] Veja-se que o próprio sentido da exclusividade linguística é, também ele, amplo – abrangendo "versões dobradas ou legendadas coincidirem com a língua" ou serem "línguas amplamente compreendidas no território atribuído por contrato" ao co-produtor – cfr., considerando 19, citado.

[669] Que são, fundamentalmente, o que está em causa.

organismo de radiodifusão – a fim de obterem os meios necessários para o financiamento da produção. No exemplo configurado é, por isso, justo que o organismo de radiodifusão que adquiriu os direitos possa agora garantir junto do radiodifusor por satélite a remuneração adequada pela utilização das obras ou prestações de que é titular como co-produtor[670].

SUBSECÇÃO III
ALGUMAS CONCLUSÕES RELEVANTES
A RETER SOBRE A DIRECTIVA SATÉLITE E CABO

1. Tudo visto podemos, a título final, salientar os aspectos mais importantes do nosso estudo sobre a directiva satélite e cabo.

Vimos que a directiva tem um campo de aplicação limitado que permite, mesmo, questionar a sua necessidade e valor intrínseco. O regime que estabelece pode levar a soluções contraditórias e deixa em aberto os problemas inerentes à globalização que a tecnologia do satélite implica mas que a directiva não compreendeu ou quis ignorar, ficando longe da harmonização pretendida – v.g., no que toca à titularidade dos direitos, limites, regime sancionatório, etc.. Só no estrito âmbito das comunicações públicas por satélite que abrange estão os Estados-membros vinculados aos seus preceitos.

Um espaço amplo de manobra se abre, por conseguinte, aos legisladores nacionais, podendo (e devendo) divergir das soluções comunitárias em variados aspectos – v.g., consagração de licenças legais ou compulsórias para as emissões transfronteiriças que não caiam no escopo da directiva[671].

---

[670] Se não reservar para si, e na medida em que o possa fazer, essa possibilidade, como é óbvio.

[671] Esta possibilidade é corroborada pelo facto de, a nível global, ter sido rejeitada a proposta que figurava no texto do Presidente que serviu de base ao novo Tratado da OMPI sobre Direito de Autor no sentido de abolir as licenças obrigatórias, quer na Convenção de Berna, quer no TODA (vide art.º 6 da Proposta do Presidente).

Não pode deixar de se retirar consequências jurídicas da citada rejeição – para a qual, como já se referiu, Portugal tanto contribuiu – e essas são, naturalmente, as de que os países se reservaram o direito de consagrar as licenças não-voluntárias que os tratados lhes facultam.

2. Sobretudo, no que toca àquele que era o aspecto central da nossa investigação quando nos debruçámos sobre a directiva satélite e cabo, há que salientar o seguinte:

- A directiva fez uma opção clara pela "teoria da emissão" (art.º 1 n.º 2, alínea b)).
- Viu-se depois confrontada pelos problemas que a sua posição acarreta e para os quais só encontrou soluções tímidas e parcelares tendo que recorrer à "teoria da comunicação" e demonstrando a falta de critério jus científico que presidiu às escolhas realizadas (art.º 1 n.º 2, alínea d), ii)).
- A comunicação ao público por satélite feita a partir de países terceiros sem qualquer ponto de contacto com a Comunidade, escapa de todo ao seu âmbito.
- A radiodifusão por satélite só pode ter resposta adequada – no que à lei aplicável diz respeito – através de uma "teoria da comunicação (recepção)" tal como atrás deixámos descrita e fundamentada.
- Os legisladores nacionais mantêm, assim, total liberdade de a consagrar em tudo o que não seja imposta solução contrária pelo texto comunitário, devendo mesmo fazê-lo nos casos previstos no já referido ponto ii), da alínea d), do n.º 2 do art.º 1[672].
- O legislador alemão é, sobre este aspecto, exemplo salutar de autonomia – reservando-se o direito de optar por caminhos opostos aos da directiva em tudo o que não viole as suas obrigações comunitárias.

3. Podemos, agora, voltar ao que dissemos no início desta secção. A RUMPHORST teremos que ripostar que a directiva satélite e cabo não só não fez desaparecer o fantasma da "teoria Bogsch" como, pelo contrário, fez aumentar o seu espectro, já que demonstrou, na prática, as insuficiências e lacunas que a "teoria da emissão" contém.

À pergunta com que principiámos esta secção[673] podemos, também, dar resposta definitiva. A directiva satélite e cabo não põe em causa as

---

[672] Ainda que as soluções aí previstas, sejam uma modalidade da teoria da comunicação que se afasta do modelo por nós defendido.

[673] Cfr., supra, pág. 238.

conclusões a que chegámos sobre a necessidade de consagração de uma "teoria da comunicação (recepção)" tal como a que propugnamos – salvo no que toca à comunicação pública por satélite intra-comunitária[674]. Pelo contrário, ela é a única que está de acordo com o Direito de Autor internacional vigente, afastando-se da "teoria da emissão" que parte de uma interpretação incorrecta do conceito de radiodifusão nos tratados multilaterais relevantes e da "teoria Bogsch" que ultrapassa interpretativamente, sem justificação plausível, o conteúdo normativo dessas mesmas Convenções. Sem obsessões proteccionistas e encarando todos os mecanismos que o Direito de Autor coloca à nossa disposição como instrumentos para o justo equilíbrio entre os interesses dos titulares de direitos e o interesse público à informação e formação, podemos, sem titubear, chegar à solução correcta: a lei aplicável à radiodifusão por satélite deve ser a lei do local onde se dá a utilização económica da obra – o país de recepção.

---

[674] O que, como já se disse, se explica pela própria lógica do Mercado Único.

IV PARTE

A RADIODIFUSÃO POR CABO

CAPÍTULO I

A DIRECTIVA SATÉLITE E CABO

1. A directiva 93/83/CEE com que terminámos o capítulo anterior permite-nos a ponte perfeita para a parte seguinte do nosso trabalho. A própria designação pela qual a directiva é habitualmente conhecida – satélite e cabo – indicia que a radiodifusão por cabo, que será objecto do estudo subsequente, ocupa lugar de relevo no seu âmbito. Vamos ver qual.

2. O n.º 3 do art.º 1 da directiva estabelece que: "Para efeitos da presente directiva, entende-se por "retransmissão por cabo" a retransmissão ao público, simultânea, inalterada e integral, por cabo ou micro-ondas, de uma emissão primária a partir de outro Estado-membro, com ou sem fio, incluindo por satélite, de programas de televisão ou rádio destinados à recepção pelo público".

Fica, portanto, claro que é a retransmissão em sentido técnico-jurídico que está em causa, mas com dois requisitos adicionais: não só tem que ser simultânea como deve, cumulativamente, ser inalterada e integral[675].

Só a retransmissão assim entendida, e apenas ela, é objecto da regulamentação da directiva, como resulta da definição acima transcrita e dos art.os 8 a 12 que constituem o seu capítulo III que se intitula, precisamente, retransmissão por cabo.

É, por conseguinte, algo que temos de ter sempre presente ao longo da análise que se seguirá – o regime da directiva só se aplica à retransmissão por fio, que o mesmo é dizer que tudo o resto que à radiodifusão

---

[675] Vai-se pois, bem além da noção habitual de retransmissão – entendida como emissão simultânea por um organismo de radiodifusão de uma emissão de outro organismo de radiodifusão (cfr., art.º 176 n.º 10 do CDADC).

por cabo diz respeito (e muito é) escapa ao seu âmbito de aplicação. A inclusão da retransmissão por micro-ondas no conceito justifica-se pelo facto de em certos Estados-membros – como a Grécia e a Irlanda – a retransmissão por ondas ultra-curtas desempenhar o mesmo papel que a equivalente difusão por cabo. A directiva equiparou, por isso, os dois tipos de retransmissão.

3. Já no seu documento inicial de reflexão sobre os problemas que a radiodifusão por satélite e por cabo colocam ao Direito de Autor, a Comissão exultava pela prática de aquisição contratual destes direitos de radiodifusão, no que considerava constituir "um vigoroso contributo para a criação de um espaço audiovisual Europeu"[676].

Esta prática, caracterizada pela negociação maciça de direitos através de acordos colectivos realizados por entidades de gestão, apresentava, segundo a Comissão, alguns inconvenientes – os difusores por cabo ficavam expostos às acções intentadas por titulares de direitos exteriores aos contratos colectivos podendo estes, ainda, recusar, arbitrariamente, estabelecer negociações ou subordiná-las a condições arbitrárias e excessivas. No fundo, estava em causa aquilo que se designa por "problema dos estranhos" ("the problem of outsiders")[677].

Para superar estas dificuldades a Comissão visualizava dois caminhos: a gestão dos direitos seria confiada obrigatória e exclusivamente a entidades de gestão colectiva representativas dos diversos direitos em causa e a aplicação dos "acordos colectivos alargados" – tão do agrado dos países nórdicos, como já vimos – aos terceiros não contraentes[678]. Como veremos, a directiva acabou por conjugar as duas soluções, mas fê-lo com cambiantes relativamente aos modelos originais.

O que o documento de reflexão não dizia, num silêncio cúmplice em que é acompanhado pela própria directiva e se prolonga até aos nossos dias, é que qualquer das duas soluções modifica a própria natureza dos direitos dos terceiros em jogo – transformando os seus direitos exclusivos

---

[676] Vide "Broadcasting and Copyright in the Internal Market...", doc. III/F/5263/90-EN, cit., §4.2.7, pág. 58.

[677] Vide obra citada na nota anterior §§4.2.9 e 4.2.10, pág. 59.

[678] Idem, §4.2.13, págs. 60 e 61.

Foi, precisamente, no domínio da difusão por cabo e da reprografia que o esquema dos "acordos colectivos alargados" deu melhores provas nos países nórdicos, segundo os elementos fornecidos pela delegação dinamarquesa no decurso dos debates.

em meros direitos de remuneração. É o que seguidamente iremos demonstrar.

4. O n.º 1 do art.º 8 da directiva outorga, de forma rebuscada, um direito exclusivo aos titulares de direitos de autor e conexos no que toca à "retransmissão por cabo de emissões provenientes de outros Estados--membros". Verifica-se mais uma restrição – que, diga-se, já decorria da definição do n.º 3 do art.º 1 – a retransmissão não só tem que ser simultânea, inalterada e integral, como tem de ter por base uma emissão originária proveniente de um outro Estado-membro[679-680].

O direito exclusivo é de novo enfatizado no n.º 1 do art.º 9. Mas é, precisamente, este art.º 9 que levanta as grandes questões no que à retransmissão por cabo regulada na directiva diz respeito[681]. Como se disse, o

---

[679] Requisito que o legislador português ignorou – cfr., art.º 3 alínea c), do Decreto-Lei n.º 333/97, de 27 de Novembro.

[680] O n.º 2, do mesmo art.º 8 não merece referência particular já que perdeu hoje qualquer interesse.

Nele se permitia que os Estados-membros mantivessem as licenças legais vigentes em 31 de Julho de 1991 até à data limite de 31 de Dezembro de 1997.

[681] Tendo em atenção a sua particular importância, recordemos o seu texto.

Artigo 9.º
Exercício do direito de retransmissão por cabo

1. Os Estados-membros garantirão que o direito dos titulares de direitos de autor e de direitos conexos de autorizar ou proibir a um operador por cabo uma retransmissão por cabo apenas possa ser exercido através de entidades de gestão.

2. Sempre que o titular de direitos não tiver transferido a gestão dos seus direitos para uma entidade de gestão, considera-se que a entidade que gere direitos da mesma categoria se encontra mandatada para gerir os seus direitos. Sempre que os direitos dessa categoria forem geridos por mais do que uma entidade de gestão, o titular dos direitos de autor poderá decidir qual dessas entidades deve gerir os seus direitos. O titular dos direitos referido no presente número terá os mesmos direitos e obrigações, resultantes do contrato entre o operador por cabo e a entidade de gestão que se considera mandatada para gerir os seus direitos, que os titulares dos direitos que mandataram essa entidade de gestão e pode reivindicá-los dentro de um prazo, a fixar pelo Estado-membro interessado, que não deve ser inferior a três anos a contar da data da retransmissão por cabo que inclui a sua obra ou outra prestação protegida.

3. Um Estado-membro pode estabelecer que, quando um titular de direitos autori-zar no seu território a emissão primária de uma obra ou de outra prestação protegida, se considera que esse titular de direitos aceita não exercer os seus direitos de retransmissão por cabo numa base individual mas nos termos do disposto na presente directiva.

n.º 1, que já referimos, reafirma os direitos exclusivos mas é a sua parte final que importa sublinhar, já que dele resulta injuntivamente a "gestão colectiva necessária" dos referidos direitos.

Note-se que contrariamente ao que acontece com a comunicação por satélite, onde o regime dos "acordos colectivos alargados" não é aplicável às obras cinematográficas e às produzidas por um processo análogo (art.º 3 n.º 3), aqui não se prevê qualquer tipo de excepção. Os distribuidores por cabo deverão, por conseguinte, negociar os respectivos direitos com as entidades de gestão colectiva representativas dos autores, artistas, produtores e, eventualmente, organismos de radiodifusão[682].

A directiva procura demonstrar que esta obrigação de recorrer a uma entidade de gestão não tem efeitos quanto à natureza dos direitos mas apenas quanto ao seu exercício[683]. Mas, como já antecipámos, isto não é verdade, como iremos explicar.

O art.º 9 da directiva introduz, portanto, um sistema centralizado de aquisição de direitos, através da "gestão colectiva necessária" que impõe. Só os organismos de radiodifusão escapam ao monopólio asfixiante instituído[684].

De facto, o art.º 10 sob a epígrafe "Exercício do direito de retransmissão por cabo pelos organismos de radiodifusão" determina que: "Os Estados-membros garantirão que o artigo 9.º não seja aplicável aos direitos exercidos por um organismo de radiodifusão em relação às suas

---

[682] O que será, seguramente, menos frequente já que os organismos de radiodifusão se representam habitualmente a si próprios – o que é, aliás, permitido pelo art.º 10 da directiva a que, adiante, voltaremos.

[683] Nesse sentido pode-se ler no considerando 28:
"Considerando que, para assegurar que o bom funcionamento dos acordos contratuais não seja posto em causa pela intervenção de terceiros titulares de direitos sobre obras incluídas no programa, através da obrigação de recurso a entidades de gestão, se deve prever apenas o exercício colectivo do direito de autorização, na medida em que as particularidades de retransmissão por cabo o exijam; **que o direito de autorização enquanto tal se mantém intacto, regulamentando-se apenas, em certa medida, o seu exercício, de forma a que continue a ser possível ceder os direitos de retransmissão por cabo; que o exercício de direitos morais não é afectado pela presente directiva**".
Nosso o sublinhado.

[684] O que só conseguiram depois de múltiplos esforços já que o grupo de pressão das entidades de gestão tudo fez para inviabilizar a pretensão dos organismos de radiodifusão, que, não fora este art.º 10, ficariam numa posição insustentável, nomeadamente, no que respeita às inúmeras obras que detêm em arquivo.

próprias emissões, independentemente de os direitos em questão lhe pertencerem ou de lhe terem sido transferidos por outros titulares de direitos de autor e/ou de direitos conexos"[685].

Mesmo assim, a grande preocupação dos redactores da directiva continuou a ser a possibilidade das entidades de gestão deterem o maior número de direitos possível. Elucidativamente o considerando 29 sublinha a possibilidade de os organismos de radiodifusão, mau grado o art.º 10 supracitado, optarem pela cedência dos seus direitos a entidades de gestão. Esta faculdade de adesão afigura-se, no entanto, como meramente teórica na esmagadora maioria dos casos e nos restantes o considerando citado acabará por funcionar como alerta para os organismos de radiodifusão.

Na verdade, a situação mais comum é a de os radiodifusores garantirem à partida todos os direitos – de autor e conexos – relativos às obras e prestações que sejam conteúdo dos seus programas[686]. Se não o faziam – o que só por incúria se pode justificar – passarão agora, seguramente, a fazê-lo.

A possibilidade de recorrer a uma entidade de gestão colectiva fica, assim, na prática, excluída não estando os organismos de radiodifusão adstritos ao pagamento de remunerações complementares. A excepção contemplada no art.º 10 é, portanto, muito significativa para os operadores por cabo e reduz, consideravelmente, a obrigatoriedade de recurso às entidades de gestão colectiva.

5. Mas regressemos à análise do art.º 9 e do regime que ele impõe. Pergunta-se: o recurso obrigatório a uma entidade de gestão para exercer o direito de retransmissão por cabo implica a adesão a uma dessas pessoas colectivas?

---

[685] Fica, assim, claro que são **todos** os direitos de que o organismo de radiodifusão seja titular e não, apenas, o direito conexo que lhe pertence.

A dúvida colocava-se face ao texto da proposta inicial que deixava margem à ambiguidade interpretativa.

O texto do art.º 12 daquela proposta (que corresponde ao actual art.º 10) estabelecia, unicamente, que o "disposto no art.º 11 (que corresponde ao actual art.º 9) não é aplicável aos direitos exercidos por um organismo de radiodifusão em relação às suas emissões".

[686] O que acontecerá, por maioria de razão, se os autores e artistas forem trabalhadores ou prestadores de serviços dos organismos de radiodifusão.

Responde o n.º 2 do art.º 9, e fá-lo pela negativa. Esta norma prevê um regime que se aproxima do sistema dos "acordos colectivos alargados". Com efeito, os autores da directiva recearam que a "gestão colectiva necessária" dos direitos fosse insuficiente para garantir a segurança adequada para o monopólio que pretenderam instituir.

A "gestão colectiva necessária" não bastava porque, como é obvio, nem todos os titulares de direitos são membros das entidades de gestão, não estando por isso assegurada uma cobertura total do repertório existente. É novamente o "problema dos estranhos" que volta a estar em causa. O n.º 2 do art.º 9 vai resolver o problema determinando que caso o titular de direitos não haja transferido a gestão dos respectivos direitos para uma entidade de gestão, ainda assim, a entidade que gere direitos da mesma categoria encontra-se mandatada para gerir os seus direitos.

A solução consagrada pela directiva difere do sistema clássico dos "acordos colectivos alargados". Estes não atribuem a qualquer organização um direito geral de representação, limitando-se a estender os efeitos de um contrato específico, celebrado entre os representantes dos titulares de direitos e os utilizadores, aos autores e titulares de direitos conexos não membros da entidade de gestão. Não existe, por conseguinte, uma fixação unilateral dos montantes a pagar por parte da entidade de gestão.

De todo o modo realce-se o facto de o n.º 2 do art.º 9 procurar evitar qualquer tipo de discriminação – aquele que não pertencer à entidade de gestão colectiva deve ser tratado em pé de igualdade com os membros desta ("terá os mesmos direitos e obrigações...").

Por outro lado, os Estados-membros estão vinculados à fixação de um prazo para que os titulares de direitos exteriores àquela reivindiquem as remunerações que lhes cabem, não podendo esse prazo ser inferior a três anos a contar da data da retransmissão por cabo[687].

Fica, também, claro em face do texto aprovado que o pagamento dessas remunerações individuais deve ser feito em qualquer circunstância, não podendo a entidade de gestão eximir-se a efectuá-lo alegando que os montantes em causa foram utilizados para fins colectivos – de assistência, culturais ou outros[688].

---

[687] Procura-se, assim, obstar a reivindicações tardias dos montantes em causa.
[688] Esta questão foi levantada no decurso dos debates.
Havia quem pretendesse encontrar, ainda, mecanismos que permitissem às entidades de gestão apropriar-se dos montantes relativos aos titulares estranhos.

6. Que dizer da solução consagrada neste n.º 2 do art.º 9?

Contrariamente ao que se passa no satélite – onde o sistema dos "acordos colectivos alargados" é meramente facultativo – na retransmissão por cabo encontramos uma gestão colectiva necessária mesclada de traços caracterizadores daquele tipo de acordos.

O resultado não podia ser mais infeliz[689]. A directiva nem sequer demonstra cautelas mínimas em face da solução imposta. Remete-se para a entidade de gestão que gere direitos da mesma categoria a representação dos titulares que não lhes tenham outorgado a administração dos seus direitos.

Nem sequer se teve o cuidado de fixar critérios de representatividade, o que é tanto mais grave quanto é certo que a definição muito genérica de entidade de gestão – "um organismo com finalidade única ou principal de gerir ou administrar direitos de autor ou conexos[690] – permite que qualquer organização, por mais rudimentar e de fraca representatividade que seja, podendo não oferecer qualquer garantia económica e jurídica de uma sã gestão, conceda autorizações de amplitude vastíssima. Acresce que o n.º 2 do art.º 9 parte, também, de um pressuposto que pode não se verificar – o de que existe apenas uma entidade de gestão por categoria de direitos.

Mas é evidente que pode não ser assim. E se estiverem constituídas várias como será? Quem tem legitimidade para conceder autorizações e receber os montantes correspondentes? A que chegar primeiro? E se se apresentarem todas ao mesmo tempo a quem terão os organismos de radiodifusão de proceder ao pagamento? A tudo isto a directiva dá-nos uma resposta: silêncio.

Mas imediatamente a seguir o legislador comunitário parece ter antevisto o problema e diz-nos que se existir mais do que uma entidade de gestão o titular dos direitos de autor poderá decidir qual dessas entidades deve gerir os seus direitos.

Verifica-se, desde logo, um lapso. Agora fala-se só de "titulares de direitos de autor". A restrição não tem sentido face à própria *ratio* da norma – também os titulares de direitos conexos estão abrangidos por essa possibilidade de escolha.

---

[689] Às críticas agora formuladas há que acrescentar a que já expusemos aquando da análise do art.º 11-bis da Convenção de Berna, ouseja, a de que a "gestão colectiva necessária" não se coaduna com o disposto no n.º 2 daquele preceito – cfr., supra, págs. 96 a 98.

[690] Vide art.º 1 n.º 4 da directiva.

Mas, o que é mais importante não é isso. É sim o facto de os autores da directiva terem deixado de parte a questão fundamental.

O problema não se coloca quando o titular do direito pode e quer fazer a escolha da entidade de gestão – o trecho do preceito referido visa mesmo compeli-lo a fazer tal escolha.

A questão existe, precisamente, quando os autores, artistas ou produtores não fizeram tal escolha por não saberem sequer que os seus direitos estavam em jogo ou pura e simplesmente por não quererem – não podendo nem devendo ser prejudicados por essa opção. Isto significa que onde o problema ganha verdadeira acuidade a directiva continua a não dar qualquer resposta. E que dizer da ausência de regras quanto aos valores reclamados?

Vimos que os Estados-membros estão obrigados a estabelecer um prazo mínimo de três anos[691] ao longo do qual os não filiados nas entidades de gestão podem reivindicar os montantes inerentes ao uso dos seus direitos. E se não o fizerem? As entidades de gestão que procederam à cobrança farão seus os montantes em causa?

É evidente que não poderá ser assim, pelo que se torna necessária uma regulamentação de fundo na qual a directiva é completamente omissa.

Mas onde a fórmula adoptada merece crítica mais contundente é na solução base que sustenta.

A directiva empenha-se em demonstrar que os direitos exclusivos não estão em causa.

Mesmo quando refere a liberdade que é concedida aos Estados--membros para regulamentarem a actividade das entidades de gestão colectiva, fá-lo sublinhando que uma tal regulamentação "não deve prejudicar a liberdade de negociação contratual dos direitos previstos na presente directiva..."[692-693].

---

[691] Foi esse o prazo mínimo que o legislador português adoptou – cfr., art.º 7 n.º 2, do Decreto-Lei n.º 333/97, de 27 de Novembro.

[692] Cfr., considerando 34 da directiva.

[693] Veja-se, contudo, a opinião contrária que desde o início o Comité Económico e Social manifestou (opinião da secção da indústria, do comércio, do artesanato e dos serviços sobre a "Proposta de Directiva do Conselho relativa à coordenação de determinadas disposições em matéria de direitos de autor e direitos conexos aplicáveis à radiodifusão por satélite e à retransmissão por cabo" – doc. COM (91), 276 final) segundo a qual "as licenças legais deveriam continuar a ser possíveis em casos excepcionais onde as soluções contratuais satisfatórias não possam ser obtidas e em que o interesse público exija tais licenças".

O art.º 9 n.º 2 está longe de ser eco fiel desta declaração de princípio. Na sua fórmula cabem, em tese, três hipóteses:

1.ª O titular do direito é membro de uma entidade de gestão que administra os seus direitos – nenhum problema se coloca, a organização administra o direito exclusivo de retransmissão por cabo do seu filiado;
2.ª O titular do direito não é membro da entidade de gestão mas confere-lhe mandato para exercer unicamente o seu direito de retransmissão por cabo – também neste caso não existe qualquer questão, a entidade de gestão exerce o direito exclusivo do seu aderente que apesar de não querer fazer parte da pessoa colectiva lhe atribui os poderes de representação necessários;
3.ª O titular do direito não é membro da entidade de gestão e não lhe conferiu quaisquer direitos de representação – ainda assim a entidade de gestão gere os seus direitos, transformando aquilo que era um direito exclusivo num mero direito de remuneração. O titular do direito fica então na situação de beneficiário.

Não há modo de fugir a esta realidade – o titular do direito perdeu toda a possibilidade de autorizar ou proibir a utilização[694]. Pode mesmo não querer que a entidade de gestão proceda à administração da sua obra ou prestação, pode querer exercê-los pessoalmente, mas a sua oposição de nada lhe vale – é a entidade de gestão e só ela que exerce o direito de retransmissão por cabo definido na directiva.

É algo que se nos afigura como inadmissível.

Há que usar de transparência e assumir a verdade: o que de facto se passou nesse momento foi que o direito exclusivo passou a ser um direito de remuneração.

Curiosamente, os grandes defensores do direito exclusivo "sagrado", que tanto se obstinam em destruir as licenças legais e compulsórias existentes e impedir a criação de novas, não se importam, agora, de estabelecer um sistema que as adopta, desde que o façam a favor de entidades de gestão colectiva.

De facto, a "gestão colectiva necessária" mais não é do que uma licença obrigatória de sinal contrário, não instituída a favor do utilizador e

---

[694] Como já anteriormente fora sublinhado – cfr., supra, págs. 96 e 97.

do público em geral mas sim a favor de um organismo que se interpõe no processo de utilização recebendo retribuições sem que nenhuma razão plausível o justifique.

À "gestão colectiva necessária" se opõem com vantagem outros sistemas como, mais adiante e em tese geral, procuraremos demonstrar[695].

Pensamos mesmo que a solução consagrada peca por inconstitucional. Em nome da delegação portuguesa tivemos mesmo ocasião de sustentar essa opinião através de uma nota sobre o art.º 11 da Proposta de Directiva inicial – que, como já se disse, corresponde ao art.º 9 da versão final.

Nela se explicava que: "A obrigatoriedade do exercício de um direito através de uma entidade de gestão afronta um princípio geral de liberdade constitucionalmente conformador e ínsito, desde logo, na norma do artigo 2 da Constituição da República (Estado de direito democrático). Além disso, colide com a norma constitucional sobre a liberdade de associação (artigo 46 da Constituição) na sua vertente negativa: direito de os cidadãos se não associarem e não verem por tal facto os seus direitos, quer no conteúdo, quer no exercício, limitados.

É que a directiva, ao condicionar ao "protagonismo" da entidade de gestão o exercício de um direito, está precisamente a constranger o cidadão-autor a associar-se, sob pena de ver limitado aquele direito, nos casos de o não fazer. E não se vê que a restrição contida na directiva configure um qualquer caso de concordância prática com princípios constitucionais conflituantes.

A ordem de valores da Constituição não impõe, no caso, uma qualquer restrição da liberdade de os cidadãos se não associarem, não impõe aqui um balanceamento entre diferentes normas ou princípios.

A questão em análise não está ligada a uma qualquer ideia de necessidade de "doseamento" de direitos por razões de interesse e ordem públicos, pelo que há que concluir que a norma do artigo 46º da Constituição e o princípio de liberdade que, desde logo, decorre do artigo 2º da Constituição, devem ser interpretados no sentido da sua máxima eficácia. As normas sobre direitos fundamentais, excluídas as hipóteses de necessidade de restrição, são "mandados de optimização" dirigidos ao intérprete e antes de mais, ao intérprete-legislador(*).

---

[695] Cfr., infra, pág. 334 e seguintes.

(*) O Tribunal Constitucional Português elaborou já alguns acórdãos sobre problemas paralelos, que a Delegação Portuguesa desde já disponibiliza para pôr à disposição da Comissão e dos elementos do grupo de trabalho se nisso houver interesse".

A nossa posição não mereceu, contudo, acolhimento, tendo contado apenas com o apoio efémero da delegação italiana – que chegou mesmo a falar de "expropriação do direito de autor"[696].

Continuamos, no entanto, a sustentar a inconstitucionalidade do preceito pelos motivos aduzidos, mas pelos vistos também em Portugal nos encontramos isolados, já que o legislador português procedeu à transposição da directiva, não se lhe levantando qualquer dúvida de constitucionalidade e não temos notícia de alguma tomada de posição pública no sentido que propugnamos.[697]

7. Em suma, os objectivos da directiva no que à retransmissão por cabo diz respeito podem-se resumir numa frase: monopólio das entidades de gestão.

Para o obter projectou um sistema: adesão maciça de todos os titulares àqueles organismos. Para os não aderentes complementou-o forçando a que os seus direitos sejam igualmente geridos por aquelas entidades.

Mais uma vez os objectivos a atingir postergaram para segundo plano a coerência jurídica: não se pode ser paladino dos direitos exclusivos

---

[696] A delegação italiana acabou, a breve trecho, por abandonar a sua posição de apoio às nossas teses, deixando Portugal isolado no debate que se prolongou, ainda, pela maioria das sessões.

[697] A opção do legislador português só é sustentável para aqueles que defendem o primado do Direito Comunitário sobre o Direito Constitucional de cada Estado-membro da União Europeia, o que implicaria que as normas comunitárias ou, para sermos mais exactos, as normas de transposição de Direito Comunitário não poderiam ser consideradas inconstitucionais. Como resulta do exposto não é essa a nossa opinião, apesar de termos de reconhecer que aquela que julgamos ser a posição correcta no plano dos princípios está, de dia para dia, a sofrer maior contestação e, sobretudo, a ser afastada pela prática.

Para desenvolvimento de toda esta problemática a nível do Direito Comunitário e do Direito Português e com posição coincidente com a nossa quanto à prevalência do Direito Constitucional sobre o Direito Comunitário no nosso sistema (apesar de aduzir críticas quanto à posição do legislador português), veja-se MOTA DE CAMPOS, "Direito Comunitário", II Volume, págs. 191 a 221 e 383 a 393.

e depois relegá-los para plano secundário transformando-os em direitos de remuneração, desde que os beneficiários dessa mutação sejam grupos de pressão importantes. Tão pouco se nos afigura que os interesses das entidades de gestão colectiva sejam devidamente ponderados já que em muitos casos se verão forçadas a representar titulares de direitos que não desejam ou com os quais mantenham mesmo litígios[698].

Aos Estados-membros resta uma adequada regulamentação das entidades de gestão colectiva de modo a evitar muitos dos efeitos perniciosos que aqui se constataram[699].

Nesse aspecto a posição de Portugal é bem mais grave pois não existe uma legislação adequada nesse sentido, ao contrário de outros países – v.g., a Alemanha e a Espanha – onde a actividade dessas pessoas colectivas está sujeita a mecanismos de controlo que salvaguardam as próprias, os utilizadores e o público em geral[700]. Infelizmente no nosso país já se configuram casos de gestão colectiva necessária sem que exista uma lei que balize convenientemente os direitos e deveres das respectivas entidades.

8. A directiva procura depois temperar a opção que tomou. Tenta fazê-lo de dois modos – através de um processo de mediação e estabelecendo uma obrigação de agir de boa-fé prevenindo o abuso de posições negociais (art.os 11 e 12). O primeiro tem em vista impedir as partes de recusar, arbitrariamente, o estabelecimento de negociações ou subordinar estas a condições abusivas ou, pelo menos, excessivas. O processo de mediação procura, precisamente, encorajar as negociações contratuais. Nesse sentido o art.º 11 estabelece que os Estados-membros garantirão que as partes interessadas na conclusão de um acordo possam

---

[698] Sobre a implementação deste sistema no direito holandês, veja-se HUGENHOLTZ, "Chronique des Pays-Bas – Dutch Copyright Law", in RIDA, 187, Janeiro 2001, págs. 116 a 119.

[699] Possibilidade que lhes é, aliás, aberta pelo art.º 13 da própria directiva.

[700] Veja-se, por exemplo, os art.os 11 e 12 da lei alemã sobre gestão colectiva (WahrnG) e o art.º 152 da lei espanhola que estabelecem a obrigação de contratar por parte das entidades de gestão.

Tais normas não têm paralelo na nossa lei 83/2001, de 3 de Agosto que se limita a estabelecer um tímido e vago dever de gestão no seu art.º 11 onde só por malabarismos interpretativos, que não sustentamos, poderemos encontrar suporte para tal dever de contratar.

recorrer a mediadores independentes e imparciais cuja função será a de promover as negociações podendo, para esse efeito, apresentar propostas às partes.

A directiva não se pronuncia sobre a natureza destes mediadores. Os Estados-membros são livres de determinar quem eles são (v.g., organismos públicos ou privados), o modo como operam (v.g., se são instituídos com carácter permanente ou temporário), qualidades, número e respectivo estatuto. O sistema de arbitragem outrora avançado foi abandonado em definitivo[701] já que os mediadores não podem impor qualquer solução fixando, por exemplo, o montante das remunerações.

Nós próprios, em nome de Portugal, o voltámos a propor no decurso dos debates, salientando ser esse o único modelo que, de forma eficaz, poderia solucionar eventuais diferendos entre as partes. A nossa proposta foi, contudo, recusada com o argumento de que a consagração de uma arbitragem obrigatória equivaleria ao estabelecimento de um sistema de licenças não-voluntárias...

Deste modo, a única alteração de fundo introduzida no texto inicial[702] resultou de uma emenda do Parlamento Europeu e consta do n.º 3 do art.º 11, onde se estabelece que se considera que as partes aceitam as propostas eventualmente apresentadas pelos mediadores se nenhuma delas expressar a sua oposição num prazo de três meses[703].

O art.º 11 da directiva não impede, no entanto, que os interessados se submetam, voluntariamente, a uma arbitragem vinculativa.

---

[701] Na sua Proposta de directiva inicial a posição da Comissão era já, claramente, neste sentido.
No n.º 5 da Exposição de Motivos dizia-se:
"A proposta de directiva não procura impor ideias que já foram rejeitadas aquando das discussões relativas ao Livro Verde "Televisão sem fronteiras" e a adopção ulterior da Directiva. Trata-se antes de salvaguardar, e completar através de disposições de acompanhamento, a aquisição de direitos relativos à retransmissão simultânea, inalterada e integral de programas por cabo, que tem vindo a ser extensamente praticada através de acordos colectivos. Esta iniciativa terá por efeito a promoção da retransmissão transfronteiras por cabo e o reforço do espaço audiovisual europeu" – cfr., "Proposta de Directiva do Conselho...", doc. COM (91) 276 final – SYN 358, cit., págs. 7 e 8.

[702] Cfr., art.º 14 da Proposta de Directiva citada na nota anterior (cujo conteúdo corresponde ao art.º 11 da versão final da directiva), págs. 61 e 62.

[703] Não se impondo um princípio de acordo global, procura-se, contudo, recomendá-lo implicitamente.

Por sua vez, os Estados-membros, só no que ao direito de retransmissão por cabo previsto na directiva diz respeito, estão impedidos de estabelecer esse tipo de arbitragens.

Em resumo, pode-se afirmar que a solução encontrada para a mediação não passa de uma mera declaração de intenções de reduzida eficácia que não será mais do que um paliativo, podendo mesmo, na pior das hipóteses, ser um expediente dilatório que leve à recusa de negociar ou ao pagamento de montantes desproporcionados[704].

O sistema adoptado está, além disso, completamente desfasado da realidade. De facto, dificilmente se compreende e aceita que a celeridade com que a radiodifusão e a comunicação em geral se processam nos dias de hoje seja compatível com um modelo de negociação que se pode prolongar por longos meses.

9. De igual inutilidade se afigura o art.º 12 da directiva. Não que se ponha em causa a "prevenção de abusos de posições negociais", que "as partes iniciem e realizem de boa fé as negociações" e que "não impeçam ou atrasem as negociações sem uma justificação válida". Tudo isto está, obviamente, correcto, mas decorre de princípios gerais cuja inclusão numa directiva não se compreende.

Interessa é saber, em concreto, quais as medidas que os Estados--membros poderão utilizar para evitar a paralisia ou a má-fé negocial. Para evitar o bloqueamento das negociações ou que as mesmas não tenham lugar que sanções poderão ser previstas? A directiva imporá indirectamente ou ao menos permitirá que os Estados-membros estabeleçam injuntivamente um acordo global entre todos os interessados? Ou sem chegar a este tipo de acordo visará imperativamente a celebração de acordos individuais? No silêncio da directiva, mas tendo em atenção os objectivos que transparecem deste art.º 12[705], pensamos que todo este leque de hipóteses é defensável.

---

[704] Paradoxalmente, este sistema cinge-se à retransmissão por cabo, não se compreendendo a razão porque não é extensivo à comunicação por satélite, pelo menos para os casos em que os Estados-membros façam uso da possibilidade que o art.º 3 n.º 2 lhes faculta de preverem "acordos colectivos alargados".

No entanto dada a total ineficácia do sistema de mediação – que se advinha – a lacuna não se nos afigura grave.

[705] E que são reafirmados no considerando 30.

A necessidade de meios que assegurem "que as negociações não são bloqueadas sem justificação válida ou que a participação de determinados titulares de direitos nessas negociações não seja impedida sem justificação válida"[706] – mormente através da consagração de uma obrigação de contratar baseada em critérios objectivos e previamente conhecidos dos potenciais interessados – é por demais evidente[707].

Não se pode, aliás, esquecer que a liberdade de negociação que a directiva privilegia deve ser exercida no respeito dos art.os 85 e 86 do Tratado de Roma[708], bem como das regras nacionais relativas ao direito de concorrência e à prevenção de abusos de monopólios[709], o que não só legitima como impõe aos Estados-membros a tomada das medidas atrás descritas. Muitas delas poderão e deverão fazer parte de uma adequada legislação que regule as actividades das entidades de gestão colectiva que, como já anteriormente se declarou, urge adoptar.

A norma inócua do art.º 12 n.º 1 fica, portanto, como mais uma declaração de boas intenções ou, quanto muito, um reafirmar de princípios gerais. Impõe-se, por isso, aos legisladores nacionais, nomea-damente ao português, um longo período de trabalho legislativo de modo a salvaguardar os diferentes interesses em jogo[710].

10. Visto o regime, quer da radiodifusão por satélite, quer da retransmissão por cabo, resta-nos anotar os três preceitos que a directiva

---

[706] Cfr., o citado considerando 30.

[707] E não se diga como C. DOUTRELEPONT insinua – "La libre circulation des émissions de radiodiffusion dnas l'Union européenne ...", cit., pág.. 107 – que esta obrigação de contratar, por ter uma fronteira muito ténue com a arbitragem obrigatória, não deve, em caso de dúvida, ser admitida.

As duas figuras são perfeitamente distintas podendo-se mesmo dizer que a obrigação de contratar é o único contraponto que permite um mínimo de equilíbrio face a uma "gestão colectiva necessária".

[708] Como faz questão de sublinhar o considerando 36.

[709] Como acentua o considerando 34.

[710] Os n.os 2 e 3 do art.º 12 prevêem ainda que os Estados-membros que já dispusessem no seu território, em 1 de Janeiro de 1995, de organismos encarregues de tratar da recusa arbitrária ou da oferta abusiva ("pouco razoável") do direito de retransmissão por cabo ao público, poderão mantê-los por um período de oito anos a partir daquela data.

Realce-se que a existência desses organismos não impede "o normal acesso das partes interessadas aos tribunais" – conforme prevê o considerando 31.

trata como disposições comuns aos dois modos de comunicação pública, finalizando assim o seu estudo[711].

No capítulo IV, sob a epígrafe "Disposições gerais", encontramos os três artigos finais – 13, 14 e 15. Nenhum deles merece grande detalhe. O último é a disposição com que todas as directivas encerram.

O art.º 13 já mereceu a nossa atenção, resta-nos esperar que o legislador português lhe dedique igual cuidado, sobretudo ao que ele significa de alerta para uma urgente regulamentação da gestão colectiva.

O art.º 14 obriga os Estados-membros a transpor a directiva até 1 de Janeiro de 1995. Foi uma obrigação que poucos cumpriram[712]. Impõe ainda que comuniquem à Comissão as disposições de direito interno que adoptarem na matéria regulada na directiva (n.º 2) e vincula esta a apresentar, ao Parlamento Europeu, ao Conselho e ao Comité Económico e Social, até 1 de Janeiro do ano 2000, um relatório sobre a aplicação da directiva, elaborando, se necessário, propostas para a sua adaptação à evolução do sector áudio e audiovisual (n.º 3).

São preceitos, como se disse, que não levantam qualquer dificuldade interpretativa ou reparo especial. O que de relevante resulta da directiva foi analisado anteriormente.

---

[711] O que, como já se afirmou, peca por defeito, já que outros preceitos mereciam, também, tratamento comum – vide o que atrás ficou dito sobre os art.ºˢ 5 e 12.

[712] E outros excederam em muito o prazo imposto.

CAPÍTULO II

PERSPECTIVA GLOBAL DA RADIODIFUSÃO POR CABO

SECÇÃO I
A RETRANSMISSÃO POR CABO
– RAZÕES PARA O SEU ESTUDO PRIVILEGIADO

1. Cingimos até agora à **retransmissão em sentido técnico-jurídico** o estudo que realizámos da radiodifusão por cabo.

Ao fazê-lo acompanhámos a directiva satélite e cabo – o que nos permitiu uma análise sistematicamente adequada da directiva – e demos-lhe a relevância que, quer a doutrina, quer as legislações, habitualmente lhe dedicam.

É sintomática a majestosa obra de DREIER que tem por objecto precisamente a retransmissão por cabo[713-714], mas não o é menos que desde os momentos iniciais do debate sobre a radiodifusão por cabo[715] até

---

[713] DREIER "Kabelweiterleitung und Urheberrecht – Eine vergleichende Darstellung", cit..

O autor, além de uma análise dos principais Convénios Internacionais, dedica a sua monografia a uma apresentação de direito comparado como se retira, aliás, do subtítulo citado, analisando, sucessivamente, as legislações da Alemanha (a que dá, naturalmente, especial relevo), da Áustria, da Suíça, da Bélgica, da Holanda, da França, da Dinamarca, da Grã-Bretanha, da Irlanda, da Espanha e de Portugal – vide págs. 78 a 194.

[714] Igualmente digna de realce é a importante obra de JOSÉ CARLOS ERDOZAIN LÓPEZ, "Las Retransmisiones por Cable y el Concepto de Público en el Derecho de Autor".

[715] Veja-se, numa elucidativa visão histórica do problema, as Jornadas de Estudo/Simpósio da ALAI, realizadas em Amesterdão de 16 a 20 de Maio de 1982 – "La Télévision par Cable Aspects du droit des média et du droit d'auteur".

No livro memória são de salientar diversos trabalhos que nos permitem ter uma

aos nossos dias[716], a atenção dos principais especialistas se tenha, quase exclusivamente, centrado na retransmissão.

Cumpre perguntar a razão de ser desta relevância da retransmissão relativamente aos restantes aspectos que a radiodifusão por cabo comporta.

A resposta a esta questão prende-se com motivos históricos: a retransmissão por cabo tinha nos primórdios uma função meramente complementar da emissão originária – mas tem a ver, sobretudo, com o estatuto diversificado que se lhe pretendeu atribuir.

Na verdade muitos entendiam que a retransmissão não estava sujeita ao direito exclusivo do autor ou que, na melhor das hipóteses, deveria ser objecto de uma licença legal ou compulsória. A estes se opunham,

---

perspectiva, interessantíssima, de como nos diversos países o problema da retransmissão foi encarado.

Assim, veja-se nos "Relatórios nacionais sobre a televisão por cabo, aspectos do direito de autor":

CORNISH, "Cable Television and Copyright: The U.K. Position", GOTZEN, "Cable Distribution of Television Programs and Copyright in Belgium"; KARNELL, "Aspects of Copyright Law with regard to Cable Television in the Nordic Countries"; LADD, "A Pavan for Print Accommodating Copyright to the Tele-technologies"; REIMER, "Cable Television in Germany: Aspects of Copyright Law"; SPOOR e J.H.M. MOM, "Cable Television in Dutch Copyright Law"; STERN, "Judgements of Supreme Court of Switzerland on Cable Television" e M. WALTER, "Cable Television in the Austrian Copyright Amending Law, 1980".

Aos relatórios nacionais segue-se o "Relatório Geral" elaborado por COHEN JEHORAM, também de enorme interesse.

Note-se que no livro memória se incluem os mesmos estudos em versão francesa. Referimos os trabalhos na versão inglesa por ser aquela que figura em primeiro lugar.

Ainda numa perspectiva histórica veja-se DENIS DE FREITAS, "Letter from the United Kingdom", Copyright, 1985, págs. 380 a 388.

A obra – que refere a forma como o "Cable and Broadcasting Act" de 1984 procurou dar resposta aos problemas que então despontavam com a difusão por cabo e também por satélite – tem a particularidade, rara, de só estar publicada na versão inglesa da revista da OMPI, não tendo correspondente no "Le Droit d'Auteur".

[716] A actualidade da questão foi perceptível no recente "El derecho de difusión por radio y televisión" organizado pela ALADDA em Junho de 1995 na cidade de Barcelona.

Vide no livro memória: KÉRÉVER, "La retransmission par câble de radiodiffusions primaires en France"; DREIER, "Secondary Broadcasting: Wireless Rebroadcasting, Cable Retransmission and Collective Antennas"; COHEN JEHORAM, "Simultaneous cable-retransmission of broadcasts in Dutch and Belgian copyright law" e RODRIGUEZ TAPIA, "Radiodifusión secundaria o retransmisión de las obras" (Espanha).

naturalmente, os defensores da aplicação do direito exclusivo a este modo de utilização. A controvérsia foi (e é) grande[717], apesar do seu sentido e a tónica dos argumentos apresentados terem variado ao longo dos anos.

O mais antigo exemplo legislativo de normas que pretendiam subtrair a retransmissão por cabo à égide do direito exclusivo do autor, encontra-se na Secção 40 da lei britânica de Direito de Autor de 1956 que permitia a retransmissão por cabo dos programas da BBC e da IBA sem necessidade de qualquer autorização ou pagamento.

Em consonância com a sua legislação, a Grã-Bretanha propôs, na Conferência de Revisão de Estocolmo de 1967, que o art.º 11-*bis* n.º 1, 2.º passasse a ter uma nova redacção que era do seguinte teor: "Qualquer comunicação pública quer por fio, quer sem fio, da obra radiodifundida, quando essa comunicação seja feita:

a) **num outro país da União que não aquele em que a radiodifusão foi efectuada;**
b) por outro organismo que não o de origem;
c) **para um outro público que não tenha sido pensado pelo organismo que radiodifundiu a obra**"[718].

Os sucintos argumentos aduzidos em defesa da redacção pretendida foram os de que "a Convenção devia ter em conta, mais claramente do que agora, a crescente utilização da difusão por fio, como um substituto da recepção da radiodifusão, e de que nos casos em que o público recebe o programa por fio já tenha sido tomado em consideração nos pagamentos feitos ao autor pelo organismo de radiodifusão original. As situações domésticas deviam ser deixadas, inteiramente, à legislação nacional".

Como se sabe, a Conferência de Estocolmo acabou por não acolher esta proposta inspirada na chamada "teoria do duplo pagamento". A mesma tese encontrou, no entanto, eco em diversas legislações apesar de,

---

[717] E está exemplarmente espelhada nas obras citadas nas duas notas anteriores.
[718] Vide "Records of the Stockholm Conference", 1967, vol. I, Genebra 1971, pág. 630.
Nosso o sublinhado.
O texto transcrito já fora objecto da nossa atenção noutro contexto – a propósito das várias revisões da Convenção de Berna e da recuperação das tese do "novo público" – cfr., supra, págs. 110 e 111.

algumas vezes, ser indicada com outras designações – "novo público", "zona de recepção directa" ou "zona coberta pela licença".

O exemplo mais conhecido é seguramente o da Áustria, onde após a lei de alteração de 1980 se previa – no art.º 17 – que a retransmissão simultânea, inalterada e integral, no interior do país, dos programas da televisão austríaca (ORF) deve ser considerada como fazendo parte da radiodifusão original.

O n.º 3 do mesmo art.º 17, como já se referiu, estabelece, ainda, que a comunicação da radiodifusão por um sistema de antena comunitária não é considerada uma nova transmissão desde que todos os receptores estejam situados em parcelas de terreno contíguas, nenhum caminho público seja atravessado e que a antena não esteja afastada mais de quinhentos metros do receptor mais próximo ou desde que o número de receptores ligado ao sistema não ultrapasse os quinhentos.

Para as restantes – as retransmissões por cabo de emissões estrangeiras – valia o princípio de que estão sujeitas ao Direito de Autor, mas a lei austríaca submetia-as a uma licença legal introduzindo, além disso, uma série de critérios para o cálculo da compensação a atribuir aos titulares de direitos, incluindo um de reciprocidade material[719].

A solução austríaca da lei de 1980, ao contrário do que muitos pretendem, é perfeitamente compatível com a Convenção de Berna no que à retransmissão interna e à instituição de licenças legais diz respeito – o n.º 2 do art.º 11-*bis* permite expressamente a consagração destas últimas relativamente a todos os direitos previstos no n.º 1 do mesmo artigo, como já se viu. Peca, porém, por defeito, pois, para além de utilizar critérios quantitativos absolutamente aleatórios e facilmente contornáveis, confunde recepção com transmissão.

Como já se disse[720], a recepção, seja qual for o modo como é realizada (antenas individuais, colectivas ou outro), é passiva e livre, não se confundindo com qualquer acto de utilização – é matéria que já abordámos, mas a que regressaremos, posteriormente, com maior detalhe[721].

---

[719] Vide art.º 59-a da Lei de Direito de Autor austríaca de 1980.
[720] Cfr. supra, págs. 76 a 78.
[721] Mais concretamente quando abordarmos os casos mais controvertidos da jurisprudência portuguesa e, seguramente, os que maior polémica têm causado.

O que importa neste momento sublinhar é a controvérsia que a retransmissão por cabo gerou e a diversidade de opções legislativas que suscitou[722].

A legislação austríaca, longe de ser o único, é o exemplo paradigmático das teses dos que pretendiam isentá-la dos direitos exclusivos dos vários titulares[723].

Foram essas teses que, agregando defensores ou promovendo opositores, colocaram a retransmissão como tema central da radiodifusão por cabo e levaram, como ponto culminante do debate gerado, à tentativa de harmonização comunitária que a directiva satélite e cabo consubstancia.

2. Anote-se, contudo, que mesmo no seio da Comunidade a solução consagrada esteve longe de ser consensual.

Tendo como ponto de partida decisões do Tribunal Europeu[724] e do Parlamento Europeu, a primeira abordagem que a Comissão fez do tema indiciava um caminho completamente diferente. A actividade dos radiodifusores – públicos ou privados – era entendida como circulação de serviços no sentido dos art.os 59 e seguintes do Tratado de Roma e procurava-se possibilitar o livre trânsito das emissões dentro da Comunidade.

A Comissão apresentou, por isso, de forma aprofundada, a situação jurídica, económica, social, cultural e tecnológica que existia no espaço comunitário, num documento com o título "Televisão sem Fronteiras – Livro Verde sobre a constituição do Mercado Comum para a Radiodifusão, especialmente através de satélites e cabo (Comunicação da Comissão ao Conselho)", de 14 de Junho de 1984[725].

---

[722] Note-se que o debate nos países europeus teve sempre como pano de fundo a Convenção de Berna da qual todos os países são membros.

A discussão, no final dos anos setenta início dos anos oitenta, seguiu trajecto diferente nos Estados Unidos que, à época, ainda não tinham aderido à União de Berna – cfr., LADD, "A Pavan for Print: Accommodating Copyright to the Tele-technologies", citado.

[723] Quando se refere a legislação austríaca não se esquece, obviamente, que, por força da adesão da Áustria à União Europeia, ocorrida em 1 de Janeiro de 1995, a legislação deste país foi forçada à adopção do modelo comunitário.

Assim, a Lei de Reforma de 1 de Abril de 1996 reformulou a legislação existente adaptando-a às directivas então vigentes.

Quando aqui se fala de legislação austríaca estamos, por conseguinte, a referir a de 1980.

[724] Os famosos casos CODITEL I e CODITEL II – já referenciados.

[725] Documento, KOM (84) 300 final.

Para ultrapassar as divergências existentes e atingir os objectivos pretendidos de livre circulação das emissões de radiodifusão, a solução propugnada para a retransmissão por cabo a partir de outros Estados--membros era a de introduzir na legislação comunitária uma licença legal[726]. O Livro Verde[727] acrescenta e demonstra que uma tal medida está em sintonia com o Tratado de Roma e as mais importantes Convenções Internacionais que vinculam os Estados-membros[728].

Depois do acolhimento inicial que o projecto apresentado mereceu por parte do Parlamento Europeu, a Comissão manteve-o na primeira proposta que formulou no processo que conduziu à aprovação da directiva televisão sem fronteiras[729].

Face às críticas que, já então, se faziam sentir, a Comissão moderara a sua posição relativamente ao que defendera no Livro Verde de 1984: os Estados-membros só estariam obrigados à introdução duma licença legal quando a retransmissão por cabo de emissões transfronteiriças fosse bloqueada pela invocação de direitos de autor e/ou conexos e a situação não fosse resolvida no prazo de dois anos. Nem assim as críticas abrandaram e a licença legal sempre foi apresentada como se de um verdadeiro "sacrilégio" se tratasse.

Já sabemos o resultado final a que toda esta discussão conduziu. Quisemos, unicamente, salientar mais um aspecto da polémica em torno da retransmissão por cabo que contribuiu para acentuar a predominância deste tema relativamente às restantes questões que a radiodifusão por fio suscita.

SECÇÃO II
DISTRIBUIÇÃO POR CABO E RADIODIFUSÃO

1. Ao longo desta obra temos partido de um princípio que importa demonstrar: o de que a distribuição por cabo é radiodifusão. Mas será que a retransmissão por cabo em particular e outras distribuições pelo mesmo meio são modalidades de radiodifusão?

---

[726] Vide "Livro Verde ...", KOM (84) 300 final, cit., págs. 318 e seguintes e 328 e seguintes.

[727] Que, segundo o que nos foi confidenciado pelo Professor SCHRICKER, foi elaborado por uma equipa de reputados juristas no qual o próprio Director do Instituto Max-Planck se incluía e que era liderado pelo Professor SCHWARTZ.

[728] Vide "Livro Verde...", KOM (84) 300 final, cit., págs. 321 e seguintes.

[729] Vide doc. KOM (86) 146 final, de 29 de Abril de 1986.

2. Para responder a esta questão teremos de confrontar o conceito de distribuição por cabo com o de radiodifusão.

Fala-se de distribuição por cabo e a primeira pergunta que tem de se colocar é a de sabermos o que é que se distribui. Nos casos de retransmissão e difusão diferida a resposta não oferece dúvida: é o programa emitido pelo radiodifusor originário.

Logo, o objecto de transmissão são programas de radiodifusão em tudo idênticos aos originais.

Também de idêntica simplicidade é a verificação de quem promove a distribuição e de quais são os seus destinatários. O distribuidor por cabo é a pessoa singular ou colectiva que decide a transmissão por cabo dos diversos programas. É, por isso, outro organismo – de radiodifusão – na expressão do art.° 11-*bis*, n.º 1, 2.º da Convenção de Berna[730].

Por sua vez o destinatário da difusão secundária é o público em geral tal como se verifica na radiodifusão sem fio.

3. Qual é então a diferença entre a transmissão por via hertziana e a efectuada com fio? É precisamente o cabo.

Enquanto as difusões através de ondas hertzianas se propagam no espaço sem guia artificial as realizadas por cabo efectuam-se através de um dispositivo condutor que por simplificação se chama cabo mas cujo verdadeiro significado deve ser entendido em sentido amplo abrangendo o fio, o cabo coaxial, as fibras ópticas, os raios laser e as micro-ondas. Ou seja tudo o que possa ser utilizado para guiar artificialmente os sinais portadores de sons, imagens ou sons e imagens. É pois o meio técnico que é diferente mas este é irrelevante para a qualificação do acto de aproveitamento[731-732].

Aliás, isso é comprovado pela teoria da unidade da empresa consagrada no art.° 11-*bis* da Convenção de Berna: se a difusão por cabo

---

[730] Falar de comunicação pública por "**outro organismo** que não o de origem" é reconhecer que a nova entidade é também um organismo de radiodifusão.

[731] A irrelevância da técnica quanto à qualificação do acto de aproveitamento é certeiramente salientada por ANTÓNIO DELGADO, "Crónica de España", in RIDA 193, Julho de 2002, págs. 194 e 195.

A lei espanhola contrariamente à portuguesa, não leva, no entanto, às últimas consequências essa visão no que respeita, precisamente, à questão ora em apreço.

[732] Numa outra perspectiva, mas reconhecendo implicitamente, a partir de uma análise económica, que a distribuição por cabo é uma modalidade de radiodifusão, veja-se POSNER, "Economic Analisys of Law", pág. 673.

for efectuada pelo radiodifusor originário ela está abrangida pela autorização para radiodifundir.

4. Muito do que ficou dito aplica-se igualmente à distribuição por cabo originária. Também nesta o objecto de difusão são programas, mas neste caso programas próprios emitidos pelo distribuidor por cabo (que, tal como nas emissões secundárias, é a pessoa singular ou colectiva que determina o seu conteúdo) e destinados ao público.

5. As repercussões da distribuição originária por cabo e da radiodifusão por via hertziana são também idênticas no que concerne aos direitos dos vários titulares. Nos dois casos estamos perante uma actividade primígena de comunicação ao público à distância e com incidências sócio-económicas e culturais equivalentes.

6. A única diferença de fundo continua a ser o meio técnico diferente utilizado nos dois tipos de transmissão e essa não deve produzir efeitos jurídicos. O facto de a comunicação pública ser efectuada com ou sem dispositivo condutor é irrelevante do ponto de vista dos interesses a proteger.

7. As razões da tutela são por conseguinte idênticas, o que não pode deixar de ter consequências a nível dos diversos direitos outorgados e eventuais limitações aos mesmos. Só motivos históricos, que se prendem com o equilíbrio dos vários interesses em jogo, levaram a que nos mais importantes tratados nunca tenha ocorrido a equiparação entre a radiodifusão sem fio e com fio que, recorde-se, foi tentada em diversos momentos[733].

A identificação entre ambas verifica-se, porém noutros instrumentos internacionais – as directivas comunitárias – e em diversas legislações nacionais – v.g., na Alemanha, na Espanha e em Portugal – o que corrobora a análise anteriormente efectuada.

8. A conclusão a que chegámos e que sempre deixáramos indicada ao longo deste estudo é, pois, a de que a distribuição por cabo em qualquer

---

[733] V.g., nas Conferências de revisão da Convenção de Berna de Roma e de Bruxelas.

das suas modalidades – retransmissão, transmissão diferida e distribuição originária – é espécie do género radiodifusão, o que terá reflexos óbvios nas soluções que apresentarmos para os vários problemas que a radiodifusão por cabo levanta.

SECÇÃO III
OBJECTO DA INVESTIGAÇÃO SUBSEQUENTE

1. Justificada que foi a razão de ser do ênfase especial que demos à retransmissão por cabo e demonstrado que a distribuição por fio é uma modalidade de radiodifusão, podemos retomar o curso da nossa investigação sem menosprezar os restantes problemas que a radiodifusão dita por cabo acarreta. Acresce que a própria retransmissão é, também ela, passível de se decompor em vários subgrupos.

Temos de analisar toda esta panóplia de casos. Procuraremos, por isso, de modo sucinto, investigar as variadas modalidades de radiodifusão por cabo e respectivo regime, fazendo, desse modo, o seu enquadramento legal. Será esse o objectivo do estudo subsequente que iniciaremos por aquela que, por natureza, deve ser tratada em primeiro lugar e que ganha de dia para dia maior relevo – a radiodifusão por cabo originária.

2. Trataremos, por conseguinte, inicialmente das emissões que não são resultado da transferência de outras, mas sim produzidas pelo próprio organismo de radiodifusão por cabo.

A dicotomia fundamental estabelece-se entre retransmissão e programa próprio por cabo. Será que o que não é retransmissão é programa próprio por cabo? É o que teremos de averiguar partindo deste último.

As distribuições por fio originárias podem compor-se de programas transmitidos ao vivo ou baseados em gravações de sons e/ou imagens (normalmente fonogramas ou videogramas). A distinção entre este último tipo de radiodifusão por cabo originária e a transmissão temporalmente deslocada, reside no facto de que, embora nesta também se utilizem fonogramas e videogramas, estes têm por conteúdo programas completos (ou seja a produção acabada) enquanto que naquela os vários registos de sons e de imagens são compostos de modo a criarem um novo programa.

Diga-se, desde já, que as fronteiras são fluidas especialmente no caso de transmissões encurtadas ou de outra forma alteradas. Nestas os programas de radiodifusão reemitidos podem ser combinados ou misturados com partes de outros realizados originariamente pelo distribuidor por cabo.

Do ponto de vista do Direito de Autor, as partes próprias do programa têm de ser tratadas de acordo com as regras aplicáveis às emissões por cabo originárias, enquanto que para as restantes valem os preceitos que contemplam os outros modos de difusão. Ter-se-á, contudo, que levar em linha de conta o modo concreto como a transmissão ocorre – temporalmente deslocada, encurtada ou de outra forma alterada – e verificar até que ponto tais modos de utilização interferem com a radiodifusão originária.

3. Regressaremos, também, à retransmissão por cabo. Veremos, em primeiro lugar, os problemas que a retransmissão de emissões primárias terrestres comporta. Assim, teremos de verificar, a título definitivo, qual a linha separadora entre radiodifusão por cabo tutelada pelo Direito de Autor e recepção por antenas conjuntas.

Seguidamente averiguaremos da relevância, a nível de Direito de Autor, da distribuição por cabo se efectuar para as chamadas "zonas de recepção directa" ou "de âmbito de abastecimento do radiodifusor originário e de serviço", ou ainda para as chamadas "zonas de sombra" (criadas por condições geográficas, "arranha-céus", proibições de antenas individuais, etc.). São questões que já abordámos a propósito da Convenção de Berna mas sobre as quais apresentaremos conclusões definitivas, depois de verificarmos o modo como se repercutiram nas diversas legislações nacionais.

Também as distribuições por cabo de emissões difundidas por satélites de radiodifusão indirecta, por um lado, e directa, por outro, merecerão a nossa atenção. As primeiras por razões de natureza histórica não são despiciendas quanto ao objectivo deste trabalho – a busca de um conceito operativo de radiodifusão. As segundas pelo enorme significado que têm, como já se provou e se torna desnecessário encarecer.

Anotaremos ainda as especificidades que existem nas retransmissões realizadas a partir de programas transmitidos por satélite relativamente àquelas que têm por base emissões terrestres.

4. As transmissões diferidas ou temporalmente deslocadas serão o passo seguinte da nossa investigação.

5. Finalmente, debruçar-nos-emos sobre a aquisição dos direitos de autor e conexos. Enquanto a sua aquisição na radiodifusão por cabo originária não oferece particularidades especiais relativamente às restantes emissões da mesma natureza, já o mesmo não se passa quanto à retransmissão e às novas transmissões.

As utilizações secundárias merecerão tratamento conjunto, procurando determinar os vários modelos existentes que visam facilitá-las, o que nos permitirá apresentar a solução que se nos afigura como a mais correcta.

6. A investigação que encetaremos buscará, por vezes, apoio nas ordens jurídicas de diversos países – nomeadamente a alemã.

Uma tal análise comparativa terá como objectivos a procura de pontos de contacto entre os diversos direitos e a definição, através da sua análise crítica, das soluções mais adequadas para os diferentes problemas em equação em face do nosso próprio direito[734]. No seu decurso retomaremos posições já anteriormente afirmadas a propósito de outros pontos. A sua repetição afigura-se, no entanto, como necessária de modo a permitir uma apresentação ordenada, sistematicamente correcta e global de toda a temática da radiodifusão por cabo.

SECÇÃO IV
A RADIODIFUSÃO POR CABO ORIGINÁRIA

1. Já anteriormente demonstrámos que a radiodifusão por cabo originária – contrariamente ao que a esmagadora maioria da doutrina sustenta – escapa a qualquer tipo de regulamentação por parte da Convenção de Berna[735] e, na esteira desta, aos restantes convénios internacionais de maior relevo. Razões históricas relacionadas com a ponderação dos diversos interesses em jogo explicam a dissonância existente, a nível dos principais tratados, entre a radiodifusão sem fio e a realizada por cabo. É matéria que foi suficientemente explicitada e a que não há necessidade de regressar.

---

[734] A análise de direito comparado que se encetará, não será meramente descritiva – o que lhe retiraria qualquer interesse.

[735] Cfr., supra, II Parte, Capítulo I, Secção VI, págs. 113 a 119.

A situação é, contudo, distinta no que às directivas comunitárias[736] e aos direitos nacionais diz respeito[737].

Aí, na grande maioria dos casos, as duas modalidades de radiodifusão originária são equiparadas e, consequentemente, sujeitas ao mesmo regime.

Sublinhe-se, mais uma vez, que é uma solução que se justifica, visto que não se compreenderia que duas realidades idênticas que cumprem a mesma função fossem submetidas a regras divergentes.

Como acima referimos, as emissões por cabo originárias não consistem na transferência de outras emissões. Radiodifusão originária significa, portanto, primeira emissão em oposição às novas transmissões simultâneas (retransmissões) ou temporalmente desfasadas.

Os programas podem ser produzidos pelo próprio organismo de radiodifusão ou por outrem a seu pedido – tal facto não modifica a qualificação, sendo apenas necessário que o programa produzido se destine a uma utilização original.

2. Mas agora há que perguntar se tudo o que não é radiodifusão originária por cabo é retransmissão pelo mesmo meio. Parece ser essa a opção de alguns. A única distinção que estabelecem é entre difusão própria e difusão simultânea feita por outro organismo[738].

Recorde-se que além de simultânea a retransmissão deve ser integral. Então poder-se-ia dizer que toda emissão por fio que não fosse simultânea e integral seria radiodifusão por cabo originária.

Há que decompor os problemas.

O que significa integral? À primeira vista poderia considerar-se que integral significa completa – a totalidade do programa radiodifundido deveria ser transmitida mas agora por cabo. Qualquer pequena interferência, modificação, ou mistura transformaria uma retransmissão em distribuição originária, com a eventual mudança de regime que daí decorresse.

---

[736] Como já se disse, equiparam os dois tipos de radiodifusão primígena – a própria definição de retransmissão, no art.º 1 n.º 3 da directiva satélite e cabo é disso prova ("... de uma emissão primária a partir de outro Estado-membro, com fio ou sem fio").

[737] Por todos, vide art.º 20 da lei alemã, art.º 20 da lei espanhola e art.os 68 n.º 2, alínea e), 153 n.º 3 e 176 n.º 9 do CDADC.

[738] Os próprios "Princípios Comentados..." seguem este caminho – vide DA, Abril 1984, pág. 137, ponto 34 e *passim*.

Toda esta problemática é bem mais complexa do que se afigura numa primeira análise. O princípio da integralidade tem de ser aferido em função dos direitos a que se visa aplicar. A integralidade refere-se à obra para os autores, às prestações para os artistas intérpretes ou executantes, aos fonogramas para os produtores destes e aos programas emitidos para os organismos de radiodifusão.

Ora, um programa pode ser constituído por diversas obras, prestações ou utilizações de fonogramas e continuar a ser o mesmo programa. Para os autores, para os artistas e para os produtores haverá integralidade desde que as suas prestações não sofram alterações. Para os organismos de radiodifusão é que parece ser a globalidade do programa que está em jogo.

Tudo isto nos obriga a apelar para um conceito essencial: o de elemento do programa.

Assim, cada obra, prestação ou fonograma estão sujeitas, enquanto fracções do programa com conteúdo determinado, ao princípio da integralidade – já que a sua autonomia em relação ao todo permite qualificá--las como elementos do programa. O conceito de elemento do programa só não resolveria, por isso, o problema da integralidade face aos programas dos organismos de radiodifusão.

Sem pôr em causa o objecto de tutela, entendemos, porém, que também no que toca a estes últimos o conceito de elemento do programa é operativo. Tudo o que seja parte coerente do programa[739] está sujeito ao princípio da integralidade ainda que todo ele não seja retransmitido.

Concluímos, assim, que haverá integralidade relativamente a obras, prestações, fonogramas ou outras partes correntes do programa quando houver distribuição por cabo simultânea de cada um destes elementos. Ou, dito de outro modo, são os elementos do programa que estão sujeitos ao princípio da integralidade e é relativamente a cada um deles que se verifica se há retransmissão.

3. Distinguimos, portanto, na distribuição por cabo dois tipos de elementos: os próprios e os transmitidos simultânea e integralmente[740].

---

[739] Além das obras e prestações, podemos enumerar os eventos desportivos, os espectáculos, os concursos, os noticiários, as entrevistas e os comentários como exemplos de partes coerentes de programas.

[740] Em sentido próprio deveríamos falar em partes ou elementos de programas próprios e alheios, como anteriormente se demonstrou.

Os primeiros são objecto de radiodifusão originária e os segundos de retransmissão. Os dois termos esgotarão o leque de alternativas? A resposta é negativa.

Como já deixámos subentendido, além dos programas próprios e dos efectuados por outros organismos de radiodifusão distribuídos simultânea, integral e inalteradamente, existem os alheios transmitidos de forma temporalmente deslocada. O facto do programa ser difundido a *posteriori* não lhe altera a natureza – continua a ser uma emissão de outrem distribuída por cabo. Não é por o radiodifusor por fio realizar a difusão ulterior em momento subsequente que deixa de ser alheia.

A transmissão diferida não é, por conseguinte, radiodifusão originária merecendo, por isso, tratamento diferenciado relativamente a esta e à retransmissão.

4. Tendo delimitado o que entendemos por radiodifusão por cabo originária e estabelecido a distinção entre ela e as restantes modalidades deste tipo de radiodifusão, debrucemo-nos agora sobre o seu regime.

O ponto de partida continua a ser a assimilação entre radiodifusão por fio e sem fio que, como se disse, não poderá deixar de ter consequências no que respeita aos diversos direitos a outorgar. Centrar-nos-emos no direito internacional para a partir daí reflectirmos as melhores soluções a nível de direito interno.

5. Regressemos à Convenção de Berna. Como se disse a radiodifusão por cabo originária não consta do seu elenco e, em consequência dela, dos restantes tratados internacionais[741].

Mau grado tal facto, a regulamentação da emissão sem fio terá de ser referência segura do regime a estabelecer para este tipo de radiodifusão. Sendo assim, o autor[742] gozará de um direito exclusivo no que toca à distribuição primígena por cabo da sua obra.

---

[741] Contra SCHRICKER, "Urheberrechtliche Probleme des Kabelrundfunks", cit., pág. 30 que entende, quanto a nós erradamente, que as emissões por cabo originárias estão abrangidas para os autores nos art.os 11 n.º 1 2.º, 11-*ter* n.º 1 2.º, 14 n.º 1 2.º e 14-*bis* n.º 2 alínea b) da Convenção de Berna e para os artistas, nas suas prestações ao vivo, pelo art.º 7 n.º 1 alínea a) da Convenção de Roma.

Não se pode pretender que as emissões por cabo são radiodifusão, como o autor concede, e incluí-las depois nas outras comunicações públicas.

[742] E autor deve ser entendido em sentido amplo – abrangendo o criador intelectual

Esta transmissão está, por outro lado, sujeita ao mesmo tipo de restrições que se podem impor à radiodifusão por via hertziana. Não se deve, por isso, colocar o problema da admissibilidade de licenças não voluntárias relativamente a este tipo de difusão.

Coerentemente com o princípio de que a distribuição por cabo originária é radiodifusão, temos que admitir que a esta sejam impostas as ditas limitações que podem onerar a difusão sem fio[743]. Mas em consonância com o mesmo princípio é forçoso defender que sempre que as legislações internas optem por um direito exclusivo para a radiodifusão tradicional originária, igual direito deverá prevalecer para a equivalente efectuada por cabo. Sendo certo que a equiparação entre radiodifusão primígena sem fio e por fio é dominante na maioria dos direitos internos e que em raros casos se estabelecem licenças obrigatórias que limitem os direitos atribuídos é, pois, nessa convicção que os autores deverão gozar de um direito de autorizar ou proibir a emissão originária por cabo das suas obras.

É, portanto, contratualmente que, através de negociação directa com o autor ou por meio de entidades de gestão colectiva que o representem, o radiodifusor por cabo deverá adquirir os direitos de autor inerentes ao seu programa.

6. Fiéis aos seus princípios enunciados, os artistas intérpretes ou executantes deverão gozar de direitos equivalentes aos que lhes são outorgados em matéria de radiodifusão pela Convenção de Roma.

Isto significa que deverão ter um direito exclusivo para a distribuição em directo por cabo das suas interpretações ou execuções e um mero direito de remuneração relativamente àqueles que já foram objecto de uma radiodifusão ou fixadas num fonograma[744-745]. Estas últimas deverão estar sujeitas, por analogia, ao art.º 12 da Convenção de Roma e, podem, por conseguinte, ser limitadas tal como prevê o art.º 16 n.º 1 alínea a) do mesmo tratado e excepcionadas, tais como as anteriores, nos termos do seu

---

e seu sucessor, o titular originário que não seja criador intelectual e o transmissário do direito.

[743] O mesmo se diga relativamente à Convenção Universal – o art.º IV-*bis* n.º 2, admite, como se viu (cfr., supra, pág. 129), o estabelecimento de licenças obrigatórias.

[744] Cfr., art.º 7, n.º 1 alínea a), da Convenção de Roma.

[745] Mas o art.º 7 não será aplicável nos casos previstos no art.º 19 da mesma Convenção de Roma.

art.º 15 – o que permite a criação de licenças não voluntárias que não sejam incompatíveis com a dita Convenção[746].

7. Também os produtores de fonogramas deverão ter direito a uma remuneração equitativa em caso de distribuição originária por cabo. É o que resulta do art.º 12 da Convenção de Roma já citado.

Os limites e as excepções previstos nos art.ºs 16 e 15 são-lhe também aplicáveis, mas, no âmbito deste tratado, não faz sentido falar de licenças obrigatórias já que aos produtores não cabe qualquer direito exclusivo mas sim, como se disse, um mero direito de remuneração[747].

8. Por sua vez os distribuidores por cabo, como verdadeiros organismos de radiodifusão que são, gozarão, por analogia, dos direitos exclusivos previstos no art.º 13 da Convenção de Roma e estarão sujeitos às excepções do art.º 15 e limites do art.º 16 n.º 1, alínea b) do mesmo tratado.

9. Verificamos que as legislações nacionais não seguem pontualmente os tratados multilaterais.

Apesar de a maioria proceder à assimilação entre radiodifusão primária por fio e sem fio[748] isso não significa uma adesão ao quadro de direitos de Berna e de Roma. É verdade que, por exemplo, o §20 da UrhG identifica os dois tipos de radiodifusão. O mesmo é válido para o art.º 176, n.º 9 do CDADC português.

Mas a partir daí as soluções apresentadas divergem em muitos campos. O direito alemão é pródigo na criação de direitos conexos, outorgando aos seus titulares direitos exclusivos. Assim, a radiodifusão das prestações ao vivo dos artistas intérpretes ou executantes está sujeita à sua autorização – vide §76, alínea 1 da UrhG. Detém também um direito exclusivo o empresário organizador da apresentação da prestação do artista – vide §81 conjugado com o §76, alínea 1, ambos da UrhG.

A radiodifusão por cabo é, além disso, como qualquer emissão radiofónica abrangida pelo direito conexo exclusivo do produtor de filmes

---

[746] As mesmas excepções são válidas para os direitos exclusivos outorgados pela Convenção de Roma.

[747] A possibilidade de instituição de tais licenças volta, contudo, a ganhar relevo quando os legisladores nacionais, ultrapassando o estabelecido em Roma, outorguem aos produtores de fonogramas (e aos artistas) um direito exclusivo.

[748] Pelo menos no que diz respeito ao sistema continental.

(§94, alínea 1, 1.ª frase da UrhG)[749]-[750]. Direito análogo tem ainda o produtor de um sequência de imagens ou de sons ou imagens que não sejam protegidas enquanto obras cinematográficas.

Um pouco contraditoriamente, porém, os direitos clássicos mantêm a sua fórmula original – direito de remuneração para os artistas intérpretes ou executantes para as suas prestações gravadas (§76, alínea 2 da UrhG) e para os produtores de fonogramas (§86 em conjugação com o §76, alínea 2, ambos da UrhG), e direito exclusivo para os organismos de radiodifusão (§87 da UrhG)[751].

10. Esta proliferação de direitos exclusivos obriga na radiodifusão por cabo originária, em total paralelismo com o que acontece na emissão sem fio, a uma aquisição contratual dos diversos direitos. Em muitos casos uma tal aquisição é facilitada pela interposição de entidades de gestão colectiva que administram grandes grupos de direitos[752].

Trata-se de situações de verdadeiro monopólio de facto que têm como contraponto uma obrigação de contratar por parte daquelas entidades de acordo com o §11, alínea 1 da lei de gestão colectiva (WahrnG). Ou seja, estão vinculadas a conceder a quem o requeira autorização para a utilização das obras e prestações que gerem em condições apropriadas, que o mesmo é dizer de acordo com a tabela previamente elaborada e publicada (§13 da WahrnG). Se não se chegar a acordo sobre o montante a liquidar os direitos consideram-se concedidos desde que o utilizador pague sob reserva ou deposite a favor da entidade de gestão a remuneração por esta exigida (§11 alínea 2, da WahrnG).

11. O direito alemão, tal como as restantes ordens jurídicas que recorrem ao estabelecimento de diversos direitos exclusivos, vêem-se

---

[749] Este direito terá a duração de vinte e cinco anos nos termos do n.º 3 do citado §94 da UrhG.

[750] O produtor do filme goza ainda do direito exclusivo de explorar as fotografias que foram criadas no decurso da realização da sua obra cinematográfica – cfr. §91 da UrhG.

[751] Além do direito exclusivo que, como vimos, é atribuído ao artista para as suas prestações ao vivo (§76, alínea 1 da UrhG).

[752] Sobre as várias entidades de gestão colectiva existentes na Alemanha e respectivos direitos que gerem veja-se SCHRICKER "Urheberrechtliche Probleme de Kabelrundfunks", cit., págs. 39 e 40.

confrontados com o designado problema dos estranhos. Ele revela-se a dois níveis:

– Por um lado, vários titulares de direitos, por opção não aderem às entidades de gestão colectiva existentes;
– Por outro lado, existem obras cujos titulares, por natureza, não recorrem às entidades de gestão colectiva para a administração dos seus direitos. Estamos a falar fundamentalmente dos autores de obras cinematográficas, dramáticas e dramático-musicais. Estes reservam para si próprios a exploração dos seus direitos.

É um problema insolúvel na lógica dos direitos exclusivos que regem o Direito de Autor. Pretendendo manter um quadro de direitos exclusivos, sem recurso ao art.º 11-*bis* n.º 2 da Convenção de Berna e ao art.º 15 n.º 2 da Convenção de Roma e consequente aplicação analógica das duas normas, o legislador alemão tem de enfrentar as dificuldades resultantes da conjugação dos direitos exclusivos com a necessária celeridade de obtenção das autorizações em questão.

A introdução de licenças não voluntárias previstas naqueles artigos em nada contraria o texto das duas Convenções[753] mas não encontra eco no sistema alemão. Resta, por isso, ao radiodifusor originário por cabo o seu próprio engenho para a negociação e aquisição dos diversos direitos em jogo.

A sua obtenção poder-se-á, contudo, revelar mais fácil do que a do radiodifusor sem fio. Isto porque o distribuidor por cabo originário tem maior facilidade de determinação do público destinatário, o que permitirá um cálculo mais preciso do montante a pagar.

12. Do exposto se retira a nossa não adesão ao sistema alemão no que concerne à criação de direitos conexos exclusivos. Uma tal opção é fruto de uma tentativa de equiparação entre o direito de autor e os direitos conexos que se nos afigura perigosamente errada. Essa tentativa, muito em voga na doutrina e legislação norte-americanas, parece-nos de recusar já que, além de não ter na devida conta a distinção essencial entre os dois

---

[753] Ao contrário do que muitos pretendem. Por todos, vide Schricker, ob. cit. na nota anterior, pág. 41.

tipos de direitos, cria dificuldades acrescidas à difusão de obras e prestações e consequente acesso à cultura[754].

13. A propósito da distribuição por cabo originária levanta-se ainda um problema que pode ser facilmente extrapolado para a radiodifusão em geral: o do conceito de público.

Já anteriormente[755] tivemos ocasião de nos referir à problemática do público na radiodifusão e concluímos que esta difusão enquanto modalidade de comunicação pública terá de se dirigir a uma generalidade de pessoas sem qualquer determinação quantitativa do seu número. Mas agora há que retomar o problema sob outro prisma: o de saber se toda a comunicação pública por fio deverá ser considerada radiodifusão por cabo.

14. Nos vários direitos as comunicações sob forma imaterial entre as quais se inclui a radiodifusão devem ser públicas. É o que resulta no direito alemão – que tomamos como paradigma – do §15 alínea 2 da UrhG. E são públicas, nos termos da alínea 3 do mesmo preceito, se se destinam a uma pluralidade de pessoas, por oposição às privadas que, segundo a mesma norma, visam apenas um círculo delimitado de pessoas que tenham entre elas ou com o organizador do evento uma ligação pessoal[756].

O conceito de público não tem sido objecto de grandes dúvidas na doutrina[757] e na jurisprudência.

---

[754] O que fica dito não significa que não reconheçamos a justeza da atribuição dos direitos em causa a muitos dos seus titulares. Só que no nosso prisma, tais direitos deveriam ser meros direitos de remuneração em prole do equilíbrio dos vários interesses em jogo.

[755] Cfr., supra, págs. 49 e 50.

[756] Mostrando as disparidades existentes entre as diversas legislações sobre a noção de público, veja-se KEMPER, "The Notions of Private and Public Uses and Communications Technologies", 1994.

Contrapondo aquilo que chama um conceito "menos moderno" a um "mais progressista", o autor analisa as leis alemã (art.º 15 n.º 2), suíça (art.º 19) e polaca (art.º 23) como exemplos da concepção clássica e as leis americana (§101) e espanhola (art.º 20 n.º 1), bem como a proposta base da OMPI relativa ao novo Tratado de Direito de Autor daquela Organização (Genebra 1996), como paradigmas de fórmulas mais modernas.

Como é óbvio, o autor acaba por defender estas últimas...

[757] Por todos, sobre o conceito de público, veja-se ULMER, "Urheber – und Verlagsrecht", 3.ª ed., cit., pág. 246 e seguintes, DREIER, "Kabelweiterleitung und

SCHRICKER entende que a ligação pessoal caracterizadora das comunicações privadas não existirá, em regra, num grupo de mais de cem pessoas[758] mas, tirando aspectos numéricos da delimitação entre público e privado, pode-se afirmar que existe consonância quanto aos conceitos. O mesmo se diga no que respeita ao significado de lugar público[759].

Não oferece, por isso, dúvidas que hotéis, restaurantes, bancos, fábricas e outros estabelecimentos comerciais são lugares públicos e que as comunicações para eles realizadas têm igual carácter.

A grande questão que se coloca é, como se disse, a de saber se as transmissões por fio[760] feitas para esses locais se devem considerar radiodifusão por cabo ou outro tipo de comunicação pública.

15. ULMER defende que à radiodifusão está associado um conceito especial de público – um conceito de público alargado ou ampliado[761].

O autor começa por encontrar uma diferença, que reputa de fundamental, entre a radiodifusão e os outros tipos de apresentação pública.

É que enquanto que para o direito de emissão é irrelevante a recepção efectiva do que foi difundido, nas restantes situações é essencial a recepção. Haverá aplicação do direito de radiodifusão quando se emite depois da meia-noite e todos os aparelhos de recepção estão desligados, mas não existirá execução pública quando um artista convida várias pessoas para um concerto que vai realizar, mas depois aparecem apenas poucos familiares[762].

Urheberrecht", cit., págs. 13, 14, e 84 e seguintes; von UNGERN-STERNBERG, no "Schricker Urheberrecht Kommentar", 1.ª edição, §20, nota 20 e 2.ª edição §20, nota 8, GERNOT SCHULZE, "Meine Rechte als Urheber – Urheber -und Verlagsrecht", pág. 73. e SCHRICKER, "Urheberrechtliche Probleme des Kabelrundfunks", cit., pág. 43.

[758] SCHRICKER, ibid., pág. 43. Este número de cem pessoas, como já se disse proposto por SCHRICKER (e, também, por DREIER) – cfr., supra, notas 165 e 166, pág. 76 – afigura-se-nos como perfeitamente arbitrário, não se vislumbrando qualquer fundamento legal que o justifique.

[759] Sobre este conceito veja-se o art.º 149 n.º 3 do nosso CDADC.

[760] É óbvio que é relativamente a estas que o problema ganha particular acuidade, pois as transmissões para e em locais determinados é normalmente realizada por fio.

A excepção será, porventura, a efectuada entre dois organismos de radiodifusão se se considerar as instalações da empresa receptora como lugar público – o que, diga-se, nos parece duvidoso.

[761] ULMER, "Urheber -und Verlagsrecht", 3.ª ed., cit., págs. 252 a 254.

[762] Exemplos dados por ULMER, ob. e local cit. na nota anterior, pág. 253.

Buscando apoio na fundamentação oficial do §20 da UrhG e em autores como von GAMM e FROMM-NORDEMANN, ULMER entende que o que é essencial no direito de emissão não é um âmbito de pessoas mas sim um âmbito de equipamentos de recepção alargado. Isso mesmo decorre da equiparação que o §20 da UrhG estabelece entre radiodifusão por fio e sem fio, pois também esta se destina a uma generalidade de receptores. Só existe, portanto, radiodifusão quando a difusão se destina a uma rede de equipamentos de recepção.

Se, por exemplo, pelo contrário, através de equipamentos de vídeo ou de áudio centrais, se transmite por fio para os vários quartos e salas comuns de um hotel é necessária autorização para as apresentações públicas que se fizerem nos espaços comunitários mas não existirá radiodifusão e, por isso, não haverá lugar à aplicação do §20 da UrhG. Dito de outro modo, se a transmissão se destinar a um grupo limitado de equipamentos de recepção poderá haver recitação, representação, execução ou outro modo de apresentação pública mediante suportes de som ou de vídeo mas não existirá radiodifusão[763]-[764].

16. A posição de ULMER tem recebido o apoio dos nomes mais importantes do Instituto Max-Planck[765], podendo afirmar-se que tem hoje reduzida expressão a opinião contrária – que sustenta que a transmissão de vídeos em hotéis e outros sistemas semelhantes de difusão para locais singulares, que temos vindo a referir, são radiodifusão.

---

[763] Estas modalidades de comunicação pública caberiam, pois, nos restantes números do §15 alínea 2 da UrhG.

[764] ULMER, "Urheber -und Verlagsrecht", 3.ª ed., cit., pág. 254.

Anotamos a posição do autor mas afigura-se-nos problemática a qualificação deste tipo de transmissões como recitação, representação ou execução.

Apesar do §19 alínea 3 da UrhG. Pensamos que, em qualquer caso, estaremos perante novas situações de comunicação pública em locais restritos, que não se confundem nem com aquelas, nem com a radiodifusão.

[765] Por todos, vide SCHRICKER, "Urheberrechtliche Probleme des Kabelrundfunks", págs. 42 e 43 e "Videovorführungen in Hotels aus urheberrechtlicher Sicht", in Festschrift für Walter Oppenhoff zu 80. Geburtstag, Munique, 1985, pág. 830, DREIER "Kabelweiterleitung und Urheberrecht", cit., pág. 87 e von UNGERN-STERNBERG no "Schricker Urheberrrecht Kommentar", §20, nota 20 (1.ª edição) e §20, nota 8 (2.ª edição)

DREIER, fornece-nos, ainda um vasto leque de decisões do BGH sobre o problema em análise (págs. 88 a 99), rebatendo aquelas que se basearam na teoria do esgotamento.

Veja-se também JOOS, "Die Erschöpfungslehre im Urheberrecht", cit., pág. 220 e seguintes.

17. O conceito de radiodifusão tem, também ele, um fundamento social.

Aderimos, por força da própria natureza das coisas, à posição defendida por ULMER e pelos seus seguidores.

De facto, não se pode pretender que a transmissão de vídeos para quartos de hotel ou a difusão de música de fundo num determinado edifício é radiodifusão por cabo.

Fazê-lo seria o mesmo que afirmar que o hoteleiro ou o dono do estabelecimento comercial são organismos de radiodifusão...

A mera constatação da realidade demonstra que assim não é e o jurista deve procurar mecanismos que a conformem adequadamente e não ficções que a forcem.

Concluímos, assim, que tais apresentações efectuadas em local público, através de utilizações autónomas das obras e outras prestações – e que não sejam, mera recepção de programas radiodifundidos – não são abrangidas pelo direito de radiodifusão, não lhes sendo aplicável o respectivo regime.

SECÇÃO V
A RETRANSMISSÃO POR CABO

1. Regressemos agora à retransmissão por cabo, de modo a estabelecermos o seu regime.

Já fixámos o sentido de retransmissão – é a emissão simultânea, inalterada e integral de uma emissão de outro organismo de radiodifusão. Demonstrámos, também, a razão de ser da relevância especial que é dada a este tipo de difusão. Verifiquemos agora as normas que a devem regular.

2. Como anteriormente se referiu, a questão que inicialmente se colocou foi a de saber se a retransmissão seria livre ou estaria sujeita aos direitos, de autor e conexos, inerentes a uma nova utilização da obra. Terá de ser também esse o nosso ponto de partida.

3. A retransmissão pode ter como base três tipos de emissões originárias:

– As efectuadas por via terrestre sem fio;
– As realizadas por via terrestre com fio;
– As difundidas por satélite de radiodifusão directa.

A apreciação destas retransmissões a nível de Direito de Autor é em tudo idêntica, apesar de serem as que se baseiam em emissões primígenas sem fio as que revelam maior interesse, pela melhoria de condições de recepção que proporcionam[766].

4. Para a doutrina, a retransmissão por cabo está sujeita ao art.º 11-*bis*, n.º 1, 2.º da Convenção de Berna como já se teve oportunidade de elucidar. É esse, pois, o modelo a seguir. Cabe, por isso, aos autores um direito exclusivo que terá de ser negociado através dos próprios titulares de direitos ou com as entidades de gestão colectiva que os representem.

Note-se que em certos casos o radiodifusor originário adquire, desde logo, os direitos de retransmissão por fio o que facilita enormemente a posterior e atempada negociação com o distribuidor por cabo.

O facto de esta retransmissão estar, em princípio, sujeita ao direito exclusivo citado não obsta, obviamente, a que, nos termos do n.º 2 do art.º 11-*bis* da Convenção de Berna, os Estados da União de Berna possam estabelecer licenças não voluntárias pelo menos relativamente a certas categorias de obras[767].

Mais discutível parecer ser a admissibilidade de tais licenças relativamente a outras obras – como as cinematográficas, dramáticas e dramático-musicais – cujo especial modo de exploração poderia ser posto em causa com a sua instituição[768]. De qualquer modo, as legislações

---

[766] Apesar do desenvolvimento das antenas permitir actualmente recepções até há pouco inimagináveis, esta qualidade, sobretudo de imagem, que o cabo proporciona mantém o interesse nesta forma de difusão.

Os dois tipos de difusão sem fio apresentam ainda um distinto grau de dificuldade para a aquisição dos direitos de retransmissão.

Na radiodifusão por satélite de radiodifusão directa, se o organismo originário não adquirir à partida os direitos de retransmissão, afigura-se como muito problemática a tarefa dos distribuidores por cabo que terão de negociar com os diversos titulares a possibilidade de nova difusão em tempo útil.

Já na retransmissão que tenha por base emissões terrestres essa tarefa parece ser mais fácil tendo até em atenção o normal âmbito de abastecimento e localização dos titulares de direitos.

Em qualquer dos casos é, contudo, de ponderar a sugestão do SCHRICKER – "Urheberrechtliche Probleme des Kabelrundfunks", cit., pág. 73 – aos legisladores nacionais, no sentido da criação de licenças legais ou compulsórias.

[767] O mesmo será possível nos termos do art.º IV-*bis* n.º 2 da Convenção Universal sobre Direito de Autor.

[768] Veja-se o caso das obras cinematográficas cuja exploração passa, sequen-

nacionais deverão ponderar, não só o tipo de obras, como também a maior ou menor dificuldade de obter as autorizações em causa e o interesse do público no acesso a essas obras.

Recorde-se, ainda, que, ao contrário do pretendido por alguns[769], no caso de serem estabelecidas licenças não voluntárias, não existe qualquer obrigatoriedade de equiparar a remuneração a atribuir às somas que normalmente sejam obtidas em virtude do exercício de um direito exclusivo hipotético ou análogo. A única exigência que se estabelece é a de que a remuneração seja equitativa[770] devendo, pois, a autoridade competente, na falta de acordo amigável, determiná-la em função de todos os interesses e objectivos em jogo – nomeadamente os que levaram à criação da própria licença.

5. No que se refere aos direitos conexos é a Convenção de Roma, de novo, o paradigma. Os artistas, intérpretes ou executantes terão, assim, direito – nos termos do art.º 7 n.º 2 – àquilo que for estabelecido pelas legislações nacionais dos países onde a protecção for requerida. Na lógica da própria Convenção os artistas não deverão, no entanto, aspirar a mais que uma remuneração equitativa pela retransmissão por cabo das suas interpretações ou execuções protegidas, que sejam objecto de radiodifusão – cfr., art.º 7 n.º 1, alínea a) da Convenção de Roma[771-772].

6. Também os produtores de fonogramas protegidos se encontram numa situação diminuída em caso de retransmissão. Na melhor das hipóteses[773], o produtor terá direito a uma remuneração equitativa por

---

cialmente, pela exibição em sala, pela venda e aluguer em vídeo e só, finalmente, pela transmissão televisiva.

[769] Cfr., supra, pág. 93.

[770] Além, evidentemente, do respeito pelo direito moral do autor.

[771] Não há, pois, lugar a um direito exclusivo já que a retransmissão não pode ser, por natureza, de uma prestação em directo.

Se nas difusões originárias não existe um direito exclusivo para as prestações que não sejam em directo, por maioria de razão não haverá lugar a tal direito em caso de retransmissão.

[772] E não haverá, sequer, lugar a qualquer direito se o artista consentir a inclusão da sua prestação numa obra cinematográfica – vide art.º 19 da Convenção de Roma.

[773] Dizemos na melhor das hipóteses porque entendendo, como fazemos, que a retransmissão por cabo é uma modalidade de retransmissão – vide art.º 3, alínea g) da

aplicação, directa ou analógica, do art.º 12 da Convenção de Roma, com os limites e excepções que decorrem, respectivamente, dos art.ᵒˢ 16, n.º 1 alínea a) e 15 do referido tratado.

7. Finalmente, os organismos de radiodifusão disporão de um direito exclusivo para a retransmissão das suas emissões por força do art.º 13, alínea a) da Convenção de Roma, regra que se deverá aplicar por analogia e que também está sujeita a eventuais excepções por força do art.º 15.

8. Também no que respeita à retransmissão por cabo, as legislações internas vão muito para além do quadro internacional. O próprio conceito de retransmissão é por vezes ampliado abrangendo-se a efectuada pelo organismo originário – vide na Alemanha, §20 da UrhG[774]. O radiodifusor primígeno só poderá, em tal caso, acautelar a sua posição através do direito dos contratos adquirindo, à partida, o próprio direito de retransmissão.

Na interpretação dos referidos contratos ganha especial relevo, no silêncio das partes, a já anteriormente referida "disposição funcional"[775] ("Zweckübertragungstheorie") – §31 alínea 5 da UrhG – segundo a qual as utilizações permitidas se determinam de acordo com o fim prosseguido pela concessão do direito em apreço[776]. Na ausência de cláusula

---

Convenção de Roma – ela não será englobada nem no conceito de radiodifusão, nem no conceito de comunicação ao público.

Admitimos, quanto muito, que, por analogia, ela possa ser assimilada a esta última, mas mesmo nesse caso é extremamente duvidoso (para não dizer incorrecto) afirmar que na retransmissão por cabo existe uma utilização directa do fonograma – requisito de aplicação do art.º 12 da Convenção de Roma.

Reconhecemos, no entanto, que a posição dominante vai no sentido de atribuir aos produtores, em caso de retransmissão por cabo, um direito de remuneração.

[774] É pelo menos essa a posição de SCHRICKER, "Urheberrrechtliche Probleme des Kabelrundfunks", cit., pág. 45.

O próprio autor reconhece que uma tal noção é contrária ao art.º 11-*bis* n.º 1, 2.º da Convenção de Berna.

[775] Como já se disse, expressão com que OLIVEIRA ASCENSÃO – "Direito de Autor e Direitos Conexos", cit., págs. 432 a 443 – a designou entre nós.

[776] Para os contratos mais antigos tem especial importância a alínea 4 do mesmo §31 da UrhG, segundo a qual são ineficazes as concessões feitas para tipos de aproveitamento ainda não conhecidos à época da celebração do contrato.

expressa só por interpretação do contrato se poderá, pois, verificar se a retransmissão foi ou não autorizada[777].

9. Por sua vez, os titulares de direitos conexos a quem são outorgados direitos exclusivos vêem os seus direitos abranger a retransmissão por cabo. Assim, voltando ao direito alemão, gozam de um direito exclusivo de retransmissão por cabo:

– O titular do direito conexo sobre as fotografias, de acordo com o §72 em conjugação com o §20 ambos da UrhG; os artistas intérpretes ou executantes, por força do §76 alíneas 1 e 2 da UrhG, desde que se utilizem para as emissões suportes de som e de imagem produzidos ilegalmente; os promotores das apresentações dos artistas, de acordo com o §81 em articulação com o §76 alínea 1 da UrhG; os organismos de radiodifusão cujas emissões são retransmitidas, por aplicação do §87 alínea 1 da UrhG; os produtores de filmes, através do §94 alínea 1 da UrhG; e os produtores de sequências de imagens ou de imagens e sons *ex vi* §95, em conjugação com o §94 alínea 1 ainda da UrhG.

Além disso, os titulares dos direitos clássicos da Convenção de Roma têm direitos de remuneração ou exclusivos em consonância com aquele tratado – vide §§76 alíneas 1 e 2, 86 e 87, todos da UrhG.

A opção por esta proliferação de direitos conexos parece-nos acarretar dificuldade acrescidas para a negociação em tempo útil dos direitos de retransmissão, só podendo ser atenuadas por uma eficaz gestão colectiva dos direitos em questão.

10. Como já foi referido, em passo anterior desta investigação, um dos problemas mais controvertidos que se coloca no que respeita à retransmissão por cabo prende-se com a fronteira que existe entre esta e equipamentos de recepção conjunta – antenas comunitárias ou colectivas.

A doutrina tem variado no modo como encara o problema, o mesmo se podendo dizer das legislações nacionais. Nas que admitem a relevância a nível de Direito de Autor destes equipamentos de recepção, as soluções

---

[777] Como salienta SCHRICKER, "Urheberrechtliche Probleme des Kabelrundflunks", cit., pág. 45.

consagradas partem de critérios quantitativos e vão desde os vinte cinco participantes (Dinamarca) até aos quinhentos (Áustria)[778].

A nossa posição quanto a esta questão já foi dilucidada a propósito do art.º 11-*bis*[779] e não sofre alteração nem quanto aos fundamentos, nem quanto ao sentido. Há, pois, unicamente, que reafirmá-la: todos estes critérios quantitativos são de rejeitar por falta de rigor científico e a recepção, realizada individualmente ou através de antenas comunitárias ou colectivas, não se confunde com qualquer acto de radiodifusão, sendo, consequentemente livre. Aqueles que assim não entendem oneram um único acto de exploração – a radiodifusão, no caso vertente – com um duplo pagamento, confundindo o uso de um mero mecanismo passivo de recepção com uma nova utilização da obra[780].

Podemos, por isso, acompanhar ULMER quando afirma que: "A retransmissão da emissão por equipamentos de antenas conjuntas, simples ou ampliadas, não é emissão, mas sim, apenas um meio auxiliar para a recepção"[781]. Mas já nos afastamos dele quando, de seguida, entende que: "A retransmissão através de equipamentos de antenas centrais, especialmente uma retransmissão que abrange inteiras áreas, cidades ou regiões, pelo contrário, carece do consentimento dos autores"[782].

De facto, volta-se a sublinhar, o problema não é de ordem quantitativa. O que se deve questionar é se tais equipamentos de recepção procedem ou não a um novo acto de radiodifusão – se fazem ou não uma nova potenciação do programa recebido.

Se o sistema é meramente receptor, então é irrelevante se abastece, dez, mil, ou milhões de pessoas – não há nova utilização da obra, não há necessidade de nova autorização e de novo pagamento.

Note-se que, muitas vezes, nas situações das já referidas "zonas de sombra" – v.g., as que resultam de razões geográficas, ou proibição de antenas – grandes redes de recepção por cabo terão de ser instaladas, mas

---

[778] Cfr., supra, pág. 76.
No que toca aos modelos doutrinários a variação é ainda maior e flutua entre as vinte e cinco e dez mil ligações ...

[779] Cfr., supra, págs. 76 a 78.

[780] Não se pode afirmar que a recepção é livre – o que é verdade – e depois construir teses que sujeitam certos tipos de recepção (e é só disto que se trata) aos diversos direitos exclusivos.

[781] A própria concepção de público ampliado de que ULMER parte para que exista radiodifusão não pode deixar, também, de levar a idêntica conclusão.

[782] ULMER, "Urheber – und Verlagsrecht", 3ª ed., cit., pág. 259.

nem por isso se pode falar de novo acto de radiodifusão, se o seu único objectivo for o de proporcionar uma recepção – doutro modo impossível ou em condições técnicas inaceitáveis.

Por tudo o que fica dito, mantemos, assim imutável a posição que começámos por sustentar aquando da análise do art.° 11-*bis* da Convenção de Berna[783] – tudo o que caia no âmbito da recepção escapa, por definição, ao direito de radiodifusão.

SECÇÃO VI
A RETRANSMISSÃO POR CABO
NA "ZONA DE RECEPÇÃO DIRECTA"
NA "ZONA DE SERVIÇO" E NAS "ZONAS DE SOMBRA"

1. A análise que anteriormente realizámos sobre o art.° 11-*bis* da Convenção de Berna também nos facilitará a tarefa de enquadramento das diversas legislações nacionais.

2. Já se disse que por "zona de recepção directa" (o que outros chamam "âmbito de abastecimento") se entende a área geográfica na qual uma emissão terrestre sem fio (ou por satélite directo) pode ser captada por qualquer pessoa que tenha uma antena normal, que possa ser adquirida usualmente no comércio[784]. Segundo os defensores da tese da "zona de recepção directa", nessa área a retransmissão por cabo seria livre e, portanto, isenta de qualquer pretensão, a título de Direito de Autor[785-786].

---

[783] Para maiores desenvolvimentos sobre o problema e síntese das dissensões que o mesmo gerou, legislativa, doutrinária e jurisprudencialmente, veja-se SCHRICKER, "Urheberrechtliche Probleme des Kabelrundfunks", cit., págs. 46 a 54 e ULMER, "Urheber-und Verlagsrecht", 3.ª edição, cit., págs. 257 a 260.

[784] Cfr., supra, pág. 69.

[785] A teoria da "zona de serviço" é, como já se explicou (cfr., supra, pág. 70), um desenvolvimento e actualização da teoria da "zona de recepção directa" pelo que se lhe aplica, com as devidas adaptações, o que fica dito sobre a "zona de recepção directa".

[786] O que fica dito na nota anterior – e foi anteriormente sustentado – não significa que os dois conceitos se confundam.

A "zona de serviço", por alguns designada "zona de cobertura" (der Versorgungsbereich – na expressão da doutrina alemã), é aquela a que se destina a emissão radiofónica originária.

Ela representa, no que concerne à licença de emissão, a zona que o radiodifusor está, legalmente, obrigado a cobrir com as suas difusões. Esta zona pode ser espacialmente

Recordemos em breves traços os argumentos que, em tese geral, são aduzidos a favor e contra a relevância das diferentes "zonas".

3. Os defensores da isenção de direito de autor nos referidos territórios apoiam-se em três argumentos base:

- O de que, ao autorizar a radiodifusão da sua obra, o autor[787] consente que ela seja transmitida em toda a zona onde a emissão possa ser recebida, sem cuidar de saber se o programa chega aos receptores através de ondas hertzianas ou por cabo;
- O de que, no contrato celebrado com o organismo de radiodifusão, se presume que o autor autorizou todas as formas de recepção no interior do território ao qual o contrato é aplicável, recebendo em contrapartida o montante acordado;
- O argumento da dupla remuneração, ou seja, o de que seria injusto remunerar duas vezes os autores pela utilização das suas obras numa só e mesma zona de recepção – uma pela emissão radiodifundida e outra pela distribuição por cabo dessa emissão.

---

variável (países, regiões, ou conjunto delimitado de províncias que, pela sua natureza – linguística ou outra – devam ser abarcados).

A dita "zona de serviço" é, como se explicitou, um desenvolvimento da "zona de recepção directa" (der Direktemfangsbereich). Esta última tem um sentido mais amplo já que abrange todo o território onde possa captar-se a emissão do radiodifusor primígeno com um aparelho receptor de qualidade técnica normal. O alcance da "zona de recepção directa" é variável e depende de múltiplos factores, como a configuração técnica da parte emissora (v.g., altura da antena emissora, alcance de difusão) e receptora (v.g., sensibilidade do aparelho ou da antena receptora), condições técnicas (v.g., distância entre emissor e receptor) e meteorológicas durante a fase de transmissão.

É, por conseguinte, um espaço geográfico difícil de precisar com exactidão.

O exposto não obsta a que a "zona de serviço" não seja ela própria fluida, já que a transmissão a ela dirigida ultrapassará, na esmagadora maioria dos casos (para não dizer em todos), o território a que a licença de emissão outorgada se refere.

A demarcação mais precisa que a "zona de serviço" permite relativamente à "zona de recepção directa" e enquanto desenvolvimento desta não afasta, por isso, os problemas de delimitação espacial existentes.

[787] É normalmente em sede de direito de autor que os argumentos são apresentados, o que não significa que não possam ser facilmente transpostos para o âmbito dos direitos conexos.

Em apoio desta tese foi salientado que do ponto de vista da remuneração dos autores não existe qualquer diferença entre os destinatários receberem as emissões através de postos receptores vulgares ou por cabo.

4. Como se sabe é vasto o leque de argumentos contra as teorias de relevância das zonas de recepção directa, de serviço e de sombra.

O primeiro é o que resulta de não se poder distinguir com exactidão onde começam e acabam as referidas "zonas", com a consequente dificuldade de determinação das regras a aplicar. Acrescenta-se que o direito de autor confere ao seu titular o direito exclusivo de autorizar ou proibir, separadamente, cada acto distinto de comunicação pública. Ao direito de autor é estranha a demarcação de zonas de recepção – só interessa é se existe ou não um novo aproveitamento. Ao autor é, portanto, reconhecido um direito por cada modo distinto de utilização.

O mesmo princípio da autonomia não permite que se admita que a autorização dada a um organismo de radiodifusão para difundir lhe faculte automaticamente o direito de autorizar terceiros a efectuar uma distribuição por cabo em certa zona. Dito de outro modo, salvo estipulação contratual em contrário, o direito de radiodifusão cedido ao radiodifusor originário não lhe confere direito a outorgar licenças de distribuição por cabo a terceiros. A utilização pelo autor do seu direito de radiodifusão não significa, pois, qualquer renúncia ao direito de retransmitir por cabo.

A tudo isto acresce, como já se viu, que a Convenção de Berna não faz qualquer referência a "zonas" nem consagrou as teses do "novo público".

Do exposto resulta que também a teoria da dupla remuneração carece de base. Radiodifundir é um acto de exploração, distribuir por cabo através de um outro organismo é um acto distinto. O contrato de cedência de direitos pode até prever o montante de remuneração a atribuir a um e a outro no caso do radiodifusor originário adquirir ambos à partida.

5. Nas legislações internas é também esta a posição dominante.

No direito alemão, a fundamentação oficial do §20 da UrhG manifesta-se expressamente contra a aceitação de tal teoria:

"Não foram levantadas quaisquer objecções à concessão ao autor de um direito exclusivo para a emissão da sua obra, também no caso em que na transmissão por cabo o difusor recebe o programa do emissor radiofónico e o torna acessível, apenas, a pessoas que, simultaneamente, são participantes da radiodifusão, ou seja, a emissão por cabo serve, apenas, para proporcionar uma recepção radiofónica tecnicamente melhorada e não se destina a nenhum novo âmbito de ouvintes.

A proposta não adere à sugestão de restringir, neste caso, o direito de emissão do autor. Uma tal restrição do direito de emissão não seria conciliável com o art.° 11-*bis* n.º 1, 2.º da Redacção de Bruxelas da Convenção de Berna. De facto, a Convenção de Berna vincula o legislador alemão apenas em relação aos autores estrangeiros que pertencem à União. No entanto, não parece justificável colocar aqui o autor alemão, cuja protecção jurídica noutros casos está equiparada à da Convenção de Berna, numa situação desvantajosa"[788].

6. Já anteriormente sustentámos a nossa adesão a idêntica tese. Isto apesar de a situação internacional não ser pacífica. Se é certo que a grande maioria das legislações vai no sentido da opção alemã, o já referido §17, alínea 3 da Lei austríaca de 1980 e a Sec. 52 (3-5) da lei irlandesa de 1963, são exemplos de sinal contrário.

Na doutrina, no entanto, recusa-se, hoje em dia, quase unanimemente esta isenção nas zonas de recepção directa de serviço, ou de sombra, considerando-se que o seu âmbito, face à dependência das concretas condições de recepção e ao desenvolvimento tecnológico, é algo de extremamente fluido e inseguro. A isto se tem oposto que a área poderia ser demarcada pela própria intenção de abastecimento do radiodifusor, mas o argumento não tem tido apoio significativo.

Pode-se, por isso, dizer que as teorias das zonas de recepção directa, de serviço ou de sombra têm vindo gradualmente a perder apoio, apesar de não terem sido abandonadas.

7. Não alterámos a nossa posição de base acerca da admissibilidade das teses em análise e não podemos deixar de concordar com as críticas que lhes são feitas. Continua, contudo, a chocar-nos que emissões[789] que se destinem às chamadas "zonas de sombra" não mereçam um tratamento diferenciado relativamente aos restantes tipos de retransmissão.

---

[788] Citado por SCHRICKER, "Urheberrechtliche Probleme des Kabelrundfunks", cit., págs. 55 e 56.

[789] Referimo-nos sempre a emissões por cabo e não a meras redes de recepção ligadas a antenas comunitárias.

Anteriormente, face ao teor do art.º 11-*bis*, propusemos como solução a consagração de uma licença legal ou compulsória como forma de ultrapassar o problema[790]. Agora pensamos poder ir um pouco mais longe. A retransmissão por cabo nas referidas "zonas de sombra" tem, no fundo, função idêntica à da recepção. Dever-lhe-ia, por isso, ser equiparada – ao menos nos casos de actividade não lucrativa do distribuidor.

Restar-nos-ia o problema da compatibilidade desta solução com o texto do art.º 11-*bis*, que poderia ser encontrado por uma nova interpretação do n.º 1, 2.º do artigo, segundo a qual se o radiodifusor por cabo substituir através da sua rede os equipamentos de emissão do organismo originário que são inúteis na "zona de sombra", então ele não deverá ser considerado, para esse efeito, como "outro organismo que não o de origem", mas sim um sucedâneo equivalente ao próprio radiodifusor primário.

Uma segunda hipótese consistirá em considerar, na sequência do que ULMER admitiu, como meramente exemplificativo o elenco das "pequenas reservas" ("petites réserves")[791]. Nesse caso, poder-se-ia incluir a retransmissão por cabo para as "zonas de sombra" como uma das excepções, não escritas, aos direitos exclusivos outorgados pela Convenção.

Nova interpretação do art.º 11-*bis* n.º 1, 2.º, "pequenas reservas" ou, ao menos, estabelecimento de uma licença legal ou compulsória, tais são os meios que se configuram de modo a impedir uma situação de clara injustiça: a impossibilidade de recepção nas "zonas de sombra" com o consequente tratamento desigual entre membros de um mesmo público[792,793].

---

[790] Cfr., supra, pág. 75.

[791] ULMER, "Die Entscheidungen zur Kabelübertragung von Rundfunksendungen Urheberrechther Grundsätze", in GRUR, Int., 1981, págs. 372 a 378.

O autor acaba, contudo, por recusar a admissibilidade dessa extensão.

[792] Relativamente às "zonas de sombra" anote-se ainda a diferença entre retransmissão com base em emissões terrestres e em difusões por satélite directos.

Estas últimas podem obviar a muitas causas geradoras das ditas "zonas de sombra" – nomeadamente aquelas que se fundam em razões geográficas (montanhas, "arranha-céus", etc.) e climatéricas.

Face à concepção ampla, a que aderimos, do conceito de "zonas de sombra" os problemas equacionados mantêm-se para outras situações, sendo a mais marcante a proibição de antenas.

[793] Considerando ilícita a transmissão para as "zonas de sombra", veja-se RICARDO ANTEQUERA PARILLI, "Derecho de Autor", pág. 581. O autor dedica o capítulo XXI, do tomo II da sua obra às transmissões por satélite e à televisão por cabo (págs. 567 a

SECÇÃO VII
A RADIODIFUSÃO POR CABO DE PROGRAMAS ENVIADOS POR SATÉLITES DE RADIODIFUSÃO INDIRECTA

1. O título desta secção é significativo do entendimento que temos deste modo de radiodifusão, do qual demos conta em momento anterior[794]. Já então demonstrámos que a emissão de sinais para um satélite ponto a ponto ou de distribuição e posterior envio dos mesmos para uma estação terrestre não era uma radiodifusão para o Direito de Autor. Só a transmissão efectuada a partir desta última e destinada ao público configura um tal acto de aproveitamento. Na sequência da análise realizada criticámos a chamada "teoria da injecção" e as legislações que a consagram[795] e constatámos a sua inadmissibilidade em face do texto da Convenção de Berna.

2. A maioria das legislações nacionais vai ao encontro da posição que entendemos ser a mais correcta. Assim, na lei alemã, também só esta difusão por cabo feita pelo emissor de mediação é abrangida pelo direito de emissão, de acordo com os §§15 alínea 2, n.º 2 e 20 da UrhG. Não existe, por conseguinte, no direito alemão, qualquer "direito de injecção" e a doutrina pronuncia-se, de forma quase unânime[796], no sentido de que as transmissões para os satélites de radiodifusão indirecta não constituem emissão em sentido jurídico[797].

---

601). Depois de uma descrição destas modalidades de radiodifusão e da realizada nas "superautoestradas da informação", conclui com uma análise do direito do seu país – a Venezuela.

ANTEQUERA PARILLI retoma o tema, no mesmo registo mas com menores desenvolvimentos, no seu "Manual para la enseñanza virtual del Derecho de Autor y los Derechos Conexos", obra que preparou para a realização de cursos de formação através da Internet – vide Tomo I, Unidad 8, págs. 273 a 290.

[794] Cfr., supra, pág. 171 e seguintes.
[795] Concretamente a francesa e a espanhola.
[796] Por todos, ULMER, "Urheber – und Verlagsrecht", 3ª ed., cit., pág. 262; von UNGERN-STERNBERG, "Die Rechte der Urheber an Rundfunk – und Drahtfunkendungen", cit., págs. 142 e 153 e SCHRICKER, "Urheberrechtliche Probleme des Kabelrundfunks", cit., págs. 91 e 92.
[797] Isto apesar da proposta de ULMER, a que já aludimos, no sentido de submeter os dois organismos – o que emite para o satélite e o distribuidor por cabo – a uma responsabilidade solidária – cfr., supra, págs. 173 e 174.

3. A relevância desta conclusão é evidente, ao contrário do que pode parecer numa abordagem mais precipitada. Na verdade, poderia pensar-se que a difusão por cabo a partir de um programa transmitido por satélite de radiodifusão indirecta estaria abarcada pelo art.º 11-*bis* n.º 1, 2.º da Convenção de Berna[798], isto é, seria uma retransmissão ou uma nova transmissão. Mas não é assim. Quer a retransmissão, quer a nova transmissão, pressupõem uma radiodifusão originária em sentido técnico-jurídico, ou seja, uma emissão primária já dirigida ao público. Não existindo esta não podem ocorrer as utilizações ulteriores.

Isto implica que as transmissões por cabo com base em programas enviados por satélite de radiodifusão indirecta, a que vimos a aludir, escapam ao âmbito do art.º 11-*bis* n.º 1, 2.º da Convenção de Berna e às normas dos vários direitos internos que regulam as referidas formas de aproveitamento secundário.

Os que pretendem que a difusão por fio está regulada de modo disperso por vários preceitos da Convenção de Berna têm, assim, de se conformar em subsumir as ditas transmissões por cabo às regras dos art.ºs 11, 11-*ter*, 14 e 14-*bis* que lhe seriam, pretensamente, aplicáveis.

Mais uma vez se comprova o absurdo de uma tal interpretação, que levaria à aplicação de normas e regimes distintos por razões meramente técnicas – as utilizações efectuadas por cabo cairiam no escopo dos artigos referidos, as realizadas sem fio seriam abarcadas pelo art.º 11-*bis*.

Como anteriormente se demonstrou[799] e agora se reafirma um tal entendimento não pode ser acolhido. O art.º 11-*bis* esgota tudo o que a Convenção de Berna regula em matéria de radiodifusão. Deste modo, tal como acontece com a radiodifusão por cabo primária, as difusões por fio com base num programa enviado por satélite de radiodifusão indirecta, não se encontram abrangidas pelos preceitos convencionais. Só as efectuadas sem fio o estão, por força do art.º 11-*bis* n.º 1, n.º 1 – como radiodifusão em sentido próprio que são.

Em termos de Direito de Autor, apenas a radiodifusão, enquanto comunicação pública, é relevante. Tudo se passa, por conseguinte, como se de uma emissão primária se tratasse. Só a partir da emissão para o público existe um acto de aproveitamento sujeito ao direito exclusivo dos autores. Os actos que antecederam essa difusão – como, por exemplo, a gravação do programa num suporte material que é entregue, poste-

---

[798] Desde que reunidos os restantes requisitos do preceito.
[799] Cfr., supra, págs. 113 a 119.

riormente, ao organismo emitente ou o envio, através de satélite de radiodifusão indirecta, de sinais portadores do mesmo programa, como o que nos ocupa no caso vertente – não merecem tutela ao abrigo do direito de radiodifusão[800].

Nos direitos nacionais são, por conseguinte, as normas aplicáveis à radiodifusão originária que se aplicam à distribuição por cabo de programas recebidos através de satélites ponto a ponto ou de distribuição. Relativamente a tal difusão não há lugar a falar em retransmissão ou nova transmissão, nem ao recurso às regras jurídicas que regulam estas[801].

SECÇÃO VIII
TRANSMISSÕES POR CABO MODIFICADAS

1. A retransmissão não esgota, como já se disse, o leque de possibilidades de uma radiodifusão ulterior. Uma das variantes possíveis é a difusão simultânea do programa encurtado ou alterado de outro modo. Exemplos de tais casos são a transmissão parcelar do programa, mas também a conexão de partes dele com programas próprios do distribuidor por cabo ou de outro organismo de radiodifusão.

2. São três os problemas que se colocam em face deste tipo de transmissões.

O primeiro é o de saber se a distribuição por cabo de programas constituídos por obras literárias e artísticas pode ser modificada sem o consentimento dos respectivos titulares de direitos de autor e conexos. São diversas as hipóteses que se podem analisar. Escapam, naturalmente, aquelas em que todas as obras e prestações são alteradas. Trata-se sobretudo de situações em que uma emissão é utilizada em segundo plano para um programa próprio por cabo, ou o caso em que um texto próprio ou um fundo musical escolhidos são apresentados em dobragem da emissão. Podem-se ainda configurar hipóteses de comentários em directo a um evento desportivo ou cultural (v.g., uma ópera), de interrupção para

---

[800] O que não significa que não estejam sujeitos a outros direitos.

É o caso da primeira hipótese configurada – gravação num suporte material – que estaria sujeita ao direito de fixação ou ao direito de reprodução.

[801] Salvo disposição em contrário que distorça o sentido jurídico dos conceitos.

apresentação de publicidade e de dobragem ou legendagem na língua do país onde ocorre a emissão por fio. Pode-se chegar ao caso extremo em que o programa emitido por cabo é constituído por uma miscelânea de programas transmitidos por vários difusores. Há que perguntar: estaremos em tais situações perante uma retransmissão ou uma distribuição por cabo originária?

3. Mais uma vez o critério básico porque optámos se mostra operativo. Tudo tem de ser aferido em função dos elementos do programa em questão. As obras, prestações ou execuções, fonogramas ou outros elementos coerentes do programa mantêm natural necessidade de integridade. Isto não significa que alterações menores dos programas – como a ocultação de publicidade ou de breves trechos das emissões difundidas – mereçam tratamento tal que consubstanciem uma alteração de cada um dos elementos do programa. Tudo isto tem de ser visto com a devida ponderação. Se as breves intromissões não alteram a sequência de apresentação das obras ou prestações em causa, então não há que falar em violação do princípio da integridade[802].

4. O que fica dito é-nos confirmado pelo direito alemão. O §39, alínea 1 da UrhG determina que, salvo disposição em contrário, o titular de um direito de utilização não está autorizado a modificar a obra, o seu título ou a designação do seu autor. Nos termos da alínea 2 do mesmo §39, modificações da obra ou do seu título são, contudo, consentidas nos casos em que, de boa fé, o autor não possa recusar o seu consentimento. O §39 da UrhG deve ser conjugado com o §14 da mesma lei que salvaguarda os direitos pessoais do autor – que têm por base o art.º 6-*bis* da Convenção de Berna[803]. A doutrina alemã interpreta, contudo, a alínea 2 do §39 em sentido restrito – só pequenas alterações são permitidas de acordo com os

---

[802] O mesmo se diga em caso de aplicação do art.º 17 da Convenção de Berna, que não pode deixar de ser compaginado com o art.º 6-*bis* do mesmo tratado.

[803] Preceitos idênticos e com o mesmo fundamento – art.º 6-*bis* da Convenção de Berna – valem para as fotografias (§72 alínea 1), para os artistas intérpretes ou executantes (§83), para o produtor de obras cinematográficas (§94 alínea 1, 2.ª frase) e para o produtor de imagens estáticas (§95).

Nas obras cinematográficas a protecção do autor e dos titulares de direitos está reduzida a "deformações grosseiras e outros prejuízos grosseiros das suas obras ou prestações" (§93).

ditames da boa fé[804]. Apenas essas pequenas alterações, nomeadamente de natureza técnica, são admissíveis[805].

Em síntese, pode-se afirmar que não são toleradas modificações de obras ou prestações sem autorização dos titulares dos direitos em causa que interfiram com a sua integridade – entendida, como já vimos, com o equilíbrio que resulta do natural entendimento de onde começa e acaba uma obra ou prestação.

5. Reafirma-se, pois, o princípio geral: nada impede que da difusão por cabo sejam excluídas certas obras singulares que fazem parte do programa. O que não é permitido é a alteração de cada obra (ou prestação) individualmente considerada, por as mesmas configurarem uma violação do princípio da integridade. Se a mesma ocorrer estaremos perante partes próprias do programa, retransmissão de outras ou difusão diferida de partes de programa alheio, com o consequente regime diferenciado a ser aplicável a cada uma delas.

6. Isto nos liga à segunda questão: a protecção da programação far-se-á na globalidade devendo-se considerá-la uma compilação?

O art.º 2 n.º 5 da Convenção de Berna protege "as compilações de obras literárias e artísticas que ... pela escolha ou disposição das matérias, constituem criações intelectuais". Na sua esteira vão as legislações nacionais – como a alemã (§4 da UrhG) ou a portuguesa (art.º 3 n.º 1, alínea b) do CDADC). A situação é hoje ainda mais abrangente. A Directiva do Parlamento Europeu e do Conselho de 11 de Março de 1996 – relativa à protecção jurídica das bases de dados (96/9/CE), ultrapassa, em muito, o texto de Berna. De acordo com o n.º 2 do seu art.º 1.º "...entende-se por "base de dados", uma colectânea de obras, dados ou outros elementos independentes, dispostos de modo sistemático ou metódico e susceptíveis de acesso individual por meios electrónicos ou outros". É outro excesso incompreensível. Praticamente tudo é base de dados. A própria biblioteca individual de cada um de nós pode ser abrangida pela definição[806].

---

[804] Por todos, BAPPERT/MAUNZ/SCHRICKER, "Verlagsrecht" 2.ª edição, 1984, §13 da VerlG/§39 da UrhG, nota 11, págs. 340 e 341 e SCHRICKER, "Urheberrechtliche Probleme des Kabelrundfunks", cit., págs. 78 e 79.

[805] Ibid., §13 VerlG/§39 UrhG, nota 7, pág. 338 e pág. 79, respectivamente.

[806] Acrescente-se que, não se contentando com a criação de um direito de autor para as bases de dados criativas, a directiva sujeita todas as bases de dados, criativas e não

Não é, contudo, a "directiva base de dados" o objecto da nossa investigação. O que nos interessa neste momento saber é se a programação pode ser considerada uma compilação ou mesmo uma base de dados com a inerente tutela jurídica. Se assim fosse estaria excluída qualquer alteração da mesma sem autorização do(s) seu(s) autor(es). A resposta à questão enunciada deve ser negativa – não estamos perante qualquer compilação ou base de dados. A sequência da programação não revela uma prestação intelectual pessoal[807]. A protecção a nível de Direito de Autor pressupõe uma individualidade intelectual que representa algo mais do que a mera adição de programas, ainda que estes sejam constituídos por obras protegidas.

A programação global de um radiodifusor não satisfaz estas exigências. O seu valor literário-artístico não é mais do que o somatório do valor das obras que eventualmente a constituam.

Volta-se a repetir, o princípio da integralidade relaciona-se, portanto, unicamente, com cada uma das obras transmitidas e não com toda a programação. A prova de que assim é encontra-se no facto de que, quer a Convenção de Berna, quer as legislações nacionais, não tratarem a radiodifusão como uma compilação, mas sim como uma realidade autónoma e dos esforços dos radiodifusores, concretizados na Convenção de Roma, para verem consagrado a nível internacional um direito conexo a seu favor – reconhecendo, implicitamente, que não gozavam de outro tipo de direito.

Não existe, pois, qualquer protecção das programações como compilações ou bases de dados[808].

7. O terceiro e último problema que temos de enfrentar, relativamente às transmissões por cabo que temos vindo a analisar, é o de saber se o direito conexo dos radiodifusores impede o encurtamento ou outro tipo de alteração do programa.

A questão não oferece grandes dúvidas: a resposta é negativa.

---

criativas, a um direito *sui generis* a favor do seu fabricante, cujo objectivo, confessado, é compensar o investimento realizado – cfr., art.os 7 a 11 da directiva base de dados.

[807] E ainda que revelasse os autores seriam os funcionários do organismo de radiodifusão que a estabelecem.

[808] No mesmo sentido se pronuncia SCHRICKER, "Urheberrechttliche Probleme des Kabelrundfunks", cit. págs. 79 a 81.

De facto, a admitir-se um tal direito isso significaria a consagração de um verdadeiro direito pessoal dos organismos de radiodifusão, contraditório com a sua própria natureza.

Por isso, na lei alemã tão propensa, como vimos, a atribuir faculdades pessoais, o §87 – contrariamente ao que acontece com outros direitos conexos – não prevê nenhum direito de proibir a modificação ou deformação da emissão.

É aliás, essa a solução universalmente aceite – desde a Convenção de Roma até às legislações nacionais.

8. A título de resumo podemos dizer que:

- Por princípio as obras transmitidas não podem ser alteradas ou modificadas;
- Este princípio deve, no entanto, ser entendido *cum grano salis*, dado que situações inerentes à própria transmissão – nomeadamente de ordem técnica – podem levar à sua derrogação;
- A programação global não é tutelada como compilação ou base de dados;
- O direito conexo dos organismos de radiodifusão não lhes permite impedir o encurtamento ou outras alterações das suas emissões.

SECÇÃO IX
A TRANSMISSÃO DIFERIDA

1. A transmissão ulterior pode ser simultânea mas pode, também, ser temporalmente deslocada – é a emissão diferida ou nova transmissão. A sua efectivação pressupõe uma gravação do programa a emitir. Ambos os actos – transmissão e reprodução – são relevantes a nível de Direito de Autor.

2. Regressando à Convenção de Berna, a reprodução está sujeita a consentimento do autor, nos termos do art.º 9. As gravações para transmissões diferidas feitas por um outro organismo que não o originário carecem também de autorização do autor. Só podem escapar a este regime de dupla autorização – para reproduzir e radiodifundir – as gravações efémeras que um organismo de radiodifusão realize pelos seus próprios meios e para as suas próprias emissões, como resulta do art.º 11-*bis* n.º 3 da Convenção de Berna.

Por força deste último preceito, compete às legislações nacionais a determinação do regime destas gravações efémeras. Só na estrita medida em que os direitos internos acolham esta possibilidade que o art.º 11-*bis* n.º 3 lhes abre será possível excepcionar o direito exclusivo de reprodução.

Um aspecto ressalta, contudo de imediato: o regime específico destas gravações só se pode referir àquelas que são próprias[809]. Isto significa que o art.º 11-*bis* n.º 3 e as diversas legislações que o sigam não serão aplicáveis às gravações diferidas feitas por outro organismo: essas necessitarão sempre de autorização do autor[810].

3. O regime é distinto na Convenção de Roma no que toca aos direitos dos artistas intérpretes ou executantes.

O art.º 7 n.º 2, (1) e (2) remete para os Estados contratantes o regime a estabelecer quanto à fixação para fins de radiodifusão e à reprodução dessa fixação para fins de radiodifusão. Mas não deixa de haver uma aproximação ao texto de Berna quando o art.º 15 n.º 1, alínea c) reserva às legislações nacionais a possibilidade de prever excepções à protecção concedida convencionalmente no caso de fixações efémeras realizadas por organismos de radiodifusão, pelos seus próprios meios e para as suas próprias emissões[811-812].

4. As legislações nacionais fazem uso das prerrogativas que os instrumentos internacionais lhes facultam. Assim, no direito alemão, o §16 da UrhG consagra genericamente o direito de reprodução do autor

---

[809] Como, entre outros, salientam NORDEMANN/VINCK/HERTIN, "Internationales Urheberrecht Kommentar", cit., art.º 11-*bis* da Convenção de Berna, nota 9, págs. 97 e 98.

[810] A menos que haja estipulação em contrário.

[811] Tais excepções reflectir-se-ão não só nos direitos dos artistas – art.º 7 n.º 2, (1) e (2) – mas também nos dos produtores de fonogramas (art.º 10) e dos organismos de radiodifusão (art.º 13 alíneas b) e c)).

[812] SCHRICKER – "Urheberrechtliche Probleme des Kabelrundfunks", cit., págs. 83, 84 e 85 – faz notar que "emissão" e "empresa de emissão" significam em Berna e Roma actividades de radiodifusão sem fio, pelo que a distribuição por cabo escaparia até às normas dos referidos convénios.

É verdade que só a radiodifusão sem fio é abarcada nos dois tratados, mas fiéis ao princípio de que os dois tipos de transmissão devem ser equiparados entendemos que as normas em apreço deverão ser aplicáveis, por analogia, à distribuição diferida por cabo.

(Vervielfältigungsrecht), que abrange, portanto, as cópias de programas. O §55 da mesma lei concede, no entanto, ao organismo de radiodifusão titular do direito de emissão a faculdade de proceder a uma gravação efémera pelos seus próprios meios. Esses suportes sonoros ou visuais poderão ser utilizados apenas uma única vez através de cada uma das suas estações emissoras ou dos seus feixes dirigidos – vide 55 alínea 1, 1.ª frase da UrhG. A 2.ª frase da mesma alínea 1 concretiza para o direito alemão o conceito de gravações efémeras estabelecendo que as mesmas devem ser inutilizadas o mais tardar um mês depois da primeira difusão da obra[813]-[814].

5. Também entre nós o legislador seguiu idêntico caminho. Consagra globalmente o direito de reprodução – art.º 68 n.º 2 alíneas c) e d) do CDADC. Retoma, porém, o art.º 11-*bis* n.º 3 da Convenção de Berna, permitindo aos organismos de radiodifusão a fixação unicamente para uso das suas estações emissoras, em caso de difusão diferida (art.º 152 n.º 2). O prazo para estas fixações serem destruídas é de três meses – presume-se que a partir da própria fixação (art.º 152 n.º 3)[815] – salvo se as gravações oferecem interesse excepcional de documentação. Nesta última hipótese poderão ser conservadas em arquivos oficiais (art.º 152 n.º 4).

6. Perante normas como o §55 da UrhG e o art.º 152 do CDADC, o que tem de se questionar é se, ao abrigo delas, os distribuidores por cabo secundários podem efectuar as referidas gravações de emissões de outros organismos.

Partindo da primeira daquelas, SCHRICKER entende que a fundamentação oficial do §55 da UrhG impede a realização de tais cópias, já que o preceito se refere apenas aos casos em que o organismo emissor não pode emitir directamente e ao vivo um programa por ele produzido. Estaria, assim, afastada a possibilidade de gravação efémera por parte de outros organismos, nomeadamente, por parte de distribuidores por cabo

---

[813] Salvo se tiverem um valor documental excepcional – vide alínea 2 do mesmo §55 da UrhG.

[814] Sobre este §55, vide ULMER, "Urheber- und Verlagsrecht", 3.ª edição, cit., pág. 255.

[815] Nesse período não podem ser transmitidas mais de três vezes e o autor gozará de um direito de remuneração.

não originários[816]. É também esta a solução defendida pelos principais comentadores[817].

7. Opção equivalente deve prevalecer em todos os países – como o nosso – em que as normas internas tenham como fundamento o art.º 11--bis n.º 3 da Convenção de Berna. A interpretação dessas disposições tem de ser feita à luz deste mesmo preceito – as gravações a realizar devem ser efectuadas pelo organismo titular do direito de radiodifusão, "pelos seus próprios meios e para as suas emissões".

8. A necessidade de autorização para uma gravação de modo a permitir uma transmissão diferida não tem, contudo, significado relevante, já que os distribuidores por cabo não deixarão de acautelar a sua posição contratualmente. Se acordarem uma transmissão subsequente não deixarão de negociar também a necessária fixação ou reprodução que a permita.

O problema será, todavia, distinto nos países em cuja legislação se contemple a possibilidade de efectuar gravações efémeras mas em que se tenha estabelecido uma licença legal ou compulsória no que respeita às transmissões diferidas. Nesse caso ganhará de novo relevo particular a impossibilidade apontada de as realizar por parte dos distribuidores por cabo[818].

9. Também no regime dos direitos conexos as fixações efémeras merecem tratamento específico[819]. Quer por remissão – como acontece no direito alemão, onde os §§72, 84, 85 alínea 3, 87 alínea 3 e 94 alínea 4 que mandam aplicar *mutatis mutandis* as regras da primeira parte da UrhG (Direito de Autor) e consequentemente o §55 – quer por normas que se lhe apliquem directamente – como é o caso do art.º 189 n.º 1, alínea d) do CDADC.

Esta é uma norma que deve ser interpretada com extremo cuidado.

Será que estas fixações efémeras se confundem com as fixações que visam a radiodifusão e que outorgam ao artista uma remuneração

---

[816] SCHRICKER "Urheberrrechtliche Probleme des Kabelrundfunks", cit., pág. 83.

[817] Por todos, FROMM/NORDMANN, "Urheberrecht Kommentar", 8.ª edição, §55, págs. 408 a 410.

[818] Como salientam NORDEMANN/VINCK/HERTIN, "International Urheberrecht Kommentar", cit., art.º 11-*bis* da Convenção de Berna, nota 9, págs. 97 e 98.

[819] Bem como as reproduções.

suplementar em caso de transmissão diferida (art.° 178 n.º 1 e 2, alínea a) do CDADC)?

A resposta deve ser negativa: a fixação efémera de que trata o art.° 189 n.º 1, alínea d) é a mesma a que se refere o art.° 187 n.º 1, alínea c), relativa aos direitos dos organismos de radiodifusão, ambos do CDADC. São, portanto, fixações dos organismos de radiodifusão efectuadas pelos seus próprios meios e para as suas próprias emissões no sentido do art.° 15 n.º 1, alínea c) da Convenção de Roma. Outorgado o direito de radiodifusão, o organismo que o detenha é livre de fazer a fixação efémera que lhe propicie a posterior transmissão.

Fica, assim, dilucidado o problema: se o artista consente a radiodifusão, permite a fixação para tal efeito (art.° 179 n.º 1 do CDADC). Se não estiverem previstas inicialmente as transmissões diferidas que tenham por base essa fixação geram um direito de remuneração a favor do artista (art.° 179 n.ºs 1 e 2, alínea a) do CDADC). Estas gravações não se confundem, porém, com as fixações efémeras. Essas como já se deduz do art.° 187 n.º 1, alínea c) e resulta do art.° 189 n.º 1, alínea d), ambos do CDADC, são realizados pelos organismos de radiodifusão pelos seus próprios meios e para as suas próprias emissões e são consequentemente livres[820].

Esta conclusão é, aliás, confirmada pelo estudo que fizemos do direito de autor: não se compreenderia que o conceito de fixação efémera tivesse um sentido mais lato para os direitos conexos do que para o direito de autor.

É, pois, em sentido restrito – em consonância com o art.° 15 n.º 1, alínea c) da Convenção de Roma – que deve ser entendida a expressão fixação efémera.

10. Em suma: tendo analisado algumas legislações nacionais e fixado o seu sentido de acordo com as Convenções Internacionais que lhes servem de base, podemos afirmar que o distribuidor por cabo que não seja, concomitantemente, o organismo de radiodifusão originário, terá sempre de obter dos titulares dos diversos direitos exclusivos as autorizações necessárias à realização da fixação ou reprodução que lhe permita a transmissão diferida do programa.

---

[820] As normas foram consagradas antes da adesão de Portugal à Convenção de Roma, mas como estão de acordo e tiveram por fonte o texto convencional (art.° 15 n.° 1, alínea c)) não houve necessidade de proceder a qualquer alteração.

SECÇÃO X
MODELOS LEGAIS POSSÍVEIS PARA A SOLUÇÃO DOS PROBLEMAS EQUACIONADOS RELATIVAMENTE ÀS RETRANSMISSÕES E ÀS NOVAS TRANSMISSÕES

1. Os organismos de radiodifusão por cabo primários encontram-se na mesma situação do que aqueles que operam sem fio. Na medida em que os seus programas incluam obras ou prestações protegidas através de direitos exclusivos, terão de obter as autorizações correspondentes e efectuar os pagamentos devidos aos titulares dos direitos de autor ou conexos envolvidos.

Essa aquisição far-se-á tendo em atenção os tipos de obras e prestações em questão.

Alguns titulares de direitos agrupam-se em entidades de gestão[821] o que facilita, como já se disse, a aquisição dos diversos direitos[822]. Outros, pelo contrário, preferem a gestão individualizada tendo em atenção as obras que lhes pertencem[823]. Mas também neste caso, tendo em atenção a natureza das obras em apreço e o conhecimento generalizado dos titulares em causa, a negociação não envolve dificuldades de maior.

2. A situação descrita quanto à radiodifusão originária por cabo muda radicalmente de sentido na retransmissão por cabo.

Como SCHRICKER realça[824], o conteúdo do programa é determinado pelo radiodifusor primígeno. A empresa que efectua a retransmissão por cabo só pode apurar quais os direitos eventualmente envolvidos quando conhecer a composição do programa a retransmitir.

É certo que também ela se pode, então, dirigir às entidades de gestão colectiva que administram certos direitos. O tempo para o fazer será, contudo, muito mais escasso e, mais importante que isso, ficarão sempre de fora os direitos dos titulares não alinhados, que pretendem geri-

---

[821] V.g., os autores de obras musicais.

[822] Nos sistemas jurídicos mais desenvolvidos a facilidade é tanto maior quanto é certo que, como já se sublinhou, essas entidades estão vinculadas a uma obrigação de contratar segundo tarifas previamente conhecidas.

[823] É fundamentalmente o que se passa com os autores de obras dramáticas, dramático-musicais e cinematográficas que preferem a gestão individual tendo até em atenção o modo particular como realizam a exploração das suas obras.

[824] SCHRICKER, "Urheberrechtliche Probleme des Kabelrundfunks", cit., págs. 85 e 86.

los individualmente. Determiná-los – o que dificilmente se poderá fazer sem a ajuda do emissor primário – e celebrar com eles os respectivos contratos que permitam a retransmissão, em tempo útil, afigura-se como muito problemático.

O espaço de manobra pode, à primeira vista, parecer maior para aqueles que realizem transmissões diferidas por cabo, mas é uma aparência enganadora. Na realidade o seu tempo de acção é tão curto como o do retransmissor, visto que, apesar de não realizarem uma emissão simultânea, necessitam, no mesmo momento, de ter obtido as autorizações necessárias para efectuar a gravação que lhes permitirá fazer a emissão temporalmente desfasada.

O problema para ambos – retransmissor e radiodifusor de emissões diferidas – é tanto maior quanto é certo que o número de titulares potencialmente envolvidos é enorme e variável de país para país[825].

De obras literárias, a obras musicais, passando por obras dramáticas, dramático-musicais, fotográficas, de artes plásticas de arquitectura, cinematográficas, pantomimas, etc., etc. – o leque de autores que podem estar em causa é vastíssimo. Se lhes juntarmos os titulares de direitos conexos, confrontamo-nos com um catálogo de titulares quase infin-dável.

E se a tudo isto acrescentarmos que os radiodifusores por cabo não se cingem à retransmissão ou à nova transmissão dos programas de um organismo originário mas sim de vários, verificamos que a sua situação seria perfeitamente incomportável se estivessem obrigados à celebração de contratos individuais com cada um dos titulares dos direitos em questão.

Sensatamente têm-se, por isso, equacionado outras possibilidades de solução. As que maior adesão e debate têm gerado são quatro:

– "Acordos colectivos alargados",
– "Gestão colectiva necessária",
– Licenças compulsórias;
– Licenças legais[826].

---

[825] Particularmente no que aos direitos conexos diz respeito.
No entanto, também quanto à autoria existem variações entre as diversas legislações – vide por exemplo o que se verifica quanto às obras cinematográficas e também o que se passa quanto à admissibilidade ou não de obras colectivas.

[826] Os quatro modelos encontram-se já identificados nos designados "Principes commentés... en ce qui concerne la distribuition de programmes par câble"

Vejamos o que mais há a dizer sobre elas de modo a tomarmos posição definitiva sobre o assunto.

3. As dificuldades descritas para a celebração de contratos com cada um dos titulares de direitos procurou ser resolvida através dos nossos já conhecidos "acordos colectivos alargados".

A versão pura deste modelo, que passava pela adesão dos não contraentes às cláusulas do contrato, cedo foi abandonada e complementada com a "gestão colectiva necessária" ou completamente preterida em favor desta, sendo a entidade de gestão, e apenas ela, a parte contratante representativa dos autores e de outros titulares.

Já tivemos a oportunidade de nos pronunciarmos de forma muito crítica contra os dois modelos, particularmente quanto à "gestão colectiva necessária"[827], e de questionar, quer a compatibilidade com a Convenção de Berna, quer a constitucionalidade deste último[828].

A discussão perde, contudo, muito do seu significado – ao menos no que à retransmissão simultânea, inalterada e integral diz respeito – face à decisão do legislador comunitário acolhida no nosso bem conhecido art.º 9 da directiva 93/83/CEE, de 27 de Setembro de 1993[829]. Agora, como também já se afirmou, mais não resta do que salvaguardar as posições dos vários interesses em causa, através de uma adequada regulamentação da actividade das entidades de gestão.

As críticas, já antes formuladas, continuam, apesar disso, a ser irrebatíveis: a "gestão colectiva necessária" posterga os direitos dos não associados chegando ao ponto de modificar a sua natureza jurídica transformando os direitos exclusivos dos seus titulares em direitos de mera remuneração[830].

– DA, Abril 1984, págs. 126 a 180 e são retomados e desenvolvidos por SCHRICKER, "Urheberrrechtliche Probleme des Kabelrundfunks", cit., págs. 85 a 99.

Da análise crítica do texto de SCHRICKER, nesta secção, resultará a nossa própria tomada de posição.

[827] Cfr., supra, págs. 281 e seguintes.

[828] Cfr., supra, págs. 96 a 98 e 281 e seguintes.

[829] O que não significa que o debate não mereça ser continuado para as outras formas de transmissão.

[830] Ao contrário do que, mais uma vez, SCHRICKER pretende. O autor reconhece, porém, "o ponto fraco", para as soluções em análise, que resulta do facto das entidades de gestão estarem longe de fazer o pleno dos titulares envolvidos numa retransmissão – cfr., "Urheberrrechtliche Problme des Kabelrundfunks", cit., págs. 88 e 89.

Ora, acontece que um número não negligenciável de autores e de titulares de direitos conexos gere individualmente os seus direitos. É sem dúvida o caso dos produtores cinematográficos; mas é também o caso dos autores de obras cénicas ou de pautas musicais, relativamente aos chamados "grandes direitos" em obras dramáticas e dramático--musicais[831].

Acresce que muitos titulares de direitos estão longe de se encontrarem organizados, e isto acontece em todos os países, mesmo os mais desenvolvidos[832].

E não se diga que lhes é possível evitar a posição de meros beneficiários através de uma participação ou de uma adesão à entidade de gestão. Como já se disse, o problema coloca-se, sobretudo quando os titulares de direitos não querem ou não podem assumir tal escolha, ou nem sequer sabem que a sua obra ou prestação foi utilizada e, mesmo assim, são compelidos à verdadeira situação de sujeição de verem os seus direitos ser geridos por uma entidade privada sem legitimidade substantiva para tal.

É uma violência para os autores e outros titulares de direitos e pode sê-lo, como noutro passo já se afirmou, para a própria entidade de gestão colectiva.

Reiteramos, por isso, a nossa posição de perfeita discordância com a solução encontrada. A única vantagem que se lhe aponta relativamente às licenças não-voluntárias, de que trataremos seguidamente – a de que com ela os direitos mantêm o seu caracter exclusivo – é falsa, como já ficou demonstrado, existindo, pelo contrário, desvantagens acentuadas com a sua consagração em detrimento de um sistema de licenças obrigatórias.

Resta a esperança (pouco fundada diga-se) que todas estas questões possam ser repensadas e que os legisladores nacionais, especialmente o português, façam uso do espaço de livre arbítrio que ainda detém.

---

[831] Vide SCHRICKER, idem, pág. 88.

[832] A "gestão colectiva necessária" representa, além disso, um salto qualitativo fundamental quando aplicada aos direitos exclusivos.
Repare-se que mesmo no direito alemão antes das directivas só se recorria à figura para direitos não exclusivos – §26 alínea 5 da UrhG (direito de sequência) e §27 alínea 1, 2.ª frase da UrhG (direitos de aluguer e comodato).

4. Uma alternativa passaria pelas chamadas licenças compulsórias ou compulsivas[833]. Há que distingui-las, desde logo, das licenças legais.

Na licença legal a utilização já é permitida por lei sem que seja necessário qualquer procedimento adicional. Ao autor pertencerá um direito de remuneração.

Nas licenças compulsórias, pelo contrário, continua a existir o direito de autorizar ou proibir por parte do autor, que se encontra, no entanto, legalmente obrigado a conceder a possibilidade de utilização da obra em condições adequadas. Se não se chegar a nenhum acordo, então o utilizador pode fazer valer a sua pretensão judicialmente ou perante um outro órgão do Estado[834].

Nas transmissões secundárias por cabo a licença compulsória também não se apresenta como a solução ideal. Só seria eficaz nos casos em que o radiodifusor por fio conhecesse os titulares dos direitos de modo a poder negociar com eles, momento prévio à concessão de autorização por parte do organismo estatal competente.

O mesmo se dirá quando os direitos em causa forem geridos por uma entidade de gestão, salvo naqueles países onde houver, por parte desta, a já referida obrigação de contratar. Aí, para os direitos por ela administrados, é despicienda uma licença compulsiva[835].

Além disso, a licença compulsória também não resolve o problema dos titulares de direitos marginais[836]. Nas aludidas difusões por cabo, não é de facto possível, por razões de tempo, procurar casuisticamente os autores, artistas e restantes titulares de direitos, negociar com eles e, em

---

[833] A que alguns chamam de "coercivas" – terminologia que não acompanhamos.

[834] Sobre a distinção entre as duas figuras vide por todos SCHRICKER, "Urherechtliche Probleme des Kabelrundfunks", cit., págs. 90 e 91, ULMER, "Urheber -und Verlagsrecht", 3.ª ed., cit., págs. 292 a 295 e, entre nós, OLIVEIRA ASCENSÃO, "Direitos de Autor e Direitos Conexos", cit., págs. 213 a 216.

O último autor demonstra ainda que no nosso direito a distinção entre licenças legais e utilizações livres é meramente artificial.

Mostrando não compreender a distinção entre as duas figuras – dizendo que em ambas existe a necessidade de autorização do autor, vide LUIZ FRANCISCO REBELLO, "Introdução ao Direito de Autor", vol. I, pág. 218.

[835] Ou, se quisermos, existe o que podemos considerar uma quase – licença compulsória geral, abrangente de todos os direitos que lhes estão adstritos.

O quase advém da desnecessidade de intervenção de qualquer órgão estatal.

[836] Como salienta SCHRICKER, Urheberrechtliche Probleme des Kabelrunfunks", cit., pág. 91.

caso de fracasso do processo negocial, recorrer ao mecanismo da licença compulsória [837].

5. Como já deixáramos indiciado fica-nos, assim, como única solução possível a chamada licença legal, já delimitada no ponto anterior.

A sua consagração nas legislações de vários países ao longo das últimas décadas[838] constitui exemplo estimulante que não foi, infelizmente, seguido, apesar das boas intenções iniciais do Livro Verde de 1984[839-840].

As licenças legais têm três vantagens essenciais sobre todos os outros modelos apresentados: fornecem uma solução global que não distingue titulares de direitos de primeiro, segundo e terceiro nível, oferecem mecanismos temporalmente adequados a permitir a retransmissão ou a emissão diferida; e são estabelecidas por quem, ponderados todos os interesses em jogo, tem legitimidade para decidir e meios idóneos para velar pela sua aplicação – o Estado.

A sua rejeição baseou-se no peso dos grupos de pressão, que fizeram prevalecer os seus objectivos económicos, e não numa análise juridicamente serena e fundamentada da posição dos titulares de direitos, radiodifusores por cabo e público em geral; e do modo como, até em termos fácticos, se processam estas utilizações secundárias.

Não foi esse o caminho trilhado pela legislação comunitária. O carácter vinculativo do regime da directiva apenas quanto à retransmissão simultânea, inalterada e integral poderá, por via disso, levar à elaboração

---

[837] Questionando a validade universal das licenças compulsórias para a resolução dos problemas das diversas difusões por cabo e concedendo apenas na criação de vários níveis de aplicação deste método, consoante os tipos de programas em causa, veja-se, a partir de uma análise económica do direito, STANLEY M. BESEN, WILLARD G. MANNING JR. e BRIDGER M. MITCHELL, "Copyright Liability for Cable Television: Compulsory Licensing and the Coase Theorem", cit., págs. 495 a 523.

[838] Não só na Áustria – com a referida licença legal para a retransmissão de emissões estrangeiras (§59-a) da Lei de Direito de Autor, de 1980) mas, v.g., também na Dinamarca, na Grã-Bretanha, na Irlanda e na Suíça.

[839] Vide "Livro Verde...", doc. KOM(84)300 final, citado.

[840] SCHRICKER, ainda influenciado pelo Livro Verde citado na nota anterior começa por defender a solução das licenças legais mas acaba por optar ainda que discretamente pelo modelo da gestão colectiva necessária – cfr., "Urheberrechtliche Probleme des Kabelrundfunks", cit., págs. 91 e seguintes.

de artifícios jurídicos e práticos (mormente de natureza técnica) que procurem evitar o sistema instituído. Os espaços deixados em branco pela directiva e que – ao que se vê – os legisladores nacionais não detectaram ou recearam preencher fazem-nos temer um trabalho acrescido para os tribunais com decisões necessariamente divergentes que não auguram sequer nada de bom para a harmonização da legislação europeia tão afanosamente procurada.

V PARTE

A RADIODIFUSÃO DIGITAL

CAPÍTULO I

OS PRELIMINARES DA "SOCIEDADE DA INFORMAÇÃO"

1. Em 19 de Julho de 1995 a Comissão Europeia fazia publicar o seu documento COM(95)382 final que tinha por título: "LIVRO VERDE[841] – O direito de autor e os direitos conexos na Sociedade da Informação".

Era a tentativa de manter a Comunidade Europeia na vanguarda da discussão sobre a era digital e, ao mesmo tempo, uma tentativa de antecipação ao "Livro Branco" norte americano – "Intelectual Property and the National Information Infrastructure – The Report of the Working Groups on Intelectual Property Rights" (Setembro de 1995) – cuja publicação se anunciava e que tinha sido antecedido de um Livro Verde ("Green Paper") onde já constavam as ideias centrais defendidas pela administração norte-americana sobre a chamada "Sociedade da Informação".

A Comunidade e também o Japão, que na altura fez publicar o designado "Livro Amarelo" ("A Report on Discussion by the Working Group of the Subcomitter on Multimedia Copyright Council", Fevereiro de 1995), sobre o mesmo tema, procuravam deste modo não entregar aos Estados Unidos a liderança de um processo cuja importância se torna desnecessário realçar. Era, no entanto, evidente que o caminho desbravado pelo americanos estava longe do que tinha sido trilhado pelos seus competidores.

Ao mar de dúvidas e interrogações do "Livro Verde" da Comissão e do, ainda mais embrionário, "Livro Amarelo" japonês contrapunha-se uma tomada de posição clara do "Livro Branco", que sustentava as teses do direito (e dos interesses) norte-americano sobre a matéria apontando como

---

[841] Curiosa e, talvez, sintomaticamente a versão portuguesa tinha uma gralha de monta, dado que o título que nela figurava era "**LIBRO** VERDE...". Nosso o sublinhado.

direitos exclusivos a outorgar, o direito de reprodução da obra, o direito de transformação das obras, o direito de distribuição de cópias, o direito de representação ou execução da obra e o direito de apresentação da obra ("Right to Display")[842].

2. Era o culminar de uma longa caminhada que tinha sido iniciada em diversos países alguns anos antes. A difusão através da INTERNET vinha a preocupar governos e estudiosos de modo crescente. Num ápice tudo e todos se passaram a debruçar privilegiadamente sobre o assunto e poucas vezes um tema jurídico mereceu uma atenção e um desenvolvimento tão célere como este. Foi e é o tema da moda.

Os países mais desenvolvidos foram, por motivos óbvios, os primeiros a começar. Vários trabalhos e relatórios foram encomendados a juristas de nomeada[843], mas as soluções apresentadas eram exíguas para não dizer nulas.

O mesmo não se pode dizer quanto à equação dos problemas que o novo meio acarretava. Esses estavam detectados, mas as respostas às diversas questões, em vez de as resolver, desencadeavam uma série de outras novas.

3. O "Livro Branco" norte-americano teve o inegável mérito de ser o primeiro a apresentar uma tomada de posição firme. O seu objectivo fundamental era regular a transmissão interactiva.

Já então, o direito de distribuição era apontado como a solução mais plausível para a englobar. A radiodifusão era relegada para segundo plano integrada no direito de apresentação ("display") de acordo, aliás, com as definições do §101 da lei americana.

O Japão, por sua vez, optava pela solução ainda mais cómoda de tudo diluir num grande direito de comunicação pública, onde naturalmente a radiodifusão se incluía.

4. A Comunidade mostrava-se mais titubeante no que concerne às opções a tomar.

---

[842] Cfr., "Livro Branco", cit., págs. 63 a 72. Seguiam-se uma série de limitações as quais se baseavam no "faire use".

[843] Para citar dois, veja-se o estudo francês de GERARD THÉRY, "Les autoroutes de l'information" (1994) (relatório para o primeiro ministro) e o norte-americano de JOSEPH C. EBERSOLE, "Protecting Intellectual Property Rights on the Information Superhighways" (1994).

O "Livro Verde", depois de enunciar os pontos essenciais, apresentava as questões, fazia uma avaliação do contexto jurídico da época, apreciava os problemas do ponto de vista comunitário, mas terminava invariavelmente as secções onde tratava dos vários direitos com uma série de perguntas que pretendia ver respondidas.

A sua publicação pela Comissão, ainda que pressionada pelos trabalhos norte-americanos, fora precedida por várias consultas e pedidos de parecer sobre as matérias essenciais. Os diversos serviços da Comissão desdobraram-se em actividades de acordo com as suas competências e os estudos encomendados variavam de objecto consoante estas.

Assim, BERNT HUGENHOLTZ elaborou dois trabalhos, um em 1994 e outro em 1995, a pedido respectivamente da DGXV e da DGXIII[844]. No primeiro dos seus estudos[845], o Professor da Universidade de Amesterdão aborda a radiodifusão em diversos passos.

No capítulo III, ao enumerar os vários actos reservados ao autor, desde logo a inclui no elenco fazendo a distinção entre as transmissões ponto a ponto e as ponto multiponto (radiodifusão)[846]. Um pouco mais adiante, ao desenvolver cada um dos direitos, realça que a radiodifusão será um fenómeno comum na Internet e reflecte sobre o modo díspar como os direitos nacionais, a Convenção de Berna e o memorando inicial do então Protocolo Adicional à Convenção de Berna a abordam para concluir que dificilmente se aceitará que a radiodifusão seja englobada no conceito de distribuição[847].

Também o direito de aluguer, de acordo com o sentido da directiva 92/100/CEE, de 19 de Novembro, lhe parece inadequado como suporte de um grande direito de comunicação ao público na altura proposto pelo Secretariado de Berna para os novos tratados da OMPI.

O ponto essencial da sua exposição prende-se, no entanto, com a distinção essencial que estabelece entre a comunicação por rede digital e a radiodifusão. É aí que afirma: "O que faz a infra-estrutura da auto-estrada da informação realmente diferente dos sistemas de radiodifusão e de cabo existentes é a sua capacidade para uma comunicação por duas vias".

---

[844] BERNT HUGENHOLTZ, "Intellectual Property rights on the Information Superhighway" (1994) e "Copyright problems of electronic document delivery" (1995).

[845] Não publicado, mas que nos foi gentilmente facultado pelos responsáveis da DGXV, o que se sublinha e agradece.

[846] "Intellectual Property Rights...", cit., pág. 22.

[847] *Ibid.*, págs. 24 a 26.

Esta facilidade permite ao fornecedor de informação dar acesso a um conjunto de obras ao público em geral sem a actual transmissão em massa da obra. Ligando um banco de informação a um servidor publicamente acessível, a informação contida no banco informático torna-se instantaneamente acessível ao público (em geral).

Significará isto um acto restringido (sujeito a autorização)? Provavelmente não, de acordo com a Convenção de Berna. A Convenção não prevê um "direito de comunicação ao público" geral, ao contrário do direito de comunicação ao público holandês (*recht van openbarmaking*) ou do direito de representação em França (*droit de représentation*)"[848].

O acento tónico era, por conseguinte, desde a primeira hora, colocado na distinção entre radiodifusão e transmissão interactiva. Era esta última, de facto, o aspecto mais importante e inovador. Todavia, nem por isso o "Livro Verde" deixou de dedicar um espaço exclusivo à radiodifusão[849-850].

Na súmula daquilo que considerava serem os pontos essenciais sobre o direito de radiodifusão digital, a Comissão afirmava que "a radiodifusão encontra-se já regulamentada, mas há quem considere que a digitalização dos sinais acarreta consequências tais do ponto de vista da cópia por parte dos consumidores, que os titulares de direitos conexos deveriam poder dispor de um direito exclusivo de radiodifusão, deixando de beneficiar apenas de uma remuneração equitativa".

---

[848] *Ibid.*, pág. 26.

[849] A radiodifusão esteve, aliás, sempre presente nos mais importantes congressos internacionais, nomeadamente os organizados ou co-organizados pela OMPI – Harvard (31 de Março a 2 de Abril de 1993), Cidade do México (22 a 24 de Maio de 1995) e Nápoles (18 a 20 de Outubro de 1995).

A estes devem acrescentar-se os II, III e IV Congressos Ibero-Americanos de Direito de Autor realizados em Lisboa (15 a 18 de Novembro de 1991), Montevideo (4 a 8 de Novembro de 1997) e Cidade de Panamá (15 a 17 de Outubro de 2002), respectivamente.

Pela sua importância numa perspectiva diferente – a dos radiodifusores – é também de salientar o simpósio da UER (e correspondente livro de memórias), "Les radiodiffuseurs dans la societé de l'information" – Viena, 17 de Novembro de 1995.

[850] Também a doutrina nunca abandonou o tema radiodifusão, aquando da discussão da designada "agenda digital".

Como exemplo disso, vide, sob prismas diferentes, BERNHARD SCHNAPPINGER, "Die Zukunft des digitalen Fernsehens" e NORBERT P. FLECHSIG, "Die Auswirkungen der digitalen Signalverarbeitung auf Anbieter von Rundfunk und Fernsehen", in "Urheberrecht und digitale Technologie", no UFITA-Schritenreihe, n.º 121, edição coordenada por JÜRGEN BECKER e THOMAS DREIER, págs. 27 a 44.

Na apresentação da questão que se seguia, a Comissão estabelecia claramente a distinção entre comunicação ponto a ponto e ponto multi-ponto, para daí concluir que "a comunicação com uma única pessoa, ou ponto a ponto, não é um acto de radiodifusão".

A ligação da radiodifusão com a Sociedade da Informação era, contudo, salientada e os aspectos que segundo a Comissão se afiguravam problemáticos eram esquematicamente apresentados.

Sublinha-se, desde logo, que a radiodifusão estava intimamente ligada à problemática da Sociedade da Informação. De facto, a radiodifusão digital permite efectuar difusões concorrentes com os serviços em linha. Existem, contudo, discrepâncias quanto aos resultados práticos, consoante as obras difundidas forem ou não entrecortadas por publicidade ou outras mensagens.

Por outro lado, entendia-se que devia ser tomada em linha de conta a qualidade da difusão tornada possível pela radiodifusão digital e consequentemente a qualidade das cópias das obras difundidas que o consumidor poderia eventualmente realizar. O sector fonográfico fazia sentir que as cópias que os consumidores pudessem efectuar, seriam de uma qualidade tal que o mercado de CD's poderia vir a ressentir-se. Solicitava, por isso, um direito exclusivo de autorizar ou proibir a radiodifusão digital de fonogramas, tanto mais que, no presente quadro, os produtores de fonogramas e os artistas intérpretes ou executantes gozam apenas de um direito a remuneração equitativa. A questão da radiodifusão digital colocava-se igualmente, com a mesma acuidade, para os produtores de filmes e para os artistas e intérpretes deste sector.

Por outro lado ainda, o Livro Verde acentuava que há quem defenda que a radiodifusão, até hoje considerada como uma utilização secundária, se tornou de facto um tipo de exploração primordial, devendo consequentemente o seu regime ser alterado[851].

Posteriormente, a Comissão abordava o contexto jurídico da altura, salientando as diferenças existentes entre as principais Convenções – Berna e Roma – e as directivas comunitárias, fazendo uma breve resenha do conteúdo destas.

Enfatizava-se particularmente o facto de o conceito de radiodifusão resultante das directivas ser mais amplo do que aquele que resultava dos tratados citados: "Em consequência, actualmente, a nível da regulamentação comunitária entende-se por "radiodifusão" todas as emissões

---

[851] Cfr. "Livro Verde ..." doc. COM(95)382 final, cit., pág. 6.

destinadas ao público com excepção dos serviços que funcionam a pedido individual, qualquer que seja a técnica utilizada: cabo, ondas hertzianas, satélite, analógica, digital"[852].

O "Livro Verde" prosseguia a sua análise fazendo uma avaliação da questão do ponto de vista comunitário realçando, desde logo, a competência da Comunidade, desde que a radiodifusão seja transfronteiriça[853], e apontando como problema mais relevante para os titulares de direitos, sobretudo nas obras musicais e audiovisuais, a possibilidade de o receptor executar cópias digitais perfeitas que se lhe apresentariam como alternativa válida a uma aquisição[854].

Reconhecendo as diversas dúvidas que ainda se lhe suscitavam, a Comissão terminava a sua incursão na radiodifusão digital com um leque de quatro perguntas:

"1) Considera que a radiodifusão digital, na medida em que permite a multiplicação dos canais, vai aumentar os casos de radiodifusão transfronteiras? Esta eventualidade parece-lhe justificar uma intervenção comunitária ou permanece teórica?
2) Considera que a radiodifusão digital constitui uma ameaça concreta para os titulares de direitos conexos que não dispõem actualmente de um direito exclusivo de radiodifusão? A introdução de direitos exclusivos de radiodifusão digital para os produtores de fonogramas e de filmes e para os artistas intérpretes ou executantes destes sectores parece-lhe necessária, desejável em determinadas condições ou de excluir?
3) Considera que a diferenciação entre as técnicas de difusão pode facilitar a obtenção de uma solução (i.e. abranger unicamente determinadas formas de radiodifusão digital, como as emissões por cabo)?
4) Considera que o reforço do direito de reprodução na esfera privada, executado de forma estrita com a ajuda de sistemas técnicos impedindo a cópia nos aparelhos de recepção, seria suficiente para evitar os problemas de reprodução maciça?"[855].

---

[852] Idem, pág. 62.
[853] O que é falso, já que as únicas emissões transfronteiriças que caiem sobre a sua tutela são as reguladas na directiva satélite e cabo e apenas essas.
[854] Cfr., "Livro Verde...", doc. COM(95)382 final, cit., págs. 63 e 64.
[855] Idem, pág. 64.

5. A Comissão estava avisada dos problemas intrincados que iria enfrentar. O seu "Livro Verde" fora, aliás, antecedido de um moroso processo de consulta aos meios interessados cujo resultado final foi dado a conhecer numa audição realizada nos dias 7 e 8 de Julho de 1994 e que consta de uma volumosa compilação de textos de perto de quinhentas páginas[856].

O centro nevrálgico das discussões sobre a chamada "agenda digital" tinha-se, contudo, deslocado irreversivelmente para um outro fórum – a OMPI. O conturbado processo que levou à aprovação dos dois novos tratados[857] – o TODA e o TOIEF – tinha absorvido por completo as energias dos diversos participantes na Conferência Diplomática de Genebra e nas reuniões preparatórias da mesma.

6. Um tanto surpreendentemente, por isso, a Comissão apostou numa medida de antecipação e a menos de um mês do início da referida Conferência (em 20 de Novembro de 1996) apresenta a sua comunicação "Seguimento do Livro Verde sobre o Direito de Autor e os Direitos Conexos na Sociedade da Informação" – doc. COM(96)568 final. A intenção é evidente: não perder a iniciativa e, antevendo que os resultados dos novos tratados da OMPI não seriam os que mais desejaria, lançar pontes para um trabalho imediato que pudesse recuperar – ao menos a nível europeu – alguns dos objectivos fundamentais que sabia não ir obter na Conferência Diplomática de Genebra que se avizinhava.

O primeiro ponto que trata no capítulo 3, sob a epígrafe "Questões que Requerem Maior Ponderação", é precisamente o direito de radiodifusão. As questões são muitas vezes retomadas, mas agora o tom dubitativo do "Livro Verde" cede lugar a uma postura muito mais firme e impositiva sustentada em novas audições aos meios interessados[858].

---

[856] O seu título é apresentado em três línguas: "Replies from Interested Parties on "Copyright and Neighbouring Rights in the Information Society"", "Réponses des Milieux Intéressés sur "Le Droit d'Auteur et des Droits Voisins dans la Société de l'Information"" e "Antworten der Betroffenen Kreise zu "Urheberrecht und Leistungsschutzrechte in der Informationsgessellschaft"", – Gabinete das Publicações Oficiais das Comunidades Europeias – Luxemburgo, 1995.

[857] E de que já anteriormente demos conta – cfr., supra, pág. 139 e seguintes.

[858] Aquelas em que participámos em nome de Portugal – os Estados tinham nessas reuniões um papel de meros observadores – limitaram-se a ser fastidiosas e repetitivas

Novamente a possibilidade de realizar cópias digitais e as consequências das mesmas para o mercado e para os titulares de direitos conexos envolvidos são apresentadas em plano de destaque. Também os serviços multicanais altamente especializados, que poderão deixar de ser um mercado secundário para a exploração de fonogramas e outros objectos protegidos "são vistos como uma mudança qualitativa de fundo"[859]. Face à nova realidade é por isso sugerida uma protecção adicional dos titulares de direitos conexos.

A Comissão dá depois nota do processo de consulta que manteve e onde se sublinha que a grande maioria das partes entendia que a radiodifusão não se confundia com os serviços digitais a pedido e que alguns apontavam já para meios tecnológicos de restrição de cópia por parte do radiodifusor para evitar as reproduções digitais em série[860].

Finalmente, o "Seguimento do Livro Verde" formula uma proposta de acção que se pode reduzir a uma frase: esperar para ver. Nesse contexto sugeria-se que, dado o impacto considerável que a radiodifusão multicanais poderia ter sobre as formas primárias de exploração de fonogramas e outros objectos protegidos – reduzindo a sua venda – poderia ser exigível a adopção de medidas a favor dos produtores de fonogramas e dos artistas intérpretes ou executantes.

Reconhecendo que uma acção desse tipo teria de ser tomada a nível comunitário, já que abordagens diferentes nos vários Estados-membros conduziriam a distorções das actividades de radiodifusão inaceitáveis, a Comissão admite contudo que a radiodifusão digital – e mais concretamente a radiodifusão multicanais – se encontra ainda nos seus primórdios não tendo fornecido indicações exactas quanto ao impacto legal e económico que a mesma terá sobre as partes interessadas e, em especial, sobre os produtores de fonogramas e artistas intérpretes ou executantes.

---

enumerações de exigências económicas das organizações representativas dos diversos titulares.

Que nos recorde, apenas a Santa Sé e a UNESCO intervieram no sentido de chamar a atenção para os interesses públicos que estavam em jogo e aos quais a dita Sociedade da Informação não podia ficar indiferente.

Essas tomadas de posição, para além do mal estar imediato que geravam na sala, eram rapidamente colocadas em segundo plano, como se não tivessem existido.

[859] "Seguimento do Livro Verde...", doc. COM(96)568 final, cit., pág. 20.
[860] Idem, pág. 21.

Face a essa constatação, o "Seguimento do Livro Verde" propunha-se continuar a acompanhar a evolução do mercado relevante em estreita colaboração com as partes interessadas e com os Estados-membros e proceder, em caso de necessidade, à preparação das iniciativas de carácter legislativo que se viessem a impor[861].

Bem mais interessante é o ponto 2 deste capítulo 3, que trata da legislação aplicável e a sua efectiva aplicação. A Comissão é forçada a reconhecer, ainda que indirectamente, que a solução que adoptou na directiva satélite e cabo para a radiodifusão pelo primeiro daqueles meios é insatisfatória. Não o afirma, mas muitos dos argumentos que utiliza são aplicáveis, com as devidas adaptações, à radiodifusão por satélite.

Vendo o texto em que a questão é apresentada e, por esforço de abstracção, substituindo a expressão "transmissão digital" por radiodifusão por satélite, facilmente se comprova a razão de ser do que se afirmou.

O "Seguimento do Livro Verde" começa, neste ponto, por anotar o aumento extraordinário das possibilidades de explorar, aceder e retomar obras e outros objectos protegidos através das fronteiras nacionais, que a transmissão digital proporciona.

A transnacionalidade dos novos serviços é apontada como um dos factores mais importantes da sua viabilidade económica.

A Comissão não deixa, contudo, de reconhecer que a exploração simultânea em diferentes países e ao abrigo de sistemas jurídicos distintos ao mesmo tempo que a aumenta é acompanhada da possibilidade de infracções múltiplas.

Realça, por isso, que a questão de qual a legislação nacional aplicável a esses actos transnacionais de exploração é um dos aspectos mais relevantes na área do direito intelectual dados os diversos níveis de protecção outorgados nos diferentes países e o carácter territorial dessa tutela. Apesar da harmonização realizada a nível comunitário e das normas mínimas de protecção previstas nos acordos internacionais, as regras nacionais em matéria de direito de autor continuam a apresentar grandes disparidades.

Pondo de novo a tónica na natureza territorial da protecção do direito de autor e no princípio do tratamento nacional que o rege, a Comissão assinala que os titulares de direitos gozam normalmente de um conjunto

---

[861] Idem, pág. 22.

de direitos de propriedade intelectual "nacionais". Daí que a legislação aplicável aos actos de exploração seja a do local de exploração e/ou infracção.

É, portanto, a legislação do país em que é reivindicada a protecção que rege questões como o objecto da protecção, a elegibilidade para a protecção, a primeira propriedade, a transmissão de direitos, o âmbito de protecção (limitações e excepções) a duração da protecção, etc.. As normas legais desse país aplicam-se igualmente em matéria de direito dos contratos, aplicação efectiva e competência.

Em face deste quadro, o "Seguimento do Livro Verde" enfatiza que os novos meios de comunicação (Internet, novos satélites digitais[862]) farão aumentar substancialmente a relevância da legislação aplicável. Simultaneamente, a aplicação efectiva dos direitos terá de ser assegurada em diferentes países e sob jurisdições diferentes. Isto acarretará, naturalmente, o aumento de processos de âmbito internacional, de que os casos de infracção ao direito de autor na Internet são o exemplo mais marcante[863].

Do que fica exposto parece ainda resultar que a Comissão tende a admitir um direito de transmissão digital globalizante, independentemente do acto concreto que lhe der origem – radiodifusão, colocação à disposição do público interactiva ou outra.

Este retrocesso compreende-se algumas linhas mais abaixo, quando, dando-nos conta do processo de consulta aos meios interessados, se salienta que a opção tomada na directiva satélite/cabo para a radiodifusão por satélite foi seriamente questionada por vários participantes. De facto, uma tal solução foi rejeitada por muitos tendo em atenção a própria natureza dos actos de "transmissão digital".

Durante as audições foi sublinhada a dificuldade que existe em especificar um único local onde teria origem o acto de transmissão e o risco de deixar os titulares de direitos sem uma protecção adequada, sobretudo quando as transmissões têm origem em países terceiros. Além disso, a maioria das partes interessadas considerou que a aplicação desse tipo de regra do "país de origem" exigiria uma harmonização quase completa na Comunidade de todos os direitos envolvidos nos vários actos de exploração.

---

[862] Idem, págs. 22 e 23.
[863] Note-se a equiparação estabelecida entre a Internet e os satélites digitais.

A maioria das partes preferiu, por conseguinte, manter os regimes existentes, o que na maior parte dos casos implicará a aplicação de uma série de legislações nacionais diferentes a um mesmo acto de exploração. Para simplificar esta situação, que se reconhecia complexa a nível jurídico, algumas partes interessadas defenderam a clarificação das regras existentes, de preferência a uma harmonização"[864].

A Comissão via, assim, posta em xeque a "teoria da emissão" que lhe era tão cara e afastava-se daquela que fora a sua posição base, visto que no "Livro Verde" quando abordara o problema do direito aplicável, depois de fazer a apologia da teoria da emissão por que optara afirmava expressamente: **"No que se refere à difusão digital ponto a ponto, a questão coloca-se de forma semelhante à radiodifusão por satélite.** Com efeito, um acto de colocação à disposição de um serviço num Estado-membro pode ter consequências em todos os outros (por exemplo, um serviço de vídeo a pedido em linha num Estado-membro poderia na prática tornar-se acessível noutros Estados-membros).

Esta prestação de serviços deveria ser regulamentada por disposições claras do ponto de vista do direito de autor e dos direitos conexos. Como para os outros aspectos ligados à prestação de serviços, **deve partir-se do princípio da aplicabilidade da legislação do Estado-membro de origem do serviço**. Todavia, este princípio só pode ser aplicado em matéria de propriedade intelectual, quando exista um elevado grau de harmonização destes direitos"[865].

Revela, além disso, dificuldades em fazer uso dos próprios dados de que dispõe – não se pode reconhecer que a grande maioria entende que a radiodifusão digital e a difusão interactiva são actos que não se confundem e, logo de seguida, falar da transmissão digital em sentido unívoco.

Não espanta, por isso, que a acção proposta não passe de uma mera declaração de intenções sobre um assunto pouco amadurecido.

Fazendo fé nos os resultados do processo de consulta, a Comissão entende que é chamada a clarificar, mais do que harmonizar, a legislação aplicável aos actos transnacionais de exploração e à aplicação efectiva dos direitos. Face à complexidade da situação jurídica existente, a Comissão propõe-se pois apresentar uma tomada de posição que esclareça a matéria, tratando-se de questões relacionadas tanto com a legislação aplicável,

---

[864] "Seguimento do Livro Verde..." doc. COM(96)568 final, cit., pág. 23.
[865] "Livro Verde...", doc. COM(95)382 final, cit., pág. 41. Nosso o sublinhado.

como com a aplicação efectiva dos direitos – constituindo assim uma orientação para as partes envolvidas.

Além disso, a Comissão afirma estar a analisar a questão da responsabilidade por infracções ao direito de autor, relacionada com a aplicação efectiva dos direitos, com vista a avaliar a necessidade de lançar uma iniciativa coerente a nível da União com base nos imperativos do mercado único[866].

7. Constata-se, por conseguinte, que também o "Seguimento do Livro Verde" se limita a deixar questões em aberto, remetendo para momento posterior uma tomada de posição sobre as mesmas. Tem, no entanto, o mérito de recolocar em debate os dois temas centrais da radiodifusão digital em particular e das transmissões da mesma natureza em geral – o do "grande direito de comunicação pública" e o da lei aplicável. Ambos já foram abordados ao longo desta obra por motivos diferentes. Verificaremos agora que a sua interligação é muito maior do que, à primeira vista, se poderia julgar.

---

[866] "Seguimento do Livro Verde...", doc. COM(96)568 final, cit., pág. 24.

CAPÍTULO II

O "GRANDE DIREITO DE COMUNICAÇÃO AO PÚBLICO" – A RADIODIFUSÃO E A COLOCAÇÃO À DISPOSIÇÃO DO PÚBLICO INTERACTIVA

1. Já anteriormente tivemos oportunidade de aludir ao "grande direito de comunicação ao público" e às propostas que o consubstanciavam[867]. Fizemo-lo a propósito dos recentes tratados da OMPI – TODA e TOIEF – e tivemos ocasião de demonstrar como não faria sentido a sua consagração. Agora, vamos apenas retomar uma parte do que então ficou dito para demonstrar como, até em sede de lei aplicável, a sua adopção levaria a resultados inaceitáveis.

2. Mau grado várias propostas com relevante apoio doutrinário, os novos tratados da OMPI sobre Direito de Autor e sobre Interpretações ou Execuções e Fonogramas rejeitaram a inclusão de um direito de comunicação ao público onde seriam amalgamados todos os tipos de comunicação que mereceram até hoje tratamento autónomo. A ideia subjacente a tais propostas era a de tudo submeter a um enorme direito exclusivo sem qualquer tipo de limites. Já tivemos ocasião de aplaudir a solução que prevaleceu e a manutenção de regimes específicos em atenção à particular natureza de cada acto de aproveitamento.

É desnecessário salientar a relevância da opção tomada – o direito de radiodifusão seguirá o seu regime específico, o mesmo se passando com os restantes direitos de comunicação ao público e, por exemplo, uma autorização para a radiodifundir não abrangerá o direito de efectuar uma difusão digital interactiva.

---

[867] Cfr., supra, pág. 144 e seguintes.

3. O que agora nos interessa é, no entanto, outro aspecto: o de saber se a designada transmissão interactiva é uma modalidade de radiodifusão digital ou se, ao menos, lhe será aplicável, por analogia, o regime da radiodifusão.

De facto, apenas sabemos que aquele tipo de "comunicação" está sujeito a um direito exclusivo dos autores, artistas e produtores de fonogramas, mas está por esclarecer a sua equivalência a outras figuras jurídicas já existentes (nomeadamente a radiodifusão) e ao quadro legal global que a rege.

Procuremos, pois, em sede de Direito de Autor, responder às duas perguntas que começámos por enunciar no início deste ponto.

4. Será a colocação à disposição do público interactiva uma espécie de radiodifusão? A resposta é, seguramente, negativa, por várias ordens de razões.

A radiodifusão pressupõe uma emissão com um conteúdo previamente estabelecido destinada a ser recebida por um público mais ou menos indeterminado. A posição dos receptores é, portanto, passiva, no sentido em que não podem agir sobre o programa. A única coisa que podem fazer é ligar ou desligar o aparelho de recepção. Estamos perante uma difusão ponto/multiponto.

Na difusão interactiva, pelo contrário, a situação é completamente distinta. O que é relevante é que alguém coloca à disposição do público obras ou prestações protegidas. Não existe qualquer emissão no sentido comum do termo. Os membros do público, agora não como grande massa variável mas individualmente considerados, podem aceder ao material assim disponibilizado e podem interagir sobre ele, alterando-o, reduzindo-o, misturando-o, etc.. Deixa de existir uma transmissão ponto//multiponto e passamos a ter uma difusão ponto a ponto em que o receptor deixa de ser um mero sujeito passivo, intervindo na escolha e conteúdo daquilo a que acede a pedido ("on demand").

Como já anteriormente se realçou, o próprio conceito de público é radicalmente alterado[868]. Para sermos mais exactos deveríamos mesmo dizer que aquilo que era privado passou a ser público. O carácter público não está numa difusão generalizada mas sim na possibilidade de cada um ter acesso àquilo que se encontra digitalizado.

---

[868] Cfr., supra, pág. 148.

A própria noção de transmissão deve ser entendida *cum grano salis*, no sentido em que não pode ser assimilada àquelas que são efectuadas na radiodifusão, nas quais o organismo difusor toma a iniciativa de enviar os sinais para serem captados por quem pretenda dentro do raio de emissão respectivo. Na difusão interactiva, pelo contrário, é o utilizador que promove os actos necessários ao aproveitamento pretendido. É um direito completamente novo, que não se confunde com nenhuma realidade preexistente[869].

A palavra chave é interactividade. A sua existência dá um carácter completamente inovador ao próprio direito e supõe a criação dum regime específico que lhe dê um enquadramento adequado.

Note-se que do que fica dito não resulta que os organismos de radiodifusão não possam praticar, também, actos de colocação à disposição do público interactiva. Podem-no certamente. As transmissões em rede tanto podem ser radiodifusão, como colocação à disposição do público, ou outros – tudo dependendo do modo como se concretizam. Os radiofusores não estão, assim, impedidos de emitirem os seus programas através da Internet como também não estão de os colocar à disposição do público de modo a permitir o seu acesso interactivo. A diferença está em que, no primeiro caso, estarão sujeitos ao regime da radiodifusão, enquanto que no segundo, como qualquer outro agente que utilize a rede para o efeito, estarão adstritos às regras que regulem a colocação à disposição do público interactiva. A primeira, ainda que digital, é uma radiodifusão como qualquer outra[870,871,872], enquanto a segunda é uma figura nova que não cabe nos quadros tradicionais.

---

[869] Sobre as mudanças que a digitalização pode acarretar até para os conceitos de obra e de autor, veja-se DREIER "L'Analogue, le Digital et le Droit d'Auteur", in "Propriétés Intellectuelles" – Mélanges en l'honneur de André FRANÇON", 1995, págs. 119 a 131.

[870] A diferença que se estabelece relativamente aos outros tipos de radiodifusão é de natureza meramente quantitativa – a radiodifusão digital permite a obtenção dum número incomensuravelmente maior de programas e de destinatários.

[871] O que fica dito não é posto em causa pela necessidade de autorização complementar em caso de radiodifusão em rede, maxime pela Internet.

A questão que se coloca é, no fundo, a seguinte: tendo-se autorizado a radiodifusão a determinada entidade poderá a mesma efectuá-la através de rede digital?

A resposta é seguramente negativa, mas não tem a ver com a qualificação do acto autorizado mas sim com a sua amplitude.

5. Mas não será o regime da radiodifusão aplicável à nova realidade, ao menos por analogia?

O facto de a radiodifusão ter sido pioneira no fluxo transfronteiriço imaterial dos bens intelectuais gera naturalmente a busca de paralelismos entre as normas que a regem e as que devem ser aplicadas à difusão interactiva, também ela multinacional por excelência e, por maioria de razão, insusceptível de controlos territoriais.

A questão coloca-se, sobretudo, no domínio da legislação aplicável. Não anteciparemos por isso a resposta, preferindo uma análise global de toda a matéria – que se realizará no capítulo seguinte. Desse modo, poderemos apresentar aquelas que entendemos serem as soluções correctas – quanto a esse tema central – para todos os casos relevantes.

Diga-se, contudo, desde já, que o problema da lei aplicável demonstrará, mais uma vez, quão errada teria sido a criação do "grande direito de comunicação pública" por muitos preconizada. As diferenças entre a radiodifusão e a colocação à disposição do público interactiva ficarão mais uma vez patentes e levarão, contra as nossas expectativas iniciais, a soluções de cariz oposto.

Se se realizar uma radiodifusão através da Internet é óbvio que os potenciais destinatários serão universais.

A autorização e correspondente pagamento para uma radiodifusão territorial limitada ficariam, por conseguinte, em causa se com a mesma se pretendesse abranger uma transmissão global.

Os próprios princípios da boa-fé obstam a uma tal extensão exorbitante do consentimento contratualmente estabelecido.

O problema é, no entanto, meramente quantitativo – a qualificação do acto de utilização como radiodifusão, ainda que pela Internet, não está em causa.

A transmissão em rede com funções equivalentes à radiodifusão é apenas uma modalidade desta. A tecnologia utilizada – como tivemos ocasião de salientar relativamente à difusão por cabo e agora reiteramos – é completamente irrelevante em termos da sua qualificação jurídica.

A questão de saber se a autorização para radiodifundir permite a Webcasting é hoje em dia um dos problemas mais controvertidos no direito norte-americano e tem dado origem a acesos debates quer a nível doutrinário, quer no âmbito do próprio Congresso.

Apesar das divergências reinantes, até pelo conflito de interesses em jogo, a tese dominante é hoje a de que a Webcasting não está abrangida por um mero consentimento para radiodifundir – solução que se nos afigura obviamente correcta face aos argumentos que anteriormente aduzimos.

[872] Concedendo que a Webcasting pode ser uma modalidade de radiodifusão, veja-se ALEX MORRISON e LORNA E. GILLIES, "Protecting Webcast Content, Copyright on the Internet and Problems of Jurisdiction in the European Union", pág. 1.

CAPÍTULO III

O PROBLEMA DA LEI APLICÁVEL

1. O digital recoloca, só por si, o problema da legislação aplicável. Mas, como se viu, a transmissão em rede é passível de enquadrar vários tipos de utilizações. Temos de averiguar, por isso, se a esses actos diferentes correspondem, em termos de direito a aplicar, soluções divergentes.

2. Quanto ao primeiro destes aspectos, deve-se a DREIER o estudo mais elaborado sobre o assunto[873].

Fá-lo com recurso à directiva 93/83/CEE, de 27 de Setembro, procurando averiguar se as soluções que ela consagra serão aplicáveis no mundo do digital.

Apesar do seu valor, o trabalho de DREIER não estabelece a distinção entre os vários direitos que podem estar em causa na rede digital, limitando-se a analisar a directiva e os modelos que a mesma estipula para o satélite e para o cabo e a verificar se os mesmos serão praticáveis face aos novos meios de difusão. A sua relevância, em termos de uma perspectiva global de vários temas que temos abordado ao longo desta obra, é, no entanto, motivo válido para que lhe dediquemos particular atenção.

3. Começando por questionar se o regime da directiva será aplicável ao domínio do digital por analogia ou por aplicação literal – o que, no último caso, pareceria indicar que os actos relevantes na rede digital se

---

[873] THOMAS DREIER, "The Cable and Satellite Analogy", in "The Future of Copyright in a Digital Environment", edição coordenada por BERNT HUGENHOLTZ, págs. 57 a 65.

reduziriam a uma radiodifusão ou uma retransmissão por cabo – DREIER procura averiguar, em primeiro lugar, a possibilidade de analogia com o esquema criado para o cabo na directiva.

Depois de esquematicamente descrever os mecanismos resultantes do seu art.º 9 e das razões normalmente aduzidas para os sustentar, o autor verifica os prós e os contras da importação de idêntica solução para a transmissão digital.

Como vantagens, encontra a facilidade de contratação que a "gestão colectiva necessária" propicia e a pretensa manutenção dos direitos exclusivos dos titulares, que os perderiam se se tivesse optado pela introdução de uma licença legal. Existem, todavia, diversos motivos que levam DREIER a recusar uma analogia entre as regras da retransmissão por cabo e o digital.

Em primeiro lugar, é forçado a reconhecer que a gestão colectiva obrigatória reduz o direito exclusivo, isto é, "dá ao autor menos do que ele ou ela tinham previamente"[874], o que "contraria a doutrina e a filosofia do direito de autor". De todo o modo, parece-lhe duvidoso que se possa criar um dever geral de autorização para todos os autores, tanto mais que na transmissão em rede digital é muito mais fácil retirar a(s) obra(s) daqueles que não tenham consentido na transmissão e permitir apenas a difusão das que foram previamente autorizadas.

Em segundo lugar, chama a atenção para o facto de "na hierarquia tradicional de exploração dos programas de rádio e televisão ... a retransmissão por cabo não ser um acto de exploração primário mas sim secundário". Estes últimos são geralmente regidos por normas distintas das que regulam a exploração primária, já que o controlo não tem que ser tão efectivo e a remuneração gerada não se destina a "recapitalizar o investimento inicial feito". Consequentemente, qualquer eventual analogia deveria cingir-se a utilizações secundárias que ocorrerem na rede.

Em terceiro lugar, DREIER utiliza um argumento de ordem prática: os produtores têm-se rebelado contra a negociação obrigatória através de entidades de gestão. É que muitas vezes os produtores, especialmente os cinematográficos, são não só titulares dos seus direitos próprios, como também dos restantes (de autores, de artistas, etc.) que adquirem à partida de modo a garantirem o êxito financeiro da produção e a livre negociação

---

[874] Idem, pág. 59. Como se verifica DREIER, embora timidamente, reconhece o verdadeiro significado da "gestão colectiva necessária".

das formas de exploração da obra sem necessidade de compromissos e cedências aos detentores de outros direitos.

O produtores, até pelos grandes investimentos que muitas vezes realizam, não vêem com bons olhos a intromissão de uma entidade de gestão colectiva num processo negocial que pretendem ser eles próprios a conduzir. Não aceitarão, por isso, que os direitos que lhes pertencem sejam negociados para a transmissão na Internet ou noutra rede global, por outrem que não eles.

Em quarto lugar, a "gestão colectiva necessária" acarretaria ainda a desvantagem de os direitos deixarem de poder ser concedidos numa base exclusiva e de a remuneração a pagar ter de ser calculada de uma maneira genérica para certos grupos de obras e/ou tipos de usos[875].

Finalmente, segundo DREIER, "a solução de exercer os direitos colectivamente – seja por imposição da lei ou por escolha voluntária dos titulares – só faz sentido em duas situações: onde o uso do material protegido possa ser caracterizado como um acto de exploração secundária (e onde não seja possível em geral ou só o seja com um custo não razoável, exercer os direitos individualmente) ou onde o material enquanto tal é largamente substituível (como no caso de obras musicais no que respeita ao seu uso, por exemplo, como música de fundo)"[876].

Desaconselhada, por conseguinte, a analogia com a solução da directiva para a retransmissão por cabo, o autor vira-se seguidamente para o esquema que aquela legislação comunitária adoptou para o satélite: como sabemos, a "teoria da emissão".

DREIER encontra três motivos que parecem apontar para uma similitude de regimes entre a radiodifusão por satélite e a transmissão digital.

O primeiro é o de que em certos aspectos as situações são sem dúvida idênticas: em ambos os casos (transmissão de programas por satélite e comunicação em linha dos conteúdos de bases de dados), o material protegido é comunicado desde uma fonte a vários utilizadores, isto é, é tornado acessível ao público. Na prática, as duas actividades são transfronteiriças, não interessando, para efeitos de Direito de Autor, se são usadas "ligações materiais por cabo em vez de comunicações imateriais por satélite".

---

[875] Idem, pág. 60.
[876] Idem, págs. 60 e 61.

A segunda semelhança é a de que, paralelamente ao que acontece com a transmissão de programas por satélite, a exploração transfronteiriça de obras protegidas por serviços em linha traz consigo a incerteza legal de quais os Estados onde a comunicação ao público tem lugar e, "onde a teoria Bogsch for aplicável", a dificuldade de se ter de obter os direitos para todos os Estados onde o serviço em linha possa ser acedido. Esta última dificuldade parece mesmo agravada: enquanto o fornecedor de um programa por satélite pode, pela escolha de um âmbito de irradiação ("footprint") apropriadamente delimitado, exercer pelo menos um certo grau de controlo relativamente ao número e à identidade dos Estados de recepção, os serviços em linha, através de telefone e "modem", são acessíveis a partir, virtualmente, de qualquer lugar no mundo.

Finalmente, em terceiro lugar, ao contrário do caso do cabo, no que respeita aos satélites estamos a lidar com "actos de exploração primária de material protegido"[877].

Apesar destes pontos de contacto, o jurista alemão não se mostra favorável, também aqui, a uma analogia. Para sustentar a sua tese aponta quatro razões.

Primeiramente, devido à simultaneidade de uso da mesma obra que a transmissão em linha permite não é claro, em todas as jurisdições, se essa oferta de material protegido constitui uma comunicação ao público. No caso de não constituir, a analogia só seria possível com outros actos relevantes a nível de Direito de Autor – como a fixação e a reprodução – e não com a radiodifusão por satélite.

Em segundo lugar – e isso afigura-se-lhe como o mais importante – o modelo da radiodifusão por satélite da directiva requer que o nível de protecção seja mais ou menos o mesmo em todas as leis nacionais dos Estados que o apliquem. Por isso, apesar das discrepâncias que reconhece existirem entre os vários países comunitários, a União Europeia pode impor a aplicação da lei do país de emissão porque há um grau mínimo de protecção em todos os seus Estados. O carácter universal da rede digital impede, contudo, uma harmonização desse tipo podendo-se colocar obras à disposição do público a partir de qualquer ponto do planeta.

Em terceiro lugar, a directiva parte do pressuposto que os pagamentos a efectuar pelos direitos de utilização têm em conta "todos os

---

[877] Idem, pág. 62.

aspectos da emissão, tais como a audiência efectiva, a audiência potencial e versão linguística" (considerando 17). Ora, isto só é possível quando o número de titulares de direitos é limitado, está concentrado num Estado ou é suficientemente representado por entidades de gestão colectiva. É esta delimitação, que permite que os direitos sejam adquiridos apenas no país de origem, que se afigura impossível no mundo global do digital para todos os materiais envolvidos.

Por último, DREIER entende que a analogia com a transmissão por satélite é ainda inviável e até desnecessária, porque a empresa que crie um serviço em linha não tem apenas de adquirir um direito de comunicação mas também um direito de reprodução e terá de o fazer relativamente a todas as obras, prestações e outros materiais protegidos que queira incorporar na sua base de dados e a todos os titulares de direitos – a nível mundial – que estejam envolvidos. Terá, por isso, de se dirigir a todos e não apenas aos do país onde originariamente coloque à disposição do público aquilo que armazenou – o que torna despicienda uma solução como a prevista pela directiva[878].

Tudo visto, DREIER finaliza o seu trabalho rejeitando para a difusão digital qualquer dos modelos adoptados comunitariamente para a radiodifusão por satélite e para a retransmissão por cabo.

Apesar de não acompanharmos o autor em alguns dos argumentos utilizados não podemos deixar de sublinhar a crítica certeira que faz à "gestão colectiva necessária" e a posição nítida em favor de uma "teoria da comunicação". É esse, aliás, o aspecto mais marcante do seu estudo. Demarcando-se da "teoria da emissão" que ajudou a construir nos seus trabalhos para a Comissão Europeia, DREIER regressa às suas teses originárias e se, relativamente à radiodifusão por satélite, apenas deixa subentendida a sua preferência pela "teoria Bogsch" quanto à transmissão digital opta claramente por uma "teoria da recepção".

A necessidade de aquisição dos direitos em todos os países de recepção, que defende, não pode deixar de ter implicações a nível de lei aplicável. Só se justifica uma tal exigência se se entender que é neles que ocorre a comunicação pública.

Mas será que tudo se passa com essa linearidade e que aquilo que defendemos para a radiodifusão é aplicável, *mutatis mutandis*, às difusões digitais e sobretudo às que se efectuam de modo interactivo?

---

[878] Idem, págs. 63 e 64.

A obra de DREIER fornece-nos um ponto de partida sólido para formularmos uma tomada de posição final sobre toda a problemática da legislação aplicável. A ela liga-se indissociavelmente uma outra de que já tratámos – a do "grande direito de comunicação pública".
Vamos verificar porquê. Como anteriormente se acentuou, a tese deste "grande direito" foi abandonada nos novos tratados da OMPI. Procuraremos agora demonstrar os resultados errados a que conduziria em matéria de lei aplicável.

4. A nossa convicção inicial ia no sentido das teses de DREIER e da maioria daqueles que se lhe seguiram. Sensibilizava-nos, sobretudo, a ideia de uma recepção massiva e múltipla das obras e prestações. A transmissão digital aparecia-nos como algo de homogéneo que proporcionava uma difusão tendencialmente universal dos diferentes materiais protegidos. A associação com a radiodifusão por satélite directo surgia, assim, como natural e, em coerência com a posição sobre esta assumida, entendíamos que a lei aplicável aos vários actos em que se transmitia por rede digital seria a dos países receptores – aqueles onde ocorreria a comunicação pública.
Era esta, também, a posição mais comum. PETER SCHØNNING, num interessante artigo, optava, também, por essa posição[879-880]. O autor procedia à sua análise sob dois aspectos – jurídico e político. Depois de estabelecer a distinção entre a radiodifusão e as transmissões em linha – a primeira seria uma comunicação ponto a multiponto, enquanto as segundas seriam uma comunicação interactiva ponto a ponto ou então multiponto a ponto – e de distinguir a posição do receptor em ambas – passivo no primeiro caso, activo no segundo – SCHØNNING concluía que o tema estava em aberto, visto que nem a Convenção de Berna nem as soluções da directiva 93/83/CEE, relativas ao satélite "indicavam qualquer resposta firme"[881].
Era quando abordava a questão sob o prisma político que SCHØNNING, em consonância com a GESAC (Groupement Européen des

---

[879] PETER SCHØNNING, "Applicable Law in Transfrontier On-Line Transmissions", in NIR (Nordiskt Immaterielt Rättsskydd), n.º 3/96, págs. 266 e seguintes.

[880] O artigo em questão encontra-se também publicado, com pequenas alterações, em RIDA, 170, Outubro 1996, págs. 20 a 53. Neste trabalho segue-se a primeira publicação.

[881] Idem, pág. 270.

Sociétes d'Auteurs et Compositeurs), apresentava e fundamentava a sua posição.

Após criticar o Livro Verde da Comissão Europeia para a Sociedade da Informação e a solução que este preconizava, na esteira da directiva satélite e cabo para a difusão digital – aplicação da lei do país de origem com algumas cláusulas de salvaguarda no caso de a transmissão partir de um país fora da União Europeia com um nível mais baixo de protecção do que o existente na União – dava-nos conta das reticências que ele próprio e a GESAC tinham quanto a uma tal equiparação.

Em primeiro lugar, salientava que a área de recepção da radiodifusão por satélite – o âmbito de irradiação ("footprint") – é limitado, enquanto a transmissão em linha de um servidor num país pode ser recebida em todos os países do mundo. As transmissões em linha não conhecem, pois, qualquer limite territorial. Consequentemente, o nível de protecção no país de origem seria, por assim dizer, exportado para outros países de uma forma muito mais vasta do que nas transmissões por satélite.

Em segundo lugar, acrescentava que é muito difícil medir as diferenças de nível de protecção nos diferentes países. Diferenças nas excepções ao direito exclusivo, por exemplo no que diz respeito à citação, podem tornar incerto se é a lei de um (terceiro) país de origem ou do país (Europeu) de recepção que é a relevante. Este problema é muito mais sério no caso de transmissões em linha porque existe um número muito maior de potenciais países de origem do que no caso de transmissões por satélite.

Finalmente, em terceiro lugar, e o que reputava de mais importante, existe um muito maior risco de deslocalização (ou de "forum shopping") nas transmissões em linha do que nas transmissões por satélite. "No último caso, é necessário mudar equipamento técnico e pessoal para o paraíso de direito de autor, onde o fornecedor do programa por satélite não encontre obstáculos de direito de autor. A deslocalização nas transmissões em linha é extremamente fácil".

Depois de dar alguns exemplos figurativos que demonstram o que acabou de afirmar e de recordar a resposta da GESAC ao Livro Verde já referido, SCHØNNING formula, em nome próprio e daquela instituição, as suas conclusões: "É necessário, do meu ponto de vista e do da GESAC, escolher a lei do país de recepção como lei aplicável às transmissões em linha. Esta solução é necessária em ordem a garantir aos autores e aos outros titulares de direitos um grau suficiente de protecção, enquanto não tiver lugar nenhuma harmonização internacional de direito de autor satisfatória. A solução do satélite, usando o direito do país de origem com algumas cláusulas de salvaguarda, não é suficiente devido aos problemas com a medida das diferenças de nível de protecção.

Tem de haver uma regra clara que diga que, no que respeita às transmissões em linha, é a lei do país de recepção a aplicável"[882].

5. A tomada de posição de SCHØNNING é tanto mais importante quanto é certo que sintetiza as teses de um grupo significativo de entidades de gestão, também elas, afinal, insatisfeitas face a uma teoria da emissão ultrapassada no que respeita à radiodifusão. Citamo-la não apenas por isso, mas porque foi ao reler a sua obra que as nossas convicções de base ficaram abaladas. Não foi nenhum argumento particular que tenha utilizado nem qualquer demonstração específica que tenha feito. O que nos impressionou foi, mais uma vez, a simplificação generalizada que se faz – de que o autor é apenas um exemplo – e de as soluções que apresenta virem enquadradas na análise política que elabora e não nas jurídicas. SCHØNNING acrescentava mesmo como argumento adicional para defesa das suas teses o facto de elas estarem de acordo com ... o proposto pelos Estados Unidos da América[883]...

6. Falámos de simplificação generalizada; expliquemos porquê.

Quando se fala em digitalização, em transmissão digital, em Sociedade da Informação há uma tendência enorme para tomar a parte pelo todo. Normalmente, está-se a abordar apenas um aspecto específico e ao centrarmos a nossa atenção no mesmo estamos a chegar a conclusões parcelares e, por isso, erradas.

Foi o que nós próprios fizemos quando olhámos para a difusão digital como um todo e a entendemos apenas como um *plus* relativamente à radiodifusão por satélite. Como se frisou, nesse momento, tendo em vista unicamente a espantosa ampliação do âmbito de recepção que o digital permite. Chegámos, por isso, a afirmar que se uma "teoria da comunicação (recepção)" se justificava para a radiodifusão por satélite directo, então ela impor-se-ia, por maioria de razão, para a transmissão digital[884]. Se qui-

---

[882] Idem, págs. 271 e 272.

[883] Segundo SCHØNNING – ob. cit., pág. 272 – a regra do direito norte-americano (direito de importação) é, na verdade, uma norma que aponta para o país de recepção.

[884] Foi a posição que assumimos na nossa conferência sobre "Lei aplicável", no "Curso de Pós-Graduação sobre Direito da Sociedade da Informação – 1998", organizado sob a égide da Faculdade de Direito de Lisboa (FDL) e a Associação Portuguesa de Direito Intelectual (APDI).

sermos, na expressão de um autoralista de nomeada, na dita Sociedade da Informação é necessária uma "super teoria Bogsch"[885-886].

7. A realidade é, contudo, bem diferente. Não existe um só digital, não existe um só tipo de transmissão, não existe um só acto de utilização abrangido pelo Direito de Autor. Também aqui a difusão em rede digital é multifacetada.

O nosso próprio trabalho é disso elucidativo – como se provou através da distinção que estabelecemos entre radiodifusão digital e colocação à disposição do público interactiva, já para não falarmos dos actos de fixação, reprodução, compilação ou outros que as antecedem ou se realizam autonomamente a elas. Existe toda uma série de faculdades de aproveitamento com especificidade própria que exigem um tratamento adequado à sua natureza e função. Olhá-los como um todo indiscriminado ou analisarmos apenas um deles e pretender subsumir tudo o resto ao seu modelo normativo é "tomar a nuvem por Juno" – o que só pode levar a conclusões incorrectas.

8. A radiodifusão digital e a colocação à disposição do público interactiva do mesmo tipo que temos vindo a tratar dão-nos, em sede de direito aplicável, uma prova eloquente do que temos vindo a dizer.

Já anteriormente distinguimos os dois direitos[887].

Recapitulemos o que de essencial se disse. A radiodifusão, ainda que digital, continua a ser uma forma de radiodifusão – uma comunicação pública ponto a multiponto cujo conteúdo é previamente determinado pelo radiodifusor.

O mesmo se passará ainda na, agora tão em voga, televisão "pagar para ver" ("pay per view") – estaremos ainda em situação idêntica desde que os descodificadores sejam postos à disposição do público[888].

---

[885] Expressão de FICSOR que nunca acompanhámos, desde logo pelas críticas já formuladas àquela teoria.

[886] É esta também a solução preconizada, entre nós, por LIMA PINHEIRO, "A Lei Aplicável aos Direitos de Propriedade Intelectual", cit., págs. 135 e 137 e "Direito Internacional Privado" II Volume, págs. 279 e 280 DÁRIO MOURA VICENTE, "Direito Internacional Privado", cit., págs. 154 a 157.

[887] Cfr. supra, pág. 356 e seguintes.

[888] Nesse sentido, vide art.º 1.º n.º 2, alínea c) da Directiva satélite e cabo.

A natureza passiva deste quanto àquilo que recepciona não se modifica – no primeiro caso tem (ou não) de ligar o aparelho de recepção, no segundo caso tem, além disso, de munir-se do descodificador adequado. Tudo se altera na colocação à disposição do público digital interactiva, onde quem coloca à disposição do público permite que os membros deste, activamente, acedam e actuem sobre as obras e outras prestações.

A recepção é, de facto, privada e parte da iniciativa de cada um que contacta o(s) servidor(es) construindo o próprio programa que deseja, modificando-o, ou fazendo do mesmo utilizações subsequentes – v.g., uma reprodução – que ficarão sujeitas aos respectivos direitos que estejam em jogo.

Como atrás se disse, o carácter público desta utilização está na possibilidade dos seus membros terem acesso, a pedido ("on demand"), ao que está no servidor e não na difusão generalizada destinada a um público em massa.

Podemos até ir mais longe, e, dado que não estamos vinculados às qualificações legais[889], pensamos mesmo que não se deve falar da transmissão digital interactiva como um acto de comunicação ao público no sentido tradicional da expressão. Esta colocação à disposição de cada um, individualmente considerado, é algo de inovador que merece designação e regime que não se confunda com outras realidades. De colocação à disposição do público digital interactiva – afastando o conceito de transmissão mesmo entendido como uma ligação entre dois pontos independentemente de em que pólo se toma a iniciativa de estabelecer a ligação[890] – se deve, pois, falar[891]. Um simples exemplo prático basta para demonstrar a diferença entre as duas figuras: se um radiodifusor emitir obras para o espaço não pratica qualquer acto relevante a nível de Direito de Autor porque o público não é o seu destinatário. Se, pelo contrário, alguém colocar essas obras à disposição do público num servidor, ainda que ninguém tenha feito uso das mesmas, já pratica um acto sujeito ao Direito de Autor, porque a todo o tempo o acesso por parte de membros do público é possível – ainda que este último momento seja irrelevante em sede deste ramo de Direito.

---

[889] Como a que é realizada pelo art.º 8 do Tratado da OMPI sobre Direito de Autor.
[890] Neste caso é o utilizador que toma essa iniciativa.
[891] A expressão transmissão interactiva é, no entanto, frequentemente utilizada, enfatizando o acesso do público aos conteúdos disponibilizados em rede, que é precisamente o que escapa ao âmbito do Direito de Autor.

9. O que fica dito tem consequências óbvias a nível de todo o regime e, neste caso, sobre a legislação a aplicar a cada um dos dois direitos.

A radiodifusão digital, ainda que codificada, estará sujeita à "teoria da comunicação (recepção)" tal como anteriormente a deixámos delimitada. Pelo contrário, à colocação à disposição interactiva aplicar-se-á a lei do país onde a obra ou prestação foi colocada à disposição do público.

No primeiro caso, o acto relevante a nível de Direito de Autor – a comunicação pública – ocorre no país de recepção. No segundo, tal acto – o tornar acessível a qualquer membro do público – dá-se no local onde o servidor franqueia esse acesso.

Note-se que, nesta última hipótese, nem de "teoria da emissão" podemos falar. Esta tem como pressuposto um acto de emitir – de difundir sinais, sons ou imagens – que aqui não tem lugar. Têm, por isso, razão THIERRY PIETTE-COUDOL e ANDRÉ BERTRAND quando, propondo uma solução para o problema "da lei aplicável no ciberespaço", falam da competência do lugar de "colocar à disposição" na Internet[892].

Os autores fornecem, aliás, inúmeros argumentos favoráveis à solução que preconizamos. Começam por salientar que contrariamente aos emissores hertzianos que "bombardeiam" de ondas continuamente um certo território, o servidor é, em princípio, um instrumento passivo – é o utilizador que a ele acede e se liga[893]. Em consonância com esta constatação entendem que, a propósito da Internet, de um ponto de vista estritamente jurídico, convém ter em atenção duas figuras: "a colocação à disposição do público" e o "acesso" ao lugar do servidor. Procuram estabelecer, relativamente a ambas, analogias com situações mais clássicas. Assim, sublinham que, também, um vendedor tradicional oferece os seus produtos à venda na sua loja.

Mas o cliente pode ser um estrangeiro de passagem que voltando ao seu país lhe pode fazer uma encomenda por correspondência. "Nesse caso, a "colocação à disposição" do público compromete o seu autor de acordo com as leis onde essa colocação à disposição é feita. Ela deve, portanto, satisfazer as leis onde essa colocação à disposição tem lugar, quer dizer o lugar do servidor. Informações comerciais postas à disposição do público num servidor situado nos Estados Unidos devem, por conseguinte,

---

[892] THIERRY PIETTE-COUDOL E ANDRÉ BERTRAND, "Internet et la Loi", pág. 55 e seguintes.

[893] *Ibid.*, pág. 55.

satisfazer as leis americanas: aliás, a Comissão Federal de Comércio, não hesitou, nestes últimos meses, em sancionar os servidores americanos que tinham colocado à disposição do público publicidade enganosa ou de natureza a induzir em erro os internautas"[894].

PIETTE-COUDOL e BERTRAND reconhecem depois as grandes dificuldades da solução que propugnam e que são de ordem técnica. Na verdade, "os servidores que mantêm muitos contactos fazem frequentemente duplicações em muitos "sítios ("sites") espelho" e a consulta de um ficheiro ou de um servidor conduz frequentemente à reprodução temporária no lugar de consulta"[895].

Deixando de parte esta última situação, onde, quanto a nós, não existe qualquer reprodução em sentido jurídico[896], admitimos a primeira dificuldade apontada pelos autores e concordamos com a solução que para ela apontam: "Convém, nesse caso, ter em conta o lugar do sítio ("site") escolhido originalmente pelo "anunciante", aquele que tem um interesse directo na oferta da informação, do produto ou do serviço"[897].

Já não os podemos acompanhar nas referências que fazem aos utilizadores.

Quanto a estes PIETTE-COUDOL e BERTRAND admitem que o "consumidor internauta corre o risco consciente de se colocar sob as leis do país do vendedor". Consideram, no entanto, que tais riscos são mínimos se o servidor estiver num país da União Europeia dado que as leis protegem os consumidores[898].

Salientam, contudo, que o "acesso" não é um acto "inocente". Daí que o internauta que "aceda" virtualmente a uma informação ou a uma oferta de produto e de serviço no estrangeiro e que a repatrie electronicamente para o país onde está situado, sabendo que nesse país essa

---

[894] Ibid., pág. 56.
[895] Ibid., pág. 57.
[896] Não existe, neste caso, correspondência entre a reprodução em sentido técnico e em sentido jurídico. A reprodução técnica que se realiza na memória do computador por fracções de segundo é meramente instrumental para a visualização no ecrã – essa sim relevante em termos de direito.
[897] "Internet et la Loi", cit., pág. 57.
[898] Os autores acrescentam, ainda – fazendo alusão à "Proposta de Directiva do Conselho relativa à protecção dos consumidores em matéria de contratos negociados à distância" – que a protecção dos consumidores será, além disso, harmonizada dentro de alguns meses.

informação ou essa oferta viola as leis locais, pode, eventualmente, cair sob a alçada dessas leis. Entendem, por isso, não poder distinguir entre a pessoa que franqueie fisicamente uma fronteira com revistas pornográficas sabendo que elas são proibidas no país onde são, deste modo, importadas, daquela que faz uma importação duma cópia electrónica dessas mesmas revistas por meio da Internet.

Segundo os autores o problema não é, contudo, novo. Durante a Segunda Guerra Mundial as autoridades alemãs não puderam impedir ou fazer sancionar as emissões da BBC, mas sancionavam os resistentes que as escutavam.

Concedem que o exemplo pode parecer deslocado, mas acrescentam que para numerosos países a Internet é hoje em dia tão condenável como o eram as emissões da Voz da América durante a Guerra Fria. As leis de numerosos países serão certamente modificadas em consequência disso, mas seria preferível permitir a cada Estado controlar o acesso à Internet no seu território do que aceitar que ele se possa erigir em polícia mundial do "ciber-espaço" em nome da sua moral e da sua cultura.

E continuam afirmando que numerosos sítios ("sites") Web têm páginas de salvaguarda onde é indicado aos utilizadores que o seu acesso pode ser limitado ou interdito de acordo com certas leis locais. Em consequência, se tal for o caso, eles são convidados a desligarem-se do sítio ("site") para não se exporem a eventuais sanções e esclarecidos de que, em qualquer caso, o servidor não se quer ver responsabilizado pelos seus acessos ilícitos. Isto é o que se passa, nomeadamente, em numerosas lotarias ou jogos de dinheiro através de servidores colocados nas Bahamas na medida em que a lei americana – que é a única na matéria – sanciona as pessoas que utilizam as redes de telecomunicações e, portanto, os internautas que participem em actividades ilícitas.

Os autores questionam, ainda, se não convém distinguir a simples consulta que fica na "esfera da Internet", da reprodução de informações ou documentos, nomeadamente se essa reprodução for feita em papel, saindo, assim, da "esfera da Internet" e determinando, por isso, a responsabilidade exclusiva do utilizador.

Em conclusão, entendem que a análise técnico-jurídica do funcionamento da Internet permite circunscrever o problema da lei aplicável que deve, em princípio, ser a do servidor.

Acontece, porém, que numerosos magistrados e governos, não aceitarão, seguramente, ver o seu poder limitado. O problema gerará grande controvérsia ("fará correr muita tinta"), enquanto não for regulado por uma convenção internacional[899].

10. Existem no texto ora referido algumas contradições de fundo com a solução avançada pelos próprios autores e que estes só atenuam através da parte final do que sintetizámos.

De facto, os utilizadores não cometem qualquer ilícito ao chamarem um programa, obra ou prestação para visualizar. Aí tudo se passa no domínio da sua esfera privada. Ao "navegarem" pela rede podem nem sequer ter conhecimento cabal daquilo que vão encontrar. Nessas situações não existe, por conseguinte, qualquer ilícito por parte do usuário que se limita a aceder àquilo que outros colocaram à sua disposição, devendo ter obtido, para o efeito, os respectivos direitos.

Não será assim, efectivamente, quando o utilizador fizer reproduções [900]. Nesse caso, a reprodução, como faculdade instrumental que é, só será permitida com autorização dos titulares de direitos, porque potencia uma nova distribuição pública das obras ou prestações protegidas. Mas em tal hipótese estaremos sob a égide de um novo acto de aproveitamento que não se confunde com a "transmissão digital interactiva", enquanto tal, que o mesmo é dizer – na expressão de PIETTE-COUDOL e BERTRAND – estaremos perante uma nova utilização fora da "esfera da Internet".

Apesar de escapar à nossa investigação, o mesmo se dirá dos jogos de fortuna exemplificados. Se o utilizador se limita, v.g., a receber o boletim não há qualquer violação legal. Poderá, eventualmente, existir quando se inscreve no dito concurso, mas esse é um segundo momento em que deixou de ser mero receptor e passou a ser participante através de uma inscrição electrónica que publicita a sua qualidade de jogador[901].

---

[899] "Internet et la Loi", cit., págs. 57 a 59.

[900] A confusão entre descarregamento ("*download*") e reprodução é patente em LIMA PINHEIRO, "A Lei Aplicável aos Direitos da Propriedade Intelectual", cit., pág. 136 e "Direito Internacional Privado", Volume II, cit., pág. 280. Também DÁRIO MOURA VICENTE, "Direito Internacional Privado", cit., págs. 154 a 157 entende, equivocamente, o descarregamento (*download*) como acto de utilização.

A verdade, porém, é que o descarregamento (download) é livre em sede de Direito de Autor, mas uma reprodução com origem nas obras ou prestações apreendidas constitui um novo aproveitamento sujeito às regras daquele ramo de Direito.

[901] Levantam-nos, de resto, as mais sérias dúvidas, proibições deste tipo – como as constantes na legislação norte-americana.

Os outros argumentos que se baseiam em Estados-polícia não merecem, por maioria de razão, qualquer acolhimento. São reveladores da prepotência desses Estados e dos sistemas neles vigentes, mas não podem fundamentar a busca de lugares paralelos que justifiquem, nos dias de hoje – no mundo da informação global – soluções da mesma índole, pelo menos nos chamados Estados de Direito.

A tese que defendemos (e que, no fundo, é a adoptada pelos autores franceses) complementada com a proposta, que subscrevemos, sobre os "sítios ("sites") espelho", como forma de resolução do problema da duplicação, mantém, assim, validade plena.

À colocação à disposição digital interactiva aplicar-se-á, deste modo, a lei do país onde as obras e prestações são colocadas à disposição do público, contrariamente ao que acontece na radiodifusão – tradicional, por satélite ou digital – a qual estará sujeita à legislação do local onde o acto relevante de comunicação pública ocorre – o país de recepção. Curiosamente, apesar de reconhecer claramente a distinção entre radiodifusão e colocação à disposição interactiva – que sublinha – ANDRÉ LUCAS, sugestionado pelo perigo das deslocalizações, acaba por propor a aplicação da lei dos países de recepção[902].

Pensamos, com o devido respeito, que o erro do Professor francês está no facto de continuar a raciocinar em termos de "teoria da emissão" como se estivéssemos no âmbito da radiodifusão.

---

[902] ANDRÉ LUCAS, "Le Droit d'Auteur et les Droits Voisins dans la Société de l'Information: Besoin de Continuité, Besoin de Changement?" in Copyright and Related Rights on the Threshold of the 21st Century, Actas do Congresso realizado em Florença, em 2, 3 e 4 de Junho de 1996, págs. 33 a 43, especialmente pág. 32 – texto francês; págs. 30 a 39, especialmente págs. 35 e 36 – texto inglês.

O mesmo autor – agora com maior distanciamento – volta a separar as águas explicando com clareza as teses antagónicas favoráveis à aplicação à transmissão digital interactiva da "lei do país de origem" e da "lex loci delicti".

Reconhecendo as dificuldades de escolha de uma ou utra teoria, limita-se a expor as vantagens e inconvenientes das duas teses e a referir os autores mais relevantes que as defendem para, finalmente, voltar a demonstrar a sua preferência pela aplicação da lei do país de recepção que, segundo entende, é uma "tendência que se está a acentuar com o desenvolvimento das redes numéricas" – cfr., ANDRÉ LUCAS, "Droit d'auteur et numerique", Paris, 1998, págs. 325 a 342.

Diga-se que os argumentos apresentados em favor da posição sustentada continuam a ser muito mais políticos do que jurídicos.

A rejeição do modelo da directiva satélite e cabo não tem como consequência aquilo que, numa visão mais imediatista, alguns supõem – a opção pela "teoria da comunicação". A recusa do sistema comunitário leva à adopção da "teoria da recepção" para a radiodifusão transfronteiriça e à compreensão de que à nova difusão interactiva não são adaptáveis os esquemas legais perspectivados para a radiodifusão. Num segundo momento, ter-se-á de, encarando a realidade que o novo acto de aproveitamento representa, verificar onde é que o mesmo é praticado e assume relevo a nível de Direito de Autor.

Como ficou demonstrado e dentro daquilo que o próprio ANDRÉ LUCAS designa como "a lógica da propriedade intelectual", nesse momento ter-se-á de reconhecer que a utilização das obras ou prestações ocorre no local onde estas são colocadas à disposição do público.

O facto de os organismos de radiodifusão poderem praticar qualquer dos actos, em nada obnubila a conclusão apresentada. Se promoverem a emissão de programas em rede estarão sujeitos ao direito de radiodifusão e, no domínio da lei aplicável, sujeitos ao direito do país de recepção. Como já se explicou, se colocarem os seus programas como se de uma biblioteca se tratasse, à qual os membros do público podem aceder e interagir, submeter-se-ão ao direito de colocar à disposição do público, cujo regime se definirá de acordo com a lei do país onde procederam a essa colocação.

A sua natureza originária de radiodifusores, não obsta, naturalmente, a que as diferentes utilizações que efectuem sejam submetidas ao regime de um ou de outro dos direitos.

11. Os grandes problemas que a solução apresentada comporta não são de natureza técnico-jurídica mas sim políticos e técnicos.

Os primeiros foram salientados por PIETTE-COUDOL e BERTRAND e traduzem-se no facto de os governos, particularmente os mais poderosos, não pretenderam perder o controlo do que se passa na rede. Talvez por isso os autores tenham vacilado na posição de fundo que tomaram, abrindo o flanco ao admitir uma intervenção na esfera privada dos utilizadores mesmo quando estes não possam fazer um aproveitamento secundário daquilo que se limitaram a visualizar.

Foi, eventualmente, pelo mesmo motivo que PETER SCHØNNING apresentou a sua "teoria da recepção" quando, no seu trabalho, abordou os aspectos políticos e não os jurídicos, não se esquecendo de utilizar a lei norte-americana como argumento de peso em favor da sua tese. Não nos admira, portanto, que no futuro, mais uma vez, sejam as motivações políticas a impor a sua força[903].

Como se compreende a nossa análise situa-se em plano distinto. Por sua vez, os problemas técnicos só têm solução a dois níveis. O primeiro é precisamente o técnico, ou se quisermos o tecnológico.

As utilizações que sejam feitas na rede digital só por controlo electrónico podem ser verificadas. Fala-se de "data stamping" ou "impressão electrónica digital", palavra passe ("password"), criptagem, sistemas anti-cópia ou assinatura digital, como meios de proceder a essa triagem – se alguém recebe uma obra para ver é algo de completamente distinto de a receber para a reproduzir num exemplar para uso privado o que, por sua vez, é bem diverso de a partir de uma primeira reprodução iniciar a distribuição electrónica da cópia efectuada ou a edição em papel da obra em questão. Cada um dos usos em causa tem, necessariamente, um valor distinto e só o desenvolvimento de dispositivos tecnológicos adequados permitirá determinar, quer as obras ou prestações utilizadas, quer a(s) finalidade(s) que envolveram o seu uso[904].

Uma outra forma de salvaguarda passa por mecanismos contratuais, através dos quais os titulares de direitos antecipadamente prevejam esquemas de defesa e retribuição das respectivas situações jurídicas.

Face à rede digital e às utilizações massivas e diversificadas que a mesma comporta a tendência é, nitidamente, no sentido do enfraquecimento dos direitos exclusivos, em favor de negociações gerais e estereotipadas que acentuam, cada vez mais, neste âmbito, uma caminhada em direcção aos direitos de remuneração que muitos teimam em combater[905].

12. Do que fica dito, podemos responder à questão que deixáramos em aberto[906]. Demonstrámos que a colocação à disposição do público

---

[903] O que não significa que acreditemos que a breve trecho seja possível a elaboração de um tratado internacional que resolva globalmente o problema equacionado.

[904] Sobre estes dispositivos vejam-se, art.º 12 do TODA e art.º 18 do TOIEF.

[905] A chamada que fizemos para os problemas políticos e técnicos que a solução encontrada envolve não tem por objectivo remeter para segundo plano as questões de delimitação do conteúdo dos direitos e respectivos regimes, as quais deverão merecer dos diversos legisladores atenção privilegiada.

[906] Cfr., supra, pág. 358.

digital interactiva não era uma espécie de radiodifusão. Agora, apoiados na investigação que efectuámos a propósito da lei aplicável, podemos afirmar que, também neste domínio, o regime da radiodifusão não é aplicável, sequer por analogia, à nova realidade[907-908].

---

[907] Com posição ambígua sobre o problema tratado neste capítulo, mas reconhecendo a forte oposição que a solução da directiva satélite/cabo suscitou (o que levou a que a directiva Sociedade da Informação se abstivesse de tratá-lo), veja-se THIERRY DESURMONT, "La Communauté Européenne, les Droits des Auteurs et la Société de l'Information", in RIDA, 190, Outubro 2001, págs. 17 a 27.

[908] Para uma análise global da temática da lei aplicável em Direito de Autor – analisando a questão no que concerne à criação dos direitos; a algumas faculdades morais e patrimoniais (entre estas a radiodifusão em geral e, particularmente, a efectuada por satélite); à duração e transferibilidade dos referidos direitos – consulte-se o estudo de TORREMANS, "The Law Applicable to Copyright: Which Rights are Created and Who Owns Them", in RIDA, 188, Abril 2001, págs. 36 a 115.

CAPÍTULO IV

A DIRECTIVA DO PARLAMENTO EUROPEU E DO CONSELHO RELATIVA À HARMONIZAÇÃO DE CERTOS ASPECTOS DO DIREITO DE AUTOR E DOS DIREITOS CONEXOS NA SOCIEDADE DA INFORMAÇÃO(DIRECTIVA 2001/29/CE, DE 22 DE MAIO DE 2001)

SECÇÃO I
A PROPOSTA ORIGINAL

1. Chegámos a uma série de conclusões fundamentais sobre a chamada Sociedade da Informação, os direitos que lhe são inerentes e os tratados internacionais que lhe visam dar corpo – os Tratados da OMPI sobre Direito de Autor (TODA) e sobre Interpretações ou Execuções e Fonogramas (TOIEF).

O processo não se deteve nesse momento histórico. Já aqui salientámos que a Comissão Europeia antecipando-se à aprovação dos citados convénios fizera publicar o seu "Seguimento do Livro Verde sobre o Direito de Autor e os Direitos conexos na Sociedade da Informação"[909], em que se propunha avançar para além dos previsíveis textos dos acordos de Genebra – que, na altura, se julgavam bem mais próximos dos objectivos da Comissão.

Após a aprovação dos dois tratados da OMPI esperava-se, por isso, que a Comissão retomasse a iniciativa. E, de facto, assim aconteceu.

2. Em 10 de Dezembro de 1997 foi apresentada a "Proposta de Directiva do Parlamento Europeu e do Conselho relativa à harmonização

---

[909] Doc. COM(96)568 final, citado.

de certos aspectos do direito de autor e dos direitos conexos na Sociedade da Informação", doc. COM(97)628 final – daqui em diante designada por "Proposta de Directiva sobre a Sociedade da Informação". Tinha passado quase um ano sobre a aprovação dos novos tratados da OMPI e a Comissão tinha deixado assentar muita da poeira que se levantara com o debate e a fórmula final dos dois convénios.

As suas propostas sobre a Sociedade da Informação – constantes do "Livro Verde" e do "Seguimento do Livro Verde" – são abundantemente recordadas, mas o pano de fundo essencial que justificava a proposta eram os tratados assinados em Genebra[910]. Pondo em termos tão simples quanto possível, os objectivos da Comissão eram evidentes: recuperar tudo o que cedera aquando das discussões finais do ano transacto.

São, por isso, significativas as áreas que eram apresentadas como "requerendo uma intervenção legislativa imediata a nível comunitário, devido à sua relevância para o mercado interno":

– o direito de reprodução;
– o direito de comunicação ao público;
– as medidas de carácter tecnológico e das informações para a gestão dos direitos; e
– o direito de distribuição de cópias materiais[911].

O direito de reprodução é, talvez, o exemplo mais marcante da forma como a Comissão, fazendo tábua rasa de tudo quanto fora debatido em Genebra, pretendia agora impor a sua visão unilateralmente.

Em Dezembro de 96 a ideia de equiparar a reprodução técnica à jurídica tinha sido quase imposta pela força. Os Estados Unidos, repre-

---

[910] O que era, aliás, confirmado, expressamente, através de sucessivas referências que lhes eram feitas – vide "Proposta de Directiva sobre a Sociedade da Informação", cit., v.g., págs. 3, 27, 29 a 31, 37 e 43, entre muitas outras.

Explicando as grandes linhas gerais sobre a referida Proposta de Directiva, vide SILKE von LEWINSKI, "A Successful Step towards Copyright and Related Rights in the Information Age: The New E.C. Proposal for a Harmonisation Directive", in EIPR, vol. 4, [1998], págs. 135 a 139.

O artigo ganha importância adicional pelo facto de SILKE von LEWINSKI ser a especialista do Max-Planck Institut que assessorou a Comissão na preparação dos novos tratados da OMPI, função que continuou a desempenhar agora na elaboração da "Proposta de Directiva sobre a Sociedade da Informação" em apreço.

[911] Vide "Proposta de Directiva sobre a Sociedade da Informação", cit., pág. 9.

sentados ao mais alto nível, chegaram mesmo a fazer depender a sua assinatura dos tratados da aceitação de uma noção de reprodução que tudo englobasse – incluindo o chamados "browsing" e "caching".

A pressão política teve, no entanto, que se submeter à visão jurídica correcta do problema, defendida pela maioria dos países, segundo a qual as reproduções técnicas meramente instrumentais para os actos relevantes a nível de Direito de Autor, não são reproduções em sentido jurídico. Na iminência de verem aprovada uma noção de reprodução que contrariasse os seus desígnios, as delegações que propunham um conceito maximalista de reprodução – E.U.A., Japão, Comissão e outros países ditos exportadores – preferiram deixar cair o direito de reprodução do próprio tratado de Direito de Autor e a reduzi-lo à dimensão da Convenção de Roma no domínio dos Direitos Conexos, do que consagrar em plenos convénios a posição que se desenhava como amplamente maioritária.

Pois bem, na sua proposta a Comissão vinha, agora, recuperar aquilo que fora rejeitado – ressuscitando um direito de reprodução de cariz convenientemente técnico onde tudo ficaria englobado[912]. Não é, contudo, o direito de reprodução o objecto desta investigação, pelo que relativamente a ele nos limitaremos a esta breve divagação – sintomática, porém, das finalidades do projecto de directiva avançado.

3. Fundamental no âmbito deste trabalho é, pelo contrário, o direito de comunicação ao público, como facilmente se compreende.

Sempre enaltecendo os dois novos tratados da OMPI como "um passo fundamental na protecção internacional do direito de autor e dos direitos conexos que melhoram substancialmente os instrumentos de luta contra a pirataria" e "... que incluem igualmente ... um certo número de disposições que constituirão a base para o estabelecimento de uma situação de igualdade de tratamento a nível internacional em matéria de direito de autor e direitos conexos na era digital"[913], a Proposta de Directiva ia-se afastando paulatinamente do conteúdo dos dois acordos multilaterais que tomava como ponto de referência.

No que particularmente nos interessa, o direito de comunicação ao público era apresentado sob a longa epígrafe: "Direito de comunicação ao público, incluindo o direito de colocar à disposição obras ou outro material".

---

[912] Vide "Proposta de Directiva sobre a Sociedade da Informação", doc., COM(97)628 final, cit., art.º 2, págs. 48 e 49.

[913] Idem, pág. 12.

4. Comentando o seu articulado, a Comissão começava por salientar que o n.º 1 do art.° 3.º que propunha vinha na sequência do art.° 8.º da TODA e visava complementar o quadro de harmonização comunitária existente.

Agora era o ambiente interactivo que passava a ser abrangido. A expressão "comunicação ao público" visava cobrir qualquer forma ou processo diferente da distribuição de cópias materiais – incluindo a comunicação por fio ou sem fio. A segunda parte do n.º 1 do art.° 3.º propunha-se precisamente sublinhar a relevância do ambiente interactivo. Seguindo a orientação do tratado da OMPI já citado, executava-a a nível comunitário.

A colocação à disposição do público "a pedido" era, portanto, o cerne deste direito de comunicação pública, como, mais do que uma vez, era sublinhado.

Ficava, assim, esclarecido o conceito de público, que consistia nos "membros do público" considerados individualmente, independentemente de ter havido ou não descarregamento efectivo por parte de qualquer pessoa.

Deixava-se claro – com a inovação do acesso a pedido por escolha individual – **que a radiodifusão não se encontrava incluída no direito proposto**, nomeadamente nas suas novas formas como a televisão por assinatura ou mediante "pagamento por sessão" ("pay per view"), uma vez que a "escolha individual" não abrange obras oferecidas no âmbito de um programa pré-definido. Também o "quase vídeo a pedido" ("near-video-on-demand") não se encontrava coberto, uma vez que este se refere à oferta de um programa não interactivo radiodifundido diversas vezes em paralelo com pequenos intervalos. Além disso, a referência ao público afastava naturalmente do âmbito do preceito as comunicações meramente privadas.

5. Por sua vez o n.º 2 do art.° 3 consagrava os direitos dos artistas e dos produtores de fonogramas na linha dos art.ºs 10.º e 14.º do TOIEF. A Comissão reconhecia, contudo, que o alcance do preceito ultrapassava o exigido pelas obrigações internacionais – já que eram abrangidos todos os titulares de direitos conexos protegidos com base no acervo comunitário (nomeadamente produtores de filmes e organismos de radiodifusão). Além disso, seguindo também os preceitos comunitários, o direito abrangia igualmente a área do audiovisual.

Justificando a outorga de um direito exclusivo a todos estes titulares, a Comissão entendia que a abertura de uma base de dados ao público para entrega directa, a pedido, pode facilmente substituir as vendas directas de cópias materiais. Os titulares de direitos conexos deveriam, assim, beneficiar não só de um direito de colocação à disposição do público, como ainda de um direito de reprodução exclusivo.

Mais uma vez – e tal como acontecia para o direito de autor – a Proposta de Directiva sobre a Sociedade de Informação esclarecia que era o interactivo a pedido ("on demand") que se visava abarcar.

Sendo assim, sublinhava-se, mais uma vez, que as comunicações privadas e **a radiodifusão** sob qualquer forma escapavam ao âmbito de aplicação da norma.

A Comissão acrescentava ainda, na sequência da sua Comunicação de Novembro de 1996, que não se encontrava ainda devidamente ponderada a necessidade de criação de um direito exclusivo, para certas formas de radiodifusão, a favor dos titulares de direitos conexos.

6. Concluindo o seu comentário ao articulado relativo ao art.º 3.º da Proposta de Directiva a Comissão entendia como uma mera clarificação, semelhante à que consta do n.º 4 do art.º 1.º da directiva Aluguer e Comodato, o estabelecido no n.º 3 do artigo, onde se referia que os direitos previstos nos dois primeiros números não se esgotam por qualquer acto de comunicação ao público incluindo a colocação à disposição do público[914].

7. Em consonância com o exposto, a Proposta de Directiva fazia anteceder o articulado com três considerandos – 15, 16 e 17 – onde, depois de referir a necessidade de harmonização do direito de comunicação ao público nas áreas não abrangidas no direito comunitário existente e de outorgar a todos os titulares de direitos reconhecidos pela directiva um direito exclusivo de colocar à disposição do público, se sublinhava que o simples fornecimento de instalações materiais que permita a comunicação ao público não se confunde com esta[915].

8. Finalmente, tendo em atenção tudo o que atrás ficara dito, a Comissão apresentava o projecto de artigo que procurava abarcar a comunicação pública, tanto no que respeita ao direito de autor, como no

---

[914] Idem, págs. 28 a 30.
[915] Idem págs. 43 e 44.

que se refere aos direitos conexos – estes abrangidos de forma global, ao contrário do que acontece no TOIEF[916].

9. Que dizer da Proposta de Directiva em apreço[917]?

Salientando os aspectos positivos, reconheça-se a coerência com anteriores instrumentos comunitários equiparando a radiodifusão sem fio à realizada por fio.

Isso decorria não tanto do art.º 3 supracitado, mas, sobretudo, da alínea e) do art.º 2, onde se atribuía aos organismos de radiodifusão um

---

[916] O texto do artigo proposto – vide Proposta de Directiva pág. 49 – era o que a seguir se transcreve:

"Artigo 3.º

Direito de comunicação ao público, incluindo o direito de colocar à disposição obras ou outro material

1. Os Estados-membros devem prever a favor dos autores o direito exclusivo de autorizar ou proibir qualquer comunicação ao público dos originais e cópias das suas obras, por fio ou sem fio, incluindo a colocação das suas obras à disposição do público por forma a torná-las acessíveis a membros do público a partir do local e no momento por eles escolhido individualmente.

2. Os Estados-membros devem prever o direito exclusivo de autorizar ou proibir a colocação à disposição do público, por fio ou sem fio, por forma a tornar acessível a membros do público a partir do local e no momento por eles escolhido individualmente:

   a) para os artistas, intérpretes e executantes, em relação às fixações das suas prestações,
   b) para os produtores de fonogramas, em relação aos seus fonogramas,
   c) para os produtores de primeiras fixações de filmes, em relação ao original e às cópias dos seus filmes, e
   d) para os organismos de radiodifusão, em relação às fixações das suas radiodifusões, independentemente de estas serem transmitidas por fio ou se fio, incluindo por cabo ou satélite.

3. Os direitos referidos nos n.ºs 1 e 2 não se esgotam por qualquer acto de comunicação ao público, de uma obra e de outro material previsto no n.º 2, incluindo a sua colocação à disposição do público"

[917] Em importantes comentários sobre esta veja-se DIETZ, "The Protection of Intellectual Property in the Information Age" – The Draft E.U. Copyright Directive of November 1997, [1998] I.P.Q., N.º 4 e GÓMEZ SEGADE, "El Derecho de Autor en el Entorno Digital" in, Revista General de Legislación y Jurisprudencia, III ÉPOCA, N.º 3 – Maio-Junho 1999, págs. 309 a 329.

Numa análise sumária dos preceitos desta proposta vide OLIVEIRA ASCENSÃO, "A Proposta de Directiva Relativa à Harmonização de Certos Aspectos do Direito de Autor e dos Direitos Conexos na Sociedade da Informação".

direito de reprodução "em relação às fixações das suas radiodifusões, independentemente de estas serem transmitidas **por fio ou sem fio, incluindo por cabo ou satélite**"[918]. Por outro lado, a demarcação entre os restantes meios de comunicação pública e a colocação à disposição do público, interactiva, a pedido, era perfeitamente estabelecida, pelo menos a nível das declarações de princípio.

Apesar de não ter retirado daí as ilações necessárias – **autonomizando o novo direito, não o tratando como espécie do género comunicação pública e dando-lhe regime próprio** – verificava-se que a fronteira era nitidamente traçada no que toca à radiodifusão[919].

Em terceiro lugar, era também sublinhada a diferença entre o que constitui reprodução e o que é comunicação ao público, não confundindo na mesma autorização dois actos perfeitamente distintos mesmo a nível electrónico.

Finalmente, enalteça-se o reconhecimento de que não existiria direito de distribuição e, consequentemente, esgotamento sem a existência de suportes materiais, que o mesmo é dizer que, quer a comunicação pública, quer a colocação à disposição do público não importam a distribuição ou a publicação das obras nem o esgotamento do respectivo direito.

10. Toda essa matéria deveria, aliás, ter sido remetida para o direito de distribuição e afirmada pela positiva – dizendo que o esgotamento só ocorre em face da oferta de exemplares corpóreos.

Ao fazer-se tal referência pela negativa, como acontecia no n.º 3 do art.º 3 da Proposta de Directiva, ainda se poderia permitir que, por interpretação *a contrario*, se afirme que pode existir distribuição ou publicação através de uma comunicação pública ainda que estas não impliquem o esgotamento do direito ou que a outras comunicações públicas que não as previstas nos n.ºs 1 e 2 do art.º 3 pode estar associado o esgotamento do direito – o que, reconheça-se, não era a intenção da Comissão.

11. Mais grave, porém, era o que se passava nos números antecedentes.

---

[918] Proposta de Directiva sobre a Sociedade de Informação, cit., págs. 48 e 49. Nosso o sublinhado.

[919] Cingimo-nos nesta apreciação positiva aos fundamentos da proposta.
Como adiante se verá o articulado apresentado contrariava já a exposição que o antecedia.

No n.º 1 do art.º 3 regressava-se à tese do "grande direito de comunicação ao público" do qual só era exceptuada a colocação à disposição do público interactiva[920]. Isto ia muito para além do que está previsto no art.º 8 do TODA e não era a referência "ingénua" a esta norma, com que se iniciava o comentário ao art.º 3 da Proposta de Directiva, que modificava a situação.

Como atrás se salientou[921] o art.º 8 do TODA começa por manter incólumes todos os direitos de comunicação pública que constam da Convenção de Berna – art.os 11, 11-*bis*, 11-*ter*, 14 e 14-*bis*. Com isso se expurgou do texto do novo tratado da OMPI sobre Direito de Autor, o chamado "grande direito de comunicação ao público" que, oportunamente, tivemos ocasião de criticar.

---

[920] Veja-se o parágrafo final do ponto 2, na pág. 29 da "Proposta de Directiva sobre a Sociedade da Informação", onde se diz:

"A segunda parte do n.º 1 do artigo 3.º refere-se ao ambiente interactivo. Segue de perto a orientação adoptada no artigo 8.º do Tratado da OMPI sobre direito de autor e executa-a a nível comunitário. A disposição clarifica, na linha dos resultados do exercício de consulta, que o direito de "comunicação ao público" inclui a colocação à disposição do público de obras, por fio ou sem fio, por forma a tornar acessível a membros do público a partir do local e no momento por eles escolhido individualmente. Um dos principais objectivos da disposição é o de clarificar que este direito abrange os actos de transmissão interactiva "a pedido". Proporciona segurança jurídica ao confirmar que o direito de comunicação ao público é igualmente aplicável quando estão implicadas diversas pessoas não relacionadas (membros do público) que podem ter acesso individual a partir de diferentes locais e em diferentes momentos a uma obra publicamente acessível.

Tal como sublinhado durante a Conferência Diplomática da OMPI, o acto decisivo é o de "colocar a obra à disposição do público", oferecendo a obra num local publicamente acessível, que antecede a fase da sua "transmissão a pedido" efectiva. Não é relevante saber se essa obra foi efectivamente descarregada por qualquer pessoa ou não. O "público" consiste nos "membros do público" considerados individualmente.

O elemento de escolha individual está ligado à natureza interactiva do acesso a pedido. A protecção oferecida pela disposição não inclui, assim, a radiodifusão, nomeadamente nas suas novas formas como a televisão por assinatura ou mediante "pagamento por sessão" "*pay per view*", uma vez que a condição da "escolha individual" não abrange obras oferecidas no âmbito de um programa pré-definido. Da mesma forma, não cobre o dito "quase vídeo a pedido" "*near-video-on-demand*", uma vez que a oferta de um programa não interactivo é radiodifundido diversas vezes em paralelo com pequenos intervalos. Além disso, a disposição não abrange as comunicações meramente privadas, o que é clarificado pela utilização do termo "público"".

[921] Cfr., supra, pág. 148 e seguintes.

Na primeira parte do n.º 1 do art.º 3 da sua proposta, a Comissão retomava, uma vez mais, o que foi então repudiado, distorcendo o sentido do tratado. A ideia, como já se disse, era a de tudo amalgamar e tudo submeter a um esmagador direito exclusivo, sem limites.

Perdiam-se, assim, os contornos de cada um dos modos de utilização e direitos que lhe correspondem – impossibilitando a criação de regimes específicos que tivessem em conta a particular natureza (e consequentes diferenças) de cada um dos actos de comunicação pública em causa.

O TODA estabeleceu um novo direito cujo objecto exclusivo é, como se demonstrou, a "colocação à disposição do público digital interactiva". O n.º 1 do art.º 3 da "Proposta de Directiva sobre Sociedade da Informação", além de na sua segunda parte consagrar este na especialidade, começava por estabelecer um "grande direito" onde as várias formas de comunicação pública se combinavam e perdiam nitidez[922].

Tudo isto em nome de uma maior protecção que dificilmente poderia deixar de ser traduzida, neste caso, por exigência de mais e mais contrapartidas.

A aceitação de uma tal medida é, além do mais, contrária a uma harmonização internacional que a Comissão dizia pretender, dado que a esmagadora maioria dos restantes países continuará sujeita à Convenção de Berna e ao TODA e não à normas comunitárias – com as discrepâncias que foram evidenciadas.

Acresce que mesmo para o equilíbrio entre direito de autor e direitos conexos a aprovação do texto proposto no n.º 1 do art.º 3 teria consequências gravosas – no primeiro, o direito de radiodifusão ficaria diluído no "grande direito de comunicação ao público", enquanto nos segundos a radiodifusão continuaria a merecer tratamento específico. Era algo que dificilmente se podia aceitar.

O caminho que se pretendia seguir não é, aliás, difícil de adivinhar – sendo a escalada previsível. Primeiro parte-se do direito de autor, depois vai-se para o "grande direito" nos direitos conexos, finalmente funde-se tudo num "gigantesco direito intelectual", sem distinção, como, mormente

---

[922] Diga-se, de resto, que a Comissão nem sequer era consequente com aquilo que propunha, dado que, depois de sugerir o "grande direito", vinha retomar a distinção entre, radiodifusão, comunicação ao público e colocação à disposição do público – vide "Proposta de Directiva sobre a Sociedade da Informação", cit., art.º 7 n.º 1, alínea b), pág. 52.

nos Estados Unidos, já foi proposto. O passo seguinte vai ser o de sujeitar, também, o uso privado à tutela do Direito de Autor[923].

Nem sequer a afirmação que constava do ponto 2 do comentário ao articulado do art.º 3 em questão (vide pág. 29 da Proposta de Directiva) – afirmando que "a protecção oferecida pela disposição não inclui, assim a radiodifusão, nomeadamente nas suas novas formas como a televisão por assinatura ou mediante "pagamento por sessão" "pay per view", uma vez que a condição da "escolha individual" não abrange obras oferecidas no âmbito de um programa pré-definido" – era tranquilizadora.

É evidente que a radiodifusão não estava abrangida pelo direito de transmissão interactiva que constava da 2.ª parte, do n.º 1 do art.º 3, pela simples razão que era abarcada pela 1.ª parte da mesma norma.

As palavras dos comentários ao articulado eram, pois, desmentidas pela letra da própria disposição apresentada.

12. A união pretendida não era, ainda, possível na Proposta em análise.

Por um lado, pela complexidade da interligação entre os vários direitos conexos, por outro, pela própria autonomia que o tratado da OMPI sobre Interpretações ou Execuções e Fonogramas atribui à radiodifusão e que já tivemos oportunidade de salientar.

A ambição da Comissão tinha, assim, no n.º 2 do art.º 3, de se quedar pela extensão aos outros titulares de direitos conexos – produtores de filmes e organismos de radiodifusão – do direito exclusivo para a transmissão interactiva a pedido que os art.ᵒˢ 10 e 14 do TOIEF estabelecem para os artistas intérpretes ou executantes e produtores de fonogramas. Além disso, a mesma norma abrangia, contrariamente àquelas, todo o audiovisual – situação que levaria à existência de regimes diversificados no seio da OMPI[924].

---

[923] Contra uma tal opção vide SCHRICKER e KATZENBERGER, "Die Urheberrechtliche Leerkassetenvergütung", in GRUR, 1985, págs. 87 a 111 – que entendem que os actos privados que são abrangidos pelo Direito de Autor (como a chamada "cópia privada") terão sempre de ser entendidos como uma excepção.

[924] Dificilmente se vislumbra que os Estados Unidos aceitem a criação de direitos conexos que possam afectar a sua produção cinematográfica.

Se o fizerem, acrescentarão um conjunto de reservas que levará, na prática, à inexistência desses direitos.

A nova Conferência Diplomática para a aprovação de um tratado sobre a protecção das interpretações e execuções audiovisuais, que ocorreu entre 7 e 20 de Dezembro de 2000, fez prova do que fica dito.

13. Os reparos não ficavam, porém, por aqui. A isto acrescia que o caminho projectado pela proposta da Comissão, quanto à questão da lei aplicável à colocação à disposição do público interactiva, ia no sentido de uma "teoria da recepção".

A forte crítica sofrida junto dos "círculos interessados" fazia com que a Comissão revisse a opção pelo "país de origem" que tomara para a radiodifusão por satélite e apontasse agora para a submissão daquele tipo de "transmissão" digital à legislação "de vários países, que pode ter de ser aplicada simultaneamente"[925]-[926]. Por motivos sobejamente explicados, que não vale a pena repetir, era uma solução que não podíamos compartilhar.

Em vez de um erro cometiam-se dois.

14. Tirando estes últimos aspectos e no que respeitava aos direitos previstos, a Proposta não levantava mais embaraços salvo no que respeita à proliferação de um número cada vez maior de direitos exclusivos que podia ser paralisante para o funcionamento do mundo digital e que seriam, eventualmente, geradores de problemas sócio-políticos graves.

De facto, face ao crescimento da "transmissão digital interactiva" e à "radiodifusão pagar para ver ("pay per view")" os Estados terão a breve trecho de tomar medidas que permitam às classes mais desfavorecidas condições mínimas de acesso à informação e à distracção – como recentes desenvolvimentos no nosso próprio país demonstram inequivocamente.

Uma alternativa aos direitos exclusivos – ao menos nos moldes em que hoje os encaramos – é algo que urge encontrar para a Sociedade da Informação.

---

[925] Como já era indiciado no "Seguimento ao Livro Verde sobre a Sociedade da Informação" e resultava agora da declaração de intenções do ponto 8, do Capítulo II da Exposição de Motivos da "Proposta de Directiva sobre a Sociedade da Informação" – pág. 11.

Isso mesmo é, expressamente, sublinhado por SILKE von LEWINSKI, "A Successful Step towards Copyright and Related Rights in the Information Age...", cit., pág. 135.

A autora mostra mesmo a sua preferência por aquilo que designa por "solução horizontal", esperando "fortemente" que a Comissão continue a opor-se à chamada solução do "país de origem".

Dada a já assinalada ligação da jurista alemã à Comissão, a sua tomada de posição é por demais significativa.

[926] Note-se que a posição de partida da Comissão ia mais no sentido de uma aproximação à directiva satélite e cabo ("teoria da emissão"), ou pelo menos mantinha em suspenso tal hipótese – vide VANDOREN, "The European View", págs. 12 e 13.

A ideia de autorizações individuais para cada tipo de utilização era algo de plausível no século XIX e mesmo nos primórdios do século XX, mas será de difícil aplicação face à tecnologia digital no advento do novo milénio.

15. Por tudo o que fica dito, a "Proposta de Directiva sobre a Sociedade da Informação" – à qual se podiam dirigir, aliás, outras importantes críticas – merecia, à partida, o nosso acentuado desacordo no que ao "direito de comunicação ao público, incluindo o direito de colocar à disposição obras ou outro material", dizia respeito.

Fundamentalmente, estava novamente em causa a criação do "grande direito de comunicação ao público" para os direitos de autor onde a radiodifusão perderia o seu espaço de autonomia, com as gravosas consequências daí decorrentes.

O facto das excepções serem taxativamente enumeradas no art.º 5 daquela Proposta, limitando-as ao número escassíssimo de cinco[927] e sujeitando-as depois ao crivo subsequente da "regra dos três passos"[928] – inicialmente prevista para o direito de reprodução no art.º 9, alínea 2 da Convenção de Berna, mas que hoje tende a generalizar-se – mais fazia adensar os nossos receios de que seriam atingidas soluções inaceitáveis, particularmente para os países que vão ser muito mais receptores e importadores do que fornecedores[929].

Restava, por isso, esperar que o bom senso dos negociadores e, posteriormente, dos legisladores[930] salvaguardasse os diferentes interesses em causa permitindo, ao mesmo tempo, o acesso tão célere, eficaz e económico quanto possível aos bens culturais[931].

---

[927] Vide "Proposta de Directiva sobre a Sociedade da Informação", cit., art.º 5 n.º 3, alíneas a) a e), pág. 50.

[928] Idem, art.º 5 n.º 4, pág. 51.

[929] Às excepções dedicaremos espaço especial quando abordarmos a versão final da directiva pelo que nos abstemos de as apreciar com mais pormenor neste momento.

Como então se verificará, a versão definitiva do art.º 5 adoptado aumenta, ainda mais, o cepticismo e as críticas com que a directiva Sociedade da Informação deve ser encarada.

[930] E aqui, cabe uma palavra de especial apelo aos portugueses.

[931] A Directiva Sociedade da Informação, mesmo antes de ser adoptada, tinha sido objecto de uma posição comum em vésperas de uma segunda leitura do Parlamento Europeu.

O texto aprovado em COREPER (SN 2696/00 (PT) – de 9 de Junho de 2000) e que serviu de base à Posição Comum do Conselho (CE) n.º 48/2000, de 28 de Setembro de 2000, afirmava já, sem quaisquer pruridos, no seu considerando 23, que o direito de

SECÇÃO II
A DIRECTIVA SOCIEDADE DA INFORMAÇÃO
– O RESULTADO FINAL

1. Depois de uma longa maratona negocial, de mais de três anos, cujo epílogo coincidiu com a presidência portuguesa e, consequentemente, sob a sua direcção, foi finalmente aprovada a directiva Sociedade da Informação[932-933].

2. As soluções adoptadas excederam as piores expectativas. Todas as críticas que apontámos ao projecto inicial pecam por escassas. O direito de reprodução (art.º 2) é levado às últimas consequências numa visão meramente tecnológica.

É certo que o art.º 5, n.º 1 impõe uma excepção obrigatória para as reproduções transitórias e episódicas, desde que estas não tenham, em si, significado económico[934].

Em vez de se afirmar que tais reproduções instrumentais não são reprodução em sentido jurídico – que é na verdade o que acontece – optou--se por tudo sujeitar a um imenso direito de reprodução, permitindo depois uma excepção vinculativa que terá ainda de se sujeitar à regra dos três passos (art.º 5, n.º 5).

3. As excepções – cinco inicialmente – são agora vinte e uma, mas só a do referido art.º 5, n.º 1 é obrigatória. As restantes vinte ficam à mercê da escolha dos legisladores nacionais.

Foi o preço a pagar pelas enormes discrepâncias existentes no grupo de peritos representativos dos Estados-membros[935].

---

comunicação previsto no art.º 3.º devia ser entendido em sentido amplo **abrangendo a radiodifusão**.

[932] Tivemos ocasião de acompanhar e de participar nas negociações finais, enquanto membros da delegação nacional.

[933] Com importante análise da directiva, seus antecedentes históricos e alguns dos problemas que levanta, veja-se o estudo de THIERRY DESURMONT, "La Communauté Européenne, les Droits des Auteurs et la Societé de l'Information", cit., págs. 2 a 69.

[934] É evidente que para os interesses instalados todas as reproduções tecnológicas, por ínfimas que sejam, terão significado económico relevante...

[935] Na verdade, os Estados-membros dividiram-se em dois grandes blocos. Uns pretendiam um leque tão alargado quanto possível de excepções, enquanto outros procuravam impor um número limitadíssimo das mesmas.

A solução final foi este absurdo art.º 5 da directiva.

O quadro de excepções e limitações é taxativo, mas sendo vinte delas facultativas não é mais do que um convite à desarmonia na pretensa harmonização europeia...

A imposição de "numerus clausus" é tanto mais de rejeitar quanto é certo que nos encontramos nos primórdios da Sociedade da Informação – objectivo primeiro que se visa regular[936].

Tudo isto poderia ser atenuado através de uma cláusula geral que permitisse a adaptação das legislações nacionais aos novos desenvolvimentos que se viessem a verificar.

Foi isso que foi tentado por diversos países, mas face à intransigência da Comissão e de um grupo de Estados liderados pela França tudo terminou num serôdio art.º 5 n.º 3, alínea o) que se aplica unicamente ao analógico (não-digital)...

Todas as excepções e limitações passam ainda pelo crivo da regra dos três passos (art.º 5, n.º 5), pelo que o seu âmbito é ainda mais diminuto.

4. Quanto ao direito de radiodifusão – que é o que mais importa – ele é, sem quaisquer ambiguidades, inserido, para os autores, num direito de comunicação pública conjuntamente com o direito de colocar à disposição do público[937].

Ao longo desta obra já tivemos ocasião de sublinhar o erro em que tal solução labora e não nos alongaremos muito mais a rebatê-la. A radiodifusão é um acto de comunicação pública em que a entidade emitente disponibiliza obras ou prestações ao público que sem interferência sobre os conteúdos disponibilizados efectua (ou pode fazê-lo) a sua recepção. O acto de aproveitamento sujeito ao direito exclusivo do autor ou dos titulares de direitos conexos é realizado pelo radiodifusor e completa-se com a recepção, sendo esta a fase que conclui o processo de transmissão. Na colocação à disposição do público interactiva a autorização incide

---

[936] Criticando a opção pela taxatividade que se tomou vide OLIVEIRA ASCENSÃO "Direito Intelectual Exclusivo e Liberdade", pág. 1214 e "A Transposição da Directriz N.º 01/29 sobre aspectos do direito de autor e direitos conexos na sociedade da informação", págs. 7 a 10 e, especialmente, 14 a 17.

[937] Tal como na proposta inicial, igual erro não foi cometido relativamente aos direitos conexos.

De facto, o art.º 3, n.º 2 da directiva consagra unicamente quanto a estes o direito de colocar à disposição do público que é, como se viu, a única realidade nova justificativa da criação de um direito autónomo.

Ao menos neste âmbito temos uma solução que merece aplauso.

sobre o acto de disponibilizar as obras ou prestações em rede. Elas ficam como que imóveis, mas permitindo que cada membro do público por acto voluntário de escolha lhes possa aceder[938].

É aqui que se manifesta a interactividade de que temos vindo a falar, apesar do acto de captação da obra ou prestação que está como que inerte na rede ser irrelevante a nível de Direito de Autor[939].

O radiodifusor faz uma utilização económica da obra ou prestação sujeita ao Direito de Autor, o membro do público que acede a uma base de dados onde tais conteúdos existam não pratica qualquer acto sujeito a este ramo de Direito – só aquele que disponibiliza tais obras ou prestações está sujeito à autorização dos titulares cujo direito se esgota quando lha concedem.

A radiodifusão é uma transmissão, ou seja uma actividade dinâmica por parte do utilizador, a colocação à disposição do público é algo de estático – as obras e prestações não são transmitidas ficando apenas à

---

[938] O aspecto dinâmico da comunicação pública (e consequentemente da radiodifusão) em oposição ao carácter estático da colocação à disposição do público é sublinhado por OLIVEIRA ASCENSÃO, "A Transposição da Directriz N.º 01/29 sobre aspectos do direito de autor e direitos conexos na sociedade da informação", cit., pág. 11.

[939] A interactividade de que falamos tem a ver com a escolha dos próprios conteúdos a que se acede.
Se o receptor se limita a escolher o ângulo de filmagem ou a câmara através da qual quer ver determinada realidade (o que como se sabe é já hoje perfeitamente possível), mas não exerce qualquer opção sobre os conteúdos disponibilizados pelo radiodifusor, estaremos perante uma forma menor de interactividade, mas que não modifica a qualificação do acto jurídico em causa – ele continuará a ser radiodifusão e estará sujeito ao regime jurídico deste direito.
Reconhecendo estes vários graus de interactividade e opondo os actos deste tipo à radiodifusão, vide OLIVEIRA ASCENSÃO, "Multimédia e Disciplina Legal", Parecer, não publicado, págs. 5 a 7.
O autor faz uma tripartição dos níveis de interactividade que sublinhamos e aceitamos.
É, como se disse, a interactividade em que o utilizador da obra ou prestações age sobre os conteúdos disponíveis que está aqui em causa.
Também acentuando o carácter não interactivo da radiodifusão (e a irrelevância da recepção nesta última – meramente passiva), contrapondo-a a actividades dessa natureza, veja-se PINTO MONTEIRO, "Parecer sobre o Capítulo Multimédia do Anteprojecto de Lei do Cinema, Audiovisual e Multimédia", não publicado, pág. 19.
A possibilidade de escolha de conteúdos é referida, ainda, como factor decisivo da interactividade por REHBINDER, vide "Urheberrecht", cit., 10.ª ed., §18, I, ponto 3, pág. 112.

mercê de quem a elas queira aceder, sendo que os potenciais usuários são todos os membros do público individualmente considerados.

Tudo isto foi esquecido na directiva e o seu considerando 23 faz questão de esclarecer, em oposição ao que constava da proposta inicial, que a radiodifusão é parte integrante do direito consagrado no art.° 3, n.º 1. Louve-se ao menos a sinceridade que não decorria dos primeiros instrumentos de trabalho.

5. Não nos alongaremos mais sobre este erro a que sobejamente temos feito referência.

Como as qualificações legais não são vinculativas, resta-nos esperar que o legislador português, fazendo tábua rasa da propositada confusão comunitária, estabeleça regimes diferenciados para os vários actos de aproveitamento – nomeadamente a radiodifusão e a colocação à disposição do público. Por outro lado – e dizemo-lo com ténue esperança – que utilize as prerrogativas que os diferentes instrumentos internacionais lhes facultam para salvaguardar os interesses nacionais no que respeita às relações com Estados extra-comunitários.

As directivas só vinculam no espaço europeu a que dizem respeito, mas não impõem a perda de autonomia jurídica e económica face a terceiros[940-941-942].

---

[940] Com as graves consequências que daí decorrem para interesses quer públicos, quer privados.

A quotidiana "invasão" que os grandes impérios de telecomunicações fazem dos nossos tempos de antena são prova cabal das regras adequadas de protecção que defendemos.

[941] A versão final da directiva Sociedade da Informação enferma dos restantes erros que detectámos na Proposta inicial que abordámos na secção anterior.

Para evitar ser repetitivos limitamo-nos a remeter para as críticas que então formulámos e que aqui se aplicam com as devidas adaptações.

[942] Com interessante análise da directiva Sociedade da Informação veja-se JAVIER PLAZA PENADÉS, "Propriedad Intelectual y Sociedad de la Información – (Tratados OMPI, Directiva 2001/29/CE y Responsabilidad Civil en la Red)", págs. 171 a 222.

Como o próprio título indica, o autor dedica tambémalgumas páginas da sua obra aos Tratados da Internet da OMPI (TODA/WCT e TOIEF/WPPT) – vide págs. 151 a 170.

VI PARTE

A RADIODIFUSÃO NO DIREITO PORTUGUÊS

CAPÍTULO I

A RADIODIFUSÃO NO CÓDIGO DO DIREITO DE AUTOR E DOS DIREITOS CONEXOS

1. Portugal aderiu ao Acto de Paris da Convenção de Berna, de 24 de Julho de 1971, através do Decreto-Lei n.º 73/78, de 26 de Julho e ao Acto de Paris da Convenção Universal sobre Direito, da mesma data, pelo Decreto n.º 140-A/79, de 26 de Dezembro. É, ainda, membro da Convenção de Roma, à qual aderiu através do Decreto do Presidente da República n.º 168/99, de 22 de Julho, com base na Resolução n.º 61/99 da Assembleia da República, de 16 de Abril do mesmo ano.

A legislação portuguesa reflecte em larga medida o estipulado nestes tratados. Mesmo a Convenção de Roma deixou marcas notórias na nossa lei, apesar de só recentemente se ter verificado a adesão. Tudo o que sobre estes convénios ficou dito tem, portanto, repercussões óbvias na interpretação dos preceitos da nossa lei.

2. No que ao nosso tema diz respeito, o Código do Direito de Autor e dos Direitos Conexos (CDADC) tem diversas alusões à radiodifusão.

Para além das infelizes referências do art.º 2 n.º 1, alínea f) às obras televisivas e radiofónicas, secundado pela obra radiodifundida prevista no art.º 21, cujo sentido nos dispensamos de comentar[943], são vários os artigos que tratam ou, ao menos, referem a radiodifusão.

Desde logo, o art.º 6 n.º 3 esclarece que a radiodifusão é um meio de divulgação da obra. Além disso, o art.º 68 n.º 2 alínea e) consagra o direito

---

[943] Já que não existem, pura e simplesmente, obras televisivas ou radiofónicas. Sobre estas "obras radiodifundidas" e crítica à opção do legislador português, vide OLIVEIRA ASCENSÃO, "Direito de Autor e Direitos Conexos", cit., págs. 80 a 84 e 136, 137, 297 e 298 – para o qual se remete.

patrimonial de radiodifusão ao falar de difusão pela **televisão** e **radiodifusão**[944].

Parece ser o mesmo direito que está em causa quando o artigo refere a comunicação pública ... por fio ou sem fio, nomeadamente por ondas hertzianas, fibras ópticas, cabo ou satélite, quando essa comunicação for feita por outro organismo que não o de origem. A construção do preceito é, no entanto, de tal forma incorrecta que estas comunicações parecem exemplificar as que são realizadas por altifalantes ou instrumentos análogos.

Por sua vez, com confrangedora técnica legislativa, o art.º 127 n.º 3 volta a submeter à autorização dos autores das obras cinematográficas a radiodifusão sonora ou visual da película do seu videograma ou de trechos sonoros ou visuais da mesma. Mais uma vez se verifica a confusão entre radiodifusão e comunicação ao público.

O n.º 5 do mesmo artigo esclarece, em norma que impõe interpretação restritiva[945], que não é necessária a autorização do autor para a transmissão das obras pelo organismo de radiodifusão produtor, através dos seus próprios canais.

O artigo 141 n.º 3, relativo à fixação fonográfica e videográfica impõe, sem justificação plausível quanto à exigência de forma, que a autorização para radiodifundir a obra fixada deve ser dada por escrito e pode ser conferida a entidade diversa da que fez a fixação.

Mais adiante, toda a secção VI, do capítulo III, do título II do Código – art.ºs 149 a 156 – é dedicada à radiodifusão e outros processos destinados à reprodução dos sinais, dos sons e das imagens.

É a matéria fundamental sobre radiodifusão constante do CDADC – merecerá, por isso, atenção privilegiada.

Já no domínio dos direitos conexos o art.º 176 n.º 9 dá-nos a noção de organismo de radiodifusão e de emissão nos termos que se seguem:

"Organismo de radiodifusão é a entidade que efectua emissões de radiodifusão sonora ou visual, entendendo-se por emissão de radiodifusão a difusão de sons ou imagens, separada ou cumulativamente, por fios ou sem fios, nomeadamente por ondas hertzianas, fibras ópticas, cabo ou satélite destinada à recepção pelo público"[946].

---

[944] Nosso o sublinhado.

[945] Já que não se compreende como é que através de radiodifusão sonora se pode difundir uma obra cinematográfica...

[946] Como já se referiu, este preceito demonstra, sem margem para dúvidas, que na legislação portuguesa a transmissão por cabo é uma modalidade de radiodifusão.

Seguidamente, em consonância com a Convenção de Roma, o art.º 178, alínea a) relativo aos direitos dos artistas intérpretes ou executantes, concede a estes o direito exclusivo de impedir a radiodifusão das suas prestações ao vivo. Por sua vez, o n.º 1 do art.º 179 clarifica que a autorização para radiodifundir uma prestação implica autorização para a sua fixação, salvo acordo em contrário, concedendo os números seguintes um direito de remuneração suplementar para utilizações subsequentes da prestação radiodifundida (n.ºs 3 e 4) sendo, contudo, meramente supletivos (n.º 5).

Já o art.º 184 n.º 3 determina que a comunicação pública de um fonograma ou videograma editados comercialmente concederá aos produtores e aos artistas intérpretes ou executantes uma remuneração equitativa que, salvo acordo em contrário, será dividida em partes iguais.

Não há referência *expressis verbis* à radiodifusão mas ela está englobada na expressão "qualquer forma de comunicação pública", tanto mais que a fonte da norma é o art.º 12 da Convenção de Roma, cujo escopo é, contudo, menos amplo – já que se aplica apenas aos produtores de fonogramas e artistas nestes participantes excluindo, por conseguinte, os produtores de videogramas e os artistas das obras audiovisuais que neles estão incorporadas.

A confirmação de que a radiodifusão se encontra abrangida pelo preceito transcrito resulta, aliás, do facto do legislador português não ter sentido necessidade de criar uma norma específica de transposição do art.º 8 n.º 2 da directiva aluguer e comodato, que impõe solução na linha da Convenção de Roma.

A radiodifusão era ainda, naturalmente, referida a propósito do direito conexo dos organismos que a realizam – art.ºs 187 e 188.

O primeiro, que estabelece os direitos dos radiodifusores, foi recentemente alterado pelo art.º 9 do Decreto-Lei 332/97, de 27 de Novembro, que transpôs a directiva 92/100/CEE (aluguer e comodato) para o nosso direito interno – sobre ele falaremos oportunamente.

O segundo limitava-se a estabelecer a duração deste direito conexo. Foi revogado pelo Decreto-Lei n.º 334/97, de 27 de Novembro, mas o seu conteúdo encontra-se agora no art.º 183 n.º 1, alínea c) do CDADC.

Finalmente, a radiodifusão é referida, expressa ou implicitamente, a propósito das utilizações livres – art.ºs 75 e 189 – e dos requisitos de protecção dos organismos de radiodifusão – art.º 190 n.º 3. Diga-se que o paralelismo entre o art.º 75 e o 189 não é perfeito. Nota-se, por exemplo, que a fixação efémera, já por nós abordada, feita por um organismo de radiodifusão que consta do art.° 189 como utilização livre não figura no art.° 75.

A razão é, contudo, simples: tal fixação é objecto de uma norma específica na parte relativa às utilizações em especial – art.° 152 n.º 2 – pelo que seria uma duplicação desnecessária a sua inclusão na parte geral.

3. São estes, pois, os preceitos mais importantes do CDADC que contemplam a radiodifusão[947]. A eles teremos de acrescentar os que tratam uma das suas modalidades – a retransmissão. Quanto a ela, além de muitas das disposições enumeradas que a referem, é particularmente importante o nosso já conhecido art.° 176 n.º 10.

Com esta referência temos uma visão global da relevância da radiodifusão no nosso Código[948], o que nos permite avançar na determinação do conceito, regime e natureza da figura no âmbito do direito português.

4. Nem todas as normas enumeradas têm, evidentemente, o mesmo valor. Interessa-nos, sobretudo, as que possam revelar o conteúdo do direito de radiodifusão nas suas diversas manifestações.

Começando pelo direito de autor, devemos concentrar a nossa atenção, desde logo, no art.° 68 n.º 2, alínea e).

Ficamos a saber que o **direito de radiodifusão faz parte do exclusivo de exploração económica do autor, o que é confirmado pelo art.° 149**, ambos na sequência do art.° 11-*bis* n.º 1, 1.º da Convenção de Berna. Uma leitura apressada desta alínea e), do n.º 2 do art.° 68, bem como do n.º 3 do art.° 127, poderia fazer crer que a noção de radiodifusão seria entendida em sentido restrito. Na verdade, apenas relativamente à comunicação pública por altifalantes ou instrumentos análogos se parece referir que ela pode ser efectuada por fios e por fibras ópticas, cabo ou satélite. Pareceria, portanto, que a radiodifusão se restringiria ao seu tipo mais tradicional – por ondas hertzianas.

Não é, porém, assim. Ainda que se dê abrigo à fórmula pouco conseguida dos preceitos, pode-se entender que o legislador se limita a

---

[947] Além disso, é entendido que a radiodifusão é conteúdo do direito, de raiz costumeira, ao espectáculo.

[948] A sua enumeração e transcrição (de algumas) revela-se, contudo, essencial para a fixação do seu sentido.

Sobre este vide OLIVEIRA ASCENSÃO, "Direito de Autor e Direitos Conexos", cit., págs. 590 a 598 e "Direito à Informação e Direito ao Espectáculo", Coimbra, 1990.

falar de radiodifusão, sem mais, dado que o conceito no direito português já abrange todas essas modalidades, como decorre do art.º 176 n.º 9 – afastando-se, pois, correctamente, do conceito minimalista da Convenção de Berna, tal como, por exemplo, os legisladores alemão e espanhol fazem[949].

O facto desta noção vir referida no artigo que inicia o título III, relativo aos direitos conexos, em nada obsta a esta conclusão, dado que só por absurdo se poderia pretender que a radiodifusão teria um sentido para o direito de autor e outro para os direitos conexos. Acresce que a definição de radiodifusão do art.º 176 n.º 9 é confirmada por uma norma específica de direito de autor – o art.º 153 n.º 3, que teremos ocasião de analisar. Não existe, portanto, margem para dúvidas.

Também a redacção infeliz da norma em análise – ao falar de "difusão por ... televisão e radiofonia" – poderia induzir em erro, sugerindo que existiria um regime distinto para a televisão e para a rádio. Mais uma vez não é esse o entendimento como se prova pelos preceitos subsequentes, nomeadamente, os art.os 149 a 156 que tratam em perfeita identidade as duas formas de radiodifusão – em sintonia, aliás, com todas as Convenções Internacionais e legislações internas.

5. Os art.os 149 a 156 constituem o núcleo central do direito de radiodifusão do autor. Era matéria já regulada, sob epígrafe totalmente idêntica, no capítulo VII, do título II, do Código de 1966, nos artigos 155 a 162[950].

Toda a secção VI, do capítulo III, do título II do Código de 1985 que os enquadra trata não só da radiodifusão originária como das utilizações ulteriores da emissão que contenha obras literárias e artísticas. Este último aspecto é essencial.

O regime dos artigos que tutelam os direitos dos autores só é aplicável a emissões cujo conteúdo tenha obras. O art.º 149 n.º 1 é, aliás,

---

[949] Parece-nos, contudo, ser defensável que se trata de redacções infelizes dos artigos a que aludimos e que o legislador apenas pretendeu, ao falar de "por fio ou sem fios..., ondas hertzianas, fibras ópticas, cabo ou satélite", explicitar modos de radiodifusão.

A referência a que essas comunicações devem ser feitas por outro organismo que não o de origem, da parte final do art.º 68 n.º 2 alínea e), mais inculca a convicção de que são modalidades de radiodifusão que estão em causa.

[950] Aprovado pelo Decreto 46.980, de 27 de Abril de 1966.

Não existe, no entanto, coincidência entre os preceitos do anterior Código e do actual.

taxativo: "Depende de autorização do autor a radiodifusão sonora ou visual **da obra**, ..."[951]. Além disso, de acordo com o já citado n.º 9 do art.º 176 e coerentemente com as Convenções Internacionais mais importantes – especialmente a Convenção de Berna – a radiodifusão é espécie do género comunicação pública, como se retira da parte final do preceito – "destinada à recepção pelo público"[952]. Fica, assim, excluído à partida qualquer "direito de injecção", adoptado noutras legislações que já tivemos ocasião de criticar.

O art.º 149 n.º 1 reafirma, por conseguinte, o direito exclusivo do autor que já decorria do art.º 68 n.º 2, alínea e). Este tem o direito de autorizar a radiodifusão da sua obra, bem como a retransmissão (simultânea e inalterada por um outro organismo de radiodifusão) e, por interpretação extensiva, a transmissão diferida ou a nova transmissão.

OLIVEIRA ASCENSÃO[953] admite que o legislador se tenha esquecido da sua própria definição de retransmissão e tenha usado a expressão em sentido impróprio abrangendo não só a retransmissão em sentido técnico-jurídico como a nova transmissão. É uma possibilidade a ter em conta.

De qualquer modo, quer a *ratio* da norma, quer o seu elemento literal – a radiodifusão abarca só por si as retransmissões e as novas transmissões – quer, ainda, o elemento sistemático – como OLIVEIRA ASCENSÃO salienta, a noção de nova transmissão surge no art.º 152 n.º 2 – permitem-nos a interpretação extensiva proposta. Quem deve obter a autorização do autor para radiodifundir é um organismo de radiodifusão.

Por outro lado, a lei portuguesa não liga a autorização a cada emissão, como resulta do art.º 153 n.º 1. A autorização para radiodifundir uma obra é, assim, geral para todas as emissões, directas ou em diferido, realizadas pelas estações do organismo que a obteve.

O radiodifusor fica, no entanto, adstrito ao pagamento de uma remuneração por cada transmissão diferida, salvo se esta se dever a condicionalismos horários ou técnicos – caso em que se considera estarmos ainda no âmbito da difusão originária. É este o regime que resulta da interpretação conjugada dos n.ºs 1 e 2 do art.º 153.

Ainda em consonância com o art.º 11-*bis* n.º 1, 1.º da Convenção de Berna – mas indo para além do seu escopo, que se restringe à efectuada

---

[951] Nosso o sublinhado.
[952] Sobre este carácter público da radiodifusão e da comunicação em geral, veja-se DIETZ, "Das Urheberrecht in Spanien und Portugal", pontos 277 a 280, págs. 175 a 177.
[953] OLIVEIRA ASCENSÃO, "Direito de Autor e Direitos Conexos", cit., pág. 303.

sem fio – o n.º 2 do art.° 149 submete ainda à autorização do autor a comunicação da obra em qualquer lugar público, definindo depois o n.º 3 deslocadamente – já que de uma noção geral se trata – o conceito de lugar público.

Contrariamente ao que OLIVEIRA ASCENSÃO defende[954], o n.º 2 do art.° 149 não é uma repetição do art.° 155 e, diversamente deste, não tem por fonte o art.° 11-*bis* n.º 1, 3.º. Com o devido respeito, não é assim. O art.° 149 n.º 2 baseia-se na parte final do art.° 11-*bis* n.º 1, 1.º – "ou a comunicação pública dessas obras por qualquer outro meio que sirva à difusão sem fio dos sinais, sons ou imagens".

Estamos, neste caso, perante uma comunicação pública originária (no sentido em que não se baseia numa obra transmitida) – feita, por exemplo, com recurso a um fonograma ou a um videograma – e não numa comunicação feita por altifalantes ou outro instrumento análogo a partir de uma obra radiodifundida – essa sim abrangida pelo art.° 11-*bis* n.º 1, 3.º e pelo art.° 155 do CDADC.

É por essa razão que o regime é também distinto. A comunicação pública do art.° 149 n.º 2, está sujeita ao direito exclusivo do autor, a do art.° 155, que potencia uma obra já radiodifundida, dá origem a um mero direito de remuneração. Assimilar ambas significaria uma contradição insanável entre os próprios direitos outorgados ao autor.

6. Assinalável, também, agora pela negativa, é o art.° 150. Fazendo uso da prerrogativa concedida pelo art.° 11-*bis* n.º 2, a versão original do texto que deu origem ao Decreto-Lei n.º 63/85, de 14 de Março, introduzia um sistema de licenças obrigatórias no nosso direito. Na versão final do diploma e na Lei n.º 45/85, de 17 de Setembro, que elaborou o texto definitivo da norma, tais licenças foram suprimidas.

LUIZ FRANCISCO REBELLO[955] defende a solução encontrada sublinhando a sua incompatibilidade com o art.° 141 n.º 3 e socorrendo-se do "Guia da Convenção de Berna".

Na verdade, nesta obra, CLAUDE MASOUYÉ falando das licenças obrigatórias afirma que: "É geralmente admitido que a sua adopção tem um carácter excepcional e não deve funcionar a não ser que se apresentem

---

[954] *Ibid.*, pág. 310.
[955] In "Código do Direito de Autor e dos Direitos Conexos anotado", *sub* art.° 150, 1.ª edição, págs. 206 e 207, 2.ª edição, págs. 205 e 206 e 3ª edição, págs. 208 e 209.

dificuldades inultrapassáveis, por exemplo, se os acordos colectivos entre os organismos de radiodifusão e os representantes dos autores não conseguem chegar ao estabelecimento de condições razoáveis para a utilização das obras, ou ainda se os modos de exploração das obras justificam, em certos casos particulares, uma regulamentação global e autoritária. A economia deste regime é o do compromisso entre os interesses em presença e compete aos legisladores dos países da União julgar quais as modalidades adequadas para realizar o equilíbrio desses interesses"[956].

É, pois, com base nestes dois argumentos – um de natureza legal outro de raiz doutrinária – que FRANCISCO REBELLO fundamenta a sua posição[957]. Mas, com devido respeito, não tem qualquer razão.

Começando pelo mais importante – o legal – diga-se que ele não faz o menor sentido. É, obviamente, necessário sujeitar a uma nova autorização a radiodifusão ou a transmissão de uma obra que fora apenas objecto de fixação.

Se o autor só consentira a fixação os actos de "radiodifundir ou transmitir de qualquer modo a obra fixada", como novas utilizações que são, carecem de autorizações independentes[958]. Na lógica dos direitos exclusivos é assim que tem que acontecer. Mas a questão é precisamente a de saber se a radiodifusão, dado o modo como se processa e a divulgação de obras que implica, não deveria ser regida por um esquema legal distinto.

Foi por compreender as características especiais desta forma de comunicação pública que o legislador de Berna entendeu por bem inserir o n.º 2 no art.º 11-*bis* que se manteve nas sucessivas Conferências de Revisão e cuja abolição – contra a proposta do Presidente e do Secretariado – foi recentemente recusada aquando da discussão e aprovação dos novos tratados da OMPI.

Dizer que o art.º 141 n.º 3 sujeita à autorização do autor a radiodifusão é, no fundo, escamotear o problema em vez de o discutir – a menos que se pretenda encontrar apoio num argumento de antecedência numérica para suportar a defesa do direito exclusivo... Aliás, se o art.º 150

---

[956] "Guia da Convenção de Berna", traduzido na versão portuguesa por ANTÓNIO MARIA PEREIRA – que é, obviamente, o responsável pela tradução – pág. 82.

[957] O texto que FRANCISCO REBELLO cita do "Guia da Convenção de Berna" é apenas parte do transcrito.

[958] Como já se disse, a exigência de forma escrita é que se afigura como completamente deslocada.

tivesse consagrado uma licença obrigatória o seu texto – como norma especial para a radiodifusão – prevaleceria sobre o art.º 141 n.º 3. Isso não implicaria, sequer, a interpretação ab-rogante deste último, dado que as autorizações que pressupõe continuariam a ser exigidas para as outras formas de comunicação pública previstas no preceito – execuções e outras transmissões, que não a radiodifusão, da obra fixada.

Também as palavras transcritas de MASOUYÉ se revelam de significado muito relativo, para não dizermos nulo. São teses que vinculam apenas o próprio e que não encontram suporte nem no texto da Convenção de Berna, nem nos relatórios das diversas Conferências de Revisão. O que se retira do art.º 11-*bis* não é o carácter excepcional das licenças obrigatórias que MASOUYÉ assinala, mas, pelo contrário, que elas são um meio tão idóneo como um sistema de direitos exclusivos de regulamentar os direitos previstos no n.º 1 do artigo – nomeadamente o direito de radiodifusão.

Pela nossa parte, afirmamo-lo sem receio, entendemos mesmo que – pela particular natureza e presente evolução deste meio de difusão maciça e ininterrupta de obras com características técnicas e temporais específicas, um sistema de licenças não voluntárias é o que melhor se coaduna com a radiodifusão, pelo menos no que respeita a determinados tipos de obras.

Não foi esse como se sabe o entendimento do legislador português e em vez de um art.º 150, como originariamente tinha sido previsto, temos a actual norma cuja redacção é da responsabilidade da Lei n.º 45/85, de 17 de Setembro. Debaixo de uma capa que parece facilitar a vida ao utilizador esconde-se um preceito que agrava de modo significativo a sua posição.

OLIVEIRA ASCENSÃO, depois de qualificar este art.º 150 como um logro, entende mesmo que a norma é passível de interpretação ab-rogante.

Justificando a sua radical posição escreve o Professor de Lisboa, em texto que merece a nossa total concordância, que sob a aparência de uma restrição, se agrava afinal, no que toca à radiodifusão, o regime do art.º 153, que determina que não é necessária autorização para cada emissão. Estando a obra fixada, a autorização para a radiodifusão tem de ser expressa, exigência que não é feita se a obra radiodifundida não estiver fixada!

O autor entende que a imposição de uma estipulação expressa é de extrema gravidade, já que o sentido de toda a declaração é o que a interpretação lhe der. Ao exigir-se que a declaração seja expressa, o elemento formal ultrapassa aquela que seja reconhecidamente a verdadeira vontade das partes.

Recordando passos anteriores da sua obra e remetendo para ulteriores desenvolvimentos, esclarece que um acordo para uma utilização pode trazer implícito o consentimento para outra utilização. É um princípio geral, que é expressamente negado no caso em apreço. É precisamente quando a obra está fixada é que se exige um consentimento expresso para a radiodifusão; e só havendo este se dispensa o consentimento especial para cada emissão.

Visto que o consentimento especial é já dispensado em qualquer caso pelo art.º 153, o art.º 150 não tem sentido, devendo pois ser objecto de mera interpretação ab-rogante. Em qualquer caso, esteja a obra fixada ou não, o consentimento é geral, por força do art.º 153.

E termina o seu raciocínio alertando para o perigo de o país continuar desarmado, perante o monopólio de facto das entidades de gestão. Se estas quiserem, a radiodifusão pára. Não existe sequer a obrigação de contratar, que encontramos noutras ordens jurídicas[959].

Temos, pois, que descartar o art.º 150 do painel de normas que estabelecem a moldura jurídica da radiodifusão.

7. O restante regime deixa também muito a desejar.

O art.º 151 é uma norma relativa à radiodifusão em geral e não apenas à que se efectua difundindo obras literárias e artísticas. Está, por isso, deslocado[960].

O art.º 152 n.º 1 autonomiza a autorização para fixar do consentimento para radiodifundir. Mas como o art.º 153 estabelece que este último abrange as emissões em diferido, o n.º 2 do art.º 152 vê-se na contingência de estabelecer limites ao princípio enunciado no número anterior. Permite-se, então, aos organismos de radiodifusão a fixação das obras mas apenas para uso das suas estações emissoras.

O n.º 3 impõe, porém, que as gravações efémeras assim efectuadas sejam destruídas no prazo máximo de três meses e que, dentro desse período, não possam ser transmitidas mais de três vezes, cabendo ao autor um direito de remuneração por cada uma dessas transmissões diferidas. O legislador português mostra-se, assim, muito restritivo quanto ao regime das gravações efémeras que lhe é facultado no art.º 11-*bis* n.º 3 da

---

[959] OLIVEIRA ASCENSÃO, "Direito de Autor e Direitos Conexos", cit., pág. 299.
[960] OLIVEIRA ASCENSÃO, "Direito de Autor e Direitos Conexos", cit., pág. 299, propõe mesmo a sua supressão.

Convenção de Berna[961]. A fixação é, contudo, permitida para os casos de transmissões diferidas – que são hoje em dia a parte essencial de qualquer programação.

É ainda ao abrigo do art.° 11-*bis* n.º 3 da Convenção de Berna que o n.º 4 do art.° 152 estabelece a possibilidade das gravações efémeras com "interesse excepcional a título de documentação" serem conservadas em arquivos oficiais ou, enquanto estes não existirem, nos da RTP e RDP, estando, no entanto, a sua eventual utilização quando deles constarem obras, sujeita ao direito dos autores – como se retira da parte final da norma.

Os dois primeiros números do art.° 153 já são nossos conhecidos[962]. O preceito é completado com um n.º 3 também ele com péssima técnica legislativa[963]. Nele se determina que: "A transmissão efectuada por entidade diversa da que obteve a autorização referida no n.º 1, quando se faça por cabo ou satélite, e não esteja expressamente prevista naquela autorização, depende do consentimento do autor e confere-lhe o direito a remuneração".

Como se sublinhou esta norma conjuntamente com o art.° 176 n.º 9 demonstra que a lei portuguesa aderiu a uma concepção ampla de radiodifusão – abrangendo a realizada por fio ou sem fio por satélite e cabo.

Os contributos positivos da norma terminam aí – tudo o resto é um desastre. A sua fonte é o art.° 11-*bis* n.º 1, 2.º da Convenção de Berna, mas se o objectivo foi transpor para o plano interno aquele preceito diga-se que ele esteve longe de ser atingido. Na verdade, o que se parece retirar do n.º 3, do art.° 153 é que só a transmissão por cabo ou satélite efectuada por outro organismo que não o de origem é que estaria adstrita à autorização do autor. Isso significaria, por outras palavras, que as emissões ulteriores realizadas por outro radiodifusor mas que não se efectivassem por cabo ou por satélite não estariam sujeitas a tal autorização.

Não pode, obviamente, ser assim, não só porque o direito do autor não está à mercê das condições técnicas através das quais a radiodifusão ocorre, mas, sobretudo, porque uma tal interpretação colidiria frontal-

---

[961] Neste sentido, OLIVEIRA ASCENSÃO, "Direito de Autor e Direitos Conexos", cit., pág. 300.

[962] Cfr., supra, pág. 400.

[963] Como acentua OLIVEIRA ASCENSÃO, "Direito de Autor e Direitos Conexos", cit., pág. 304.

mente com o direito exclusivo que os art.os 68 n.º 2, alínea e) e 149 outorgam ao autor. Qualquer retransmissão ou transmissão diferida feitas por outro organismo que não o de origem estão, portanto, no direito português, abrangidas pelo direito exclusivo que o autor tem de autorizar ou proibir as emissões subsequentes da sua obra.

Mas as infelicidades não ficam por aqui. A norma diz ainda que aquelas transmissões secundárias dependem do consentimento do autor e conferem-lhe o direito a remuneração. É uma contradição insanável.

Se está sujeito ao consentimento, estamos no domínio de um direito exclusivo e não de um direito de remuneração. É evidente que um direito deste último tipo pressuporia a criação de uma licença obrigatória – sistema do qual o legislador português, como vimos, se afastou. Temos, assim, que aquelas difusões ulteriores efectuadas por um outro radiodifusor que não o originário só se poderão realizar, licitamente, mediante autorização do autor – não há aqui lugar a qualquer direito de remuneração.

Do artigo se retira ainda, *a contrario*, que as transmissões subsequentes, por cabo ou satélite, efectuadas pelo organismo de radiodifusão primário não dependem do consentimento do autor. Reconheça-se que a lógica da Convenção de Berna é a de permitir ao organismo originário a difusão através de todos os seus equipamentos. Mas a Convenção tinha em vista a radiodifusão tradicional como oportunamente demonstrámos.

Estão particularmente em causa contratos mais antigos em que não foram tomadas em linha de conta as possibilidades de difusão que os satélites propiciam. Autorizar o uso de uma obra para uma emissão que se destina a um pequeno país é completamente diferente – até (ou especialmente) para efeitos do montante a exigir – do que permitir uma transmissão por satélite que seja captável em vinte ou trinta países.

É evidente que nos dias de hoje os autores acautelam os seus interesses especificando minuciosamente os modos de utilização que concedem. Quando, porém, a radiodifusão por satélite não passava de um sonho longínquo ou não era sequer pensável, a autorização para radiodifundir tinha o sentido, normal, de abranger apenas uma emissão clássica – para o país para no qual fora solicitado o consentimento.

Pensamos por isso que, nestes casos, a interpretação dos negócios jurídicos pode levar à conclusão de que o radiodifusor adquiriu direitos relativos a uma emissão tradicional e não para uma transmissão por satélite. Assim, o art.º 153 n.º 3 deve, quanto a este aspecto, ser considerado uma norma supletiva, prevalecendo sobre a sua letra, nas situações em que tal se justifique, a verdadeira intenção das partes contratantes.

8. As normas analisadas não esgotam ainda o regime aplicável à radiodifusão relativamente ao direito de autor.

O art.º 154 trata de um direito pessoal – o direito à menção da designação. Ao longo do Código o legislador é pródigo nas referências a este direito com uma preocupação de exaustividade que não se entende. Neste caso, contudo, a sua opção foi acertada, visto que a radiodifusão tem características próprias que implicam a adequação do direito à menção da designação a este modo específico de utilização. Por isso, o art.º 154 manda que os radiodifusores anunciem o nome ou o pseudónimo do autor juntamente com o título da obra, mas ressalva os casos, consagrados no uso corrente, em que circunstâncias e necessidades da transmissão levem a omitir as indicações referidas.

O art.º 155 já mereceu a nossa atenção[964]. Trata da comunicação pública da obra radiodifundida e tem como fonte o art.º 11-*bis* n.º 1, 3.º da Convenção de Berna, mas atribui ao autor um direito de remuneração por esse novo aproveitamento.

O legislador português fez, portanto, uso da prerrogativa que lhe é concedida pelo n.º 2 do art.º 11-*bis* da Convenção de Berna não atribuindo um direito exclusivo, mas apenas um direito de remuneração[965]. De facto, não se pode pretender que as expressões jurídicas variem de sentido conforme as conveniências. O que o art.º 155 diz é que: "é devida igualmente remuneração". Não diz que depende de autorização do autor como acontece quando outorga direitos exclusivos.

É certo que o art.º 68 n.º 2, alínea e) refere a comunicação pública por altifalantes ou instrumentos análogos como fazendo parte do direito exclusivo do autor, mas então há que conciliar este preceito com o do art.º 155. Ora, uma tal conciliação leva a que prevaleça a norma especial em detrimento da geral, com a consequente interpretação restritiva desta[966].

Por outro lado, também não colhe a assimilação que se pretende estabelecer entre o art.º 155 e o art.º 149 n.º 2, ambos do CDADC[967].

---

[964] Cfr., supra, pág. 401.
[965] Ao contrário do que FRANCISCO REBELLO, "Código do Direito de Autor...", cit., *sub* art.º 155, 1.ª edição, págs. 211 e 212, 2.ª edição, págs. 210 e 211 e 3.ª edição, págs. 213 e 214, pretende.
[966] Como refere OLIVEIRA ASCENSÃO, "Direito de Autor e Direitos Conexos", cit., pág. 313.
[967] Que FRANCISCO REBELLO, "Código do Direito de Autor...", 1.ª edição, cit., pág. 211, 2.ª edição, cit., pág. 210 e 3ª edição, cit., pág. 214, também propõe.

Como já se disse, o primeiro baseia-se no art.° 11-*bis* n.º 1, 3.º da Convenção de Berna, enquanto o segundo se funda no mesmo art.° 11-*bis* n.º 1, 1.º.
A própria similitude entre os textos em causa é disso prova bastante. São dois direitos diferentes e que foram sujeitos a regimes distintos – o que em nada choca com o disposto na Convenção de Berna. Mantemos, assim, como válida a conclusão anteriormente sustentada, de que o autor tem, no caso do art.° 155, num mero direito de remuneração.

Não havendo, pois, necessidade de autorização do autor nem a sua sub-rogação por um órgão estadual competente diremos que o art.° 155 faculta uma verdadeira licença legal. Note-se, ainda que, coerentemente com o texto de Berna, o que aqui está em causa é uma nova utilização, uma potenciação da emissão recebida destinada a um público distinto, ou, se quisermos, na feliz expressão de OLIVEIRA ASCENSÃO, uma recepção-transmissão[968].

A lei não contempla, por conseguinte, a recepção. Esta é, em qualquer modalidade, completamente livre em consonância, aliás, com a Convenção de Berna e os restantes tratados internacionais de maior importância[969].

Finalmente o art.° 156 n.º 1 manda aplicar à radiodifusão e processos idênticos as regras relativas ao contrato de edição, representação e execução. É a confusão total. Nem a tradicional distinção vulgarmente estabelecida entre utilizações corpóreas e incorpóreas – em que, por exemplo, o direito alemão baseia toda a sua estrutura – fez o legislador português pensar duas vezes. Especialmente a remissão para o contrato de edição que se baseia na reprodução e divulgação de suportes materiais é incompreensível. Para sermos sintéticos diremos, apenas, como OLIVEIRA ASCENSÃO: "É um disparate pegado". (...) "Como as disposições daqueles contratos são diferentes, em caso de conflito prevalecerão sempre as da representação e execução, por ser maior a analogia"[970].

9. Dois aspectos essenciais merecem ainda saliência no que ao regime do nosso Código diz respeito. O primeiro é o de que o legislador português – contrariamente, por exemplo, ao inglês de 1988 (Sec. 73, n.º 3) – não adoptou a "teoria da área de serviço" para as transmissões por

---

[968] OLIVEIRA ASCENSÃO, "Direito de Autor e Direitos Conexos", cit., pág. 310.
[969] Adiante retiraremos consequências desta conclusão.
[970] OLIVEIRA ASCENSÃO, "Direito de Autor e Direitos Conexos", cit., pág. 300.

cabo[971]. O segundo é o de que a lei portuguesa – consciente ou inconscientemente – adoptava um conceito de radiodifusão que a aproximava, para a transmissão por satélite, da "teoria da comunicação (recepção)".

Como DIETZ sublinha: "Tendo em vista a controvérsia supramencionada sobre a aplicação ou não do Direito de Autor nacional a emissões estrangeiras por satélite é em todo o caso digno de menção que o art.º 68 n.º 2, alínea e) do CDADC português, ao contrário da disposição espanhola correspondente, não emprega o conceito de "emissão", dando relevo à "difusão" ("Verbreitung") e à "comunicação pública" ("offentliche Wiedergabe"). Ora, estas acções têm lugar na área de recepção do satélite e portanto também no interior do seu território (português)"[972].

Para além da incorrecta tradução de difusão[973], podemos acompanhar DIETZ entendendo que a solução que parecia decorrer da lei portuguesa era precisamente a por ele apontada. A ideia de radiodifusão como acto de comunicação ao público estava presente ao longo das principais normas do Código que se lhe referiam, o que não podia deixar de ter reflexos óbvios no domínio da legislação aplicável.

10. Os preceitos acima referenciados sobre os direitos conexos não merecem – para além dos já citados n.ᵒˢ 9 e 10 do art.º 176 – referência especial em termos do conceito de radiodifusão. Ao seu regime, que já expusemos com brevidade, teremos ocasião de regressar quando, no capítulo seguinte, tratarmos da transposição das directivas duração (93/98/CEE), aluguer e comodato (92/100/CEE) e satélite e cabo (93/83/CEE) – realçando os aspectos essenciais de toda a regulamentação dessa matéria. Para lá se remete, naturalmente.

---

[971] Como salienta DIETZ, "Das Urheberrecht in Spanien und Portugal", cit., pontos 290 e 291, págs. 185 e 186.
Lamentavelmente, também o problema das "zonas de sombra" é completamente esquecido.

[972] DIETZ, *ibid.*, ponto 289, pág. 184.

[973] "Verbreitung" é "pôr em circulação" e não difusão.

CAPÍTULO II

A LEGISLAÇÃO COMPLEMENTAR
– OS DECRETOS-LEI DE NOVEMBRO DE 1997

1. Depois de um atribulado processo, que envolveu acesos debates, tomadas de posição nos órgãos de comunicação social, vetos políticos e toda uma série de manobras de pressão, em 27 de Novembro de 1997 foram publicados os Decretos-Lei n.os 332/97, 333/97 e 334/97, cujo objectivo era transpor para a ordem jurídica portuguesa, respectivamente, as directivas aluguer e comodato (92/100/CEE, de 19 de Novembro de 1992), satélite e cabo (93/83/CEE, de 27 de Setembro de 1993) e duração (93/98/CEE, de 29 de Outubro de 1993).

2. A última visava prioritariamente alargar o prazo de protecção dos direitos de autor para setenta anos e dos direitos conexos para cinquenta.

Foi isso que – com péssima técnica legislativa[974] – o Decreto-Lei 334/97, de 27 de Novembro também fez. Os diversos direitos de radiodifusão passaram a ter os referidos prazos de caducidade.

3. Tal como as próprias directivas a que correspondem, bem mais importantes para a nossa investigação são os dois restantes diplomas.

---

[974] Chega-se ao ponto de alterar a norma quanto ao prazo de protecção dos programas de computador – art.º 4 do Decreto-Lei n.º 252/94, de 20 de Outubro – através de um preceito que se vai inserir directamente no Código do Direito de Autor e dos Direitos Conexos, como art.º 36.

O resultado se não fosse perigoso era hilariante – toda a regulamentação dos programas de computador é tratada no citado Decreto-Lei, mas a sua duração consta do Código.

No que respeita ao Decreto-Lei n.º 332/97, de 27 de Novembro, comece-se por saudar a derrogação do direito de comodato que o art.º 6 n.º 1 estabelece e a isenção que o n.º 3 do mesmo artigo promove a favor de bibliotecas públicas, escolares, universitárias, museus, arquivos públicos, fundações públicas e instituições privadas sem fins lucrativos. É matéria que escapa ao âmbito deste trabalho, mas regista-se o facto de o interesse público não ser, neste caso, expressão vã para o legislador português.

Infelizmente, não podemos dirigir iguais encómios ao restante teor do diploma. A própria opção por um instrumento avulso em detrimento das alterações do CDADC, onde fossem justificadas, nos parece censurável.

Depois, que dizer do art.º 3 que enuncia "para efeitos do disposto na alínea f) do n.º 2 do art.º 68 do Código", as definições de "venda", "aluguer" e "comodato"?!

É, de facto, incompreensível. Não é função do legislador apresentar noções legais para além do estritamente necessário[975]. Se, ainda por cima, as definições em causa se referem a figuras de longa tradição e objecto de aturados estudos no Direito Civil português, atinge-se as raias do ridículo.

---

[975] Do que fica dito não resulta que consideremos como irrelevantes e não vinculativas as definições legais.

Tal posição, se bem que sufragada pela tese ainda hoje maioritária na doutrina portuguesa – vide por exemplo DIAS MARQUES, "Introdução ao Estudo do Direito", pág. 169; OLIVEIRA ASCENSÃO, "O Direito – Introdução e Teoria Geral", 11ª edição, pág. 501 (apesar de a sua posição ser atenuada por admitir que da definição possam resultar elementos vinculativos, quando os seus próprios termos implicarem um regime jurídico, caso em que estará revestida de "indirecta injuntividade"); MENEZES CORDEIRO, "Direito das Obrigações", 1º volume, pág. 10; MARCELO REBELO DE SOUSA e SOFIA GALVÃO, "Introdução ao Estudo do Direito", pág. 236 – foi consistentemente rebatida, ao menos em termos globais, por PEDRO PAIS DE VASCONCELOS, "Contratos Atípicos", págs. 168 a 179 e RUI PINTO DUARTE, "Tipicidade e Atipicidade dos Contratos", págs. 71 a 79 e 96 a 107.

Apesar de não sustentarmos a vinculatividade absoluta das definições legais – que deverão ceder perante conteúdo normativo que as contrarie – reconhecemos a sua utilidade como o que se designa por proposições jurídicas incompletas ("unvollständige Rechtssätze"), que deverão ser compaginadas com outros preceitos de modo a interpretar adequadamente as diversas regras jurídicas.

O que quisemos significar foi que o legislador se deve limitar na sua actividade definitória, especialmente no que toca a institutos já consagrados, evitando disparidades indesejáveis ao atribuir a conceitos profundamente enraizados na nossa cultura jurídica sentido díspar consoante o diploma em que são incluídos.

A obsessão de tudo copiar – neste caso o art.° 1 n.ᵒˢ 1 e 2 da directiva – sobrepôs-se ao bom senso. Como se isso não fosse bastante, ainda somos brindados com um "prémio" adicional – um "novo" conceito de venda[976].

Regressando ao nosso tema, verificamos que o legislador português não teve grande trabalho e o que teve foi de mérito reduzido.

Os únicos direitos que mereceram regulamentação completamente inovadora foram os direitos de distribuição – "incluindo o direito de aluguer e comodato" – dos artistas intérpretes ou executantes, dos produtores de fonogramas e videogramas e dos produtores das primeiras fixações de filmes. O art.° 7 do Decreto-Lei n.º 332/97, de 27 de Novembro procurava, assim, de um só golpe, dar cumprimento aos art.ᵒˢ 2 e 9 da directiva aluguer e comodato, no que aos direitos vizinhos diz respeito, alargando-se o seu âmbito de aplicação aos produtores de videogramas que, como se sabe, são titulares de um direito conexo no nosso país.

Foi um desastre. Distribuição, aluguer e comodato são três direitos distintos com regime próprio. O que o legislador português fez foi misturá-los uns com os outros, sem verificar as consequências que daí decorriam.

Ao fazê-lo criou uma situação extremamente grave, pois não compreendeu que entrava em contradição com as suas próprias opções. Na verdade o direito de distribuição é necessariamente um direito exclusivo, como resulta da parte final do n.º 1 do art.° 9 da directiva aluguer e comodato, o mesmo acontece com o direito de aluguer (art.° 1 n.º 1), mas o direito de comodato pode ser um mero direito de remuneração.

Foi precisamente essa a escolha – correcta – da nossa lei. Presume-se que o que estabeleceu no art.° 6 do Decreto-Lei n.º 332/97, de 27 de Novembro, para o autor, será extensivo aos titulares de direitos conexos. Acontece, porém, que ao englobar o comodato como espécie do direito de distribuição o legislador português submeteu-o à exclusividade que é apanágio deste.

Chegamos, assim, a esta situação contraditória: o direito de comodato do autor é um mero direito de remuneração – *ex vi* art.° 6 do Decreto-Lei português, ao abrigo do art.° 5 da directiva 92/100/CEE. O mesmo comodato, no campo dos direitos conexos, porque integrado no direito de distribuição, será um direito exclusivo – art.° 7 do nosso diploma, em resultado do art.° 9 n.º 1 da mesma directiva.

---

[976] Ao qual devemos, ainda, adicionar uma definição de "filme", no n.º 4 do art.° 7 do mesmo Decreto-Lei.

Não pode ser. Estamos, aliás, em crer que uma tal possibilidade nem sequer foi equacionada pelo legislador português que, sabiamente, pretendeu reduzir o comodato – em todas as suas vertentes – a um direito de remuneração.

Como os direitos conexos não podem merecer maior tutela do que os de autor, resta recorrer à interpretação restritiva do citado art.º 7. Com base na expressão "**é igualmente reconhecido**" – que consta da parte final do corpo do seu n.º 1 – julgamos ser possível interpretar a norma no sentido que os direitos são reconhecidos na exacta medida em que o são para os autores. Aos direitos de distribuição e aluguer corresponderão, desse modo, direitos exclusivos e ao direito de comodato um direito de remuneração.

As infelicidades da lei portuguesa não se ficam, contudo, por aqui. Tão ou mais grave do que o lapso apontado é ainda um outro. O art.º 7 que temos vindo a analisar procura transpor, como já se salientou, os direitos conexos previstos nos art.ºs. 2 e 9 da directiva aluguer e comodato, alargando o seu âmbito de aplicação aos produtores de videogramas.

Acontece, porém, que não o faz. Estamos, convencidos que os autores daquele texto legal não leram com atenção a directiva em causa. Se o fizeram, então temos que afirmar que o legislador português se esqueceu do direito de distribuição dos organismos de radiodifusão, que o n.º 1 do citado art.º 9 consagra, "no que respeita às gravações das suas emissões, tal como estabelecido no n.º 2 do art.º 6". Temos, assim, que os organismos de radiodifusão não gozam em Portugal do direito de distribuição, contrariamente ao que acontece com os restantes titulares de direitos conexos. Curiosamente, não se tem notícia de que alguém tenha detectado um erro desta gravidade.

Os restantes direitos conexos previstos na directiva já constavam, na maioria dos casos, da legislação portuguesa, que nesta matéria segue de perto a Convenção de Roma.

No que toca à radiodifusão não houve, assim, necessidade de transpor o n.º 1 do art.º 8 da directiva, dado que o mesmo já constava da alínea a), do art.º 178 do nosso Código.

Também não foi objecto de transposição, por já constar do art.º 184 n.º 3 do CDADC, o n.º 2 do mesmo preceito que, recorde-se, diverge do art.º 12 da Convenção de Roma por impor a repartição da remuneração equitativa entre os artistas intérpretes ou executantes e os produtores de fonogramas. Só o n.º 3 do art.º 8 carecia de ser integrado na nossa lei.

No sentido de proceder a essa integração, bem como à da norma constante do art.º 6 n.º 3 da directiva aluguer e comodato, optou-se por reformular o art.º 187 do CDADC. Em má hora, diga-se. As regras dos art.ᵒˢ 6, n.º 3 e 8, n.º 3 da directiva passaram a figurar, respectivamente, como novo n.º 2 do art.º 187 e como alíneas a) e d) do agora n.º 1 do mesmo preceito.

Recorde-se que se referia apenas ao direito de fixação o art.º 6 n.º 3 da directiva, que previa "que o distribuidor por cabo não usufruirá do direito previsto no n.º 2 sempre que efectue meras retransmissões por cabo de emissões de organismos de radiodifusão".

Como anteriormente tivemos ocasião de salientar[977], o retransmissor não deveria ser também protegido no que respeita aos restantes direitos. Não faz, na verdade, qualquer sentido que um tal regime de exclusão de protecção se restrinja ao direito de fixação. Merece, por conseguinte, total aprovação a generalização que o n.º 2 do art.º 187 realiza.

O que já não suscita igual elogio é o facto de, tal como na ocasião também se sublinhou, se limitar ao retransmissor por cabo o efeito da norma. Como então se disse, face à sua *ratio* todos os casos de mera retransmissão, fossem ou não efectuadas por cabo, deveriam merecer igual tratamento. Desafortunadamente, o legislador português preferiu, uma vez mais, a cópia servil à solução correcta.

A crítica feita a propósito da directiva aplica-se, também, à nossa lei. Resta, por isso, o recurso à analogia, que já fora proposto aquando do estudo da directiva, como forma de ultrapassar a lacuna detectada.

De igual servilismo padece ainda uma outra norma do art.º 187. Ao ler este preceito verifica-se que a alínea d), do seu n.º 1 corresponde à parte final do n.º 3 do art.º 8 da directiva aluguer e comodato. Infelizmente o nosso legislador não se ficou por aí e mais uma vez a sua intervenção foi marcada pelo desacerto.

De facto, a norma comunitária baseou-se na noção de " emissão de radiodifusão" do art.º 3, alínea f) da Convenção de Roma. A sua preocupação de similitude com o texto deste tratado levou a que o art.º 8 n.º 3 da directiva fale de "retransmissão das suas emissões por ondas radio-eléctricas".

Já tivemos ocasião de acentuar que uma tal restrição não só não tem justificação plausível, como – o que é mais importante – é contraditória

---

[977] Cfr., supra, pág. 157.

com outros preceitos da directiva que assimilam a radiodifusão por ondas hertzianas à efectuada por cabo (art.ᵒˢ 6 n.º 2, 7 n.º 1 e 9 n.º 1)[978]. Como também se salientou na altura oportuna, essa equiparação foi posteriormente confirmada na directiva satélite e cabo – art.º 1 n.º 3[979]. Não faz, por isso, qualquer sentido isentar os retransmissores por cabo do âmbito de aplicação da norma.

Ora, o que a lei portuguesa fez foi seguir cegamente o que consta do art.º 8 n.º 3 da directiva e, em conformidade, alterar a alínea a), do n.º 1 do art.º 187 que passou a prever que os organismos de radiodifusão gozam do direito de autorizar ou proibir apenas as retransmissões que se realizem por ondas radioeléctricas. O cúmulo de tudo isto é que a anterior redacção era a que estava correcta, pois referia, simplesmente, "a retransmissão das suas emissões". O que estava certo passou a estar errado e parecia obrigar o intérprete a recorrer, uma vez mais, à analogia para ultrapassar uma lacuna que o legislador voluntariamente criou.

Acresce que a norma em apreço colide com o próprio conceito amplo de radiodifusão, abrangendo a que é efectuada por fio ou sem fio, que, como vimos, decorre dos art.ᵒˢ 176 n.º 9 e 153 n.º 3 do CDADC. Um preceito que estava de acordo com o sistema jurídico em que se inseria e cujo sentido se determinava através de uma simples interpretação declarativa, suscitava agora um elaborado processo de delimitação de sentido para se obter um resultado equivalente.

A situação não é, porém, tão grave porque o Decreto-Lei n.º 333/97, também de 27 de Novembro, manda, no seu art.º 8, aplicar o art.º 187 à retransmissão por cabo. Afinal os organismos de radiodifusão sempre têm o direito exclusivo de autorizar a retransmissão por fio das suas emissões. Fica-se é sem saber porque é que se modificou uma norma que estava correcta, dando-lhe uma redacção errada e mantendo esse texto no Código, para depois através de diploma avulso se estipular que, afinal, tudo se passa de acordo com a fórmula inicial. Em termos de técnica legislativa é, de facto, incompreensível.

4. De males idênticos padece o Decreto-Lei n.º 333/97, de 27 de Novembro que acabámos de citar. É dos três diplomas do pacote legislativo aquele que mais interessa à investigação em curso.

---

[978] Cfr., supra, págs. 156 e 157.
[979] Cfr., supra, pág. 158.

Depois de um art.º 1 onde se dá conta de que o diploma pretende transpor a directiva satélite e cabo para a ordem jurídica interna, o art.º 2 faz uma remissão genérica para os art.os 149 a 156 do CDADC. Por sua vez o art.º 8 já referido manda aplicar à comunicação por satélite e à retransmissão por cabo os art.os 178, 184 e 187 também do CDADC.

Mais uma vez não se procurou inserir nos correspondentes lugares do Código as matérias que se visa regular. O resultado volta a não ser brilhante, havendo que compaginar caso a caso as normas do Código com as do Decreto-Lei de transposição. Falta, por isso, um regime harmonioso sobre a radiodifusão.

O art.º 3, sob a epígrafe "definições", retoma o art.º 1 n.º 1, n.º 2, alínea a) e n.º 3 da directiva 93/83/CEE, apresentando respectivamente, as noções de "satélite", "comunicação ao público por satélite" e "retransmissão por cabo". No entanto, só a segunda delas – "comunicação ao público por satélite" – é perfeitamente idêntica à que consta do texto comunitário. Quanto à definição de "satélite" a lei portuguesa utilizou uma fórmula bem mais simples e compreensível do que a directiva – foi uma boa opção. No que concerne à "retransmissão por cabo" alargou o seu âmbito dado que não se cinge às transmissões ulteriores que tenham por base uma "emissão primária a partir de outro Estado-membro".

Além disso, o carácter inalterado da retransmissão por cabo e a equivalência que se estabelece entre esta e a efectuada por micro-ondas são pura e simplesmente esquecidos – foram más opções. Significam, por um lado, que todas as retransmissões, mesmo aquelas que se realizam intra-muros, estão sujeitas ao regime da directiva, nomeadamente à tão criticável "gestão colectiva necessária" sobre a qual nos detivemos longamente. Se uma tal obrigatoriedade peca por excesso no caso de retransmissões de programas internacionais, torna-se absolutamente incompreensível dentro do nosso espaço territorial. Por outro lado, a ausência de referência ao carácter inalterado[980] da retransmissão e ao micro-ondas são lacunas que urge integrar tão rapidamente quanto possível.

---

[980] Como facilmente se compreende, uma transmissão pode ser simultânea e integral e não ser inalterada.

Os três requisitos são cumulativos e só a sua verificação conjunta permite a aplicação do regime da directiva e do Decreto-Lei em análise.

5. O art.º 4 n.º 1 é um erro grave. É certo que se baseia no art.º 1 n.º 2, alínea b) da directiva satélite e cabo, mas acaba por ir muito além do que seria desejável. O legislador nacional esqueceu o âmbito da própria directiva. Esta restringe-se ao espaço comunitário. As comunicações públicas por satélite que refere são as que ocorrem dentro da Comunidade. Por isso, significativamente, a citada alínea b), do n.º 2 do art.º 1, diz que essas comunicações se verificam apenas no **Estado-membro** onde os sinais portadores do programa são introduzidos.

Ao esquecer a referência à Comunidade, a que a directiva só implicitamente alude dada a sua própria natureza, e ao dizer que "a comunicação ao público por satélite só se verifica **no lugar** onde os sinais portadores do programas são introduzidos...", a lei portuguesa cria uma "teoria da emissão global" da qual, por certo, não se deu conta e que contraria aquilo que, como DIETZ acentuou, parecia ser uma tomada de posição do legislador português favorável à "teoria da comunicação (recepção)".

Como o Decreto-Lei n.º 333/97, de 27 de Novembro, não revogou as disposições do Código relativas a esta matéria e como o seu regime tem apenas aplicação no estrito âmbito da radiodifusão por satélite, poderíamos chegar ao ponto de aplicar a esta uma "teoria da emissão" e às restantes transmissões transfronteiriças que se destinassem ao território português uma "teoria da comunicação (recepção)".

É uma situação que se deve evitar. A "teoria da emissão" só nos vincula no espaço comunitário e está incorrecta nos seus fundamentos, como se teve ocasião de demonstrar. Insistir nela é um erro jurídico e retira espaço de manobra à lei portuguesa de modo injustificável.

Deve-se por isso, limitar o seu raio de acção à comunicação pública por satélite no seio da Comunidade. Em todas as restantes modalidades de radiodifusão transfronteiriça que atinjam o território nacional é a lei portuguesa que deverá ser aplicada.

A solução proposta poderá ser obtida através da interpretação conjugada do art.º 4 do Decreto-Lei 333/97, de 27 de Novembro, com o art.º 5 do mesmo diploma. De facto, este último referencia as comunicações ao público por satélites feitas a partir de países terceiros à União Europeia, o que nos fornece o elemento literal necessário – complementado pelo argumento histórico que decorre da própria directiva satélite e cabo – para a interpretação restritiva do n.º 1 do art.º 4, que vigorará unicamente para as radiodifusões por satélite intra-comunitárias.

Por sua vez, o n.º 2 do art.º 4 e o citado art.º 5 são reproduções fiéis, respectivamente, do art.º 1 n.º 2, alíneas c) e d) da directiva satélite e cabo.

O último enfrenta, por isso, a mesma ordem de críticas e problemas que suscitámos a propósito da disposição comunitária correspondente[981].

Fundamentalmente, estão em questão as difusões por satélite que ocorram sem qualquer ponto de ligação com a Comunidade, relativamente às quais a directiva e, na sua esteira, a lei portuguesa são completamente omissas. Como se disse, abre-se quanto a elas a possibilidade de adoptar a designada "teoria da comunicação (recepção)", o que é reforçado pelo conceito de radiodifusão que vigora no nosso direito.

6. Também o art.º 6 do Decreto-Lei em apreço não é mais do que uma versão compacta do art.º 3 da directiva 93/83/CEE. Merece, contudo, duas referências de pormenor.

A primeira tem a ver com um lapso de redacção, já que no n.º 2, deste art.º 6 se fala dos acordos colectivos celebrados entre uma entidade de gestão de direito de autor e um organismo de televisão. Deve ser erro de escrita.

A radiodifusão abrange, quer a televisão, quer a rádio. De organismos de radiodifusão se deve, pois, falar. É, aliás, essa a expressão que consta do n.º 2 do art.º 3 da directiva satélite e cabo e é também assim que deve ser entendida a norma portuguesa.

O segundo aspecto a assinalar prende-se com as categorias de obras em relação às quais são extensivos os acordos colectivos. A directiva admitia tal possibilidade, no mesmo art.º 3 n.º 2, para determinadas categorias de obras. O legislador português acolheu-a para as obras musicais, com ou sem palavras.

Foi uma má escolha e sem qualquer justificação. O "acordos colectivos alargados" são uma figura sem tradição no nosso direito e que, como se explicou, só têm significado nos países nórdicos. A sua importação, além de revelar falta de cultura jurídica, onera uma vez mais os titulares não inscritos nas entidades de gestão que podem ver os seus direitos ser utilizados à sua revelia. Não bastava a "gestão colectiva necessária", por imposição, agora temos, ainda, os "acordos colectivos alargados", por opção.

7. O regime da retransmissão por cabo consta do art.º 7, do Decreto--Lei 333/97, de 27 de Novembro, que tenta sintetizar os art.os 8, 9 e 10 da

---

[981] Cfr., supra, págs. 258 a 262, para onde se remete.

directiva satélite e cabo. É de novo, pouco feliz, começando no prazo mínimo que oferece aos titulares não inscritos nas entidades de gestão colectiva para reclamarem os seus direitos – três anos – e terminando a não regulamentar o destino a dar aos montantes que não forem reivindicados[982].

Além desses e doutros aspectos negativos que a directiva já comportava, a redacção pouco cuidada do preceito acrescenta problemas adicionais. Está particularmente em causa a posição dos organismos de radiodifusão que, segundo o art.º 10 da directiva, não estão sujeitos à "gestão colectiva necessária" em relação aos direitos relativos às sua próprias emissões, "independentemente de os direitos em questão lhe pertencerem ou de lhe terem sido transferidos por outros titulares de direitos de autor e/ou direitos conexos".

O legislador português pensou dar cumprimento a esta norma quando na parte final do n.º 1 do art.º 7, depois de prever a obrigatoriedade da gestão colectiva, acrescentou "sem prejuízo do disposto no art.º 8 quanto às emissões próprias dos organismos de radiodifusão".

Ora o art.º 8 do mesmo diploma remete, quanto aos organismos de radiodifusão, para o nosso já conhecido art.º 187 do CDADC. Acontece que este regula, unicamente, o direito conexo dos radiodifusores. Só esse escaparia, por conseguinte, à "gestão colectiva necessária" a fazer fé nos art.os 7 e 8 citados, que o mesmo é dizer que os direitos de autor e os outros direitos conexos cuja titularidade pertencesse aos organismos de radiodifusão teriam de passar pelo crivo das entidades de gestão colectiva.

É, manifestamente, mais uma distracção do legislador. Caso contrário levaria à situação absurda das empresas emissoras terem de ir negociar com as entidades de gestão a utilização de direitos... que já lhes pertenciam.

Não pode ser assim. Há, pois, que regressar à fonte – o art.º 10 da directiva – e reconhecer que os organismos de radiodifusão estão isentos da aplicação da regra que impõe a "gestão colectiva necessária" relativamente a todos os direitos de que sejam titulares.

8. Dois últimos pontos merecem ainda atenção no diploma que temos vindo a analisar.

---

[982] Esperemos que uma futura lei sobre a gestão colectiva ou uma revisão da actual ultrapasse esta situação injusta e embaraçante.

Em primeiro lugar, a ausência de qualquer regra que transponha o art.º 11 da directiva relativa à criação de um organismo mediador – é sinal que o Estado português duvida das virtualidades de uma tal mediação. Ficamos, assim, nos termos do n.º 3 do art.º 7, pelo recurso à via arbitral para a resolução de eventuais litígios.

Em segundo lugar, anote-se a epígrafe pomposa do art.º 9 – "Obrigação de contratar". A leitura do artigo demonstra, contudo, que o seu conteúdo, longe de gerar uma verdadeira obrigação de contratar, não é mais que o recapitular das generalidades que constam do n.º 1 do art.º 12 da directiva satélite e cabo às quais se adicionaram mais um conjunto de frases com conteúdo meramente retórico.

9. Que dizer depois da análise da legislação complementar que realizámos?

Numa perspectiva de conjunto dos diplomas de Novembro de 1997, somos forçados a propor que se retome o processo legislativo e se faça uma nova transposição das três directivas em causa. Aos problemas que já decorriam do texto destas há que adicionar aqueles que a lei portuguesa criou ou agudizou.

A pressão da Comissão para a rápida adopção de normas internas que reflictam os textos comunitários pode justificar alguns dos erros apontados. Espera-se, por isso, que com mais serenidade o legislador português possa levar a cabo um trabalho equilibrado que pondere todos os problemas em equação.

O pacote legislativo de 1997 revela, contudo, carências tais que melhor seria voltar novamente ao ponto de partida. Vamos mesmo mais longe. Toda a legislação portuguesa sobre Direito de Autor deveria ser objecto de uma reforma global de modo a actualizá-la e adequá-la aos novos instrumentos internacionais ao mesmo tempo que seriam expurgadas soluções inadequadas e mesmo contraditórias, resultantes de visões antagónicas que tiveram manifestação desde a génese do actual Código do Direito de Autor e dos Direitos Conexos e que se prolongam até aos dias de hoje[983].

---

[983] A transposição da directiva Sociedade da Informação – relativamente à qual já se realizaram diversos trabalhos preparatórios e existe mesmo um projecto base produzido em Julho de 2002 (e reformulado em Novembro do mesmo ano) pelo Gabinete do Direito de Autor – e da directiva sobre direito de sequência (directiva 2001/84/CE, de 27 de Setembro de 2001) mais acentua a urgência deste trabalho.

Esse trabalho – que se reconhece ser de grande fôlego – só poderá ser realizado por técnicos jurídicos de reconhecida idoneidade. Deixá-lo à mercê de pessoas que, até pela própria formação e competência, não estão, nem podem estar, preparadas para o realizar, levará a consequências ainda mais nefastas do que aquelas que resultam da actual legislação. Se for para repetir erros do passado então melhor será deixar tudo no estado em que actualmente se encontra.

VII PARTE

APLICAÇÃO PRÁTICA DAS CONCLUSÕES OBTIDAS AO LONGO DA INVESTIGAÇÃO

CAPÍTULO I

COLOCAÇÃO DO PROBLEMA

1. Ao longo das páginas anteriores deste trabalho procurámos delinear os contornos do conceito de radiodifusão, demarcar o seu regime e, consequentemente, verificar a sua natureza, no que toca aos vários direitos que lhe respeitam. Chegou o momento de aplicar, em concreto, as soluções a que chegámos. São vários os problemas práticos cuja resolução pode ser determinada a partir dos resultados obtidos. Alguns foram já dilucidados ao longo desta investigação, caso da opção pela teoria da recepção na radiodifusão por satélite ou da conclusão a que chegámos de que a *Webcasting* é uma forma de radiodifusão apesar de envolver uma autorização própria[984], outros revelam menor interesse quer jurídico, quer prático. Escolhemos, por isso, fazê-lo a propósito daquela que é, seguramente, a questão que, até à data, tem sido a mais controvertida no nosso direito e no direito europeu: a da recepção em lugares públicos de emissões de radiodifusão e sua relevância em termos de Direito de Autor.

2. O problema não é novo. Já em 1978, na 3.ª edição da sua famosa obra[985], DESBOIS apresentava uma resenha de vários casos jurisprudenciais e de debates teóricos sobre a matéria. A celeuma em seu torno não parou de aumentar e pode-se dizer, sem receio de errar, que não se vislumbra a breve trecho o seu fim. Ainda há algum temo foi organizado um Congresso internacional que o teve como objecto central[986].

---

[984] Que, como anteriormente se sublinhou, é o problema que maior debate suscita no direito norte-americano – cfr., supra, nota 871.

[985] DESBOIS, "Le Droit d'Auteur en France", 3.ª edição, 1978, pontos 265 a 269, págs. 335 a 343.

[986] Congresso de Barcelona, Junho de 1995, Jornada de Estudos da ALADDA.

3. Como se disse, também no direito português este tema tem gerado a maior controvérsia. As sentenças de sinal contrário sucedem-se a ritmo elevado, pareceres de eminentes jurisconsultos tomam posição sobre ele e até a Procuradoria-Geral da República já teve de se pronunciar[987]. A sua abordagem não dispensa, porém, uma incursão de direito comparado que nos ajude a compreender a verdadeira dimensão do problema e nos forneça pistas para o equacionar e resolver devidamente.

---

[987] Mesmo nos mais importantes jornais a discussão tem sido suscitada.

CAPÍTULO II

OS DIREITOS ESTRANGEIROS

SECÇÃO I
A FRANÇA

1. É deveras curioso o modo como as diversas ordens jurídicas têm tratado a questão da recepção em lugares públicos de emissões de radiodifusão no âmbito do Direito de Autor.

Em França, como se teve ocasião de sublinhar, DESBOIS fez em 1978 o ponto da situação. Desde os anos trinta que os donos de cafés, restaurantes, bares e hotéis instalam receptores de rádio e televisão nos seus estabelecimentos. Recorde-se que os primeiros debates se realizavam ainda à luz da lei francesa de 1791. Ora, nos finais do século XVIII o direito de representação ("droit de représentation") resumia-se praticamente à representação de obras dramáticas ou dramático-musicais ou à execução de obras musicais. A perspectiva de os comerciantes que exploravam os estabelecimentos acima indicados serem sujeitos ao pagamento de direitos por difundirem obras literárias e artísticas não deixou, na expressão de DESBOIS, "de suscitar um movimento de surpresa, se não mesmo de reprovação".

A questão que se levantava era a de saber se o autor que autorizara a radiodifusão esgotara o seu direito ou se continuava investido num direito, distinto, de autorizar a recepção da obra radiodifundida num local com um público especial constituído pela clientela do estabelecimento.

A favor do esgotamento perfilavam-se vários argumentos. Afirmava-se que a emissão era oferecida a um número indeterminado de ouvintes que podiam escutar os sons provenientes de um aparelho receptor. Pouco importava que a emissão fosse recebida na intimidade do seu círculo de família ou no bulício de um café. A radiodifusão tem por finalidade atingir um público anónimo, donde a sua extensão ter como único limite o raio de acção do emissor. Como DESBOIS acentua, entendia-se que: "O comerciante que coloca a emissão à disposição da sua clientela não toma a iniciativa de realizar uma comunicação ao público diferente da emissão, dado que os seus clientes poderiam captar de igual modo – cada um por si – o programa no seu círculo de família"[988].

A jurisprudência pronunciou-se, contudo, maioritariamente contra esta posição. DESBOIS dá-nos conta de uma sentença do Tribunal Correccional de Saverne, de 30 de Março de 1936, e de outras que se lhe seguiram no mesmo sentido, incluindo uma do Supremo Tribunal, de 2 de Janeiro de 1946, para depois, em tese geral, entender que todas as recepções em cafés, restaurantes, hotéis, etc., estão sujeitas a novas autorizações. Termina, aliás, de modo lapidar: "Concluímos dizendo que, sob a pena do legislador de 1957, "público" é sinónimo de "não familiar", e que, somente, as recepções de emissões, realizadas no seio do círculo de família, escapam ao domínio do art.° 27 in fine"[989].

Também KÉRÉVER salienta estas duas decisões transcrevendo mesmo um significativo trecho da última onde se pode ler: "Tendo em atenção que as obras radiodifundidas só podem ser ouvidas através de postos de recepção; que os detentores dos postos constituem o público a quem se destina directamente a emissão; que a recepção, pelos detentores de postos para um uso pessoal forma com a emissão uma representação pública pelo emissor.

Tendo em atenção que o estalajadeiro detentor de um posto que capta num lugar público uma determinada emissão com vista a transmiti-la ao público que está no seu estabelecimento, realiza uma execução distinta da primeira no sentido do decreto de 1791, já que ela implica, por um lado, um apelo a uma parte de um público ao qual a emissão não se dirige directamente e, por outro, uma transmissão da obra a esse público especial"[990].

---

[988] DESBOIS, "Le Droit d'Auteur en France", cit., ponto 266, pág. 336.
[989] Idem, pontos 265 a 269, págs. 335 a 340.
[990] ANDRÉ KÉRÉVER, "Communication publique de l'oeuvre radiodifusée par des hautparleurs ou dispositifs analogues en France", in "El derecho de difusión por radio y televisión", pág. 214.
Também CLAUDE COLOMBET – "Propriété littéraire et artistique et droits voisins", 7.ª edição, pág. 149 = 6.ª edição, págs. 141 e 142 – faz alusão expressa a esta sentença.

O próprio KÉRÉVER reconhece a pobreza da argumentação apresentada pelo Supremo Tribunal. Entende, no entanto, que a verdadeira justificação desta e doutras sentenças residia no facto "do explorador se comportar como um organizador de espectáculos em benefício da sua clientela, utilizando uma emissão radiodifundida e de o público beneficiário desse "espectáculo" ser distinto do formado por todos os lares equipados com um posto receptor a título individual".

De todo o modo, a jurisprudência francesa opunha-se – e nesse aspecto bem – à teoria do esgotamento. Foi ela que esteve na base do art.º 27 da Lei de 11 de Março de 1957, onde se previa: "A representação consiste na comunicação directa da obra ao público nomeadamente por via de... transmissão da obra radiodifundida por meio de um alto-falante e eventualmente de um ecrã de radiotelevisão colocado num lugar público".

Este art.º 27 foi modificado pela Lei de 3 de Julho de 1985 passando a sua redacção, no ponto que nos interessa, a ser a seguinte: "A representação consiste na comunicação da obra ao público por qualquer processo, e nomeadamente: ... – por teledifusão". É este o texto que ainda hoje vigora como art.º L-122-2 do Código da Propriedade Intelectual.

A violação destes preceitos constituía um delito penal nos termos do art.º 71 da Lei de 11 de Março de 1957 e continua a sê-lo por força dos art.ºs L-335-3 e L-335-4 do Código actual.

2. Curiosamente, as modificações operadas pela Lei de 3 de Julho de 1985 não produziram qualquer alteração quanto ao sentido que a doutrina e a jurisprudência do Supremo Tribunal francês têm da norma[991].

A sentença mais conhecida é, sem dúvida, a da *Cour de Cassation* de 6 de Abril de 1994 ("CNN – Hotel NOVOTEL"), comentada em tons elogiosos aos mais diversos níveis[992] e que inverteu a tendência que vinha

---

[991] KÉRÉVER, ob. cit. na nota anterior, pág. 216; COLOMBET, ob. cit. na nota anterior, 7.ª edição, págs. 148 e 149 e, em sentido idêntico, 6.ª edição, págs. 141 e 142; A. LUCAS e H.-J. LUCAS, "Traité de la Propriété Littéraire & Artistique", cit., págs. 283 a 285; EDELMAN, "Droits d'Auteur Droits Voisins...", cit., págs. 77 a 80 e ANDRÉ BERTRAND, "Le Droit d'Auteur et les Droits Voisins", 1.ª edição, págs. 186 e 187, 2.ª edição págs. 219 e 220.

[992] Veja-se, por exemplo, o comentário de THOMAS WACHTER, "Die Weiterverbreitung von Rundfunksendungen im Hotel – Anmerkung zu einem Urteil der französischen Cour de Cassation vom 6. April 1994", in GRUR, Int. 1994, Heft 12, págs. 997 a 1001.

de outra decisão do mesmo tribunal – o caso do "Hotel Le Printemps" de 23 de Novembro de 1971 – que ia no sentido de considerar os quartos de hotel como locais privados[993].

O litígio que lhe deu origem conta-se rapidamente[994]. O hotel Novotel tinha instalado no telhado uma antena parabólica através da qual captava, entre outros, programas da CNN que transmitia através do satélite ASTRA. Essas emissões eram encaminhadas por cabo para os duzentos e oitenta e cinco quartos do hotel, mas não existia qualquer transmissão para as zonas comuns – como o vestíbulo, o bar do hotel ou as salas de conferência.

A CNN entendia existir aqui uma retransmissão que necessitava da sua autorização prévia e propôs à Novotel a celebração de um contrato de licença, que esta recusou. O radiodifusor norte-americano requereu então que se proibisse à sociedade hoteleira a recepção, transmissão e retransmissão das suas emissões, através de qualquer processo e em todos os locais, incluindo os quartos. Além disso, exigia, ainda, o pagamento da licença relativa às difusões anteriores.

As duas primeiras instâncias negaram provimento às pretensões da queixosa afirmando, respectivamente, que a sociedade Novotel não transmitia as emissões para um local acessível ao público, dado que mesmo quando o quarto estava ocupado era um local privado e que não tinha ocorrido nenhuma nova transmissão, visto que a Novotel se limitara, através de um equipamento de cabo interno, a possibilitar aos hóspedes a recepção directa das emissões.

3. As reacções não se fizeram esperar e as duas sentenças citadas foram fortemente atacadas, ou directamente, ou por referência à decisão de 1971, "Hotel Le Printemps".

EDELMAN, baseando-se na nova fórmula do art.º L-132-20-2.º, que em vez de **comunicar publicamente** ("communiquer publiquement"), como dizia a versão originária do art.º 45 da Lei de 11 de Março de 1957, passou a utilizar a expressão num **lugar acessível ao público** ("lieu acessible au public"), considera que um hotel tem de ser necessaria-

---

[993] Sobre esta sentença e análise do problema à luz do direito francês da época, vide DESBOIS e FRANÇON, "Le droit d'auteur et la diffusion par fil des programmes de radio et de television", in RIDA, LXXXVI, Outubro 1975, págs. 2 a 87.

[994] Para maiores desenvolvimentos veja-se WACHTER, "Die Weitervebreitung von Rundfunksendungen...", cit., págs. 997 e 998.

mente um lugar público e as sentenças que o neguem estão desactualizadas[995].

COLOMBET vai por outro caminho entendendo que a transmissão para os quartos de hotel, ainda que não represente uma **transmissão num lugar público** no sentido do art.º L-122-2-1.º, será sempre abrangida pelo conceito mais amplo de **teledifusão** do art.º L-122-2-2.º[996].

LUCAS admite, por um lado, que dificilmente um quarto de hotel pode ser considerado um "lugar público" no sentido do art.º L-122-2, parecendo-lhe também duvidoso se a situação pode ser enquadrada nas previsões do art.º L-132-20-2.º. Concede, ainda que "a retransmissão do sinal pelo hoteleiro não constitui uma distribuição por cabo no sentido do art.º L-132-20-1.º", para depois questionar se então a difusão para os quartos não tem relevância a nível de direito de representação.

A dificuldade, segundo LUCAS, resulta do facto de se entrecruzarem considerações técnicas e económicas. Verificando que as técnicas não lhe fornecem o resultado desejado, prefere um ponto de partida orientado pelo aspecto económico. Propondo a transposição da doutrina do direito de destinação ("droit de destination") para o direito de representação, vê como critério decisivo para se exigir uma nova autorização o facto da obra ser tornada acessível a um novo público, entendido como os potenciais frequentadores do hotel. Parece-lhe, por conseguinte, que face ao critério proposto a transmissão para os quartos – **desde que não se limite à simples colocação de aparelhos de recepção** – fica sujeita ao direito do autor[997].

4. As palavras da doutrina encontraram eco no Supremo Tribunal, que na sua referida decisão de 6 de Abril de 1994, considerava o conjunto dos clientes do hotel como um público a quem o hotel transmite programas de televisão. Daí resulta que a comunicação efectuada nos quartos constitui uma "representação das obras televisuais" no sentido do art.º 27, estando assim, sujeita ao direito de autor.

---

[995] EDELMAN, "Droits d'Auteur et Droits Voisins...", cit., págs. 76 a 80, 101 e 102.
[996] COLOMBET, "Propriété littéraire et artistique et droits voisins", 7.ª edição, cit., págs. 151 a 153 = 6.ª edição, págs. 144 a 146, só com mudança dos artigos.
[997] A. LUCAS e H.-J. LUCAS, "Traité de la Propriété Littéraire & Artistique", cit., págs. 283 a 285.
Nosso o sublinhado.

5. Do exposto se retira, por conseguinte, que no direito francês só os simples receptores em quartos de hotel escapam a uma nova autorização dos titulares de direitos[998]. Isto para quem não adira à tese mais radical, iniciada por DESBOIS e com inúmeros seguidores, segundo a qual todos os casos de recepção pública estariam adstritos ao Direito de Autor.

Por estranho que pareça há quem afirme que, desse modo, existe consonância com o art.° 11-*bis* n.º 1, 3.º[999] da Convenção de Berna, o que é absolutamente falso[1000].

SECÇÃO II
A ESPANHA

1. A Lei de Propriedade Intelectual espanhola de 1987 referindo-se aos actos, em especial, de comunicação pública, enunciava entre eles, na alínea f), do n.º 2 do seu art.° 20: "A emissão ou transmissão, em lugar acessível ao público, mediante qualquer instrumento idóneo, da obra-difundida por rádio ou televisão".

No actual Código a redacção da norma foi alterada passando a figurar como alínea g), do mesmo n.º 2 do art.° 20, agora com o seguinte teor: "A difusão, em lugar acessível ao público mediante qualquer instrumento idóneo, da obra radiodifundida".

À alteração de texto não correspondeu modificação do sentido[1001]. Existe unanimidade quanto ao facto de o preceito ser a transposição para a lei espanhola do art.° 11-*bis* n.º 1, 3.º da Convenção de Berna[1002].

---

[998] Segundo KÉRÉVER, de acordo com uma lei de 1 de Fevereiro de 1994, também alguns estabelecimentos de ensino estão isentos de novas autorizações para a utilização para fins pedagógicos de cópias de programas – cfr., "Communication publique de l'oeuvre radiodifusée par des hautparleurs ou dispositifs analogues en France", cit., págs. 217 e 218.

[999] Idem, pág. 216.

[1000] Sobre o problema em análise vide ainda PIERRE-YVES GAUTIER, "Propriété littéraire et artistique", págs. 215 a 217; e ROCHICCIOLI, "Point de Vue sur la Législation Applicable aux Nouveaux Médias em France, dans le Domaine des Droits d'Auteur", in RIDA, 148, Abril 1991 págs. 16 a 57.

[1001] Como explica FRANCISCO RIVERO HERNÁNDEZ, in "Comentarios a la Ley de Propriedad Intelectual", 2.ª edição, cit., pág. 394.

[1002] Além do autor e da obra citados na nota anterior, veja-se também JOSÉ MIGUEL RODRÍGUEZ TAPIA, "Comunicación pública mediante altavoz y outro instrumento idóneo

2. A doutrina pronuncia-se maioritariamente no sentido de que esta alínea tem a ver especificamente com a utilização de aparelhos de mediação que permitam a transmissão das obras radiodifundidas em hotéis, restaurantes, bares, salões de festas, autocarros e mesmo táxis. Quando se referem aos equipamentos que permitem essas novas comunicações públicas, as teses maioritárias não estabelecem qualquer distinção e simples rádios ou televisores são equiparados a altifalantes como sendo instrumentos análogos.

Perante o incómodo que o texto da Convenção de Berna não pode deixar de lhes causar os autores, mesmo quando reconhecem que uma tal assimilação não passa de uma *fictio juris*, defendem o seu ponto de vista afirmando que a inclusão daqueles aparelhos receptores no âmbito do art.º 11-*bis* n.º 1, 3.º da Convenção de Berna, ainda que não caiba no seu texto é abrangida pelo seu espírito. Chega-se ao ponto de propor uma interpretação daquele art.º 11-*bis* n.º 1, 3.º a partir da versão inglesa do tratado, julgada mais conveniente para tudo sujeitar ao crivo do direito exclusivo (o autor deve ter esquecido o art.º 37 n.º 1, alínea c) da mesma Convenção de Berna...)[1003]. E quando isso não basta são aduzidas razões sociológicas e o "fundamento económico das normas" para se atingir os objectivos pretendidos[1004].

3. A jurisprudência tem-se mostrado muito dividida nos inúmeros processos que a SGAE (Sociedad General de Autores de España) – principal entidade de gestão colectiva do país vizinho – tem movido contra os proprietários dos vários estabelecimentos. A única sentença conhecida do Supremo Tribunal, no domínio da anterior legislação, obrigou o dono de um bar que tinha um televisor de vinte e cinco polegadas nas suas instalações a pagar as taxas de administração que a autora (SGAE) exigia[1005].

A ideia central que se retira desta decisão, bem como dos argumentos dos autores supracitados, é a de que quem explora alguma actividade potencialmente lucrativa terá de pagar direitos desde que tenha qualquer equipamento, seja de transmissão, seja de mera recepção. Não se estabe-

---

de la obra radiodifundida en España", in "El derecho de difusión por radio y televisión", cit., págs. 251 a 262.

[1003] Idem, págs. 254 e 255.
[1004] Idem, págs. 258 e 260.
[1005] Sobre esta sentença, vide RIVERO HÉRNÁNDEZ, ob. cit., pág. 396; e RODRÍGUEZ TAPIA, "Comunicación pública mediante alta-voz...", cit., págs. 256 e 257.

lece qualquer distinção, criando-se um perigoso precedente de interpretação das normas segundo um critério económico e não de acordo com princípios jurídicos.

Mais recentemente as decisões dos principais tribunais mudaram de sentido.

A Audiência Provincial das Astúrias, em Sentença de 24 de Maio de 1999[1006], considerou que a transmissão de obras e gravações audiovisuais incluídas em emissões de várias empresas de radiodifusão dentro de quartos de hotel, não podia qualificar-se como acto de comunicação pública, tanto para efeitos do correspondente direito exclusivo do autor, como do direito conexo dos produtores daquelas gravações.

O tribunal fundamenta a sua posição com base em três argumentos essenciais: a) Entende que os quartos de hotel não são lugar público; b) Defende, apoiando-se unicamente em argumentos técnicos, que só existe uma rede de difusão autónoma quando a mesma possa "criar, armazenar ou gerar informação" que depois distribua em todas as direcções; c) Anota que a antena parabólica do hotel e o cabo que a partir dela faz a distribuição pelos quarto são meros meios de recepção.

DELGADO[1007] rebate convincentemente os dois primeiros. Recorrendo aos conceitos de "público" acumulado" e "público sucessivo" demonstra que os quartos de hotel não podem ser considerados domicílios privados. Sublinhando que as noções técnicas não são nem devem ser transportadas para o plano jurídico prova a inaplicabilidade do segundo pressuposto invocado pelo tribunal. Não consegue, no entanto, aduzir argumentação eficaz contra o terceiro fundamento da sentença que aprecia.

Ainda mais marcante, apesar de menos rica na fundamentação, é a sentença do Supremo Tribunal espanhol de 10 de Setembro de 2002[1008]. A mais alta instância judicial espanhola nega provimento às pretensões da SGAE e da AGEDI (Associacón de Gestion de Derecho Intelectuales) entendendo que os quartos de hotel são domicílios privados não se realizando neles qualquer tipo de comunicação pública e não havendo,

---

[1006] Referida e comentada por ANTÓNIO DELGADO, "Crónica de España", cit., págs. 180 a 225.

[1007] Obra e local citados na nota anterior.

[1008] Sentença n.º de 851/2002, de 10 de Setembro de 2002, assinada pelos juízes ALONSO VILLAGÓMEZ RODIL, LUIS MARTINEZ-CALCERRADA GÓMEZ e JOSÉ-MANUEL MARTINEZ-PEREDA RODRIGUES.

consequentemente, lugar a qualquer pagamento fundado em direitos de autor ou conexos[1009].

SECÇÃO III
OS PAÍSES DE LÍNGUA ALEMÃ

SUBSECÇÃO I
A ALEMANHA

1. Tanto na Alemanha, como na Áustria e na Suíça, as legislações, para além do direito de radiodifusão, contemplam pelo menos mais dois direitos: o direito de colocar à disposição do público representações e execuções ao vivo através de meios técnicos (normalmente em lugares adjacentes àqueles em que tais espectáculos se realizam) e o direito de comunicação pública de obras[1010]. A exacta delimitação destes direitos, a sua relação não só mútua mas também com o direito de radiodifusão não é, contudo, unívoca.

2. Na lei alemã, os dois direitos que acabámos de referir são perfeitamente diferenciados e decompostos.

O primeiro é subdividido, de acordo com as categorias de obras que são tornadas acessíveis ao público, em direito de recitação de uma obra literária ("Vortragsrecht"), direito de representação ou execução de uma obra dramática, dramático-musical ou musical ("Aufführungsrecht") e direito de apresentação, com a ajuda de um dispositivo técnico, de uma obra de arte, de uma obra fotográfica, de uma obra cinematográfica ou de carácter científico ou técnico ("Vorführungsrecht").

A noção deste último direito – que consta do §19 n.º 4 da UrhG – refere expressamente a utilização de dispositivos técnicos, mas nos dois primeiros está também incluída essa mediação, já que, por força do n.º 3 do mesmo §19, "o direito de recitação e o direito de representação ou execução compreendem o direito de fazer ver ou escutar publicamente,

---

[1009] Aplica-se-lhe, por isso, *mutatis mutandis*, a crítica certeira que ANTÓNIO DELGADO desenvolveu a propósito da anterior sentença referida.

[1010] Estabelecendo, uma clara diferenciação entre os vários direitos, veja-se TROLLER, "Immaterialgüterrecht", Band II, págs. 684 a 686.

com a ajuda de um ecrã, de um altifalante ou de outros dispositivos técnicos análogos, as recitações, representações ou execuções fora do local onde elas são efectuadas". O n.º 4 do §19 citado esclarece ainda, na sua última frase, que "o direito de apresentação não compreende o direito de comunicar publicamente a emissão de radiodifusão dessas obras".

No que diz respeito ao segundo direito a que aludimos, a lei alemã procede ainda a uma distinção adicional consoante a comunicação pública das obras protegidas tenha por fonte gravações sonoras ou visuais – §21 da UrhG – ou emissões radiofónicas – §22 da UrhG. O legislador alemão optou, por conseguinte, por uma cirúrgica identificação de cada direito separando-os com notável minúcia.

3. Quanto aos direitos conexos, os artistas intérpretes ou executantes só gozam de um direito exclusivo relativo à transmissão por ecrã ou altifalante das suas prestações ao vivo (§74 da UrhG). Além disso, artistas e produtores de fonogramas têm hoje, em virtude da transposição do art.º 8 n.º 2 da directiva aluguer e comodato, um direito a uma remuneração equitativa pelo uso para radiodifusão ou outras comunicações públicas. Era o que já resultava da lei alemã, por interpretação conjugada dos §§76, 77 e 86 da UrhG. Não houve por isso necessidade de alteração[1011].

Por sua vez, os organismos de radiodifusão detêm o direito de comunicar publicamente as suas emissões caso essa comunicação seja realizada em locais abertos ao público com entrada paga – §87, n.º 1, 3.º da UrhG, que segue o art.º 8 n.º 3 da directiva 92/100/CEE e o art.º 13, alínea d) da Convenção de Roma.

4. Sendo estes os direitos, a questão que se coloca é a de saber qual a relação sistemática que existe entre a radiodifusão, por um lado, e todas as outras formas de tornar obras protegidas acessíveis ao público através de dispositivos técnicos, por outro. O problema é que em ambos os casos existem meios técnicos que são necessários para desfrutar as obras transmitidas.

À primeira vista a distinção não é difícil. O acto de radiodifundir presume o envio de sinais destinados à recepção directa pelo público,

---

[1011] Sobre as poucas alterações que a transposição da directiva 92/100/CEE (efectuada pela Lei de 23.06.1995), suscitou na lei alemã, no que respeita à regulamentação dos direitos conexos, veja-se DIETZ, "L'évolution du droit d'auteur en Allemagne de 1993 jusqu'au milieu de 1997", in RIDA 175, Janeiro 1998, cit., págs. 120 a 123.

enquanto todos os outros direitos pressupõem uma nova difusão a partir de uma utilização originária ou de suporte material. As decisões judiciais e a doutrina contribuíram, no entanto, para obscurecer uma linha de fronteira que parecia clara.

O Supremo Tribunal (BGH) tem entendido que se existe um público onde o dispositivo técnico se encontra – e no conceito estão englobados rádios e televisores – então estamos perante um dos outros direitos de comunicação pública. Se, pelo contrário, se coloca a obra à disposição de pessoas que podem ou não aceder a ela e que estão dispersas em vários lugares, não constituindo um público no sentido do §15 n.º 3 da UrhG, então tal acto está sujeito ao direito de radiodifusão.

Daí resulta que as transmissões de fonogramas e videogramas em quartos de hotel ou celas de prisões[1012] são considerados como radiodifusão e não como comunicação pública através de dispositivos técnicos.

Acresce que, também aqui, não se estabelece qualquer diferença entre os meros aparelhos receptores e os meios técnicos de difusão pelo que tudo é abrangido nos designados equipamentos respeitantes à mediação da radiodifusão ("Rundfunkvermittlungsanlagen"), estando todos sujeitos aos direitos de autor e conexos[1013].

5. No ponto que fundamentalmente nos interessa verifica-se, pois, que se estabelece uma perigosa assimilação entre radiodifusão, comunicação a ambiente diferente e recepção. O resultado é que o último destes conceitos é relegado para plano secundaríssimo – ficando praticamente reduzido à recepção doméstica.

Mesmo quando não concordam na qualificação os autores convergem num ponto: a utilização de altifalantes, ecrãs ou outros dispositivos, bem como a de meros receptores em local público, está sujeita a autorização do autor.

HUBMANN é esclarecedor quando afirma que: "O §15 II n.º 4 concede ao autor também o direito de comunicação de emissões radiodifundidas.

[1012] Vide por todas, as decisões do BGH, "Verteileranlagen" – in GRUR, 1/1994 (Janeiro), págs. 45 a 47 e "Verteileranlage im Krankenhaus" – in GRUR, 11/1994 (Novembro), págs. 797 e 798.

[1013] Como esclarece DREIER, "Public communication of the work broadcast by means of loudspeakers or another technical device in German speaking countries", in "El derecho de difusión por radio y televisión", cit., pág. 232.

Compete ao autor autorizar a comunicação pública das obras contidas em emissões radiofónicas através de ecrã, altifalante ou equipamentos técnicos semelhantes (§22, 1.ª frase da UrhG). O dono de uma estalagem precisa, portanto, do consentimento do autor para a apresentação de emissões radiofónicas ou televisivas num quarto de hóspede, isto é, das sociedades de gestão colectiva que gerem este direito. A mesma coisa vale para um cinema que quer projectar emissões televisivas para o ecrã. Tal como acontece nas outras apresentações não corpóreas, a lei reserva ao autor apenas a apresentação pública de emissões radiodifundidas. A "recepção privada da radiodifusão não é nenhum acto de aproveitamento a nível de direito de autor (cfr. supra IV 1). Isto vale também para a recepção da radiodifusão em quartos de hotéis, quando se paga uma taxa para o aparelho (BGHZ 36, 171). Do mesmo modo, está também, sujeita ao direito de apresentação radiofónica a transmissão da apresentação por ecrã ou altifalante, por exemplo, para um segundo quarto de hóspede ou para vários quartos de hotel (§22, 2.ª frase da UrhG)"[1014].

6. Os objectivos pretendidos estão assim alcançados. Tudo é submetido ao direito exclusivo do autor, nem que para isso seja necessário estabelecer a confusão entre três actos perfeitamente distintos:

– A radiodifusão, regulada pelo §20 da UrhG;
– A comunicação a ambiente diferente da obra radiodifundida, regida pelo §22 em perfeita consonância com o art.º 11-*bis* n.º 1, 3.º da Convenção de Berna; e
– A recepção que é (ou deveria ser) absolutamente livre.

Nem sequer as duas primeiras são sobreponíveis ou passíveis de qualquer identificação como o próprio art.º 11-*bis* da Convenção de Berna

---

[1014] HUBMANN/REHBINDER, "Urheber -und Verlagsrecht", 8.ª edição, págs. 150 e 151 = 7.ª edição, pág. 143.
Em sentido idêntico, embora com variantes e referência ao art.º 11-*bis* n.º 1, 3.º da Convenção de Berna que não são retomadas nas edições subsequentes, vide 6.ª edição págs. 157 e 158.
Utilizam-se as três edições já que a 6.ª foi a última da inteira responsabilidade de HUBMANN, a 7.ª a primeira em que interveio REHBINDER e a 8.ª a mais recente realizada em co-autoria. Também REHBINDER já a solo – "Urheberrecht", 10.ª edição, págs. 163 e 164, segue o mesmo registo.

e os §§20 e 22 da UrhG demonstram e como, por exemplo, apesar de tudo, von UNGERN-STERNBERG provou[1015].

A lei alemã é, por conseguinte, extremamente clara e não deixa azo a ambiguidades interpretativas. Apesar disso, actualmente, todos procuram fugir a fixar o seu verdadeiro sentido, havendo aceitação generalizada que actos de mera recepção são considerados ou radiodifusão, nos termos do §20 da UrhG, ou comunicação de emissões de radiodifusão, ao abrigo do §22 da mesma lei[1016].

A prática leva a que hoje poucas sejam as vozes que se erguem contra o pagamento às sociedades de autores – sobretudo a GEMA – de montantes pela utilização de equipamentos de recepção em estabelecimentos comerciais e outros lugares tidos como públicos. A submissão das prisões ao regime que anteriormente vimos[1017] é particularmente significativo do estado de coisas a que se chegou[1018].

SUBSECÇÃO II
A ÁUSTRIA

1. Além do direito de radiodifusão para o qual se requer um público "mais amplo", no sentido de o acto de utilização se dirigir a uma generalidade de pessoas, a lei austríaca acolhe um único direito de recitação, representação e execução e apresentação (§18) e não distingue expressamente se em tais actos são utilizadas interpretações ao vivo, gravações sonoras ou visuais, ou emissões de radiodifusão. Fica contudo claro, por força do seu §17 n.º 3, 1.º, que os equipamentos mediadores de uma

---

[1015] Vide von UNGERN-STERNBERG, no "Schricker Urheberrecht Kommentar", 1.ª edição, *sub* §20, pág. 353 e 2.ª edição, *sub* §20, pág. 439.

[1016] Por todos veja-se von UNGERN-STERNBERG, no "Schricker Urheberrecht Kommentar", 1.ª e 2.ª edições, *sub* §§19, 20 e 22; HUBMANN/REHBINDER, "Urheber -und Verlagsrecht", cit., 8.ª edição, págs. 148 a 151 = 7.ª edição, págs. 140 e 143 = 6.ª edição, (só de HUBMANN) págs. 154, 157 e 158; REHBINDER, "Urheberrrecht", 10.ª edição, págs. 159 a 164; ULMER, "Urheber -und Verlagsrecht", 3.ª edição, cit., págs. 264 e 265 e HANS-PETER HILLIG, "Rundfunk-Urheberrecht", págs. B149 a B152.

[1017] Cfr., supra, nota 1012, pág. 437 – primeira sentença citada.

[1018] Não só é estranho que – mesmo se se optar pela doutrina maioritária (o que se admite sem conceder) – não existam excepções que abranjam este tipo de estabelecimentos, como parece demonstrar que o público, em geral, é olhado como um bando de potenciais criminosos...

recepção de emissões – "Rundfunkvermittlungslangen" não constituem uma nova radiodifusão – estando portanto isentos de qualquer pretensão a nível de direito de autor.

2. No que toca aos direitos conexos, encontra-se grande similitude com o direito alemão no que respeita aos artistas intérpretes ou executantes[1019] e aos produtores de fonogramas com a importante diferença de que na Áustria a remuneração equitativa pelo uso de um fonograma numa emissão de radiodifusão ou noutra comunicação pública é requerida pelo produtor, devendo o artista dirigir-se-lhe de modo a obter a sua participação no referido montante – vide §§66 n.º 1, 70 n.º 2 e 76 n.º 3 da lei austríaca[1020].

Note-se que os organismos de radiodifusão não detinham qualquer direito equivalente ao previsto na alínea d), de art.º 13 da Convenção de Roma ou no art.º 8 n.º 3 da directiva aluguer e comodato – situação que só foi alterada por força desta.

3. Na Áustria, como já se disse, a linha de fronteira entre a radiodifusão e comunicação a ambiente diferente está no facto de a primeira se dirigir a uma público "mais amplo", como acima foi definido.

É este o critério do Supremo Tribunal (OGH) sendo, por isso, irrelevante se os membros do público estão reunidos num lugar ou se cada um deles desfruta da obra recebendo-a no seu domicílio. Situações como as de transmissões de vídeo em hotéis ou de videocabinas não são, por conseguinte, considerados como casos de radiodifusão mas sim como comunicação pública da obra por meios técnicos[1021].

4. As recepções da obras em lugar público através de aparelhos receptores são, assim, entendidas como fazendo parte desta última categoria. É pelo menos esta, reconheça-se, a posição maioritária.

[1019] Tal como na Alemanha, os artistas intérpretes ou executantes gozam do direito exclusivo de autorizar a transmissão das suas prestações ao vivo, por ecrã, altifalante ou outro dispositivo análogo – vide §71, n.º 1 da lei austríaca.

[1020] No exposto, vide DREIER, "Public communication of the work broadcast by means of loudspeakers or another technical device in German speaking countries", cit., págs. 230 e 231.

[1021] Vide sentenças de 17 de Junho de 1986 – "Hotel – Video" – in GRUR, Int., 1986, pág. 728 e de 27 de Janeiro de 1987 – "Videokabinen", in GRUR, Int., 1987, pág. 609.

SUBSECÇÃO III
A SUÍÇA

1. A Lei suíça de Direito de Autor de 9 de Outubro de 1992, começa por reconhecer um direito de radiodifusão por fio ou sem fio (§10, n.º 2, alínea d)) e um direito de retransmissão por outro organismo que não o de origem (§10, n.º 2, alínea e)).

Consagra ainda – tal como a lei alemã – mais dois direitos. O primeiro de recitação, representação ou execução e de apresentação (que não é referido expressamente mas que se retira por interpretação) no qual se inclui o direito de tornar a obra acessível ao público por meios técnicos ("de a fazer ver e escutar num outro lugar que não aquele em que é apresentada") – §10.º n.º 2, alínea c). O segundo, o direito de comunicar ao público a obra emitida ou retransmitida, também por meio de dispositivos técnicos – §10, n.º 2, alínea f).

2. Pela primeira vez na sua história legislativa a Suíça reconheceu ainda direitos conexos.

Quando a nova lei entrou em vigor o legislador suíço supunha que teria de adequá-la às directivas comunitárias, já que se julgava eminente a adesão do país à CEE. Por isso, houve a preocupação de prever os direitos conexos na linha do prescrito pela directiva 92/100/CEE (aluguer e comodato).

No que ao nosso tema diz respeito, a protecção hoje outorgada vai mesmo para além do mínimo previsto no art.º 8 daquela directriz. De facto, os artistas intérpretes ou executantes gozam do direito exclusivo de tornar acessível ao público as suas prestações ao vivo, tal como as difundidas ou retransmitidas – *ex vi*, §33 n.º 2, alíneas a) e e). Os organismos de radiodifusão passaram a ter um direito exclusivo ilimitado de tornarem perceptíveis ao público as suas emissões – §37, alínea b). Só os produtores de fonogramas mantiveram (em relação ao art.º 8 n.º 2 da directiva aluguer e comodato) o direito a uma remuneração equitativa conjuntamente com os artistas pelas emissões, retransmissões ou outras comunicações públicas de fonogramas publicados para fins comerciais – §35 n.º 2. A referida remuneração é, tal como na Alemanha, inicialmente imputada ao artista ao qual o produtor se terá de dirigir, como decorre do n.º 2, do §35 citado.

Essa ideia inicial vem, contudo, a ser de algum modo desmentida, já que o n.º 3 do mesmo preceito impõe a "gestão colectiva necessária" para o exercício destes direitos.

3. Não conhecemos a jurisprudência suíça no domínio da nova legislação. Ao abrigo do anterior direito vigente, o Supremo Tribunal suíço considerou livre de qualquer pretensão jus-autoral a recepção por televisores em hotéis[1022].

A nossa curiosidade é grande e tanto maior quanto é certo que existe uma norma – o §22 da lei suíça – onde sob a epígrafe "comunicação de obras difundidas" se prevê que:

> "1. O direito de fazer ver ou ouvir simultaneamente e sem modificação ou de retransmitir obras difundidas no decurso da retransmissão dum programa de emissão, só pode ser exercido por sociedades de gestão reconhecidas.
> 2. É lícito retransmitir obras por meio de instalações técnicas que são destinadas a um pequeno número de usuários; tal é o caso de instalações que servem um imóvel plurifamiliar ou um conjunto residencial.
> 3. O presente artigo não se aplica à retransmissão de programas de televisão por assinatura ou programas que não possam ser recebidos na Suíça".

Passe a péssima técnica legislativa do n.º 1 do preceito, o que fundamentalmente nos interessa é a interpretação que será feita do seu n.º 2. Ela será seguramente indiciadora do sentido que o conceito de recepção terá no direito helvético.

4. A título conclusivo, não se poderá deixar de reconhecer que os países de língua germânica tendem a levar tão longe quanto possível as noções de radiodifusão e de comunicação pública através de meios técnicos. Chega-se até a perder os contornos das diversas figuras com o único objectivo de tudo submeter aos diversos direitos. Particularmente sugestivo é o facto de, repetida e incessantemente, se confundir recepção com nova comunicação pública ou até radiodifusão. Algumas posições – mormente jurisprudenciais – de sinal diferente são nitidamente minoritárias.

[1022] Vide sentença de 8 de Fevereiro de 1993 – "CNN-Internacional" – in GRUR, Int., 1994, pág. 442.
Com crítica ao sentido desta decisão, veja-se DREIER, "Public communication of the work broadcast by means of loudspeakers or another technical device in German speaking countries", cit., pág. 233.

SUBSECÇÃO IV
OS RESTANTES PAÍSES DA UNIÃO EUROPEIA

1. Em linhas gerais pode-se dizer que as tendências que detectámos ao longo deste capítulo são dominantes nos restantes países da União Europeia[1023]. Para isso muito contribui a permanente tentativa de esbater fronteiras entre os diversos actos de aproveitamento e correspondentes direitos, com o intuito nítido de tudo colocar sobre a égide de um grande direito exclusivo. É significativo que DREIER, como já se sublinhou, quando perspectiva o futuro face às discrepâncias que se verificam nos países de língua alemã, conclua que as "intrincadas distinções presentemente existentes devem ser abolidas de modo a deixar espaço a um amplo direito de comunicação pública"[1024-1025].

2. Demonstrativo do que fica dito foi um recente questionário elaborado pela delegação da Finlândia[1026] e sujeito ao Grupo de Peritos dos então quinze Estados-membros donde constava como primeira pergunta uma "simples" questão do seguinte teor: "A disposição do Artigo 8.2 da directiva Aluguer não contém a palavra "directamente" (cfr., Artigo 12 da Convenção de Roma).

[1023] Apesar de tudo, particularmente significativa, face ao direito italiano, é a posição do SPADA, "Entreprise et utilisation "intégrée" d'œuvres protégées", in rivista di diritto privato, n.º 2/96, págs. 246 a 252.

O autor, analisando diversa jurisprudência e partindo de uma lógica eminentemente mercantilista, entende que quando uma empresa – como organização intermediária por excelência entre factores de produção e bens ou serviços produzidos – exerce uma actividade de mediação no gozo de obras protegidas deve, em princípio, ficar sujeita aos direitos exclusivos dos autores das mesmas.

O seu ponto de partida leva-o a concluir que hotéis e estabelecimentos similares podem realizar novas comunicações públicas de obras radiodifundidas.

Haverá, no entanto, que distinguir consoante essas empresas fornecem meros aparelhos de recepção ou procedem a uma nova potenciação do sinal recebido, sendo que só neste último caso estão sujeitos aos direitos exclusivos em causa.

SPADA sublinha ainda, com acerto, que a questão central que se deve resolver é a que resulta da distinção entre recepção e comunicação ao público, sendo irrelevante o local, público ou privado, onde as mesmas ocorrem.

[1024] DREIER, ob. cit. na nota 1022, pág. 233.

[1025] Com pensamento idêntico e defendendo a posição maioritária para os direitos holandês e belga, vide COHEN JEHORAM, "Communication to the public through loudspeaker or other technical means in the Netherlands and Belgium", in "El derecho de difusión por radio y televisión", cit., págs. 245 e 246.

[1026] O questionário e as respectivas respostas não se encontram publicadas.

A sua legislação concede um direito de remuneração pelo uso indirecto de fonogramas, i.e., nos casos em que um aparelho de rádio ou televisão é colocado num café ou num restaurante, ou noutro local aberto ao público?".

3. Note-se como a pergunta formulada contém, implícita, a afirmação de que ter um aparelho de rádio ou televisão num local público é o equivalente ao uso indirecto de fonogramas

Os delegados da maioria de países apressaram-se a responder afirmativamente. Todavia, quando, em cumprimento do que lhes fora requerido na segunda parte do questionário, apresentaram as normas das respectivas legislações que justificavam a sua resposta, verificou-se que nem um único – e tivemos ocasião de o confirmar caso a caso – conseguiu encontrar qualquer preceito que confirmasse o que haviam dito.

4. Só duas delegações se pronunciaram claramente em sentido negativo – a portuguesa e a inglesa.

ROGER KNIGHTS esclareceu a posição do Reino Unido afirmando que a lei do Reino Unido dá aos produtores um direito exclusivo de autorizar a apresentação pública (Sec. 16, n.ºs 1 e 19, n.º 3 da Lei de Direito de Autor e Patentes de 1988), o que se aplica quer à apresentação directa, quer à indirecta (Sec. 16, n.º 3 alínea b) do Copyright Act de 1988). No entanto, acrescentava o autor, tocar ou mostrar um programa de radiodifusão ou de um serviço de cabo a uma audiência não pagante não infringe o direito de autor, seja o seu conteúdo o programa de radiodifusão ou do serviço de cabo, seja um fonograma ou um filme (Sec. 72, do Acto de 1988).

KNIGHTS refere que foi solicitado ao Reino Unido que retirasse esta excepção, com fundamento em que ela não seria compatível com o art.º 8 n.º 2 da directiva aluguer e comodato, mas a sugestão não foi aceite por se considerar que esta excepção é permitida pelo art.º 10 n.º 2 da mesma directiva. De facto, o art.º 10 n.º 2 permite aos Estados-membros prever o mesmo tipo de limitações para os direitos conexos que se estabelecem para o direito de autor e a excepção supramencionada aplica-se não só aos fonogramas, mas também aos filmes, que são protegidos pelos direitos de autor.

KNIGHTS salientava ainda que, na altura, os artistas não tinham quaisquer direitos relativamente à apresentação pública de fonogramas, mas que estava em vias de ser introduzido um direito (sujeito às mesmas excepções do que o dos produtores) através da legislação que na época fora apresentada perante o Parlamento para implementar a directiva aluguer e comodato. Tal direito foi formulado como sendo um direito de remuneração dos produtores de fonogramas.

Resta acrescentar que o art.º (Section) 72 da lei inglesa dispõe no seu n.º 1 que: "A apresentação ou a execução de uma radiodifusão ou de um programa por cabo a uma audiência que não tenha pago admissão no lugar onde a radiodifusão ou o programa é visto ou ouvido não infringe qualquer direito de autor

a) da radiodifusão ou do programa por cabo, ou
b) de qualquer fonograma ou filme neles incluído".

É certo que o n.º 2 do mesmo preceito vem dizer que a audiência deve ser tratada como tendo pago admissão se pagaram essa admissão a um local do qual o primeiro lugar faz parte (alínea a)) ou se bens ou serviços forem fornecidos no local (ou naquele do qual ele faz parte), mas isto só no caso dos preços pagos serem atribuíveis às facilidades concedidas para ver ou ouvir a radiodifusão ou o programa (alínea b)-(i)) ou se excederem os habitualmente cobrados e possam ser parcialmente atribuídos às mesmas facilidades (alínea b)-(ii)).

O n.º 3 do mesmo dispositivo considera ainda como não tendo pago qualquer admissão pessoas que sejam residentes ou inquilinos do local (alínea a)) e pessoas que sejam membros do clube ou da sociedade onde o evento se realiza (alínea b))[1027].

Vê-se, assim, claramente, que o que sensibilizou o legislador britânico foi o espectáculo a realizar a partir das obras ou prestações radiofundidas – só essas geram a intervenção do Direito de Autor[1028].

5. A posição portuguesa – por nós subscrita – advinha-se mas não deve ser antecipada, até porque supõe uma análise do direito português que ainda não foi realizada. Por ora, ficam-nos estes breves dados de direito comparado que não só serão instrumentais para a investigação que cumpre realizar, como permitirão, a título final, a apresentação de uma solução que tenha em atenção todas as vertentes do problema.

[1027] Sobre estas excepções, vide W. R. CORNISH, "Intellectual Property: Patents, Copyright, Trade Marks and Allied Rights", 2.ª edição, pág. 304.

[1028] Note-se que, curiosamente, também noutro sistema de "copyright" – o norte-americano – a simples recepção através de aparelhos colocados em locais públicos é considerada livre ao abrigo do §111 da lei dos E.U.A..

Confirmando esta interpretação vide DAVID NIMMER e MELVILLE B. NIMMER, "Nimmer on Copyright", volume 2, §8.18 [C].

CAPÍTULO III

O DIREITO PORTUGUÊS

SECÇÃO I
OS DADOS DA QUESTÃO

1. Em Portugal, como nos restantes países, a controvérsia sobre o problema de saber se a recepção em lugares públicos de emissões de radiodifusão está sujeita ao Direito de Autor ou se, pelo contrário, é livre vem de longa data. Foram, e continuam a ser, especialmente nos últimos anos, vários os processos em que se dirimem litígios sobre a necessidade ou não de obter uma autorização específica para a recepção em locais públicos.

O antagonismo de posições é fácil de compreender. De um lado, perfilam-se os donos de restaurantes, bares, cafés, hotéis e locais de natureza similar que não compreendem a razão pela qual têm que efectuar pagamentos pelo facto de terem aparelhos receptores nos seus estabelecimentos; do outro, as entidades de gestão colectiva que entendem que uma tal recepção corresponde a uma nova comunicação pública estando, por via disso, sujeita a uma autorização adicional dos titulares de direitos em causa, que não se confunde com a(s) obtida(s) pelo(s) organismo(s) de radiodifusão que procede(m) à(s) emissão(ões).

Se aos estabelecimentos supramencionados juntarmos, desde pastelarias a leitarias, passando por consultórios médicos, escolas, hospitais, prisões, barcos, comboios, aviões, táxis, armazéns, lojas de moda, bancos e outros verifica-se que podem estar em causa, anualmente, vários milhões de euros. Não custa, por isso, entender o enorme número de processos judiciais sobre a questão, com a consequente proliferação de argumentos num e noutro sentido.

2. A discussão atingiu o seu auge em 1993, altura em que foi publicado um parecer da Procuradoria-Geral da República que, a pedido do Secretário de Estado do Comércio Interno, se pronunciou sobre uma divergência sobre a matéria em apreço entre a SPA (Sociedade Portuguesa de Autores) e a FCRP (Federação do Comércio Retalhista Português). A posição da Procuradoria foi um verdadeiro rastilho que acendeu os ânimos de modo a roçar a incontinência verbal[1029]. É útil recapitular todo o processo, seus antecedentes e sequelas, para melhor se compreender todos os dados da questão.

SECÇÃO II
A POSIÇÃO DA PROCURADORIA-GERAL DA REPÚBLICA

1. O parecer a que aludimos não foi o primeiro da Procuradoria-Geral da República sobre o tema em análise. Já no domínio da anterior legislação aquela entidade fora chamada a pronunciar-se sobre a matéria. Emitira então o parecer n.º 35/69, de 31 de Julho[1030].

Mau grado, nunca fazer alusão ao art.º 11-*bis* n.º 1, 3.º da Convenção de Berna[1031], o parecer acabava por tomar como ponto central da sua posição o preceito que lhe equivalia no direito português então vigente: o art.º 160 n.º 2, que, com péssima técnica legislativa, dispunha que: "É devida igualmente retribuição ao autor pela execução em público da obra radiodifundia, por meio de aparelhos radio-receptores sonoros munidos de alto-falantes ou por meio de aparelhos receptores televisuais, bem como pela execução em público de obras comunicadas por meio de quaisquer outros instrumentos que sirvam para difundir os sinais, os sons ou as imagens".

Não percebendo, contudo, que estes equipamentos eram equipamentos de difusão, como decorria da parte final do preceito, e que o que

---

[1029] Como já se disse, o debate atingiu mesmo as páginas dos jornais mais lidos.

[1030] O parecer foi homologado pelo então Ministro do Interior em 18 de Agosto de 1969, não tendo sido publicado.

[1031] E de estabelecer a confusão, que perdurou até aos nossos dias, entre a norma que, então, correspondia ao art.º 11-*bis* n.º 1, 1.º da Convenção de Berna (art.º 155 do Código de 1966) e a que se reportava ao art.º 11-*bis* n.º 1, 3.º do mesmo tratado (art.º 160 n.º 2, também do Código de 1966).

estava em causa era a realização do espectáculo – visto que o n.º 3, do mesmo art.º 160 mandava, na falta de convenção entre as partes, a autoridade judicial fixar a importância da retribuição a pagar, "ouvido o representante dos autores, se o houver, e o grémio a que pertencer a entidade que realizar o espectáculo" – a Procuradoria-Geral acabou por apresentar conclusões que não só são contraditórias entre si, como revelam escasso domínio interpretativo dos instrumentos legais em causa. Na verdade, pode-se ler no ponto 8 do parecer, a título de conclusões, que a recepção pública da obra transmitida pela radiodifusão não depende de qualquer autorização do autor. É, por conseguinte, livre.

Mas, seguidamente afirma-se que, afinal, é devida retribuição ao autor pela recepção pública dessa obra, nos termos do n.º 2 do art.º 160 do Código do Direito de Autor de 1966. Essa retibuição deve acrescer à do organismo de radiodifusão e terá de ser efectuada por quem organiza a referida recepção, quer haja ou não fins lucrativos[1032].

2. Bem mais conseguido e fundamentado é o segundo parecer do mesmo orgão – n.º 4/92, de 28 de Maio[1033] – e que esteve no cerne de toda a polémica que se levantou. O seu conteúdo é de todos conhecido mas convém salientar, em linhas gerais, os seus traços mais impressivos. Como se disse, a necessidade de intervenção da Procuradoria-Geral devera-se a uma divergência entre a SPA e a FCRP.

O parecer começa por enunciar resumidamente as teses dos dois oponentes: A SPA entendia que "nenhum espectáculo ou divertimento público em que sejam executadas, exibidas ou comunicadas ao público obras literárias, musicais ou literário-musicais se poderá realizar sem autorização escrita dos autores e pagamento de direitos de autor pela comunicação ou exibição de programas televisivos, de vídeo, de rádio ou música gravada em que sejam difundidos sinais, sons ou imagens em recintos públicos tais como cafés, pensões, restaurantes, discotecas e outros que são considerados lugares públicos pelo artigo 149.º, n.º 3, do Código do Direito de Autor". A FCRP defendia, por seu turno, distinguindo entre a actividade de comunicação e recepção da obra intelectual,

---

[1032] O parecer acrescenta, no ponto 4 das suas conclusões, que em virtude de a recepção ser livre não se justifica a intervenção policial prevista no art.º 207 do Código do Direito de Autor de 1966.

[1033] Publicado no Suplemento n.º 63, da II Série, do Diário da República, de 16 de Março de 1993.

que não há lugar ao pagamento de direitos de autor se a entidade receptora da emissão, sem o recurso a quaisquer processos técnicos, se limita a captar a emissão sem a retransmitir e exemplificava com o caso de num estabelecimento comercial e em lugar acessível aos respectivos empregados e clientes estar em funcionamento um aparelho de televisão ou telefonia.

Para dilucidar o problema, a Procuradoria-Geral entende ser necessária "a análise da pertinente normação do Código do Direito de Autor e dos Direitos Conexos – CDADC", mas antes de a iniciar embrenha-se numa retrospectiva histórica do Direito de Autor internacional e português. Chegada ao direito nacional vigente começa por falar da Constituição da República (art.ᵒˢ 42 e 37) para só depois se deter no CDADC. A abordagem que faz do Código não é a mais feliz.

São chamados a intervir uma série de diplomas e disposições completamente desfasados da economia do parecer. No meio, de modo algo disperso, vão sendo referidas algumas normas de importância vital – tais como os art.ᵒˢ 68 n.º 2, alínea e), 149 e 176, n.ᵒˢ 9 e 10 – mas, mais uma vez, numa preocupação de exaustividade que se sublinha, são analisados preceitos que não têm directamente a ver com o fundo da questão.

No ponto 3.10 da sua parte IV faz, finalmente, referência ao art.º 155 do CDADC que afirma estar "em íntima conexão" com os art.ᵒˢ 68 n.º 2, alínea e) e 149 n.º 2 do Código e com o art.º 11-*bis* n.º 1, 3.º da Convenção de Berna, mas depois de notar – certeiramente – a ligação que existe entre a matéria em análise e a dos espectáculos e divertimentos públicos, volta-se a perder detendo-se no Decreto-Lei n.º 42.660 e do Decreto n.º 42.661, ambos de 20 de Novembro, que tratam, efectivamente, destes últimos mas que são absolutamente despiciendos para a resolução da questão em apreço.

Só depois – a partir do ponto 5.1 – o autor do parecer se sente habilitado a procurar "aproximar os elementos jurídicos recenseados à problemática que é objecto de consulta". Fá-lo de forma extremamente correcta – partindo do art.º 11-*bis* n.º 1, 3.º da Convenção de Berna.

Dá conta das duas posições antagónicas relativamente à recepção pública, mas é infeliz na forma como as descreve, dizendo que, enquanto uns entendiam que a utilização pública ou privada por altifalantes ou ecrãs das obras radiodifundidas não dependia da autorização dos autores das obras nem lhes garantia o direito a perceber qualquer importância, por essa recepção significar o termo do processo radiodifusor que eles autorizaram e pelo qual foram remunerados, outros consideravam que a recepção pública era uma nova comunicação dirigida a um novo público com os traços característicos de uma execução ou representação independente da emissão original e, consequentemente, dependia de nova autorização dos autores das obras e conferia-lhes o direito a nova retribuição.

Exemplificando este segundo entendimento afirmava que se numa sala de espectáculos ou divertimentos públicos decorresse ao vivo a execução de uma obra musical transmitida por um organismo de radiodifusão que fosse normalmente captada num café, os autores tinham direito a perceber remuneração autónoma da empresa de espectáculos, do organismo de radiodifusão e do estabelecimento comercial (café) implicando correspondentemente três actos de autorização.

Como se verifica existe uma incorrecta equiparação – julgamos que involuntária[1034] – entre altifalantes e ecrãs, por um lado, e recepção, por outro.

Sem notar esse pequeno resvalar da pena e reconhecendo, em nota, que a segunda posição é maioritária no estrangeiro e mesmo a adoptada pela OMPI no "Guia da Convenção de Berna", o parecer apresenta, logo de seguida, três excelentes fundamentos para sustentar a sua posição final afirmando que parecem decisivos os argumentos para interpretar o n.º 3, alínea 1), do art.º 11-*bis* da Convenção de Berna no sentido de que a comunicação pública de obras incluídas em programas radiodifundidos depende sempre da autorização dos autores e do pagamento a estes da prestação patrimonial correspondente.

De facto, as emissões de radiodifusão destinam-se ao público em geral – e não apenas a quem as capte em privado, no meio familiar – pelo que não faz sentido afirmar ser novo o público que as recebe num restaurante, café, hotel, pensão ou estabelecimento similar. Além disso, não se impõe concluir que os empresários dos referido estabelecimentos captam as emissões radiodifundidas com intenção de um auditório ou de obtenção de lucros.

Finalmente, é muito duvidoso o entendimento de que o conceito de altifalantes ou de instrumento análogo transmissor de sinais, sons ou imagens a que se reporta a referida disposição internacional, deva abranger os aparelhos receptores de radiodifusão só pelo facto de na sua estrutura mecânica se inserir mecanismo idêntico.

[1034] Como se comprova pelo que diz de seguida – vide texto correspondente à nota seguinte.

Em suma, sublinha o autor do parecer, está ainda por demonstrar que o conceito de comunicação pública da obra radiodifundida, prevista na aludida disposição internacional, abrange a mera recepção nos estabelecimentos indicados de uma emissão de radiodifusão"[1035].

Salientando depois, que "é da interpretação da lei portuguesa que deve resultar a solução da questão de saber se a mera recepção de um programa de radiodifusão em que sejam apresentadas obras literárias e artísticas, em lugar que deva ser considerado público à luz do disposto no n.º 3 do art.º 149 do CDADC, está ou não sujeita a prévia autorização dos autores e, em qualquer caso, se isso lhe confere ou não o direito a perceber alguma remuneração"[1036], acaba por concluir que o núcleo normativo que se configura essencial à resposta à questão em apreço é o constante dos art.ºˢ 149 n.ºˢ 1 e 2 e155, ambos do CDADC[1037].

Partindo do étimo latino da palavra comunicação, estabelece a fronteira entre esta e a recepção e verificando que as duas normas que considera essenciais – bem como o art.º 68 n.º 2, alínea e) – só utilizam a primeira e nunca a segunda conclui, sobre o fundamental, que "**a mera recepção nos restaurantes, cafés, leitarias, pastelarias, hotéis, tabernas, barbearias e estabelecimentos congéneres pelos respectivos empresários, de programas radiodifundidos – via rádio ou via televisão – em que sejam representadas obras literárias ou artísticas não depende nem de autorização dos autores nem de qualquer contrapartida patrimonial**"[1038].

Tudo visto, afirma em resumo, no ponto 6, da parte IV, do parecer, que o direito de autor nacional – e internacional – protege os autores no plano da sua expressão literária ou artística, já que isso é essencial ao progresso da humanidade, mas por razões de equilíbrio entre os direitos pessoais e patrimoniais do autor e a necessidade de acesso à informação do público em geral, ganha cada vez maior relevo o chamado direito de antena.

Anota que os autores têm o direito exclusivo de autorizar as diversas utilizações das obras literárias ou artísticas e de participar nas vantagens

---

[1035] Vide ponto 5.2, da parte IV do parecer.
[1036] Vide parte final do ponto 5.3, da parte IV, do parecer.
[1037] Abra-se um parêntesis para, mais uma vez, sublinhar que esta compaginação entre os art.ºˢ 149 e 155 nos parece incorrecta.
Adiante teremos ocasião de realçar, de novo, as razões da nossa posição.
[1038] Vide parte final do ponto 5.6, da parte IV, do parecer. Nosso o sublinhado.

patrimoniais de cada uma de tais utilizações. "Mas se autorizam uma determinada utilização e por ela auferido a correspondente remuneração, não lhes assiste "jus" quanto a ela, seja quanto à autorização, seja quanto à exigência de remuneração".

Tendo permitido a radiodifusão das suas obras e por isso percebido dos organismos de radiodifusão emissores a correspondente compensação, exercem os direitos pessoais e patrimoniais em termos de cobertura da actividade de mera recepção pública das emissões independentemente do lugar – público ou privado – em que ocorra.

Deste princípio de livre recepção de emissões de radiodifusão só se exceptuam as situações em que a recepção se consubstancia em transmissão potenciadora de uma nova utilização das obras literárias ou artísticas, ou seja, em que a recepção é ponto de partida de uma nova difusão. "Não se verificam os pressupostos desta excepção no caso dos empresários dos hotéis, cafés, restaurantes, pensões, bares, tabernas, "pubs" e estabelecimentos similares se limitarem à recepção das emissões de radiodifusão".

Face ao exposto, sente-se por fim habilitado a formular as suas conclusões – às quais dedica toda a parte V do parecer.

Começa por identificar o significado de televisão, o que faz de acordo com a Lei 58/90, de 7 de Setembro. Prossegue determinando os conceitos de radiofonia, emissão de radiodifusão e obra radiodifundida, alternando normas do CDADC com preceitos relativos ao direito de comunicação.

Depois de aludir aos direitos pessoal e patrimonial de autor e de conferir que o direito de radiodifusão é parte integrante deste último, refere a noção de lugar público de acordo com o art.º 149, n.º 3 do CDADC. Apesar de conceder que os restaurantes, hotéis, pensões, cafés, leitarias, pastelarias, bares, "pubs", tabernas, discotecas e outros estabelecimentos similares são lugares públicos, o parecer acentua que o termo "comunicação", inserto nos art.os 149, n.º 2 e 155 do CDADC, significa transmissão não se confundindo com a mera recepção. Esta não depende de qualquer autorização dos autores nem lhes confere qualquer direito de remuneração. É, por conseguinte, livre.

Só a recepção – transmissão, como nova utilização, diversa dos procedimentos técnicos que integram o próprio receptor, como a efectuada por altifalantes ou instrumentos análogos, seria geradora de novos direitos.

SECÇÃO III
REACÇÕES NEGATIVAS AO PARECER DA PROCURADORIA-GERAL DA REPÚBLICA

1. Como seria de prever, as reacções negativas ao parecer da Procuradoria-Geral da República não se fizeram esperar. Elas foram, naturalmente, lideradas pela SPA, não só por ser parte intimamente ligada ao processo mas, sobretudo, porque sendo, até hoje, a entidade de gestão colectiva portuguesa de maior relevo, via os seus interesses postos em causa.

A SPA actuou com celeridade e solicitou a vários jurisconsultos a elaboração de pareceres sobre o tema que suscitara a tomada de posição daquele corpo consultivo.

2. Pela mão do seu presidente a SPA fez, rapidamente, publicar uma obra em que, além de compilar alguns desses pareceres – bem como um outro cuja pertinência julgou relevante – apresenta uma série de mensagens de solidariedade para com a instituição e várias decisões judiciais sobre a matéria[1039]. É uma obra de grande utilidade porque nos permite ter uma perspectiva global das repercussões que o parecer da Procuradoria gerou, bem como dos argumentos que foram aduzidos para o rebater.

3. Centrando-nos nos pareceres, que são o que mais importa, diga--se que o primeiro que é apresentado, de autoria de ADELINO DA PALMA CARLOS, foi elaborado na vigência da anterior legislação. No seu sucinto parecer, o falecido Professor acaba por concluir na parte que mais interessa que "um estabelecimento que exiba nas suas montras, para quem queira vê-los, espectáculos de televisão, está sujeito à segunda retribuição referida[1040], e é lógico que o esteja porque a retransmissão é normalmente feita com fim de publicidade e consequente incremento do negócio. O mesmo sucederá com qualquer estabelecimento – café, pastelaria, casa de chá – que, para aliciar frequentadores, retransmita espectáculos televisionados. A retransmissão é uma forma de agenciamento de clientela e constitui comunicação em lugar público das obras radiodifundidas"[1041].

[1039] "Comunicação Pública de Emissões de Rádio e Televisão", com introdução, coordenação e anotações de LUIZ FRANCISCO REBELLO, Lisboa, 1993.

[1040] A primeira era a que "permite que a entidade proprietária do posto radiodifusor transmita a obra" – cfr., ob. cit., na nota anterior, pág. 97, ponto 4.

[1041] Idem, pág. 97, ponto 5

Sem questionar, por ora, o sentido da posição de PALMA CARLOS, sublinhe-se, no entanto, a associação que o autor faz entre a televisão e espectáculo.

4. Versando já o parecer da Procuradoria-Geral da República de 28 de Maio de 1992, FERRER CORREIA e ALMENO DE SÁ emitiram a sua posição[1042]. É, sem duvida, a obra mais elaborada de todas as que foram publicadas.

Depois de recordarem os factos que deram origem à consulta, os autores referem, em linhas gerais, os grandes princípios informadores do Direito de Autor moderno, adiantando que é devida compensação ao autor sempre que a obra é utilizada. Acham evidente que "os direitos de autor são afectados não apenas pela emissão em si da obra protegida, mas também pela sua comunicação, através de aparelhos receptores, em lugares públicos, como, por exemplo, hotéis, restaurantes, etc."[1043].

Passam depois à demonstração da conclusão que anteciparam. Assinalam que é hoje indiscutível a sujeição da radiodifusão ao Direito de Autor – traduzindo-se esta num acto de comunicação ao público – e referem os preceitos mais importantes que lhe dizem respeito no nosso Código.

Seguidamente, enunciam os direitos de comunicação pública ligados à radiodifusão e distinguem o direito de radiodifusão, o direito de redifusão (que entendem como reemissões ou retransmissões em sentido lato) levado a cabo por um organismo que não o de origem e o direito de comunicação de emissões radiodifundidas. Entendem que para o problema em apreço só o primeiro e o terceiro têm relevância, propondo-se, por isso, fazer uma análise mais aproximada entre os dois direitos.

Antes, porém, fazem uma breve incursão no art.º 11-*bis* n.º 1 da Convenção de Berna para confirmarem que os direitos nele consagrados são os que constam da legislação portuguesa. Citando ULMER[1044] e HUBMANN/REHBINDER[1045], os autores concluem que a radiodifusão é "emissão ou irradiação" mas não recepção, enquanto que a comunicação de emissões radiodifundidas constitui um novo acto de comunicação pública.

[1042] Idem, págs. 99 a 148.
[1043] Idem, pág. 105.
[1044] Na 2.ª edição do seu "Urheber-und Verlagsrecht".
[1045] Na 7.ª edição do seu "Urheber-und Verlagsrecht".

Sempre seguindo os autores alemães supracitados e ainda von UNGERN-STERNBERG no "Schricker Urheberrecht Kommentar", FERRER CORREIA E ALMENO DE SÁ acabam por considerar que a recepção pública equivale a esse novo acto de difusão.

As suas posições tornam-se evidentes quando afirmam que: "O evento jurídico-autoral decisivo para o direito de radiodifusão é a irradiação da emissão; **o tornar audível *num receptor* a emissão radiodifundida é já *um novo acto comunicação*, que será, todavia, juridicamente irrelevante, se se verificar na esfera jurídica privada**[1046], uma vez que o art.º 149 n.º 2, só reserva para o autor a comunicação da obra em lugares públicos"[1047].

A partir deste ponto as ideias centrais do parecer estão lançadas e tudo o resto são sucessivos desenvolvimentos deste núcleo essencial. Baseando-se no princípio que a recepção privada é irrelevante a nível de Direito de Autor e que a pública equivale a nova comunicação, não é difícil aos autores mostrar a sua "frontal discordância" em relação ao parecer da Procuradoria-Geral da República.

O conceito de "mera recepção de emissões radiodifundidas" não teria pois existência no nosso sistema jurídico. Consideram, assim, que toda a recepção em lugar público integra a previsão dos art.ᵒˢ 149 n.º 2 e 155 do CDADC – conjugando, também eles, as duas normas. Buscando apoio, ainda, em alguns dos melhores comentários à Convenção de Berna[1048] – como os de NORDEMANN/VINCK/HERTIN e de DESBOIS/FRANÇON/KÉRÉVER, já por nós citados – e fazendo apelo a mais alguma da melhor doutrina francesa e de língua alemã – v.g., DESBOIS, COLOMBET, REIMER e WALTER – os autores procuram desmontar a argumentação da Procuradoria-Geral da República. Antes, num breve parágrafo, limitam-se a anotar a posição

---

[1046] Nosso o sublinhado.

[1047] "Comunicação Pública de Emissões de Rádio e Televisão", cit., pág. 118.

[1048] Omitem, contudo, aquele que é unanimemente considerado o melhor de todos eles – o de RICKETSON.

A posição deste, apesar de ser mais ambígua já que nunca se refere à recepção pública, parece, no entanto, ir no mesmo sentido dos restantes, pelo menos tendo em conta as referências que faz aos locais em que a comunicação da obra radiodifundida ocorre: cinemas, restaurantes, salas de chá, carruagens de comboio, etc.

Note-se, porém, que RICKETSON se limita sempre a falar em comunicações nunca as equiparando a recepções – cfr., "The Berne Convention for the protection of literary and artistic works", cit., págs. 452 e 453.

de OLIVEIRA ASCENSÃO, contrária às suas teses, sem, contudo, a discutirem em pormenor[1049].

Finalmente, FERRER CORREIA e ALMENO DE SÁ, apresentam as suas conclusões – das quais nos permitimos salientar a VIII, a XI, a XXIII e a XXVI – que podemos sintetizar do seguinte modo quanto aos seus aspectos fundamentais:

- O direito patrimonial do autor assegura-lhe o controlo dos aproveitamentos da obra, atribuindo-lhe os benefícios económicos provenientes da exploração bem como a escolha do utilizador e formas de utilização;
- A compensação económica decorre da mera utilização da obra independentemente de esta proporcionar ou não, em concreto, vantagens patrimoniais;
- De acordo com o princípio da especialidade a cada utilização terá de corresponder, por conseguinte, uma autorização específica;
- Salvo disposição especial em contrário, só o uso privado escapa a tal princípio;
- A radiodifusão gera três diferentes direitos de utilização previstos no CDADC: o direito de radiodifusão propriamente dito, o direito de redifusão e o direito de comunicação de emissões radiodifundidas;
- O primeiro caracteriza-se pela emissão independente da recepção efectiva da mesma, o terceiro pelo facto de fazer ver ou ouvir, em lugar público, obras radiodifundidas;
- A recepção em lugar público constitui um novo acto de exploração relevante sujeito, consequentemente, ao consentimento do autor (conclusão VIII);
- "Lugar público" é o conceito previsto no art.º 149 n.º 3 do CDADC;
- Sendo assim, os hotéis, restaurantes, bares, cafés e outros estabelecimentos similares constituem lugares públicos;
- Qualquer recepção nestes locais de emissões radiodifundidas estão, pois, sujeitas aos art.ºs 149 n.º 2 e 155 do CDADC (conclusão XI);

[1049] "Comunicação Pública de Emissões de Rádio e Televisão", cit., pág. 128.

- Recepção pública deve, assim, ser equiparada a nova comunicação para a clientela do local onde ocorre estando, por isso, sujeita a autorização autónoma e a novo pagamento[1050];
- Isto mesmo está de acordo com as mais importantes legislações nacionais bem como com a Convenção de Berna que as influenciou não só a elas como ao direito interno português;
- O conceito de "mera recepção de emissões radiodifundidas" não encontra qualquer suporte legal no nosso sistema de direito de autor (conclusão XXIII);
- Os art.os 149 n.º 2 e 155 do CDADC abrangem os normais receptores de rádio ou televisão que devem ser entendidos como comunicadores públicos;
- Não deve, portanto, haver contraposição entre "normais receptores de rádio ou televisão" e "altifalante". Tal contraposição baseia-se num equívoco técnico;
- Os altifalantes são meros componentes dos aparelhos receptores de rádio ou televisão não havendo antagonismo entre uns e outros (conclusão XXVI).

5. Também ANTÓNIO MARIA PEREIRA emitiu parecer sobre o assunto, a pedido da SPA[1051]. Parte da Convenção de Berna ou se quisermos do Guia daquele tratado de que foi o tradutor da versão portuguesa – e que entende ser interpretação autêntica do convénio. As suas posições são, por conseguinte, previsíveis.

A doutrina que cita é exclusivamente francesa – DESBOIS, Olagnier, LE TARNEC e FRANÇON – e toda ela coincidente na conclusão de que a recepção pública está sujeita a nova autorização do autor. Quando passa a analisar a situação em Portugal, reconhece que o parecer da Procuradoria--Geral da República vem na esteira dos ensinamentos de OLIVEIRA ASCENSÃO. Preocupa-se, por isso, em atacar as teses do Professor da Faculdade de Direito de Lisboa.

Depois de o citar, coloca a si próprio uma questão: "Que dizer desta opinião?". A resposta vem logo de seguida; procurando demonstrar que ela é contrária à "realidade fáctica".

[1050] Os autores desenvolvem de seguida, exaustivamente, esta conclusão.
[1051] "Comunicação Pública de Emissões de Rádio e Televisão", cit., págs. 149 a 162.

O autor entende que na situação em apreço não se está perante uma simples recepção, mas sim diante de uma dualidade recepção + comunicação pública. Esta última estaria, assim, sujeita ao art.º 11-*bis* da Convenção de Berna e ao art.º 149 n.º 2 do CDADC.

A posição de OLIVEIRA ASCENSÃO seria, pois, contrária aos art.ºs 11--*bis* da Convenção de Berna e 149 n.º 3 do CDADC[1052] e à doutrina e jurisprudência "pacificamente estabelecidas" nos países da União de Berna. Faria, por isso, tábua rasa dos dois preceitos citados não compreendendo que a comunicação da obra em qualquer lugar público está sujeita a nova autorização dos autores, já que configura uma nova utilização da obra.

Terminando a sua análise às teses de OLIVEIRA ASCENSÃO, ANTÓNIO MARIA PEREIRA entende que as opiniões, por mais doutas que sejam, não podem prevalecer sobre comandos legais claros, cuja interpretação e entendimento é universalmente aceite. Cingindo-se, depois, sempre aos art.ºs 149 n.º 2 e 68 n.º 2, alínea e) do CDADC e sem nunca referir o art.º 155 do mesmo diploma estende depois as críticas ao parecer da Procuradoria-Geral da República, que são de teor idêntico.

A finalizar, apresenta as suas conclusões que seguem na esteira do que anteriormente fora exposto. Começa, pois, por se basear no texto da Convenção de Berna e no Guia da mesma – que volta a considerar como interpretação autêntica do texto convencional – para afirmar a aplicabilidade do art.º 11-*bis* n.º 1, 3.º ao problema em análise[1053]. Entende, por isso, que um ecrã de televisão é um instrumento análogo a um altifalante. Recorrendo ao art.º 36 da Convenção de Berna e ao art.º 8 da Constituição da República sublinha a vigência daquele tratado internacional na ordem interna portuguesa. Sustenta, além disso, que o art.º 149 n.º 2 do CDADC é a transposição para o nosso direito do art.º 11--*bis* n.º 1, 3.º da Convenção de Berna e que a interpretação dos preceitos equivalentes nos então 95 países da União de Berna gera unanimidade no sentido que propugna. A única nota dissonante seriam as teses de OLIVEIRA ASCENSÃO e da Procuradoria-Geral da República. Procurando rebatê-las de novo, volta a frisar que a recepção em lugar público equivale a uma

---

[1052] Tanto aqui como noutros pontos pensamos que o autor deve querer fazer alusão ao art.º 11-*bis* n.º 1, 3.º quando refere o art.º 11-*bis* n.º 3.

[1053] No texto (conclusão 3) falta, mais uma vez, a referência à alínea 1, o que admitimos tratar-se de lapso de edição.

nova comunicação pública, estando por isso, sujeita a uma autorização especial do autor[1054].

6. O próprio LUIZ FRANCISCO REBELLO, na introdução que faz ao livro de que é coordenador, não perde a oportunidade de, também ele, criticar o parecer da Procuradoria-Geral da República e as teses de OLIVEIRA ASCENSÃO que, segundo o autor, lhe estão subjacentes[1055].

Fazendo uma súmula dos três pareceres anteriormente referidos e apoiando-se em autores como ULMER, HUBMANN e REHBINDER, DESBOIS, NORDEMANN/VINCK/HERTIN[1056], entre outros, conclui, como é previsível, que o parecer da Procuradoria-Geral da República constitui uma nota dissonante que espera ver rapidamente extinta no concerto da jurisprudência nacional "restituindo-se ao autor a dignidade que a Constituição da República Portuguesa (e a Declaração Universal dos Direitos do Homem) lhe atribuem, e que – decerto provisoriamente – aquele parecer apeou"[1057].

7. Os esforços da SPA para recolha de apoios à posição pretendida não se ficaram, porém, pelas obras publicadas no volume de compilação a que temos aludido. Eles ultrapassaram mesmo as fronteiras e levaram à elaboração de um parecer por um dos nomes mais sonantes do Direito de Autor mundial – ADOLF DIETZ[1058].

[1054] Vide "Comunicação Pública de Emissões de Rádio e Televisão", cit., págs. 160 a 162.

[1055] LUIZ FRANCISCO REBELLO, "O Problema da Comunicação de Emissões de Rádio e Televisão em Lugares Públicos na Perspectiva do Direito de Autor", in "Comunicação Pública de emissões de Rádio e Televisão", cit., págs. 11 a 32.

[1056] Algumas das citações – certamente por lapso de dactilografia – estão incorrectas.

Assim, a transcrição que faz, na pág. 20 (nota 3) do "Internationales Urheberrecht" de NORDEMANN/VINCK/HERTIN, não se encontra na pág. 77 da obra mas sim na 95.

Por sua vez, a citação da obra de DESBOIS da pág. 31 (nota 3) não foi localizável nas págs. 335 a 340 da 3.ª edição referida, onde aquele autor trata deste problema.

Podemos, contudo, assegurar que não se encontra na pág. 410 como consta do texto de FRANCISCO REBELLO.

Estes pequenos erros não põem, no entanto, em causa o sentido da posição dos autores referenciados que é efectivamente aquela que FRANCISCO REBELLO aponta.

[1057] "Comunicação Pública de Emissões de Rádio e Televisão", cit., pág. 32.

[1058] ADOLF DIETZ, "Avis consultatif concernant la question de la communication d'emissions de radio et télévision dans les lieux publics" (Maio de 1995) – não publicado.

O Professor do Instituto Max-Planck começa por concordar com as posições de FERRER CORREIA e ALMENO DE SÁ e, depois de referir a interpretação que NORDEMANN/VINCK/HERTIN fazem do art.º 11-*bis* n.º 1, 3.º, detém-se numa longa citação do comentário de RICKETSON sobre a mesma norma da Convenção de Berna – da qual se retira, unicamente, que cafés, hotéis, restaurantes, carruagens, etc., são lugares públicos.

Transcreve seguidamente alguns passos dos Documentos da Conferência de Bruxelas que considera relevantes.

Dada a sua relevância não resistimos a acompanhá-lo. Salienta que o terceiro direito exclusivo reconhecido pelo programa a favor dos autores em matéria de radiodifusão, ou seja, o direito de autorizar "a comunicação pública, por altifalantes ou por qualquer outro instrumento análogo, transmissor de sons ou de imagens, da obra radiodifundida" (além dos sons e das imagens, deverão mencionar-se os sinais), não se confrontou com qualquer oposição séria no seio da Subcomissão. Sublinha-se que algumas delegações teriam, no entanto, desejado introduzir *jure conventionis* limitações a esse direito, excluindo-o, quer seja quando o altifalante ou o outro instrumento transmissor não é utilizado com fim lucrativo, quer quando ele é utilizado "num círculo familiar ou doméstico, ou no âmbito do ensino escolar"[1059].

Entende, por conseguinte, que é unicamente a emissão no éter que é determinante, sendo indiferente que a obra radiodifundida tenha ou não sido captada e escutada, ou mesmo simplesmente perceptível ao ouvido. Defende, portanto, como aconselhável que se abandone, na alínea 1, a fórmula em que intervém a comunicação ao público pela radiodifusão e reservar mais sucintamente ao autor o direito de radiodifundir as suas obras.

Remete seguidamente para a fundamentação do art.º 11-*bis*, n.º 1, 3.º da Convenção de Berna recordando o que nele se estabelece: "Na mesma ordem de ideias, convém reservar ao autor o direito **de comunicar ao público, por altifalante, a emissão radiofónica da sua obra**. Este caso apresenta uma grande importância prática: os altifalantes são cada vez mais utilizados para a difusão de obras literárias e musicais. Onde quer que seja que os homens se reunam: **no cinema, no restaurante, no hotel, no salão de chá e até nas carruagens dos caminhos de ferro**, ouve-se hoje música, ou leituras, recitações e conferências **transmitidas por rádio e altifalante**"[1060].

[1059] DCB, pág. 115 (Relatório da Subcomissão).
[1060] Justificação, do art.º 11-*bis* n.º 1, 3.º – idem, pág. 266. Os sublinhados são de DIETZ.

Parte depois para aquela que afirma ser a questão capital: será que a permissão de radiodifundir concedida a um posto emissor abrange toda e qualquer utilização da emissão, e portanto, também, a difusão pública desta por altifalante? Para responder, remete de novo para a argumentação justificativa do art.º 11-*bis*, n.º 1, 3.º da Convenção de Berna onde se diz que: "a recepção pressupõe de qualquer forma um **amplificador de som (aparelho de escuta ou altifalante), senão as emissões não poderiam ser recebidas pelos receptores**. Porquê estabelecer uma diferença jurídica **conforme o amplificador seja fraco e unicamente destinado ao uso privado, ou suficientemente forte para funcionar a contento de um público mais ou menos numeroso**? Os sons produzidos na estação receptora (mesmo quando amplificados por um altifalante) constituem apenas o prolongamento e a conclusão da emissão; por conseguinte, a autorização para radiodifundir engloba também a autorização de comunicar a emissão a todos os ouvintes que o aparelho de recepção pode atingir"[1061].

Termina o leque de citações da Conferência de Bruxelas que reputa de essenciais, transcrevendo o seguinte passo: "É verdade que a radiodifusão atinge um número indeterminado de pessoas, mas isso não impede que do ponto de vista do direito de autor ela vise unicamente os seus utilizadores directos, e não também os que **participam na recepção de uma forma mediata e indirecta**. Portanto, o **receptor que abre a sua estação a esses beneficiários indirectos deverá ser autorizado a fazê-lo**. A remuneração reclamada pelo autor pela radiodifusão das suas obras é calculada tendo em conta o facto de que os postos receptores só são em geral utilizados pelos seus proprietários e pelo seu círculo de amigos e familiares; **uma utilização numa escala mais vasta** não se presume..."[1062].

Baseando-se na história legislativa do art.º 11-*bis* n.º 1, 3.º da Convenção de Berna e numa sentença do Supremo Tribunal Espanhol de 19 de Julho de 1994[1063], já anteriormente referida, Dietz analisa seguidamente o direito português.

[1061] Justificação do art.º 11-*bis* n.º 1, 3.º e crítica a certas apreciações divergentes de certos países – idem, pág. 265.

Os sublinhados voltam a ser de Dietz.

[1062] Relatório da Subcomissão – idem, pág. 267. Os sublinhados, são ainda, de Dietz.

[1063] Esta sentença está publicada na RIDA 161, Julho 1994, págs. 242 a 265.

Começa por comparar a lei nacional com o art.º 11-*bis* da Convenção de Berna para constatar que os três diferentes casos previstos no n.º 1 daquele artigo encontram paralelismo no art.º 68 n.º 2 alínea e) e, sobretudo, nos dois primeiros números do art.º 149, ambos do CDADC. Assim, do n.º 1 deste último preceito constariam a radiodifusão e a retransmissão – previstas no art.º 11-*bis* n.º 1, 1.º e 2.º, respectivamente – enquanto que o seu n.º 2 englobaria a comunicação da obra em lugar público, em consonância com o art.º 11-*bis* n.º 1, 3.º da Convenção de Berna.

Entendendo como artificial a distinção entre "recepção pura" e outros processos técnicos de "transmissão" (por exemplo, por altifalante), DIETZ equipara a recepção pública a nova comunicação já que, quanto a ele, o que é relevante é a existência de um público concreto num lugar público também concreto[1064]. O que se lhe afigura como decisivo é a apresentação pública de uma emissão pública de uma emissão de rádio ou televisão por meio de receptores que operam necessariamente com a ajuda de um altifalante e/ou de um ecrã, sendo esta a situação prevista no art.º 149 n.º 2 (e no art.º 155) do CDADC e no art.º 11-*bis* n.º 1, 3.º da Convenção de Berna.

Apesar de referir expressamente o art.º 155 do CDADC, entende que o legislador português não se prevaleceu do art.º 11-*bis* n.º 2 da Convenção de Berna, não tendo introduzido nesta matéria qualquer licença legal. Baseando-se num argumento económico – as obras radiodifundidas são utilizadas para os negócios servindo a clientela dos estabelecimentos em causa tal como a electricidade que os aquece e ilumina – DIETZ não vislumbra razão para haver queixas por um pagamento adicional em virtude da nova comunicação que os aparelhos receptores facultam[1065].

Finalmente, depois de ter fixado o sentido das normas que entende como relevantes no direito nacional, DIETZ fornece-nos as suas conclusões a título de resumo. Defende que as disposições respeitantes à "recepção pública" de obras radiodifundidas que se encontram nos art.os 149 n.º 2 e 155 do CDADC correspondem ao art.º 11-*bis* n.º 1, 3.º da

---

[1064] A concepção de DIETZ – tomando como critério decisivo a existência de um público economicamente relevante – é partilhada por ERDOZAIN LÓPEZ que com grande desenvolvimento a sustenta na sua, já citada, obra "Las Retransmisiones por Cable y el Concepto de Público en el Derecho de Autor". O título é, aliás, sintomático da perspectiva do autor.

[1065] DIETZ, "Avis consultatif concernant la question de la communication d'emission de radio et télévision dans les lieux publics", cit., pág. 10.

Convenção de Berna. Realça que o legislador português não institui qualquer licença ao abrigo do art.º 11-*bis* n.º 2 da Convenção de Berna o que impõe que a legislação nacional deva ser interpretada no sentido da Convenção de Berna, tal como o Supremo Tribunal de Espanha a realizou. Refere que o resultado a que chegou é confirmado pelos principais comentadores da Convenção de Berna sublinhando mais uma vez que, tecnicamente, os aparelhos de recepção utilizam altifalantes sendo, portanto, artificial e não sustentável a distinção entre pura recepção, por um lado, e comunicação por altifalante, por outro.

Tudo visto, sustenta que a comunicação de emissões de rádio e televisão em lugares públicos, tais como cafés, restaurantes, hotéis, etc., está sujeita à autorização dos autores das obras transmitidas e gera o pagamento de uma remuneração autónoma[1066].

Dois aspectos merecem ser sublinhados no estudo de DIETZ. O primeiro é o de o autor entender que todos os aparelhos de recepção, porque munidos de altifalantes, são ao mesmo tempo equipamentos de comunicação. O segundo tem a ver com o facto de DIETZ tomar como norma fulcral do direito português para a matéria em análise o art.º 149, n.º 2 do CDADC[1067] que entende como o correspondente da nossa lei ao art.º 11-*bis* n.º 1, 3.º da Convenção de Berna.

São dois pressupostos essenciais do seu raciocínio e, consequentemente, das suas conclusões. Como iremos demonstrar, ambos são incorrectos.

SECÇÃO IV
PARECER DO GABINETE DO DIREITO DE AUTOR

1. Instado pela Provedoria da Justiça a pronunciar-se sobre o tema que temos vindo a tratar também o Gabinete do Direito de Autor, através do seu director NUNO GONÇALVES, tomou parte na discussão.

2. Depois de apontar sucintamente as posições antagónicas que se digladiam e de historiar os passos que levaram ao parecer da Procuradoria-

---

[1066] Idem, págs. 10 e 11.
[1067] Apesar de referir o art.º 155 do CDADC sem estabelecer, contudo, qualquer distinção entre ambos.

-Geral da República e consequente réplica da Sociedade Portuguesa de Autores, NUNO GONÇALVES alonga-se numa descrição dos dados da questão sumariando ainda as obrigações internacionais decorrentes dos tratados a que o Estado português se encontra vinculado.

O autor procura na primeira fase do seu trabalho manter uma neutralidade de que se afasta seguidamente quando, em vários trechos do seu texto, deixa claramente subentendido que propugna soluções coincidentes com as da SPA. Desde logo, salienta que a corrente doutrinária que suporta as teses da Procuradoria-Geral da República e de OLIVEIRA ASCENSÃO é minoritária. Sublinha, seguidamente, que os principais tratadistas estrangeiros, as legislações dos Estados da Europa Comunitária e o entendimento sufragado pela OMPI vão no sentido de considerar artificial a dicotomia comunicação pública/recepção, concedendo que as normas dos art.os 149 e 155 do CDADC se compaginam com a interpretação defendida pela SPA.

Refractário a uma opção consistente e definitiva, NUNO GONÇALVES retoma posteriormente um discurso mais ambíguo sugerindo um estudo mais aprofundado do problema e defendendo a intervenção do legislador como modo de o solucionar. Em consonância com este ponto de vista entende que a transposição da directiva Sociedade da Informação poderá ser o momento propício à clarificação legislativa que julga necessária.

O parecer termina com uma longa e inócua divagação sobre o sentido de público e de lugar público deslocando a discussão do seu centro nevrálgico e não entendendo que a questão não é a de saber se o local onde a recepção ocorre é ou não público mas sim se ela se configura como um novo acto de comunicação pública.

3. A preferência do director do Gabinete do Direito de Autor pelas teses propugnadas pela SPA fica assim expressa ainda que em alguns passos do seu parecer ela só seja assumida de forma sub-reptícia[1068-1069].

Sintomaticamente, aliás, LUIZ FRANCISCO REBELLO, em recente tomada de posição sobre o ante-projecto do diploma de transposição da

---

[1068] O parecer, subordinado ao título "Comunicação ao público de obras radiodifundidas em locais considerados como lugares públicos", consta da Informação 61/GDA/99, de 6 de Dezembro de 1999, não se encontrando publicado mas tendo sido enviado à Provedoria de Justiça, à Inspecção Geral das Actividades Culturais, à Secretaria de Estado do Comércio e à Sociedade Portuguesa de Autores.

[1069] Cfr., págs. 4 e 5 (pontos 15 a 18) do parecer.

directiva Sociedade da Informação, invoca o parecer do Gabinete do Direito de Autor como argumento a favor de uma alteração legislativa que propõe no sentido de consagrar, numa nova alínea c), do n.º 1 do art.º 149, o direito exclusivo do autor "à recepção e comunicação da obra radiodifundida, por qualquer meio efectuadas, em qualquer lugar público" e de revogar o art.º 155, ambos do CDADC[1070-1071]

SECÇÃO V
POSIÇÃO ADOPTADA

1. A jurisprudência dos nossos tribunais tem-se dividido sobre o problema em apreço[1072]. Na doutrina contrapõem-se as posições de

---

[1070] LUIZ FRANCISCO REBELLO, "Observações sobre o Ante-Projecto do Diploma de Transposição da Directiva n.º 2001/29/CE", apresentado em nome da Associação Fonográfica Portuguesa, da Associação Fonográfica Independente, da Associação Portuguesa de Editores e Livreiros, da Gestão dos Direitos dos Artistas e da Sociedade Portuguesa de Autores, 19 de Julho de 2002, págs. 6 a 8.

[1071] Quer o parecer de NUNO GONÇALVES, quer as observações de LUIZ FRANCISCO REBELLO a que acabamos de aludir aduzem uma recente decisão tomada no seio da OMC, na sequência de uma queixa da União Europeia contra os Estados-Unidos, como sustentáculo da posição que defendem.

Como teremos ocasião de referir, uma tal interpretação da decisão da OMC é abusiva e mesmo errada – cfr., infra, pág. 473, nota 1088.

[1072] Além das sete sentenças que se encontram transcritas em "Comunicação Pública de Emissão de Rádio e Televisão", etc., págs. 221 a 267 muitas outras já foram até hoje pronunciadas.

Sem preocupação de ser exaustivo refiram-se algumas:
– Sentença do Tribunal de Círculo e da Comarca de Oeiras, de 7 de Novembro de 1994;
– Sentença do Tribunal da Relação do Porto, de 4 de Janeiro de 1995;
– Sentença do Tribunal da Relação de Coimbra, de 7 de Julho de 1993;
– Sentença do Tribunal da Relação de Coimbra, de 11 de Fevereiro de 1994;
– Sentença do Tribunal da Relação de Coimbra, de 13 de Abril de 1994;
– 2 (dois) Acórdãos da Relação de Coimbra de 13 de Abril de 1994.
– Sentença do Tribunal da Relação de Coimbra, de 11 de Maio de 1994;
– Sentença do Tribunal da Relação de Coimbra, de 22 de Fevereiro de 1995;
– Sentença do Tribunal da Relação de Lisboa, de 10 de Maio de 1995
– Sentença do Tribunal da Relação do Porto, de 5 de Novembro de 1997.
– Sentença do Tribunal da Relação do Porto, de 23 de Março de 1994.
– Sentença do Tribunal da Relação do Coimbra, de 27 de Outubro de 1995.

OLIVEIRA ASCENSÃO às dos autores referidos na subsecção anterior. Também nós não nos escusaremos a tomar posição no debate em curso.

2. Vamos deixar de lado argumentos tão pobres como aqueles que defendem que o "Guia da Convenção de Berna" realiza interpretação autêntica daquele tratado...

Como todos reconhecem[1073], o ponto de partida tem de ser o art.º 11-*bis* n.º 1, 3.º da Convenção de Berna que estabelece que os autores gozam do direito exclusivo de autorizar "**a comunicação pública** por altifalantes ou qualquer outro instrumento análogo **transmissor** de sinais, sons ou imagens da obra radiodifundida".

As expressões sublinhadas falam por si. Alguém que recebeu uma emissão de radiodifusão faz uma nova utilização da(s) obra(s) nela contida(s) comunicando-a(s) através de uma nova transmissão. Há toda uma actividade que se exerce no sentido de propiciar ao público um novo ou diferente acesso à obra emitida. Existe, portanto, uma outra utilização económica da obra que dá lugar a um direito que não se confunde com o direito de radiodifusão.

Como se sabe a Convenção de Berna é um verdadeiro farol do Direito de Autor internacional. Ela marca de forma indelével a maioria – para não dizer a totalidade – das legislações nacionais. A interpretação das suas normas repercute-se, de modo óbvio, na fixação do sentido das disposições que lhes correspondem nos direitos internos dos vários Estados.

Acontece que na radiodifusão existe um princípio "sagrado" – o da liberdade de recepção[1074]. A sua importância é tal que levou à própria modificação do texto do art.º 11-*bis* da Convenção de Berna – em vez de se dizer que os autores gozam do direito exclusivo de autorizar a comunicação das suas obras ao público pela radiodifusão, como acontecia no texto de Roma, passou a dizer-se, apenas, que gozam do direito exclusivo de autorizar a radiodifusão (redacção de Bruxelas). O próprio

---

– Sentença do Tribunal da Relação do Coimbra, de 20 de Abril de 1994.
– Sentença do Tribunal da Relação do Coimbra, de 9 de Março de 1994.

[1073] Vide o que FERRER CORREIA e ALMENO DE SÁ, ANTÓNIO MARIA PEREIRA, LUIZ FRANCISCO REBELLO e DIETZ escrevem nas suas tomadas de posição.

[1074] Como ULMER realça desde a 1.ª edição do seu "Urheber und – Verlagsrecht", pág. 152.
Vide também 2.ª edição, pág. 203 e 3.ª edição, pág. 252.

DIETZ refere um passo da documentação da Conferência de Bruxelas onde isso é assumido.

Mais claro é ainda um trecho, já por nós citado, que não consta do Relatório final mas sim do Relatório da Subcomissão para a Radiodifusão e os Instrumentos Mecânicos da Conferência de Revisão de Bruxelas, de 1948, onde PLINIO BOLLA expressamente refere que: "A Subcomissão julgou, por unanimidade, que o direito exclusivo, concedido aos autores pela Conferência de Roma "de autorizar a comunicação das obras ao público pela radiodifusão" devia manter-se intangível. Mas julgou, com o programa, que era preferível falar mais brevemente do direito de autorizar a radiodifusão, para marcar bem que só a emissão é determinante, **com exclusão da captação e da escuta**"[1075].

A recepção é, por conseguinte, livre e note-se que não é estabelecida qualquer distinção entre recepção pública ou privada. Têm, por isso, razão FERRER CORREIA e ALMENO DE SÁ quando constatam que o conceito de recepção é estranho à Convenção de Berna e às legislações internas. É verdade. A Convenção de Berna e as leis nacionais outorgam direitos, da recepção não resulta nenhum.

Não existe, nem tinha que existir, portanto, qualquer tratado que atribua um direito exclusivo de autorizar a recepção pública das obras ou prestações. A afirmação de que a recepção é livre faz o pleno entre os autoralistas[1076], ainda que muitos não retirem daí as devidas ilações. Podemos, assim, chegar a uma primeira conclusão: tudo o que sejam equipamentos de recepção, por mais elaborados que se mostrem, não estão sujeitos ao Direito de Autor.

Conscientes disto os autores que contrariaram o parecer da Procuradoria-Geral da República enveredaram por outro caminho – o de afirmar que a recepção pública é ... comunicação pública[1077]. Mas, tal

---

[1075] Conferência de Bruxelas, Relatórios das Subcomissões, pág. 114.

[1076] Mesmo ULMER, "Urheber-und Verlagsrecht", 3.ª edição, cit., pág. 252, começa por afirmar a liberdade de recepção.

Sobre esta liberdade de recepção, vide OLIVEIRA ASCENSÃO, "Direito de Autor e Direitos Conexos", cit., págs. 301 e 302 – posição que inteiramente se subscreve.

[1077] Ou então, como HEPP já defendia no longínquo ano de 1956, entendem que os tipos de aproveitamento reservados aos titulares de direitos não são mais do que um sistema gradual para chegar indirectamente ao consumidor final – público.

Desde que existisse um público haveria lugar a pagamento.

Os cafés e restaurantes tal como os organismos de radiodifusão não seriam mais do que mediadores entre o autor e o verdadeiro utilizador (consumidor) que era quem,

como nas leis da física em que dois corpos não ocupam ao mesmo tempo o mesmo lugar, também aqui dois conceitos jurídicos antagónicos não podem, por natureza, ser sinónimos e terem conteúdo idêntico. Se há recepção, não existe comunicação – o mesmo acto não varia de natureza consoante o local em que é praticado[1078].

A referência às transmissões por rádio e altifalantes a que DIETZ alude na transcrição que faz dos documentos da Conferência de Bruxelas não altera esta realidade. O texto citado apenas quer realçar a função da radiodifusão, por um lado e dos altifalantes, por outro, como modalidades de comunicação pública das obras – correspondendo a cada uma delas um direito autónomo.

Ainda que assim não fosse – o que não se concede – a parte transcrita (pág. 266 DCB) destina-se a fundamentar, na exposição de motivos, a proposta do Secretariado e do Governo belga quanto ao art.º 11-*bis* – que como se sabe não foi seguida em vários aspectos – não tendo, portanto, o valor interpretativo quanto à fórmula final adoptada que DIETZ pretende. Aliás, em parte alguma da documentação de qualquer Conferência de Revisão da Convenção de Berna se faz alusão a um regime diferenciado entre a recepção pública e a privada e mesmo que assim não acontecesse os textos preparatórios e relatórios das Conferências sempre teriam que ceder perante a letra dos artigos da própria Convenção.

Em suma: o legislador de Berna, precavendo um novo aproveitamento económico da obra efectuado por alguém a partir de uma obra radiodifundida, muniu o autor com mais um direito exclusivo. Essa actividade gera um lucro adicional ao autor porque não se resume à emissão de radiodifusão – que se completa com a recepção (ou a possibilidade desta) – sendo sim um acto autónomo, que não se confunde com a atitude passiva do mero receptor.

3. A norma que corresponde ao art.º 11-*bis* n.º 1, 3.º no nosso Código é o art.º 155. Já anteriormente se disse e reafirma-se agora, o art.º 155 não é uma repetição ou sequer um desenvolvimento do art.º 149 n.º 2, também do CDADC. Este último tem como fonte o art.º 11-*bis* n.º 1, 1.º – "ou a comunicação pública dessas obras por qualquer outro meio que sirva à difusão sem fio dos sinais, sons ou imagens". A própria

---

finalmente, procederia ao pagamento – vide FRANÇOIS HEPP "Le public inconnu", RIDA, 11, Abril 1956, págs. 34 a 59.

[1078] Ao contrário do que os autores citados na secção anterior sugerem.

conexão próxima da norma – com o n.º 1, do art.º 149 que outorga o direito de radiodifusão previsto na primeira parte do art.º 11-*bis* n.º 1, 1.º – demonstra isso mesmo.

Mas mais do que isso, a similitude dos textos é a prova final do que fica dito. A falta de referência ao "sem fio", que consta do texto de Berna, compreende-se pela equiparação que o legislador português fez – tal como na radiodifusão – entre as comunicações públicas feitas por qualquer dos meios. Por sua vez, o art.º 155 do CDADC corresponde ao art.º 11-*bis* n.º 1, 3.º da Convenção de Berna – como a alusão à "obra radiodifundida", que não existe no referido art.º 149 n.º 2, revela.

Este entendimento permite, ainda, compreender a diferença de regimes entre as duas normas – o art.º 149 n.º 2 outorga um direito exclusivo, o art.º 155 estabelece uma licença legal, com o consequente direito de remuneração – tendo o legislador português feito uso da faculdade que o art.º 11-*bis* n.º 2 da Convenção de Berna lhe confere. A diferença é perfeitamente assimilada pela legislação alemã – ao art.º 11-*bis* n.º 1, 1.º da Convenção de Berna corresponde o §21 da UrhG, ao art.º 11--*bis* n.º 1, 3.º da Convenção de Berna equivale o §22 da mesma lei.

Não há, portanto, que compaginar ambas as normas que se reportam a direitos distintos e estabelecem regimes diferenciados. O único confronto que se tem que efectuar é entre o art.º 155 e o art.º 68 n.º 2, alínea e) ambos do CDADC – tendo este que ceder, como norma geral que é, perante a disposição especial daquele.

É, pois, o art.º 155 o preceito decisivo para dilucidar o problema e, como não poderia deixar de ser, também ele emprega a terminologia do art.º 11-*bis* n.º 1, 3.º – "comunicação pública" e "transmissor". Aliás, a referência a altifalantes, que são equipamentos amplificadores de som, e a instrumentos análogos também não deixa margem para dúvidas de que só perante uma nova utilização (e não uma mera recepção) da obra radiodifundida estarão preenchidos os requisitos de aplicação da norma.

O argumento de DIETZ de que todos os aparelhos receptores têm um altifalante não colhe. A sua aceitação equivaleria à pura e simples abolição do conceito de recepção. Como OLIVEIRA ASCENSÃO certeiramente anota, o que está em causa é a obra radiodifundida tornar-se objecto de um espectáculo[1079] – nesse caso o autor goza de um novo direito.

[1079] OLIVEIRA ASCENSÃO, "Direito de Autor e Direitos Conexos", cit., págs. 311 e 312.

Neste momento existe mesmo um argumento adicional na nossa lei que corrobora esta interpretação: a alínea d), do art.º 187, que resulta da transposição do n.º 3 do art.º 8 da directiva aluguer comodato[1080], concede aos organismos de radiodifusão o direito exclusivo de autorizar ou proibir "a comunicação ao público das suas emissões, quando essa comunicação é feita em lugar público e com entradas pagas"[1081].

É mais uma vez a ideia do espectáculo que ressurge e que o legislador inglês sabiamente consagrou no art.º (section) 72 da sua lei. A mera recepção pública ou privada não está, por conseguinte, sujeita a qualquer direito exclusivo ou de remuneração. Não faz sentido discutir se bares, cafés, hotéis, restaurantes, etc., são ou não lugares públicos. São-no certamente, mas a questão não está aí mas sim em saber se o facto de ligar o botão de um rádio ou televisor constitui ou não uma nova comunicação pública e um novo acto de aproveitamento.

Não é. A conclusão contrária levaria a uma situação assaz curiosa: ligar um daqueles aparelhos em casa seria recepção, fazê-lo num local público seria comunicação. Como seria isso possível se o acto é o mesmo?!

Como o insuspeito THOMAS WACHTER diz: "Uma autorização é sempre necessária para a transmissão de obras, que foram gravadas anteriormente. Pelo contrário uma autorização não é necessária quando o hoteleiro se limita a instalar os respectivos aparelhos de recepção nos quartos"[1082].

É também esta a posição de OLIVEIRA ASCENSÃO quando escreve: "A recepção em hotéis, meios de transporte e outros lugares públicos é livre. Mas temos que distinguir o que é recepção do que é já comunicação pública.

Ou seja, há que distinguir consoante o hotel se limita a proporcionar a recepção, que é livre, ou recorre a processos técnicos, de maneira a proporcionar uma outra utilização. No segundo caso, a emissão recebe um novo impulso, é transmitida ela própria através da utilização de altifalantes

---

[1080] Como se sabe, desenvolvendo o princípio que consta do art.º 13, alínea d) da Convenção de Roma.

[1081] Ainda que esta exigência do pagamento de entradas – se bem que correcta – não possa ser estendida aos restantes direitos de comunicação pública da obra radiodifundida.

[1082] THOMAS WACHTER, "Die Weiterverbreitung von Rundfunksendungen im Hotel...", cit., pág. 999.

ou aparelhos análogos. Neste caso há já um tipo particular de utilização e o hotel fica vinculado ao pagamento. Não serve para descaracterizar o emprego de altifalantes ou instrumento análogo transmissor, de que fala o art.º 155, o facto de a obra ter sido veiculada pela radiodifusão"[1083].

Só no caso destas novas potenciações dos sinais recebidos ou, se quisermos, só perante os casos de recepção – comunicação há lugar ao novo direito independente da radiodifusão previsto no art.ºs 11-*bis* n.º 1, 3.º da Convenção de Berna e 155 do CDADC. A mesma solução é aplicável em face dos textos legais dos outros países que analisámos[1084] já que as respectivas leis seguem de perto aquela norma da Convenção.

As interpretações segundo critérios economicistas, como aqueles que DIETZ sugere, podem fazer escola e granjear adeptos e receitas mas desvirtuam os textos legais. Tenta-se fazer enraizar uma ideia que não tem suporte justificativo.

4. Sintetizando, podemos reafirmar aquilo que ganha estatuto da conclusão definitiva: a recepção, mera atitude passiva de quem utiliza um televisor ou um rádio, é livre e está isenta de qualquer direito de autor ou conexo, exclusivo ou de remuneração[1085-1086]. Só as novas comunicações públicas que representam um novo impulso e potenciação das emissões de radiodifusão ("recepção-comunicação") são abrangidas pelos art.ºs 11-*bis*

[1083] OLIVEIRA ASCENSÃO, "Direito de Autor e Direitos Conexos", cit., pág. 311.

[1084] Talvez com a excepção da lei suíça.

[1085] Nesse aspecto tem, portanto, razão LIMA PINHEIRO quando defende que no direito português a simples recepção de uma transmissão não constitui uma utilização sujeita ao Direito de Autor – cfr., "A Lei Aplicável aos Direitos de Propriedade Intelectual", cit., pág. 135.

O que criticámos, na nota 549 supra, foi a consequência que o autor retira desse facto, no sentido de optar pela teoria da emissão na radiodifusão por satélite a concomitante recusa da teoria da recepção.

[1086] A solução que adoptámos e que fomos demarcando ao longo desta investigação, a partir da demonstração de que a radiodifusão é um processo global que tem início na emissão mas só se conclui com a potencial recepção, é uma manifestação no acto jurídico de radiofundir da teoria da comunicação que alguns autores desenvolveram para o negócio jurídico.

Entre nós, o autor, mais significativo que propugna tal tese é FERREIRA DE ALMEIDA – "Texto e Enunciado na Teoria do Negócio Jurídico", volume I, págs. 271 a 277.

FERREIRA DE ALMEIDA, assume que há vários sentidos de comunicação, consoante o acento tónico se coloque na emissão ou na recepção. Optando pela segunda, enfatiza um aspecto que cumpre realçar – o que o receptor pode ser o público.

n.º 1, 3.º da Convenção de Berna e 155 do CDADC – norma portuguesa que lhe corresponde. Têm, por isso, razão OLIVEIRA ASCENSÃO[1087] e, seguindo as suas teses, a Procuradoria-Geral da República quando defendem posição coincidente.

Espera-se que os nossos tribunais sigam, também, a melhor doutrina, não dando cobertura a solicitações que, além de profundamente injustas, geram um duplo pagamento por um único acto de aproveitamento económico da obra – a radiodifusão realizada pelo organismo emitente – ele sim sujeito às regras do Direito de Autor[1088].

[1087] Para total compreensão da posição de OLIVEIRA ASCENSÃO, sobre esta matéria, vide "Direito de Autor e Direitos Conexos", cit. págs. 301, 302 e 310 a 312.

[1088] Nos últimos anos tem-se generalizado a ideia (e muitos o têm afirmado) de que um diferendo que opôs a União Europeia aos Estados-Unidos, no seio da OMC, seria a prova definitiva da recusa da tese que sufragamos.

Deve tratar-se de um lapso de quem assim entende.

A União Europeia defendia que o art.º 110 – 5, A e B da lei norte-americana violava o art.º 13 do ADPIC/TRIPS, não sendo compatível com os art.ᵒˢ *11-bis* n.º 1-3.º e 11, n.º 1-2.º da Convenção de Berna incorporados naquele tratado por força do seu art.º 9, n.º 1.

O que se invocava era, no fundo, que as normas da lei estado-unidense em causa violavam a regra dos três passos e não que a recepção em locais públicos fosse uma nova comunicação – o que desde logo retira argumentos aos que pretendem ver nas decisões do Grupo especial da OMC o sustentáculo de posição contrária à nossa.

Mas o que se verificou foi algo de muito mais significativo.

Se é certo que o Grupo especial impôs a alteração do art.º 110-5-B da lei americana – um longo preceito que trata fundamentalmente de novas comunicações através de subsequentes potenciações da emissão recebida – é sobretudo verdade que considerou o art.º 110-5-A como perfeitamente compatível com as obrigações decorrentes do ADPIC/TRIPS e muito concretamente com os art.ᵒˢ *11-bis* n.º 1-3.º e 11, n.º 1-2.º da Convenção de Berna (vide Rapport du Group spécial, doc. WT/DS 160/R, de 15 de Junho de 2000, pág. 80).

Ora é precisamente o art.º 110-5-A da lei norte-americana que prevê a irrelevância da recepção **pública** em sede de Direito de Autor.

Assim, a decisão da OMC não só não põe em causa a nossa posição como a corrobora.

VIII PARTE

CONCLUSÕES

CONCLUSÕES

1. O objectivo central desta investigação foi a busca de um conceito operativo de radiodifusão em Direito de Autor que seja aplicável às diversas situações jurídicas que lhe dizem respeito, que torne compreensível o respectivo regime e permita resolver os diversos problemas que se suscitam face a interpretações ambíguas quanto ao seu sentido.

Este estudo foi feito em sede de Direito de Autor. Essa delimitação negativa é essencial para a apreciação deste trabalho. A abordagem da matéria na perspectiva de outros ramos de Direito não ocupou a nossa atenção. Todavia, em complementaridade com o Direito de Autor foram sempre considerados os Direitos Conexos.

2. A investigação partiu da génese da radiodifusão, nos anos vinte do século passado, para chegar aos dias de hoje na dita Sociedade da Informação. Esta visão retrospectiva tem uma importância heurística decisiva para a exacta compreensão da figura jurídica da radiodifusão.

Depois de uma breve referência ao fenómeno técnico e ao seu significado, verificámos os diferentes modos como, nos primeiros tempos, se procurou enquadrar juridicamente a nova realidade.

Os direitos de reprodução, recitação e de pôr em circulação foram sucessivamente apontados como sendo adequados à inserção legal da radiodifusão, antes de esta ganhar a sua autonomia enquanto faculdade específica integrada no género comunicação ao público.

Esse é, aliás, um aspecto essencial desde a primeira hora. A radiodifusão só é tutelada enquanto meio de difusão directa para um PÚBLICO. Este tem, por isso, papel central no próprio conceito de direito de radiodifusão.

3. Depois de termos visto as primeiras reacções jurídicas que a radiodifusão suscitou, dirigimos a nossa atenção para a disciplina internacional que, como se sabe, influencia decisivamente os vários direitos internos.

A Convenção de Berna mereceu tratamento preferencial. As suas sucessivas Conferências de Revisão, bem como os trabalhos preparatórios que as antecederam, foram minuciosamente analisados no que respeita à matéria objecto deste trabalho.

O texto do art.º 11-*bis*, quer na sua versão de Roma (1928), quer na sua versão actual (Bruxelas – 1948), foi pormenorizadamente estudado.

A radiodifusão, que não se confunde com a noção técnica formulada em Atlantic City, é entendida no art.º 11-*bis* n.º 1 como uma emissão por ondas hertzianas que se dirige directamente ao público; determinámos de seguida o que se deve entender por público – conjunto indeterminado e indiscriminado de pessoas sem quaisquer exigências quantitativas ou demarcações territoriais.

Isto nos bastou para afastar do âmbito do preceito as transmissões para estações intermédias que, por sua vez, difundem para a recepção generalizada. Só neste último momento existe radiodifusão em sentido jurídico.

Vimos, além disso, que a recepção é livre, não gerando qualquer direito. A regra vigora quaisquer que sejam os equipamentos de recepção.

Fizemos, seguidamente, a interpretação de todas as restantes normas do art.º 11-*bis* da Convenção de Berna. Relativamente ao 2.º ponto do seu n.º 1 demonstrámos como a adopção do critério do "outro organismo que não o da origem" leva à rejeição do critério do "novo público" e às teorias da "zona de recepção directa" e da "zona de serviço" que o procuram consagrar.

Isso não nos impediu de considerar que os legisladores deveriam ter ponderado um regime especial para as transmissões para as chamadas "zonas de sombra", isentando-as de pretensões a nível de Direito de Autor.

Além disso, esclareceu-se que esta disposição abrange quer a retransmissão em sentido jurídico, quer a transmissão diferida – efectuada por fio ou sem fio.

O estudo que fizemos do art.º 11-*bis* n.º 1, 3.º reforçou algumas das conclusões a que chegáramos anteriormente. A referência a altifalantes ou instrumento análogo transmissor veio mais uma vez corroborar o entendimento de que a mera recepção é livre e que só uma nova actividade de comunicação gera a aplicação do direito previsto nesta norma.

Passando ao n.º 2 do art.º 11-*bis*, explicámos a solução de compromisso que levou à elaboração do actual texto do preceito e vimos como o seu traço mais relevante consiste na possibilidade de consagração de licenças legais ou compulsórias.

Além disso, demonstrámos que, enquanto as pequenas reservas ("petites réserves") não colidem com este n.º 2 do art.º 11-*bis*, a chamada "gestão colectiva necessária" não é – contrariamente ao que a quase unanimidade dos autores pretende – um dos mecanismos que a norma faculta aos legisladores nacionais. A sua consagração é, pois, violadora da disposição em apreço.

Finalmente debruçámo-nos sobre o n.º 3 do art.º 11-*bis*. Aí salientámos a ampla margem de manobra que os legisladores nacionais têm quanto ao regime das gravações efémeras e que estas – contrariamente ao que certas legislações estabelecem ultrapassando o sentido do texto convencional – não dão lugar ao pagamento de qualquer remuneração adicional.

Tendo constatado que as Conferências de Revisão de Estocolmo (1967) e Paris (1971) não produziram qualquer alteração no texto do art.º 11-*bis* – apesar das múltiplas propostas que foram apresentadas – pudemos concluir que a radiodifusão por cabo originária, ao contrário do que também a esmagadora maioria da doutrina pretende, não vem regulada na Convenção de Berna. Só a retransmissão ou a difusão diferida estão, assim, acolhidas no art.º 11-*bis* n.º 1, 2.º.

Na Convenção de Berna, o art.º 11-*bis* esgota, por conseguinte, toda a matéria da radiodifusão. Os art.ᵒˢ 11, 11-*ter*, 14 e 14-*bis* reportam-se a transmissões a ambiente diferente, e não abrangem a radiodifusão por cabo originária. A esta poder-se-á somente aplicar, por analogia, o regime do art.º 11-*bis*.

Ao conceito de radiodifusão da Convenção de Berna são assimiláveis os que a Convenção Universal sobre Direito de Autor e a Convenção de Roma estabelecem. A conclusão referida no ponto anterior é, por conseguinte, aplicável, com as devidas adaptações, a estes tratados, cujo regime analisámos.

O mesmo acontece com a Convenção relativa à Distribuição de Sinais Portadores de Programas Transmitidos por Satélite (Bruxelas – 1974), ao Acordo ADPIC/TRIPS e aos dois novos tratados da OMPI sobre Direito de Autor (TODA/WCT) e sobre Interpretações ou Execuções e Fonogramas (TOIEF/WPPT), de 1996.

Estes são os dois grandes suportes jurídicos internacionais da designada Sociedade da Informação. Mereceram, por isso, atenção especial.

Começámos por traçar as grandes linhas que marcam o seu conteúdo essencial e as razões de ordem histórica que as justificam. Centrámos depois a nossa atenção nas normas que constituem as pedras angulares dos dois convénios – o art.º 8 do TODA e os art.ºˢ 10 e 14 do TOIEF.

Constatámos que apesar das diferentes epígrafes – "Direito de comunicação ao público" no primeiro e "Direito de colocar à disposição...", nos segundos – o seu sentido é idêntico, visando regular a transmissão digital interactiva, seja efectuada por fio ou sem fio. Esta figura não se confunde com a radiodifusão.

Esta mantém a sua autonomia conceptual e regime próprio, não se tendo diluído – ao contrário do que muitos pretendiam – num "grande direito de comunicação ao público".

A recusa das delegações em abolirem as licenças obrigatórias permitidas pelo art.º 11-*bis* n.º 2 da Convenção de Berna, conforme constava da Proposta Base da Conferência Diplomática, é disso prova adicional.

O ponto seguinte da nossa investigação prendeu-se com as directivas comunitárias. Nelas o conceito da radiodifusão é mais amplo, abrangendo também o fio, o que já acontecia na maioria das legislações nacionais dos Estados-membros.

Como tínhamos verificado, só as transmissões ulteriores realizadas por outro organismo que não o de origem estão abrangidas no art.º 11-*bis* da Convenção de Berna. Não existe qualquer impedimento de proceder a essa extensão por parte das directivas e das legislações internas. O facto de a radiodifusão ser realizada com fio ou sem ele não altera a natureza do acto de aproveitamento, pelo que a equiparação é de aplaudir. O mesmo não se diria dos regimes que os diplomas comunitários criaram, que tivemos ocasião de analisar e criticar pormenorizadamente.

4. A terceira Parte deste trabalho foi dedicada à radiodifusão por satélite. Vimos como o satélite veio alterar radicalmente o sentido da radiodifusão tradicional. Depois de distinguirmos os vários tipos de satélites, passámos a estudar a sua relevância a nível de Direito de Autor.

Concluímos, assim, que os satélites de radiodifusão indirecta não procedem a uma radiodifusão em sentido técnico-jurídico e tivemos ocasião de criticar e rejeitar a admissibilidade de um "direito de injecção", que algumas legislações consagram.

Passando aos satélites de radiodifusão directa, demonstrámos que através deles se efectua uma transmissão juridicamente relevante, que responsabiliza o emissor. O grande problema que estes satélites levantam é, contudo, o de saber onde ocorre a utilização económica da obra – se no país de emissão, se no país de recepção.

Detivemo-nos longamente sobre a questão tendo referido toda a doutrina mais relevante sobre esta matéria. A nossa conclusão foi no sentido de recusar a "teoria da emissão" mas também a "teoria Bogsch" – que não tem o suporte pretendido na Convenção de Berna.

Tivemos então oportunidade de formular a nossa própria "teoria da comunicação ou recepção" de acordo com o Direito Internacional de Autor vigente – segundo a qual a lei aplicável será a do país de recepção, local onde ocorre a comunicação pública da obra ou prestação, sem prejuízo da regra de sensibilidade (Spürbarkeitsregel), ou seja, desde que se atinja certa intensidade de divulgação pública.

A solução encontrada permitiu-nos criticar a opção contrária definida pela directiva satélite e cabo, que tivemos ocasião de analisar. O facto de nela se consagrar a "teoria da emissão" não põe, contudo, em causa as conclusões que estabelecêramos sobre a necessidade de uma "teoria da comunicação ou recepção", que a própria directiva se vê forçada a admitir em determinados casos.

A referida directiva forneceu-nos a ponte ideal para a parte seguinte desta monografia – relativa à radiodifusão por cabo. Depois de verificarmos que o seu regime se refere apenas à retransmissão, simultânea, inalterada e integral, tivemos ocasião de analisar o regime que estabelece. Aí criticámos com especial empenho a "gestão colectiva necessária" que o art.º 9 impõe, de constitucionalidade mais que duvidosa e que modifica, em última análise, a natureza dos próprios direitos – transformando direitos exclusivos em meros direitos de remuneração.

5. Depois de fixar o sentido de todos os preceitos da directiva satélite e cabo, orientámos o nosso estudo para uma visão global da distribuição por cabo, começando por demonstrar que esta é uma modalidade de radiodifusão.

Os vários tipos de retransmissão e os motivos que geram a atenção privilegiada que lhe é dedicada, a radiodifusão por fio originária, as transmissões da mesma natureza encurtadas ou alteradas e as transmissões diferidas, foram sucessivamente apresentados e os problemas que comportam dilucidados.

A propósito delas, tivemos oportunidade de esclarecer o sentido do princípio da integralidade, que deve ser aferido em função das obras, prestações ou outros elementos coerentes do programa.

O conceito essencial de elemento do programa foi assim delimitado e erigido como peça fundamental de distinção das várias difusões por cabo.

Tudo visto, foi, então ocasião de apontar os possíveis modelos legais de resolução dos problemas equacionados relativamente às retransmissões e às novas transmissões. Das quatro modalidades – "acordos colectivos alargados", "gestão colectiva necessária", licenças compulsórias e licenças legais – só o último se mostra adequado, como se procurou demonstrar.

6. A quinta parte desta obra foi dedicada à radiodifusão digital. Depois de termos analisado os mais importantes textos que procuram enquadrar a "Sociedade da Informação" e de recordar a recusa de criação de um "grande direito de comunicação pública" nos novos tratados da OMPI, tivemos oportunidade de estabelecer as fronteiras entre a radiodifusão digital – verdadeiro tipo de radiodifusão, que se distingue apenas dos restantes por aspectos quantitativos – da transmissão digital interactiva.

Vimos, então, que o fenómeno da interactividade cria a necessidade de um regime específico que não se confunde com o da radiodifusão. Fizemos a contraprova disso mesmo novamente em matéria de lei aplicável.

Acabámos por concluir que, em oposição ao que acontece com a radiodifusão por satélite ou digital, em que é a lei do país de recepção que regula o acto, na transmissão interactiva é a legislação do país onde originariamente a obra ou prestação é colocada à disposição do público a aplicável.

Dirigimos seguidamente a nossa atenção à recente Directiva sobre a Sociedade da Informação e vimos que ela agrava em muito a solução, equilibrada, que resultara dos novos tratados da OMPI.

No que particularmente nos interessa, a distinção entre a radiodifusão e a colocação à disposição do público interactiva perde nitidez – sendo ambas inseridas, para o direito de autor, num grande direito de comunicação pública – e a solução para que se aponta em termos de lei aplicável para esta última volta ser errada, apesar de agora em sentido contrário.

A crítica cerrada que a "teoria da emissão" da directiva satélite e cabo gerou, leva a Comissão a sugerir a aplicação das diversas leis dos países onde o pedido para a transmissão se realiza – não compreendendo (ou não o querendo fazer por motivos políticos) as diferenças fundamentais que existem entre as duas realidades.

Confunde-se o acto sujeito a autorização – a colocação à disposição do público – com o acesso às bases de dados onde as obras e prestações se encontram, de todo irrelevante a nível de Direito de Autor.

7. A penúltima parte que antecedeu estas conclusões foi especificamente dedicada ao direito português. Todos os preceitos do nosso Código relativos à radiodifusão, bem como o regime que estabelecem, foram dissecados em pormenor – com especial relevo para os art.os 68, n.º 2, alínea e), 149 a 156, 176, n.os 9 e 10 e 183 n.º 1, alínea c).

Tivemos oportunidade de assinalar os aspectos mais negativos da nossa legislação e até a contradição entre diversas normas.

Chegámos à relevante conclusão que o art.º 155 não é um desenvolvimento do art. 149 n.º 2, ambos do CDADC, já que o primeiro tem como fonte o art.º 11-*bis* n.º 1, 3.º da Convenção de Berna, enquanto o segundo se baseia no mesmo art.º 11-*bis*, mas no seu n.º 1, 1.º.

A legislação complementar – os Decretos-Lei n.os 332/97, 333/97 e 334/97, todos de 27 de Novembro – foi abordada de seguida. Tendo por objectivo a transposição das directivas aluguer e comodato, satélite e cabo e duração, respectivamente, vieram agravar o já de si pouco animador quadro legal português. Os problemas que já decorrem das directivas em vez de atenuados são ainda potenciados.

Depois de os estudarmos com atenção, propusemos que se reiniciasse o processo legislativo, pois existem demasiados erros (e graves) para que a situação seja sustentável.

Entendemos mesmo que o Direito de Autor português exige uma reforma global que passa pela elaboração de uma nova codificação.

8. A última parte foi dedicada à aplicação prática das conclusões obtidas ao longo da nossa investigação. A escolha recaiu sobre o problema mais controvertido e que mais litígios tem gerado no nosso país – o da recepção em lugares públicos de emissões de radiodifusão.

Vimos, em primeiro lugar, os dados da questão e os aspectos mais importantes que a tornaram foco das atenções. Verificámos posteriormente uma estranha posição maioritária na doutrina e jurisprudência estrangeiras.

Finalmente debruçámo-nos sobre o direito português. Analisámos a posição da Procuradoria-Geral da República que segue na esteira de OLIVEIRA ASCENSÃO e as teses que a procuraram contradizer. Concluímos que à luz do nosso direito, bem como dos restantes que foram objecto do nosso estudo, não há lugar a um eventual pagamento com base em qualquer direito exclusivo ou de remuneração – sendo a mera recepção absolutamente livre.

Só interpretações meramente economicistas que visam atribuir lucros indevidos a actos que não representam utilizações de obras e prestações – que de muito repetidas ganham foros de verdadeiras – podem sustentar solução divergente, em perfeita contradição com as normas legais que enquadram o problema – mormente o art.º 11-*bis* n.º 1, 3.º da Convenção de Berna, fonte de todas as disposições internas que regulam a questão.

Entre nós aplica-se o art.º 155 do CDADC, não havendo lugar a qualquer nova autorização ou remuneração pela mera recepção. O mesmo acto não pode gerar qualificações antagónicas – recepção se for realizado no círculo familiar, comunicação pública se efectuado em local público. Afinal em ambos os casos só se liga um aparelho receptor.

Os princípios que começámos por determinar em matéria de radiodifusão mantêm-se, assim, firmes e promovem uma aplicação uniforme dos diversos direitos emanados da radiodifusão.

A conclusão a que chegámos para o direito português não é mais do que a consequência do próprio conceito de radiodifusão que fomos demarcando.

A esmagadora maioria dos problemas de delimitação pormenorizada do conceito, que vêm desde a Convenção de Berna, continuam por resolver na legislação portuguesa, como na quase totalidade das leis nacionais.

A fixação do sentido que fizemos das normas dos principais tratados apoiada, aliás, também em observações de direito comparado é, no entanto, suficiente para que, casuisticamente, se possam solucionar as questões interpretativas que, em concreto, os vários direitos relacionados com a radiodifusão coloquem – o que permite a funcionalidade do conceito de radiodifusão que apresentámos.

9. Pensamos, assim, ter atingido os objectivos a que nos propusemos nesta investigação.

Demonstrámos que existe um conceito único de radiodifusão em Direito de Autor, que consiste na comunicação pública de obras ou prestações através de emissões, por fio ou sem fio, destinadas a ser recebidas directamente pelo público, nela não se incluindo a recepção efectiva por parte deste, mas estando a recepção potencial englobada no acto de radiodifundir – não gozando, por conseguinte, de autonomia jurídica.

No âmbito tradicional, por satélite ou por cabo, ou na sua vertente digital, este é um conceito que tem valor universal, sendo operativo relativamente a todos os direitos de autor e conexos que podem estar em causa na radiodifusão.

As conclusões a que chegámos para o direito português não são mais do que a consequência do próprio conceito de radiodifusão que demarcámos.

PRINCIPAIS ABREVIATURAS

ACR	–	Actes de la Conférence de Rome.
ACS	–	Actes de Conférence de Stocholm de la Proprieté Intellectuele, Juin 11-14 Juillet, 1967.
ADPIC/TRIPS	–	Acordo sobre os Aspectos dos Direitos de Propriedade Intelectual relacionados com o Comércio.
AfR	–	Archiv für Funkrecht.
AGEDI	–	Asociación de Gestión de Derechos Intelectuales.
ALAI	–	Association Littéraire et Artistique Internationale.
ALLADA	–	Grupo Español de l' Association Litteraire et Artistique Internationale.
APDI	–	Associação Portuguesa de Direito Intelectual
BBC	–	Bristish Broadcasting Corporation.
BGH	–	Bundesgerichtsof.
BIRPI	–	Bureaux Internationaux Réunis pour la Protection de la Propriété Intelectuelle.
C.B.	–	Convenção de Berna.
C.C.	–	Código Civil.
C.R.	–	Convenção de Roma.
CDADC	–	Código do Direito de Autor e dos Direitos Conexos.
CEE	–	Comunidade Económica Europeia.
CPI	–	Code de la Propriété Intelectuelle.
DA	–	Le Droit d'Auteur.
DBS	–	Directe Broadcasting Satellite.
DCB	–	Documents de la Conférence de Bruxelles.
EBU Review	–	European Broadcasting Union Review.
EIPR	–	European Intellectual Property Review.
EU	–	União Europeia.
FCRP	–	Federação do Comércio Retalhista Português
FDL	–	Faculdade de Direito de Lisboa.
FuR	–	Film und Recht.
GEMA	–	Gesellschaft für musikalische Aufführungs- und mechanische Vervielfältigungsrechte.

GESAC	– Groupement Européen des Sociétes d'Auteurs et Compositeurs.
GRUR	– Gewerblicher Rechtsschutz und Urheberrecht.
GRUR, Int.	– Gewerblicher Rechtsschutz und Urheberrecht, Internationaler Teil.
IIC	– The International Review of Industrial Property and Copyright Law.
ITU	– União Internacional de Telecomunicações.
LUG	– Literatururhebergesetz, Lei de Direito de Autor alemã de 19 de Junho de 1901.
NIR	– Nordiskt Immarierelt Rättsskyd
NIR	– Nordisct Immarierelt Rättsskyd.
OGH	– Oberster Gerichtshof.
OMC	– Organização Mundial do Comércio.
OMPI/WIPO	– Organização Mundial da Propriedade Intelectual / World Intellectual Porperty Organization.
Révue de l'UER	– Révue de l'Union Européene de Radio-Télévision.
RG	– Reichsgericht.
RIDA	– Révue Internationale du Droit d' Auteur.
RS	– Reports on the Work of the five Main Commitees of Intellectual Property Conference of Stockolm, 1967.
RCS	– Records of the Intellectual Property Conference of Stockholm, June 11 to July 14, 1967.
RTF	– Radiodiffusion Télévision Française.
SGAE	– Sociedad General de Autores de España.
SPA	– Sociedade Portuguesa de Autores.
TODA	– Tratado da OMPI sobre Direito de Autor.
TOIEF	– Tratado da OMPI sobre Interpretações ou Execuções e Fonogramas.
UER	– Union Européene de Radio-Télévision.
UFITA	– Archiv für Urheber-, Film-., Funk- und Theaterrecht.
UrhG	– Urheberrechtsgesetz – Lei de Direito de Autor alemã de 1965.
WahrnG	– Gesetz über die Wahrnehmung von Urheberrechtenund verwandten Schutzrechten – Lei da gestão colectiva alemã.
WCT	– WIPO Copyright Treaty.
WPPT	– WIPO Performances and Phonograms Treaty.
ZUM	– Zeitshrift für Urheber-, und Medienrecht (Film und Recht – FuR).

BIBLIOGRAFIA

ALEX, Morrisson e GILLES, Lorna E.
— "Protecting Webcast Content, Copyright on the Internet and Problems of Jurisdiction in the European Union", 16th BILETA Annual Conference, 9 e 10, Abril 2001, University of Edinburgh, Scotland.

ALMEIDA, Carlos Ferreira de
— "Conceito de Publicidade", Separata do "Boletim do Ministério da Justiça" n.º 349, Lisboa, 1985.
— "Texto e Enunciado na Teoria do Negócio Jurídico", Almedina, Coimbra, 1992.

ASCENSÃO, José de Oliveira
— "Direito à Informação e Direito ao Espectáculo", Separata do número especial do Boletim da Faculdade de Direito de Coimbra – "Estudos em Homenagem ao Professor Doutor Afonso Rodrigues Queiró" – Coimbra, 1990.
— "Territorialidade dos Direitos de Autor e Conexos e Direito Comunitário", Separata da Revista da Ordem dos Advogados Ano 50, II-Lisboa, Julho 1990, págs. 313 a 334.
— "Direito de Autor e Direitos Conexos", Coimbra Editora, Coimbra, 1992.
— "Direito Comercial – Direito Industrial", Volume II, edição privada, Lisboa, 1994.
— "A recente lei brasileira dos direitos autorais, comparada com os novos tratados da OMPI", Juninet Digital forum net, Setembro 1999.
— "A Sociedade da Informação", Direito da Sociedade da Informação, Volume I, Coimbra Editora, Outubro 1999.
— "Direito Civil – Teoria Geral", II Volume, Coimbra Editora, Coimbra, 1999.
— "O Direito de Autor no Ciberespaço", Coimbra Editora, Separata de Portugal-Brasil Ano 2000.
— "Direito de Autor e Informática Jurídica", Estudos sobre Direito da Internet e da Sociedade da Informação, Almedina, Coimbra, 2001.

— "E Agora? Pesquisa do Futuro Próximo", Estudos sobre Direito da Internet e da Sociedade da Informação, Almedina, Coimbra, 2001.
— "Os Direitos de Autor no Domínio das Telecomunicações", Estudos sobre Direito da Internet e da Sociedade da Informação, Almedina, Coimbra, 2001.
— "A Sociedade da Informação", Estudos sobre Direito da Internet e da Sociedade da Informação, Almedina, Coimbra, 2001.
— "Direitos de Autor e Conexos Inerentes à Colocação de Mensagens em Rede Informática à Disposição do Público", Estudos sobre Direito da Internet e da Sociedade da Informação, Almedina, Coimbra, 2001.
— "A Proposta de Directiva Relativa à Harmonização de Certos Aspectos do Direito de Autor e dos Direitos Conexos na Sociedade da Informação", Estudos sobre Direito da Internet e da Sociedade da Informação, Almedina, Coimbra, 2001.
— "Direito de Autor no Ciberespaço", Estudos sobre Direito da Internet e da Sociedade da Informação, Almedina, Coimbra, 2001.
— "O Cinema na Internet, as Hiperconexões e os Direitos dos Autores", Estudos sobre Direito da Internet e da Sociedade da Informação, Almedina, Coimbra, 2001.
— "Obra Audiovisual. Convergência de Tecnologias. Aquisição Originária do Direito de Autor", Estudos sobre Direito da Internet e da Sociedade da Informação, Almedina, Coimbra, 2001.
— "Direito Intelectual, Exclusivo e Liberdade", Separata da Revista da Ordem dos Advogados, ano 61, III – Lisboa, Dezembro, 2001.
— "O Direito – Introdução e Teoria Geral – Uma perspectiva Luso--Brasileira", 11.ª edição, Almedina, 2001.
— "Novas Tecnologias e Transformação do Direito de Autor", in Nuevas Tecnologías y Propriedad Intelectual, coordenado por CARLOS ROGEL VIDE, págs. 221 a 240.
— Parecer sob o título "O "Novo Instrumento" da OMPI sobre a Protecção dos Direitos dos Artistas Intérpretes ou Executantes e dos Produtores de Fonogramas" – não publicado.
— Parecer sob o título "Multimédia e Disciplina Legal", 8 de Março de 2002 – não publicado.
— "A Transposição da Directriz N.º 01/29 sobre aspectos do direito de autor e direitos conexos na sociedade da informação", texto da conferência pronunciada no Encuentro sobre Propriedad Intelectual, UIMP, Sevilha, 13 de Novembro de 2002 – não publicado.

BAPPERT, Walter/MAUNZ, Theodor/SCHRICKER, Gerhard
— "Verlagsrecht Kommentar", 2.ª ed., C.H. Beck, Munique, 1984.

BAUM, Alfred
— "Die Brüsseler Konferenz zur Revision der Revidierten Berner Ubereinkunft", GRUR, 1949, págs. 1 a 49.

BERCOWITZ, Rodrigo
— "Comentarios a la Ley de Propiedad Intelectual", Tecnos, Madrid, 1.ª ed., 1989.
— "Comentarios a la Ley de Propiedad Intelectual", Tecnos, Madrid, 2.ª ed., 1997.

BERTRAND, André
— "Le Droit d'Auteur et les Droits Voisins", Masson, Paris, Milan, Barcelona, Bonn, Dalloz, 1991.
— "Le Droit d'Auteur et les Droits Voisins", 2.ª ed., Dalloz, 1999.

BESEN, Stanley M., MANNING JR., Willard G. e MITCHELL, Bridger M.
— "Copyright Liability for Cable Television: Compulsory Licensing and Coase Theorem", in "The Economics of Intellectual Property – Volume I – Introduction and Copyright", edição de RUTH TOWSE e RUDI HOLZHAUER, Edward Elgar, Cheltenham, UK e Northampton, MA, USA, 2002, págs. 495 a 523.

BOGSCH, Arpad
— "Les cent premières années de la Convention de Berne pour la protection des oeuvres littéraires et artistiques", DA, Setembro 1986, págs. 285 a 293 = Copyright, págs. 326 a 333.
— "The right of broadcasting, the rights of broadcasters, the new technologies and WIPO", in "EBU Copyright Symposium – Broadcasters in the Information Society", Viena, 1995.

BOLLA, Plinio
— "La Convention de Berne pour la protection des oeuvres littéraires et artistiques", DA, 1949, págs. 25 a 36.
— «Rapport du Président de la Sous-Commission pour la Radiodiffusion et les Instruments Mécaniques», DCB, Berna, 1951, págs. 114 a 121.

BORNKAMM, Joachim
— "Vom Detektorempfänger zum Satellitenrundfunk", in "Festschrift zum hundertjährigen Bestehen der Deutschen Vereiningung für gewerblichen Rechtsschutz und Urheberrecht und ihrer Zeitschrift", VCH Verlagsgesellsschaft mbh, 1991, págs. 1349 a 1400.

Campos, João Mota
— "Direito Comunitário", II Volume, 5.ª edição, Fundação Calouste Gulbenkian, Lisboa, 1997.

CASELLI, Edoardo Piola
— "Rapport Général", ACR, págs. 192 a 220.

CASTENDYK, Oliver/ von ALBRECHT, Martin
— "Der Richtlinienvorschlag der EG-Kommission zum Satellitenfernsehen", GRUR, Int., 1992, págs. 734 a 739.
— "Satellitenfernsehen und Urheberrecht – eine Replik", GRUR, Int., 1993, págs. 300 e 301.

CHAVES, António
— "Protecção Internacional do Direito Autoral de Radiodifusão", Max Limonad, São Paulo.

CHAVES, Rui Moreira
— "Código da Publicidade Anotado", Almedina, Coimbra, 1996.

COHEN JEHORAM, Herman
— "Rapport Général", Journées d' Études/Symposium, Amsterdão, 16 a 20 de Maio de 1982, organizado pela Association Littéraire et Artistique Internationale.
— "Legal issues of satellite television in Europe", RIDA, 122, Outubro 1984, pág. 146 a 177.
— Comentário à sentença "Cable Television Company II", IIC, n.º 1 1986, págs. 137 a 146.
— Comentário à decisão do Supremo Tribunal holandês "Cable Television Company II", IIC, n.º 1, 1986, págs. 137 a 146.
— "Battles around the agreements concerning simultaneous cable distribution of broadcasting programmes", RIDA, 131, Janeiro 1987, págs. 33 a 53.
— "Lettre des Pays-Bas", DA, 178, 1988, págs. 27 a 34 = Copyright, 1988, págs. 27 a 33.
— "Simultaneous cable-retransmission of broadcasts in Dutch and Belgian copyright law", in "El derecho de difusion por radio y televisión", Jornadas de Estudio ALADDA, SGAE, Madrid, 1997.
— "Primary broadcasting in Dutch and Belgian Copyright law", in "El derecho de difusion por radio y televisión", Jornadas de Estudio ALADDA, SGAE, Madrid, 1997.
— "Communication to the public through loudspeaker or other technical means in the Netherlands and Belgium", in "El derecho de difusion por radio y televisión", Jornadas de Estudio ALADDA, SGAE, Madrid, 1997.

COLOMBET, Claude
— "Propriété littéraire et artistique et droits voisins", Dalloz, Paris, 6.ª ed., 1992.
— "Propriété littéraire et artistique et droits voisins", Dalloz, Paris, 7.ª ed., 1994.

COMISSÃO DAS COMUNIDADES EUROPEIAS
— "Télévision sans Frontières – Livre Vert sur l'etablissement du marché

commun de la radiodiffusion, nottament par satellite et par cable", Doc. COM (84) 300 final, Bruxelas 1984.
— "Livro Verde sobre os direitos de autor e o desafio da tecnologia – Aspectos dos direitos de autor que requerem acção imediata", Doc. Com (88) 172 final, Bruxelas 1989.
— "Broadcasting and copyright in the Internal Market" – Doc. III/F/5263/90-EN.
— "Seguimento a dar ao Livro Verde – Programa de trabalho da Comissão em matéria de direitos de autor e direitos conexos (comunicação da comissão), Doc. COM (90) 584 final, Bruxelas, 1991.
— "Livro Verde – O Direito de Autor e os direitos conexos na Sociedade da Informação", Doc. Com(95) 382 final, Bruxelas, 1995.
— "Replies from Interested Parties on "Copyright and Neighbouring Rights in the Information Society"",
"Réponses des Milieux Intéressés sur "le Droit d'Auteur et les Droits Voisins dans la Société de l'Information"",
"Antworten der Betroffenen Kreise zu "Urheberrecht und Leistungsschutzrechte in der Informationsgesellschaft"",
Gabinete das Publicações Oficiais das Comunidades Europeias, Luxemburgo, 1995.
— "Seguimento do Livro Verde sobre o Direito de Autor e os Direitos Conexos na Sociedade da Informação", Doc. COM (96) 568 final, 1996.

CORDEIRO, António Menezes
— "Da Boa Fé no Direito Civil", Almedina, Coimbra, 1984.
— "Da Alteração de Circunstâncias", in "Estudos em Memória do Professor Doutor Paulo Cunha", Faculdade de Direito de Lisboa, Lisboa, 1989.
— "Direito das Obrigações", 1.º Volume, Reimpressão, Associação Académica da Faculdade de Direito de Lisboa, Lisboa, 1994.

CORNISH, W.R.
— "Cable Television and Copyright: The U.K. Position", Journées d' Études/Symposium, Amsterdão, 16 a 20 de Maio de 1982, organizado por Association Littéraire et Artistique Internationale.
— "Intellectual Property: Patents, Copyright, Trade Marks and Allied Rights", 2.ª edição, Sweet & Maxwell, London, 1989.

CORREIA, António Ferrer
— "Lições de Direito Internacional Privado", Volume I, Almedina, Coimbra, 2000.

CORREIA, António Ferrer/SÁ, Almeno de
— Parecer, in "Comunicação Pública de Emissões de Rádio e Televisão", Introdução, coordenação e anotações de Luiz Francisco Rebello, Publicações Dom Quixote, Lisboa 1993, págs. 99 a 148.

CRISOLLI, Karl-August
— "Rundfunk und Urheberrecht", GRUR, 1926, págs. 200 a 203.

CROSBY, Scott e TEMPEST, Alastair
— "Satellitologie: droit d'auteur, publicité, moralité publique et satellites en droit communitaire", Révue de l'UER, 1983, Volume 34, n.º 3, págs. 30 a 38.

CUNHA GONÇALVES, Luiz da
— "Tratado de Direito Civil", Coimbra Editora, Coimbra, Volume XIV, 1940.

D'ARCY, Jean
— "Satellites de radiodiffusion et droit à la communication", Révue de L'UER, n.º 118-B, págs. 14 a 18.

DAVIES, Gillian
— "Copyright and the Public Interest", IIC, Volume 14, Max-Plank Institute – VCH, 1994.

DELGADO, António
— "Crónica de España" RIDA, 193, Julho 2002, págs. 148 a 287.

DELIYANNI, Elsa
— "Le Droit de Représentation des Auteurs face à la Télévision Transfrontière par Satellite et par Câble", Libraire Génerale de Droit et de Jurisprudence, Paris, 1993.

DESBOIS, Henri
— "La Radiodiffusion et les droits d'auteur", Révue Internationale de la Radioélectricité, n.º 17, págs. 5 a 32.
— "Le Droit d'Auteur en France", 3.ª ed., 1958; Dalloz, 1978.

DESBOIS, Henri/FRANÇON, André
— "Le droit d'auteur et la diffusion par fil des programmes de radio et de télévision", RIDA, LXXXVI, Outubro 1975, págs. 3 a 57.

DESBOIS, Henri/FRANÇON, André/KÉRÉVER, André
— "Les conventions internationales du droit d'auteur et des droits voisins", Dalloz, Paris, 1976.

DESURMONT, Thierry
— "La Communauté Eurpéenne, les Droits des Auteurs et la Société de l'Information", RIDA, 190, Outubro 2001, págs. 2 a 69.

DIETZ, Adolf
— "Le droit d' auteur dans la Communauté Européene", Comissão das Comunidades Europeias, Collection Études, Série Secteur Culturel n.º 2, Bruxelas, Julho 1976.
— "The Shortcomings and Possible Evolution of National Copyright Legislation in View of International Satellite Programme Transmission", in B. Bate (Hrsg.) Television by Satellite – Legal Aspects, London, 1987, págs. 113 a 126.

— "Urheberrecht und Satellitensendungen", UFITA, Band 108/1988, págs. 73 a 90.
— "Problèmes Liés à l'Expansion du Câble et du Satellite", Les Journées du Droit d'Auteur – Actes du Colloque tenu à l'Université Libre de Bruxelles, les 11 et 12 Décembre 1987, 1989, págs. 153 a 170.
— "Copyright and Satellite Broadcast", IIC, Volume 20 n.º 2/1989, págs. 135 a 150.
— "Das Urheberrecht in Spanien und Portugal", Nomos, Baden-Baden, 1990.
— "Avis consultatif concernant la question de la communication d'emissions de radio et télévision dans les lieux publics", (Maio de 1995) – não publicado.
— "The Protection of Intellectual Property in the Information Age – The Draft E. U. Copyright Directive of November 1997", IPQ: n.º 4 Sweet & Maxwell Ltd. and Contributors, 1998.
—— "Chronique d'Allemagne (I) – L'évolution du droit d'auteur en Allemagne de 1993 jusqu'au millieu de 1997", RIDA, 175, Janeiro 1998, págs. 150 a 163.

DILLENZ, Walter
— "La protection juridique des oeuvres transmises par satellites de radiodiffusion directe", DA, Novembro 1986, págs. 344 a 354 = Copyright, págs. 386 a 395.
— "Broadcasting, Satellites and Cable" (apresentado num Fórum Regional para a Ásia e o Pacífico que se realizou entre 30 de Agosto e 1 de Setembro de 1989) – Documento WIPO/FT/SEL/89/11 – não publicado.
— "Direcktsatellit und die Grenzen des Klassischen Senderechtsbegriffs", Nomos, Baden-Baden, 1990.
— "Transfrontier broadcasting – the copyright consequences", in Copyright World, Issue Twenty-one, Março/Abril 1992, págs. 29 a 31.

DITTRICH, Robert
— "Lettre d'Autriche", DA, Março 1981, pág. 77 a 104.
— "De l'interprétation de l'article 11-*bis* 1) et 2) de la Convention de Berne", DA, Outubro 1982, págs. 279 a 290.
— "Lettre d'Autriche", DA, Maio 1987, pág. 171 a 180.

DOUTRELEPONT, Carine
— "La libre circulation des émissions de radiodiffusion dans l'Union européenne – L'harmonisation des règles relatives à la communication par satellites et à la retransmission par câble", Révue du Marché Unique Européen, 2/1994, págs. 83 a 110.

DREIER, Thomas
— "Broadcasting and Copyright in the International Market" – doc. III/F/5263/90-EN.

— "Broadcasting and Copyright in the Internal Market: The New Proposal by the E.C. Comission Concerning Cable and Satellite Broadcast", EIPR, [1991]2.
— "Kabelweiterleitung und Urheberrecht – Eine vergleichende Darstellung", C.H. Beck, Munique, 1991.
— "Rundfunk und Urheberrechte im Binnenmarkt – Das Grundsatzpapier der EG-Kommission zu den urheberrechtlichen Fragen im Bereich der Satellitensendungen und Kabelweiterverbreitung", GRUR, Int, 1991, págs. 13 a 19.
— "Broadcasting Organizations", in "Num Novo Mundo do Direito de Autor?", II Congresso Ibero-Americano de Direito de Autor e Direitos Conexos, realizado em Lisboa (15 a 18 de Novembro de 1994), Cosmos, 1994, págs. 583 e 599.
— "The Cable and Satellite Analogy", in "The Future of Copyright in a Digital Environment", edição coordenada por BERNT HUGENHOLTZ, Kluwer Law International, The Hague, London, Boston, 1995, págs. 57 a 65.
— "L'Analogue, le Digital et le Droit d'Auteur", in "Propriétés Intellectuelles" – Mélanges en l'honneur de André FRANÇON", Dalloz, 1995, págs. 119 a 131.
— "Secondary Broadcasting: Wireless Rebroadcasting, Cable Retransmission and Collective Antennas", in "El derecho de difusion por radio y televisión", Jornadas de Estudio ALADDA, SGAE, Madrid, 1997.
— "Public communication of the work broadcast by means of loudspeakers or and other technical device in German speaking countries", in "El derecho de difusion por radio y televisión", Jornadas de Estudio ALADDA, SGAE, Madrid, 1997.
— "Primary Broadcasting in German speaking countries", in "El derecho de difusion por radio y televisión", Jornadas de Estudio ALADDA, SGAE, Madrid, 1997.
— "Copyright in cyberspace – Germany", Otto Gramwinckel, 1997.

DUARTE, Rui Pinto
— "Tipicidade e Atipicidade dos Contratos", Almedina, Coimbra, 2000.

EBERSOLE, Joseph C.
— "Protecting Intellectual Property Rights on the Information Superhighways", publicado pela Published by the Information Industry Association, Washington, DC, Abril, 1994.

EDELMAN, Bernard
— "Droit d'Auteur et Droits Voisins – Droit d'Auteur et marché", Dalloz, Paris, 1993.

ELLSCHEID, Günter
— "O problema do direito natural. Uma orientação sistemática", in "Introdução à Filosofia do Direito e à Teoria do Direito Contempo-

râneas", de ARTHUR KAUFMANN e WINFRIED HASSEMER, Fundação Calouste Gulbenkian, Lisboa, 2002, págs. 211 a 280.

ELSTER, Alexander
— "Rundfunk und Urheberschutz" GRUR, 1925, págs. 182 a 186.
— "Die Lautsprecherwiedergabe der Rundfunksendung", GRUR, 1932, págs. 840 a 847.

ERDOZAIN LÓPEZ, José Carlos
— "Las Retransmisiones por Cable y el Concepto de Público en el Derecho de Autor", Aranzadi, Pamplona, 1997.

FABIANI, Mario
— "Le droit d'auteur face à la radiodiffusion directe par satellite", DA, Janeiro 1988, págs. 17 a 26.

FERNANDES, Luís A. Carvalho
— "A Teoria da Imprevisão no Direito Português", Reimpressão, Quid Juris, Lisboa, 2001.

FERNÁNDEZ-SHAW, Félix
— "La Difusion Internacional de los Programas Audiovisuales", Tecnos, Madrid, 1980.

FICSOR, Mihály
— "Direct Broadcasting by Satellite and the "Bogsch Theory"", "International Bar Association, Section of Bussiness Law Conference", Estrasburgo, 2 a 6 de Outubro de 1989 – não publicado.
— "Direct Broadcasting by Satellite and the "Bogsch Theory", "International Bussiness Lawyer", Tomo 18, Julho de 1990, págs. 259 a 263.
— "Private International Law Aspects of the Global Information Infrastructure", WIPO WORLD FORUM, Nápoles, 1995, 4.ª sessão de trabalho.
— "Primary and secondary broadcasting in the Berne Convention and in the preparatory works of a possible protocol to the Berne Convention", in "El derecho de difusion por radio y Televisión", Jornadas de Estudio ALADDA, SGAE, Madrid, 1997.
— "The Law of Copyright and the Internet – The 1996 WIPO Treaties, their Interpretation and Implementatio", Oxford University Press, Oxford/New York, 2002.

FICSOR, Mihály/DREIER, Thomas/FABIANI, Mario/GABAY, Mayer/GELLER, Paul/HUGENHOLTZ, Bernt/ OLSSON, Henry
— "Private International Law Aspects of the Global Information Infrastructure", WIPO WORLD FORUM on the Protection of Intellectual Creations in the Infiormation Society, Nápoles, 18 a 20 de Outubro de 1995.

FLECHSIG, Norbert P.
— "Die Auswirkungen der digitalen Signalverarbeitung auf Anbieter von Rundfunk und Fernsehen", in "Urheberrecht und digitale Technologie",

no UFITA-Schrftenreihe, n.º 121, edição coordenada por JÜGEN BECKER e THOMAS DREIER, págs. 27 a 44.

FREEGARD, Michael J.
— "Radiodiffusion directe par satellite: conséquences pour le droit d'auteur", RIDA, 136, Abril 1988, págs. 62 a 135.

FREITAS, Denis de
— "Letter from the United Kingdom", Copyright, 1985, págs. 380 a 388.

FROMM, Friedrich Karl/NORDEMANN, Wilhelm
— "Urheberrecht Kommentar", W. Kohlhammer, Stuttgart – Berlim – Köln, 7.ª ed., 1988.
— "Urheberrecht Kommentar", W. Kohlhammer, Stuttgart – Berlim – Köln, 8.ª ed., 1997.
— "Urheberrecht Kommentar", W. Kohlhammer, Stuttgart – Berlim – Köln, 9.ª ed., 1998.

FUCHS, Ernst
— "Der Rundfunkstreit", GRUR, 1926, págs. 73 a 76.

GAUDEL, Denise
— "La Télédistribution", RIDA, LXXXX, Outubro 1976, pág. 87 a 151.

GAUDRAT, Philippe
— "La protection de l'auteur lors d'une retransmission spatiale de son oeuvre", RIDA, 104, Abril 1980, págs. 3 a 55.

GEERSING, Bauke
— "Nécessité d'une Protection Renforcée des Droits Voisins des Radiodiffuseurs", Symposium de l'UER sur le droit d'auteur, Praga, 19 de Novembro de 1993.

GINSBURG, Jane C.
— "Private International Law Aspects of the Protection of Works and Objects of Related Rights Transmited through Digital Networks, Doc. OMPI GCPIC/2, 30 de Novembro de 1998.

GOLDBAUM, Wenzel
— "Berner Übereinkunft zum Schuntz von Werken der Literatur und Kunst", Berlim, 1928.

GÓMEZ SEGADE, José Antonio
— "Propuesta de Directiva sobre determinados aspectos de los derechos de autor e los derechos afines en la Sociedad de la Información", in Nuevas Tecnologías y Propriedad Intelectual, coordenado por CARLOS ROGEL VIDE, págs. 17 a 38.
— "El Derecho de Autor En El Entorno Digital", Revista General de Legislación y Jurisprudencia, III Época, n.º 3, Maio-Junho de 1999, págs. 309 a 329.

GONÇALVES, Nuno
— "Comunicação ao público de obras radiodifundidas em locais considerados como lugares públicos", 6 de Dezembro de 1999 – não publicado.

GONÇALVES PEREIRA, André e FAUSTO DE QUADROS, Canuto
— "Manual de Direito Internacional Público", 3.ª edição, 1993.
GORDON, Wendy J. e BONE, Robert G.
— "Copyright", in "The Economics of Intellectual Property – Volume I – Introduction and Copyright", edição de RUTH TOWSE e RUDI HOLZHAUER, Edward Elgar, Cheltenham, UK e Northampton, MA, USA, 2002, págs. 181 a 207.
GOTZEN, Frank
— "Cable Distribution of Television Programs and Copyright in Belgium", Journées d'Etudes/Symposium, Amsterdão, 16 a 20 de Maio de 1982, organizado por Association Littéraire et Artistique Internationale.
— "La télévision par câble et le droit d'auteur en Belguique", DA, Outubro 1982, págs. 293 a 300 = Copyright, págs. 307 a 314.
GOUNALAKIS, Georgios
— "Uheberrechtliche Probleme der Kabelverbreitung ausländischer Rundfunksendungen" FuR, 1983, págs. 463 a 476.
GOUTAL, Jean-Louis
— "Traité OMPI du 20 Décembre 1996 et Conception Française du Droit d'Auteur", RIDA, 187, Janeiro 2001, págs. 66 a 109.
HADFIELD, Gillian K.
— "The Economics of Copyright: An Historical Perspective", in "The Economics of Intellectual Property – Volume I – Introduction and Copyright", edição de RUTH TOWSE e RUDI HOLZHAUER, Edward Elgar, Cheltenham, UK e Northampton, MA, USA, 2002, págs. 129 a 174.
HAZAN, Victor
— "L' "autre organisme que celui d'origine" dans les transmissions par câble – Article 11-*bis*, 1) 2.° de la Convention de Berne", DA, 5, Maio 1984, págs. 216 a 225, = Copyright, págs, 228 a 236.
HEPP, François
— "Le public inconnu", RIDA, 11, Abril 1956, págs. 34 a 59.
HERRMANN, Günter
— "Grenzüberschreitende Fernseh- und Hörfunksendungen im Gemeinsamen Markt", GRUR-Int., 1984, págs. 578 a 592.
HILLIG
— "Urheberrecht und Rundfunk", GRUR, Int., 1925, págs. 212 a 214.
HOFFMANN, Willy
— "Rundfunk und Urheberschutz", GRUR, 1925, págs. 121 a 124.
— "Nochmals: Funk und Urheberrecht", GRUR, 1926, págs. 264 a 270.
— "Ziele der Deutschen Urheberrechtsreform", GRUR, 1938, págs. 1 a 10.
HÖRSTER, Heinrich Ewald
— "A Parte Geral do Código Civil Português", Reimpressão, Almedina, Coimbra, 2002.

HUBMANN, Heinrich
— "Urheber -und Verlagsrecht", 6.ª edição, C.H. Beck, Munique, 1987.
HUBMANN, Heinrich /REHBINDER, Manfred
— "Urheber -und Verlagsrecht", C.H. Beck, Munique, 7.ª edição, 1991.
— "Urheber -und Verlagsrecht", C.H. Beck, Munique, 8.ª edição, 1995.
HUGENHOLTZ, P. Bernt
— "Intellectual Property Rights on the Information Superhighway", 1994.
— "Copyright problems of electronic document delivery", 1995.
— "Chronique des Pays-Bas – Dutch Copyright Law, 1995-2001", RIDA, 187, Janeiro 2001, págs. 110 a 175.
HUGENHOLTZ, P. Bernt (coord.)
— "The Future of Copyright in a Digital Environment", Kluwer Law International, The Hague, London, Boston, 1995.
JOOS, Ulrich
— "Die Erschopfungslehre im Urheberrecht", C. H. Beck, Munique, 1991.
JOSÉ, Pedro Quartin Graça Simão e CRUZ, António Côrte-Real
— "Colectânea de Direito da Publicidade", Rei dos Livros, Lisboa, 1991.
KARNELL, Gunnar
— "Aspects of Copyright Law with regard to Cable Television in the Nordic Countries", Journées d' Etudes/Symposium, Amsterdão, 16 a 20 de Maio de 1982, organizado pela Association Littéraire et Artistique Internationale.
— "A Refutation of the Bogsch Theory on Direct Satellite Broadcasting Rights", International Bussiness Lawyer, Tomo 18, 1990, págs. 263 a 266.
KATZENBERGER, Paul
— §§129 e segs., in "Urheberrecht Kommentar" de Schricker, 1.ª edição.
— §§129 e segs., in "Urheberrecht Kommentar" de Schricker, 2.ª edição.
— "Urheberrechtsfragen der elektronischen Textkommunikation", GRUR--Int., 1983, págs. 895 a 919.
— "Vom Kinofilm zum Videogramm", in "Festschrift zum hundertjährigen Bestehen der Deutschen Vereiningung für gewerblichen Rechtsschutz und Urheberrecht und ihrer Zeitschrift", VCH Verlagsgesellsschaft mbh, 1991, págs. 1401 a 1443.
KAUFMANN, Arthur e HASSEMER, Winfried
— "Introdução à Filosofia do Direito e à Teoria do Direito Contemporâneas", tradução portuguesa de Marcos Keel e Manuel Seca de Oliveira com revisão científica e coordenação de António Manuel Hespanha, 6.ª edição alemã, Fundação Calouste Gulbenkian, Lisboa, 2002.
KEMPER, Kurt
— "The Notions of Private and Public Uses and their Importance in the Face of New Reproduction and Communication Technologies", WIPO

Seminar on Copyright and Neigboring Rights for Judges from Cental Eastern European Countries, WIPO/CR/JU/BUD/94/7.
— "The Concepts of "Public" and "Private" in the Digital Environment", WIPO Worldwide Symposium on Copyright in the Global Information Infrastructure, Mexico city, Maio 22 a 24, 1995, págs. 195 a 203.

KÉRÉVER, André
— Les prérrogatives des auteurs sur la communication publique d'émissions radiodiffusées", RIDA 73, Julho 1972, pág. 34 a 39.
— "Droit d'auteur et satellites spatiaux", RIDA, 121, Julho 1984, pág. 26 e segs..
— "Un aspect de la loi du 3 juillet 1985: la modernisation de la loi du 11 mars 1957", RIDA, 127, Janeiro 1986, págs. 16 a 69.
— "Communication publique de l'oeuvre radiodifusée par des hautparleurs ou dispositifs analogues en France", in "El derecho de difusion por radio y televisión", Jornadas de Estudio ALADDA, SGAE, Madrid, 1997.
— "La retransmission par câble de radiodiffusions primaires en France", in "El derecho de difusión por radio y televisión", Jornadas de Estudio ALADDA, SGAE, Madrid, 1997.
— "Radiodiffusion primaire en France", in "El derecho de difusión por radio y televisión", Jornadas de Estudio ALADDA, SGAE, Madrid, 1997

KNIGHTS, Roger
— "Resposta de Reino Unido ao questionário da Finlândia" – não publicado.

KÜNG, Hans
— "O Cristianismo – Essência e História", Círculo de Leitores, 2002.

LADD, David
— "A Pavan for Print Accommodating Copyright to the Tele-technologies", Journées d' Etudes/Symposium, Amsterdão, 16 a 20 de Maio de 1982, organizado por Association Littéraire et Artistique Internationale.

LARENZ, Karl
— "Metodologia da Ciência do Direito", tradução portuguesa de José Lamego, 3.ª edição (6.ª edição alemã), Fundação Calouste Gulbenkian, Lisboa, 1997.

LIEBRECHT, Erhard E.
— "Die Zweckübertragungslehre im ausländischen Urheberrecht", C.H. Beck, Munique, 1983.

LÍPSZYC, Delia
— "Derecho de autor y derechos conexos", UNESCO/CERLAL/ /ZAVALIA, França, Colombia, Argentina, 1993.
— "Satélite y cable", in Num Novo Mundo do Direito de Autor, II Congresso Ibero-Americano de Direito de Autor e Direitos Conexos,

realizado em Lisboa (15 a 18 de Novembro de 1994), Cosmos, 1994, págs. 197 a 216.

LOKRANTZ-BERNITZ, Annika
— "Les télésatellites et le droit d'auteur", RIDA, LXVIII, Abril 1971, págs. 68 a 147.

LUCAS, André
— "Le Droit d'Auteur et les Droits Voisins dans la Société de l'Information: Besoin de Continuité, Besoin de Changement?", Copyright and Related Rights on the Threshold of the 21st Century, Actas do Congresso realizado em Florença, em 2, 3 e 4 de Junho de 1996, págs. 33 a 43 – texto francês; págs. 30 a 39 – texto inglês.
— "Droit d'Auteur et numérique", Litec, Paris, 1998.
— "Aspects de Droit International Privé de la Protection d'Oeuvres et d'Objects de Droits Connexes transmis par Réseaux Numériques Mondiaux", Doc. OMPI GCPIC/1, 25 de Novembro de 1998.

LUCAS, André e LUCAS, H.-J
— "Traité de la Propriété Litéraire & Artistique", Litec, Paris, 1994.

MACHADO, João Baptista
— "Lições de Direito Internacional Privado", 3.ª edição, Reimpresão, Almedina, Coimbra, 1999.

MARQUES, José Dias
— "Introdução ao estudo do Direito", Danúbio, Lisboa, 1986.

MASOUYÉ, Claude
— "Quid du droit d´auteur dans l'utilisation des satelites spatiaux", RIDA LXXII, Abril 1972.
— "Guide de la Convention de Berne pour la Protection des Oeuvres Littéraires et Artistiques" (Acte de Paris 1971), Genève, 1978.
— "Les problèmes juridiques posés par la distribution des signaux porteurs de programmes transmis par satellite", Révue de L'UER, Volume XXIX, n.º 4, Julho de 1978, págs. 43 e 44.

MAZUREK, Per
— "Teoria analítica do direito", in "Introdução à Filosofia do Direito e à Teoria do Direito Contemporâneas", de ARTHUR KAUFMANN e WINFRIED HASSEMER, Fundação Calouste Gulbenkian, Lisboa, 2002, págs. 369 a 380.

MILLÉ, Antonio
— "Los Nuevos Tratados OMPI", DAT, Ano IX, n.os 102/103 – Fevereiro/Março de 1997.

MÖLLER, Margaret
— "Kabelrundfunk im Versorgungsbereich" FuR, 1983, págs. 455 a 462.

MONTEIRO, António Pinto
— "Parecer sobre o Capítulo Multimédia do Anteprojecto de Lei do

Cinema, Audiovisual e Multimédia", Coimbra, 22 de Janeiro de 2002 – não publicado.
MÜLLER – RÖMER, Frank
— "Satelliten- und Kabelrundfunk", in "Hans-Bredow-Institut – Internacionales Hanbuch für Rundfunk und Fernsehen", Nomos, Baden-Baden, 1988/89.
NABHAN, Victor
— "Les satellites et le droit d'auteur au Canada", RIDA, 120, Abril 1984, págs. 2 a 59.
NELKEN, David (editor)
— "Law as Communication", Dartmouth, Aldershot, Brookfield USA, Singapore, Sidney, 1996.
— "Law as Communication: Constituting the Field", in "Law as Communication", edição do autor, Dartmouth, Aldershot, Brookfield USA, Singapore, Sydney 1996, págs. 3 a 23.
NEUGEBAUER
— "Der Rundfunk auf der Romkonferenz", AfF, 1928.
NIMMER, David/NIMMER, Meville B.
— "Nimmer on Copyright", Mathew Bender, Los Angeles, 1997.
NORDEMANN, Wilhelm/VINCK, Kai/HERTIN, Paul W.
— "Internationales Urheberrecht Kommentar", Werner, Düsseldorf, 1977.
NOVOS, Ian E. e WALDMAN, Michael
— "The Effects of Increased Copyright Protection: An Analytic Approach", in "The Economics of Intellectual Property – Volume I – Introduction and Copyright", edição de RUTH TOWSE e RUDI HOLZHAUER, Edward Elgar, Cheltenham, UK e Northampton, MA, USA, 2002, págs. 237 a 247.
OMC
— "Etats-Unis – Article 110-5) de la Loi sur le Droit d'Auteur – Rapport du Groupe spécial", Documento WT/DS 160/R, 15 de Junho de 2000.
OMPI/WIPO
— "Études Générales – Droit d'auteur et téléphonie sans fil (TSF)", (1.º estudo sobre direito de autor e radiofonia), DA 10, Outubro 1924, págs. 110 a 113.
— "Études Générales – Droit d'auteur et radiophonie", (Seconde étude: nouvel examen), DA, 2, Fevereiro 1925, págs. 13 a 17.
— "Études Générales – Les propositions arrêtées en vue de la Conférence de Rome, (Primier article)", DA, 10, Outubro 1927, págs. 116 a 120.
— "Études Générales – Les propositions arrêtées en vue de la Conférence de Rome, (Deuxième article)", DA, 11, Novembro 1927, págs. 126 a 131.
— "Études Générales – Les propositions arrêtées en vue de la Conférence

de Rome, (Troisième et dernier article)", DA, 12, Dezembro 1927, págs. 137 a 142.
— "Actes de la Conférence de Rome, 1928".
— "Études Générales – Les travaux préparatoires de la Conférence de Bruxelles, (Primier article)", DA, 7, Julho 1933, págs. 73 a 77.
— "Études Générales – Les travaux préparatoires de la Conférence de Bruxelles, (Deuxième article)", DA, 8, Agosto 1933, págs. 90 a 93.
— "Études Générales – Les travaux préparatoires de la Conférence de Bruxelles, (Troisième article)", DA, 9, Setembro 1933, págs. 97 a 99.
— "Études Générales – Les travaux préparatoires de la Conférence de Bruxelles, (Quatrième article)", DA, 10, Outubro 1933, págs. 112 a 115.
— "Études Générales – Les travaux préparatoires de la Conférence de Bruxelles, (Cinquième article)", DA, 11, Novembro 1933, págs. 121 a 124.
— "Études Générales – Les travaux préparatoires de la Conférence de Bruxelles, (Sixième article)", DA, 1, Janeiro 1934, págs. 7 a 9.
— "Études Générales – Les travaux préparatoires de la Conférence de Bruxelles, (Septième et dernier article)", DA, 2, Fevereiro 1934, págs. 13 a 16.
— "Documents de la Conférence de Bruxelles, 1948".
— "Études Générales – Radiodiffusion et Droit d'Auteur", (Premier article sur la radiodiffusion en Droit d'Auteur), DA, 2, Fevereiro 1948, págs. 14 a 20.
— "Études Générales – Radiodiffusion et Droit d'Auteur, (Second article)", DA, 3, Março 1948, págs. 25 a 30.
— "Études Générales – Radiodiffusion et Droit d'Auteur, (Troisième article)", DA, 4, Abril 1948, págs. 37 a 42.
— "Études Générales – Radiodiffusion et Droit d'Auteur, (Quatrième article)", DA, 5, Maio 1948, págs. 50 a 58.
— "Études Générales – Radiodiffusion et Droit d'Auteur, (Cinquiéme article)", DA, 11, Novembro 1948, págs.129 a 133.
— "Études Générales – Radiodiffusion et Droit d'Auteur, (Sixiéme et dernier article)", DA, 12, Dezembre 1948, págs. 141 a 146.
— "Études Générales – La Conventionde Berne pour la protection des oeuvres litttéraires et artistiques, dans le texte revisé à Bruxelles", DA, 4, Abril 1949, págs. 25 a 35.
— "Études Générales – Les enregistrements éphémères selon l'article 11-
-*bis* de la Convention de Berne revisée à Bruxelles", DA 4, Abril 1951, págs. 37 a 41.
— "Études Générales – L' articcle 11-*ter* de la Convention de Berne revisée à Bruxelles", DA, 7, Julho 1951, págs. 73 a 76.
— "Records of the Diplomatic Conference on the International Protection

of Performers Producers of Phonograms and Broadcasting Organisation – Rome, 10 to 26 October, 1961".
— "Actes de la Conférence de Stocholm de la Proprieté Intellectuele – 11 Juin – 14 Juillet 1967", Genève, 1971.
— "Records of the Intellectual Property Conference of Stockholm – June 11 to July 14, 1967", Geneva, 1971.
— "Actes de la Conférence de Paris (Paris, 5 au 24 Jullet 1971)", Genève, 1974.
— "Records of the Paris Confernce (Paris, July 5 to 24, 1971)", Geneva, 1974.
— "Principes commentés de protection des auteurs, des artistes interprétes ou executants, des producteurs de phonogrammes et des organismes de radiodiffusion en ci que concerne la distribuition de programmes par câble", DA, 4, Abril 1984, págs. 126 a 182 = Copyright, págs. 131 a 183. (conhecido por Annotaded Principles).
— "Centenaire de la Convention de Berne 1886-1986", Genebra, 1986 = "1886-1986 – Berne Convention Centenary – 1986", Genebra 1986.
— "Oeuvres audiovisuelles et phonogrammes. Document préparatoire pour le Comité d'experts gouvernementaux OMPI/Unesco et rapport de ce Commité", DA, 7-8, Julho-Agosto 1986, págs. 184 a 219 = Copyright, págs. 218 a 250.
— "Commité d'experts gouvernementaux chargé de faire l´evaluation et la synthèse des principes relatifs à differentes catégories d'oeuvres", DA, 10, Outubro 1988, págs. 384 a 421 = Copyright, págs. 364 a 398.
— "Groupe d'experts sur les aspects droit d'auteur de la radiodiffusion directe par satellite de communication", DA, 5, Maio 1995, págs. 158 a 168 = Copyright, págs. 180 a 189.
— "Guia da Convenção de Roma e da Convenção de Fonogramas", Genebra, 1995.
— "Records of the Diplomatic Conference on Certain Copyright and Neighbouring Rights Questions – Geneva 1996" – Volumes I e II – Genebra, 1999.
— "Protection of Broadcasting Organizations: Terms and Concepst" – Doc. SCCR/8/INF/1 (16 de Agosto de 2002).
— "Protection of the Rights os Broadcasting Organizations" (Proposal submitted by Honduras) – doc. SCCR/8/4 (28 de Agosto de 2002).
— "Protection of the Rights of Broadcasting Organizations Comparison of Proposals of WIPO Member States and the European Community and its Member States Received by Sptember 16, 2002" – Doc. SCCR/8/5 (16 de Setembro de 2002).

OMPI/WIPO (BIRPI)
— "Reports on the Work of the five Main Commitees of Intellectual Property Conference of Stockolm, 1967", Geneva, 1967.

OSTERRIETH, Albert
— "Der Rundfunk und das Urheberrecht", GRUR, 1925, pág 263 a 268.
PALMA CARLOS, Adelino da
— Parecer, in "Comunicação Pública de Emissões de Rádio e Televisão", Introdução, coordenação e anotações de Luiz Francisco Rebello, Publicações Dom Quixote, Lisboa 1993, págs. 95 a 98.
PARILLI, Ricardo Antequera
— "El Nuevo Régimen del Derecho de Autor en Venezuela", Autoralex, Venezuela, 1994.
— "Derecho de Autor" – 2.ª edição revista e actualizada de "El Nuevo Régimen del Derecho de Autor en Venezuela", Editorial Venezolana C.A., Caracas, 1998.
— "Manual para la enseñanza virtual del Dercho de autor y los Derechos Conexos", Escuela Nacional de la Judicatura – República Dominicana, Santo Domingo, 2001.
PLAZA PENADÉS, Javier
— "Propriedad Intelectual y Sociedad da la Información (Tratados OMPI, Directiva 2001/29/CE y Responsabilidad Civil en la RED)", Aranzadi, Cizur Menor (Navarra), 2002.
PEREIRA, António Maria
— "Guia da Convenção de Berna", tradução da versão portuguesa
— Parecer, in "Comunicação Pública de Emissões de Rádio e Televisão", Introdução, coordenação e anotações de Luiz Francisco Rebello, Publicações Dom Quixote, Lisboa 1993, págs. 149 a 162.
PETER HILLIG, Hans
— "Rundfunk – Urheberrecht", in Hans-Bredow- Institut – Internationales Handbuch für Rundfunk und Fernsehen", Nomos, Baden-Baden, 1988/89.
PICHLER, Marie Helen
— "Copyright Problems of Satellite and Cable Television in Europe", Graham & Trotman/Martinus Nijhoff, London/Dordrecht/Boston, 1987.
PIETTE-COUDOL, Thierry e BERTRAND, André
— "Internet et la Loi", Dalloz, Paris, 1997.
— "Internet et le Droit", Puf, Paris, 1999.
PINHEIRO, Luís de Lima
— "A Lei Aplicável aos Direitos de Propriedade Intelectual", in "Direito da Sociedade da Informação", Volume III, Coimbra Editora, Agosto de 2002, págs. 131 a 146 = Mesmo nome in Revista da Faculdade de Direito da Universidade de Lisboa, Volume XLII – n.º 1, Coimbra Editora, 2001, págs. 63 a 75.
— "Direito Internacional Privado – Volume II – Direito de Conflitos – Parte Especial", 2.ª edição, Almedina, Coimbra, 2002.

— "Direito Internacional Privado – Volume I – Introdução e Direito de Conflitos – Parte Geral", Reimpressão, Almedina, Coimbra, 2003.

PINTO, Carlos Alberto da Mota
— "Teoria Geral do Direito Civil", 3.ª edição, Coimbra Editora, Coimbra, 1999.

PLAISANT, Marcel
— "Propriété intellectuelle et communications par satellites", RIDA, LXX, Outubro 1971, págs. 78 a 121.
— "Rapport Général", in DCB, págs. 93 a 109.

POSNER, Richard A.
— "Economic Analysis of Law", 4.ª edição, Little, Brown and Company, Boston, Toronto, London, 1992.

PROCURADORIA-GERAL DA REPÚBLICA
— Parecer n.º 35/69, de 8 de Agosto de 1969, in "Comunicação Pública de Emissões de Rádio e Televisão", Introdução, coordenação e anotações de Luiz Francisco Rebello, Publicações Dom Quixote, Lisboa 1993, págs. 75 a 92.
— Parecer n.º 4/92, de 28 de Maio de 1992, in "Comunicação Pública de Emissões de Rádio e Televisão", Introdução, coordenação e anotações de Luiz Francisco Rebello, Publicações Dom Quixote, Lisboa 1993, págs. 35 a 74.

RAES, Koen
— "Communicating Legal Identity: A Note on the Inevitable Counterfactuality of Legal Communication", in "Law as Communication", edição de DAVID NELKEN, Dartmouth, Aldershot, Brookfield USA, Singapore, Sydney 1996, págs. 25 a 44.

REBELLO, Luiz Francisco
— "Código do Direito de Autor e dos Direitos Conexos anotado", Petrony, Lisboa, 1985.
— "O Problema da Comunicação de Emissões de Rádio e Televisão em Lugares Públicos na Perspectiva do Direito de Autor", in "Comunicação Pública de Emissões de Rádio e Televisão", Introdução, coordenação e anotações do próprio, Publicações D. Quixote, Lisboa, 1993, págs. 11 a 32.
— "Introdução ao Direito de Autor", Publicações Dom Quixote, Lisboa, 1994.
— "Código do Direito de Autor e dos Direitos Conexos anotado", 2.ª ed., Âncora, Lisboa, 1998.
— "Código do Direito de Autor e dos Direitos Conexos anotado", 3.ª ed., Âncora, Lisboa, 2002.
— "Observações sobre o Ante-Projecto do Diploma de Transposição da directiva N.º 2001/29/CE", apresentado em nome da Associação

Fonográfica Portuguesa, da Associação Fonográfica Independente, da Associação Portuguesa de Editores e Livreiros, da Gestão dos Direitos dos Artistas e da Sociedade Portuguesa de Autores, 19 de Julho de 2002 – não publicado.

REHBINDER, Manfred
— "Der Streit um die Leistungsschutzrechte in der Schweizerischen Urheberrechtsreform", UFITA 81, 1978, págs. 23 a 37.
— "Die Electronischen Medien und das Internationale Urheberrecht", UFITA 95, 1983, pags. 91 a 100.
— "Urheberrecht", C. H. Beck, Munique, 10.ª edição, 1998.

REIMER, Dietrich
— "Cable Television in Germany: Aspects of Copyright Law", Journées d' Etudes/Symposium, Amsterdão, 16 a 20, Maio 1982, organizado por Association Littéraire et Artistique Internationale.

REINBOTHE, Jörg & von LEWINSKI, Silke
— "The EC Directive on Rental and Lending Rights and on Piracy", Sweet & Maxwell, London, 1993.
— "The WIPO Treaties 1996", Butterworths – LexisNexis™, London, 2002.

RICKETSON, Sam
— "The Berne Convention for the protection of literary and artistic works: 1886-1986", London 1987.

RIVERO HERNANDEZ, Francisco
— "Comentarios a la Ley de Propiedad Intelectual, 1.ª ed., Tecnos, Madrid 1989 de Rodrigo BERCOWITZ.
— "Comentarios a la Ley de Propiedad Intelectual, 2.ª ed., Tecnos, Madrid 1997 de Rodrigo BERCOWITZ.

ROCHA, Maria Victoria
— "Multimédia e Direito de Autor: Alguns Problemas", Actas de Derecho Industrial y Derecho de Autor, Tomo XVII, 1996, Coedição: Departamento de Derecho Mercantil y del trabajo de la Universidad de Santiago de Compostela, Marcial Pons, Ediciones Jurídicas y Sociales, S.A. Madrid, 1997.

ROCHICCIOLI, Elie-Pierre
— "Point de vue sur la législation applicable aux nouveaux médias, en France, dans le domaine des droits d'auteurs", RIDA 148, Abril 1991, págs. 17 a 57.

RODRÍGUEZ TAPIA, José Manuel
— "Comunicación pública mediante altavoz y outro instrumento idóneo de la obra radiodifundida en España", in "El derecho de difusion por radio y Televisión", Jornadas de Estudio ALADDA, SGAE, Madrid, 1997.

— "Radiodifusión primaria en la legislación española", in "El derecho de difusion por radio y Televisión", Jornadas de Estudio ALADDA, SGAE, Madrid, 1997.
— "Radiodifusión secundaria o retransmisión de las obras en la legislación española", in "El derecho de difusion por radio y Televisión", Jornadas de Estudio ALADDA, SGAE, Madrid, 1997.

RUMPHORST, Werner
— "La distribution par câble d'oeuvres radiodiffusées", DA, 1983, págs. 295 a 300.
— "Broadcasting of films via satellite", EBU Rewiew, Volume XII n.º 4, Julho 1990.
— "Satellitenfernsehen und Urheberrecht", GRUR Int., 1992, págs. 910 a 912.
— "The EC Directive on Satellite Broadcasting and Cable Retransmission", in Audiovisual Media an Copyright in Europe (Congresso realizado em Amesterdão em 24 de Novembro de 1993), págs. 17 a 25 = "The EC directive on satellite and cable", in EBU Journal Diffusion, Outono de 1993, págs. 30 a 37.
— "Le droit voisins des radiodiffuseurs: des lendemains meilleurs?", diffusion UER, Outono de 1997, págs. 59 a 64.

S. ALEXANDER MOSTESHAR, Barrister / CLIFFORD TURNER / STHEPHEN de B. BATE, Barrister
— "Satellite and Cable Television International protection", Longman Professional, LongmanGroup UK Ltd, Londres, 1986.

SANTOS, António Marques dos
— "Direito Internacional Privado – Introdução", I Volume, Associação Académica da Faculdade de Direito de Lisboa, Lisboa, 2001.

SAVIGNY, Friedrich Karl von
— "System des heutigen römischen Rechts" Band 8, 2. Neudruck der Ausgabe Berlin 1849, Scientia Verlag Aalen, 1981.

SAUDEMONT
— "Les droits de l'auteur sur son oeuvre", Revue Juridique Internationale de la Radio-Électricité, 1927, pág. 246.

SCHΔNNING, Peter
— "Applicable Law in Transfrontier On-Line Transmissions", NIR (Nordiskt Immaterielt Rättsskydd), n.º 3/96, págs. 266 a 273.
— "Applicable Law in Transfrontier On-Line Transmissions", NIR, págs. 266 a 272 = RIDA, 170, Outubro de 1996, págs. 20 a 53.

SCHACK, Haimo
— "Urheberrechtsverletzung im internationalen Privatrecht Aus der Sicht des Kollisionsrecht", GRUR, Int., 1985, Volume 8/9, págs. 523 a 525.

SCHNAPPINGER, Bernhard
— "Die Zukunft des digitalen Fernsehens", no UFITA-Schrftenreihe, n.º 121, edição coordenada por JÜGEN BECKER e THOMAS DREIER, págs. 17 a 26.
SCHRICKER, Gerhard
— "Die Dirchsetzbankeit Rundfunkwerbung", GRUR, Int., 1982, Volume 12, págs. 720 a 726.
— "Grenzüberschreitende Fernseh -und Hörfunksendungen im Gemeinsamen Markt", GRUR-Int., 1984, págs. 592 a 598.
— "Grenzüberschreitende Fernseh -und Hörfunksendungen im Gemeinsamen Markt", GRUR Int, 1984, págs. 592 a 598.
— "Grundfragen der künftigen Medienordnung: Urheberrechtliche Aspekte", FuR, 1984, págs. 63 a 74.
— "Videovorführungen in Hotels aus urheberrechtlicher Sicht", Festschrift für Walter Oppenhoff zum 80. Geburtstag, C. H. Beck, Munique,.1985, págs. 367 a 383.
— "Urheberrechtliche Probleme des Kabelrundfunks", Nomos Verlagsallschaft, Baden-Baden, 1986.
— "Urheberrecht Kommentar", 1.ª ed., C. H. Beeck, Munique, 1987.
— "Urheberrecht Kommentar", 2.ª ed., C. H. Beeck, Munique, 1999.
SCHRICKER, Gerhard e KATZENBERGER, Paul
— "Die Urheberrechtliche Leerkassettenvergütung – Eine Erwidenung", GRUR, 1985, págs. 87 a 111.
SCHULZE, Gernot
— "Meine Rechte als Urher- und Verlagsrecht", C.H. Beck, Munique, 1991.
SCHWEYER, Stefan
— "Die Zweckübertragungstheorie im Urheberrecht", C. H. Beck, Munique, 1999.
SILVA, Catarina Pais e LOUREIRO, João M.
— "Código a Publicidade – Anotado", Patrocínio Interact, Junho 2003.
SIMSON, Gerhard
— "Rundfunk und Urhebereschutz", GRUR, 1925, págs. 97 a 100.
SMOSCHEWER, Fritz
— "Rundfunk und Berner Konvention", GRUR, 1926, págs. 309 a 313.
SOUSA, Marcelo Rebelo de e GALVÃO, Sofia
— "Introdução ao Estudo do Direito", 5.ª edição, Lex, Lisboa, 2000.
SPADA, Paolo
— "Entreprise et utilisation "intégrée" d'œuvres protégées", rivista di diritto privato, n.º 2/96, págs. 246 a 252.
SPOENDLIN, Kaspar
— "Der internationale Schutz des Urhebers", UFITA, 107/1988, págs. 11 a 54.

SPOOR, J.H./ MOM, G.J.H.
— "Cable Television in Dutch Copyright Law", Journées d' Etudes/ /Symposium, Amsterdão, 16 a 20 de Maio de 1982, organizado por Association Littéraire et Artistique Internationale.

STERN, Hermann J.
— "Judgements of Supreme Court of Switzerland on Cable Television", Journées d' Etudes/Symposium, Amsterdão, 16 a 20 de Maio de 1982, organizado por Association Littéraire et Artistique Internationale.

STRASCHNOV, Georges
— "La Radiodiffusion aprés la Conférence de Bruxelles", Rev. Inter. de la Radiolélectricité, 1948, págs. 312 a 325.
— "Le Droit d'Auteur et Les Droits Connexes en Radiodiffusion", Emili Brylant, Bruxelas, 1948.
— "Le régime du droit d'auteur en télévision", GRUR, 1950, págs. 71 a 76.

STROWEL, Alain
— "Droit d'auteur et copyright – Divergences et Convergences – Étude de droit comparé", Bruyllant, Bruxelas, 1993.

STROWEL, Alain/TRIAILLE, Jean-Paul
— "Le Droit d'Auteur, du Logiciel au Multimédia", Bruyllant, Bruxelas, 1997.

SZILÁGYI, István
— "Questions relatives à la radiodiffusion par satellite, notamment du point de vue des droits des auteurs", DA, 1981, págs. 163 a 171.

THÉRY, Gerard
— "Les autoroutes de l'information" – Relatório para o primeiro ministro, publicado por La documentation Française, Paris, 1994.

TORREMANS, Paul L. C.
— "The Law Applicable to Copyright: Which Rights are Created and Who Owns Them", RIDA, 188, Abril 2001, págs. 36 a 115.

TOURNIER, Alphonse
— "La Conférence de Rome sur la protection internacionale des artistitques interprètes ou exécutants, des producteurs de phonogrames et des organismes de radiodiffusion" RIDA, XXXIV, Janeiro 1962, pág. 48 a 95.

TOWSE, Ruth e HOLZHAUER, Rudi (editores)
— "The Economics of Intellectual Property – Volume I – Introduction and Copyright", Edward Elgar, Cheltenham, UK e Northampton, MA, USA, 2002.

TROLLER, Alois
— "Imaterialguterrecht", 3.ª ed., Helbing und Lichtenhahn, Volume II, 1985.

ULMER, Eugen
- "Urheber -und Verlagsrecht", Springer, Berlin, Göttingen-Heidelberg, 1.ª ed. 1951.
- "Urheber -und Verlagsrecht", Springer, Berlin, Berlim – Göttingen – Heidelberg, 2.ª ed. 1960.
- "Protection des auteurs lors de la transmission par satellite des programmes de radiodiffuision", RIDA, LXXXXIII, Julho 1977, págs. 4 a 41.
- "Urheber -und Verlagsrecht", Springer, Berlin, Berlim – Heidelberg – New York, 3.ª ed. 1980.
- "Die Entscheidungen zur Kabelübertragung von Rundfunksendungen Urheberrechther Grundsätze", GRUR, Int., 1981, págs. 372 a 378.
- "La Convention de Berne et les Lois Nationales", DA, 3, Março 1996, págs. 73 a 87.

VANDOREN, Paul
- "The European view", EBU Copyright Symposium – Broadcasters in the Information Society", Viena, 1995.

VASCONCELOS, Pedro Pais de
- "Contratos Atípicos", Almedina, Coimbra, 1995.
- "Teoria Geral de Direito Civil", Volume II, Almedina, Coimbra, 2002.
- "Teoria Geral do Direito Civil", 2.ª edição, Almedina, Coimbra, 2003.

VEGA VEGA, José Antonio
- "Derecho de Autor", Tecnos, 1990.

VICENTE, Dário Moura
- "Direito Internacional Privado – Ensaios", Volume I, Almedina, Coimbra, 2003.

VINCK, Kai
- FROMM/NORDEMANN – "Urheberrecht Kommentar", 7.ª edição, 1988, e 8.ª edição, 1994.

VIVANT, Michel
- "CYBERESPACIO: Los derechos y el derecho a las redes", DAT, Ano X, n.os 112/113 – Dezembro 1997 e Janeiro 1998, págs. 1 a 11.

von LEWINSKI, Silke
- "A Successful Step towards Copyright and Related Rights in the Information Age: The New E. C. Proposal for a Harmonisation Directive", EIPR, 1998, Volume IV, pág. 135 a 139.

von UNGERN-STERNBERG, Joachim
- "Die Rechte der Urheber an Rundfunk -und Drahtfunksendungen nach internationalem und deutschem Urheberrecht", C.H. Beck, 1973.
- "La transmission d'émissions de radiodiffusion par satellites et le droit d'auteur," RIDA, LXXV, Janeiro 1973, págs. 2 a 41.

- "Von der gemeinsamen Fernsehamtemme zum Kabelfernsehen", UFITA, Band 94, 1982, págs. 79 a 118.
- §§19 a 22, in "Urheberrecht Kommentar" de Schricker, 1.ª edição.
- §§19 a 22, in "Urheberrecht Kommentar" de Schricker, 2.ª edição.

WACHTER, Thomas
- "Die Weiterverbreitung von Rundfunksendungen im Hotel – Ammerkung zu einem Urteil der französischen Cour de Cassation vom 6. April 1994", GRUR, Int. 1994, Heft 12, págs. 997 a 1001.

WALTER, Michel M.
- "Télédistribution et centrales radiophoniques: Convention de Berne et droit d'auteur européen", DA, 1974, págs. 315 e segs.
- "La diffusion par fil dans le droit d'auteur de la RFA et de l'Autriche, en particulier le rediffusion d'émissions radiodiffusées", DA, Dezembro 1976, págs. 282 a 296.
- "Cable Television in the Austrian Copyright Amending Law, 1980", Journées d'Etudes/Symposium, Amsterdão, 16 a 20, Maio 1982, organizado por Association Littéraire et Artistique Internationale.
- "Le régime de la télévision par câble dans la loi de 1980 modifiant la loi autrichienne sur le droit d'auteur, notamment en ce qui concerne sa conformité avec les dispositions de la Convention de Berne" DA, Setembro 1982, pág. 245 a 250.

WORKING GROUP OF SUBCOMITEE ON MULTIMEDIA COPYRIGHT COUNCIL
— "Report on Discussions by Working Group", (Livro amarelo), Fevereiro 1995.

ÍNDICE

DIREITO DE AUTOR E RADIODIFUSÃO – Um estudo sobre o direito de radiodifusão desde os primórdios até à mtecnologia digital

AGRADECIMENTOS 7
ADVERTÊNCIAS 9
INTRODUÇÃO 11

I PARTE
O início – a radiodifusão tradicional

CAPÍTULO I – Do fenómeno técnico ao significado jurídico – a discussão na doutrina e na jurisprudência 23
   SECÇÃO I – A técnica 23
   SECÇÃO II – A recepção jurídica do conceito de radiodifusão 26

II PARTE
A regulamentação internacional

CAPÍTULO I – A radiodifusão na Convenção de Berna 31
   SECÇÃO I – Antecedentes da Conferência de Revisão de Roma 31
   SECÇÃO II — A Conferência de Revisão de Roma de 1928 35
   SECÇÃO III – Antecedentes da Conferência de Revisão de Bruxelas.... 41
   SECÇÃO IV – A Conferência de Revisão de Bruxelas de 1948 42

SUBSECÇÃO I – Os problemas a enfrentar 42

SUBSECÇÃO II – O artigo 11-*bis* número 1, 1.º 46

SUBSECÇÃO III – Excurso – Conceito de público 50

SUBSECÇÃO IV – O artigo 11-*bis* número 1, 2.º 58

    DIVISÃO I– Os problemas base 58

    DIVISÃO II – A teoria da "zona de recepção directa" 69

    DIVISÃO III – A teoria da "zona de serviço" 70

    DIVISÃO IV – Análise crítica das teorias da "zona de recepção directa" e da "zona de serviço" 73

SUBSECÇÃO V – O artigo 11-*bis* número 1, 3.º 80

SUBSECÇÃO VI – O artigo 11-*bis* número 2 82

SUBSECÇÃO VII – O artigo 11-*bis* número 3 98

SECÇÃO V – As conferências de Revisão de Estocolmo (1967) e de Paris (1971) 109

SECÇÃO VI – A radiodifusão por cabo originária na Convenção de Berna 113

SECÇÃO VII — Significado das conclusões obtidas e sua Relevância para a sequência da investigação 119

CAPÍTULO II – A radiodifusão na Convenção Universal sobre Direito de Autor 121

CAPÍTULO III – A radiodifusão na Convenção de Roma 123

CAPÍTULO IV – A radiodifusão na Convenção relativa à distribuição de sinais portadores de programas transmitidos por satélite (Bruxelas – 1974) 133

CAPÍTULO V – A radiodifusão no Acordo ADPIC/TRIPS 135

CAPÍTULO VI – Os novos tratados da OMPI sobre Direito de Autor (TODA//WCT) e sobre interpretações ou execuções e fonogramas (TOIEF/WPPT) (1996) 139

CAPÍTULO VII – As Directivas Comunitárias 155

III PARTE
A radiodifusão por satélite

CAPÍTULO I – As transmissões transfronteiriças tradicionais 163

CAPÍTULO II – Tipos de satélites e sua classificação a nível de Direito de Autor 167

CAPÍTULO III – Os satélites de radiodifusão indirecta 171

CAPÍTULO IV – Os satélites de radiodifusão directa 181

    SECÇÃO I – Colocação do problema e debate doutrinário 181

    SECÇÃO II – A dicotomia "Teoria Bogsch"/"Teoria da Emissão" 205

    SECÇÃO III – Análise das diferentes teorias e posição adoptada 218

    SECÇÃO IV – O princípio da territorialidade e suas acepções 233

    SECÇÃO V – Direito Internacional de Autor 235

    SECÇÃO VI – A Directiva Satélite e Cabo 238

        SUBSECÇÃO I – Antecedentes 238

        SUBSECÇÃO II – Conteúdo da Directiva e Análise Crítica 242

        SUBSECÇÃO III – Algumas conclusões relevantes a reter sobre a directiva satélite e cabo 270

IV PARTE
A radiodifusão por cabo

CAPÍTULO I – A Directiva Satélite e Cabo 275

CAPÍTULO II – Perspectiva global da radiodifusão por cabo 291

    SECÇÃO I – A retransmissão por cabo – razões para o seu estudo privilegiado 291

    SECÇÃO II – Distribuição por cabo e radiodifusão 296

    SECÇÃO III – Objecto da investigação subsequente 299

    SECÇÃO IV – A radiodifusão por cabo originária 301

    SECÇÃO V – A retransmissão por cabo 312

SECÇÃO VI – A retransmissão por cabo na "zona de recepção directa", na "zona de serviço" e nas "zonas de sombra" 318

SECÇÃO VII – A radiodifusão por cabo de programas enviados por satélites de radiodifusão indirecta 323

SECÇÃO VIII – Transmissões por cabo modificadas 325

SECÇÃO IX – A transmissão diferida 329

SECÇÃO X – Modelos legais possíveis para a solução dos problemas equacionados relativamente às retransmissões e às novas transmissões 334

V PARTE
A radiodifusão digital

CAPÍTULO I – Os preliminares da "Sociedade da Informação" 343

CAPÍTULO II – O "Grande direito de comunicação ao público" – a radiodifusão e a colocação à disposição interactiva 355

CAPÍTULO III – O problema da lei aplicáve 359

CAPÍTULO IV – Directiva do Parlamento Europeu e do Conselho relativa à harmonização de certos aspectos do Direito de Autor e dos Direitos Conexos na Sociedade da Informação (Directiva 2001/29/CE, de 22 de Maio de 2001) 377

    SECÇÃO I – A proposta original 377

    SECÇÃO II – A Directiva Sociedade da Informação – o resultado final 389

VI PARTE
A radiodifusão no direito português

CAPÍTULO I – A radiodifusão no Código do Direito de Autor e dos Direitos Conexos 395

CAPÍTULO II – A legislação complementar – os Decretos-Lei de Novembro de 1997 411

VII PARTE
Aplicação prática das conclusões obtidas ao longo da investigação

CAPÍTULO I – Colocação do problema 425

CAPÍTULO II – Os direitos estrangeiros 427

    SECÇÃO I – A França 427

    SECÇÃO II – A Espanha 432

    SECÇÃO III – Os países de língua alemã 435

        SUBSECÇÃO I – A Alemanha 435

        SUBSECÇÃO II – A Áustria 439

        SUBSECÇÃO III – A Suíça 441

        SUBSECÇÃO IV – Os restantes países da União Europeia 443

CAPÍTULO III – O direito português 447

    SECÇÃO I – Os dados da questão 447

    SECÇÃO II – A posição da Procuradoria-Geral da República 448

    SECÇÃO III – Reacções negativas ao parecer da Procuradoria-Geral da República 454

    SECÇÃO IV – Parecer do Gabinete do Direito de Autor 464

    SECÇÃO V – Posição adoptada 466

VIII PARTE
Conclusões

CONCLUSÕES 477

ABREVIATURAS 487

BIBLIOGRAFIA 489

ÍNDICE 515